BRUNO CORÀ

ANTONINO BOVE

10$^{10^{123}}$ **L'ARTE PIÙ POTENTE
DELLA FISICA**

Forma

Alla mia amata Teresa, a mia figlia Azzurra,
ai miei piccoli nipoti Valerio e Dalia.
Antonino Bove

SOMMARIO

BRUNO CORÀ

IL SOGNO DELL'IMMORTALITÀ

Il pensiero contiene la possibilità della situazione
che esso pensa. Ciò che è pensabile è anche possibile.
Ludwig Wittgenstein, *Tractatus
logico-philosophicus*, 3.02.

Conviene rendersi immortali per quanto è possibile.
Aristotele.

PREMESSA

Al di sopra di ogni considerazione riguardante l'esperienza di cui si è reso protagonista Antonino Bove, essa si deve includere in una dimensione immaginaria che, a partire dalla vocazione artistica in cui si è fondata e ha preso avvio, si volge verso ambiti della scienza umana e transumana ritenuti confacenti a renderla plausibile e possibile.

Ancorché nel percorso si evidenzi il suo carattere utopico, l'esperienza di Bove ha accompagnato la sua ricerca nell'intero arco della sua vita, sino a oggi, attraversando zone e fasi di totale e verificabile realtà, altre zone e fasi inizialmente considerate irreali ma che con il tempo e i processi scientifici e biologici si sono rese reali e, infine, ulteriori zone e fasi che tuttora permangono nel suo orizzonte speculativo come utopiche ma, non diversamente da quelle che lo erano parimenti e successivamente, si sono dimostrate realizzabili e ormai concretamente possibili alla nostra esperienza.

A confortare Bove nel suo percorso vi sono stati e continuano a esserci, accanto alla sua tenace convinzione realizzatrice, molte azioni, eventi e fenomeni promossi da altri soggetti, ricercatori, ideatori – in una parola autori – che costituiscono il sostrato dialettico con l'impresa di carattere estetico, artistico, scientifico portata avanti dall'artista. Guidato dalla inossidabile volontà di vedere avanzare e perfino di vedere realizzato l'obiettivo di tutto il suo lavoro, Bove non cessa di esplorare tutte le vie possibili perché quella considerata oggi utopica – il superamento della morte fisica dell'essere umano – possa divenire in futuro una possibile realtà, così come altre utopie hanno infine trovato luogo tra le cose immaginate e poi realizzate dall'umanità.

Nelle pagine che seguono si sono compiute una serie di riflessioni alla luce di fatti artistici, estetici, scientifici, parascientifici, religiosi, tecnologici e afferenti ad altre discipline, mossi dall'assiduità dell'esperienza di Bove, dalle sue precoci intuizioni alle quali, col trascorrere del tempo, ricerche e studi avanzati in numerosi campi forniscono dati di probabilità.

Non staremo a tediare il lettore fornendo esempi e dimostrazioni di una storia che, dagli albori della civiltà ad oggi, per opera di artisti, scienziati e ricercatori ha prodotto mutamenti e rivoluzioni cognitive, etologiche e biologiche a riprova che l'esperienza di Bove è inscrivibile in quella tradizione epica e poetica. E non è compito di questo studio considerare o avvalorare l'entità della sua azione dagli esiti cui potrà pervenire; quanto piuttosto apprezzarne il considerevole coefficiente di proiezione concettuale, la tensione di autenticità, l'indubbia precocità delle proposizioni e l'oggettiva qualità dei risultati delle elaborazioni artistiche conseguite, non senza continuare a esprimere interessi per gli sviluppi di un'opera che è protesa al superamento di ogni steccato disciplinare, trasgredendone i confini con il solo desiderio e obiettivo di continuare a ritenere possibile che i sogni siano realizzabili.

1. ESORDI, RÊVERIE E UN PENSIERO DOMINANTE

Dal frangente temporale in cui alla mente di Antonino Bove si manifesta il pensiero della morte – in realtà assai precocemente, da adolescente, anche per aver subito in età natale la perdita della madre in conseguenza del parto – quell'ineluttabile possibilità si tramuta in un'ossessiva riflessione dominante che pervade ogni sua esperienza e gran parte della sua azione, ben presto rivolta al proposito e all'utopico progetto

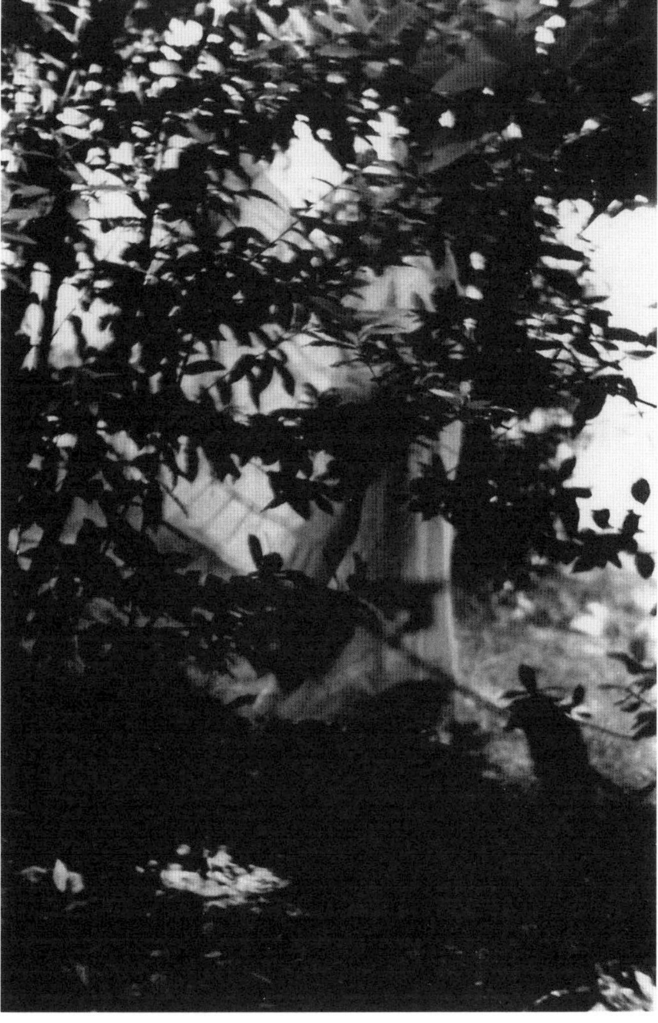

↓ *Entità*, 1967, stampa fotografica in b/n, 29×19 cm

di abolirne la perpetuazione nel destino proprio e in quello dell'intera umanità.

Con una osservazione di sintesi, e riservandomi di tornare più avanti sui singoli aspetti del suo percorso artistico, l'itinerario in cui si esplicita il suo lavoro sino a oggi si rivela essenzialmente articolato in alcune ampie fasi di elaborazione.

La prima fase, fondamentale per tutto lo sviluppo che seguirà, riguarda essenzialmente il cogito sulla fenomenologia delle manifestazioni inerenti all'esistenza, gli enigmi riguardanti l'essenza dell'energia psichica, l'energia del pensiero immaginativo, gli ambiti del mito, della surrealtà, del paranormale, del metafisico e, in estensione, del soprannaturale. Identificati nelle vicende della storia familiare certi interessi di alcuni suoi componenti, per le esperienze paranormali, per l'ipnotismo, la pranoterapia e altre attività attinenti alla sfera sensitiva, Bove ne ricerca l'origine e ne esplora le forme, ne indaga luoghi e una vasta letteratura. Non ha difficoltà, in età adulta, trascorsi alcuni decenni, a individuare in alcuni suoi stretti congiunti e nei luoghi della sua infanzia e adolescenza i moventi dei suoi "viaggi esplorativi" in quel paesaggio proto-occulto e misteriosofico. Scrive Bove:

> Una notevole fonte di ispirazione, tra il 1955 e il 1965, sono i lunghi soggiorni nell'antica e grande casa dei nonni materni, fonditori d'arte e gioiellieri, in via Santa Teresa al Museo a Napoli. Il sovrapporsi di generazioni ha reso quella residenza una inesauribile miniera di memorie sedimentate in mobili, vestiti, quadri, fotografie, calchi funerari, oggetti esotici provenienti da epoche lontane[01].

A soccorrere l'indagine su questa dimensione topologica e mnemonica connessa al trascorrere di epoche e generazioni saranno di sicuro ausilio le pagine sempre efficaci della riflessione di Bachelard relative alla "poetica dello spazio", alla casa, alle soffitte, agli armadi, alle porte, agli angoli più remoti della dimora, a quella dialettica del fuori e del dentro, del chiuso e dell'aperto, le cui dinamiche profonde suggeriscono ogni tipo di *rêverie* facendo in modo che "la casa del passato vive nella nostra testa" (Bachelard).

Ma accanto alle peripezie in quella casa, dove si può immaginare che siano nate e abbiano preso corpo suggestioni, ombre e domande, fantasmi del desiderio e dell'ignoto, Bove esplora anche la città di Napoli, il suo ventre ctonio, sulfureo, i suoi musei più celebri, dal Museo Archeologico Nazionale a quello di Capodimonte, dalle Catacombe alla Cappella del Principe di Sansevero, con le opere di Giuseppe Sanmartino, di Francesco Queirolo e Antonio Corradini, così vicine ai suoi futuri interessi plastici, dagli scavi di Pompei, ai vari Santuari, alle escursioni sul Vesuvio, alle solfatare e fino al porto; dall'oscurità alla luce di quella metropoli propiziatoria e iniziatica per il suo futuro.

Una prima fase, che definirei di artista neofita, ha luogo a partire da un ennesimo cambiamento di sede (così frequente a dire il vero nella vita giovanile di Bove – dopo Palermo, Napoli, Nola e Castiglion della Pescaia, per ragioni connesse all'attività paterna). A partire dal 1963, infatti, stabilitosi a Livorno, dopo aver frequentato l'Istituto d'Arte di Firenze a Porta Romana e aver concluso gli studi all'Accademia di Belle Arti di Firenze, diplomandosi in Pittura alla scuola di pittura di Primo Conti, Bove inizia a formulare alcuni primi lavori. Nel 1964 si registra una sua prima opera dal titolo *Cervo volante*, assemblage di vari oggetti su un fondo di catrame che paventa un indirizzo di carattere neo-dada, comunque materico-oggettuale. Se in quegli anni un interesse per il medium fotografico lo spinge a dotarsi di una camera oscura e di un vero gabinetto fotografico per realizzare

↓   *Cervo volante*, 1964, oggetti, catrame, metallo, 36×56×18 cm
↓   *Senza titolo*, 1967, stampa fotografica in b/n, 24×36 cm

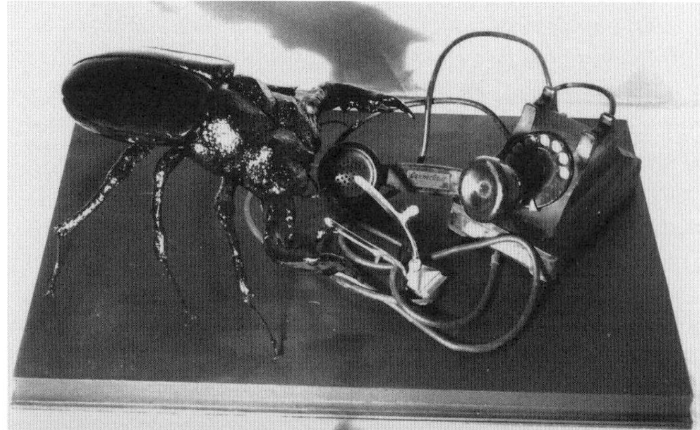

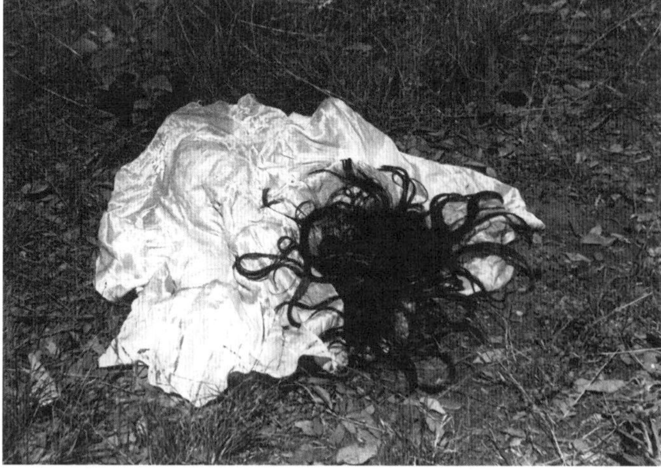

grandi stampe, presso un suo primo studio in un palazzo del XVIII secolo in via Borra a Livorno, in realtà le sue elaborazioni fotografiche, gli assemblaggi e i vari materiali impiegati sono rivolti a dar forma a opere fortemente investite da una poetica immateriale, psicologica, metapsichica.

Tale orientamento nel decennio successivo, dunque in una seconda fase, si qualifica con ricerche di etnoantropologia caratterizzate da interessi sociali, politici e storici, aperti tuttavia alla sfera mistica, utopica, analitica che non disdegna incursioni nell'alchimia come pure nel sogno.

Accanto alla decisa e sistematica produzione di opere, sul finire degli anni Settanta, in una terza fase, Bove pone in evidenza una volontà di dare cittadinanza a quell'aspetto identitario problematico dell'azione anonima, non scevra da un'intenzione ideologicamente eversiva rispetto all'ordinario costume culturale di qualsiasi soggetto che non rinuncia a identificare la propria comunicazione individuale. Prendono vita in questa fase nel biennio 1977-79 i suoi *Quaderni Anonimi di Afasie ed Esplorazioni* realizzati in esoeditoria e diffusi clandestinamente in vere eterotopie mediante viaggi in tutto il Paese.

Ma la successiva ampia area di interessi e azioni, già venutasi a manifestare nel corso degli anni Settanta, e che si svilupperà fino agli anni Novanta, anch'essa articolata in fasi di avanzamento cognitivo, riguarda la sfera temporale e psichica del sogno.

Dal 1973 al 1993 circa, i due decenni costituiscono una fondamentale base di elaborazione di esperienze compiute da Bove che, mentre impiega il terreno onirico, diversamente ma in prosecuzione ideale della *koiné* surrealista, a fini rivelatori di un anelito alla divaricazione temporale dell'esistenza, apre il varco al pensiero di rendere evidente la vita della materia che, diversamente da come appare, è in continuo movimento. Così, con questo ampio arco temporale Antonino Bove compie esperimenti di "materializzazione dei sogni", azioni e organizzazioni di eventi in cui esprimere l'oggettiva energia dell'opera d'arte, esperimenti di levitazione fisica, performance dimostrative e un ampio complesso di attività che coinvolgono il lavoro di altri artisti, con cui scambia concezioni e poetiche che sembrano potersi iscrivere nel flusso del nascente "postumanesimo" italiano ed europeo, con interessi pronunciati verso la bioingegneria, la fisica quantistica e altre discipline scientifiche che favoriscono i processi di prolungamento esistenziale. È all'interno di questo denso periodo di esercizi ed esperienze attuate nell'incontro con poeti e artisti tutti interessati al superamento dei limiti imposti dalle tradizioni letterarie, plastiche, mistiche e perfino scientifiche che in Bove – sempre mosso dall'idea del superamento della morte – si dischiude l'opportunità di forzare la metafora dell'immortalità fisica con l'ideazione di un vero progetto di superamento dei codici inflessibili che ne impediscono l'attuazione.

Nel solco di una genealogia di visionari, inventori, artisti e filosofi che hanno speso la vita sul crinale di questa estrema impresa incline, con l'arte e ben oltre essa stessa, ad attaccare il mito dell'immortalità fisica, Bove si dedica alla concezione e animazione di una creatura che – se definita totalmente da una "cerebralizzazione" dell'intero suo corpo, possibilità indispensabile in tempi di bioingegneria e di pensiero postumano – sarebbe in grado di trasmettere, attraverso una formula, l'immortalità al resto degli umani interessati a raggiungerla. Nella ripresa e nell'avanzamento speculativo e poetico analogo alla tensione ideale e utopica di artisti come

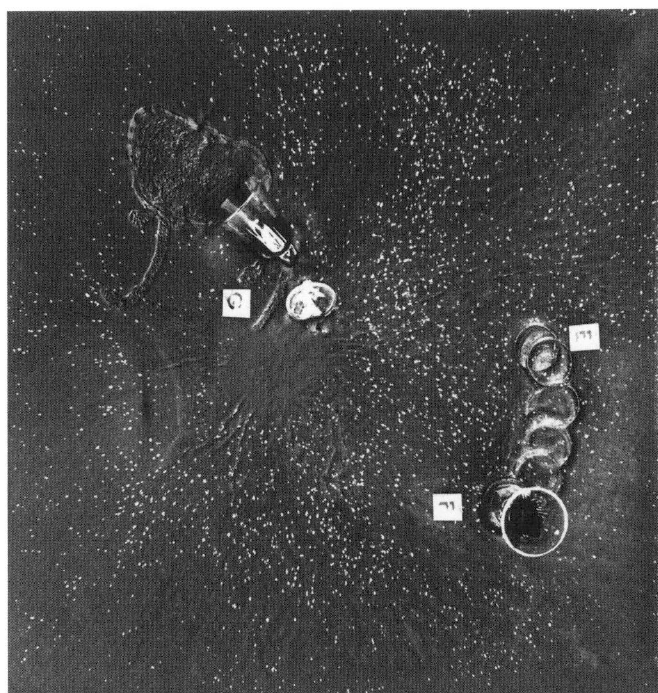
↓ *Telecinesi*, 1967, cera, catrame, vetro, 48×48 cm

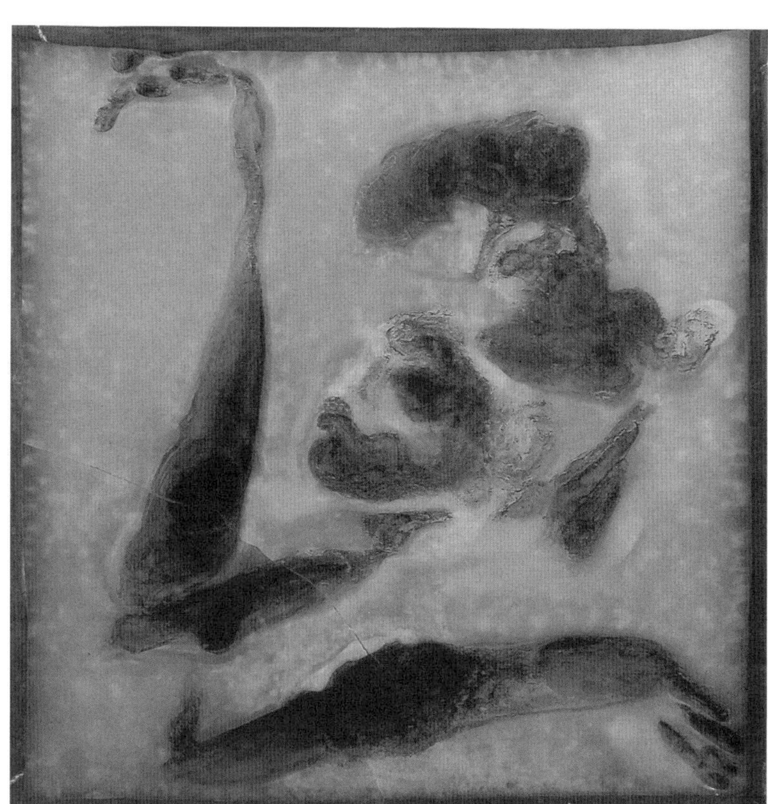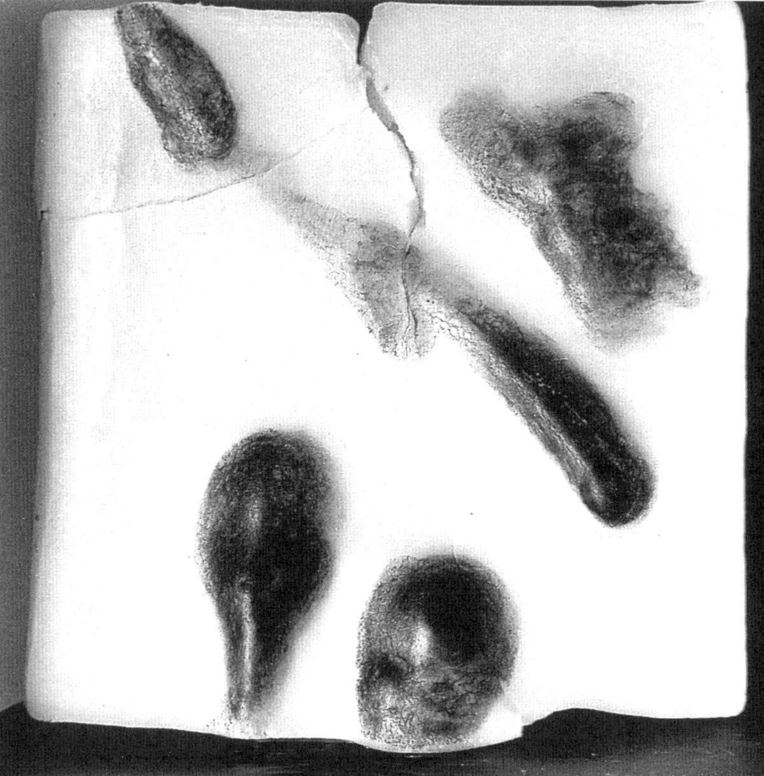

↑   *Impronte*, 1967, cera, lucido da scarpe nero, 60×60 cm
↗   *Impronte di un sogno materializzato*, 1973, paraffina, lucido da scarpe nero, 50×50×5 cm

Gino De Dominicis, dagli anni 2000 in poi e sino ad oggi, con il progetto *Acronos* – tale è il nome della creatura immaginaria protagonista dell'impresa di Bove – egli porta il proprio pensiero immaginifico a una soglia in cui non solo la morte umana è scongiurata, ma quella stessa dell'intero universo-multiuniverso, dove una eguale minaccia – quella dell'entropia – ne rende possibile in epoche future l'estinzione.

Se l'enunciato esortativo concepito da Bove "La storia dell'uomo non è destinata al nulla" appare degno di essere condiviso, l'intero percorso da lui compiuto sino a oggi, pur dichiaratamente utopico, non può esserlo più di altre imprese non diversamente utopiche ma che nel tempo hanno trovato luogo e realizzazione. In fondo, questo pensiero iperevolutivo o di superamento cronologico del tempo orientato verso l'eternità cantata dai poeti, dai visionari, dai santi, in quanto autentico pensiero è realtà che appartiene alla storia dell'uomo, certamente quanto la morte, ma in continua opposizione ad essa.

Nelle pagine che seguono sarà possibile conoscere le tracce impresse da Bove nel suo cammino in tale impresa, tuttora in corso, senza cedimenti.

2.   ANGOSCIA E DESTINO

Nel *Dizionario filosofico* (1764) di Voltaire (1694-1778), iniziatore indiscusso dell'Illuminismo francese, la cui opera attraversa quasi interamente il XVIII secolo fino alla vigilia della storica rivoluzione, alla voce "peccato originale" egli afferma:

[...] non si trova una sola parola su questa favola del peccato originale né nel *Pentateuco* né nei libri dei Profeti, né nei *Vangeli,* sia apocrifi che canonici, né in nessuno di quegli scrittori che si chiamano "i primi Padri della Chiesa". Non è neppure detto nel libro della *Genesi* che Iddio abbia condannato Adamo a morte perché egli mangiò di quel pomo. Iddio gli aveva detto: "Tu morirai certamente il giorno in cui lo mangerai", ma la stessa *Genesi* fa vivere poi Adamo novecentotrenta anni dopo quello spuntino criminale. Gli animali, le piante, che non avevano mangiato quel frutto, morirono anche loro nel tempo prescritto dalla natura. L'uomo è nato per morire, come ogni altra cosa che nasce[02].

Fin qui la schietta sentenza di Voltaire. Se si legge tuttora il libro della *Genesi* effettivamente le cose stanno come affermava il filosofo francese 250 anni fa e, in conseguenza di ciò, viene da domandarsi se Søren Kierkegaard abbia mai letto le pagine di Voltaire prima di stendere le sue nell'opera *Il concetto dell'angoscia* (1844) quale "semplice chiarimento psicologico preliminare al problema del peccato originale".

Dello stato di angoscia si considera opportuno qui compiere un richiamo sull'argomento, poiché Bove non ha mai nascosto che essa ha pervaso in gioventù – e non ha cessato di occupare il suo stato d'animo negli anni successivi – ogni suo quotidiano pensiero e azione, individuandone tuttavia la causa nell'incombenza dell'ineluttabile fine della vita, cioè la morte, e non in altra causa.

Di natura diversa è l'origine che Kierkegaard invece individua e assegna allo "stato di angoscia". Essa è connessa al "presupposto del peccato originale" e al contempo allo stato di innocenza di cui il racconto della *Genesi* spiega essere equivalente all'ignoranza. Dichiara Kierkegaard:

L'innocenza è ignoranza. L'uomo nell'innocenza non è determinato come spirito, ma come anima in immediata unione con la sua realtà naturale. Lo Spirito è ancora in

02   Voltaire, *Dizionario filosofico*, Mondadori, Milano 1969, p. 512.

↓   *Volta cranica concava per il peso del cosmo*, 1979, serie di tre stampe fotografiche in b/n, 24×36 cm

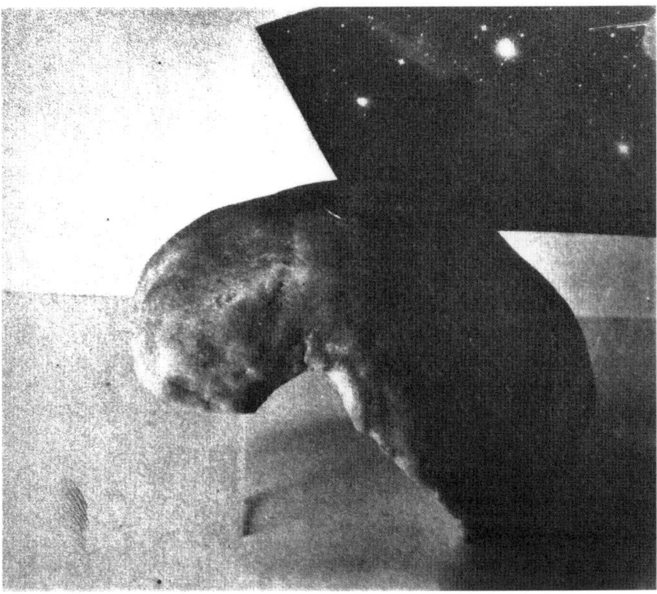

uno stato di sogno [...]. In questo stato c'è calma e riposo.
E tuttavia vi è qualche altra cosa. Non si può dire, però,
che sia turbamento e lotta. Infatti non c'è nulla contro cui
lottare. Che cosa c'è allora? Nulla. Ma quale effetto ha il
nulla? Esso crea l'angoscia. È questo il mistero profondo
dell'innocenza: essa è, nello stesso tempo, angoscia. Lo
spirito, nello stato di sogno, proietta la propria realtà come
un nulla. Questo nulla l'innocenza lo vede continuamente
fuori di sé. L'angoscia è una determinazione dello spirito
allo stato di sogno e come tale appartiene alla psicologia[03].

Ma dell'angoscia la psicologia si è ampiamente occupata, dopo le
iniziali eppur approfondite meditazioni su di essa di Kierkegaard,
soprattutto con Freud che ne fa risalire l'origine non al peccato
originale ma all'atto di nascita

nel quale si trovano riunite tutte le sensazioni
penose, tutte le tendenze e le sensazioni corporee,
il cui insieme è diventato il prototipo dell'effetto
prodotto da un pericolo grave.

È la reazione al pericolo, all'essenza stessa del pericolo, di
fronte al quale non si può opporre alcunché per scongiurarlo.
Nel suo studio *Inibizione, sintomo, angoscia* egli scrive:

[...] mi aspetto che si verifichi una situazione di
impotenza; oppure: la situazione presente mi ricorda
una delle precedenti esperienze traumatiche vissute.
Di conseguenza io anticipo questo trauma, voglio
comportarmi come se esso fosse già presente, finché
c'è ancora tempo per allontanarlo[04].

Ma se per Kierkegaard l'angoscia non si riferisce a nulla di
preciso in quanto essa è il puro sentimento delle possibilità,
le quali "in realtà, come possibilità umane, esse non offrono
garanzia alcuna e celano sempre l'alternativa immanente
dell'insuccesso, dello scacco e della morte"[05], per il pensiero
più vicino al nostro tempo, più precisamente quello di Heidegger,
l'angoscia è strettamente riferita alla minaccia della morte.

L'angoscia costituisce essenzialmente ciò che Heidegger
chiama "l'essere per la morte" cioè l'accettazione della morte come
la possibilità assolutamente propria, incondizionata, e
insormontabile dell'uomo (*Sein und Zeit*, § 53) [...] perciò
il vero significato dell'angoscia è il *destino*, cioè la scelta
della situazione di fatto come un'eredità cui non si può
sfuggire e il riconoscimento dell'impossibilità o nullità
di ogni altra scelta che non sia l'accettazione della
situazione in cui si è già[06].

Anche se questo pensiero ha trovato differente elaborazione
e risposta nel pensiero del nostro filosofo Emanuele Severino,
che da sempre torna sulle tematiche di eternità e destino di
cui val bene la pena di occuparsi, si deve pur far presente che
tutta l'azione artistica – e non solo artistica – di Bove è protesa
nel combattere il perpetuarsi della condizione umana, così
come si profila nell'analisi filosofica del destino che gli assegna
il pensiero di Heidegger, cioè il destino di morte fisica e di
annullamento totale.

Se quel destino accompagna da sempre la vita umana,
come peraltro di tutta la natura, senza che tuttavia se ne
sia potuti venire a capo, cioè a comprendere cosa avvenisse,
nella trasformazione successiva alla manifestazione di cui
parla Rilke a proposito della nostra esistenza come di "una
sola volta in questa forma", l'azione artistica deliberatamente
e consapevolmente utopica di Bove non ha meno diritto e
tensione di esprimersi perché azione impossibile, dato che
se non avvenisse, poco cambierebbe. Altrimenti, invece, in quanto

03 Søren Kierkegaard, *Il concetto dell'angoscia*,
Paravia, Torino 1956, pp. 51-52.
04 Sigmund Freud, *L'Io e l'Es: inibizione, sintomo
e angoscia*, trad. Irene Castiglia, Newton
Compton, Roma 2010.
05 Nicola Abbagnano, "Angoscia", voce in
Dizionario di filosofia, TEA, Milano 1993,
pp. 42-43.
06 *Ivi*, p. 42.

↓   *Ominide*, 1969, gesso, vetro, gomma, legno, 70×100×22 cm

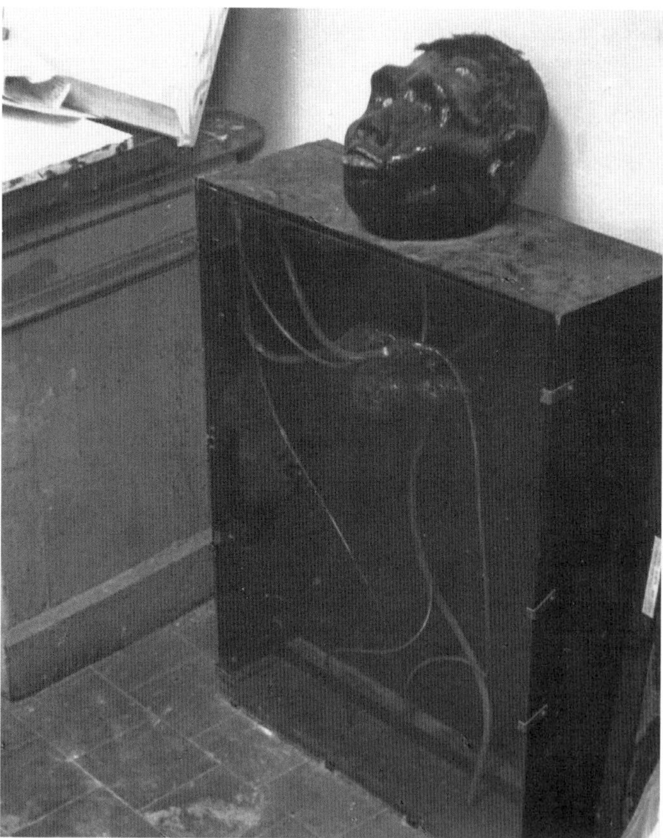

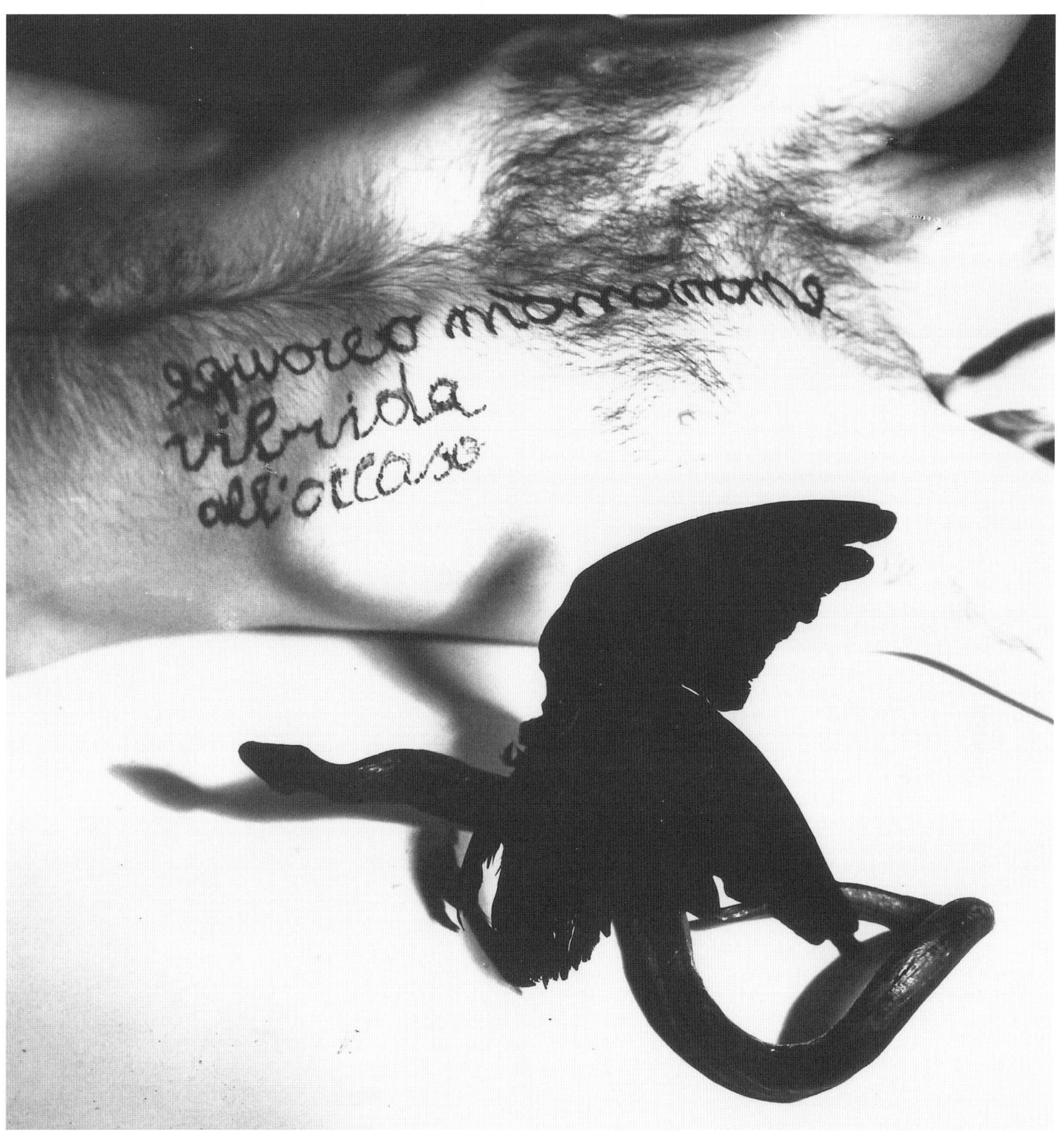

 Monomane, 1968, azione, pigmenti, plastilina, piume

terreno dell'immaginario che da sempre si spinge come ogni avventura del pensiero scientifico e dell'arte ben oltre i confini del reale contingente, la sua azione – come infine d'altronde è avvenuto – si è già data conseguimenti sui quali poter costruire l'edificio ritenuto attualmente visionario, benché pensato, contro ogni principio di realtà, ma che è realtà anche essa documentata in lavori, immagini, eventi, cioè opere reali. E cos'altro dovrebbe fare un artista se non "mettere al mondo il mondo" come ha affermato Alighiero Boetti, contemporaneo e coetaneo di Bove? E, si potrebbe aggiungere, "con tutto ciò che ancora non c'è"?

Eccepire che l'impresa di Bove è impossibile o assurda è facile e perfino banale e, se proprio qualcuno ci tiene, è ammissibilmente dichiarabile come fallimentare. Ma ora, se ciò ha placato ogni obiezione ad essa, vediamone però gli aspetti non così peregrini – quelli che si coniugano a esperienze trascorse, che pur hanno lasciato segni e, perché no, anche sogni non del tutto compiuti invano – nonché aspetti che si rendono plausibili con risultati attuali della scienza che sembrerebbero offrire un terreno ai progetti di Bove. Così facendo ci si accorgerà che all'azione di Bove corrisponde una filologia ramificata in ambiti difformi di cui la storia del pensiero scientifico, filosofico, artistico e poetico non ha disertato le prove, i tentativi e comunque le tensioni che rendono alcune persone "pionieri", "esploratori", "trovatori", insomma esseri del tempo a venire.

3.   IMMORTALITÀ, ETERNITÀ, TEMPO. LE NARRAZIONI MODERNE PRECEDENTI L'AZIONE DI BOVE

Quando si esaminano le molteplici forme artistiche attraverso cui il pensiero di Bove ha manifestato il suo interesse e la tensione duratura e costante per l'immortalità, non solo in senso metafisico, ma anche e soprattutto in quello fisico del corpo, balza subito alla mente anche l'opera narrativa e poetica di Jorge Luis Borges; è a lui, infatti, che si deve nel nostro tempo la maggiore assiduità nel tornare sull'argomento dell'immortalità con racconti e poesie che sembrano affermare e negare, allo stesso tempo, la sua attrazione e la sua obiezione verso l'essenza di quel concetto, peraltro affrontato sotto le diverse modalità della scrittura (o allorché fu costretto dalla *caecitas*, mediante la dettatura orale) e sotto le angolazioni dei concetti "identità immortale" e dell'"immortalità" in quanto condizione esistenziale, o come storia dell'"eternità", o in attributi diversi del "tempo o della morte", come interruzione del vissuto temporale.

Non sembra pertanto incongruo in questa riflessione sull'opera di Bove riferire a questo proposito degli aspetti che distinguono il pensiero di Borges rispetto a quello dell'artista, recando quelli dello scrittore argentino a motivo di confronto e riflessione.

In *Ficciones* (1944), precocemente tradotto in Europa – peraltro per la "Nouvelle Revue Française" da quel Roger Caillois di cui Bove ha consultato, in gioventù, le numerose pagine dedicate all'entità del sogno e alla dimensione onirica, non senza diversificazione di opinioni –, si incontra subito lo stupefacente racconto *L'immortale* in cui Borges inventa, come per la matrioska russa, una dentro l'altra, le identità dell'antiquario Cartaphilus da Smirne, del tribuno romano Flaminio Rufo, del troglodita Argo, alias Omero, autore dei celebri poemi, tutti e tre affiorati nelle pagine di un manoscritto dimenticato nell'ultimo tomo dell'*Iliade* (1715-1720) di Pope, venduta dall'antiquario alla principessa di Lucinge. Borges racconta che in quel manoscritto il tribuno romano di stanza a Tebe Hekatompylos ai tempi di Diocleziano

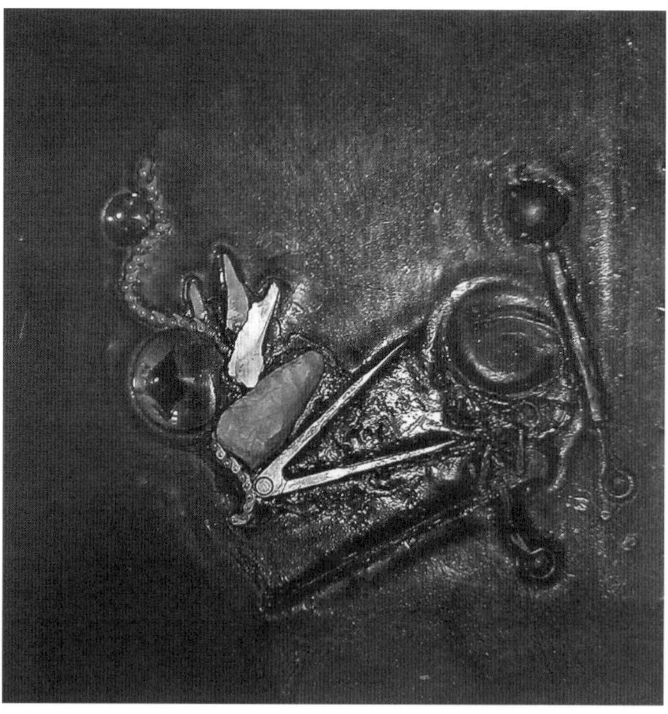

Senza titolo, 1970, cera, catrame, pece greca, vetro, metallo, amigdala, selci neolitiche, 70×70 cm

decide di volgersi alla ricerca della Città degli Immortali collocata in Occidente "dove termina il mondo", per bere a un fiume che scorre sotto le mura di quella città, la cui acqua reca l'immortalità. "Ignoro se credetti mai alla Città degli immortali", Borges fa dire al suo personaggio, "penso che allora mi bastasse il compito di cercarla"[07]. Entrambe espressioni significative non trascurabili e da tenere in conto per la ricerca di Bove. Dopo un estenuante cammino nei deserti e mille peripezie dai risultati mortali, ferito e vinto dalla fatica, il tribuno cade in sonno per risvegliarsi "in un'oblunga nicchia di pietra, non più grande di una comune sepoltura, scavata nella superficie dell'aspro fianco di una montagna"[08] ai cui piedi nella terra abitata dai trogloditi scorreva un ruscello, al di là delle cui rive splendeva la Città degli Immortali. In breve il racconto di Borges ci dice che dopo aver bevuto l'acqua del fiume che rendeva immortali ed essere penetrato attraverso alcuni labirinti sotterranei nella Città degli Immortali, il tribuno romano viene colto da sconcerto nello scoprire che essa era stata distrutta e ricostruita dai suoi abitanti come enorme antichità e complessità insensata, "così orribile", scrive Borges, "che il suo solo esistere e perdurare [...] contamina il passato e il futuro [...]. Finché durerà, nessuno al mondo potrà essere prode o felice"[09]. Il resto del racconto lascia intendere che nell'immortalità avrebbe influito il concetto di mondo come sistema di precise compensazioni la cui dottrina vuole che "non c'è cosa che non sia compensata da un'altra" e inoltre che

> ogni atto (e ogni pensiero) è l'eco d'altri che nel passato lo precedettero, senza principio visibile, o il fedele presagio di altri che nel futuro lo ripeteranno fino alla vertigine. Non c'è cosa che non sia come perduta tra infaticabili specchi. Nulla può accadere una sola volta, [...][10].

In quest'ultima affermazione nel racconto di Borges spunta la concezione nicciana dell'"eterno ritorno" che è al centro di altre sue narrazioni come *La dottrina dei cicli*, *Il tempo circolare* e altri.

Ma Borges è autore anche di *Storia dell'eternità* e di racconti come *L'immortalità* e *Il tempo*, nonché di narrazioni in cui il sogno gioca un ruolo essenziale. Anche per questo credo necessario riferire ulteriori elementi dell'opera del maestro argentino.

✳ ✳ ✳

In altre pagine, dedicate stavolta all'eternità che, per sillogismo tra argomenti ruotanti attorno a una stessa magnetica preoccupazione, può essere equiparata all'immortalità, Borges offre un diverso piano su cui poggiare acute considerazioni, non esenti da una vena sensibilmente poetica. Egli, infatti, dopo aver tracciato con puntuale cronologia la *Storia dell'eternità* (1936), mediante richiami a lui congeniali e da letture di cui pur fornisce la fonte, si offre al lettore con la teoria personale di essa, e in una versione di cui dichiara di aver già formulato specifiche pagine dal titolo "sentirsi in morte" nel suo libro *L'idioma degli argentini* del 1928. In quella citazione di quanto già anzitempo scritto, Borges racconta di una camminata "alla ventura", in una sera e in un quartiere lontano da quelli ordinariamente percorsi, senza una precisa meta.

> La camminata – scrive Borges – mi lasciò all'angolo di una strada. Aspirai notte in serenissima vacanza di pensiero [...]. Era una strada di case basse, e sebbene il suo primo significato fosse di miseria, il secondo era certo di felicità [...]. Rimasi a guardare quella semplicità. Pensai probabilmente ad alta voce: questo è lo stesso

07   Jorge Luis Borges, *L'immortale*,
      in *L'Aleph*, Feltrinelli, Milano 1959.
08   *Ivi*, p. 24.
09   *Ivi*, p. 29.
10   *Ivi*, pp. 37-38.

↓   *Memorizzare sogni*, 1973, stampe fotografiche in b/n, 15×18 cm ciascuna

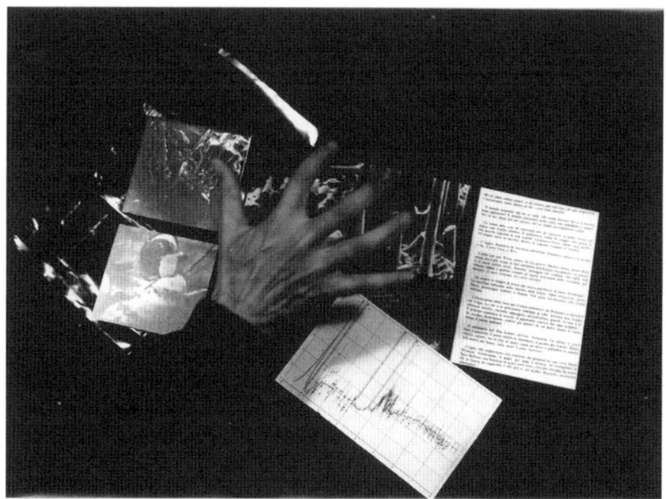

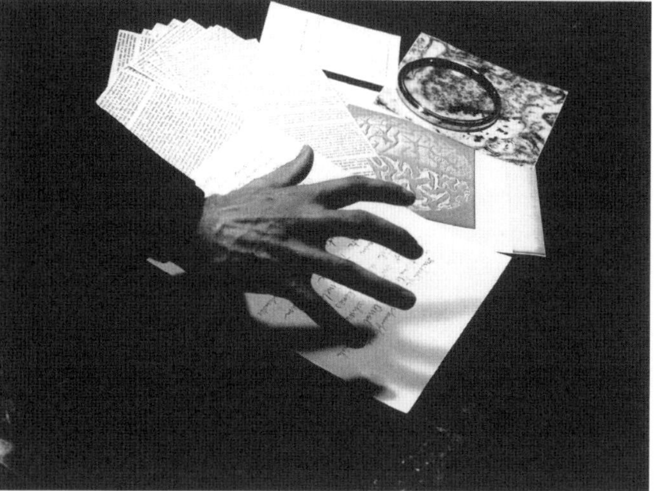

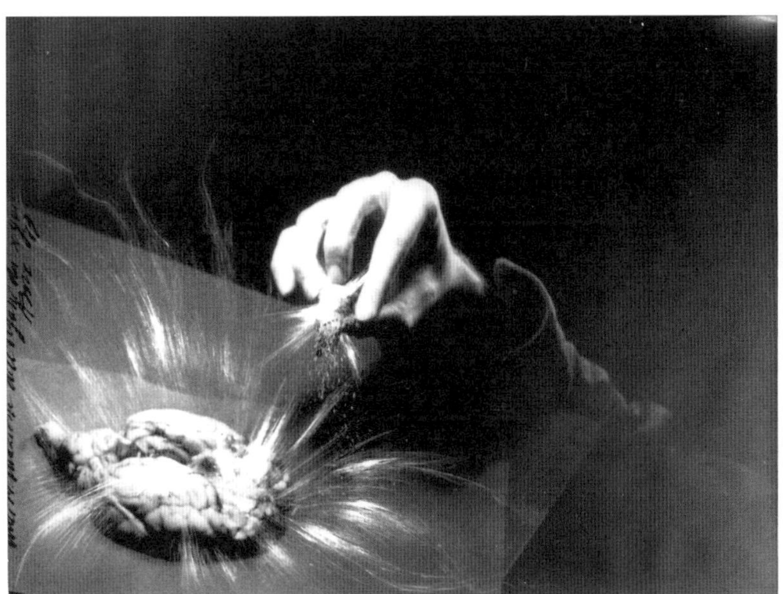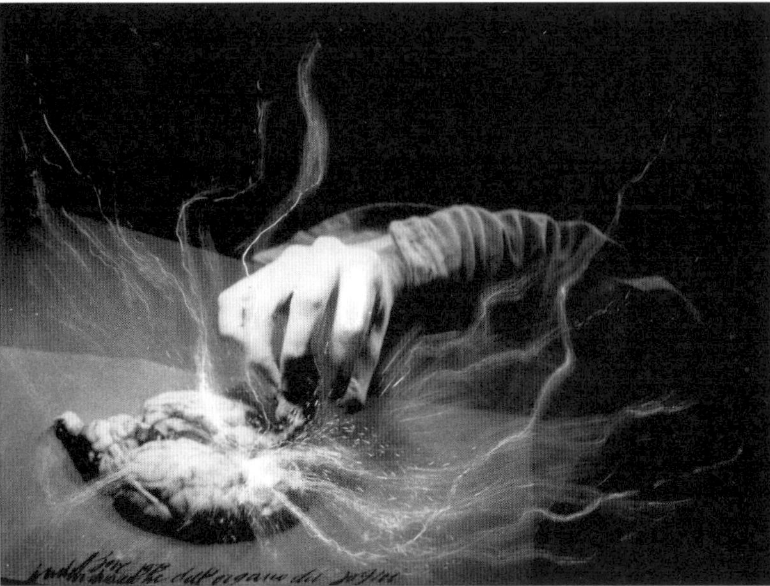

↑ ↗ *Individuazione dell'organo dei sogni*, 1973, stampe fotografiche in b/n elaborate dall'artista, 40×60 cm ciascuna

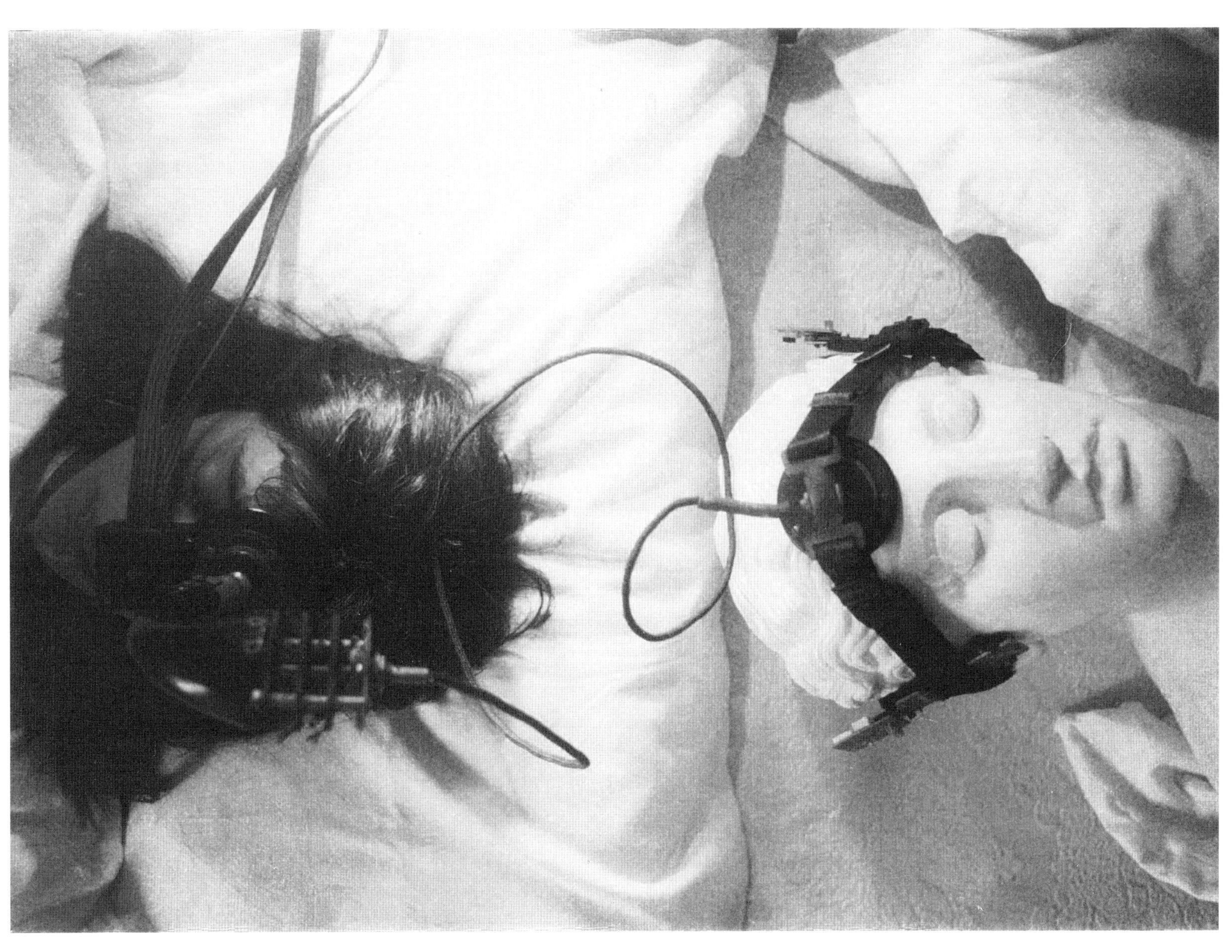

↑ *Conversazione onirica*, 1992, installazione, modello vivente, statua in gesso, sensori, 160×80×32 cm

di trent'anni fa [...]. Il facile pensiero *sono nell'Ottocento* non era più un gruppetto di parole approssimative bensì aveva la profondità della realtà. Mi sentii morto, mi sentii percettore astratto del mondo [...] mi sospettai in possesso del reticente o assente senso dell'inconcepibile parola *eternità*. Soltanto dopo riuscii a definire quell'immaginazione[11].

Nel riferire il racconto di Borges ho proceduto a estrarre alcuni brani salienti per non impegnare più del dovuto il lettore nella proposizione del testo a cui si fa riferimento e uso nella riflessione in atto per l'opera di Bove; non diversamente, tuttavia, si continua a fornire altri brani, stavolta conclusivi e rivelatori del sentimento di Borges verso l'eternità, con il medesimo metodo di citazione sintetica.

> Quella pura rappresentazione di fatti omogenei – seguita Borges – [...] non è semplicemente identica a quella che ci fu in quello stesso angolo tanti anni fa; è senza somiglianza né ripetizione, la stessa. Il tempo [...] è un'illusione [...]. Traggo anticipatamente questa conclusione: la vita è troppo povera per non essere anche immortale. [...] Rimanga, dunque, [...] il momento vero di estasi e la possibile immaginazione di eternità di cui quella notte non fu per me avara[12].

È del tutto chiaro che a Bove non basteranno le pur mirabili ed emotive pagine dello scrittore argentino, maestro di narrazione immaginaria, onirica e mnemonicamente prismatica, per indurlo a rassegnare le proprie tensioni e placare l'ansia progettuale tuttora rivolta a predisporre un terreno fertile e di oggettiva attesa in cui scienza e arte convergano e collaborino per trasformare l'attuale fervore operativo utopico rivolto all'immortalità in un avvenire di reali attuazioni e possibilità per l'uomo.

4. ANSIA DI SOPRAVVIVENZA

In una sua riflessione Bove parla di *sopravvivenza* e comunque non solo ne parla più di una volta, ma lascia trasparire questa aspirazione che si definisce come necessità e bisogno da soddisfare sempre più impellente, quanto più egli focalizza l'obiettivo dell'immortalità fisica del corpo e della nostra vita. Ebbene, Elias Canetti, in un suo celebre saggio, pone in relazione il concetto di "sopravvivenza" con quello di "potere"; una lettura dei brani più significativi rende consapevoli di quali pulsioni "sopravvivenza" e "potere" siano alimentati e determinati. Scrive Canetti:

> [...] oggi, come tutti sappiamo, la situazione dell'umanità è così seria che dobbiamo volgerci a quanto vi è di più vicino a noi e di più concreto. Neppure presagiamo quanto tempo ci sia rimasto per vedere il peggio; ma potrebbe darsi benissimo che il nostro destino fosse subordinato a determinate, dure conoscenze che ancora non possediamo[13].

Dall'esordio di carattere generale egli passa poi ad indagare come la sopravvivenza sia connessa con ciò che genericamente si definisce "potere".

> Il *morto* – prosegue Canetti – [...] che non si drizzerà più, suscita un effetto enorme e orribile. Il primo impulso di chi vede dinanzi a sé un morto, specialmente se il morto in qualche modo lo riguarda, ma non solo in tal caso, è l'incredulità. [...] si spia ogni moto del suo corpo. Si è mosso, respira. No. Egli non respira. Non si muove. È proprio morto. Subentra allora il terrore di fronte alla realtà della morte, che si potrebbe definire l'unica realtà

11   Jorge Luis Borges, *Storia dell'eternità*, traduzione di Livio Bacchi Wilcock, Il Saggiatore, Milano 1962, pp. 40-42.

12   *Ivi*, p. 43.

13   Per questa e le successive citazioni del testo di Canetti, cfr. Elias Canetti, *Potere e sopravvivenza*, a cura di Furio Jesi, Adelphi, Milano 1981, pp. 11-35. Canetti pubblica il suo saggio per la prima volta nel 1972, presso Carl Hanser Verlag, München.

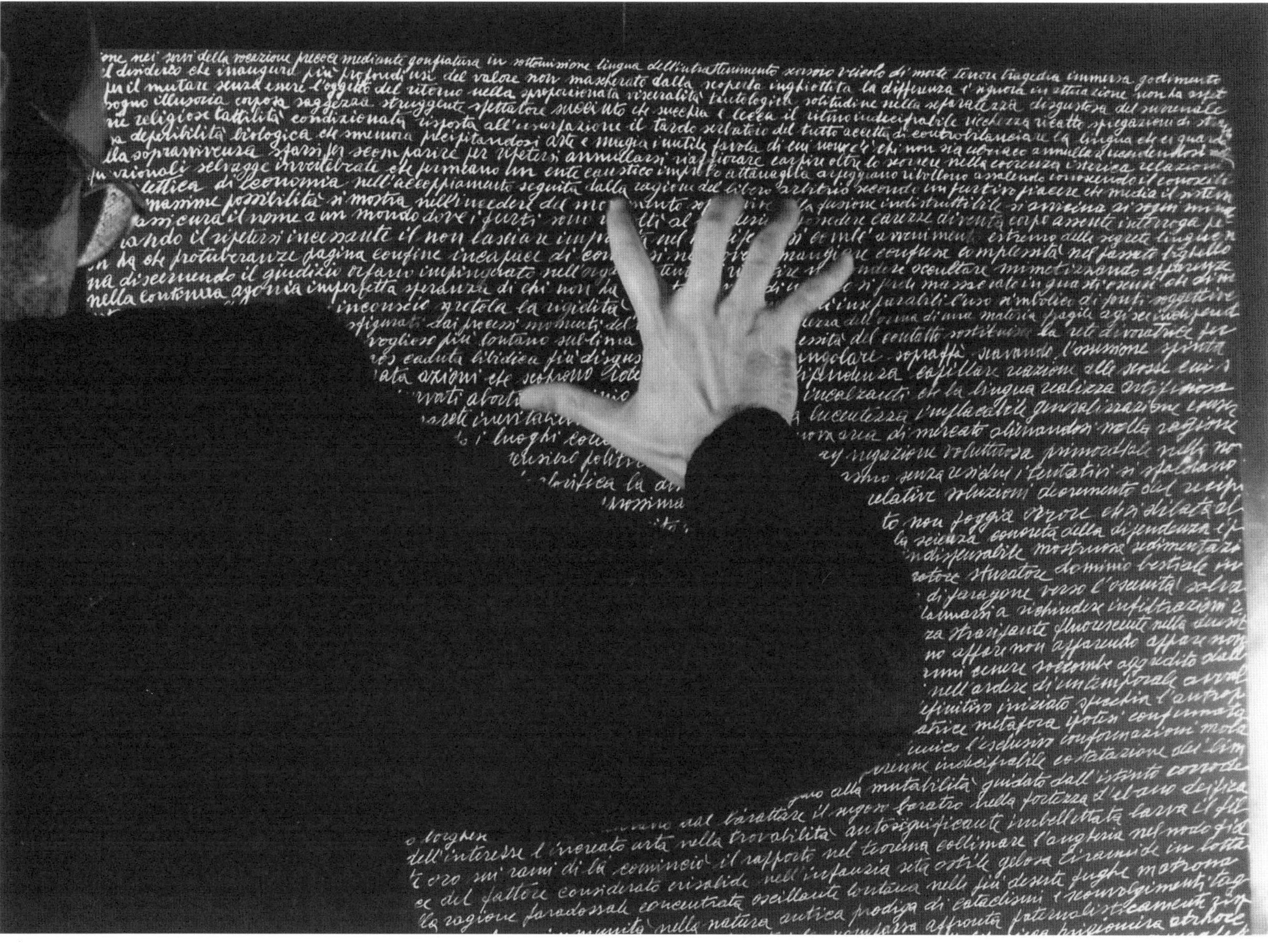

Memorizzare sogni, 1973, stampa fotografica in b/n, 30×40 cm

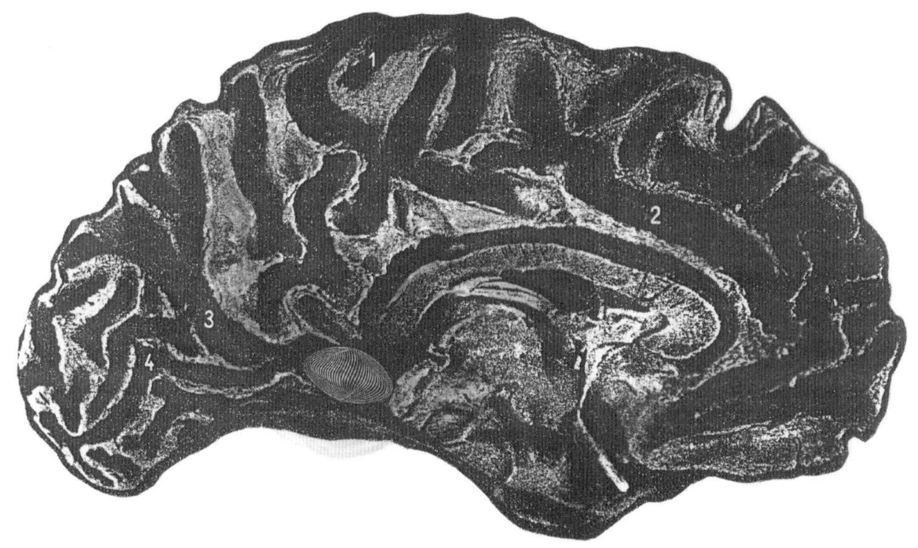

↗ *L'organo dei sogni*, 1973/1993, stampa fotografica b/n e pigmento luminescente, 85×135 cm

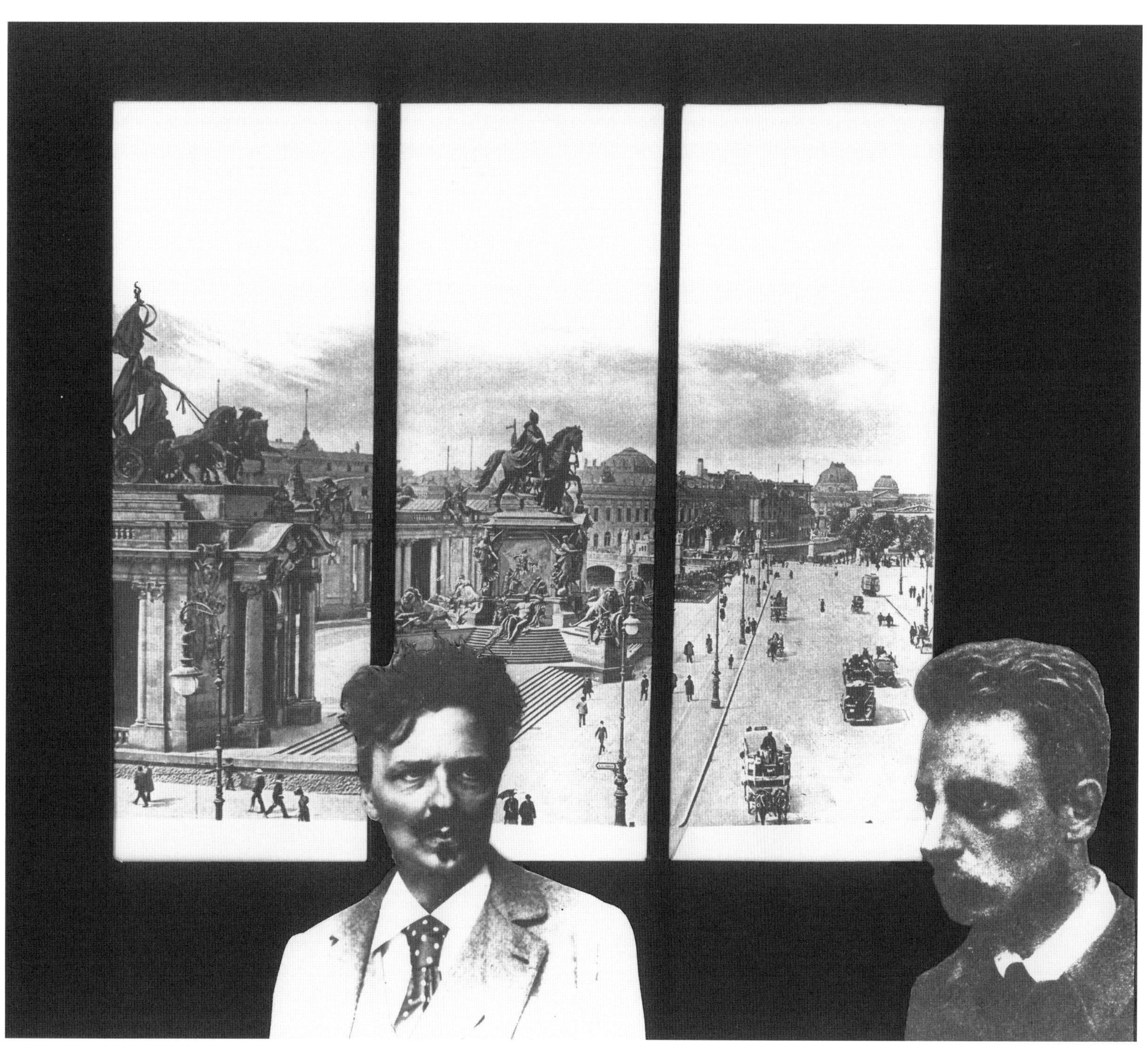

↑ *La storia sognata; August Strindberg e Rainer Maria Rilke a Berlino*, 1979, stampa fotografica in b/n elaborata dall'artista, 21×24 cm

> tanto orrida da includere in sé ogni cosa. Il confronto
> con il morto è un confronto con la propria morte […].

A proposito di questa assunzione della morte da parte del
sopravvivente, Canetti evoca le pagine del lamento di Gilgamesh
sulla morte dell'amico Enkidu, evocato nella nostra stessa
riflessione nell'argomentazione riguardante l'immortalità
elaborata da Gino De Dominicis. Inoltre, Canetti suggerisce
alcuni aspetti inequivocabili a proposito del rapporto tra noi
viventi e la persona morta, ovvero che

> Il terrore suscitato dal morto quando giace dinanzi
> a chi lo guarda, è compensato dalla soddisfazione:
> chi guarda, non è lui il morto. Sarebbe potuto esserlo.
> Ma chi giace è l'altro.

Canetti ribadisce:

> La situazione del sopravvivere è la situazione centrale
> del potere. Sopravvivere non è solo spietato, è qualcosa
> di concreto […]. L'uomo non crede mai del tutto alla morte
> finché non l'ha sperimentata. E la sperimenta negli altri.
> Muoiono dinanzi ai suoi occhi, ciascuno singolarmente,
> e ogni singolo che muore lo convince della morte.

Come si ricorderà, lo stesso Marcel Duchamp ha dichiarato che
"D'ailleurs c'est toujours les autres qui meurent" [D'altronde sono
sempre gli altri che muoiono].
Avanzando nella riflessione Canetti incalza:

> Il senso di felicità del sopravvivere concreto è infatti
> un piacere intensivo. Una volta subentrato e approvato,
> esso esigerà la sua ripetizione e crescerà rapidamente
> fino a divenire una passione insaziabile. Chi ne è invasato
> si approprierà delle forme di vita sociale intorno a lui,
> in modo che servano a soddisfare questa passione.
> La passione è quella del *potere*. […] Chi ha preso
> gusto al sopravvivere vuole *accumularlo*.

Prima di concludere Canetti osserva ancora, a proposito di chi
ha potere e del piacere che trae dal sopravvivere agli altri che

> L'intenzione autentica del vero potente è, infatti,
> incredibilmente grottesca: vuole essere *l'unico*.
> Vuole sopravvivere a tutti, affinché nessuno gli
> sopravviva. A ogni prezzo vuole sfuggire la morte,
> e perciò non deve esserci nessuno, da nessuna
> parte, che possa dargli la morte. Finché ci sono
> uomini, qualsiasi uomo, egli non si sentirà sicuro.

A questo punto Canetti si pone il quesito: "ma quale significato
può avere l'affermazione che il potente vuole essere l'unico?"
E si risponde concludendo:

> l'impulso a quell'unicità è qualcosa di estremamente
> reale: un'autentica forza di prim'ordine, che si deve
> prendere molto sul serio e scandagliare a fondo ogni
> volta che se ne offra l'opportunità.

Se l'esame approfondito di tale forza reca a psicopatie come
la paranoia, nel nostro caso – essendo assente ogni motivazione
che rechi a tali conclusioni – si potrà convenire che l'obiettivo di
Bove è semplicemente quello di raggiungere una sopravvivenza
"relativa" all'obiettivo di portare avanti il progetto utopico artistico
di salvare l'uomo dalla morte e con lui l'universo stesso minacciato
dal secondo principio della termodinamica, né più né meno,
come l'uomo stesso.

5.   ENERGIE DELLA PSICHE (1966-70)

Quali che fossero gli eventi alla base del sentimento
angoscioso che ha pervaso l'animo di Antonino Bove negli anni
dell'adolescenza e della prima giovinezza, per sua dichiarata

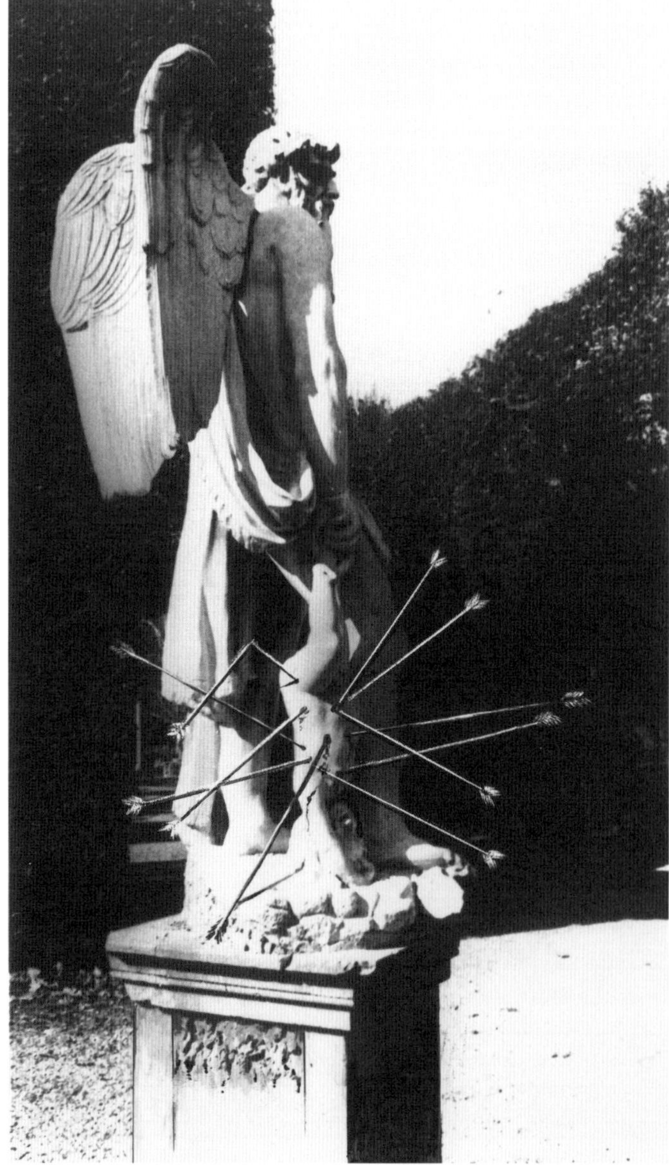

↓   *Cronos*, 1974, stampa fotografica in b/n elaborata dall'artista,
60×40 cm

affermazione essi si possono riassumere nella determinazione
di non voler accettare per sé e per l'intera umanità il destino
della comune sparizione e vanificazione dell'esistenza a causa
della morte, come pure, a diversa scadenza, ma ad analogo
esito, della stessa fine dell'universo sotto l'effetto di una entropia
generalizzata in conseguenza del secondo principio della
termodinamica, secondo le conoscenze scientifiche finora note.
Si è resa pertanto evidente al pensiero di Bove la necessità di
individuare una strada che ponesse le basi di un'azione radicale e
non procrastinabile per il superamento di una condizione siffatta;
oltretutto avendo contezza che nel pensiero filosofico, in quello
parapsicologico e perfino in quello scientifico e artistico, alcune
ipotesi di possibili tematiche analoghe ai suoi pensieri circolavano
nelle letterature di vari ambienti, da quello fantascientifico a quello
poetico ma anche biologico e tecnologico: verso dove rivolgere
ogni energia, dunque? E, soprattutto, che fare? Il fatidico quesito
di chiunque abbia voluto cambiare le sorti permanenti di uno *statu
quo* tornava prepotentemente al cospetto del giovane Bove che,
come si ricorda, aveva intrapreso gli studi artistici nella Scuola di
Pittura dell'Accademia di Belle Arti a Firenze.

    Nella prima metà degli anni Sessanta, a Livorno, dove
intanto era giunto dopo numerosi spostamenti di residenza, Bove
aveva iniziato a lavorare con la macchina fotografica, producendo
stampe ma anche assemblaggi di immagini, scritture e impiego
di materiali nella pittura quali la cera, il catrame, i tessuti in forma
di garze, pigmenti vari, ma anche oggettistica e vetro.

    In un costante processo di individuazione di quelle
esperienze che lasciavano supporre che accanto alla percezione
di fenomeni visibili nella realtà vi sono però ulteriori, molteplici
manifestazioni di energie e forze seppur invisibili altrettanto
reali ed esistenti, Bove rivolgeva la sua azione creativa più
frequentemente verso queste ultime, le quali sembravano porsi
in una zona di immaterialità fortemente stimolante ed evocativa
di un più ampio dominio da cui trapelava un'altra parte della
vita stessa. Tra queste ulteriori realtà, certamente quella che
dischiudevano i sogni e le loro straordinarie e libere trame,
in cui tutto diveniva possibile, sembrava essere, agli occhi e
all'immaginazione di Bove, uno dei terreni più fertili dove coltivare
e sperimentare il senso di superamento degli angusti perimetri
dell'esistenza e della realtà da svegli.

    Nel rivolgere dunque i suoi interessi in ambito
psicologico e psicoanalitico, in cui la dimensione del sogno veniva
ampiamente indagata, si aprivano alle sue riflessioni sia gli studi
compiuti da Sigmund Freud e Carl Gustav Jung, rispettivamente
dedicati all'ipnosi, all'ipnoterapia e all'*Interpretazione dei sogni*
(1899) e – nel caso del più giovane psicoanalista svizzero – alla
componente spirituale dell'arcaico e della sessualità rivelata
dall'inconscio nei sogni. Se Freud aveva riconosciuto nei sogni la
più vasta fonte d'informazione dei processi inconsci, sottraendo
all'oblio qualcosa di grandemente prezioso che sarebbe altrimenti
andato perduto, Jung si avventura in regioni di cui Freud, pur
essendone affascinato, non sapeva cogliere i valori per diversità
insormontabili di storia individuale, generazionale e spirituale.
Tutta la sfera di interessi di Jung per la psicologia e l'alchimia e
altri ambiti dell'occulto, tendenzialmente e deliberatamente tenuti
a lungo fuori degli interessi di Freud, compresa la parapsicologia
a cui si sarebbe invece successivamente interessato, avevano
costituito un terreno da dissodare con vigore dal più giovane
psicoanalista di Basilea.

    Alle "aperture" di Jung e di Wilhelm Reich, teorico
dell'energia orgonica, come pure a quelle delle esperienze radicali

↓   *La storia sognata; Marcel Proust in visita alla sua tomba*,
1973, stampa fotografica in b/n elaborata dall'artista,
24×18 cm

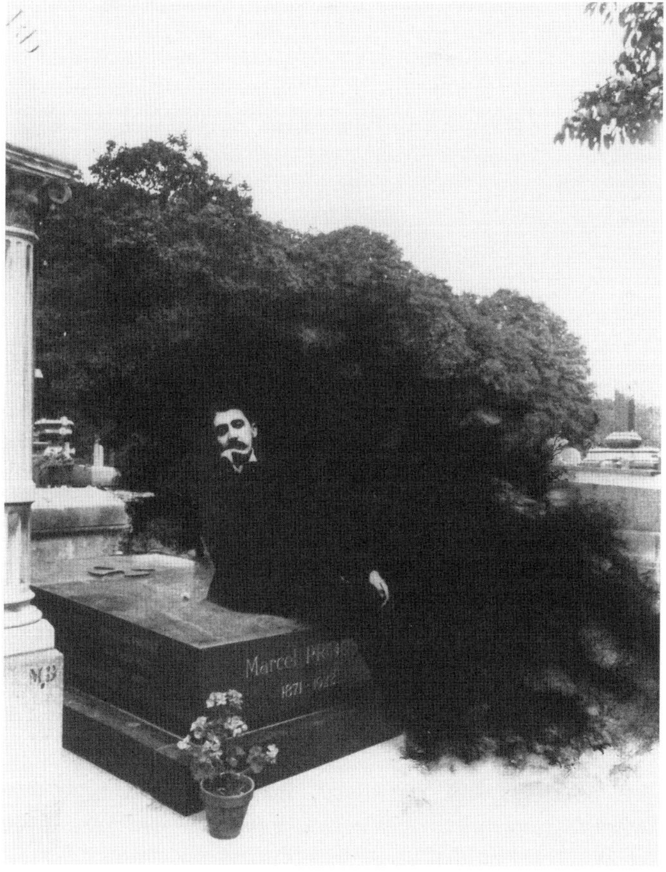

di Antonin Artaud negli anni Trenta – durante i suoi viaggi
in Messico, nel paese dei Tarahumara (1936), per raggiungere
un'improbabile guarigione sottoponendosi alla danza del
Peyote –, si interessava negli anni tra il 1966 e il 1970 Antonino
Bove, documentandosi a fonti di cui ritrovo, tra i miei stessi
libri e nelle mie letture, tracce e annotazioni.

È arduo separare, distinguere o, all'opposto, stabilire le
connessioni di quelle vene di alimentazione di una personalità
in via di formazione: dagli strumenti teorici, ai viaggi, agli incontri
di altri "trovatori" in cerca di un'analoga propria "via" alla
conoscenza del sé e del proprio destino, soprattutto se il
soggetto in questione ha in animo di opporvisi, di contraddirlo, o
addirittura di mutarne radicalmente il disegno, com'era intenzione
di Bove, nel voler abolire la morte dal suo orizzonte esistenziale.

Intanto, prima dei suoi viaggi a Napoli, prendevano
forma le opere *Cervo volante* (1964), *Telecinesi* (1966), *Apporto*
(1967), *Irradiazione* (1967), *Entità* (1969), recanti un basilare
sostrato di ispirata immaterialità investita da un alito vitale,
espressione di energie e tensioni che facevano leva sulla
percezione di essenze sottili e di vacue presenze, che sin
da allora apparivano circonfuse, per influsso dell'autore,
di un'aura al limite della visibilità.

Quasi simultaneamente, con l'individuazione di ambiti
come quelli in cui si studiavano fenomenologie paranormali,
occulte, a base di pratiche magiche e sciamaniche, mistiche,
rituali, ma anche quali il sogno o le attività alchimistiche e di
etnoantropologia, Bove non cessava di osservare gli sviluppi
e le ricerche scientifiche soprattutto della fisica quantistica,
cioè di tutto quel vasto territorio in cui la ricerca forzava i limiti
della conoscenza per aprire nuove frontiere all'estensione
del tempo e alla conoscenza delle forze, delle energie e delle
dinamiche che governano il mondo e l'universo.

Dopo l'avvio di processi formativi a base materica come
quelli che avevano dato vita a *Cervo volante*, l'interesse per
la fotografia (come è evidente nelle opere *Entità*) aveva spinto
Bove a dotarsi di uno studio fotografico, idoneo a consentirgli
l'elaborazione di stampe anche di grandi dimensioni. Un costante
esercizio plastico e pittorico trovava modo di esprimersi anche
nello studio fiorentino del maestro Primo Conti. È il caso di opere
come *Ominide*, (1969) in cera, catrame, gomma e vetro a cui
faranno seguito ulteriori lavori su pietra incisa (1970) di cui non
sono rimaste tracce apprezzabili.

Con l'inizio degli anni Settanta si sviluppano sensibili
interessi antropologici, etnosociologici e nell'onda lunga delle
temperie del '68 anche riflessioni sulla realtà sociale e politica
di quegli anni in Europa, con relative letture e viaggi che integrano
e irrobustiscono le ipotesi di lavoro già intraprese; sono quelli
gli anni in cui Bove approfondisce lo sciamanesimo di Mircea
Eliade, la storia delle religioni di Angelo Brelich, l'etnologia di
Lévi-Strauss, il pensiero utopico e filosofico di Giordano Bruno,
Tommaso Campanella, Thomas More ma anche di filosofi e
semiologi strutturalisti come i francesi Gilles Deleuze, Félix
Guattari, Michel Foucault e Georges Bataille, esponente del
Surrealismo storico, ma nevralgica firma intellettuale che, come
Artaud, meditava altre avventure del pensiero eversivo in senso
poetico, su cui meriterebbe riflettere e di cui si dovrebbe tenere
conto per le aperture di senso da lui introdotte.

Vere e proprie stagioni e campagne di studio vengono
attuate da Bove partecipando ad attività archeologiche in villaggi
paleolitici promosse e coordinate dall'università di Pisa negli anni
1972-73, come peraltro la prosecuzione di viaggi di studio presso

↓   *La storia sognata; Arnold Böcklin dipinge la sua tomba*,
1973, stampa fotografica in b/n elaborata dall'artista,
18×24 cm

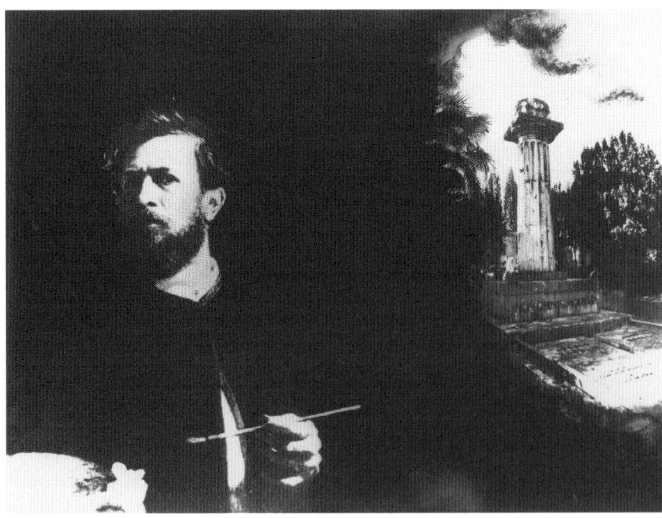

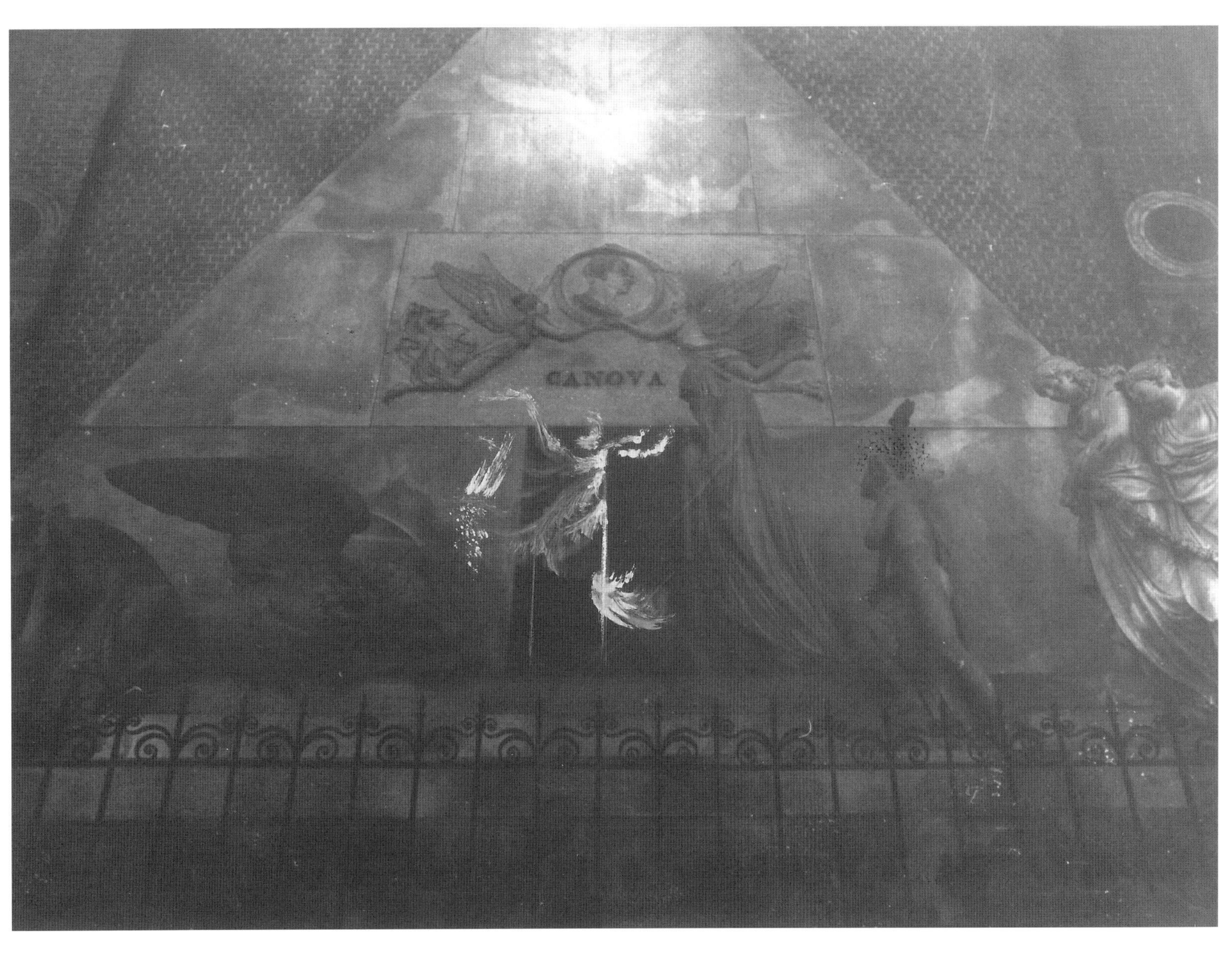

↑ *Il sogno di Antonio Canova*, 1973-84, stampa fotografica in b/n e pigmenti, 21×29 cm

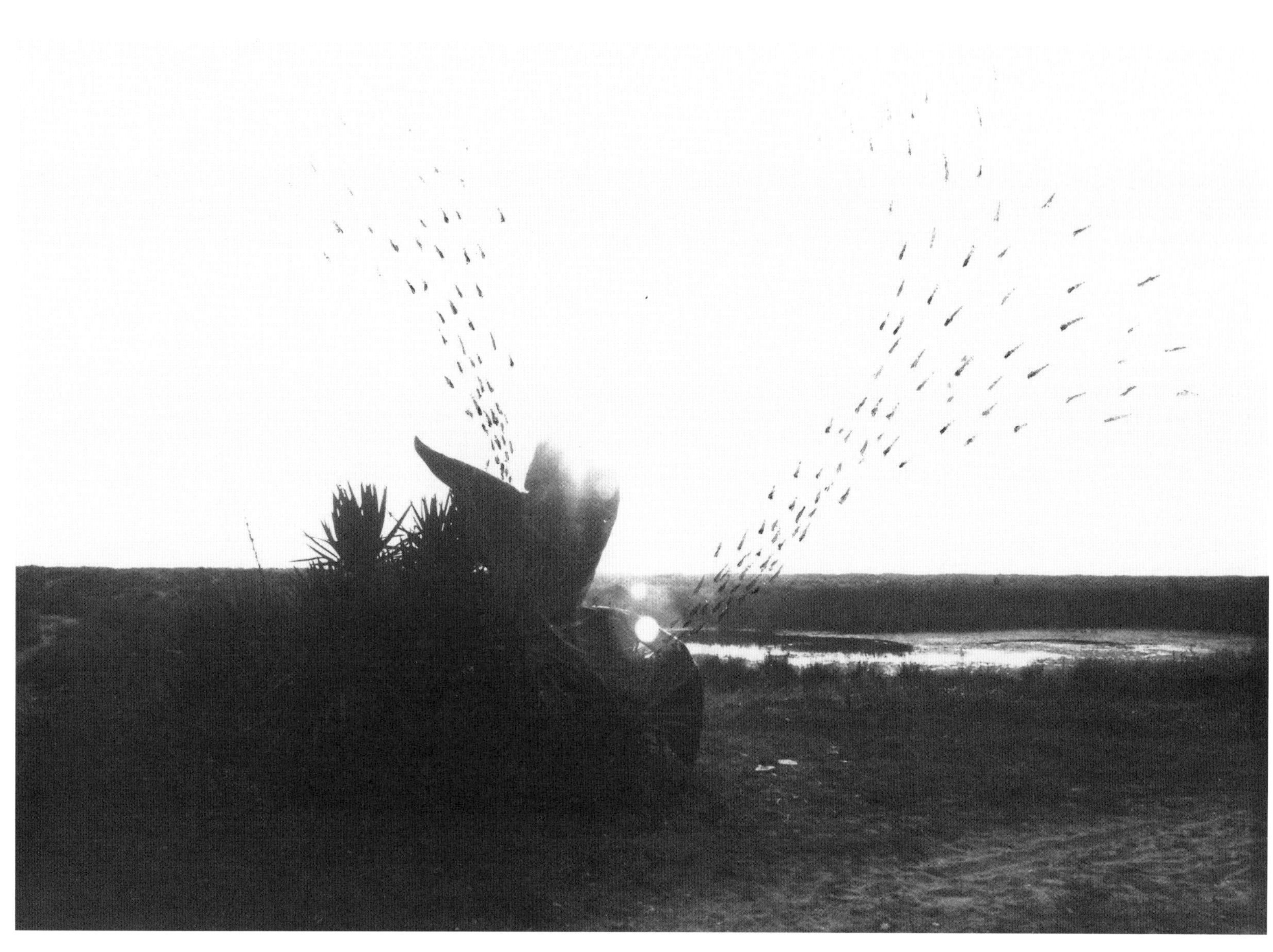

↑ *Trafitture*, 1973, stampa fotografica in b/n elaborata dall'artista, 60×80 cm

musei inerenti alle discipline archeologiche ed etnoantropologiche
come il Museo dell'Uomo a Parigi nel 1972.

Con il consolidamento delle premesse poetiche della
ricerca ormai avviatasi e con l'ipotesi che nel sogno e in altre
prassi di carattere estatico si poteva accedere a tempi e luoghi
che la vita quotidiana e lo stato di veglia non rendevano possibili,
hanno inizio per Bove esperienze ed elaborazioni che, facendo
leva sulle dinamiche delle forme metafisiche, gli consentono di
simulare percorsi e produrre reperti e tracce di una vita psichica
molto più estesa in senso virtuale e rivolta al superamento dei
limiti di quella altrimenti segnata dalle ore del giorno. Rispetto a
queste dinamiche Caillois ha avuto gioco facile ad argomentare
con "spiegazioni" logiche e comprensibili come non ci si debba
fidare di tutto ciò che nel sogno appare miracoloso, facile, possibile.
Ma nel caso di Bove il problema era quello di considerare il sogno
come uno dei veicoli e degli "strumenti" da cui e con cui, dalla
sua dimensione impalpabile eppure "materica", a causa delle
sue energie misurabili e quindi della sua "massa" reale, poteva
trarre immagini da tradurre in opere, quindi forme realizzate,
che divenivano passi concreti per muovere dall'utopia e
dall'immaginario al possibile e verificabile, il che equivaleva
a l'assioma che tutto ciò che si pensa – in estrema sintesi –
può divenire realtà. A questo tipo di logica Caillois fornisce una
spiegazione che ha il carattere scettico di tutta la sua trattazione
sul tema del sogno.

L'uomo – scrive Caillois – nel momento in cui respinge con
disprezzo la vana fantasmagoria per dedicarsi ai compiti
fastidiosi e ingrati che lo affaticano senza dargli gioia,
non può fare a meno di domandarsi se non lascia la parte
migliore e più vera di sé nel regno incantato dei sogni.
Ed è allora che attribuisce un senso nuovo alla parola
sogno: quello di un mondo meraviglioso che gli dà nello
stesso tempo la felicità e l'appagamento. [...] Sogno
diventa allora l'equivalente di *desiderio*, e più esattamente
di desiderio irrealizzabile. [...] E gli psicologi hanno buon
gioco fin dall'inizio nel dimostrare senza eccessiva fatica,
anzi, fin troppo facilmente, che il sogno è la realizzazione
simbolica, mascherata, dei desideri dell'inconscio[14].

Alle numerose, stimolanti considerazioni compiute da Caillois si
potrebbe obiettare che non sempre il sogno è espressione di un
"mondo meraviglioso" che dà felicità e appagamento ma che oltre
a produrre incubi e ansie può essere assai spesso sede di cruciali
nodi in cui inconscio, io e super-io giocano partite che mettono
a dura prova il sognatore.

Tra la fine degli anni Sessanta e il 1980 il lavoro di Bove
compie passi che ne qualificano decisamente l'indirizzo poetico.
È un decennio di intensa attività che si esprime attraverso
scritture di vario tipo; dalla diaristica alla teoria, dalla narrazione
al componimento poetico, interponendo azioni e ricostruzioni
di eventi, producendo opere a base di "impronte", di strutture
a base di ready-made, di calcomanie e molto spesso elaborazioni
memorizzate con il mezzo fotografico che resta denominatore
frequente di molti lavori. A titolo esemplare si richiamano in
questo arco temporale *Entità onirica* (1967), *Ustioni* (1968),
Psiche insidiata (1970), *Impronte di un sogno* (1972), *Monomane*
(1973), *Trafitture* (1973), *Scrosci* (1975), *Storia dei sogni*
(1972-78), *Afasia* (1976) e *Verso il vuoto* (1980). A queste opere
si deve associare l'ingente quantità di esperienze dischiuse
nella fase assai distintiva dell'opera di Bove dedicata alla
"materializzazione dei sogni", il cui sviluppo richiede una
riflessione unitaria secondo l'alternanza di differenti momenti

14   Roger Caillois, *Il deserto del sogno*,
Nuova Accademia, Milano 1964, pp. 85-86.

↓   *La storia sognata; Conversazione tra Sigmund Freud
e Albert Einstein*, 1978, stampa fotografica color seppia
elaborata dall'artista, 80×60 cm

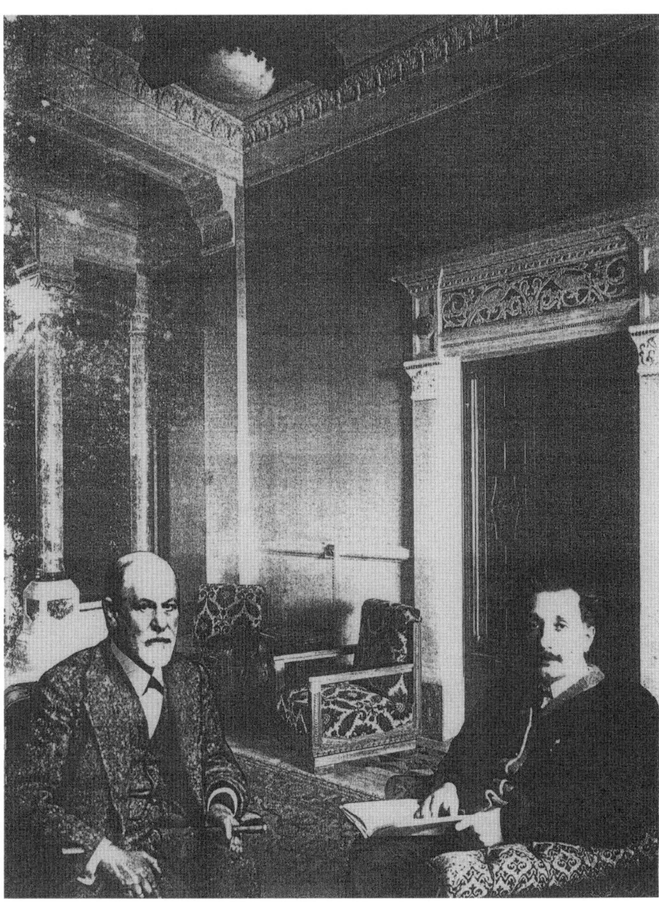

che vedono la costante cura dell'artista per circa vent'anni,
dal 1973 al 1993.

Di questa attitudine di tornare sovente alla fonte
dell'immaginario onirico come al flusso di un fiume carsico,
interponendovi altri capitoli di ricerca – talvolta veri cantieri
di costruzioni differite da quelle del sogno – Bove offre
prove considerevoli che richiedono altre aperture di fronte
alla riflessione, come quelle relative alle *Opere d'arte
viventi* (1983-94), o alle *Levitazioni* (1969-94), o alla *Fisica del
trascendente* (1992-97), fino ai capitoli di lavoro più incisivamente
rivolti all'attuazione del *Mito dell'immortalità* (1999-2011) e
all'*Iperevoluzione* (2016-20), in cui tuttora si impegna.

Ma ancor prima di immergere lo sguardo nell'avventura
della "materializzazione dei sogni", si rivela interessante
l'osservazione dei suoi presupposti.

Se nell'*Ominide* (1969), si rinviene il suo interesse
primitivo di risalire alla forma umana come quella che porta su
di sé il destino consapevole della febbrile nascita adamitica
e al contempo della morte, nell'*Entità onirica* (1967), come pure
nell'*Entità* (1969), di quale intuizione l'immagine di Bove si
fa interprete? A tale quesito si cercherà di dare risposta nelle
pagine che seguono.

6. LA MATERIALIZZAZIONE DEI SOGNI (1973-93)

Quella che si manifesta tra la metà degli anni Sessanta
fino ai primi anni Settanta può considerarsi la fase "implosiva"
dell'esercizio artistico di Bove. In essa egli ha elaborato
esperienze che non ricercavano motivazioni da dispiegare
verso l'esterno quanto piuttosto di portare all'evidenza delle sue
stesse esigenze un concentrato nucleo di interne sollecitazioni
che premevano con una forte invocazione ad essere ascoltate
e considerate.

Ma è solo dopo il 1973 e in particolare con la decisione
presa di dar forma e norma all'iniziativa di fondazione di
un'immaginaria Società degli Onironauti (1973) che la sua attività
artistica si volge decisamente anche verso l'esterno con azioni,
mostre, dimostrazioni ed esperimenti documentati coinvolgenti
oltre che se stesso, anche altri aderenti o partecipanti.
L'organismo autoreferenziale della Società degli Onironauti,
ideato e promosso da Bove come sancito dal suo Statuto,
frutto del "Laboratorio Internazionale per la materializzazione
dei sogni", esprime "l'idea di fondare una comunità di sognatori
con lo scopo di materializzare i sogni". Ma, nell'attenersi a
quel che Bove ha scritto in proposito, si legge testualmente
in una sua dichiarazione:

> Durante la primavera e l'inizio dell'estate 1973, in attesa
> che cominciassero le lezioni, aprissero i laboratori di
> grafica e le aule di pittura, trascorrevo lunghe ore nel
> giardino di Boboli, nelle sale deserte e in penombra
> della Galleria d'Arte Moderna di Palazzo Pitti, al Museo
> della Specola e in quello della Scienza. Lungo i silenziosi
> viali contornati di alloro, bosso e alti cipressi che
> conducono alla fontana di Atteone o alle grotte rivestite
> di conchiglie e muschio del giardino Mediceo meditavo
> su quel popolo di statue che, apparentemente immobili,
> ci sognano e materializzano la realtà nella quale viviamo.
> Nel passeggiare notavo che altri, come me, dotati di
> palpebre pesanti e patologicamente lucifughi per l'intensa
> e onniveggente attività onirica, si aggiravano sospettosi
> tra quei luoghi. Il comportamento impacciato e guardingo,

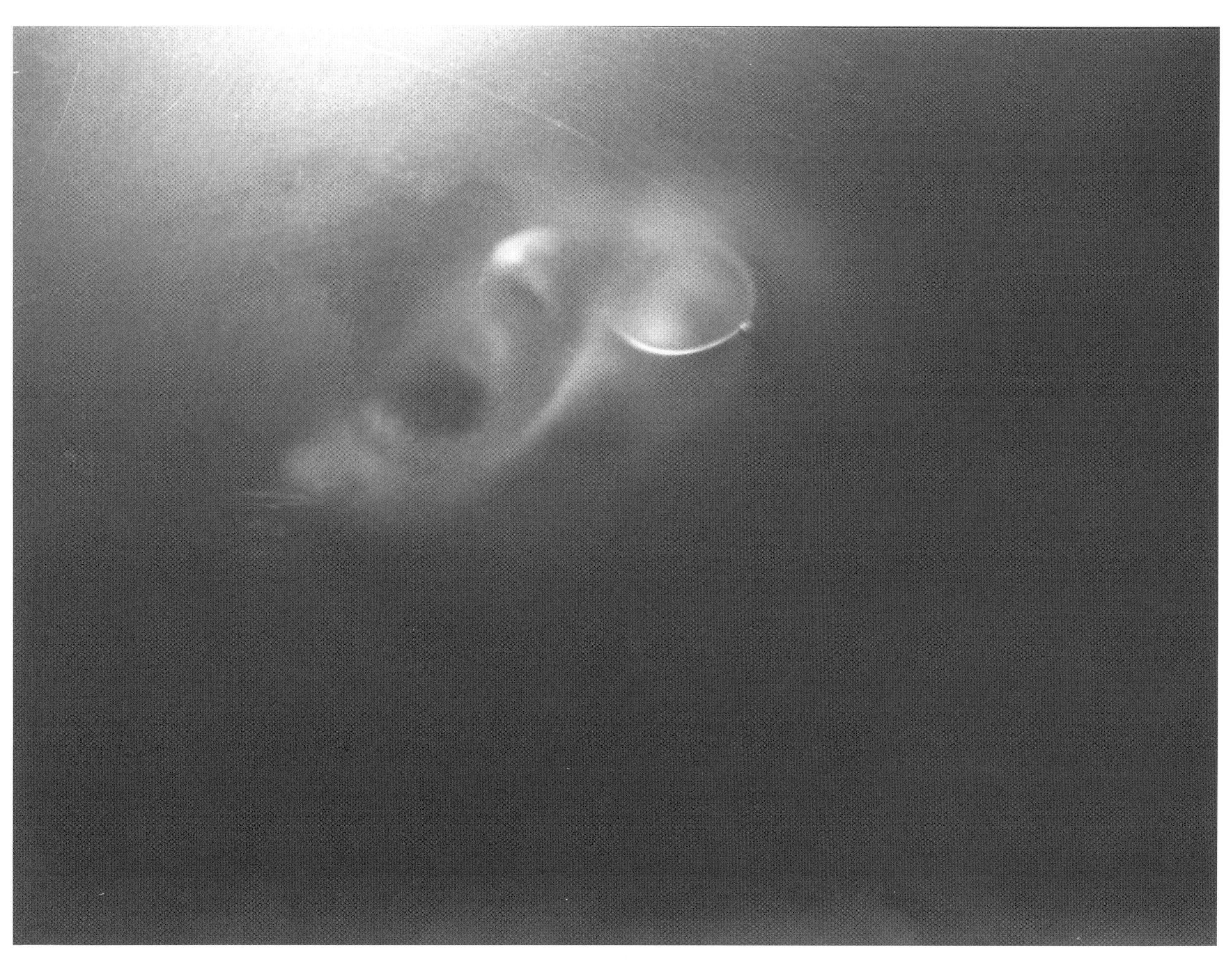

Afasia, 1977, stampa fotografica in b/n, 40×60 cm

a stento nascosto da una apparente naturalezza, la semitrasparenza e il deambulare impercettibilmente levitante rivelava il loro essere portatori delle facoltà che avrebbero permesso di superare i limiti e infranto i confini della realtà angusta nella quale, da sempre, l'uomo è costretto a vivere. Cominciai così a pensare di unire assieme gli abitatori e i navigatori nei sogni che incontravo per dare vita ad una confraternita, ad un centro, ad un laboratorio dove si potessero fisicizzare i sogni. Anche se questa attività è quanto di più intimo e segreto che l'essere umano elabora, ritenni necessario fare sì che il fenomeno della decadimensionalizzazione dei sogni dovesse svilupparsi "alla luce del sole". Rompendo gli indugi, in un afoso pomeriggio dei primi di giugno, a esami iniziati, nell'anfiteatro delle cere anatomiche della Specola abbordai un individuo vestito di nero che avevo già incontrato all'interno di un sogno recente. Bruscamente gli chiesi che cosa ci facesse in questo luogo tra esseri scorticati, in pose interrogative ed enigmatiche. Con sguardo di intesa rispose, gentilmente, che amava, quando possibile, tornare nei luoghi sognati e che, del resto, la realtà che stavamo vivendo era tempo, spazio e materia onirica. Questo impalpabile, timido ma potente frequentatore di sogni era Albifront, il primo componente di ciò che, ben presto, sarebbero diventati la Società degli Onironauti e il Centro per la Materializzazione dei Sogni. In tali istituzioni fu realizzato il prototipo e successivamente fu sviluppato l'Oniroscopio fisicizzatore, sorta di incubatore, addensatore e soglia verso l'al di qua delle entità oniriche che vivono, adesso, tra noi.

I documenti di carattere visivo e a stampa che fanno riferimento a questa dichiarazione costituiscono gli atti iniziali di un programma sottoscritto da ben dieci associati i cui nomi figurano accanto a quello di Bove, ma che, con evidenza, appaiono rispondenti a identità immaginarie di cui fanno fede gli altrettanti immaginari nomi e cognomi non diversi da quello di Raphael Montes Albifront, già frequentato da Bove stesso. Nondimeno, nello Statuto si leggono, negli artt. 2 e 3, gli essenziali indirizzi e scopi della "Società" che:

> favorisce la promozione e la creazione dell'attività onirica, la conoscenza dell'universo dei sogni, l'esplorazione delle facoltà e dei poteri dei sognatori, lo studio e l'analisi scientifica dei materiali onirici (oniroplasmi), l'accertamento della natura ed entità delle creature oniriche materializzate […]. Elabora […] esperimenti scientifici sul fenomeno della materializzazione dei sogni anche in rapporto all'arte, all'antropologia, all'ambiente, alla scienza, al trascendente […].

A tutto ciò si deve aggiungere un'azione di "potenziamento scientifico e tecnologico" dell'Oniroscopio Fisicizzatore, cioè di una vera apparecchiatura a cui Bove ha lavorato e con cui ha compiuto sedute su se stesso e su soggetti disponibili all'esperienza onirica sotto la sua diretta osservazione. Ma anche – come recita l'art. 3 dello Statuto –

> la creazione di Centri di ricerca sulla fisica dei sogni, di inventariazione degli oniroplasmi e di un'anagrafe delle entità oniriche corporificate e dei sognatori […].

L'elenco delle attività, dei propositi e delle disposizioni statutarie è ricco e articolato e non si sottrae a nessuno l'esperienza di conoscerne, dalla diretta lettura, tutti gli aspetti di un concepimento che ha nell'immaginario artistico i suoi presupposti e le sue coordinate di ideazione.

Onirologica, patafisica o di puro sostegno a un disegno di autolegittimazione per il prosieguo di un cammino che si rivela agli occhi stessi di Bove arduo e di dura lotta persuasiva, la normativa dello Statuto autorizza Bove, non più in solitaria impresa ma confortato da una comunità di aderenti, a compiere tutti gli esperimenti capaci di produrre reperti e opere indirizzate ai più complessivi e stupefacenti passi già ben delineati nella mente di Bove.

L'impiego della fotografia in questo repertorio di opere si rivela decisivo e su tale uso del mezzo non sarà inutile soffermarsi più avanti.

6.1. ATTIVAZIONE DELLA "MATERIALIZZAZIONE DEI SOGNI" E "QUADERNI ANONIMI"

Con l'avvio di esperienze e performance pubbliche dedicate alla "materializzazione dei sogni", si dischiude in effetti, dichiaratamente, una sfida di Bove alle convenzioni scientifiche dominanti in quegli anni, con manifesta volontà di fare leva tuttavia su ricerche, studi, ipotesi e dati rilevati in un ampio arco di esperienze e testimonianze anch'esse scientifiche, ma di segno evidentemente avveniristico e propenso ad aperture disciplinari non ortodosse ma coraggiosamente innovative del senso cognitivo.

In ogni ambito scientifico, Bove analizza e studia qualsiasi nuova speculazione che apra una possibilità di reperimento di elementi i quali possano costituire terreno di interazione con le proprie indagini, soprattutto riguardanti la fisiologia, la fisica dello spazio-tempo e la fisica quantistica. Nello studio, accanto all'elaborazione di nuovi materiali dopo l'uso di cera, catrame, gomma, spesso impiegati per realizzare opere a base di assemblaggi e impronte, inizia a introdurre il carbone, il mercurio, gli ossidi, la lana d'acciaio, ma anche miele, silicone, oggettistica varia, calchi in gesso e strumentazioni realizzate in proprio, qualificando il suo ambiente operativo come gabinetto scientifico e tecnico oltreché artistico.

Protagonista dei suoi stessi esperimenti onirologici e di materializzazione dei sogni, Bove coinvolge sempre più anche altri soggetti che si rendano disponibili a sedute oniriche. L'ampio ventaglio di azioni, di mese in mese, mediante l'impiego della fotografia muta ogni simulazione e metafora, insieme alla stesura di testi teorici e documentazione dei contenuti di ogni esperienza, in un repertorio di immagini e opere, con sempre maggiore frequenza, che richiamano l'interesse di appuntamenti espositivi, di iniziative performative, di momenti aggregativi di altri artisti, poeti, musicisti aventi il denominatore comune di compiere ricerca in ambiti ecologici, antropologici, scientifici, letterari e tecnologici.

Accanto alle opere ricordate, come *Monomane* (1973), *Trafitture* (1973), *Afasia* (1976), dai forti richiami drammatici all'iconografia di Bacon, ma anche ad alcuni fotogrammi dei film di Ėjzenštejn, egli sviluppa ora nuove ricerche come l'*Individuazione dell'organo dei sogni* (1973-93), nuove *Entità* (1980) e *Corporificazioni* (1980), spesso confluenti in collezioni private o ad animare rassegne collettive promosse da un versante della giovane critica d'arte nel frattempo emersa e rivolta a nuove modalità di concezione plastica e antropologica dell'opera. Il lavoro di Bove, proteso alla coniugazione della multidisciplinarietà

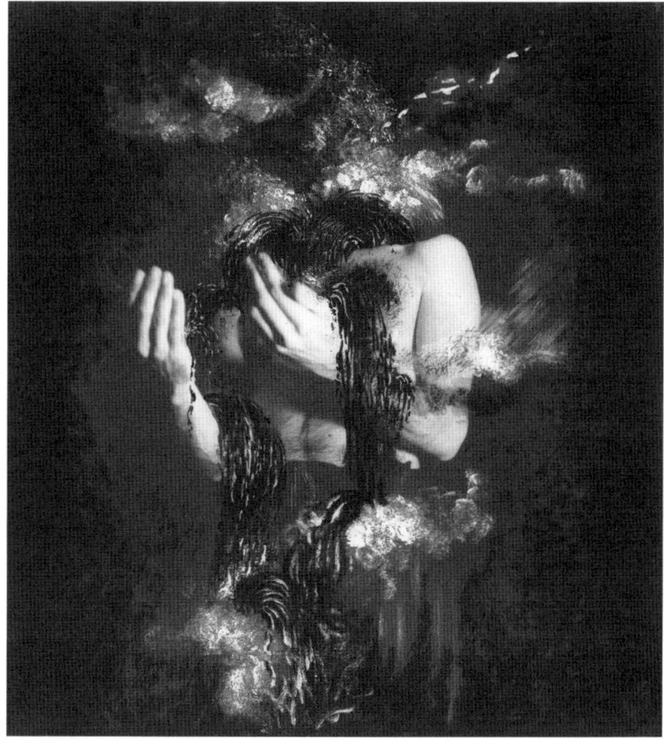

↓   *Scrosci*, 1975, stampa fotografica in b/n, dipinta, 24×18 cm

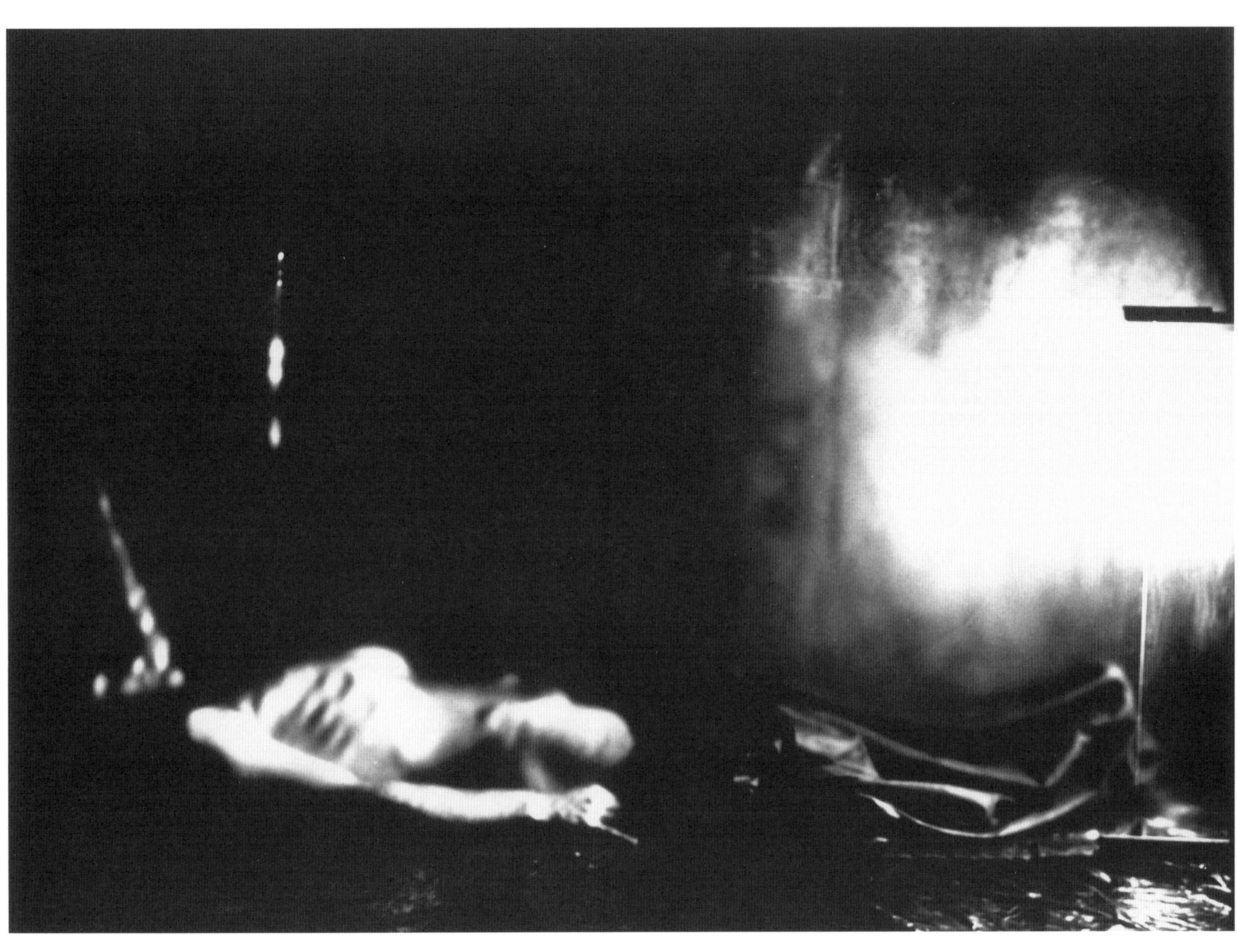

↑   *Inizio della materializzazione di un sogno*, 1977, stampa fotografica in b/n, 60×80 cm

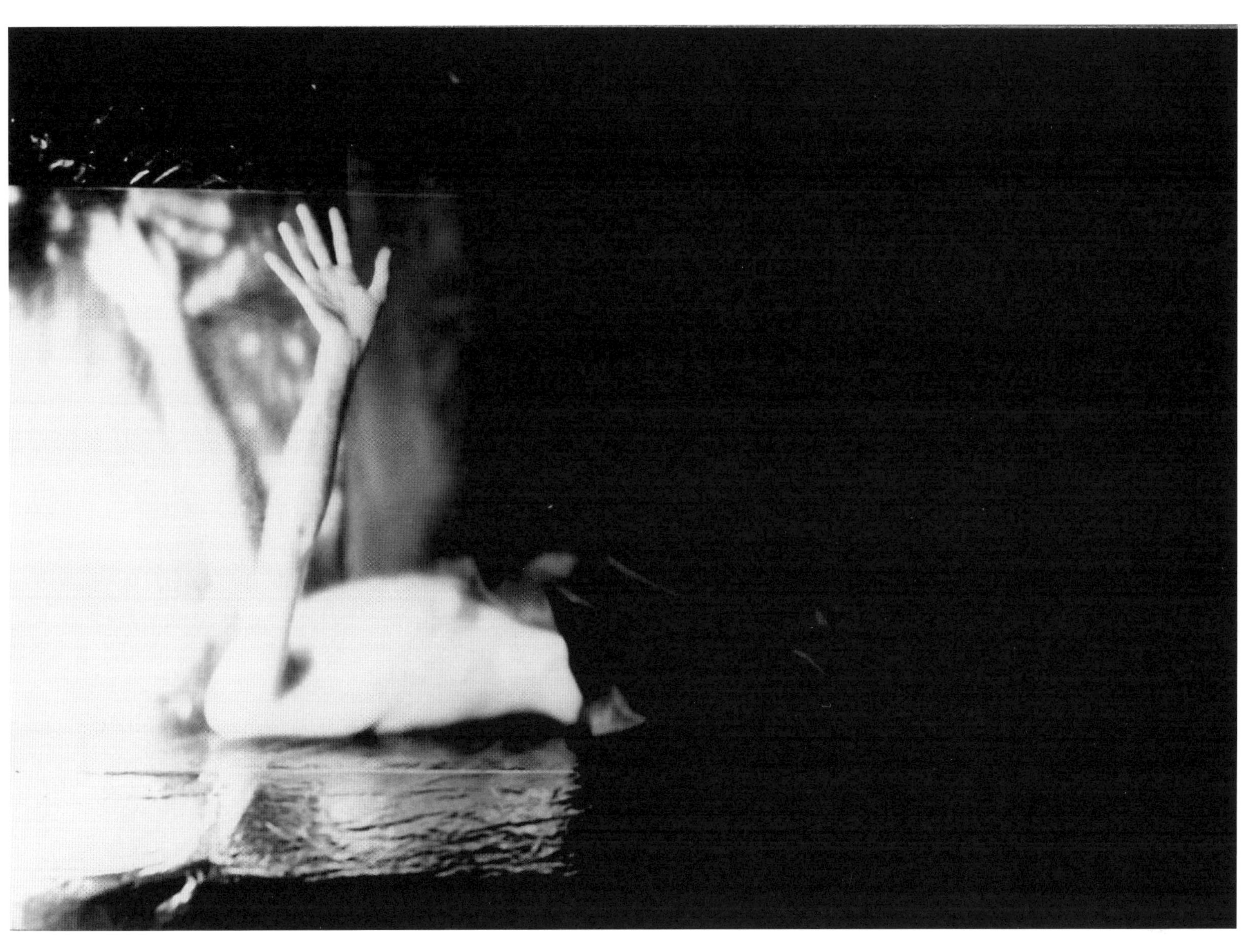

Sognatore, 1977, sequenza di tre stampe fotografiche in b/n, 60×80 cm

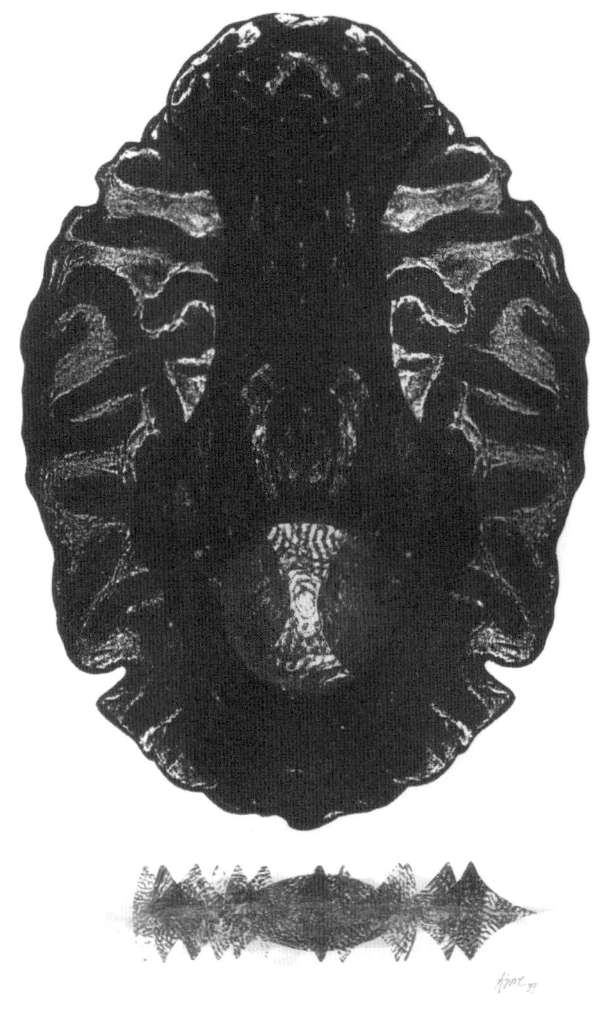

↗ *Organo della precognizione*, 1993, stampa fotografica in b/n e pigmento, 36×21 cm

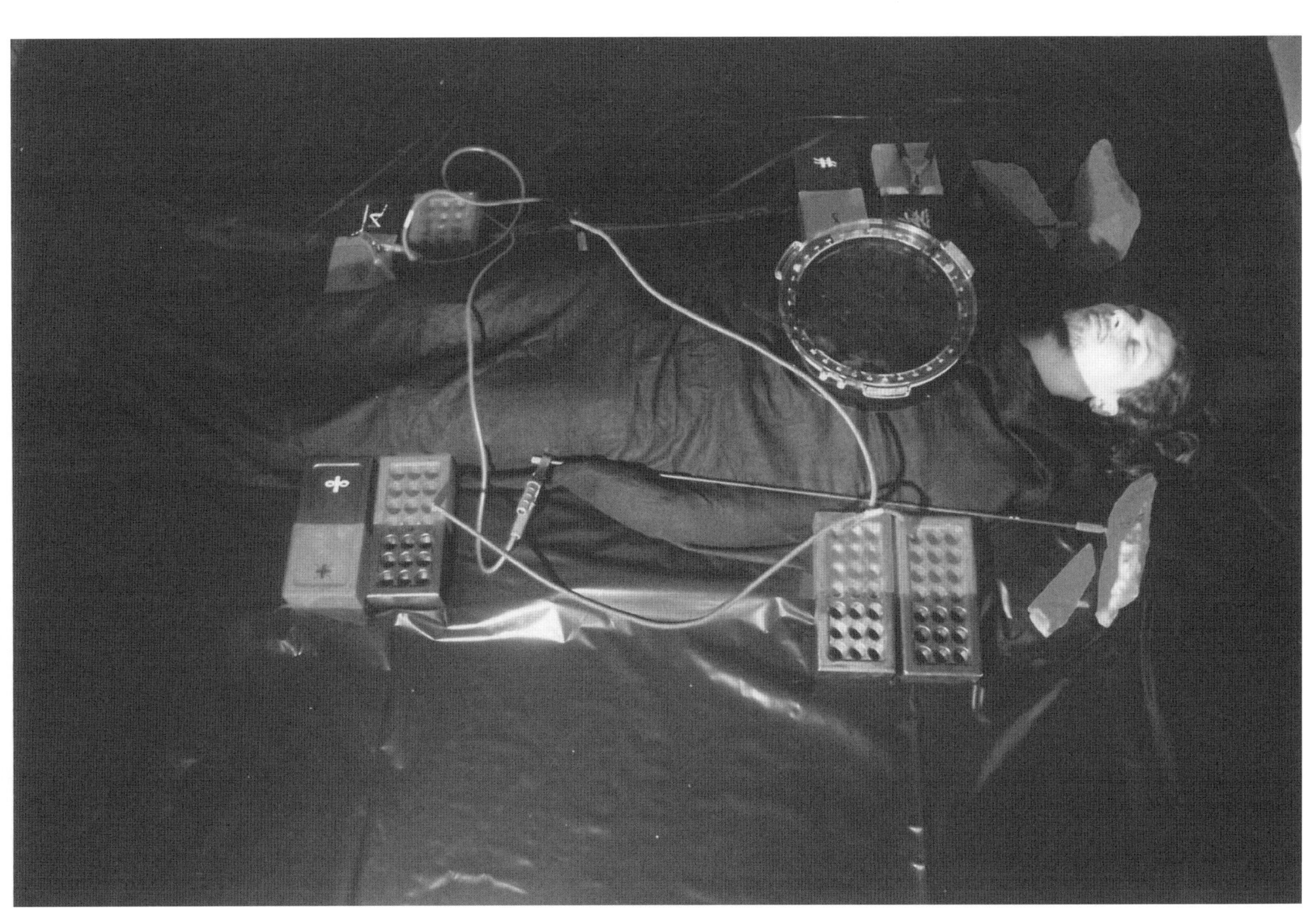

↑   *Tre avvicinamenti all'immortalità*, 1999, cellule staminali a replicazione illimitata, neuroni a memoria indelebile, magneti tripolari, pietre oniriche, aceto madre, 50×70 cm

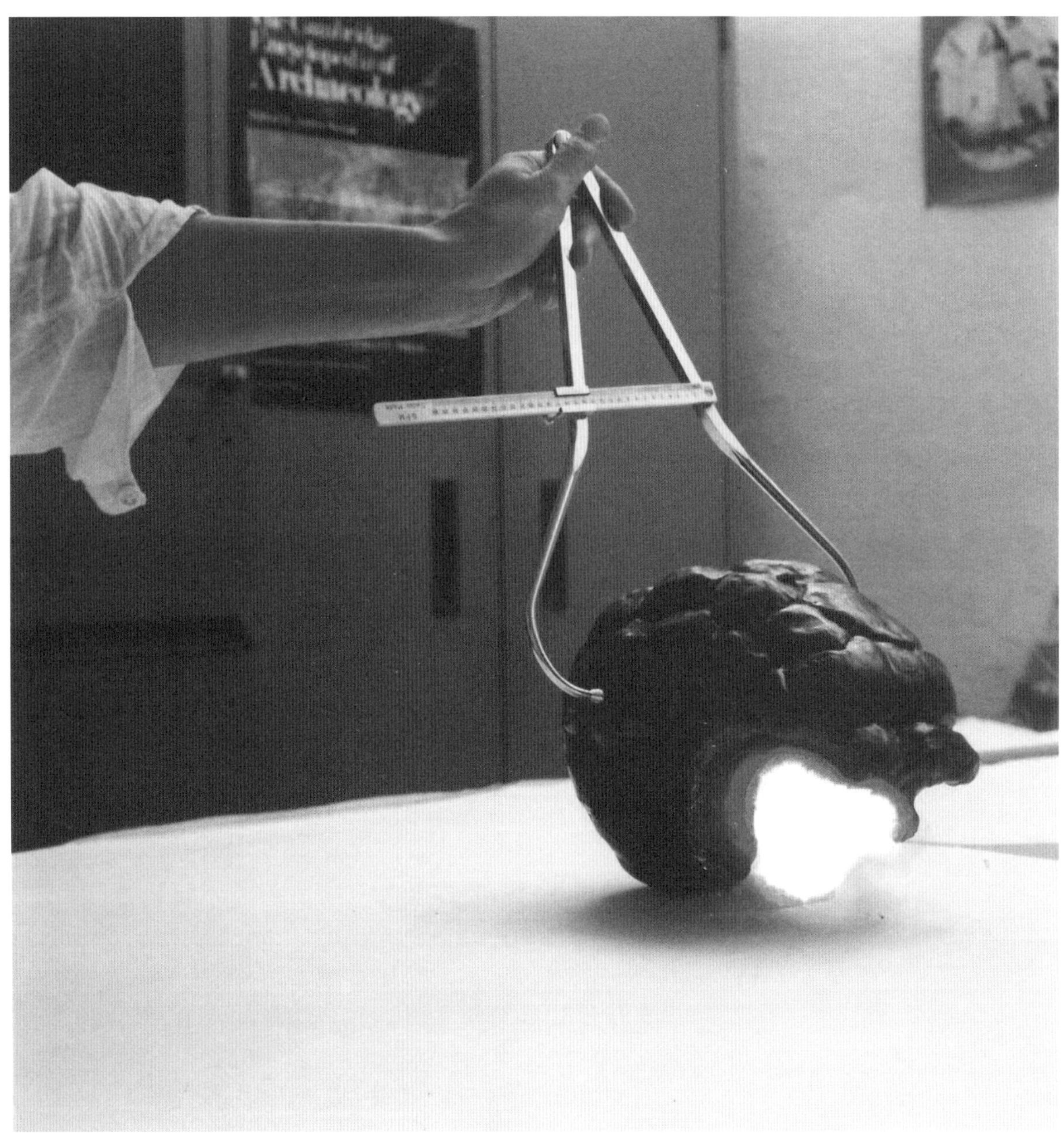

Misurazione e pesatura di un oniroplasma, 1981, sequenza di quattro stampe fotografiche a colori, 28×28 cm ciascuna

che tuttavia evidenzia i modi parascientifici nonché artistici
e poetici, trova ascolto sempre più frequente in rassegne
di tendenza o osservanti una periodicità annuale.

Nel decennio degli anni Settanta vengono alla luce
nell'azione di Bove, oltre ai diari e altre scritture relative alla
materializzazione dei sogni, altre attività di esoeditoria con
mezzi di fortuna ma fortemente incisivi nella prassi divulgativa.
Dei *Quaderni Anonimi di Afasie ed Esplorazioni* (1977-79)
ideati da Bove, egli scrive:

> La serie di 5 numeri dei *Quaderni* fu stampata in proprio.
> Il primo fascicolo fu stampato in 1.000 copie, mentre
> gli altri in 500. Il primo quaderno è stato scritto con
> la collaborazione di Antonio Pennasilico che, nel
> 1978, andò a risiedere a Milano. I cinque numeri vanno
> dal febbraio 1978 al dicembre del 1979. Le varie copie
> venivano lasciate in sale d'aspetto delle stazioni
> ferroviarie, nelle mense universitarie, nei cinema, sui
> treni e autobus di Milano, Bologna, Firenze, Pisa, Livorno,
> Lucca, Siena; alcuni fascicoli venivano introdotti negli
> scaffali delle biblioteche pubbliche, delle librerie, tra
> le quali Feltrinelli e Mondadori[15].

I *Quaderni*, una vera attività di interventi clandestini, spesso
in sedicesimo, tutti con una copertina di cartoncino nero, si
avvalevano di una prosa tendenzialmente priva di punteggiatura
e deliberatamente articolata in un flusso verbale alluvionale che
mirava a produrre nel casuale lettore un'interrogazione su chi fosse
l'autore, ma anche sui contenuti di carattere convulsivo, talvolta
drammatico, suscitante ribrezzo, oppure stupefazione per l'irrealtà,
quasi dettati in una condizione di trance e comunque provocatori.
In particolare, nel primo *Quaderno*, dopo il testo, in calce al
fascicolo un ritratto dei due presunti autori "in anonimo" chiudeva
la pubblicazione. Negli altri quaderni, tutti dovuti alla sola
concezione immaginaria e alla scrittura di Bove, sono raccolte
anche immagini fotografiche della "ricerca e individuazione
dell'organo dei sogni" del 1970, della "memorizzazione dei sogni"
mediante sovrapposizione delle mani su manoscritti, di "impronte
di un oniroplasma" del 1971 (realizzato col lucido per scarpe),
di un "onironauta" del 1970, ma anche di testi e immagini estratti
da eventi tragici di cronaca, suicidi o reperti anatomopatologici,
come per l'ultimo *Quaderno* del dicembre 1979.

Si deve evocare, per puro richiamo filologico, il libro-
mostra di Alberto Boatto *Ghenos, Eros, Thanatos* che nel
novembre 1974 fu realizzato "come collage di proposizioni
verbali, proposizioni visuali e di citazioni"[16]. Una distinzione tra
quell'opera di Boatto e i *Quaderni* di Bove è senz'altro dovuta
sia al materiale letterario e visivo, sia alla scelta di diffondere
i *Quaderni* come elaborati anonimi, caratteristica che sigla con
un diverso senso sociopolitico, ma anche poetico, l'intervento
del fondatore della Società degli Onironauti.

Sulle insondate connessioni tra il lavoro di Bove e gli
studi e il pensiero di Boatto non sarà superfluo in futuro tornare
a compiere alcune riflessioni.

＊ ＊ ＊

Uno degli elaborati pregevoli di ispirazione onirica
realizzati da Bove è quel fascinoso insieme di fotomontaggi
realizzati nel 2003 e raccolti nella pubblicazione *Via Regia in fase
REM* (2005) – opera di una cinquantina di pagine – in cui egli
ha riambientato sapientemente nelle vie, nei locali, davanti agli
stabilimenti balneari e altri siti della città di Viareggio, dove

15 Antonino Bove, corrispondenza inedita
con Bruno Corà, Viareggio, febbraio 1981.
16 Cfr. Alberto Boatto, *Ghenos, Eros, Thanatos*,
Edizioni Galleria De' Foscherari, Bologna 1974.

↓   *Misurazione e pesatura di un oniroplasma*, 1981, sequenza
di quattro stampe fotografiche a colori, 28×28 cm ciascuna

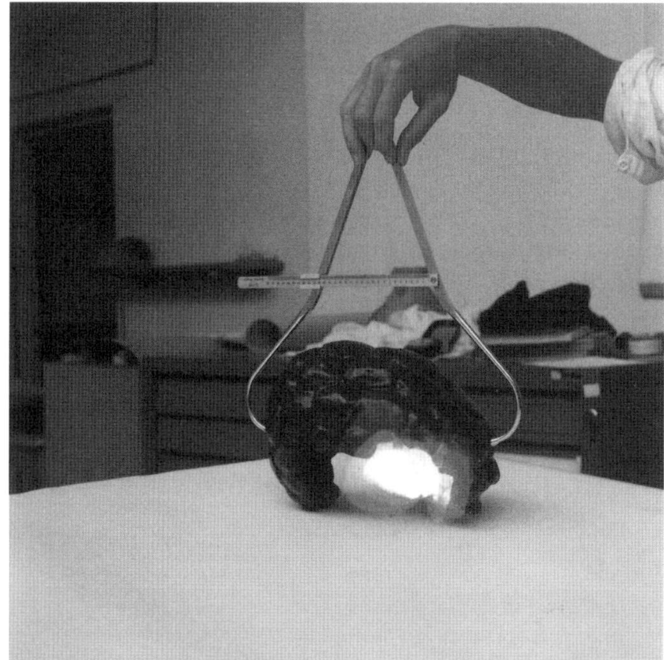

risiede, presenze fantasmatiche di artisti, poeti, filosofi, scienziati, attori e altre personalità storiche prelevate da vecchie istantanee, virando le immagini a stampa nel color seppia che distanzia temporalmente e aumenta sensibilmente la valenza immaginaria e onirica della sua creazione, già di per sé fortemente estraniante com'è nel sogno. Nell'accompagnare quelle immagini da lui ideate, Bove scrive:

> Certe volte l'elaborazione onirica è ingannevole perché utilizza tracce di verità per poi condurci lontano da essa [...]. Alcuni personaggi hanno realmente soggiornato in città (R.M. Rilke, M.C. Escher, T. Mann, A. Savinio) e potrebbero essere passati non distante dai luoghi nei quali sono stati ambientati. Del resto determinate teorie di fisica quantistica, sia pure con grande disinvoltura, ipotizzano universi paralleli al nostro; i sogni sembrano riflessi di esistenze che potrebbero abitare in mondi coesistenti con quello nel quale siamo immersi[17].

Accompagna il volumetto una postfazione di Paolo Albani, coautore con Paolo della Bella di *Forse Queneau. Enciclopedia delle scienze anomale*, che annota:

> Sono fotografie di un archivio prezioso, dove si respira l'aria di una Viareggio magica [...] racchiusa in un'atmosfera vagamente *fin de siécle*, animata da figure storiche in posa davanti all'obiettivo della macchina fotografica o impegnate in eventi bizzarri [...].

Effettivamente le situazioni create da Bove rispecchiano i suoi desideri, i modi e le attitudini in cui egli immagina, come in un sogno nella fase REM, di sorprendere i suoi illustri ospiti. E sono interessanti, dal punto di vista delle proiezioni, le connessioni in cui egli dispone quei suoi ideali interlocutori, come altresì sono significativi gli "incontri del tutto immaginari" che egli stabilisce, indicativi di possibili relazioni; ad esempio quelle tra Antonin Artaud con Lorenzo Viani davanti alla sua tomba, oppure Charlie Chaplin, Orson Welles, Alfred Hitchcock e Woody Allen al carnevale viareggino del 1959, o dello stesso Pier Paolo Pasolini con Alberto Moravia e Marcel Duchamp, improbabile terzo convenuto in un appuntamento solo auspicato da Bove.

7. INIZIO DI UN'AZIONE ENTRO L'AMBIENTE ARTISTICO (1983)

Con l'attività di "materializzazione del sogno", quale conclusione di una prima fase di lavoro introspettivo che ha definito la sua iniziazione artistica, gli anni di studio accademico e una ricerca solitaria, Bove rivolge la sua proposta artistico-scientifica a quegli ambienti italiani interessati a esperienze estetiche di frontiera prossime all'arte antropologica, alle istanze Fluxus, alla poesia visiva e ad altre prassi devianti rispetto alle proposizioni di creazione artistica sancite dall'Arte povera e dai successivi neoespressionismi di vario tipo e comunque di ritorno alla pittura, dalla transavanguardia all'"anacronismo", alla "bad painting" e altre proposte neoconcettuali o di pittura analitica. Qualifica questa nuova fase del lavoro di Bove una volontà di incontro con altri interpreti e protagonisti delle esperienze inusuali e innovative, con l'autentico interesse di rendere note le sue ricerche, fino ad allora sviluppate in solitario laboratorio, e disporle in relazione con quelle diversamente indirizzate ma recanti analoghe esigenze e tensioni rivolte a considerare, in una società massificata, consumista e avviata alla spettacolarità delle merci e in profonda crisi di identità, la valenza antropologica nondimeno caratterizzata da sempre più urgenti domande sul

↓   *Misurazione e pesatura di un oniroplasma*, 1981, sequenza di quattro stampe fotografiche a colori, 28×28 cm ciascuna

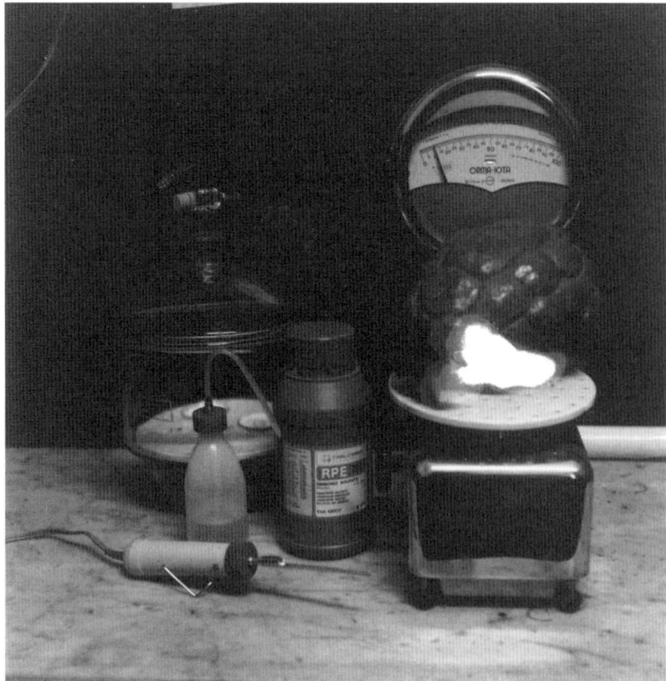

destino umano in un contesto di sviluppo senza limiti delle società industrializzate a capitalismo avanzato, a fronte di un habitat planetario fortemente compromesso.

L'acquisizione avvenuta, nel corso degli anni di studio e di ricerche, di un'organica conoscenza interattiva di differenti ma connesse discipline, dalla psicologia junghiana alla parapsicologia, dalla filosofia di Giordano Bruno e Tommaso Campanella alle scienze fisiche e fisiologiche di Jacques Monod, dall'antropologia di Lévi-Strauss a quella di Elémire Zolla, dall'alchimia di Paracelso alla filosofia Zen rivisitata alla luce della scienza quantistica da Fritjof Capra, dalla letteratura *maudite* di Artaud a quella di Georges Bataille, pone l'azione di Bove in condizione di relazionarsi, con capacità di mediazione organizzativa e performativa, con artisti come Claudio Costa, galleristi come Caterina Gualco di Genova e critici come Alessandro Vezzosi, attivo a Vinci e a Firenze dove concorre all'attività della galleria Proposte di Arte Contemporanea, tenuta da Katalin Burmeister nel medesimo ambiente in cui aveva precedentemente svolto una pregevole attività espositiva la gallerista Vera Biondi a Firenze.

La chiara coscienza acquisita da Bove in merito al fatto che l'apparente inerzia di molte realtà che influiscono sulla nostra vita è, in verità, in perpetuo movimento, con intensi scambi di energia allo stato molecolare, atomico e particellare – come peraltro aveva precocemente intuito e testimoniato l'opera di Fernando Melani, l'outsider anch'egli attivo in Toscana, a Pistoia[18] – rendeva suggestiva ai suoi occhi molta dell'arte a lui precedente. Così, sia per le proiezioni immaginarie rivolte dall'artista su di essa, sia perché, in particolare nella statuaria, le pose delle opere stesse gli suggerivano azioni o gesti in procinto di compiersi.

È attraverso questa intuizione, maturata nell'atto di fotografare nel Giardino di Boboli a Firenze, nel 1969, statue come Cronos e altre figure mitologiche presenti in quello storico teatro di verzura, che Bove nella nuova fase creativa degli anni Ottanta immagina mediante il prodigio artistico di considerare quelle opere come dotate di coscienza e di una vita invisibile e misteriosa che le sottragga alla loro condizione inerte. Con opportuni interventi di modificazione eseguiti sulle immagini dei celebri cimeli dello storico giardino che si sviluppa a ridosso di Palazzo Pitti, Bove decide di dare vita a un immaginario grande repertorio di "Arte vivente" per il quale concepisce una sede nella forma di una "Galleria Nazionale" e teorizza, con testi e articoli su pubblicazioni, il "Vivaio delle Opere d'Arte" quale simulato museo dotato di insegne e comunicazioni che istituiscono l'ideale struttura.

L'anno successivo, con la partecipazione di Bove alla mostra "Estasi/Antitesi", su invito di Vezzosi presso lo spazio Proposte di Arte Contemporanea, si avvia una collaborazione con il critico di Vinci che prosegue negli anni successivi, attraverso mostre come "Il giardino d'Europa" (1986) nell'ambito di eventi concepiti entro la cornice di "Firenze capitale europea della cultura" a Palazzo Medici Riccardi e in altre circostanze.

Intanto, l'ingresso nell'ambiente artistico di Firenze pone Bove in contatto con poeti, musicisti, scultori, come Eugenio Miccini e Lamberto Pignotti, Giuseppe Chiari e Renato Ranaldi, nonché galleristi ed editori del centro e nord Italia come Piero Cavellini di Brescia e Rosanna Chiessi di Cavriago (Reggio Emilia), la quale, attorno alle sue iniziative espositive ed editoriali presso la sede di Pari Editori & Dispari (oggi Archivio Pari&Dispari) vanta una cerchia di assidui amici e autori come i poeti Corrado Costa e Arrigo Lora Totino, il musicista Philip Corner, gli artisti William

18 Si può conoscere l'opera di Fernando Melani (1907-1985), pioniere di un'arte concepita all'insegna delle concezioni della fisica nucleare e della fisica particellare, visitando la "Casa Studio" dell'artista a Pistoia, dove sono riunite moltissime delle sue opere-esperienze e consultando le pubblicazioni a lui dedicate, tra cui Donatella Giuntoli, *Fernando Melani. Un'esperienza bio-artistica*, Gli Ori, Pistoia 2010 e lo studio compiuto da chi scrive: *Fernando Melani. La casa studio, le esperienze, gli scritti dal 1945 al 1985*, Electa, Milano 1990.

↓ *Onirofania*, 1985, oscilloscopio, vetro, fosforo, piombo, camera a vuoto, 100×100×60 cm

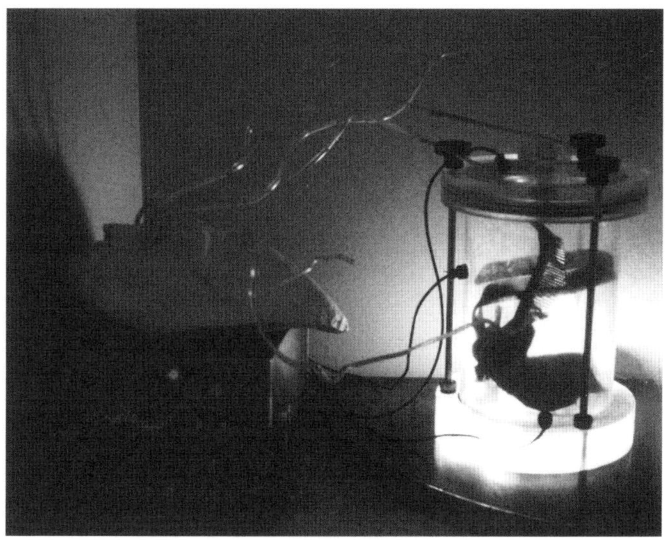

Xerra e Gertrude Moser-Wagner di Vienna, e l'influente collezionista veronese Francesco Conz, esegeta degli artisti Fluxus, con il quale Bove avvia un sodalizio.

8. DALL'UMANO AL POSTUMANO

In questa fase che dall'inizio degli anni Ottanta appare dischiudersi – come afferma Bove – aprendo la propria ricerca "all'esterno da sé", sembra altresì definirsi un nuovo percorso di messa a fuoco e chiarimento della volontà di rendere manifesti i propri interessi poetici e tutto il lavoro di meditazione angosciosa sulla morte, sull'individuazione del sogno e della pratica onirica, soprattutto attraverso l'esperienza compiuta della "materializzazione dei sogni", onde trovare vie d'uscita dal destino tanatologico in un quadro ontogenetico che – ben oltre il clima "postmoderno" di cui si profilano in quel momento i caratteri denotativi in certa estetica, in certa arte e architettura e più in generale in un certo sviluppo e pensiero – sembra anticipare quello che diverrà il sentimento e la concezione della cosiddetta condizione "post-human".

Se ciò appare del tutto evidente nella prosecuzione dell'osservazione dell'opera di Bove, si rende altresì esplicito che in esso e nella sua azione si agitano, oltre a quelli che saranno nel corso degli anni Ottanta e Novanta taluni caratteri distintivi del post-human, altri obiettivi e una meta di mutamento della condizione umana assai più radicale e sconvolgente di ogni esperienza contemplata in quel clima e in quel dibattito introdotto dalle innovazioni biotecnologiche, dall'ingegneria genetica e da estese contaminazioni con alterità non umane. Nel progetto artistico-parascientifico di Bove si elabora, infatti, il desiderio utopico, ma ugualmente perseguito, del superamento della morte fisica del corpo, compimento di una tensione tenuta viva – in modo più o meno dichiarato – da una vasta genealogia di pensatori appartenenti alla filosofia, alla scienza, alla religione, alla tecnologia e all'arte stessa.

Se quanto fin qui considerato risponde documentativamente ai passi compiuti da Bove, sia tra la cerchia artistica, sia anche all'esterno di essa, sempre però pubblicamente, sorprende che – tolti alcuni casi di oculata e immediata presa d'atto critica sul suo operato – alcune rassegne sul post-human di carattere artistico registrate perfino a livello museale, pur annoverando episodi, protagonisti e opere in tempi spesso successivi a quelli pionieristici di Bove, non ne abbiano però preso in considerazione l'evidente e anticipatrice sua esperienza[19]. Certo non è l'unica omissione!

Ma è il caso di domandarsi quali siano stati gli aspetti determinanti di una certa concezione che ha portato alla dimensione culturale o comunque alla condizione definita "postumana". Tra i numerosissimi studi apparsi sull'argomento, si sono rivelati particolarmente chiari e stimolanti al fine di confrontare l'opera di Bove con la nozione di post-human quei contributi in cui, per la teoria postumana, il soggetto è un'entità trasversale, immersa e immanente a una rete di relazioni non solo umane ma anche animali, vegetali, biologiche (Braidotti), ma anche quelli in cui il profilo post-human è delineato sulla base di una nuova visione del concetto di umanità venutosi a determinare a causa di una diffusa hybris con l'alterità non-umana. Gli innesti biotecnologici, l'ingegneria genetica, l'utilizzo di cellule staminali e altre ricerche recano continue contaminazioni trasformando e ridefinendo il corpo umano e la sua ontogenesi (Marchesini).

In un'analisi serrata di centinaia di pagine rivolte a definire il postumanesimo, articolandone la congenita complessità concettuale con temi e argomenti rispondenti a domande sui limiti dell'umanesimo a fronte del sorgere dell'antitetico postumanesimo

19 In particolare si fa riferimento all'episodio espositivo dal titolo "Post-human" che, sotto la cura di Jeffrey Deitch, a partire dal giugno 1992 si è reso itinerante presso il FAE Musée d'Art Contemporain di Pully/Losanna, il Castello di Rivoli di Torino (ottobre-novembre 1992), la Deste Foundation for Contemporary Art di Atene (fino al febbraio 1993), il Deichtorhallen Hamburg di Amburgo (marzo-maggio 1993), peraltro senza prendere in considerazione alcuna delle esperienze italiane pur esistenti in quegli anni nell'ambito indagato.

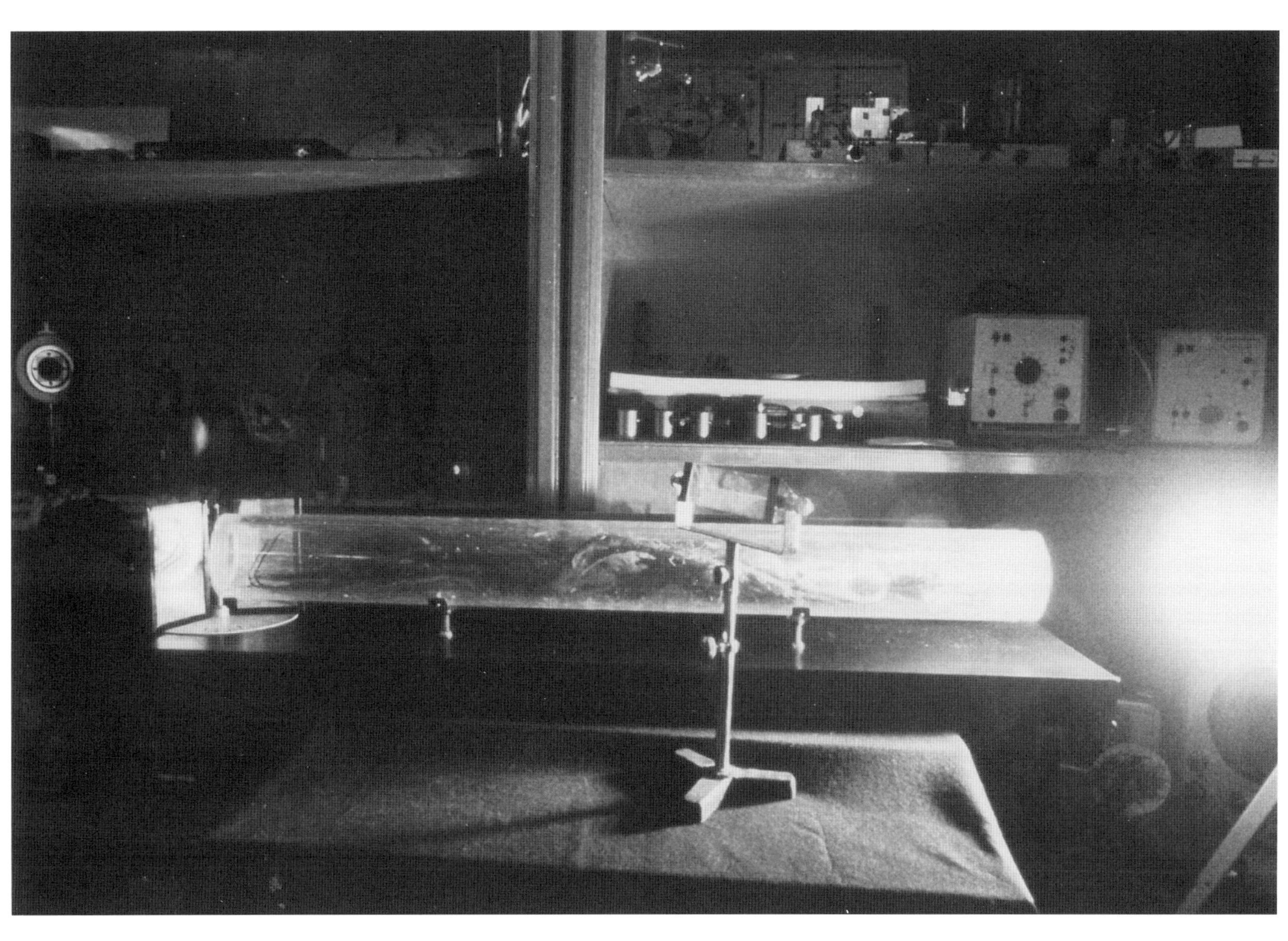

↑ *Laboratorio per la materializzazione dei sogni: analisi di un oniroplasma*, 1985, sequenza di quattro stampe fotografiche, 18×24 cm ciascuna

sulle nuove prospettive post-antropocentriche e la soggettività
postumana, sugli effetti della necropolitica globale e infine sugli
effetti e le conseguenze del postumano sulle scienze umane,
la filosofa Rosi Braidotti, nelle sue conclusioni dell'opera
Il postumano, afferma che è

> urgente organizzare una nuova agenda postumana.
> I confini e i limiti dei corpi devono divenire oggetto di
> discussione collettiva e di decisione da parte delle
> istituzioni plurime della politica e della società civile,
> in modo tale da non assumere per inerzia o per paura la
> centralità, tantomeno l'universalità, dei principi umanisti
> antropocentrici. Abbiamo bisogno, adesso, di imparare
> a pensare differentemente a noi stessi e di sperimentare
> nuovi modelli di pensiero per rendere conto di cosa
> costituisce l'unità di riferimento comune dall'umano [...]
> ci servono nuove griglie per mettere a fuoco punti di
> riferimento comuni e nuovi valori per venire a patti con
> le trasformazioni sconcertanti cui stiamo assistendo.
> Questo libro nasce dalla convinzione che i soggetti
> postumani, all'inizio del terzo millennio, nelle loro molteplici
> e diverse collocazioni, siano perfettamente in grado
> di far fronte alla sfida rappresentata dal presente, a
> condizione che lo facciano in uno sforzo collettivo e
> nell'orizzonte di un progetto comune [...]. La corporalità
> umana e la soggettività oggi stanno vivendo una profonda
> trasformazione [...]. Alcuni di questi eventi provocano in
> noi soggezione e paura, mentre altri ci fanno sussultare
> per la gioia [...]. È inquietante, ma anche esilarante
> confrontarsi quotidianamente con cambiamenti vertiginosi,
> con l'immensità dei nuovi orizzonti che ci ricordano, volente
> o nolente, che siamo fatti della stessa sostanza dei sogni[20].

Con seppur diverse argomentazioni, il pensiero sul postumano
dello studioso di scienze biologiche e di epistemologia Roberto
Marchesini si qualifica con una ripresa a tutto campo di analisi
sulla dimensione dell'umano, basata sulla binarietà di natura e
cultura e su molti processi che hanno interessato l'evoluzione
ontogenetica nel tempo, sino agli anni successivi al primo conflitto
mondiale, dopo i quali un'accelerazione di circa mezzo secolo ha
portato una enorme quantità di trasformazioni nella vita umana,
mettendo in crisi una concezione dell'umanesimo incapace ormai
di comprendere l'avanzata dei fenomeni contaminativi recati
dallo sviluppo tecnologico. Nella seconda metà del Novecento,
infatti, si è "profondamente modificato il rapporto dell'uomo
con la realtà esterna" (Marchesini), favorendo e di fatto attuando
passi considerevoli nell'ibridazione con l'alterità.

In particolare sono proprio le sue riflessioni sul concetto
di hybris, sul corpo riprogettato e sul corpo rappresentato che
si possono considerare interessanti per questa lettura dell'opera
di Bove, in quanto si soffermano sugli aspetti del postumano
nell'arte a cui, in sensibile parte, l'artista ha già dato e continua
a dare contributi di rilievo.

In merito all'hybris Nicola Abbagnano nel suo *Dizionario
di filosofia* dichiara che con quel termine:

> I Greci intesero una qualsiasi violazione della norma
> della misura cioè dei limiti che l'uomo deve incontrare
> nei suoi rapporti con gli altri uomini, con la divinità o
> con l'ordine delle cose[21].

Se ordine e armonia sono inscindibili, per Marchesini ne
consegue una serie di considerazioni tra le quali che

> Ordine e armonia rivelano il profondo bisogno di porre
> un argine al divenire, [...] la tendenza a considerare il

20 Rosi Braidotti, *Il postumano. La vita oltre l'individuo, oltre la specie, oltre la morte*, DeriveApprodi, Roma 2014, p. 205.

21 Nicola Abbagnano, "Hybris", voce in *Dizionario di Filosofia, op. cit.*, p. 448.

↓   *Istogrammi onirici*, 1985, ecografia, 15×10 cm

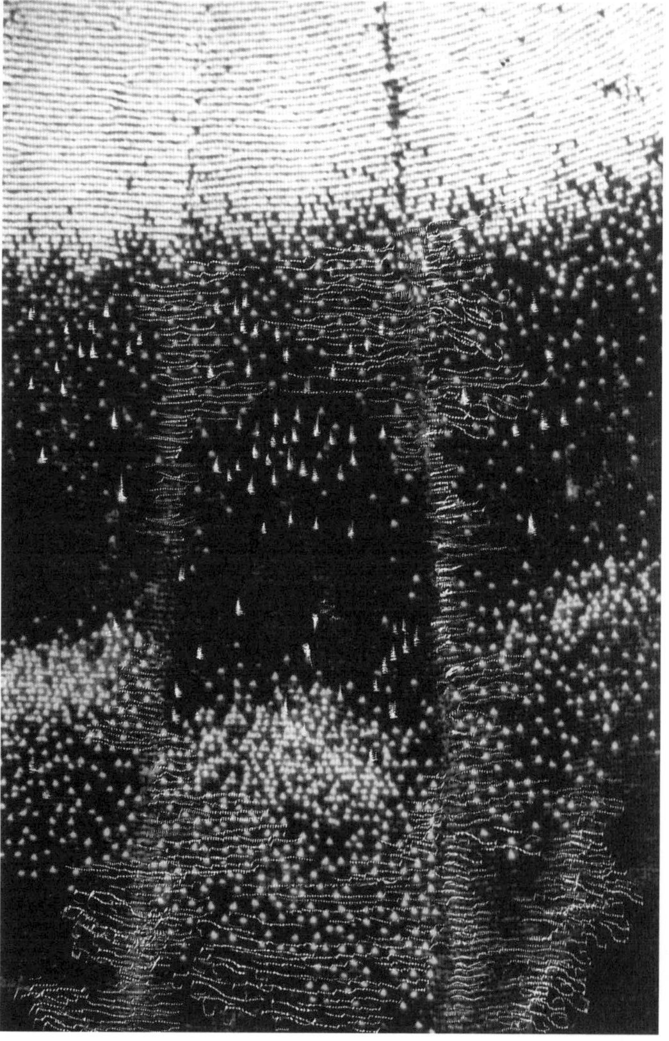

cambiamento come qualcosa che si oppone alla
natura delle cose e quindi a ritenere qualsiasi mutamento
pericoloso e blasfemo. L'ordine tramandatoci dalla
tradizione filosofica postellenica è fortemente
antropocentrato [...] è mortificante nella sua staticità
e nella semplificazione dei processi causali. [...]
L'ordine celebrato da Platone non è altro che una
proiezione dell'uomo sul mondo [...]. È perciò un ordine
che pretende di leggere il mondo esclusivamente in
modo deduttivo, [...] per dare all'uomo la sicurezza che
in qualunque punto remoto – nello spazio come nel
tempo, nella conoscenza come nell'interpretazione –
egli potrà avvalersi dei propri apparati epistemologici per
muoversi in maniera adeguata: sarà comunque a casa[22].

Marchesini rammemora altresì che Abbagnano afferma:
"l'ingiustizia non è che una forma di hybris perché è trasgressione
dei giusti limiti nei confronti degli altri uomini" e che pertanto
superare la misura del giusto è hybris.

Da Platone a Solone nella hybris si individua la "rottura
del patto religioso, sociale e naturale che lega l'individuo al
mondo". Ma Marchesini egualmente sottolinea che

il termine hybris è infido e pieno di ambiguità, è una
via disseminata di trabocchetti che può trasformare
in un battibaleno l'accusatore in accusato,

poiché se è pur vero che l'hybris forza i limiti per aperture
epistemologiche che dischiudono all'umano nuove latitudini,
all'opposto chi ne diffida o vi si oppone lo fa per lo più per
mantenere un ordine stabile e antropomorfico nel mondo, ormai
obsoleto e anacronistico. È convinzione diffusa, in tal senso e
nel frangente temporale e storico che stiamo attraversando, che

Il postumanesimo cambia completamente l'orientamento
nei confronti dell'hybris che da rischio, pericolo, peccato
diventa motore di coniugazione dell'uomo con il mondo
(Marchesini)

perdendo così il precedente connotato di ambiguità in giustizia e
negatività. D'altra parte, se si fa riferimento all'arte e soprattutto a
quella greca o etrusca, agli esempi di hybris, come il bronzo della
Chimera di Arezzo o dei mitologici centauri, metà uomini metà
cavalli, viene in mente il proverbiale "niente di nuovo sotto il sole"!
In modo persuasivo viene altresì evocato dall'indagine di
Marchesini che:

L'età contemporanea si trova in una inevitabile posizione
dialettica con il primo umanesimo proprio perché, anche
se in misura totalmente diversa, sembra dover superare
quel clima di profanazione con cui, sotto altre spoglie,
avevano dovuto confrontarsi Leonardo da Vinci e Andrea
Vesalio nelle loro perlustrazioni anatomiche fuori e dentro
il corpo da esplorare, ben prima di Mona Hatoum e
Andres Serrano! È confortevole anche apprendere dallo
studioso italiano che grazie all'analisi della successione
di configurazioni di attività delle diverse parti dell'encefalo
[...] anche i sogni diventano trasparenti. Il neurologo
Matthew Wilson, del Massachusetts Institute of
Technology, ha potuto per esempio mettere in evidenza,
grazie a ricerche condotte su cavie, come sia possibile
studiare i contenuti del sogno attraverso l'analisi
sequenziale delle configurazioni neurali attivate.

Ciò conferma quanto siano state precoci le ricerche e le azioni
compiute da Bove nella sfera del sogno e tutte le attività
performative da lui sviluppate sin dal 1972-73 con la creazione
della Società degli Onironauti.

22 Per questa e le successive citazioni del
testo di Marchesini, cfr. Roberto Marchesini,
Post-Human. Verso nuovi modelli di esistenza,
Bollati Boringhieri, Torino 2002, pp. 199-208.

↓   *Ecografia di un sogno*, 1985, ecografia, 8×12 cm

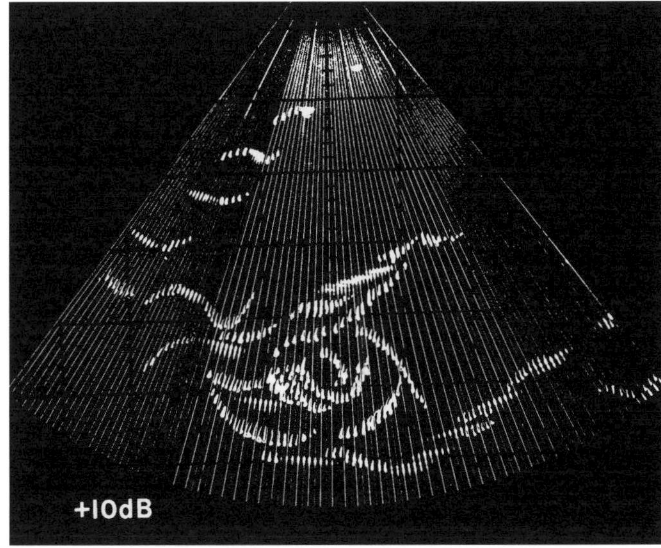

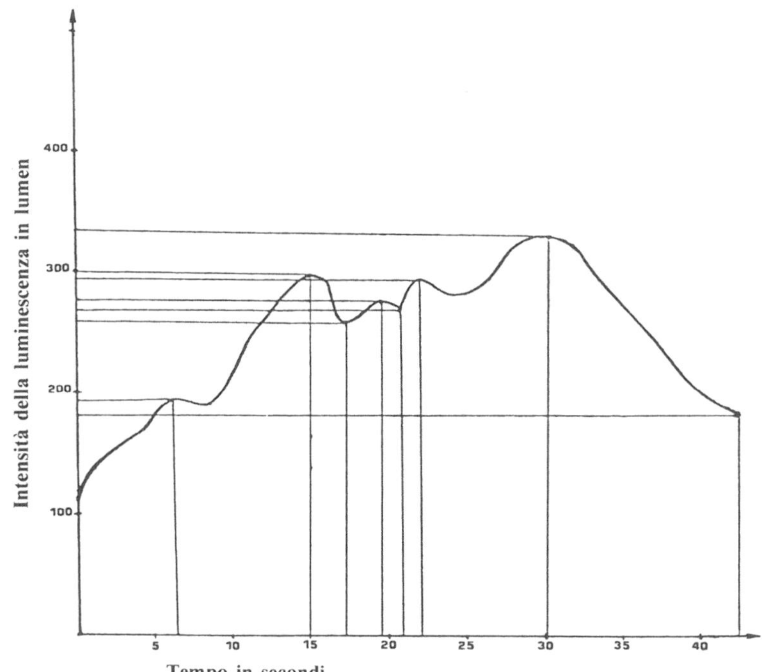

↗   *Luminescenza di un sogno: andamento grafico*, 1985, 12×14 cm

Tra gli aspetti riguardanti le problematiche di nuovo inquadramento delle qualità distintive del postumano, quelli riferiti alla riprogettazione e alla rappresentazione del corpo umano affrontati da Marchesini si distinguono per il puntuale loro interesse, poiché viene chiamata in causa una schiera di artisti contemporanei tra cui Stelarc, Orlan, Matthew Barney e altri che hanno operato con interventi di "correzione" e/o di "potenziamento" del corpo, con la felinizzazione del taglio degli occhi o della forma delle orecchie, con la modificazione dell'arco frontale, con la prominenza degli zigomi, con l'ampliamento dell'apice nasale e altri aspetti zoofisiognomici sui quali, già nel 1586 Giovan Battista Della Porta aveva delineato aspetti caratteriali connessi all'immagine del volto.

Se quello di Barney, di Orlan, di Stelarc non è – come può affermare a buon diritto Marchesini – una dimensione da iniziati o marginale che si nasconde, ma al contrario si esibisce come "realtà solare, mondana, immersa nel proprio presente", allora per le esperienze e le creature messe al mondo dall'immaginario e dall'assiduo lavoro svolto da Bove in circa mezzo secolo si comprende che il cammino del loro pieno riconoscimento e della loro piena attuazione appare più arduo e più esteso temporalmente per l'oggettiva dimensione eversiva da esse recata, e si comprende pure che essendo di sconvolgente entità, dovrà forse sostare ancora a lungo nel purgatorio dell'utopia.

Molto ancora vi sarebbe da dire e da considerare in merito alla vasta problematica del postumano per la quale non si può ignorare o dimenticare pagine straordinarie come quelle de *La Metamorfosi* di Kafka, sicuramente tra le più incisive quando si parla di "mutazione"[23] o dell'altrettanto nuova letteratura di dimensione scientifica con pagine che non sembrano avere limiti alle concezioni avveniristiche che riguardano il futuro umano e il suo destino relativo agli sviluppi del corpo e della vita in cammino verso un tempo in cui sarà possibile ritardare sempre più l'invecchiamento e ricercare quell'immortalità a cui Bove, senza la potenza tecnologica della scienza contemporanea di cui ci parla il fisico teorico Michio Kaku, già lavora in solitudine da diversi anni[24].

Con le sorprendenti informazioni recate dalle storie che Kaku narra nei suoi programmi radiofonici in USA, "Exploration" e "Science Fantastic", si può anche interrompere a questo punto la riflessione sul postumano, salvo potervi tornare durante l'esame di alcune performance realizzate da Bove stesso, come da alcuni altri artisti italiani di cui si è parlato davvero poco mentre si è dato, in molti casi, assai spazio e tempo a opere e artisti di altri ambienti e paesi, talvolta perfino meno pregnanti dal punto di vista delle loro esperienze.

Così, non sarà inutile, facendo nuovamente riferimento al lavoro di Bove, maturato sotto l'influsso dell'indagine onirica da lui sviluppata, prendere in considerazione quella esemplare quantità di esperimenti, performance, realizzazioni che egli attua negli anni Ottanta mostrando l'originalità della sua ricerca in ordine al processo di vitalizzazione della materia apparentemente inerte e ad atti e fatti che preparano le stagioni più impressionanti del suo lavoro, cioè quelle che lo porteranno alla concezione e alla elaborazione di una "creatura" dotata di una struttura metaforicamente in grado di conquistare l'immortalità del corpo e di poterla condividere con chiunque avesse desiderio e volontà di fruirne.

Prima di tale fase, Bove si cimenta in molti progetti, spesso condivisi con altri artisti oppure operatori dell'ambito scientifico e poetico, realizza opere a base fotografica, opere

23 Si veda in proposito tra i contributi di critica letteraria il saggio di Giovanni Ragone, *Nuove Metamorfosi. Kafka/Ellis*, in *Mutazioni. La letteratura nello spazio dei flussi*, a cura di Giovanni Ragone e Fabio Tarzia, Liguori Editore, Napoli 2004, pp. 11-36.

24 Cfr. il suo saggio *Il futuro dell'umanità*, Rizzoli, Milano 2018, soprattutto in quel capitolo in cui si intrattiene sui molti esperimenti per il raggiungimento dell'immortalità, interrompendo il processo di invecchiamento del corpo.

↓ *Levitazione di sculture*, 1988, stampa fotografica cibachrome, 30×40 cm

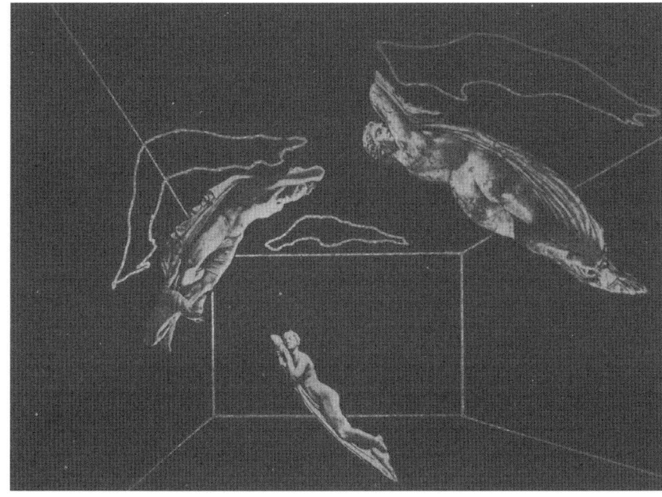

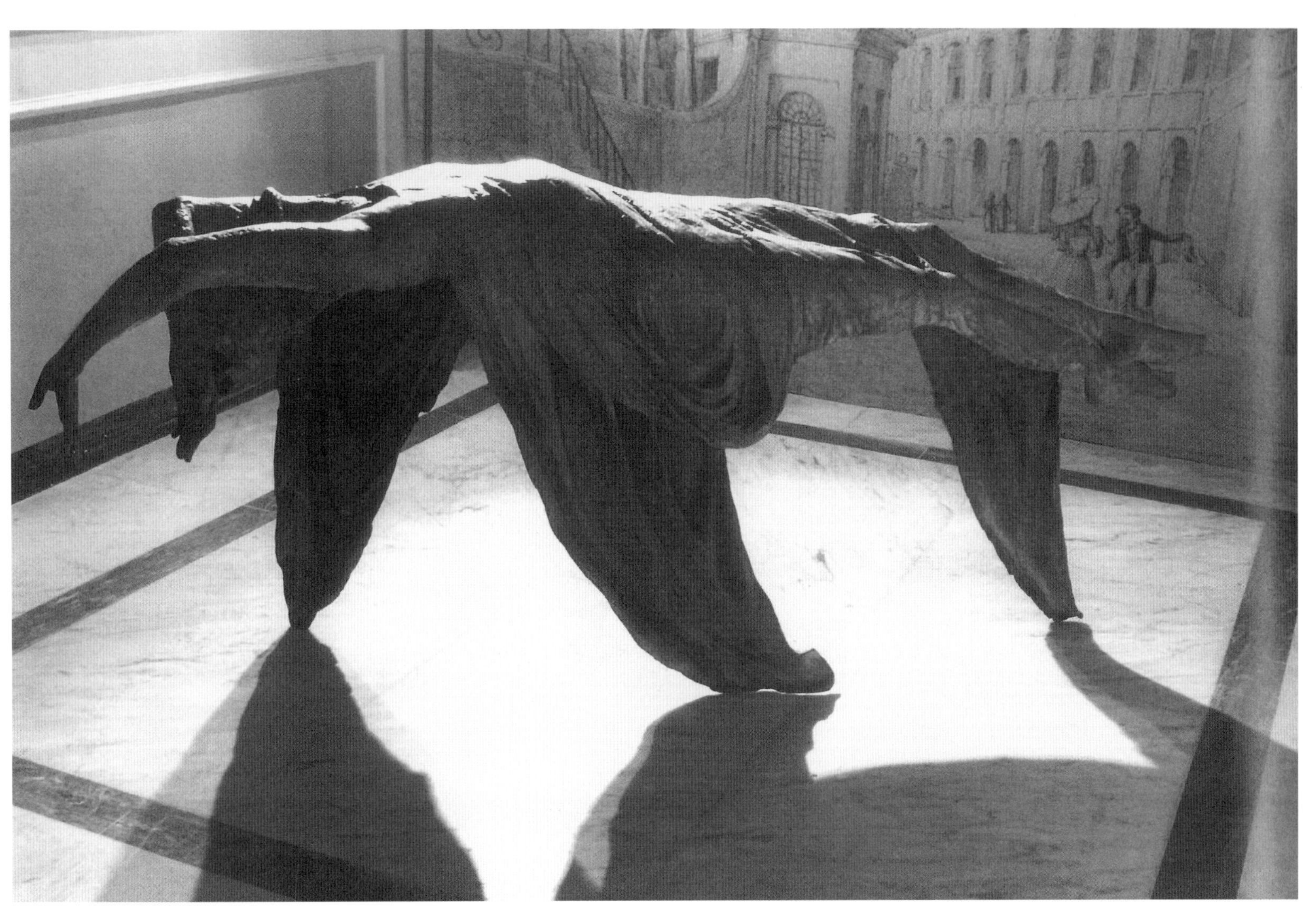

↑   *Sognatrice in levitazione*, 1993, bronzo, 86×39×216 cm, collezione Luca e Rossana Gastini, Alessandria; collezione Silvano Gori, Pistoia

plastiche, scrive articoli su talune riviste d'arte, effettua conferenze partecipando a simposi in Italia, Austria, Germania e negli USA, e pubblica autonomamente alcuni saggi.

9.   TRA IL 1979 E IL 1989

Nel decennio degli anni Ottanta si succedono molteplici azioni e partecipazioni a mostre e, come già ricordato, tra le azioni preme segnalare quella in cui Bove giunge alla realizzazione di immagini o creazioni plastiche successivamente rese note in alcune scadenze espositive o pubblicate in cataloghi, opuscoli o suoi articoli: dopo la *Visualizzazione di un sogno di un cactus* (1979) e di un *Onironauta* (1979), egli si cimenta personalmente nelle esperienze di *Misurazione di un oniroplasma* (1980) e nell'*Operazione di peso dell'oniroplasma* (1980). Vale ricordare che in questa esperienza Bove aveva raggiunto l'obiettiva convinzione che il sogno, in quanto energia misurabile, doveva pur possedere una massa, ciò secondo i fondamenti della scienza, e pertanto la materia del sogno poteva essere "pesata". Peraltro, Luciano Fabro aveva realizzato la tautologia *Oggetto con dispositivo per ridurne il peso* (1968), e Michelangelo Pistoletto l'opera *Il peso dell'immagine* (1976), esperienze entrambe rivolte a pesare l'imponderabile.

Di quell'anno esistono documentazioni fotografiche dell'*Onirescenza* (1980), e della *Materializzazione di un sogno* (1980). Successivamente realizza le immagini del *Sogno di una statua* (1981), avvia l'elaborazione di un *Oniroplasma* che troverà compimento solo nel 1996, mentre concepisce e realizza metaforicamente con una performance la venuta al mondo in fattezze adulte di *Espansiva* (1982), entità onirica. Di questa "creatura" immaginaria Bove fornisce nel suo libro *Oniroplasmi* un eloquente ritratto:

> L'aspetto è di una ragazza di circa 18-19 anni, piuttosto alta e slanciata; lineamenti del volto regolari e decisi, capelli lunghi, neri, lisci; la pelle olivastra.

Nel racconto Bove ne seguita la descrizione elencando i suoi cambiamenti continui di stato fisico, inducendo un cronista del quotidiano di Varese, in occasione della presentazione del medesimo libro, a definirlo "volume che appartiene al grande genere della letteratura fantastica e visionaria di ascendenza surrealista", non senza tuttavia dichiararsene sedotto e disponibile a ritenere che un lettore possa voler entrare nel "mondo alternativo" che offre una via d'uscita dal ciclo biologico vita/morte suggerita da Bove.

La collaborazione nel frattempo intrapresa con Alessandro Vezzosi e la galleria Proposte di Arte Contemporanea lo induce a esporre nella mostra "Estasi/Antitesi" l'opera *Mutazione di un oniroplasma* (1984), lavoro che successivamente sarà presente anche nella galleria Unimedia di Caterina Gualco a Genova.

L'interesse intanto sviluppato attorno al suo lavoro e l'"inappagamento" nel dover realizzare le opere con le materie tradizionali inerti lo inducono a riconsiderare il suo progetto di *Galleria Nazionale d'Arte Vivente* (1983) e a concepire opere che attraverso l'impiego di materia vivente abbiano vita e possano ambire addirittura a potersi dotare di coscienza.

Dietro le spinte di queste nuove intuizioni, a partire dal 1986 inizia a produrre e diffondere una serie di fascicoli documentativi delle "materializzazioni dei sogni" ma anche delle "opere d'arte viventi" mediante cartelline realizzate in esoeditoria in trenta esemplari, ogni volta contenenti propri testi, fotografie, disegni, schede e recensioni. Questa nuova azione si protrae sino al 1995 giungendo alla creazione di undici numeri oggi pressoché introvabili.

L'impulso operativo genera nuovi "strumenti"-opera
come il *Talismano per sognare* (1987), un *Induttore-Catalizzatore
per sogni*, l'attraente azione documentata fotograficamente della
Sostanziazione di un sogno gemino a opera di sognatrici (1987),
realizzato con due modelle in un'ambientazione prossima a una
scogliera marina, dove l'elemento del moto incessante delle onde
ha una forte valenza ansiogena e suggerisce efficacemente il
flusso onirico.

Tra il 1988 e il 1989 prendono forma *Cullabarca di un
sogno materializzato* (1988), (mediante l'impiego di parti di una
carlinga d'aereo, blocchi di vetro fuso e ferro), esposto nel 1992
nel Museo Attivo delle Forme Inconsapevoli, istituito da Claudio
Costa presso gli ambienti dell'ex Ospedale Psichiatrico di
Quarto dei Mille a Genova, *Il sognatore stilita* (1988), in occasione
della mostra ad Arte Sella (1988), una *Levitazione onirica* (1988),
e infine l'installazione, presso il giardino dell'Accademia della
Crusca a Firenze nella mostra "I giardini della Chimera" (1989),
curata da Vezzosi, di una *Emanazione e captazione di sogni*
(1989), a base di una grande parabola di radar metallica connessa
a una fonte onirica.

Come si è già precedentemente ricordato, in questo
arco temporale la sua opera è ospitata altresì nella mostra
"Il giardino d'Europa" a Palazzo Medici Riccardi a Firenze (1986)
e numerose riflessioni teoriche trovano ospitalità in riviste
di cultura e attualità[25].

Nel domandarsi se Bove avesse un *centro gravitazionale*
o possedesse un *archetipo organante* che lo indirizzasse nella
propria azione, l'etologo Giorgio Celli, nell'introduzione alla *Biologia
del trascendente* – opera compendiaria dell'artista che fa il
punto sulle attività di "levitazione oggettiva", materializzazione
e captazione dei sogni, su *Quanti di arte vivente* e altre iniziative
del decennio appena evocato – afferma che Bove è incline a
una "courbure epistemologica che individua nella scienza un
ingrediente fondamentale, ineliminabile del 'fare'"[26], e ancor
più fermamente ritiene che la *Biologia trascendentale* di Bove,
superando l'estetica diffusa predicata da Pierre Restany, giunge a
"proporre un'estetica scientificamente provata". E subito l'etologo,
precorrendo una certa azione futura di Bove, si domanda:
"Un progetto Frankenstein?". L'autointerrogazione di Celli, a cui
egli stesso fa seguire l'eloquente risposta "forse", non è casuale,
poiché si avverte che il suo breve ma acuto scritto introduttivo alla
pubblicazione di Bove è frutto di una documentata riflessione dello
studioso sia sulla sua opera – sino a quel punto già espressa e
raccolta in cataloghi curati da Alessandro Vezzosi di mostre come
"Il concerto di statue", "Il ritorno di Pan", "La fonte delle fonti" – sia
in pubblicazioni dell'artista come *Luminescenze* (1985), *Onirofanie*
(1987), e *Quotidiane levitazioni* (1989). Appare evidente, per le note
frequentazioni di Celli del mondo artistico, che l'attività di Bove
incuriosisce e interessa lo studioso, poiché, come egli riconosce:

> l'artista porta il suo concetto di "scientificità" ben
> oltre i confini attuali, e *lo rivisita, per dire così, dalla
> parte dell'avvenire*, con l'occhio, insieme, del profeta
> e del futurologo[27].

Peraltro, nelle pagine di *Biologia del trascendente* Bove ha
modo di riaffermare in senso teorico momenti imprescindibili
della sua prassi operativa oltreché fornire immagini di opere
e documenti fotografici attestanti esperimenti e performance
inerenti alla materializzazione dei sogni, episodi di levitazione,
opere prodotte con il lievito, con le alghe unicellulari e con
i batteri, tutti organismi geneticamente replicabili all'infinito
e quindi potenzialmente "immortali".

25   Per la mostra "Il giardino d'Europa" a
cura di Alessandro Vezzosi a Palazzo
Medici Riccardi consultare il catalogo
edito per "Firenze capitale europea
della cultura", Edizioni Gabriele Mazzotta,
Milano 1986; per la pubblicazione di
Bove consultare i numeri 16-17-18-19-20
del 1995 e 21-22-23 del 1996 della rivista
"RISK", edita da Lucrezia De Domizio.

26   Giorgio Celli, *Antonino Bove e l'arte della vita*,
in Antonino Bove, *Biologia del trascendente*,
Edizioni Essegi, Ravenna 1991, p. 7.

27   *Ibid.*

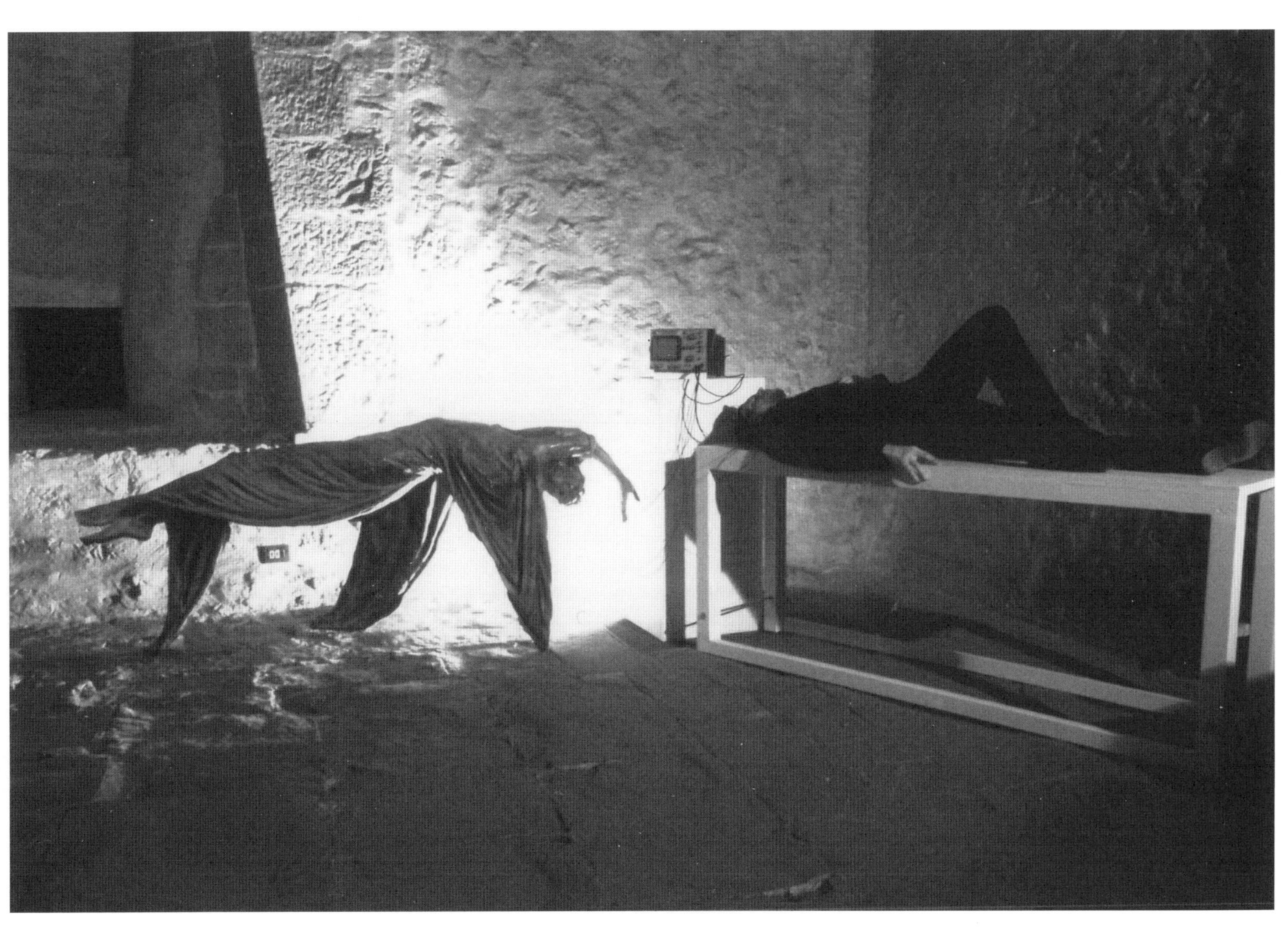
Dialogo onirico, 1995, installazione-performance, 250×250×114 cm

All'insegna dello *statement* "La natura dell'arte è più complessa di quello che sappiamo", Bove inoltre documenta la realizzazione del progetto *Embrio* (1990), installazione compiuta arditamente insieme con Claudio Costa sul Monte Forato nelle Alpi Apuane. Scrive Bove:

> Embrio è un organismo d'arte vivente; una entità attivata dall'imponente magnete naturale costituito dal Monte Forato [...]. Al centro del grande arco del monte, sospesa nello spazio vi è una forma pura predisposta per essere una "Soglia dell'orizzonte degli eventi visibili e invisibili". Sopra l'arco è impiantata una selezione di cellule umane, con le caratteristiche di essere immortali. Alla base dell'arco agisce un trasformatore di energia in materia[28].

Tra i documenti contenuti in *Biologia del trascendente* non si può nemmeno ignorare la serie di riflessioni e affermazioni raccolte sotto il titolo *Il museo come vivaio di opere d'arte*, testo che, pur recando la data dell'aprile 1991, appare tuttavia plausibile essere stato concepito nella prima metà degli anni Ottanta, quando Bove dà vita alla immaginaria Galleria Nazionale d'Arte Vivente e al Museo come Vivaio di Opere d'Arte. In esso si leggono espressioni ai limiti dell'immaginario:

> Considerando che l'arte del futuro non sarà limitata alla rappresentazione e alla mediazione metaforica ma sarà una modalità vivente ed autonoma, dovremmo parlare, più che di musei, di vivai in cui incontrare le creature fisicizzate dei nostri sogni, intuizioni, ricordi [...]. I musei che ospiteranno queste opere dovranno essere luoghi di eventi in atto, di incontri con la materializzazione vivente e possibile eterizzazione del nostro immaginario. [...] L'ingegneria genetica possibilizza, in un futuro non remoto, l'immortalità [...]. Trovo molto intensa l'idea del dare corpo ad opere non con materiali inerti, ma con organismi vivi aventi caratteri di immortalità. [...] La storia dell'uomo è un tentativo multiforme di superare la morte [...]. Con lo sviluppo della scienza la metafora artistica sembra declinare[29].

Nella lettura di queste dichiarazioni e avendo seguito sino ad ora lo sviluppo dell'azione di Bove sorge, in questa fase, la sensazione che egli stia meditando un salto dimensionale entro la concezione del suo lavoro, aprendolo a una maggiore influenza della ricerca scientifica in esso. Appurato, infatti, che la tensione di Bove è originalmente determinata e sospinta da una vocazione artistica, investita da un profondo anelito al superamento della morte, con creazione di opere spesso esplicitamente evocative di tale pensiero, è altresì evidente che, col trascorrere del tempo, un vero progetto strategico e operativo viene prendendo forma nella sua parabola concettuale, integrando all'azione artistica e poetica interessi e strumenti appartenenti specificatamente alla psicologia, alla parapsicologia, alla filosofia, all'etnologia, all'antropologia, alla mitologia, all'alchimia, alla fisica quantistica e del tempo, alla fisiologia, alla biologia, alla tecnologia, allo sciamanesimo, alla neurologia, alla teologia, alla genetica, alla sociologia, alla politica, insomma alle scienze a 360 gradi, alle scienze umane e alla stessa fantascienza, continuamente sorpassata dalle metafore artistiche di Bove. Il salto di cui si percepisce l'inclinazione è quello di un lento ma possibile superamento dei parametri tradizionalmente intesi del fare artistico, che sempre più spesso cede il lavoro all'esperienza parascientifica pur di guadagnare terreno verso l'obiettivo ultimo della vittoria sulla morte fisica del corpo umano. L'ultima delle sue dichiarazioni da me citate nel testo dell'aprile 1991, "Con lo

28 Antonino Bove, *Embrio*, in *Biologia del trascendente*, op. cit.

29 *Ibid.*

↓ *Materializzazione di un sogno*, 1993, installazione con modello vivente, lana d'acciaio, pigmento nero, fosforo, 500×116×50 cm

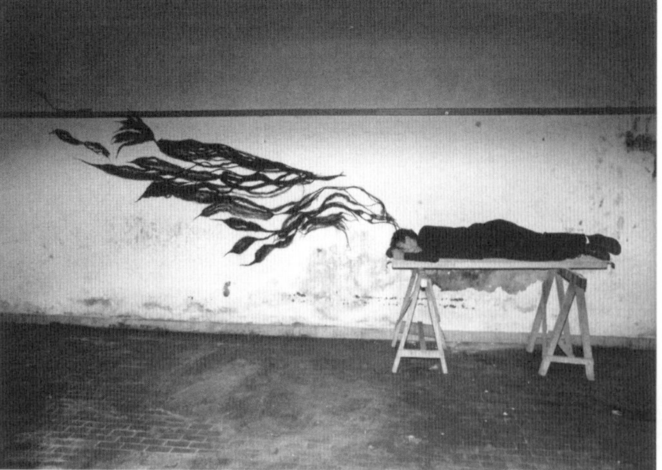

sviluppo della scienza la metafora artistica sembra declinare",
decisamente prefigura questa nuova fase.

10. UN SALTO DI DIMENSIONE

La pubblicazione di *Biologia del trascendente* con le
immagini degli "alberi della vita" realizzati da Bove a base di
lievito, materia capace di rigenerarsi indefinitamente, o a base
di colture di alghe marine, organismi unicellulari oggetto di una
performance nell'isola di Stromboli nel giorno di Pasqua del
1991 e di varie versioni di "levitazione", dava conto di esperienze
da lui maturate e ampiamente comunicate in Italia e all'estero,
soprattutto negli USA dove Bove viaggia nel 1988-89 visitando
alcuni stati e istituzioni americane, tenendovi delle conferenze.
Presso il Franklin Furnace Archive di New York e la Rutgers
University del New Jersey, accolto da Philip Corner, egli relaziona
sulle "opere d'arte viventi" durante il 2° Simposio "Art and Invisible
Reality" (1989).

> L'arte vivente – scrive per la circostanza Bove – sarà
> plasmata non in un corpo inerte ma in energia pura,
> in materia nascente e trasmutante, in fluidi di forze
> dotate di coscienza [...]. Sognata e fantastica, quest'arte
> che si proietta oltre l'arte già appartiene al mondo[30].

Non diversamente, con la medesima carica diffusiva, il giorno
prima di quella comunicazione, mediante proiezione di immagini
e con un proprio commento, Bove aveva illustrato e riferito
sulle esperienze di "levitazione" da lui eseguite.

> Nella fisica dell'Arte vivente, nella fenomenologia dei
> sogni l'inerte si anima, gli esseri si liberano dal peso
> della corporeità, oltrepassano lo spazio-tempo, il binomio
> vita-morte, l'energia diventa materia e viceversa [...].
> La levitazione come antigravità è il passaggio per
> penetrare nella quarta dimensione, è l'ingresso
> nell'antimateria [...]. Con la levitazione si inizia a
> pensare l'Arte non più solo come un fatto estetico
> ma come energia vivente[31].

L'impulso dato da Bove alla sua ricerca e – come già segnalato –
l'aver dichiarato e compiuto azioni che non lasciano dubbi sulla
sua volontà di interfacciare ormai ogni nuova esperienza artistica
con la pragmatica considerazione delle innovazioni scientifiche
di fisica quantistica e di bioingegneria, non passano inosservate
a critici e studiosi nel frattempo avvicinatisi all'opera di Bove:
Alessandro Vezzosi, Andrea Del Guercio, Giandomenico
Semeraro, Paolo Albani, Giuliano Serafini, Chiara Leoni, Miriam
Cristaldi, Laura Mare e Rossana Bossaglia che, nel redigere il
volume *Arte e Scienza* con contributi di Renato Barilli, Giuseppe
Caglioti, Gillo Dorfles e Vittorio Fagone, pubblica in esso
emblematicamente *L'albero della vita. Trasmissione di immortalità
da una massa di lievito (Saccaromyces Cerevisiae) ad una pianta
predisposta geneticamente* (1990) nella versione dell'opera
installata da Bove presso la Kunsthalle di Linz (1992), affermando
durante la discussione ordinata con Barilli e gli altri che

> [...] il discrimine fra arte e scienza ce lo facciamo
> noi, da fruitori e a posteriori, secondo il materiale
> che ci viene offerto[32].

La stessa Bossaglia, qualche anno più tardi, si dimostra ben
convinta di essere stata indotta a inserire nelle immagini del
libro a più voci su arte e scienza una testimonianza della ricerca
di Bove al punto che, in occasione della pubblicazione dell'opera
dell'artista *Lievito* (che una curiosa possibile traslitterazione
può tramutare in "levito", allusivo delle esperienze di levitazione
pur incluse nelle pagine di quell'opera), scrive:

51

30 Antonino Bove, *Opere d'arte viventi*,
    documento dattiloscritto, New York,
    19 novembre 1989.

31 Antonino Bove, *Sulla levitazione*, documento
    dattiloscritto, Mason Gross Department of
    Visual Art, New Brunswick, 18 novembre 1989.

32 Rossana Bossaglia, *Arte e Scienza. Opinioni*,
    in AA. VV., *Arte e Scienza*, Ilisso, Nuoro 1993,
    p. 91.

↓ *Accertamenti su un oniroplasma*, 1993,
    stampa fotografica, 40×60 cm

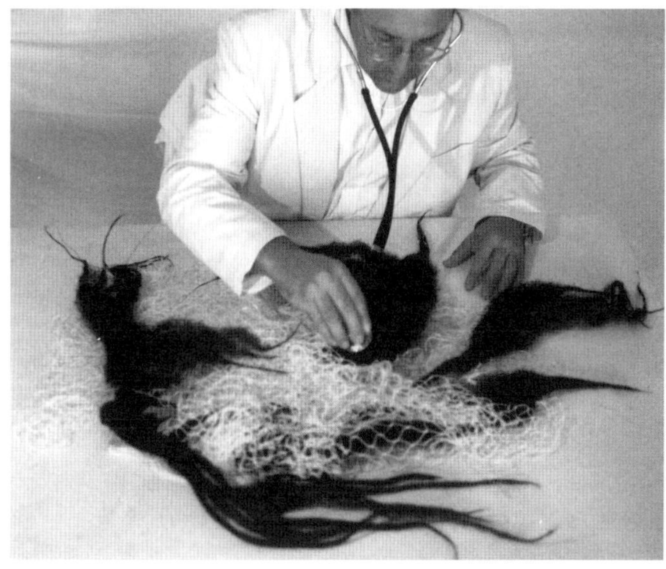

[...] la connessione della ricerca artistica con quella della fisica, specie sul piano sperimentale, non è stato oggetto frequente di discussioni teoriche, né tantomeno di esplicita pratica operativa: ed è questo il terreno su cui conduce la sua ricerca Antonino Bove [...] oggi sempre più si evita di opporre l'arte alla scienza; ma alla prima si continua a riconoscerne una sua fondamentale ed esplicita funzione, la funzione di metafora: noi possiamo guardare nell'opera d'arte eventi e situazioni che nella realtà risulterebbero intollerabili, non perché siano eufemizzati, bensì perché sono metaforici. Se ho ben capito, l'operazione attuale di Antonino Bove è volta invece a superare la metafora e a incontrare l'arte in un'altra dimensione, nel presupposto che il conoscere sia uno[33].

Effettivamente, la ricerca di Bove si è intanto fortemente orientata e distinta per esperimenti e azioni che maturano nel doppio ambito dello studio artistico e del laboratorio alchemico-scientifico: *L'albero della vita* (1991), che egli espone tra gli altri luoghi nella Kunsthalle di Linz, affonda realmente le sue radici in una massa di puro lievito fresco naturale; non diversamente *La pianta della memoria* (1994), un papiro con le radici immerse in una soluzione di neuroni umani è indotto ad acquisire la facoltà di ricordare; e con eguali finalità opera il suo *Generatore e accumulatore di memoria* (1996), un insieme di lastre di rame e vetro cosparse di neuroni e immerse in vasche collegate tra loro da piante rampicanti, rivolto ad accumulare informazioni, eventi psichici, ricordi umani; infine suggestiva è l'installazione *Le anguille poetiche* (1995), che sintetizza il trinomio arte-scienza-natura, in cui "le anguille, dotate di capacità cognitive [...] danno la sensazione di segni e grafemi viventi" nuotando in una vasca (140×140×30 cm) in cui internamente Bove ha sistemato segnacoli sui quali sono collocati versi poetici, frammenti di spartiti musicali, disegni; il tutto appoggiato sopra mappe genetiche (DNA e cromosomi) di 200×200 cm.

In tale quadro sperimentale e con una visione creativa biogenetica, Bove, nel febbraio 1998, aderendo a un invito rivoltogli da Semeraro per una mostra collettiva ordinata entro un programma di iniziative espositive da me stesso ideate presso il Museo Pecci di Prato[34], prorompe con la sorprendente installazione di un *Antropolievito* (120 kg di lievito naturale modellati antropomorficamente) a dimensione reale, disteso su una base costituita da una mappa genetica del lievito, visivamente riprodotta secondo lo schema grafico circolare del *Saccharomyces cerevisiae*. L'opera suscita notevole curiosità poiché è evidente a tutti che quell'organismo modellato nel lievito subirà le trasformazioni di una materia viva e la sua morfologia a taluno evoca subito e fortemente il mitico Golem della leggenda popolare ebraico-cabalistica, più volte ripresa dalla letteratura ebraica e tedesca del XIX secolo, a partire da Jacob Grimm, Achim Von Arnim, E.T.A. Hoffmann e nel XX secolo da Gustav Meyrink. Bove stesso, d'altronde, del tutto consapevole, in un suo comunicato dichiara: "Quest'opera rappresenta una stazione fondamentale della mia ricerca artistica". E tale, effettivamente, si dimostra per lo sviluppo del suo lavoro poiché da quella creazione ha origine la concezione e la realizzazione di una serie di esperienze e morfologie a base di "cerebralizzazione" culminanti con l'ideazione della figura e dell'entità di *Acronos*, di cui più avanti si darà conto, certamente inscrivibile nella rarefatta genealogia delle creature ideate dall'arte e destinate a rappresentare, in epoche diverse, l'emblema di uno *Zeitgeist* specifico e inconfondibile.

33   Rossana Bossaglia, *Nel segno dell'intuizione e della ricerca*, in Antonino Bove, *Lievito*, Edizioni Piletra, San Michele di Moriano 1999, p. 16.

34   Cfr. la mostra "Ecce Homo" a cura di Giandomenico Semeraro, in "Irradiazioni", presso la Cartaia, Vaiano (27 febbraio–31 marzo 1998), promossa dal Centro per l'Arte Contemporanea Luigi Pecci. Insieme ad Antonino Bove, invitati: Franco Ionda, Innocente, Fabio Mauri, Jaume Plensa, Mimmo Roselli, Marco Nereo Rotelli, Andres Serrano e Oliviero Toscani.

↓   *Sede della Società degli Onironauti*, 1977, due stampe fotografiche in b/n, 21×29 cm

↓   *Laboratorio per la materializzazione dei sogni*, 1985-2005, stampa fotografica a colori, 30×40 cm

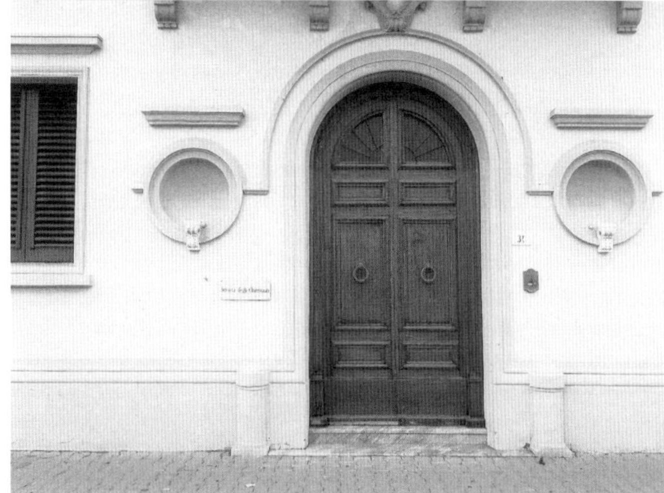

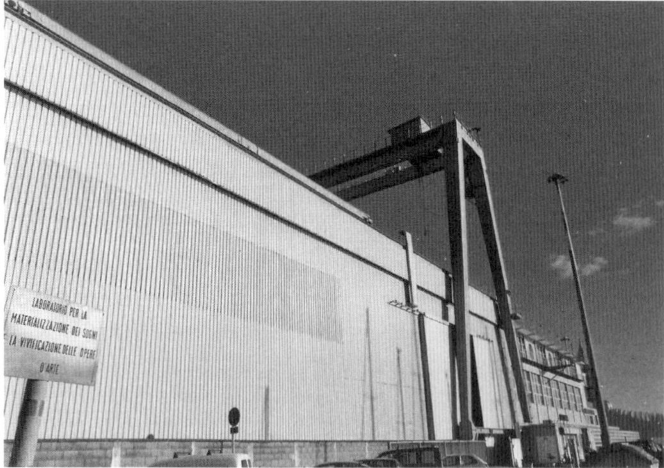

11. DALL'"ANTROPOLIEVITO" ALL'"ACRONOS". CEREBRALIZZAZIONI (1998-2008)

Con la concezione e realizzazione dell'*Antropolievito*,
Bove è pienamente consapevole del salto dimensionale compiuto,
al punto che nella sua pubblicazione successiva a proposito delle
fasi di elaborazione dell'opera scrive:

> Le impronte dei miei polpastrelli tatuano la pelle di questa
> creatura. È eccessivo il piacere "materno" che provo nel
> modellare questo golem. Una ridicola vertigine ed euforia
> mi pervadono, ora che *Antropolievito* è formato. La durata
> della sua vita sarà circoscritta, se in condizioni ottimali,
> a qualche settimana ma nello stesso tempo sarà eterna.
> Le cellule del lievito si riproducono, sempre uguali
> a sé stesse, dalle origini della vita; ciò vuol dire che
> negli anni a venire se modellerò un altro golem questo
> sarà geneticamente il doppio esatto di *Antropolievito*.
> È appena il caso di evidenziare le implicazioni di carattere
> filosofico etico ed estetico che una entità di questo
> genere comporta[35].

La fase che si dispiega d'ora in avanti per Bove è quella
di una operatività intuita entro un'"arte come estinzione
o oltrepassamento dell'arte".

Il lungo tirocinio di Bove espresso da convissuta
performatività con i poeti visivi (Arrigo Lora Totino, Franco
Beltrametti, Maurizio Spatola, Eugenio Miccini, Lamberto
Pignotti, Gian Ruggero Manzoni ed altri), le numerose
azioni condivise con Claudio Costa, antesignano di un'arte
antropologica, e con Angelica Thomas e Jacob de Chirico
coprotagonisti del fondato gruppo Kraftzellen-Cellule di
energia, nonché le frequenti partecipazioni a mostre ed eventi
artistico-scientifici lo hanno dotato di una capacità sintetica
nell'individuazione del percorso da compiere all'inizio del Terzo
Millennio, che lo rendono pronto al decisivo sviluppo della sua
poetica "immortalista".

La realizzazione nel 1999 di un organismo denominato
Cerebrosoma, successivo all'*Antropolievito* (1998), e sensibilmente
modificato nell'aspetto, rivela con efficacia e chiarezza la nuova
strada intrapresa da Bove. Nel presentare la sua impressionante
creazione presso il Palazzo Ducale di Genova nel febbraio 2009
scrive in un suo comunicato:

> Nell'opera [...] il fisico umano è sottoposto ad una
> vertiginosa ed estrema evoluzione. Paradossalmente sono
> scomparsi tutti gli organi con le funzioni conseguenti;
> [...] siamo in presenza di una autonomia fantastica nella
> quale, questo essere, fatto esclusivamente di neuroni,
> è costituito e abitato solo da pensieri, memoria, sogni,
> informazione. [...] *Cerebro* – seguita ad affermare Bove
> in un secondo documento stampato in proprio – è un
> essere immaginario paradossale e terribile, appartenente
> al futuro remoto [...]. In *Cerebro* vi è una forte dose di
> ironia e assurdità, forse scaturita da un incubo onirico.
> Come potrebbe reggersi in piedi un organismo fatto
> unicamente di materia cerebrale? [...] La sua massa
> corporea cerebrale fa intuire la prodigiosa capacità
> intellettiva, di gran lunga superiore ai comuni mortali.
> Pesando circa 80 kg disporrebbe di 80×10 alla
> quattordicesima neuroni (20 milioni di miliardi di
> operazioni al secondo – quanto elabora un cervello
> umano – × 80 volte!). Tale intelligenza fa supporre
> che *Cerebro* abbia sviluppato, ad esempio, la capacità
> di comunicare mediante onde telepatiche; che abbia

↓   *Il sognatore stilita*, 1988, installazione-performance,
Arte Sella, Borgo Valsugana, Trento

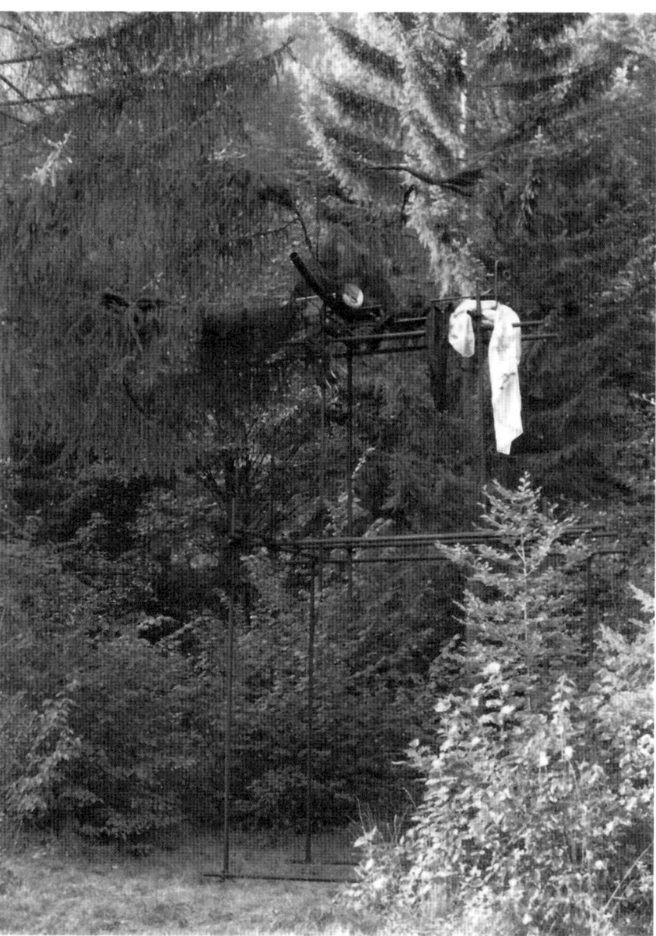

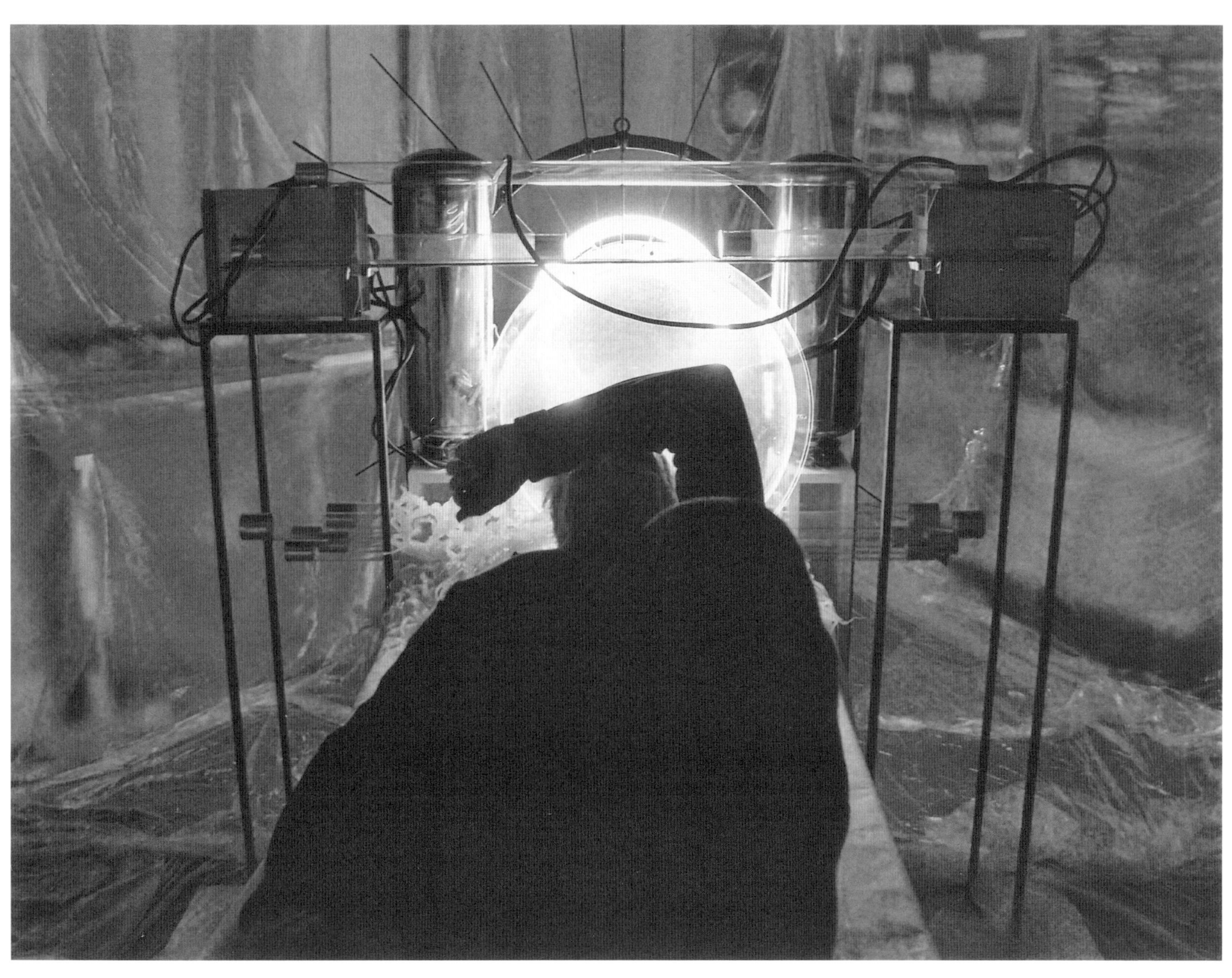

↑   *Sognatore e oniroscopio*, 2013, frame dal film *Acronos*

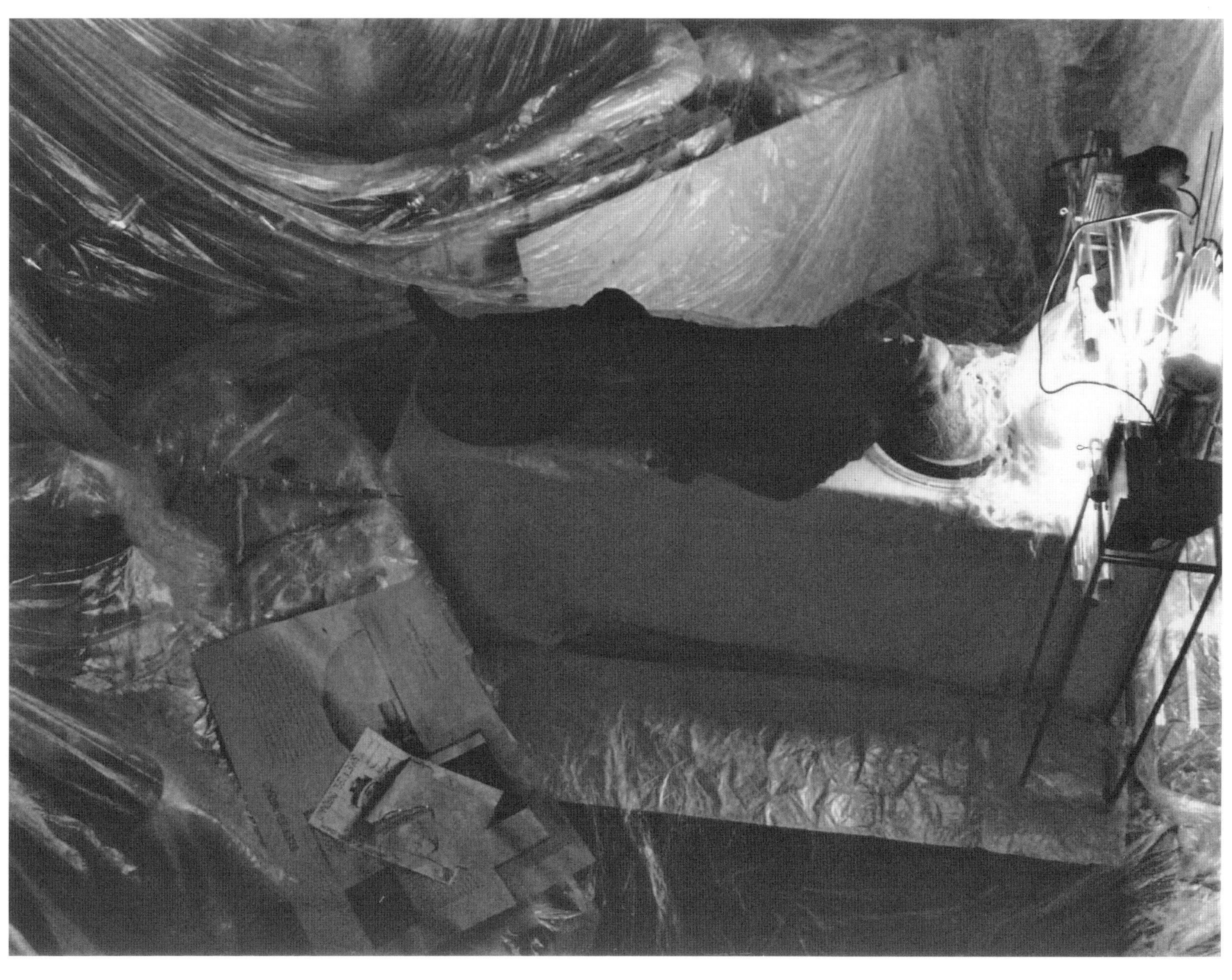

Materializzazione di un sogno, 2013, frame dal film Acronos

la possibilità di nutrirsi in modo metafisico, di spostarsi
con la forza del pensiero, di riprodursi trasmettendo
dati personali ad un altro *Cerebro*.
Nel concludere la descrizione delle proprietà della prodigiosa
creatura, i cui sensi sarebbero 80 volte più sofisticati e sviluppati
dei nostri, Bove sancisce:

> Davanti a lui ci troviamo proiettati in un futuro lontanissimo
> nel quale l'evoluzione vertiginosa del suo DNA ha risolto
> il problema dei danni che il tempo procura alle cellule.
> Esso sarà saturo dell'enzima della telomerasi, che blocca
> l'invecchiamento cellulare. L'estrema ed abissale
> evoluzione di *Cerebro* coincide con l'immortalità[36].

Una delle conseguenze della concezione del *Cerebrosoma*
(1999), è l'avvio dell'elaborazione di una filiera di oggetti e utensili
denominati da Bove "cerebralizzazioni" (violini, cannocchiali,
bilance, scarpe, borse, sedie, conchiglie, libri), oggetti che,
realizzati in gomma solcata dalle circonvoluzioni cerebrali,
simulano il futuro investimento di intelligenza anche nelle materie
inerti, nel desiderio che divengano vive e pensanti.

Mediante l'impiego di resina, gomma e glicerina, nel
2002 prende forma, tra le altre opere, il personaggio di *Acronos*,
materializzatosi da un sogno nel laboratorio della fantomatica
Società degli Onironauti. L'autore del sogno, Massimo Locus,
alias Antonino Bove, descrive, dopo un doppio sogno, in tal modo,
la figura da lui denominata *Acronos*:

> Stavo passeggiando sulle rive di un lago formicolante
> di vita [...]. Su di una collinetta vicina scorgo una
> costruzione perfettamente cubica priva di finestre
> che presenta un'ampia porta [...]. Una persona
> dai lineamenti levigati e anonimi si fa sulla soglia.
> Avvicinandomi noto, con un certo ribrezzo, che la testa,
> priva di capelli, è segnata da circonvoluzioni cerebrali
> grigiastre rivestite da una sottile membrana trasparente
> e umidiccia. Per l'assenza degli occhi, della sporgenza
> nasale, della bocca e delle orecchie, l'essere è privo
> di fisionomia. Le mani, uniche parti che un austero ed
> elegante abito nero lascia scoperte, sono della stessa
> materia cerebrale. Sforzandomi di apparire disinvolto
> e cercando di nascondere un vago senso di terrore,
> gli giro intorno. L'individuo sembra animato da intenzioni
> pacifiche; calmo si siede su una roccia vicina e assume un
> atteggiamento raccolto e pensieroso. Ha la testa reclinata
> verso il basso come gravata da un peso immenso.
> Al risveglio annotai scrupolosamente il sogno [...][37].

L'intera storia di questa creatura dell'immaginario di Bove,
dopo aver partecipato alle vicende che si sono venute
sviluppando dalla data della sua concezione fino al 2016, anno
di pubblicazione del racconto-manifesto della sua integrale
identità e missione, è tuttora l'ambito *alter ego* del suo autore,
nonché presunta aspirazione a cui ciascun essere umano
dovrebbe anelare, poiché *Acronos* è il prototipo dell'uomo eterno.

Centinaia di pagine stese da Bove con fervore e
dettagliate descrizioni dell'origine onirica di *Acronos*, della
tecnologia impiegata per materializzare la sua venuta al mondo,
la sua fisiologia, il suo linguaggio, i suoi silenzi meditativi, la sua
offerta di una formula per il trattamento a cui sottoporsi per
ottenere l'immortalità del corpo, le sue potenzialità e facoltà
e le prospettive che il prodigioso nuovo essere postumano
può dischiudere per l'intera comunità terrestre e, perfino per il
destino dell'universo-multiverso a cui Bove pensa, costituiscono
il traguardo più avanzato della sua avventura artistico-scientifica,

36   Cfr. documenti d'archivio di Antonino Bove
e il catalogo della mostra "Tuchfühlung 2"
presso la Kunsthaus Velbert Langenberg
e a Palazzo Ducale di Genova (11-27 febbraio
2000), a cura di Norbert Bauer, Herbert
Griemann e altri, in collaborazione con le
Gallerie Leonardi V-Idea e Florence Reimann.

37   Antonino Bove, *Acronos*, Morgana Edizioni,
Firenze 2016, pp. 6-7.

fantascientifica e post-artistica. Dal momento della comparsa di *Acronos* nel repertorio concettuale e operativo di Bove, egli ha gradualmente predisposto per la sua creatura un inserimento nella quotidianità delle sue azioni, performance pubbliche, mostre, convegni, pubblicazioni; in modo tale da conferire a questo essere – *alter ego* – una realtà condivisa, irreversibile e insuperata e, al contempo, artefice di sviluppi che segnano vere e proprie nuove fasi della speculazione fantapoetica di Bove, quali l'immortalità biologica (l'iperevoluzione)[38], la fondazione dell'Archivio della Memoria Indelebile dell'Ordine degli Immortali quantogenetici e dell'Ordine della Diaconia dell'Immaginario, la propagazione dell'energia fanica[39], della facoltà sovraluminale e della *luce afisica* vivente non di natura elettromagnetica.

In questo frangente temporale, Bove ha lavorato a numerose, diverse nuove creazioni in stretta connessione con la sfera di interventi suggeriti dalla concezione di *Acronos*. Si ricordano in tale arco temporale, tra le altre, il *Cosmocronografo*, 2004-16, il *Resusciteur*, 2006, i numerosi volumi della *Formula e protocolli del trattamento dell'immortalità quantogenetica*, 2007, la *Formula per il trattamento dell'immortalità*, 2007, i *Connettomi fanici*, 2018 e varie opere a base fotografica relative a *Entità umano cerebrali – conoidali, sferoidali, toroidali – in multiversi*, 2017.

Nondimeno, tra le numerose performance a partire dal 1991 si distinguono *Nutrirsi d'arte* (1999) in collaborazione con Daniele Poletti, artista che "offre il proprio corpo ad alcune sanguisughe ingegnerizzate geneticamente affinché si nutrano della sua arte"; la performance *De artis corpore*, 2001, autopsia dell'opera d'arte vivente come vivisezione del corpo di Dio, presso l'Accademia Autoptica a Viareggio, compiuta da Bove insieme ai "transustanziatori" Paolo Albani, Marco Corbelli e Daniele Poletti; *Alcune brevi azioni eternali* (2004), compiute dalla figlia di Bove, Azzurra, in occasione delle quali l'artista si domanda:

> Quali armonie emetterà un violino interamente sostanziato di cervello? Onde acustiche mentali, acute ed emozionanti o funebri ed evocative? Cosa farà vedere un cannocchiale cerebrale? Paesaggi lontani di sogno? Ricordi che avevamo dimenticato? Che liquido conterrà questo recipiente semisferico fatto di materia neuronale? Idee, pensieri liquidi?[40]

Di tutte queste azioni resta una documentazione fotografica.

Significative si dimostrano anche le performance dedicate a Raymond Roussel e a John Cage, entrambe concepite nell'ambito delle pratiche simulative della "resuscitazione" dei corpi di artisti scomparsi. Dello scrittore francese sepolto presso il cimitero storico del Père-Lachaise a Parigi, le foto realizzate durante la performance condivisa da Bove con Gianni Broi e Nathalie Hamard-Wang ricordano la commemorazione effettuata il 14 luglio 2006 entro l'evento "Corps de marbre, corps de chair", culminata con l'azione evocativa di un auspicato ritorno in vita di Roussel mediante la *Formule de l'immortalité*. Sui documenti di questo lavoro e con numerosi altri interventi, Broi ha curato presso la Biblioteca Nazionale Centrale una mostra e un convegno di studio ai quali ha partecipato anche Bove stesso nella primavera del 2007.

Per la riapparizione di John Cage invece Bove ha ordinato ben due performance, realizzando e indossando un calco in gomma della sua fisionomia e disponendo le relative dinamiche di carattere sonoro in diverse occasioni: prima a Villa Enrico Caruso a Lastra a Signa (Firenze) nell'aprile 2016, poi a Verona nel maggio dello stesso anno.

38   Del film *Acronos*, 2013, della durata di 28 minuti a cura della Società degli Onironauti e dello Studio Sumatra, casa di produzione cinematografica e artistica indipendente, vi sono state proiezioni pubbliche sia al Trieste Science+Fiction Festival (29 ottobre-3 novembre 2014), sia al festival Galactic Film Fest presso il The Frida Cinema a Los Angeles (2014), sia alla GAMC "Lorenzo Viani" di Viareggio.

39   Si veda il glossario in questa pubblicazione.

40   Antonino Bove, *Brevi azioni eternali*, testo autografo inedito, 2004.

↓   *Espansiva entità onirica materializzata*, 2006, due immagini fotografiche elaborate dall'artista, 30×21 cm

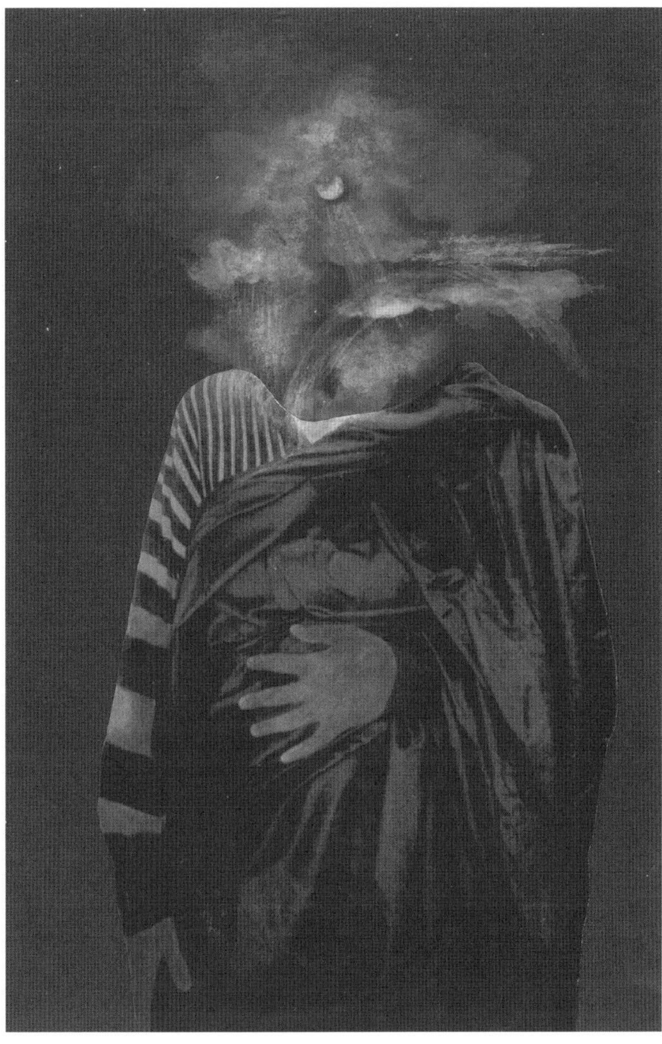

41 Cfr. *Corpo, Automi e Robot. Tra Arte, Scienza e Tecnologia*, catalogo della mostra a cura di Pietro Bellasi e Bruno Corà, (Lugano, Museo d'Arte, 2009), Mazzotta Editrice, Milano 2009.

42 Mario Losano, *Le alterne vicende delle macchine calcolanti e semoventi*, in *Corpo, Automi e Robot. Tra Arte, Scienza e Tecnologia*, op. cit., p. 58.

43 Vivi Vassilopoulou, *Gli automi e la tecnologia dell'antica Grecia*, in *Corpo, Automi e Robot. Tra Arte, Scienza e Tecnologia*, op. cit., pp. 61-63.

Infine, altrettanto coinvolgenti e con larga partecipazione pubblica sono state tutte le numerose performance dedicate alla divulgazione della *Formula dell'immortalità*, attuate con assunzione di differenti elementi commestibili (liquidi, lieviti, yogurt, alghe, pane Carasau, etc.) o attraverso la diffusione del cartiglio stesso della formula, costituito da un rullino della misura di circa un metro di lunghezza, distribuito gratuitamente al pubblico presente.

12. "ACRONOS", ULTIMO ANELLO DELLA CATENA CREATURALE ARTISTICA

Non è certo la prima volta che il pensiero e l'opera di un artista forniscono straordinarie prove di come l'immaginario, proteso a estendersi oltre lo spazio-tempo, materializzi con assoluta idealità creature, luoghi, facoltà, scenari futuri dettati dal sogno e dal desiderio di superamento della morte e della sparizione fisica. "Imagination is more important than knowledge" (Einstein).

Ed è sull'immaginazione che Antonino Bove ha fatto leva per giungere alla concezione della sua creatura *Acronos,* avente l'obiettivo redentivo di liberare il genere umano dalla morte e condurlo una volta per sempre con il corpo nell'eternità. L'intera tensione artistica di Bove ruota sin dall'inizio attorno a questo obiettivo e non a quel concetto di immortalità ideale che pur l'arte ha sempre promesso e garantito ai suoi migliori artefici, in quanto conseguenza di una gloria conquistata e imperitura. Come Gino De Dominicis, artista della sua stessa generazione, anche Bove, pur successivamente all'anconetano e attraverso percorsi diversi, ha ricercato e affermato la necessità dell'immortalità del corpo e non quella parimenti gradita della memoria dei posteri.

Non sembra procrastinabile, a questo punto, porre a confronto la creatura di Bove, *Acronos*, con l'albero genealogico di esseri antropomorfi ideati dalla mitologia, dalla letteratura, dall'arte, dalla filosofia, dalla religione, dalla scienza e dalla tecnologia, onde individuare per quali aspetti e con quali caratteristiche peculiari *Acronos* si distingue da tutti loro.

In una mostra-opera di una decina di anni fa, realizzata a Lugano[41], riuscimmo a tracciare un'ampia rassegna che, interrogandosi sul destino di un rapporto tra l'essere umano e la macchina, in un tempo in cui il primo ha già accolto in sé, integrandole, parti meccaniche e la seconda sembra sempre più emulare il corpo, fino a volerlo completamente sostituire, forniva una quantità di punti di osservazione e di considerazione relativi alla parabola del corpo umano nella storia, nell'arte, nella tecnologia, nella mitologia, nella fotografia, nel teatro, nella robotica e in altri ambiti, mostrando e lasciando intravedere gli incredibili sviluppi e le anatomie in trasformazioni conturbanti del corpo stesso. In quella ricerca, se il maggiore studioso dell'argomento giungeva ad affermare: "Un giorno forse un automa gentile assisterà un malato o un vecchio, oppure sbrigherà faccende domestiche"[42], profeticamente ormai scavalcato nei nostri giorni dalla realtà robotica, la storica dell'arte greca Vassilopoulou ricorda, dal canto suo, che la parola *automaton*, pronunciata nell'*Iliade* (Libro V, v. 749) risale a Omero e che Dedalo aveva possibilmente costruito già diversi automi. Ma soprattutto che "nella *Biblioteca*, Apollodoro", scrive la studiosa, "cita il mito di Talos, il servo di bronzo che Giove ha donato a Minosse come custode di Creta."[43]

Di Talos – pioniere tra gli automi – si hanno raffigurazioni sia in un vaso attico del 400 a.C., sia in alcune monete di Festo, sia

↓ *Oniroscopio fisicizzatore* (particolare), 2013, installazione, 230×120×300 cm

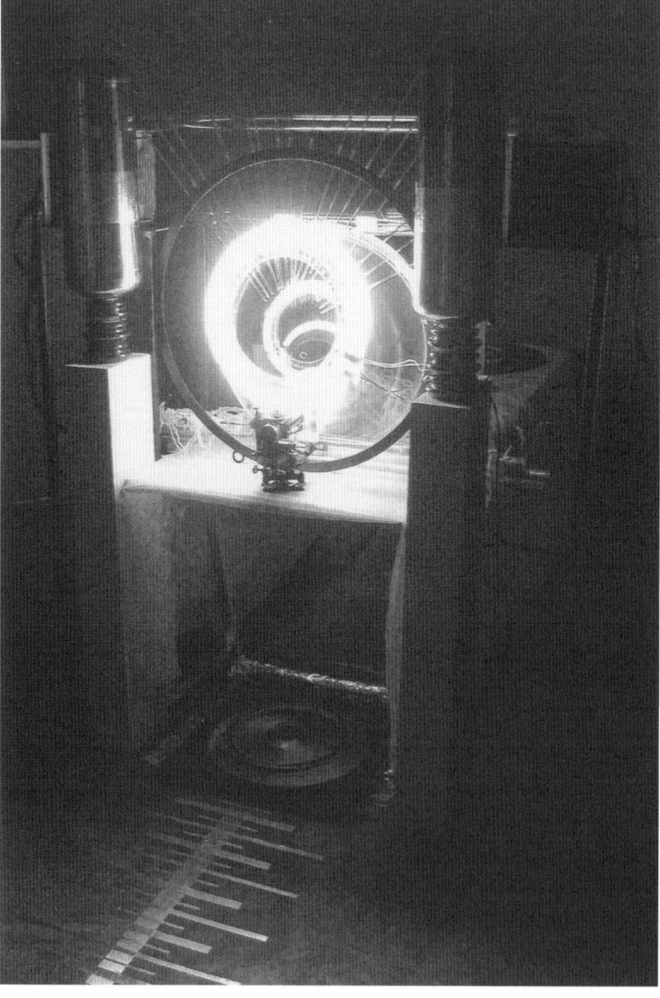

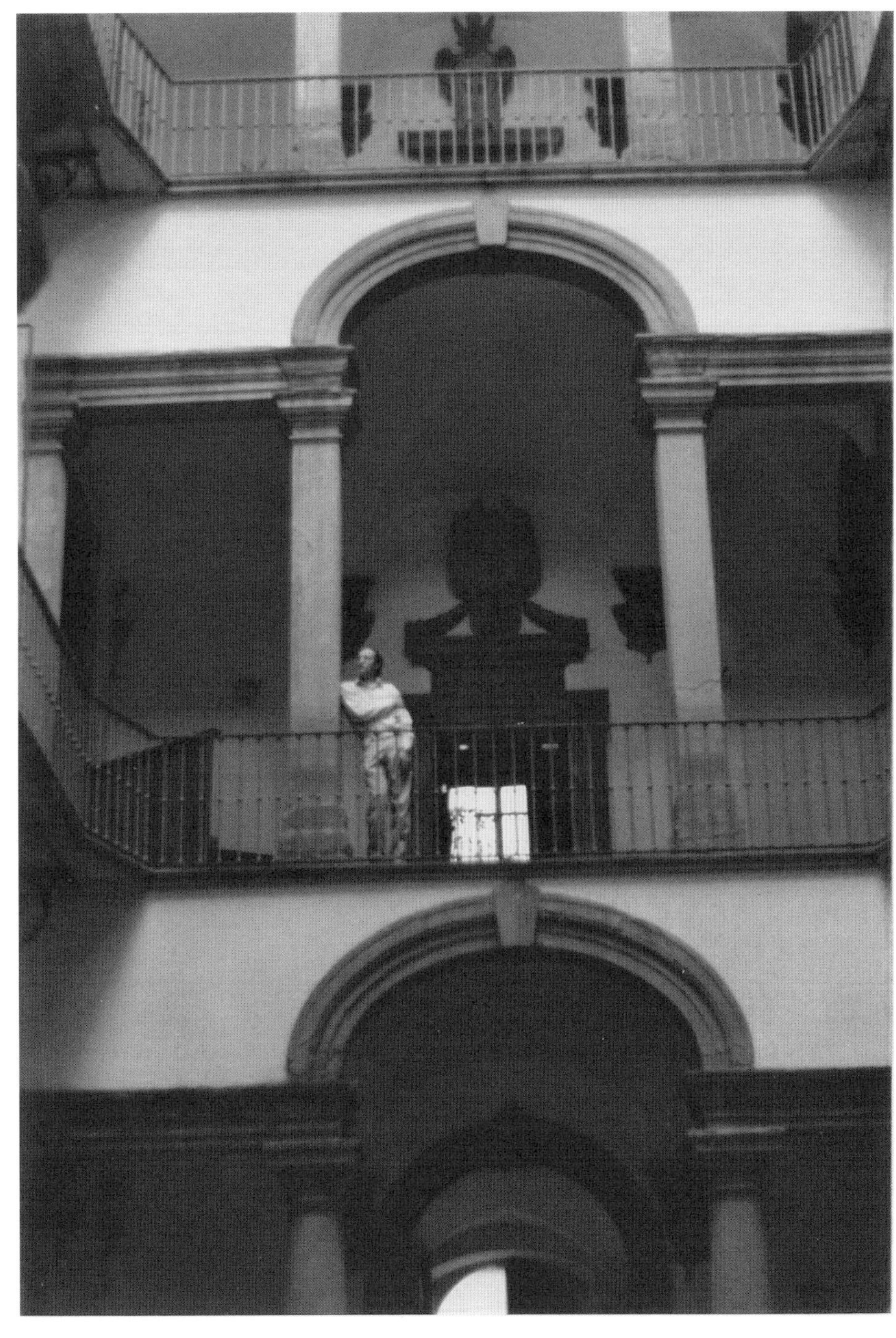

Il palazzo di via Borra a Livorno dove, tra il 1968 ed il 1970, furono effettuati i primi tentativi di vivificazione di opere d'arte

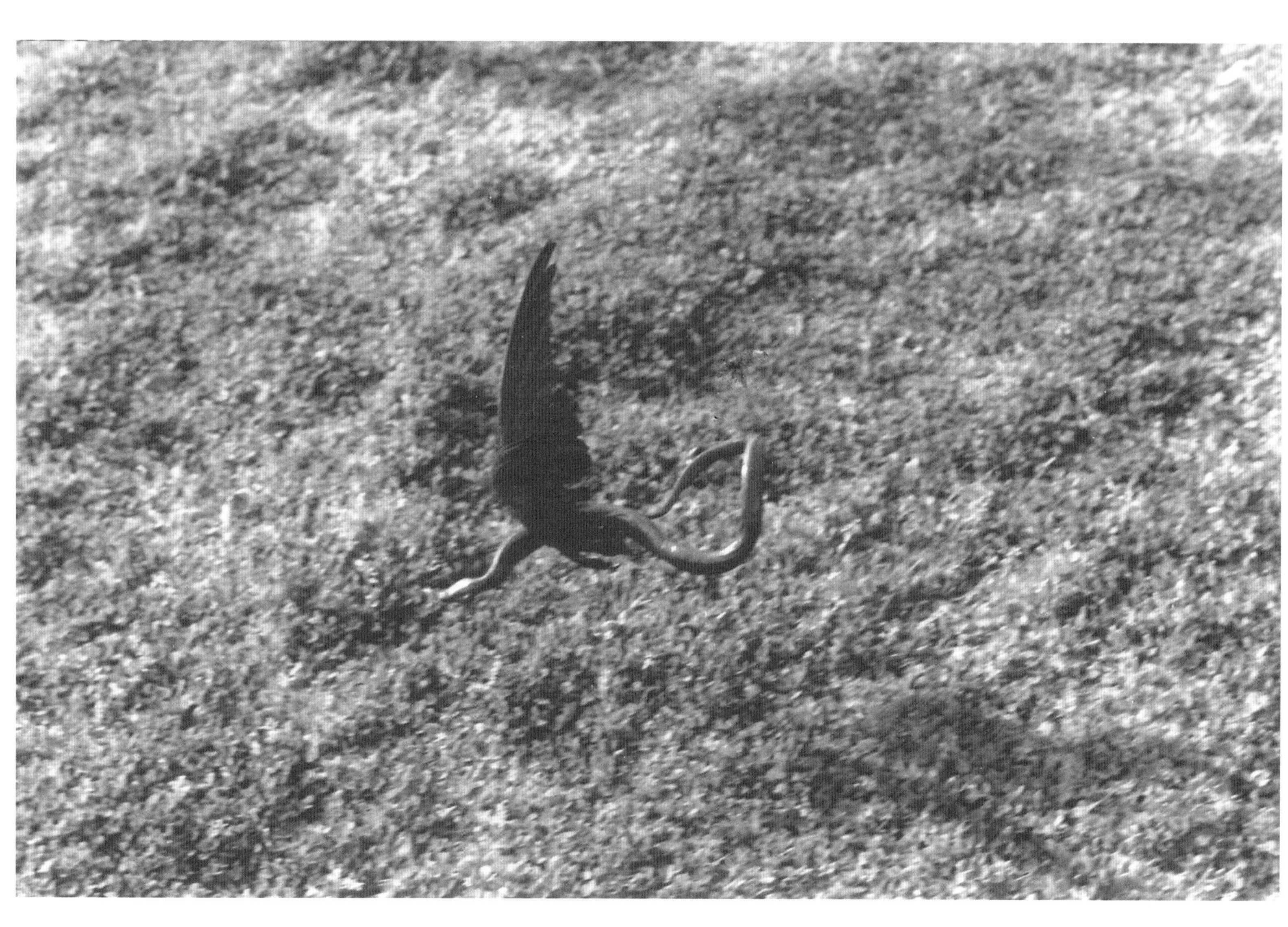

 Arte vivente nel giardino di Boboli a Firenze, 1969, sequenza di cinque stampe fotografiche in b/n, misure varie

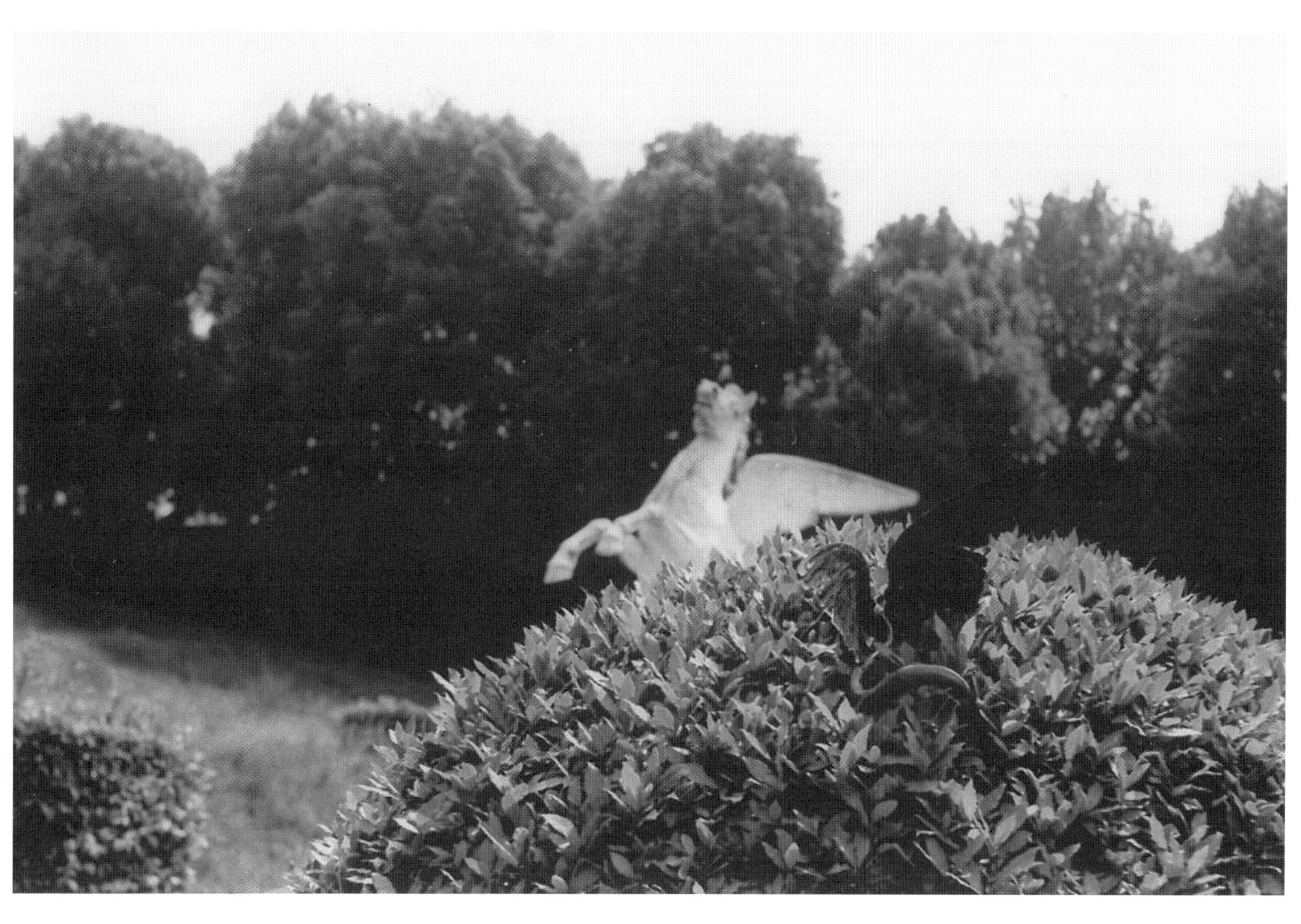

Arte vivente nel giardino di Boboli a Firenze, 1969, sequenza di cinque stampe fotografiche in b/n, misure varie

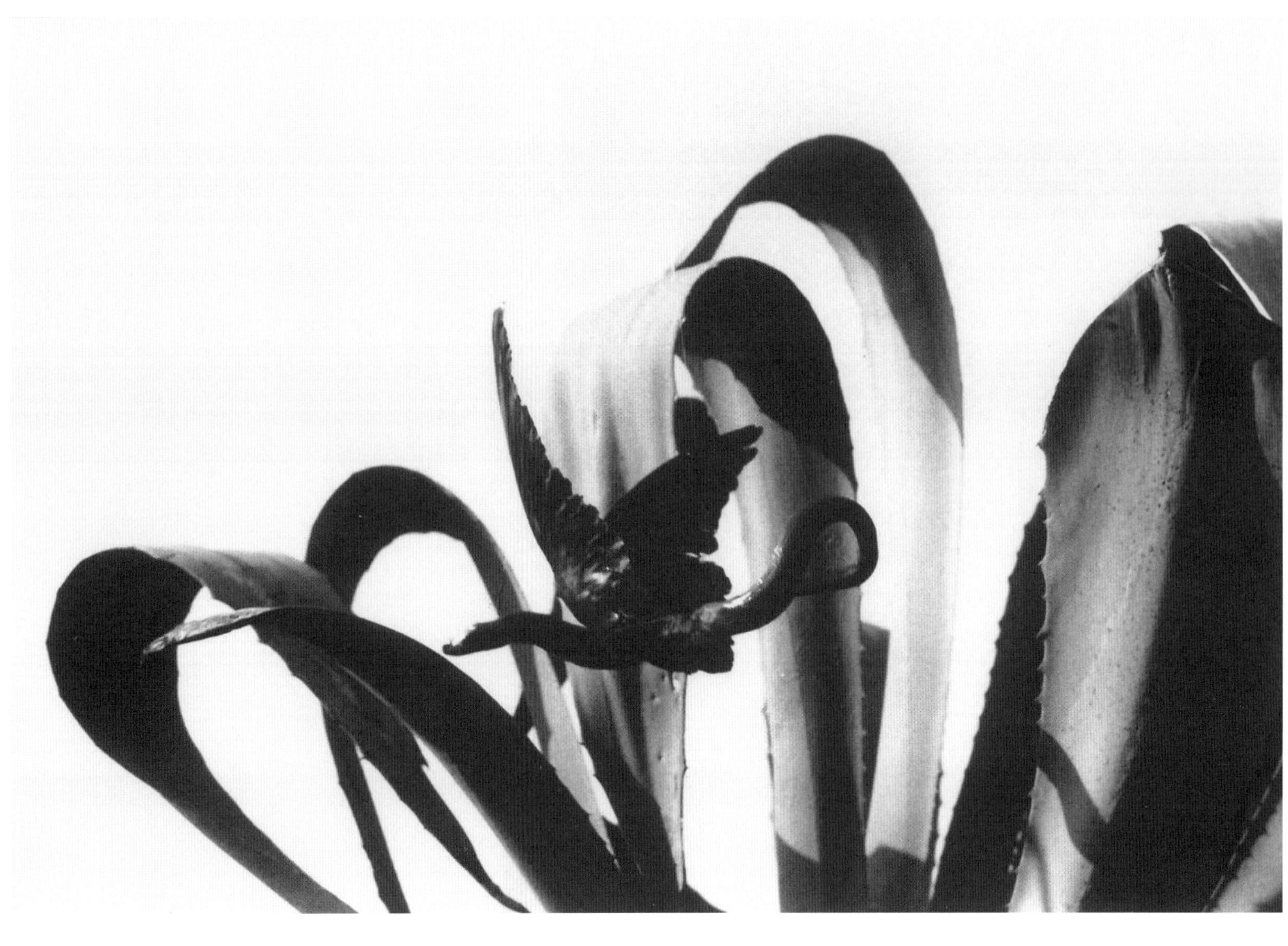

↑ *Arte vivente nel giardino di Boboli a Firenze*, 1969, sequenza di cinque stampe fotografiche in b/n, misure varie

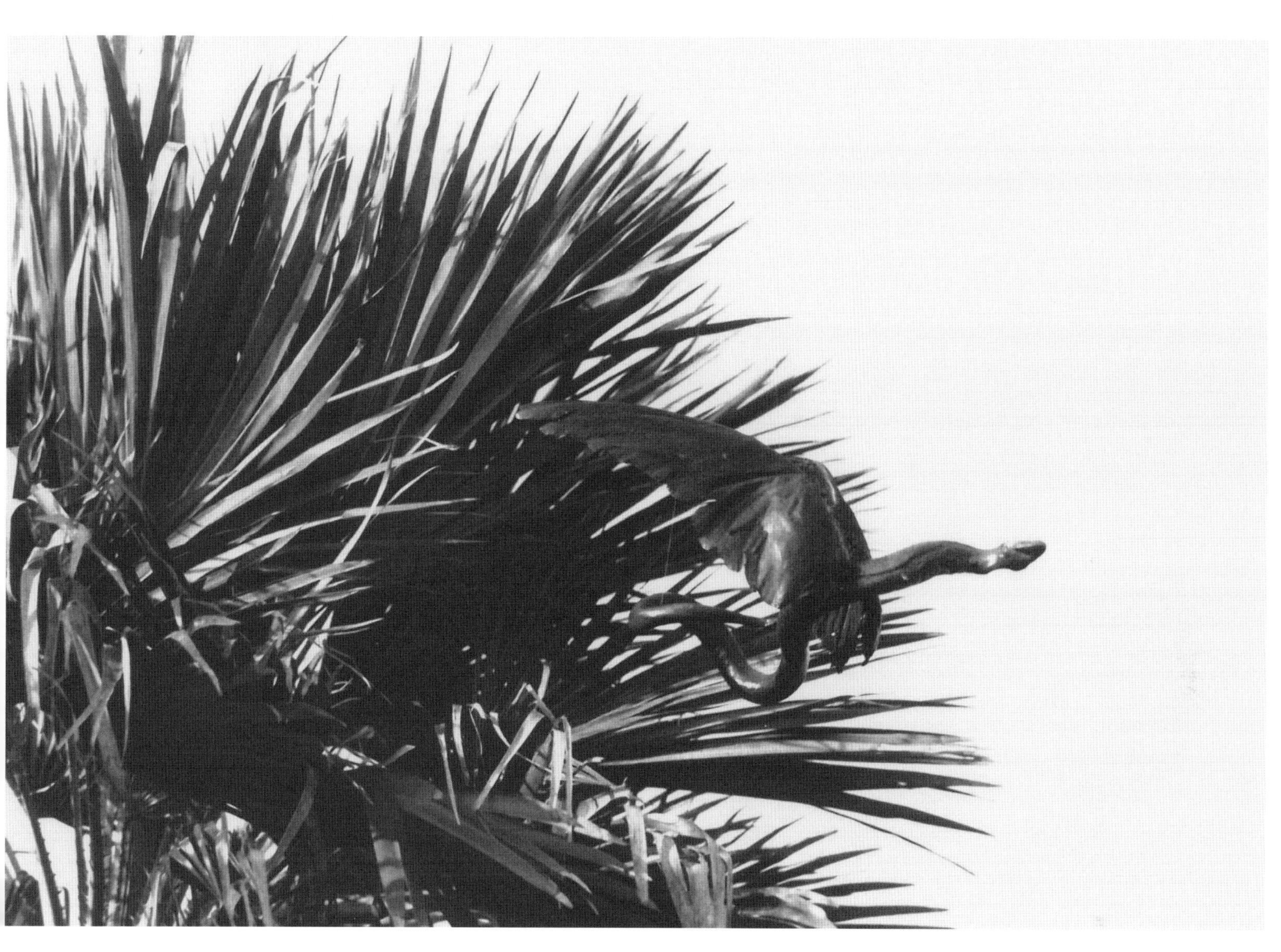

Arte vivente nel giardino di Boboli a Firenze, 1969, sequenza di cinque stampe fotografiche in b/n, misure varie

infine su due specchi in bronzo etruschi. La sua immagine, dotata
di ali, allude alla velocità con cui egli percorreva l'isola di Creta
nella sua funzione vigilante e repressiva, fino a compiere delitti.

Ma era nelle riflessioni e negli acuti collegamenti
rinvenuti da Pietro Bellasi tra la letteratura di Raymond Roussel,
le opere dei Dada, in particolare di Picabia e di Duchamp, e nel
vasto repertorio creazionista di automi, androidi, corpi artificiali,
dal Golem all'Homunculus, a Frankenstein, da lui citati[44] che si
possono in questa circostanza estendere quelle sue associazioni
all'opera stessa di Bove.

In particolare, dopo aver richiamato nelle pagine
precedenti il Golem nelle varie versioni delle antiche leggende
ebraiche fino al romanzo dell'austriaco Gustav Meyrink (1915)
in cui si tenta di dar ennesima vita alla creatura artificiale, il filo
rosso genealogico non può trascurare la paradossale e sinistra
descrizione di aliene e stravaganti creature del protagonista
Canterel del romanzo *Locus solus* di Roussel che – in più
occasioni – affiora nella scrittura di Bove intenta ad ancorare
le sue narrazioni a esperienze precedenti le proprie.

Ma da Roussel si può passare all'invenzione dei
"manichini" metafisici di de Chirico con cui la figura di *Acronos*
rivela non poche analogie. I manichini peraltro portano su di sé
non solo l'enigma della condizione umana e della storia, ma anche
quello del destino del corpo. Non è stato proprio l'*Homme sans
visage* a recare su di sé squadre, tiralinee, goniometri e altri segni
e cifre misteriose, emblemi del pensiero matematico scientifico
che ne aumentano la già esplicita enigmaticità?

Insieme a opere come *La nostalgie du poète* (1914)
e *Il figliol prodigo* (1917), nelle quali dopo il 1913, come gli stessi
futuristi, nonostante il contrasto con le loro nozioni di spazio-
temporalità, anche de Chirico era pervenuto alla determinazione
di "supprimer complètement l'homme [...] se libérer de [...]
l'anthropomorphisme. Voir tout même l'homme, en tant que
chose. C'est la méthode nietzchéenne", i suoi manichini,
identificati spesso con il personaggio del "Trovatore" degli anni
Venti, appaiono assorti in una dimensione di spaesamento che
sarà condivisa dallo stesso *Acronos* di Bove. E, dal momento
che si è evocata la componente futurista di una tale genealogia
in superamento, non guasta egualmente ricordare le parole di
Marinetti ne *L'uomo moltiplicato* allorché nel 1910 scrive:

> si deve riconoscere che noi aspiriamo alla creazione di
> un tipo non umano nel quale saranno aboliti il dolore
> morale, la bontà, l'affetto, e l'amore [...]. Noi crediamo alla
> possibilità di un numero incalcolabile di trasformazioni
> umane e dichiariamo senza sorridere che nella carne
> dell'uomo dormono delle ali. Il giorno in cui sarà possibile
> all'uomo di esteriorizzare la sua volontà in modo che
> essa si prolunghi fuori di lui come un immenso braccio
> invisibile il Sogno e il Desiderio che oggi sono vane parole
> regneranno sovrane sullo spazio e sul Tempo domati.
> Il tipo non umano e meccanico, costruito per una velocità
> onnipresente, sarà naturalmente crudele, onnisciente
> e combattivo. Sarà dotato di organi inaspettati: organi
> adatti alle esigenze di un ambiente fatto di urti continui.

Prima di concludere quel documento Marinetti si lancia in
un'ulteriore profezia: "*L'uomo moltiplicato* che noi sogniamo
non conoscerà la tragedia della vecchiaia!"[45]

Al di là delle "ruvidezze" vitalistiche di Marinetti, numerosi
elementi delle sue concezioni post-umane e premonitorie *ante
litteram* riecheggiano nelle superfacoltà di *Acronos*. Identità che
sembra altresì potersi confrontare con il pensiero di Nietzsche

44   Pietro Bellasi, *Signore e Signori, il corpo*,
in *Corpo, Automi e Robot. Tra Arte, Scienza
e Tecnologia*, op. cit., pp. 17-35.

45   Filippo Tommaso Marinetti, *L'uomo moltiplicato
e il regno della macchina*, in *Le Futurisme*,
Paris 1911, ora in *Manifesti futuristi*, a cura
di Guido Davico Bonino, BUR, Milano 2009,
pp. 253-255.

↓   *Embrioni di arte vivente*, 1990, immagine
fotografica cibachrome, 60×40 cm

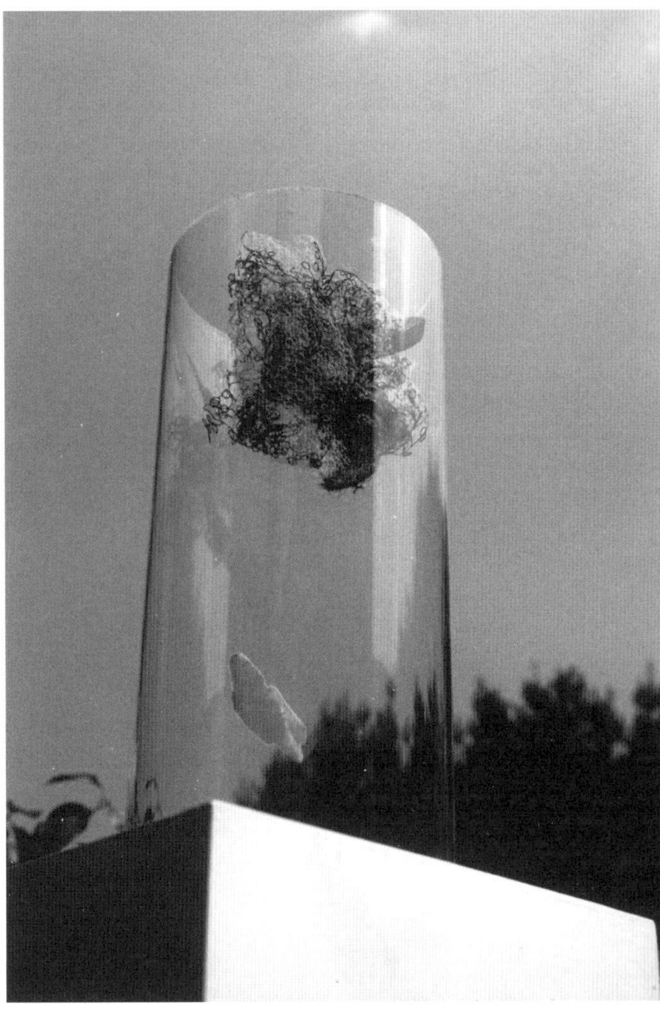

soprattutto per quel che riguarda la teoria dell'*eterno ritorno* (almeno parzialmente) in quanto speculazione cosmologica poetica e filosofica, e per quel che rappresenta l'idea dell'*Übermensch*, tradotto con il termine più aderente alla visione del suo autore che non è "superuomo", come a lungo dichiarato, ma "oltreuomo". È significativo, a mio parere, ricordare che se Nietzsche ha l'intuizione dell'*eterno ritorno* dell'uguale ai "Primi di agosto 1881 a Sils Maria, a 6.000 piedi al di sopra del mare e molto più in alto di tutte le cose umane!" sulle rive del Lago di Silvaplana nell'Alta Engadina, in un possibile gesto di devozione al filosofo tedesco anche Antonino Bove ambienta in sogno l'incontro con la sua creatura immaginaria Acronos, sulle rive di un lago "formicolante di vita". Se Nietzsche definisce in modo esplicito l'*eterno ritorno* nell'aforisma 341 de *La gaia scienza,* egli ne ha già avuto una prima intuizione nei saggi giovanili *Fato e storia* e *Libertà della volontà e fato,* in cui il rapporto tra tempo umano e circolarità cosmica è già anticipato. Analogamente, Bove giunge all'incontro ideale con la sua creatura risolutiva della desiderata immortalità e dunque del possibile concepimento del superamento della morte, dopo aver elaborato, per fasi successive, in circa mezzo secolo, forme ed entità in progressiva evoluzione verso il cerebro-organismo di *Acronos*. È lui l'*Übermensch* di Bove, sul quale bisognerà compiere alcune riflessioni irrinunciabili! Schopenhauer, Nietzsche, de Chirico, non meno di Roussel, sono certamente nel *fil rouge* della concettualizzazione di Bove a proposito di *Acronos*, fatte le debite considerazioni e diversificazioni.

La relazione tra la ricerca di Bove e quella di Gino De Dominicis, precocemente incamminatosi sul medesimo sentiero di una pretesa immortalità del corpo è, invece, più complessa e distinta, per varie ragioni. L'opera di De Dominicis ha anch'essa, infatti, fasi e concezioni diverse che non si possono ignorare. E perfino un epilogo impensabile e inaspettato che reca valutazioni diverse sul significato stesso della sua azione, finora, a mio parere, non del tutto decifrata. Sulla tensione verso l'immortalità fisica, non solo del corpo ma della stessa opera d'arte, in De Dominicis, tra la vasta produzione ermeneutica, si considera più vicina agli intendimenti dell'artista quella espressa in più circostanze da Italo Tomassoni[46].

In particolare, ad esempio, suscitano interesse una serie di quesiti scaturiti nella presentazione di Tomassoni nel catalogo ragionato e nel testo medesimo ma in parte rivisto per la mostra retrospettiva al MAXXI, là dove egli si sofferma sull'avversione di De Dominicis per la fotografia documentaria delle sue opere:

> […] c'è, forse, una ragione, – scrive Il critico – che traendo origine dalla fobia per il simulacro fotografico sentito come pratica che mistifica l'unico, provoca, accettando il rischio di tradire il suo pensiero, una domanda non suffragata: è possibile che l'autore delle soluzioni di immortalità più che temere la morte, fosse ossessionato dalla eventualità di una vita eterna? Se così fosse, l'assillo dell'immortalità del corpo e la ricerca di una missione salvifica dell'arte potevano scaturire dallo stesso terrore: la incapacità di dominare l'azione del tempo sulla materia[47].

In altri punti della suddetta presentazione dell'enigmatica opera di De Dominicis, si agita la medesima ipotesi – quasi un contrappasso – cioè che, alla stregua di Nietzsche con il pensiero sull'*eterno ritorno*, quello espresso da De Dominicis per l'immortalità non fosse tanto un anelito concreto quanto una temibile evenienza. Cito ad esempio la conclusione del testo appena evocato, in cui pur si legge:

> si dovrà tornare […] [e] scendere nella profondità del segreto di un artista che navigava il tempo e l'orrore dei suoi abissi senza curare di tramandarsi non per disprezzo della

65

46 Italo Tomassoni, in *De Dominicis, Prini, Pisani*, in "Flash Art", XXIV, n. 98-99, estate 1980, p. 42; in *Il caso Gino De Dominicis*, in "Flash Art", XXI, n. 144, giugno 1988, pp. 38-41; inoltre, in *Gino De Dominicis. Sulle tracce di un universo immobile*, in "Flash Art", XXXII, n. 214, febbraio-marzo 1999, pp. 70-77; in *Epopea di Gino De Dominicis*, in *Gino De Dominicis. L'immortale*, catalogo della mostra (Roma, Maxxi, 2010), Electa, Milano 2010, pp. 31-37 e, infine, *Gino De Dominicis*, in *Gino De Dominicis. Catalogo ragionato*, Skira, Milano 2011, pp. 11-23.

47 Italo Tomassoni, *Epopea di Gino De Dominicis*, *op. cit.*, p. 35.

↓ *Galleria Nazionale di Arte Vivente*, 1983, stampa fotografica a colori, 70×50 cm

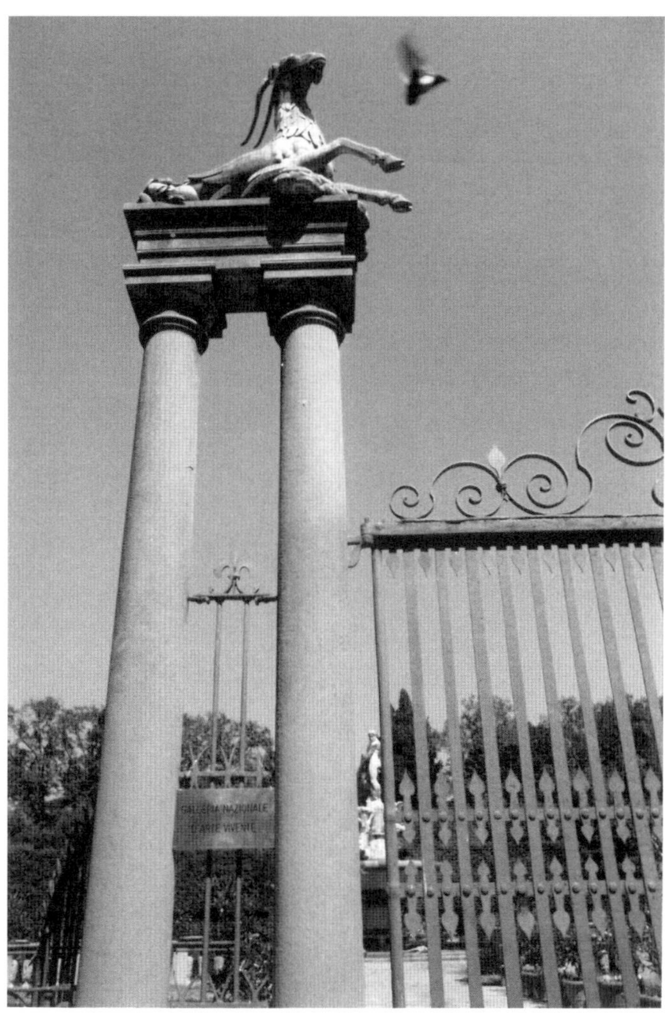

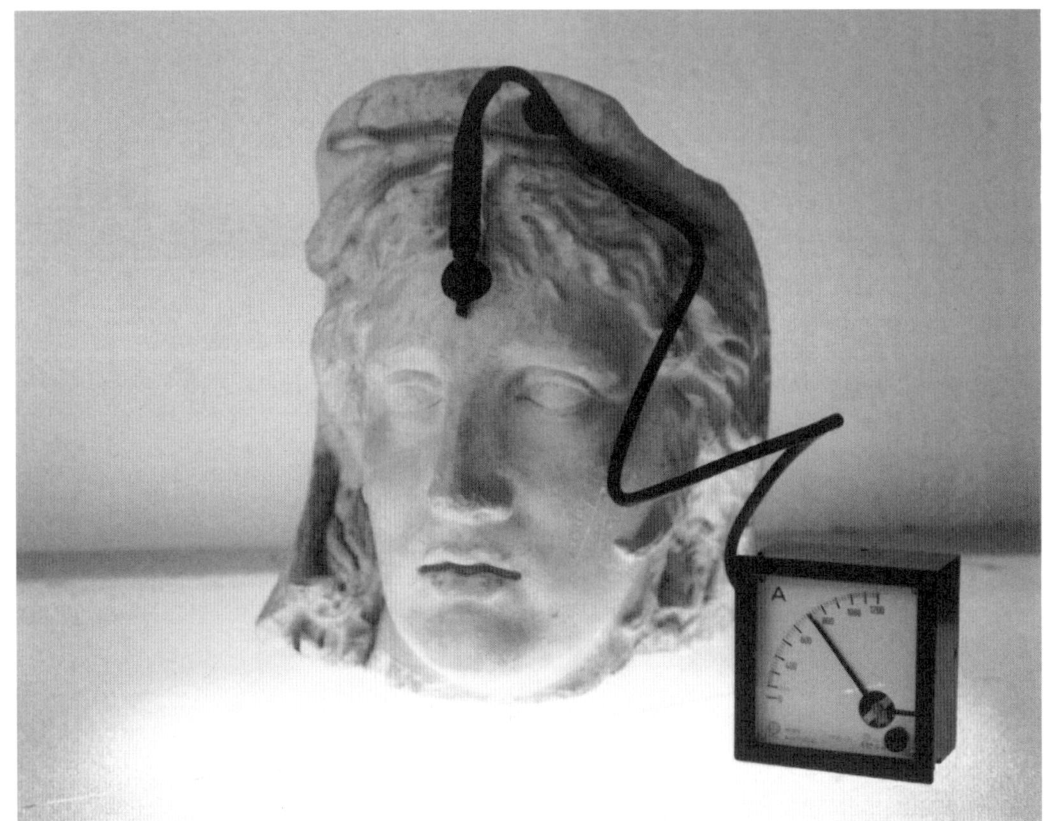

Generatrice di energia, 1984, stampa fotografica a colori, 40×60 cm

storia e della comunicazione profana, ma per
il timore di scontare il supplizio dell'immortalità[48].
Vi sarà tempo e ulteriore lavoro di studio e approfondimento
su una figura centrale della seconda metà del XX secolo come
De Dominicis. Personalmente, per essere stato testimone
partecipe di una discreta parte delle sue eccezionali imprese,
dal 1970 alla morte, ritengo che, pur se tematicamente
l'esperienza di Bove per il conseguimento dell'immortalità abbia
percorso sentieri problematicamente, scientificamente ed
esteticamente affini a quelli di De Dominicis, la frequenza d'onda
"artistica e poetica" tra loro non sia omologabile. Dominata dalla
tensione al mitico, dal paradosso, dall'esclusività e dall'esercizio
magico e dall'azzardo ludico, quella di De Dominicis; più sostenuta
da una scaturigine onirica e da una domanda di esorcistica
salvificazione della vita umana e dell'universo dall'entropia e
dalla morte, cognitivamente sempre più estesa, quella di Bove;
i due percorsi, a ben vedere, si dimostrano singolarmente e
obiettivamente diversi. All'esclusivismo del rifiuto di De Dominicis
di appartenenza a una qualsiasi genealogia artistica, si registra,
per contro, una considerazione di Bove per esperienze precedenti
la sua, di maestri come de Chirico o di Savinio per aspetti che
paiono considerare qualità come l'intreccio di cultura umanistica e
scientifica, la persistenza e l'importanza della memoria, l'interesse
per immagini antropiche simili ad *Acronos* per assenza di occhi,
orecchie, naso, corpi in grado di levitare, figure asessuate o
ermafrodite e altre caratteristiche prefiguranti una postumanità,
a cui effettivamente De Dominicis ha fatto parziale ricorso.

Tuttavia, se quest'ultimo non ha disdegnato identificarsi
nell'eroe Gilgamesh alla ricerca dell'immortalità, nondimeno Bove
ha indossato più volte la sembianza della sua creatura Acronos,
auspicandosi di divenire alla stregua di lui fisicamente immortale,
come peraltro lo ha immaginato.

13. FOTOGRAFIA ANNOTATIVA E DOCUMENTATIVA DELL'AZIONE ESPLORATRICE

Quasi sollecitato da un'intima esigenza di conservazione
di tempi e atti che, mentre costituiscono l'interrotto fluire della
vita ne decretano altresì una *dépense* automatica e involontaria,
assai presto Bove s'inizia alla pratica della fotografia, medium
ai suoi occhi eletto a fermare istanti, apparenze, eventi, luoghi,
perfino proiezioni del proprio immaginario. Così non sembra
di poter individuare nel corso degli anni e nel vasto repertorio
dell'opera di Bove modi e qualità di un esercizio della fotografia
rivolti a una finalità eminentemente estetica e intesa ad avere
un'esponenza formale autonoma. Al contrario, se ne evidenzia
il costante impiego da parte dell'artista, a partire dagli anni
Sessanta, sin da quando, come già evocato, egli decide di
mettere in piedi un laboratorio fotografico per produrre stampe
di considerevoli dimensioni, certamente con valenza sensibile
e aderente ai propri intendimenti, già orientati nelle iniziali
esperienze artistiche con finalità non contemplative. Non è il
solo, a partire dalla metà degli anni Sessanta in poi, a destinare
la funzione dell'obiettivo fotografico a fini documentativi ed
ancillari; si pensi a tutte le coinvolgenti situazioni prodotte dalla
generazione artistica dispensatrice di *happening*, a quelle dei
Fluxus o a quelle stesse dei Nouveaux réalistes e dei poveristi.
Tuttavia non credo nemmeno che il particolare uso della foto fatto
da Bove si possa inscrivere *tout court* o solamente in quel tipo
di modalità di schietto reportage, se non per certe performance
nelle quali, effettivamente, le istantanee di un fotografo invitato

↓ *Energia emanata da una statua*, 1983, sequenza di
cinque stampe fotografiche cibachrome, 40×60 cm

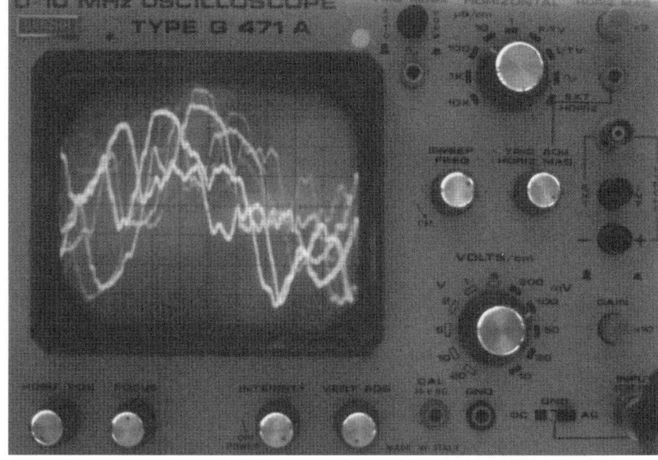

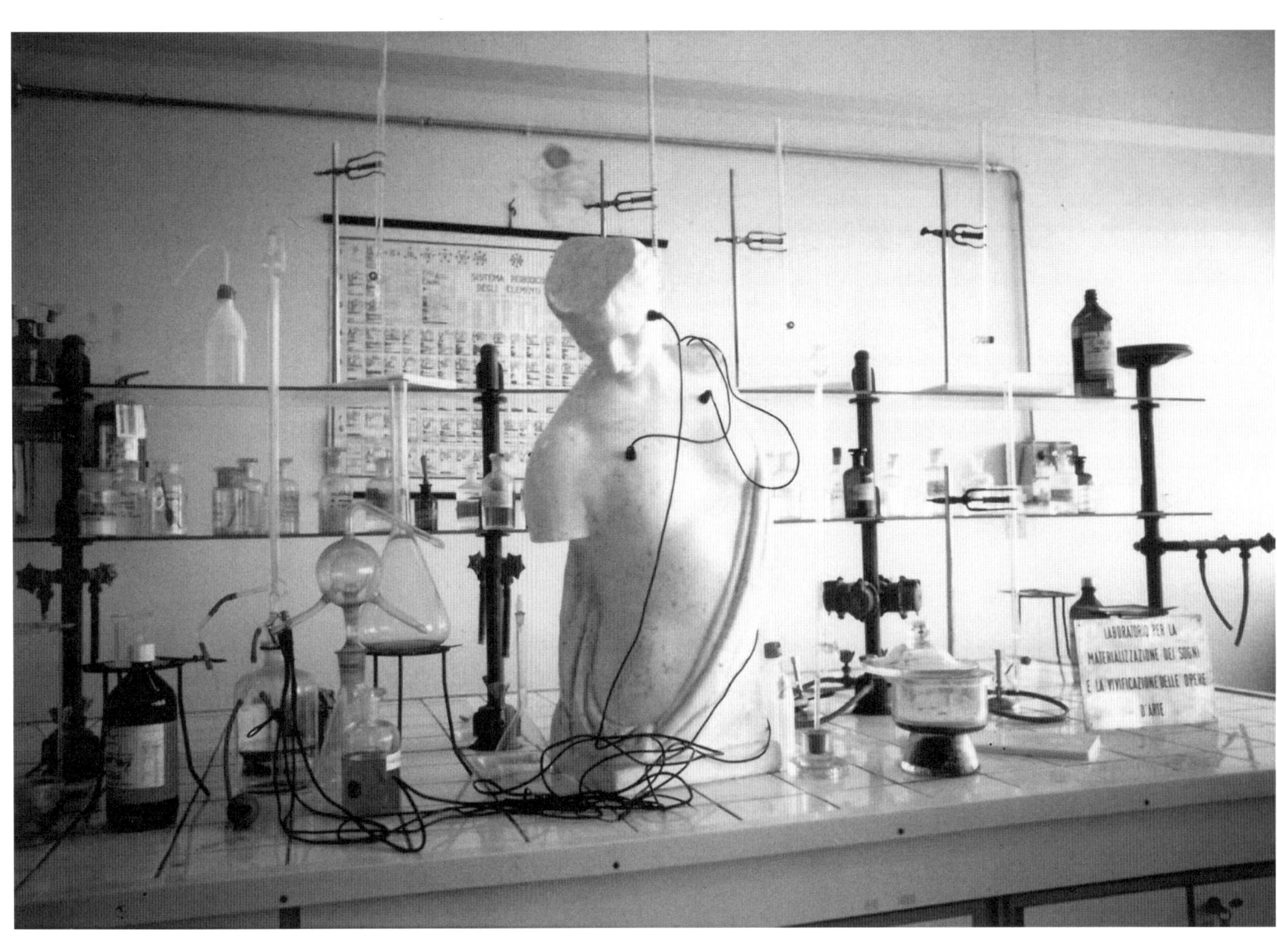

Centro per la vivificazione delle opere d'arte, 1983, stampa fotografica cibachrome, 40×60 cm

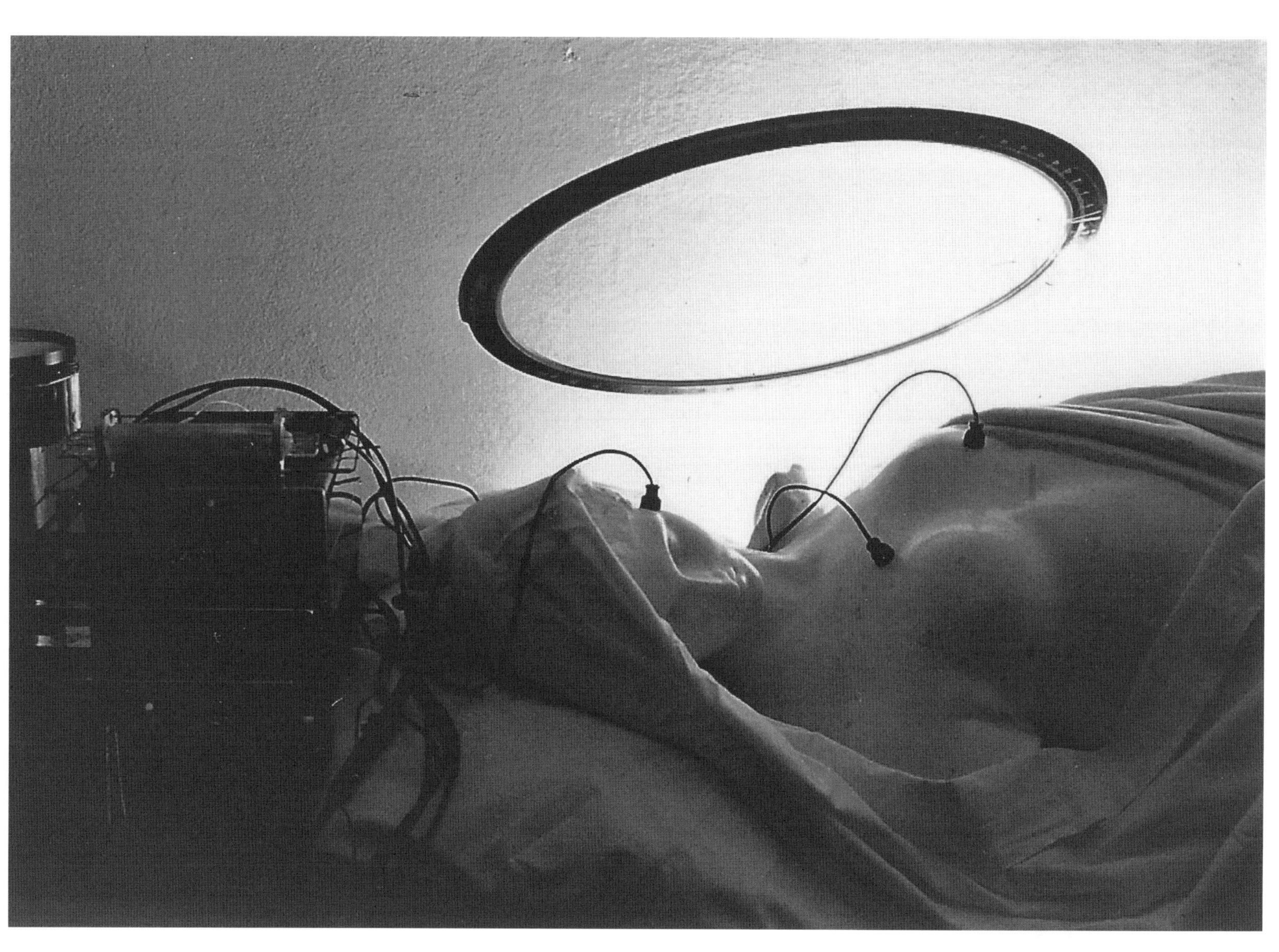

↑ *Impulsi emanati da un'opera d'arte*, 1983, installazione, calco in gesso, goniometro, sensori, oscilloscopio

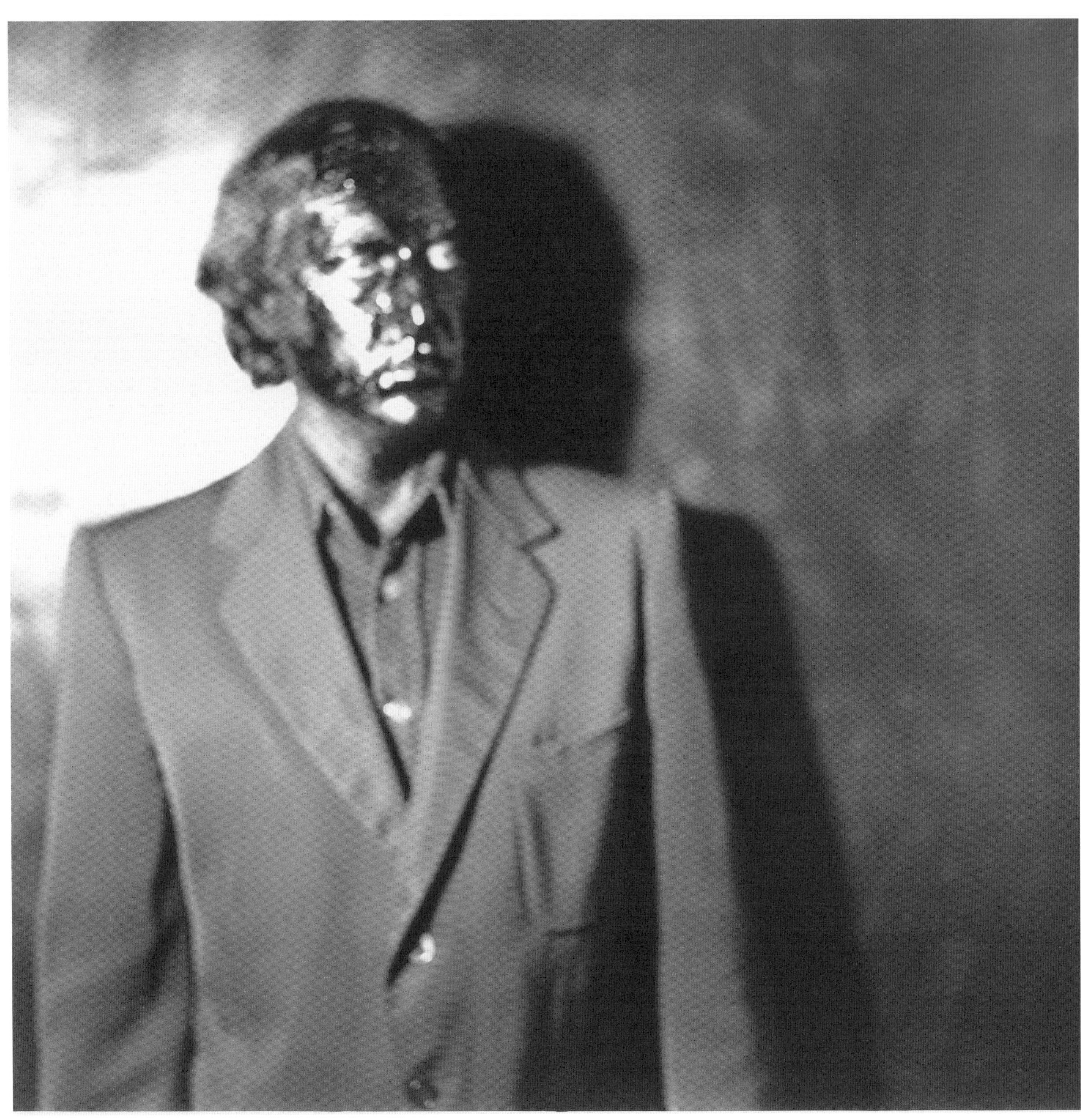

↑ *Autoritratto come statua vivente*, 1978, stampa fotografica in b/n, 90×90 cm

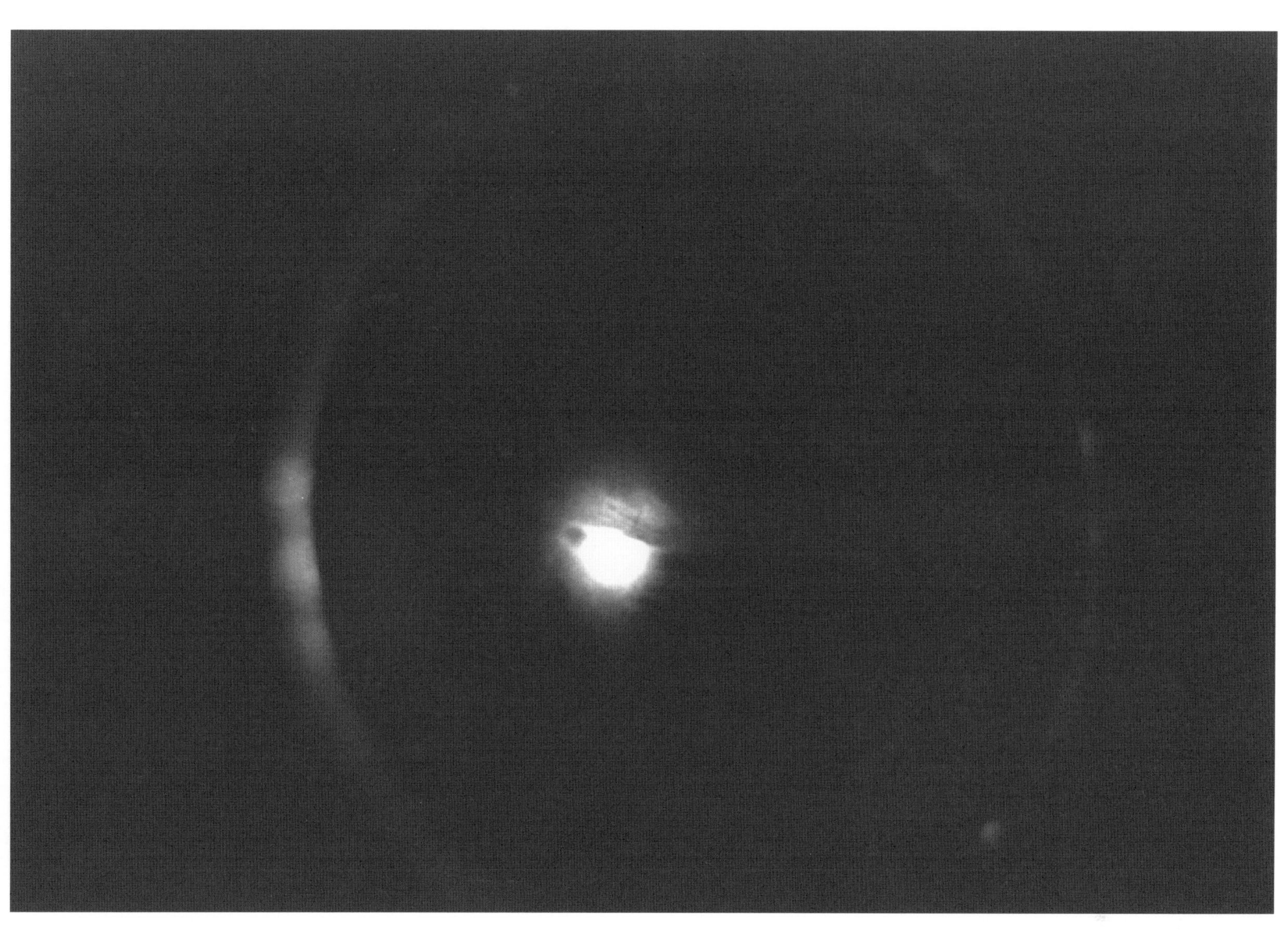

Autoritratto di prima della nascita, 1983, stampa fotografica in b/n, 40×60 cm

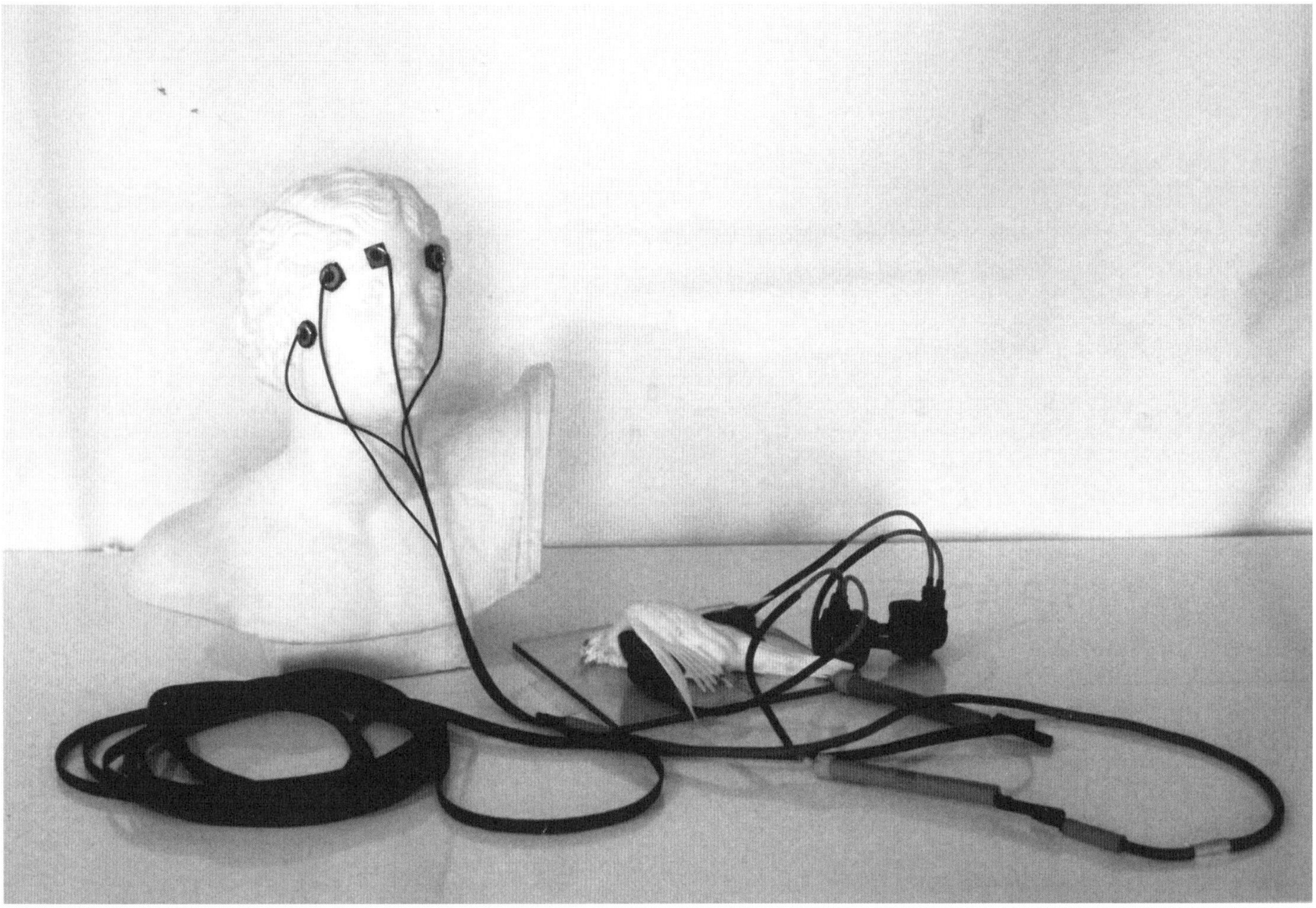

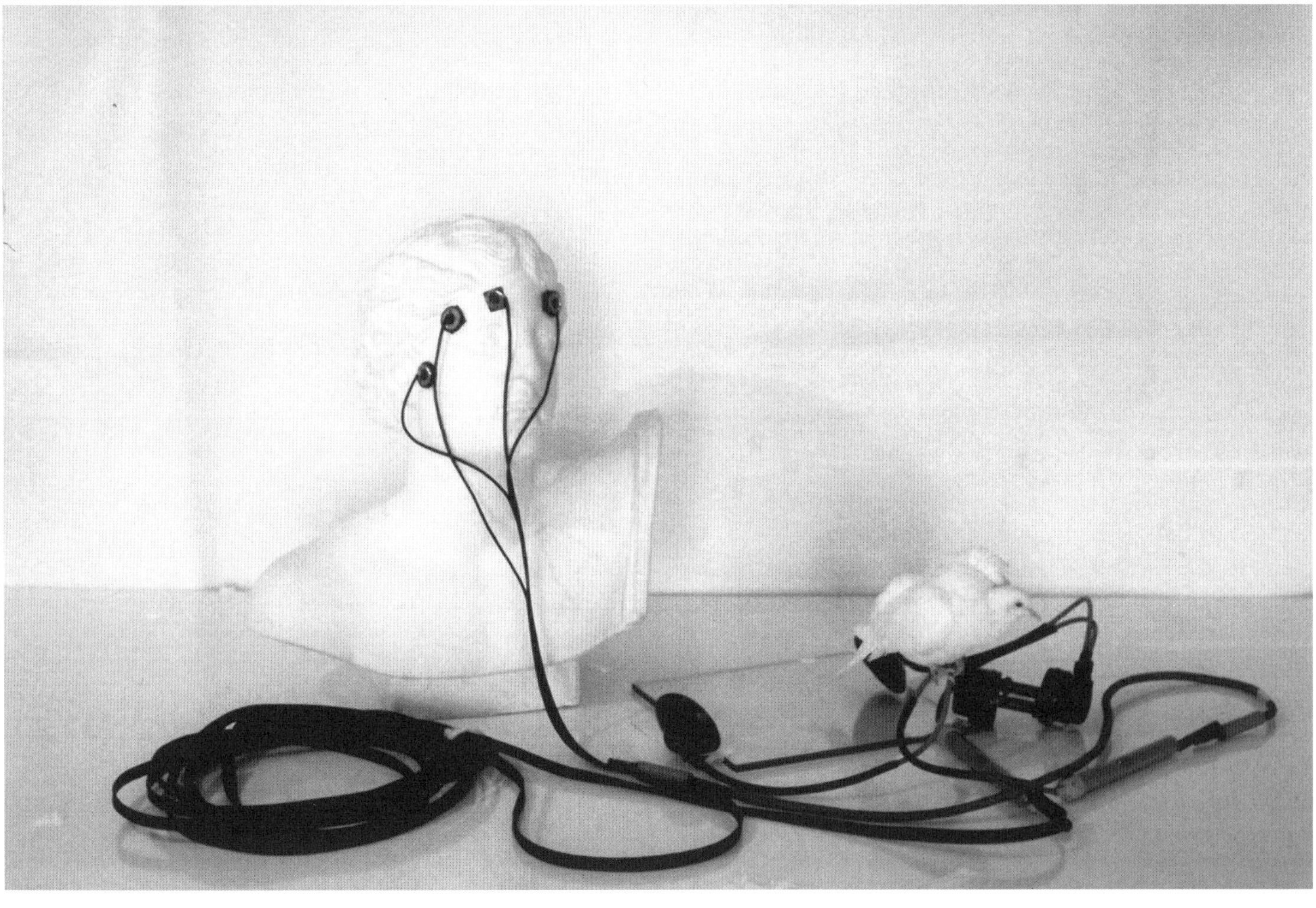

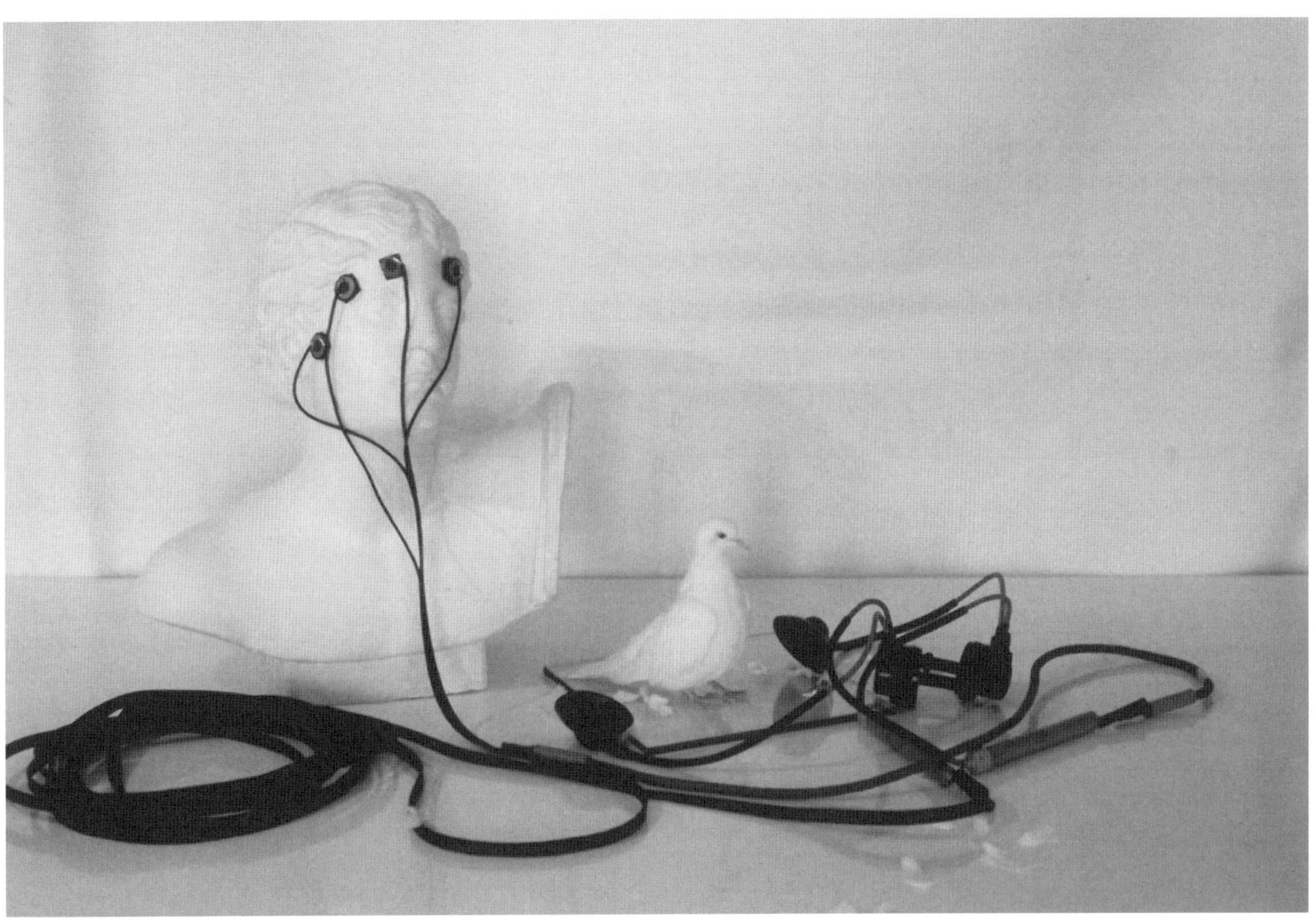

↖ ← ↑   *Risuscitazione effettuata da un'opera d'arte*, 1984, tre stampe fotografiche a colori, 50×70 cm ciascuna

a registrare l'azione organizzata e svolta pubblicamente si sono
rivelate dello stesso carattere "documentale".

Ma, come è ben noto, dal XX secolo all'attuale, sin dalle
modalità esercitate con intenti "futuristici" da Bragaglia e altri
o dai Dada come Höch e Heartfield, ma anche diversamente
da Man Ray, l'introduzione della fotografia in arte, per fissare il
movimento, per attuare il fotomontaggio, per simulare infinite
situazioni e comportamenti è talmente estesa che i nati delle
ultime generazioni sarebbero indotti a pensare che così sia
sempre stato, se non vi fossero proprio le fotografie delle origini
– dal 1828 – in poi a dimostrare come esse, al loro sorgere, si
mantenessero entro gli Atelier di posa solo per ritratti, altrimenti
realizzati in precedenza e per secoli dalla pittura a base di colori e
pennelli e non direttamente dalla luce, o per elementari paesaggi.

Se nel *trompe-l'œil* di una immagine a base fotografica ma
realizzata con la pittura il passaggio di un pennello asciutto e privo
di colore ci ha consegnato l'invenzione di capolavori melanconici
suggerenti – ancor più della fotografia stessa – il trascorrere del
tempo e il sopravvenire dell'oblio del vissuto, come nelle opere
di Gerhard Richter, è tuttavia nell'ideazione di veri set di posa,
come quelli concepiti e realizzati da Yves Klein nella creazione di
opere a base fotografica, quali le *Anthropometries* (1961) e *Un
homme dans l'espace ! Le peintre de l'espace se jette dans le vide !*
(1959-60), che si dovrebbero individuare i precedenti emblematici
ed esemplari del medesimo tipo di concezione fotografica
finalizzata a scopo dimostrativo-documentativo adottato da Bove.
Peraltro, allo stesso Klein, sempre riguardo all'azione sviluppata
da Bove nel corso degli anni, si dovrebbe fare riferimento per
quella originale e innata capacità di "comunicazione" messa in atto
dall'artista nizzardo nella prassi divulgativa della propria opera.

Ma di che qualità è dunque la fotografia e l'impiego che di
essa ha fatto Bove nelle proprie opere? Non si può ignorare infatti
quanto ha osservato Susan Sontag nel riflettere sulle valenze
della fotografia:

> Poiché la fotografia è soltanto un frammento, il suo
> peso morale ed emotivo dipende da dove viene inserita.
> Una fotografia, insomma, cambia a seconda del contesto
> nel quale noi la vediamo[49].

A osservare le sue prime creazioni a base fotografica, si rileva che
egli ne è spesso il protagonista. Anche quando, come in quella
foto scattata a Villa Fabbricotti a Livorno da lui intitolata *Identità*
(1967), tra le prime del suo percorso, nonostante egli abbia voluto
catturare e visualizzare con la fotografia una "presenza" labile e
inquietante come fugace ombra tra il fogliame, in qualche modo
sembra trattarsi della "proiezione" materializzata del sé, in assidua
attenta captazione degli stessi propri fantasmi interiori. Non
diversamente agisce quando egli visualizza le *Memorizzazioni
dei sogni* (1973), le *Levitazioni* e la *Materializzazione dei sogni*
nelle quali spesso tuttavia fotografa anche modelli, cioè persone
diverse da se stesso. In tutta la fase relativa alla *Psiche* (1966-79)
e poi in quella della *Materializzazione dei sogni* (1973-93) la
fotografia di Bove registra ambienti, soggetti, apparecchiature
materiali, forme e situazioni che si dispongono, come accennavo,
in un vero "set di posa", da lui stesso sapientemente concepito e
organizzato, al fine di conferire "realtà" al processo di rivelazione
di energie e azioni rivolte al raggiungimento dell'abnorme
obiettivo di concretizzare la dimensione onirica e, dopo di lei,
la meta dell'immortalità fisica.

Il frequente ricorso ad artifici, montaggi, collage
fotografici finalizzati alla documentazione di eventi "prodigiosi",
come la levitazione oggettuale o perfino di soggetti in stato di

↓   *Elettrocardiogramma di un dipinto* (particolare), 1985,
installazione, tela, pigmenti, elettrocardiografo,
120×150×220 cm

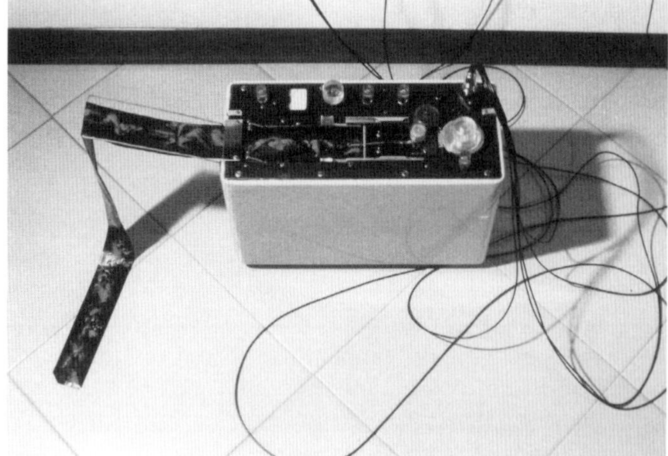

oniricità sospesi in aria, si giustifica come nell'attualità in cui ormai
si fa uso di simulazioni e *rendering* in ogni ambito progettuale per
prefigurare future realtà. Ma a un artista proteso a realizzare obiettivi
come quelli concepiti da Bove la realtà non basta e per questo
occorre l'arte. La foto non ritrae solo il passato ma, opportunamente
usata, può precorrere il futuro, documentandolo come già acquisito
e trascorso. La foto può consentire la visione di un avvenire.
Come in teatro o nel cinema, al fine dello sviluppo drammaturgico ogni
finzione è giustificata e rende possibile l'attuazione dell'immaginario.
Peraltro, s'impone la domanda: che differenza c'è tra una fotografia
prefiguratrice di una possibile realtà a venire e quella alla ricerca di
immagini sempre più astratte? Una sostanziale equivalenza le qualifica
in quanto entrambe si fondano su dimensioni incognite.

L'*ethos* della fotografia di Bove entro la sua opera introduce
a una "visione del desiderio" che aspira finanche all'impossibile.
Essa non esita ad adottare i corollari significanti del suo senso
circostanziale alle finalità a cui aspira. Così, ad esempio,
anteponendo a un qualsiasi stabilimento industriale un cartello
con una scritta recante una valenza di *détournement* della reale
destinazione d'uso dell'edificio e fotografando il tutto, si può
"prodigiosamente" istituire la sede del "Laboratorio per la
materializzazione dei sogni e la vivificazione delle opere d'arte"!

D'altronde anche Yves Klein a Fontenay-aux-Roses
nell'ottobre 1960 si è fatto fotografare mentre tuffandosi nel
vuoto dichiarava che "Le peintre de l'espace se jette dans le vide!"
omettendo di includere nell'immagine scattata da Harry Shunk
il gruppo di amici judoka che istantaneamente lo hanno raccolto
in un telo di protezione da loro teso e sorretto al fine di evitargli
la rovinosa caduta!

Ma vogliamo impedire che l'artificio sia abolito
dall'elaborazione dell'opera? O disconoscere la valenza significativa
di una didascalia apposta sotto una foto? Oppure mettere in
discussione l'importanza di un enunciato recante una "soglia
di senso"? Non si può dimenticare che l'azione di Bove si situa
storicamente a ridosso dell'esperienza di artisti come Klein e
Manzoni, e ancor prima di loro come Duchamp, dell'*ostranenie*
di Šklovskij e della *koiné* concettuale.

L'ampio repertorio delle performance realizzate da Bove sin
dal 1973 fino a oggi è sistematicamente poggiato sull'impalcatura
di una teatralizzazione del gesto che, se non avesse potuto contare
sulla fotografia e sui media come il video o il film, ora non avrebbe
riscontro, e quindi verificabilità se non attraverso una mitografia
orale rischiosamente improbabile.

14. SCRITTURA, TEORIA, COMUNICAZIONE DI SOSTEGNO PROMOTORE

La scrittura, alla stregua della fotografia ma con
una efficacia differente, gioca un ruolo sensibile e particolare
nella complessa costruzione mitopoietica dell'opera di Bove.
Essa ha fondamentalmente più valenze. Anzitutto il suo carattere
fantastico a base scientifica la inscrive in quel filone di narrativa
che ha nel capolavoro di Raymond Roussel *Locus solus* il modello
ideale, ma che ancor prima si deve far risalire al genio di Jules
Verne. Sin dagli anni Sessanta Bove si rende conto che per
affrontare l'impresa abnorme di debellare la morte attraverso
l'arte e la scienza ha bisogno di numerosi ausili ed espedienti
di diversa qualità e che uno di questi è certamente l'enunciazione
testuale di principi, corollari, modalità, procedimenti e altro che
solo la scrittura, insieme alla fotografia documentativa, all'azione
coordinata anche dall'oralità può consentirgli di procedere
verso l'utopica meta.

↓ *Impulsi provenienti da un dipinto*, 1985, installazione,
tela, pigmenti, elettrocardiografo, 250×150×120 cm

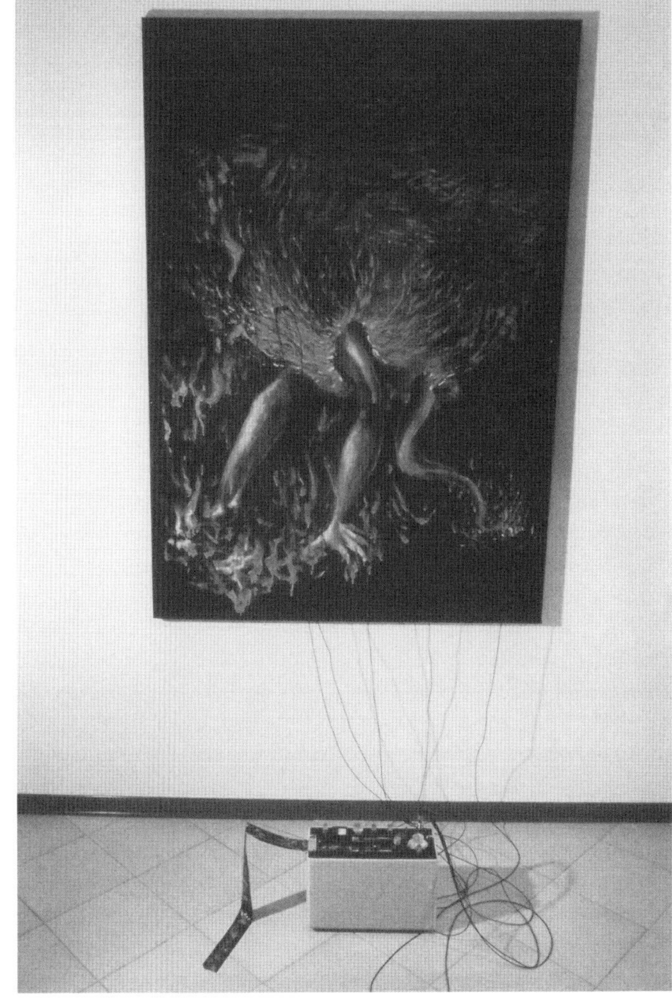

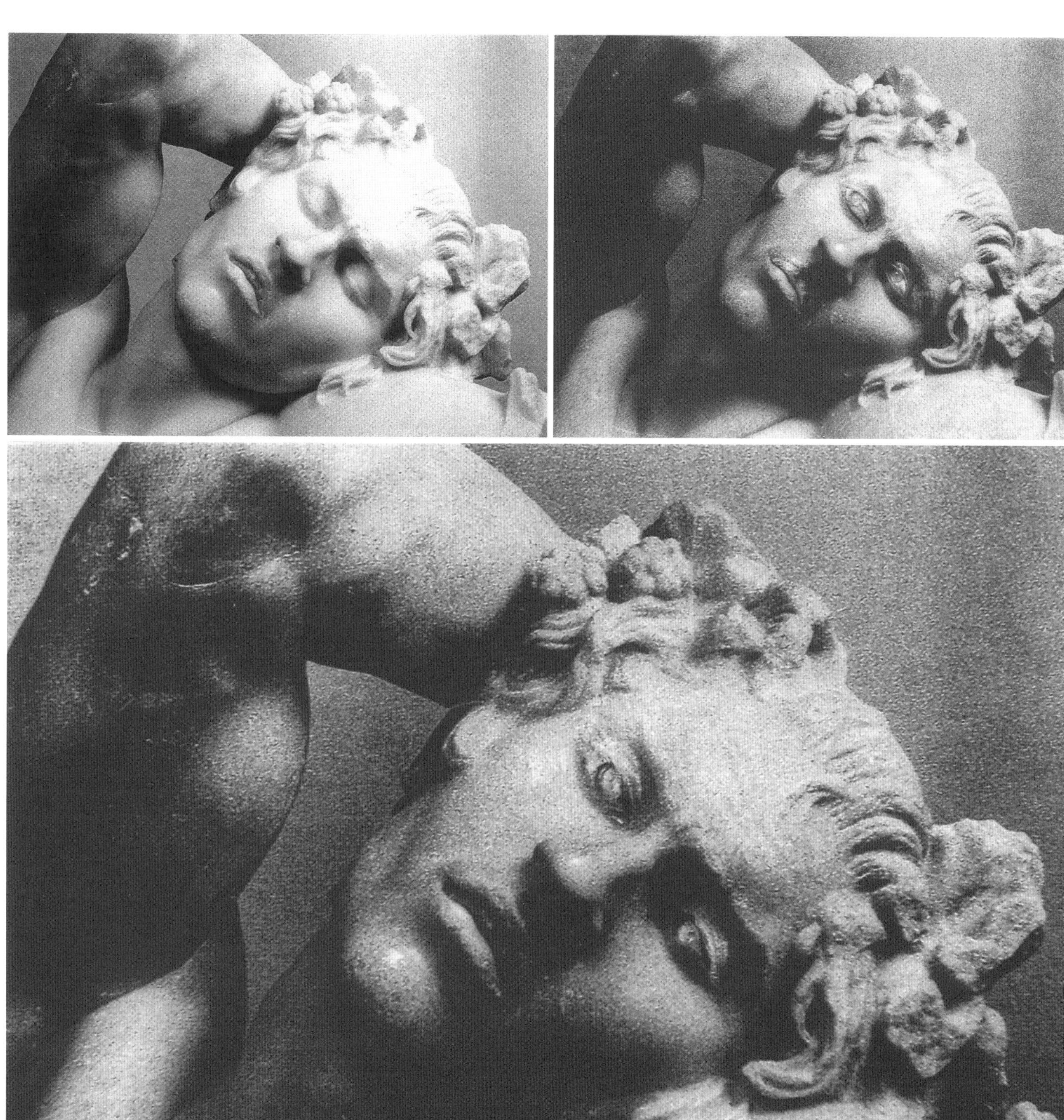

Risveglio di un fauno, 1986, sequenza di tre stampe fotografiche in b/n, 50×70 cm ciascuna

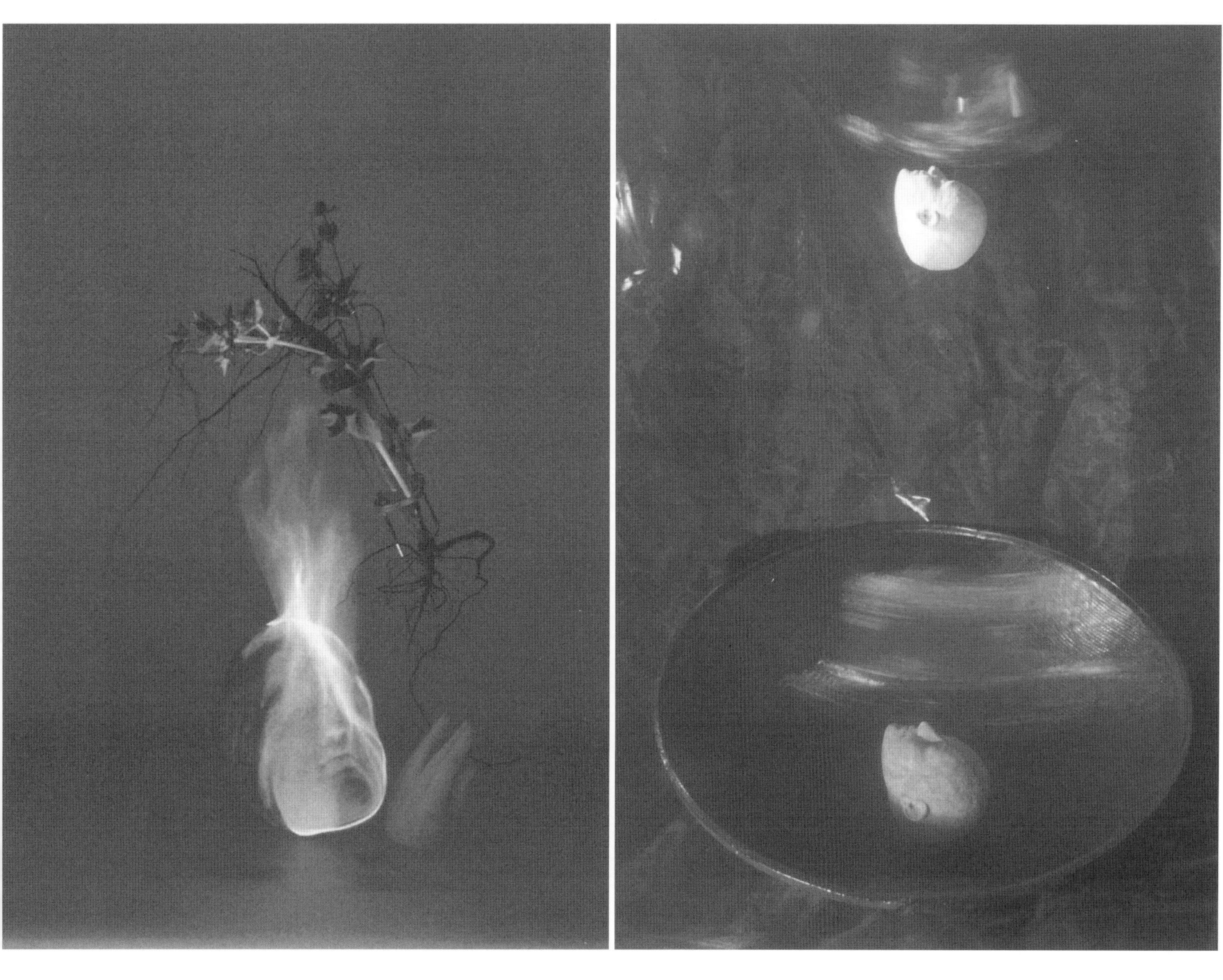

Levitazione effettuata da una statua, 1989, stampa fotografica cibachrome, 80×60 cm
Levitazione, 1989, stampa fotografica cibachrome, 80×60 cm

La scrittura, come la foto, può prefigurare quell'auspicato esito se essa è arte retorica (mediante la metafora) che quale arte della persuasione riesce a fare breccia nell'animo di coloro che si dispongono all'affabulazione e all'arduo percorso da compiere attraverso ciò che la parola predispone e configura. L'operazione non è inedita: non aveva lo stesso Pierre Restany esortato il pubblico a cui l'opera di Yves Klein era rivolta – proprio agli inizi dell'esperienza "immateriale" dell'artista di Nizza – ad avvicinarsi a "queste enunciazioni monocrome" che esigono dall'osservatore "tutto quel patrimonio di disponibilità che occorre per fare rivoluzioni e debellare i tiranni"? In fondo, in ogni impresa utopica o rivoluzionaria gli autori hanno sempre cercato complici e coltivato l'auspicio che altri facessero proprio quegli ardui e spesso impossibili obiettivi. A tal fine, ogni incitamento è passato anche attraverso la parola, mediante il racconto più o meno vivido o immaginario ma proponibile come raggiungibile.

Sia consentito, ancora una volta, di chiamare in causa, per una serie di analoghe prassi, le esperienze comunicative di Yves Klein o di Joseph Beuys rivolte ad affermare le loro idee rispettivamente sull'immaterialità, sul volo onirico, sulla permeabilità del sogno o sulla trasformazione degli assetti sociali in rapporto a quella sviluppata successivamente all'artista francese da Bove, che al "dépassement de la problématique de l'art" kleiniano ha fatto seguire addirittura il discorso-concetto dell'"immaterialità del corpo" ricercata e simulata a un grado così avanzato al quale nemmeno De Dominicis l'aveva spinta.

Se Klein arriva a raccomandarsi a Santa Rita (a cui era devoto), con una preghiera da lui stesso scritta, perché – in quanto "Santa degli impossibili" – lo aiuti a raggiungere ogni suo obiettivo, ritenuto effettivamente impossibile, perché meravigliarsi se Bove, più concretamente, si affida ai laici ma non meno miracolosi passi della scienza, della biologia o della tecnologia per vedere, congiunta all'azione dell'arte, realizzata l'utopia della liberazione dalla morte e il conseguimento dell'immortalità fisica dell'uomo?

La scrittura, come per tutti i visionari, è lo strumento della previsione, del preludio che anticipa l'inverarsi dell'evento. Ma di quale scrittura, dunque, si è reso autore Bove? Si può parlare nel suo caso di quella "letteratura come utopia" di cui Ingeborg Bachmann ha tracciato un appassionato e mirabile profilo?

> [...] se coloro che scrivono avessero il coraggio di dichiararsi in favore di un'esistenza utopica, essi stessi non avrebbero più bisogno di rifugiarsi in quella terra di dubbia Utopia [...] nella quale sino a oggi hanno dovuto lottare per conquistarsi un posto[50].

Come accennavo, Bove ha prodotto sinora più tipi di scrittura: si distingue tra essi una modalità totalmente simulatrice di rapporti normativi regolanti le azioni parascientifiche messe in atto nella fase definita da lui stesso *Psiche* (1966-79) e successivamente nella *Materializzazione dei sogni* (1973-93). Con essa egli ha redatto una serie di pubblicazioni come *Luminescenze* (1985), *Onirofanie* (1987), *Quotidiane levitazioni* (1989) in cui sono raccolte scritture appartenenti ad anni precedenti quelle medesime pubblicazioni.

Nei *Quaderni Anonimi di Afasie ed Esplorazioni* la prosa, priva di ogni punteggiatura, è invece alluvionale e a carattere poetico-delirante. Nella sua *Biologia del trascendente* (1991) una modalità elencativa di concetti assume invece il carattere premonitore e profetico.

Inoltre, non si può trascurare nell'azione di Bove una prassi di "certificazione", una vera pratica assidua di conferire a ogni iniziativa rivolta a dare fondamento a un'esperienza e a un

50   Ingeborg Bachmann, *Letteratura come utopia*, in *Letteratura come utopia. Lezioni di Francoforte*, Adelphi, Milano 1993, p. 122.

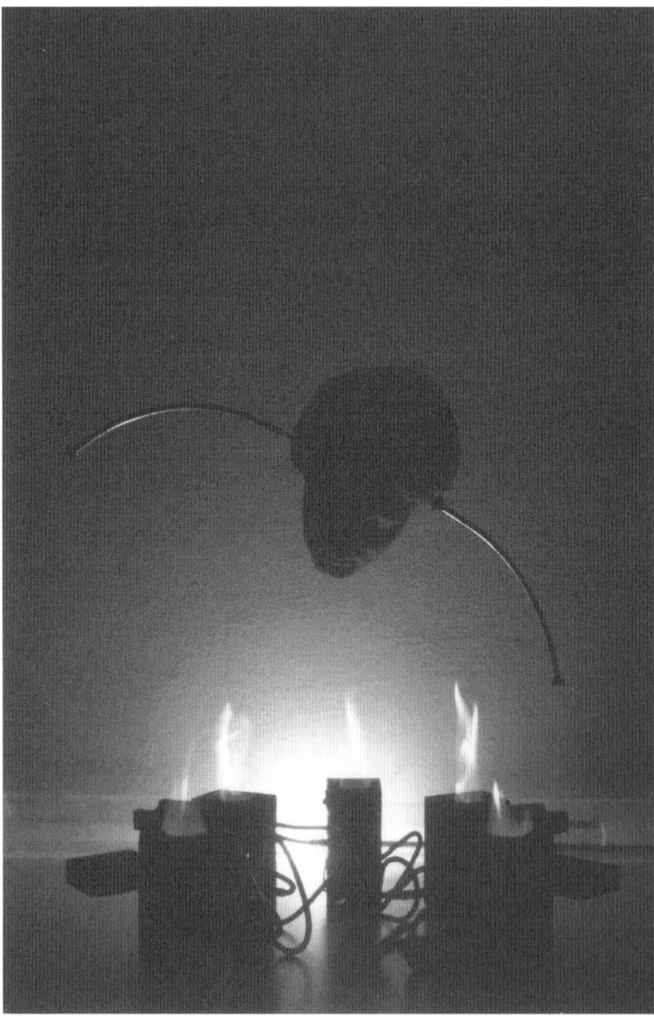

↓   *Levitazione di un'opera vivente*, 1989, stampa fotografica cibachrome, 80×60 cm

processo cognitivo un attestato di autocertificazione che ne ufficializzi l'evento attuativo. Nel corso degli anni e delle iniziative intraprese, Bove si impegna nella fondazione della Società degli Onironauti, dell'Ordine degli Immortali quantogenetici, dell'Istituto per l'Immortalità biologica, del Laboratorio per materializzare i sogni, elaborando statuti, verbali, organismi dando vita a norme, esortando adesioni e promuovendo azioni che sembrerebbero "burocratizzare" e contenere i processi e le elaborazioni entro una regolamentazione tesa a ufficializzare ogni suo atto. Tale attitudine, non priva di ludica tradizione surreal-dadaista e patafisica non è estranea, a bene osservare, anche ad altri artisti delle avanguardie successive a quelle "storiche", soprattutto alle prassi dei Fluxus; basti pensare a Joseph Beuys, o alle modalità lettriste e della poesia visiva. L'impiego di timbri convalidanti, di targhe fondative, di titoli e istituzioni seguitano il "gioco" semiserio di principi comunicativi aventi il sapore di "manifesti" e di proclami presenti anche nell'opera di Yves Klein e di Piero Manzoni.

E, successiva considerazione, un simile comportamento non appare se non come forma autocertificativa in confronto all'indifferenza, all'incredulità e talvolta allo stesso scetticismo di gran parte del pubblico, se non degli stessi addetti ai lavori e alla critica d'arte più distratta. Vi è altresì in una modalità "autocertificativa" un ulteriore aspetto non sottovalutabile che è quello di una preoccupazione e cura di tipo strutturale, mossa cioè dal desiderio che l'azione intrapresa si consolidi e acquisisca consensi scongiurando in tal modo l'esaurimento delle sue motivazioni e tensioni.

Inoltre, il pensiero costante di alcuni artisti, rivolto alla formalizzazione delle loro concezioni artistiche – fase assai significativa nella qualificazione dell'intuizione poetica, nella sua elaborazione materiale, nella definizione finale in opera – talvolta può caricarsi di un ulteriore impegno nella riuscita sentendo di dover raccogliere attorno ad essa un presidio di carattere protettivo, pubblicamente notificato.

Ciò detto, accanto a motivazioni di questo tipo, non vanno sottovalutate anche quelle mozioni autoironiche, rivolte a lasciare aperta la consapevolezza dei gradi utopici dell'impresa o il semplice sentimento, suggerito da un'"alterità" sempre attiva nella coscienza che esige di non prendersi troppo sul serio. È evidente infatti che un timbro o una targa, di per sé, in ambiti non burocratici, come sono quello artistico e quello poetico, non bastano a garantire la qualità di riuscita di un'opera o di un pensiero. Ma c'è da riconoscere che l'azione comunicativa e autopromozionale di Bove si fonda e diffonde su un denso e intenso lavoro estetico, poetico e di formalizzazione.

Infine, di contro, ad alcuni documenti che vogliono avere il carattere perentorio del manifesto teorico, si dispiegano veri e propri "racconti" con articolate trame, come in *Oniroplasmi* o, da ultimo, una vera opera narrativa fantastica, dove si annuncia l'identificazione di Bove con un personaggio protagonista di tutta l'azione trascorsa e soprattutto futura: Acronos o la creatura "cerebro" a cui sono demandati il potere, la liturgia e l'obiettivo del cosiddetto "Trattamento per l'immortalità" mediante l'applicazione ideale della "Formula per l'immortalità". Questo libro prefigura dunque la postumanità che agirà in un ipotetico futuro remoto, quando gli universi stessi – i multiversi paralleli – saranno "fanicizzati" e da essi si potranno far riemergere sotto forma di luce pura e afisica tutti gli esseri umani apparsi e vissuti nella storia del mondo.

Sulla consapevolezza della funzione della scrittura a sostegno dell'azione artistico-parascientifica di Bove non si può passare sotto silenzio quella sua opera teorica dedicata all'"Identità fisica delle parole" dal titolo *Verboplasmi* (2007).

↓ *Levitazione per energia emanata da pietre oniriche*, 1989, stampa fotografica dell'evento, 80×60 cm

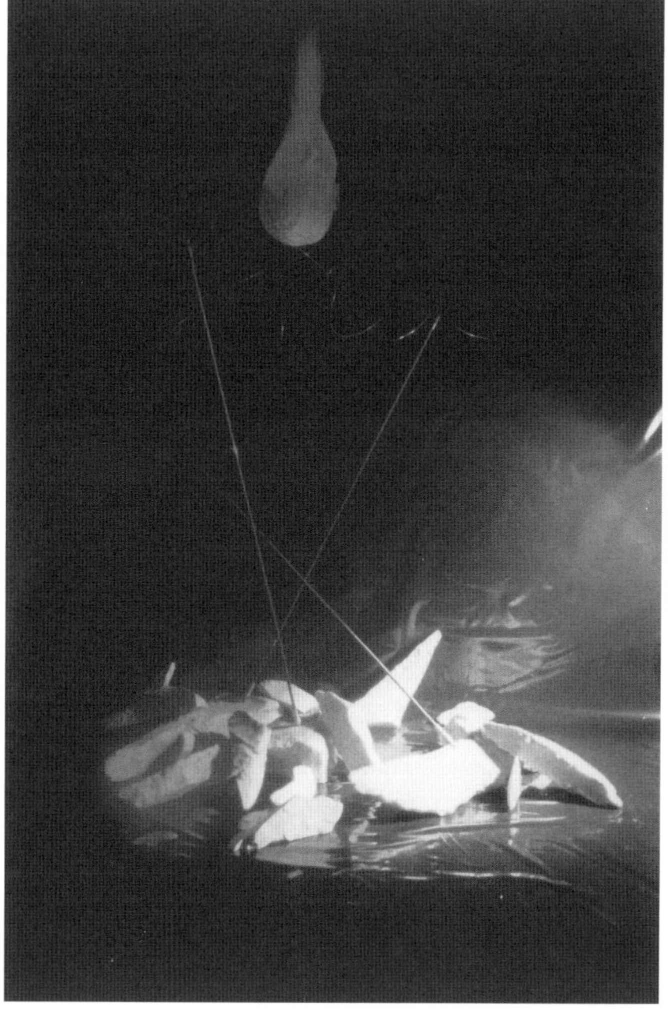

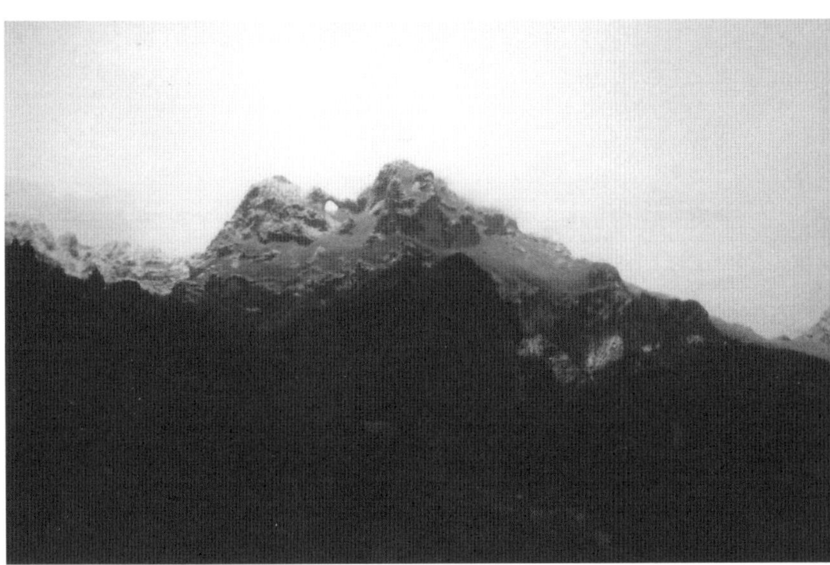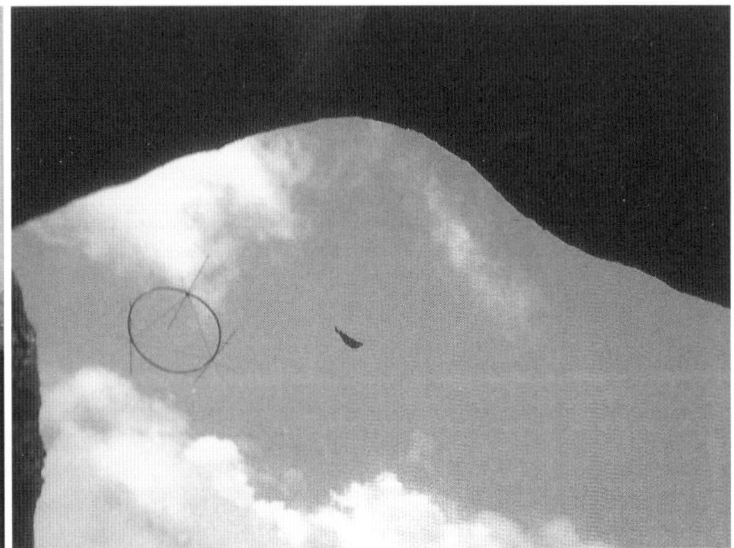

↑ ↗   *Ipostasi. Rovesciare l'orizzonte degli eventi* (particolare), 1990, installazione, Monte Forato (Alpi Apuane), Carrara

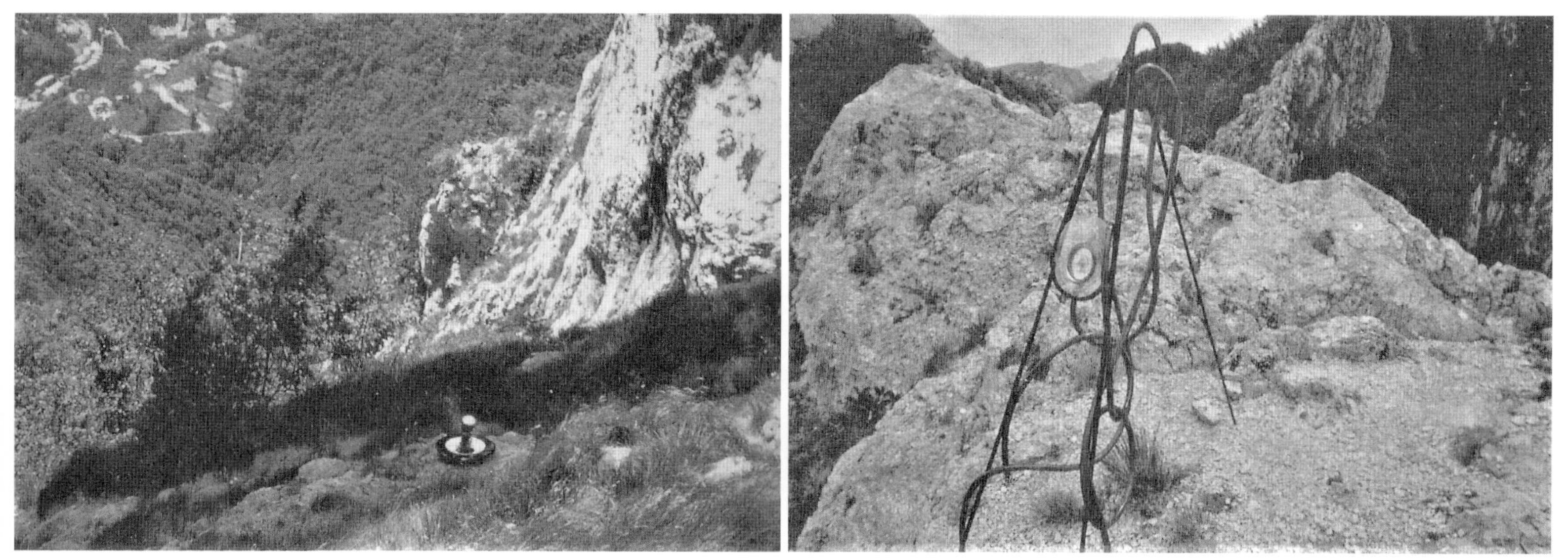

↑ ↗   *Ipostasi. Rovesciare l'orizzonte degli eventi* (particolare), 1990, installazione, Monte Forato (Alpi Apuane), Carrara

In essa Bove si intrattiene su "il peso delle parole", sul loro
"magnetismo" attraente e orientativo, sulla loro "energia", sul loro
"potere immaginifico e sonoro", sugli "odori e sapori" di cui sono
veicolo, sulle loro proprietà "apotropaiche" e "taumaturgiche",
sulle loro facoltà "topologiche". Nella stimolante dissertazione
precipitano nella scrittura di Bove esempi calzanti di autori
di ogni tempo e grado che, insieme ad alcune opere realizzate
fisicamente, cioè "verboplasmate", conferiscono concretezza
al suo saggio poetico-inventivo.

  In relazione a tutta questa attività di metascrittura
polimorfica, si comprendono i frequenti inviti e le partecipazioni
rivolti a Bove per eventi di macro e microscrittura verbovisiva
che l'hanno visto affiancato negli anni ad artisti e poeti come
Emilio Villa, Lamberto Pignotti, Eugenio Miccini, Arrigo Lora
Totino, Maurizio Spatola, Gian Ruggero Manzoni, Paolo Albani,
Vittore Baroni, Sergio Cena, Franco Beltrametti, Giancarlo
Pavanello, Mario Commone, Nanni Balestrini, Laura Mare, Luciano
Ori, Martino Oberto, Mario Diacono, Adriano Accattino, Arturo
Schwarz, Giancarlo Maiorino, Sarenco e numerosi ancor
con i quali, peraltro, egli ha collaborato in quanto fondatore
e co-redattore della rivista contenitore "BAU" sin dalla sua
ideazione e realizzazione nel 2003-04 e fino all'attualità.

15. VERSO LA "LUCE AFISICA"

  Non stupirà sicuramente il lettore attento del percorso
sin qui compiuto da Antonino Bove venire a conoscenza che
l'artista, tuttora proteso con la sua azione utopica nella lotta per
l'abolizione della morte fisica dall'orizzonte del destino umano,
ha ulteriormente avviato una speculazione cognitiva dedicata
al più arduo degli elementi fenomenici: la luce.

  Mentre infuria una pandemia di estensione planetaria che
ha già prodotto alcuni milioni di vittime nell'arco di circa due anni,
divenendo insieme al catastrofico aumento della temperatura
della Terra, a causa dell'eccessiva emissione di CO_2 nell'atmosfera,
l'evento più funesto dopo le tragiche guerre mondiali, la ricerca di
Bove si apre all'incognita entità dell'elemento luminoso teorizzato
e immaginato nella sfera della dimensione di superamento della
condizione antropologica attuale.

  Il capitolo di lavoro scientifico-artistico di cui riferisco
in extremis, in queste ultime righe, riguarda infatti più
specificamente quella che Bove denomina "luce afisica".

  Ma di quale inaudita "apertura" si fa promotrice la
tensione cognitiva dell'arte di Bove?

  Della luce e della sua natura si è occupata la filosofia
più antica e la fisica più avanzata. Ma anche l'arte ha dato segnali
di straordinaria valenza circa la sua entità senza pronunciare
una sillaba ma offrendo di visualizzarne l'apparenza travolgente,
eludendo la sua enigmatica origine ed essenza e imponendo alla
vista e alla mente il suo potere di stupefazione. Tale elusione
peraltro sembra analoga, ancorché diversa, da quella adottata dai
fisici più avanzati del XX secolo – Louis-Victor Pierre Raymond
de Broglie, Erwin Schrödinger, Werner K. Heisenberg, Niels Bohr
e altri – nella *querelle* di superamento dell'interpretazione tra
la concezione corpuscolare e quella ondulatoria della luce. La loro
dimostrazione è consistita nell'invocare una sintesi delle due
teorie. Cosa cui l'arte è pervenuta semplicemente mutando
il punto di vista gnoseologico e sostituendo, alla domanda su
di lei, la risposta con la sua magica magnetica visualizzazione.
Albrecht Dürer ha offerto una luce nera nella *Melancholia I*,
irradiandola alle spalle dell'angelo seduto e assorto in pensieri
enigmaticamente ignoti; Caravaggio ne ha dato una visione

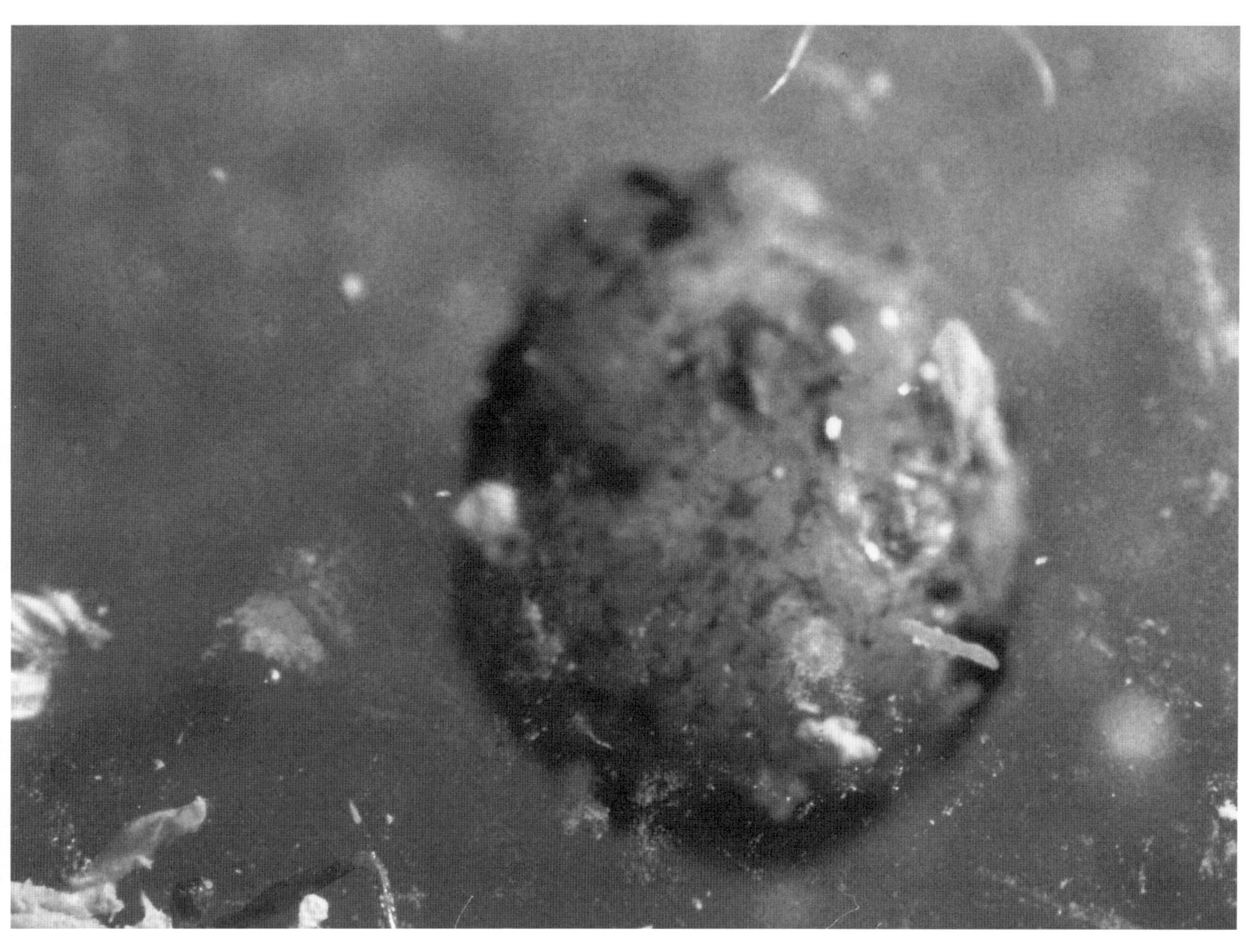

↑ *Embrioni di arte vivente*, 1990, immagine fotografica a colori, 40×60 cm

che la rende significativa grazie all'accogliente grembo dell'ombra che mentre avvolge la luce, la minaccia eppure si coniuga ad essa mirabilmente; Pellizza da Volpedo, Previati e Balla maanche Seurat e Signac hanno fornito ineguagliati esempi della sua apparenza corpuscolare, quasi impossibile da fissare con lo sguardo. Giorgio de Chirico ne ha rivelato la valenza enigmatica e metafisica nell'ora del meriggio nicciano; mentre il giovane eroico Lo Savio ha indagato il viaggio della propagazione della luce nella dismisura cosmogonica, lasciandoci una descrizione del suo impensabile itinerario nelle tenebre, davvero misterioso:

> Queste visioni di spettri luminosi nello spazio si sono sviluppati in me lentamente; solo più tardi si determinò la coscienza di un motivo originario: la luce. La luce non è per me la conseguenza di un'immagine, ma la somma di diverse immagini in movimento continuo di evoluzione. L'idea della luce come osservazione pura e semplice non sarebbe nulla se non fosse la partecipazione diretta allo scaturire della vita nella sua dinamica essenziale. In ogni aspetto del suo essere è in relazione con qualcosa d'altro; poi segue un ultimo cammino che la conduce alla possibilità di perdere il senso di ciò che è, per vagare nel vuoto. Questo vagare, per sé stesso niente, è solo nel modo come ci appare: immagine di una realtà quasi impossibile[51].

Ho letto in un epistolario che un celebre psichiatra di origine catalana, François Tosquelles, ricordava di aver trovato in un testo ebraico o aramaico l'affermazione che la luce nasce dentro di noi[52]. Non ho personalmente dubbi a riguardo, né per quanto concerne Lo Savio, né per Bove. D'altronde si può ritenere che la celebre espressione che sembra essere stata pronunciata da Goethe nel letto di morte "Mehr Licht!" potrebbe essere stata un'invocazione rivolta a se stesso, alle sue residue estreme energie nel pretendere dal proprio spirito, in quel momento drammatico, di essere soccorso da un'emanazione ultima di "più luce" nell'istante di inabissarsi nelle tenebre della morte.

Ora, la più recente fase di avanzamento nell'arte di Bove, nella concezione del superamento della morte, registra un ampio ciclo di opere dedicate alla "luce afisica", insieme ad alcuni suoi testi teorici e comunque enunciativi di quella dimensione del tutto inedita alla quale egli si sta dedicando. Opere come *Connettomi fanici* (2018), *Connettomi umani in universo complanare* (2018) e *Luce afisica* (2019), pronunciano visivamente le prime apparizioni di questo nuovo dominio posto da Bove sotto la sua attenzione e pongono in evidenza, in fondi di spazialità oscura o neutra, morfologie maculari, aloni circolari, luminosi, con una forte esponenza di organismi non identificabili. Per essi tuttavia Bove osserva e teorizza:

> A farmi da guida nella captazione dell'ignoto è la fenomenologia onirica che elabora quantisticamente l'esperienza esistenziale e ultrasensibile. La logica dei sogni si proietta oltre le leggi fisiche permettendo intuizioni che precedono le ragioni scientifiche. Alcuni sogni (*Acronos*, 2016) sono all'origine della prefigurazione dei connettomi (informazioni digitali complete totali della coscienza di una persona), all'interno dei multiversi. Oltre vivono le "Essenze luce fisse" che invece abitano in un iperspazio afisico che non ha avuto alcun inizio, è esterno all'infinito e dell'orizzonte degli eventi. In questa dimensione – afferma ancora Bove – la luce non è

51 Francesco Lo Savio, *Lo Savio*, catalogo della mostra (Roma, Galleria Selecta, 1960), Istituto Grafico Tiberina, Roma 1960.

52 Oscar Piattella, Ugo Amati, *La luce: dialoghi tra un pittore e uno psichiatra*, Walter Stafoggia Editore, Pesaro 2009, p. 40.

↓ *Embrioni di arte vivente*, 1990, immagine fotografica a colori, 60×40 cm

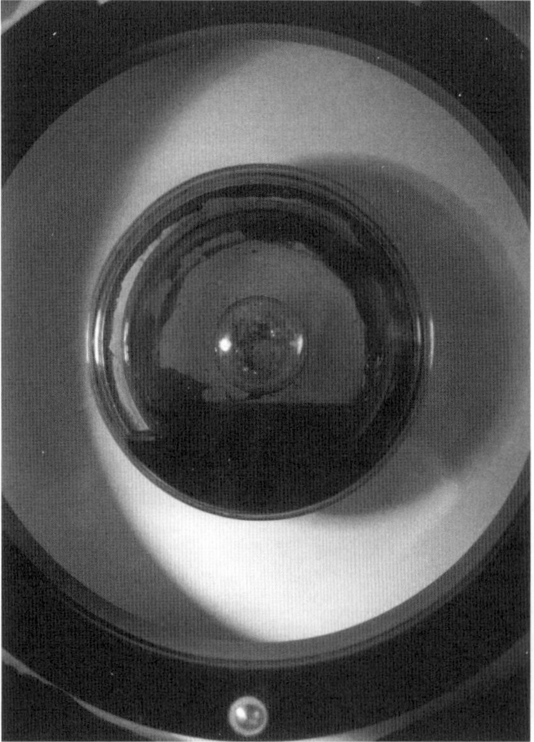

costituita da fotoni né di natura elettromagnetica ed è immobile[53].

Prima di avanzare ancora nel nuovo dominio enunciato e lasciato intendere da questa affermazione di Bove, non sembra improprio, nel contesto in cui l'artista ci invita a seguirlo, richiamare tra le metamorfiche proprietà e qualità della luce quella particolare dell'"aura"; la quale pur se costituita da entità fisica, in parte si può considerare parimenti "afisica" per la sua ritenuta impalpabile consistenza e, a molti di noi, invisibilità. Non si evoca certo in tale occasione l'aura, richiamata da Walter Benjamin, che l'opera d'arte un tempo possedeva in virtù della sua unicità, ritenuta poi "perduta" dallo stesso filosofo tedesco con l'avvento dell'epoca della riproducibilità tecnica dell'opera stessa, bensì quella che taluni dizionari definiscono come

> una sottile essenza invisibile, o fluido, che si dice emani dai corpi umani e animali e persino dalle cose; un effluvio psichico elettro-vitale, elettro-mentale, che partecipa ugualmente della mente e del corpo quindi l'atmosfera che circonda una persona, esprime il suo carattere la sua personalità...[54]

Ognuno ricorderà come, in molte rappresentazioni del Cristo e degli apostoli o di identità ritenute sante, l'aura è raffigurata in forma di cerchio di luce dorata (aureola) dichiarata nimbo luminoso intorno alla testa della figura, ma anche talvolta intorno all'intera forma del corpo. Ma, per denotare l'intensa spiritualità di una persona, un eguale segnale di luminosità si riscontra nell'arte indù e persiana e in numerosi dipinti buddisti. In tale circostanza non si può trascurare che Bove non ha omesso di definire iconograficamente e plasticamente la sua creatura *Acronos*, circonfusa di luce emanata dalla sua testa e dal suo corpo mediante un'aura "eterica" giallo-verde.

Nella letteratura della conoscenza soprasensibile del mondo e del destino umano si distingue quella del teosofo Rudolf Steiner, dei cui insegnamenti hanno tenuto conto numerosi artisti contemporanei[55]. A proposito dell'aura, nel suo trattato di teosofia Steiner formula una premessa ragionevole:

> Certi processi nello spazio sono dall'uomo percepiti come fenomeni luminosi solo perché egli ha un occhio ben costruito. Quanto della realtà si rivela ad un essere dipende dalla ricettività di quest'ultimo. All'uomo non è quindi mai lecito dire ch'è reale solo ciò ch'egli può percepire. Possono essere reali molte cose per le quali egli non ha organi di percezione[56].

A tale premessa Steiner fa seguire numerose considerazioni, tra le quali questa:

> I colori percettibili all'occhio spirituale che raggiano attorno all'uomo fisico percepito nella sua attività e lo avvolgono come di una nube di forma press'a poco ovoidale, sono un'*aura umana*. Nelle diverse persone la grandezza di questa aura varia. In media ci si può tuttavia rappresentare che nella sua *totalità* l'uomo appare alto il doppio e largo il quadruplo dell'uomo fisico[57].

Ma interrompo deliberatamente qui la considerazione di questo fenomeno, in realtà invisibile alla maggior parte di noi, dato che esso non è propriamente ciò che Bove intende portare in evidenza con il suo lavoro visivo e la sua indagine sulle potenzialità della mente se essa accrescesse, mediante la scienza, la sua forza e i suoi poteri. In un successivo testo offerto alla nostra riflessione, Bove invece precisa ciò che lo tiene più oggettivamente impegnato:

> Si ha ragione di credere che esistono dieci alla cinquecentesima mondi dotati di coerenza interna, magari

53 Antonino Bove, *Connettomi fanici – 25.6.2018*, testo inedito autografo sul retro dell'opera visiva omonima.

54 Walter Ernest Butler, *Che cos'è l'aura*, in *Come leggere l'aura*, Hermes Edizioni, Roma 1981, p. 7.

55 Tra le mostre più significative si è avuta occasione di studiare l'elaborazione artistica di Joseph Beuys, Remo Salvadori, Helmut Federle, Ólafur Elíasson, Katharina Grosse, Carsten Nicolai, Claudia Wieser, Bernd Ribbeck e altri. Cfr. "Rudolf Steiner and Contemporary Art", catalogo della mostra (Kunstmuseum Wolfsburg, 2010, Kunstmuseum Stuttgart, 2011), DuMont Buchverlag, Cologne 2010.

56 Rudolf Steiner, *Le forme pensiero e l'aura umana*, in *Teosofia. Introduzione alla conoscenza soprasensibile del mondo e del destino umano*, Fratelli Bocca Editori, Milano 1947, pp. 136-137.

57 *Ivi*, pp. 138-139.

↓ *Mappa genetica di una scultura*, 1991, stampa fotografica a colori, 60×40 cm

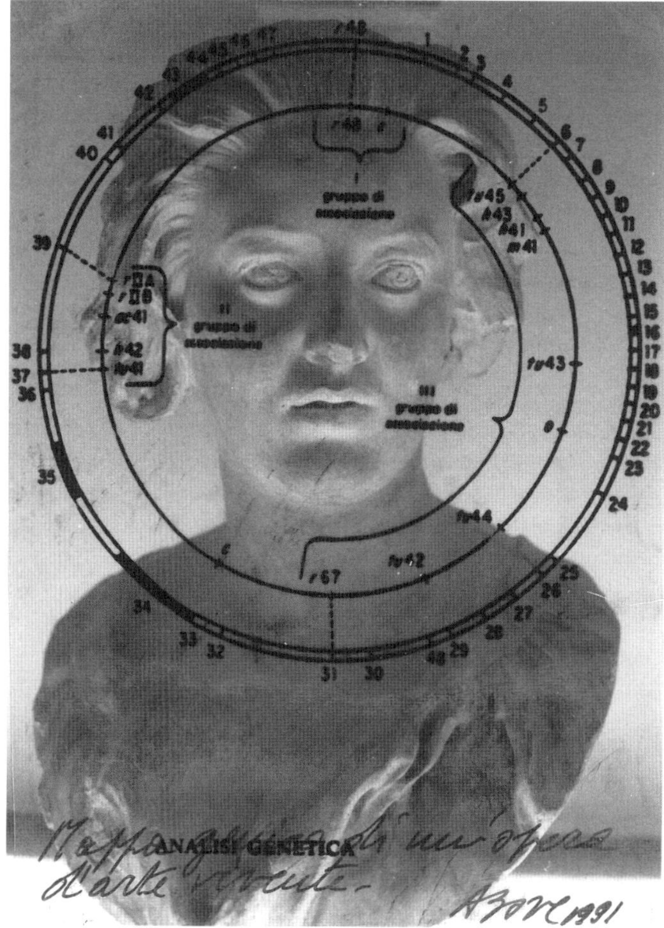

con differenti dimensioni, proprietà e valori dello spaziotempo, della gravità, della luce. In tale contesto la luce
elettromagnetica potrebbe essere soltanto il riverbero
di una luce avente maggiori facoltà ed energie[58].

Nelle sue annotazioni, per lo più inedite e ora rese palesi, Bove si
spinge a ipotizzare la proprietà di "grandezza iperbolica" di quella
"singolarità luminosa" che "la nostra mente non può comprendere
completamente". Ma venendo al punto sostantivo della sua nuova
speculazione, Bove afferma:

> Le innumerabili combinazioni dell'infinito ci autorizzano
> a pensare che può esistere un universo complanare al
> nostro dove potrebbero trovarsi essenze umane che sono
> vissute e sono viventi nel nostro mondo. Al termine delle
> leggi della fisica l'impossibile diventa probabile, le regole
> della natura sono sconvolte e oltrepassate. La *luce afisica*
> potrebbe essere la summa di tutte le singole intelligenze
> dell'intera storia della vita nel cosmo[59].

I numerosi altri aspetti che nell'indagine e nell'immaginario di Bove
hanno trovato posto in questa nuova estensione poetica riguardano
la deroga dalle leggi[60] della fisica e dalle regole della natura relative
al nostro sistema cosmologico trascendendo dunque lo spaziotempo e l'entropia. Gli "umani afisici" immaginati da Bove

> potrebbero essere nuclei sovraterminali di puro
> pensiero, coscienza, memoria, informazione individuale
> e nello stesso tempo, universale.

Di tutto ciò, e ancora molto di più, Bove prefigura e ipotizza la
possibilità nelle sue opere e nelle sue note teoriche, alle quali
si rinvia il lettore di queste stesse pagine riservate ai suoi intensi
scritti per una piena assunzione di conoscenza del suo pensiero;
mentre non posso tacere sull'esistenziale anelito espresso anche
da questa sua più estrema concezione non priva di risonanze
emblematiche, in cui le entità sovraluminali di derivazione
antropologica sarebbero

> finalmente libere dalla morte, dal dolore, dalle pulsioni,
> dai bisogni del corpo e della carne, dagli arcaici istinti
> di violenza e sopraffazione, dalla brama di potere, di
> denaro della precedente umanità allo stato primordiale[61],

additando – con la sua tenace azione poetica – uno stadio di
esistenza possibile e obiettivamente ed eticamente auspicabile,
poiché già raggiunto da molti, nella mente.

16.   EPILOGO NON CONCLUSIVO

Nell'orizzonte escatologico in cui si colloca tutta
l'opera di Bove ma in quanto azione confutativa di esso e quale
impresa artistico-utopica mossa da una tensione ideale e
poetica irriducibile, si sono già compiutamente definite le linee
prospettiche del suo lavoro orientate verso quel limite che
giace tuttora in grembo al destino. Essi si possono riassumere
nel superamento della problematica dell'arte, quasi come
consapevole prosecuzione dell'esperienza volta in vita da Yves
Klein e da lui riassunta nell'espressione "Le tableaux ne sont
que les 'cendres' de mon art", significando che l'essere di un
dipinto o di un'opera, una volta creato, si trova al di là del visibile,
nella sensibilità suscitata allo stato di materia prima[62].

Inoltre, come già accennato, se De Dominicis ha svolto
un ruolo ineludibile nella poetica dell'immortalità fisica, uno studio
approfondito del suo lavoro mostra chiaramente la diversità delle
sue esperienze rispetto a quelle pressoché coeve di Bove, pur
ugualmente indirizzate, ma con un repertorio di procedimenti,
elaborazioni, momenti dimostrativi, esiti morfologici, estetici
e scientifici totalmente diversi. La via maestra percorsa da Bove

58   Antonino Bove, *Fenomenologia della luce
afisica. Dimensioni ed entità umane di luce
afisica*, testo inedito, 2020.

59   *Ivi*, p. s. n.

60   *Ivi*, p. s. n.

61   *Ivi*, p. s. n.

62   Yves Klein, *Le dépassement de la problématique
de l'art*, in *Le dépassement de la problématique
de l'art et autres écrits*, École Nationale
Supérieure des Beaux-Arts, Paris 2003, p. 83.

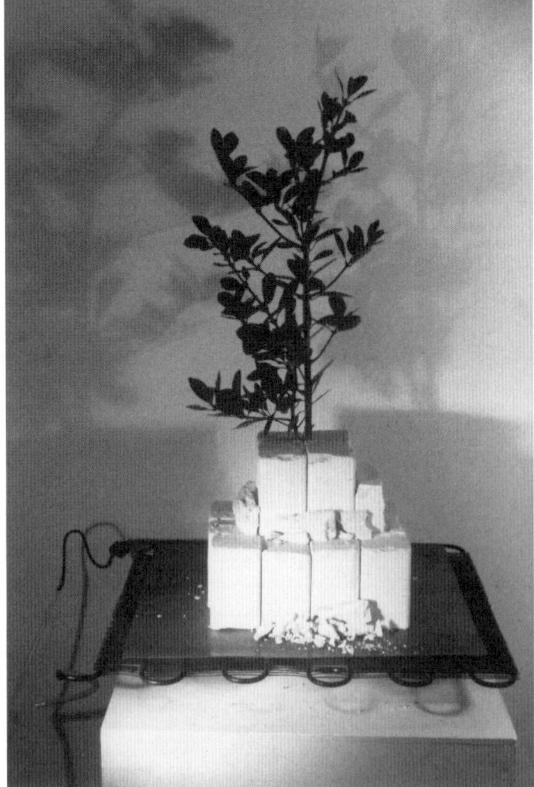

↓   Stampa fotografica a colori, 80×60 cm,
documentazione di: *L'albero della vita*, 1990,
installazione di una pianta che ha le radici
in una massa di 6 kg di lievito naturale fresco
su di un sistema refrigerato

ha stretta attinenza con ogni sviluppo scientifico e speculativo e, nonostante tenda a sopravanzarlo, non lo ignora mai, al contrario fa leva su di esso per lasciar intravedere le ulteriori possibilità che esso promette.

Il dominio entro cui Bove si è mosso sino ad oggi è quello dell'immaginario pensabile e in nessun momento l'artista ha confuso la sua pur fervida fantasia con la dura realtà, ancorché la produzione di pensiero e opere nell'intento di modificarla e superarla sia stato e continui a essere notevolissimo. Le sue ultime ricerche, dopo la realizzazione del film *Acronos* (2013), e l'enunciazione dell'energia "fanica", sono rivolte all'iperevoluzione, all'individuazione dell'intersezione sovraluminale, cioè a quella di entità e singolarità apparenti mediante luce non elettromagnetica e a prefigurare "l'era dei primi immortali".

Se queste sono alcune delle linee prospettiche che informano il lavoro odierno di Bove, non si può certo dimenticare che esso ha condiviso e fatte proprie, sin dal loro sorgere, alcune concezioni che ci hanno formati e accompagnati nella seconda metà del XX secolo, quando abbiamo scoperto che

> l'opera d'arte, quale simbolo dell'essenza immutabile della vita e stimolo a diffondere la fede in un mondo statico, ha fatto il suo tempo[63]

e che

> fin quando ignoreremo il fatto che "l'opera d'arte" e la concezione della realtà che essa esprimeva non erano che soluzioni storiche transitorie di un problema assai più complesso, non saremo in grado di comprendere l'ampiezza della rivoluzione che stiamo vivendo[64].

In quegli stessi anni, alcune letture di carattere psicoanalitico ci forgiavano nella coscienza dell'indissolubile dialettica della Vita e della Morte. Le efficaci argomentazioni di Norman O. Brown sulla morte, il tempo e l'eternità[65] convinsero molti che il binomio trovava un possibile Nirvana accettando la morte come inseparabile dalla vita e sua stessa altra faccia della medaglia, anche se nelle pieghe delle sue riflessioni spuntavano considerazioni che lasciavano intendere che qualcosa non era del tutto chiarito:

> l'uomo è l'unica specie animale con una storia, e cioè quell'animale la cui essenza non è unita all'esistenza come avviene negli altri animali, ma si sviluppa nella dialettica del tempo storico[66].

Si ha motivo di credere che a quelle pagine e ad altre Bove si sia anch'egli avvicinato come molti di noi; ma qualcosa era maturata già in lui, tanto da farne l'esponente di una nuova concezione dell'umano, proprio di quella che ne vuole superare i condizionamenti millenari e ancestrali.

Il soggetto di una postumanità, che peraltro la scienza favorisce di giorno in giorno, doveva attaccare tutti i punti fissi del sistema concettuale ed esistenziale consolidatisi nella storia stessa, poiché era solo questo il presupposto perché si superasse quell'umanesimo ritenuto obsoleto. E in tal senso, dopo essersi interrogato a lungo, Bove avrà sicuramente ritenuto che il nodo gordiano da recidere mediante l'arte e la scienza fosse proprio quello di attaccare al cuore il maggiore tabù della storia umana: la fine della vita, la morte. Spostare nell'*Ode* di Orazio quel *Non omnis moriar*, ultimo verso successivo all'*Exegi monumentum aere perennius*, dalla poesia alla nostra vita reale era l'obiettivo considerato da viversi eternamente.

Nella più recente delle sue formule teoriche enunciative rivolte a chiarire il senso fondamentale delle proprie esperienze, nel gennaio 2018 Bove ha scritto:

63 Alexander Dorner, *Il superamento dell'"arte"*, Adelphi, Milano 1964, p. 177.
64 *Ibid.*
65 Norman O. Brown, *La vita contro la morte. Il significato psicoanalitico della storia*, Adelphi, Milano 1964, pp. 119-146.
66 *Ivi*, p. 137.

↓ Stampa fotografica 60×40 cm, documentazione di: *Assumere immortalità (Saccharomyces cerevisiae)*, 1991, performance

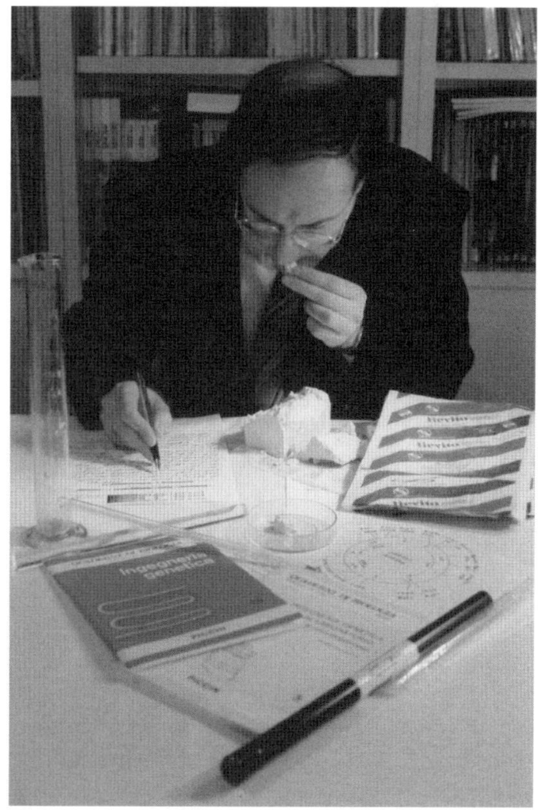

L'aspirazione all'immortalità è profondamente presente
negli esseri umani. L'anelito all'eternità, il desiderio ardente
di annullare il tempo e perpetuare la propria esistenza spinge
a compiere un'arte che possa rispondere efficacemente
a questo bisogno. Un'arte che non ricorra alla metafora ma
assumendo in sé la conoscenza scientifica, contribuisca
a sondare la possibilità di una vita illimitata.
La presente ricerca artistica si basa sulla visione utopistica,
radicale e paradossale di una esistenza umana liberata
dalla morte. La storia umana, segnata profondamente dalla
tragica incombenza della morte, dal dolore, dalla malinconia,
dalla nostalgia, conseguenze della caducità della vita, rende
necessario ipotizzare una dimensione non assoggettata
a tale grave limite.
Le risposte da dare, incommensurabilmente difficili,
non sono soltanto verso la morte personale ma anche
nei confronti del lento spegnimento del cosmo.
Quale forza immaginativa può trovare una soluzione a
questi formidabili dilemmi? Un'arte che non ci limiterebbe
a cambiare l'uomo ma l'intero universo!
<u>La finzione artistica possiede sempre una enigmatica</u> <u>verità</u>.
Al momento, soltanto con l'arte, possiamo farci immortali.
Il mirabolante salto per intravedere la vita illimitata è possibile
soltanto con una potente spinta onirica e fantastica.
Inoltrandoci nell'ignoto ci rendiamo conto che mancano
le parole adeguate per configurare e descrivere i nuovi
scenari; tuttavia si captano rivelazioni, si è portati a riflessioni,
ipotesi, congetture sorprendenti e utili per la stessa realtà
che viviamo quotidianamente.
L'ardua operazione che ci proponiamo è simile a un gioco
nel quale sono state eliminate alcune regole fondamentali
e se ne siano introdotte altre, apparentemente illogiche.
Il risultato porta a constatazioni inusitate che si rivelano
significative ai fini della nostra esperienza esistenziale
e cognitiva. Risulta pertanto indispensabile immaginare,
progettare, simulare l'immortalità.
Tale proiezione, aggettante, può aiutare a capire
meglio il mondo nel quale ci troviamo e migliorare la
comprensione dei limiti e delle possibilità della specie
umana su questo pianeta[67].

67 Antonino Bove, *Una ricerca sull'evoluzione
della specie umana*, manoscritto inedito,
Archivio Bove, Viareggio, 10 gennaio 2018.

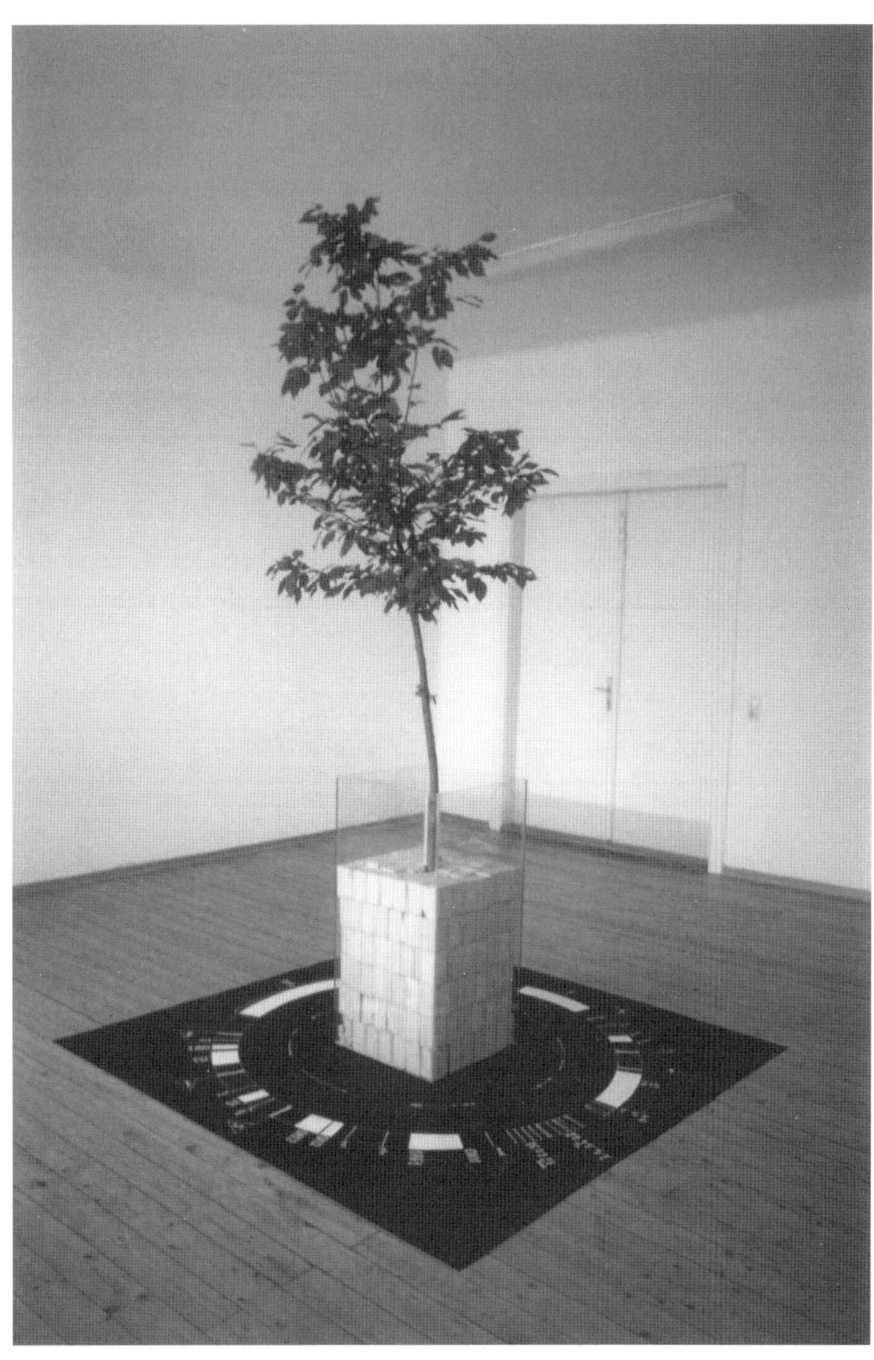

Stampa fotografica cibachrome, 80×60 cm, documentazione di: *L'albero della vita e mappa genetica del lievito*, 1991, installazione di un albero con le radici in una massa di 90 kg di lievito naturale fresco e mappa genetica del lievito

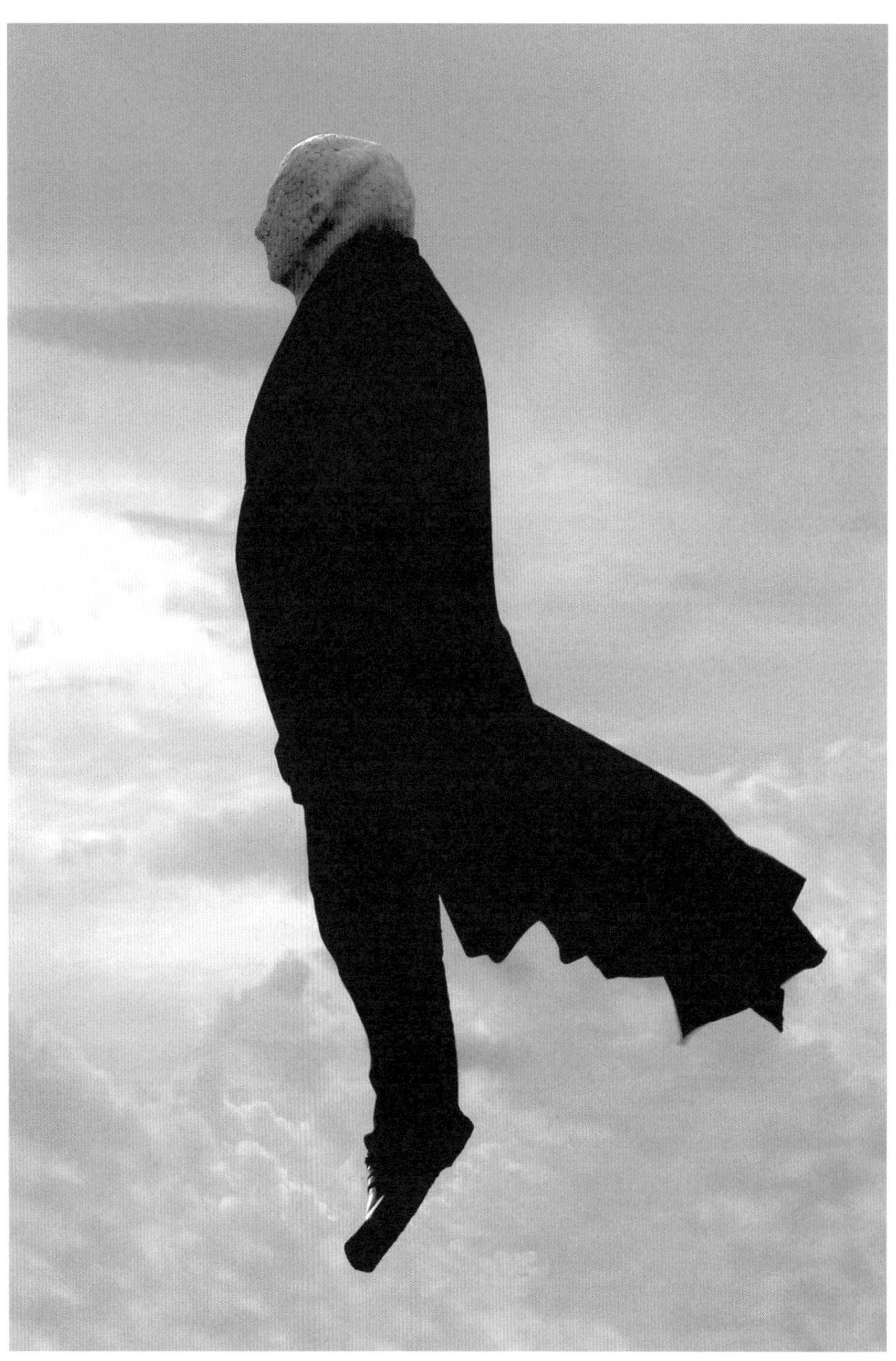

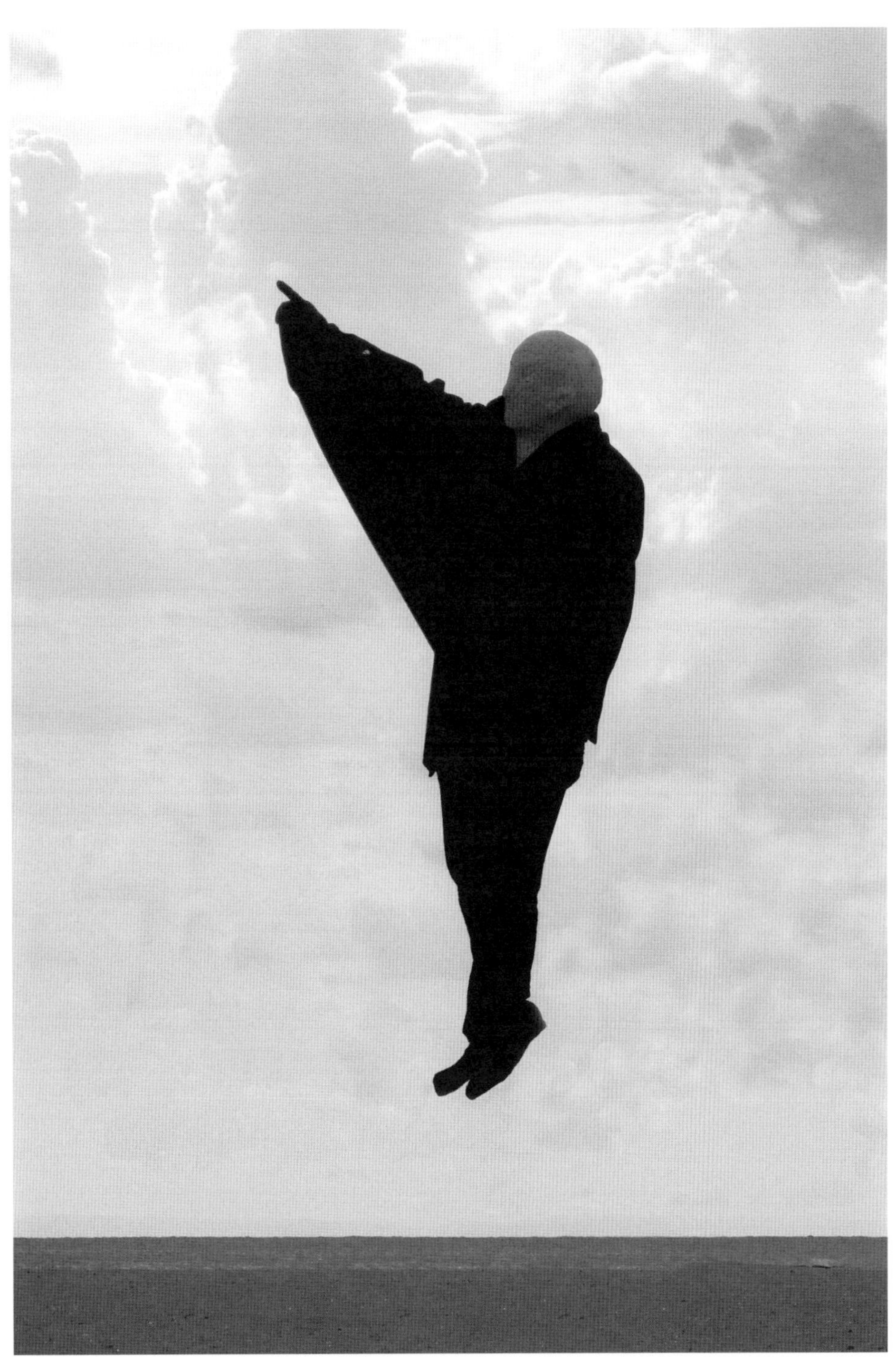

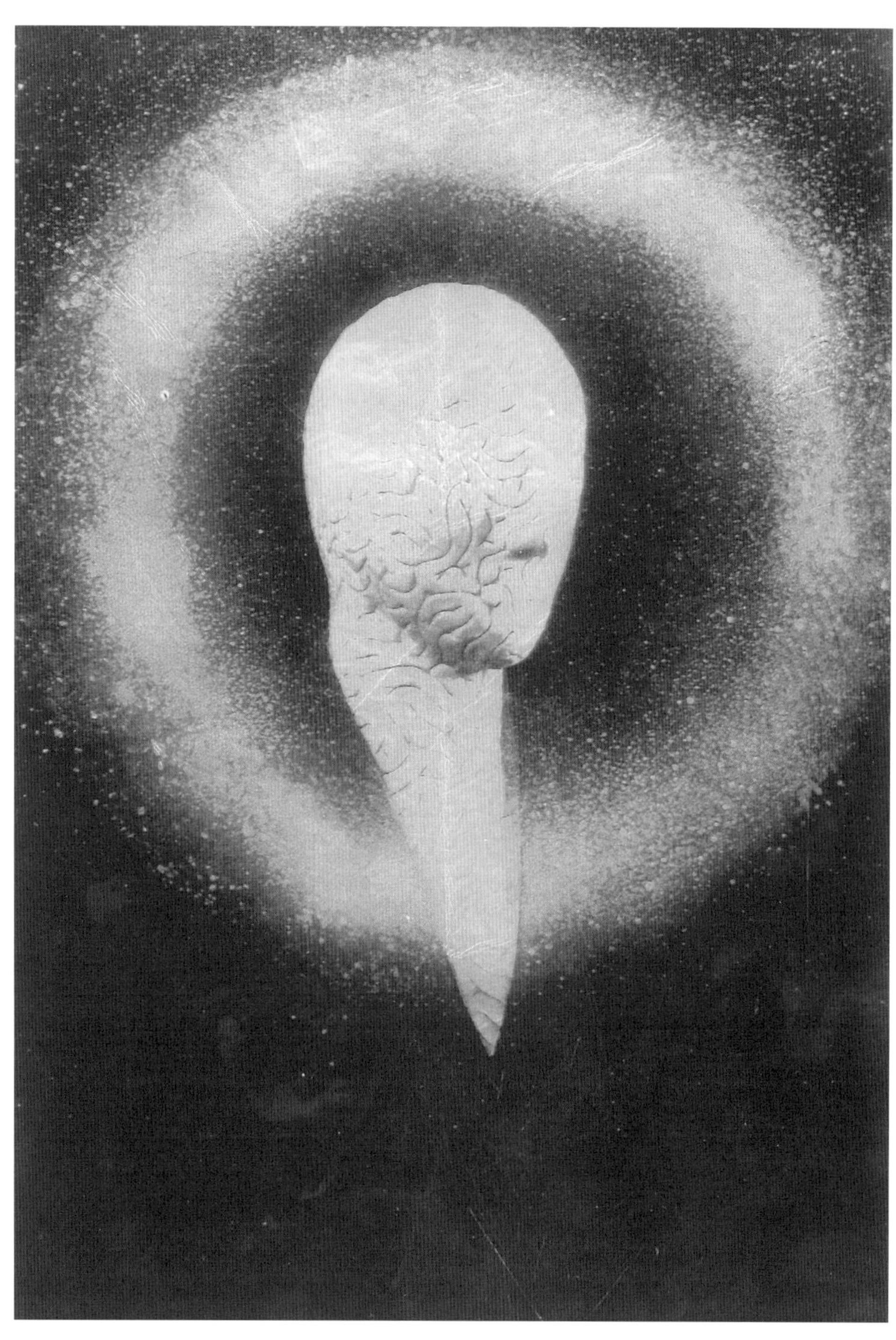

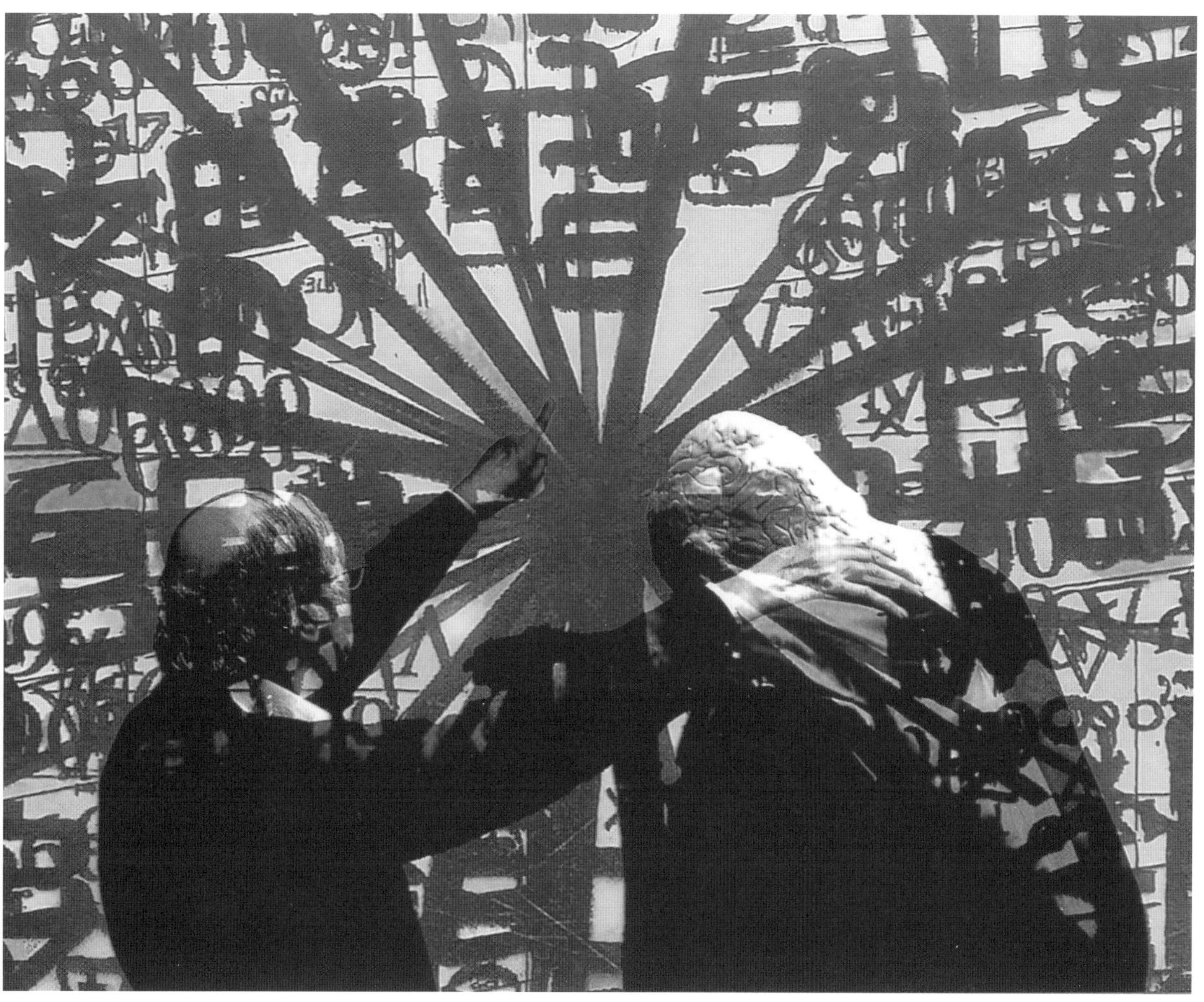

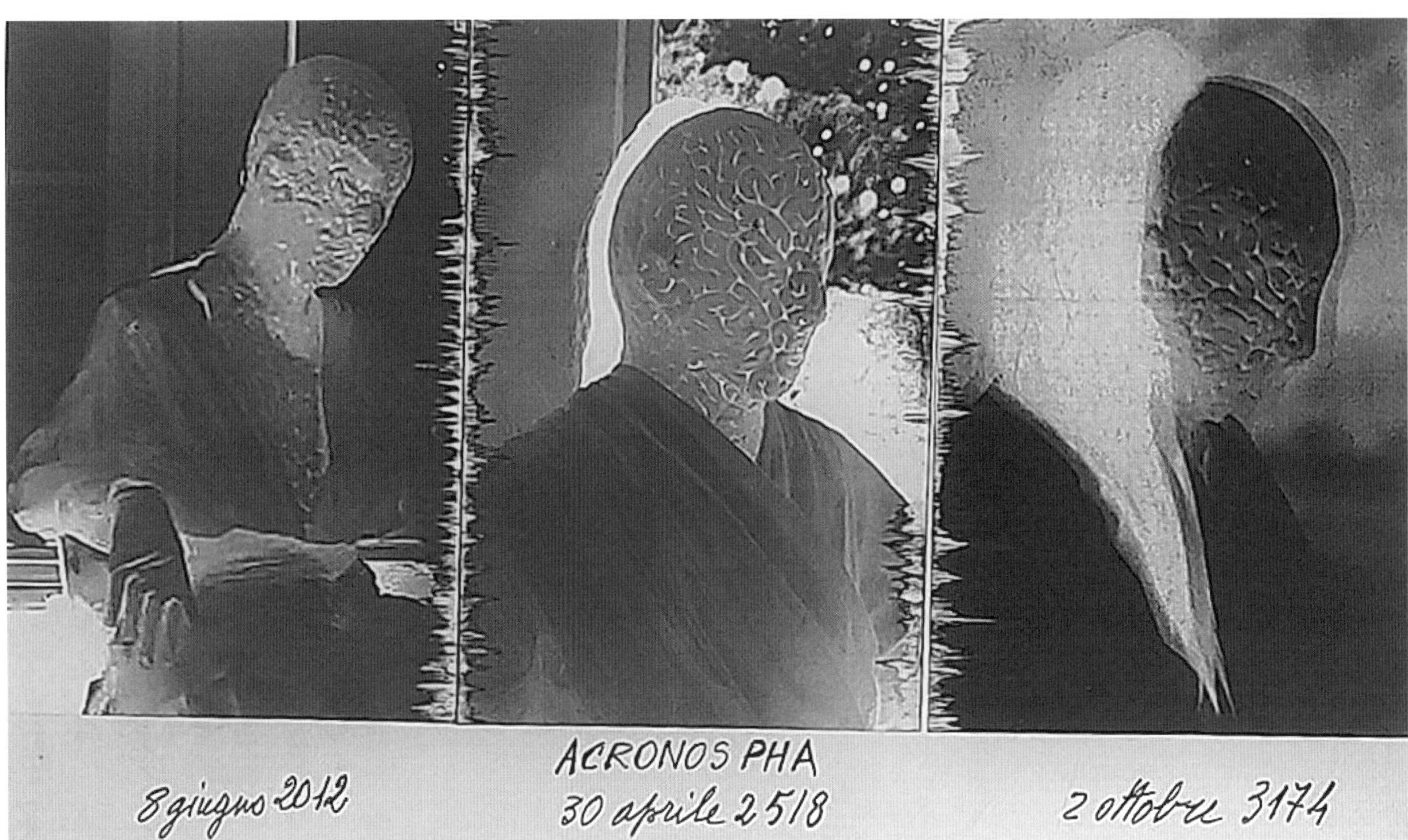

PHA in diverse dimensioni temporali, 2018, stampa digitale su plexiglas opalino, 80×160 cm

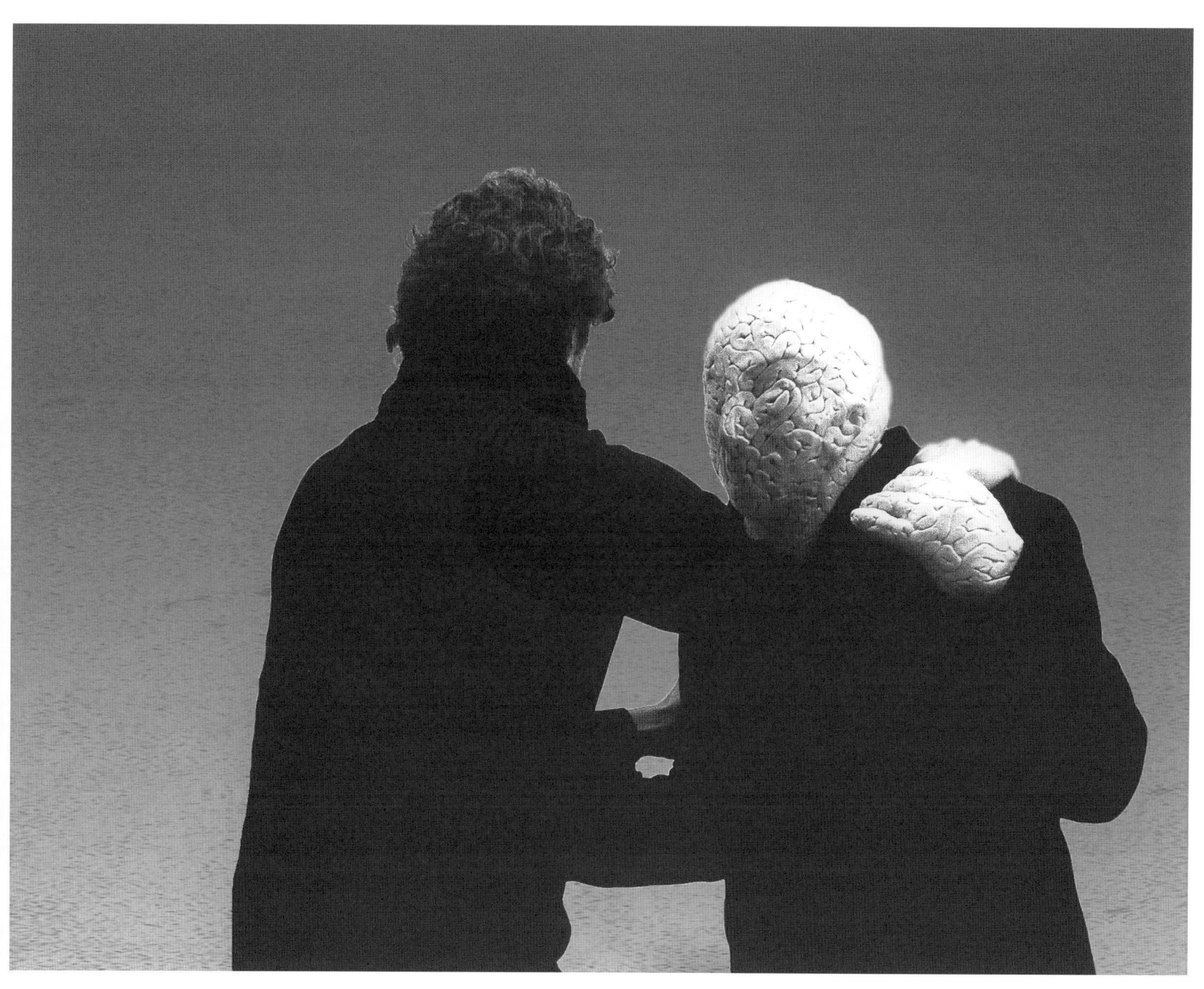

↑ *Incontro*, 2006-18, stampa digitale in b/n su plexiglas trasparente, 96×110 cm

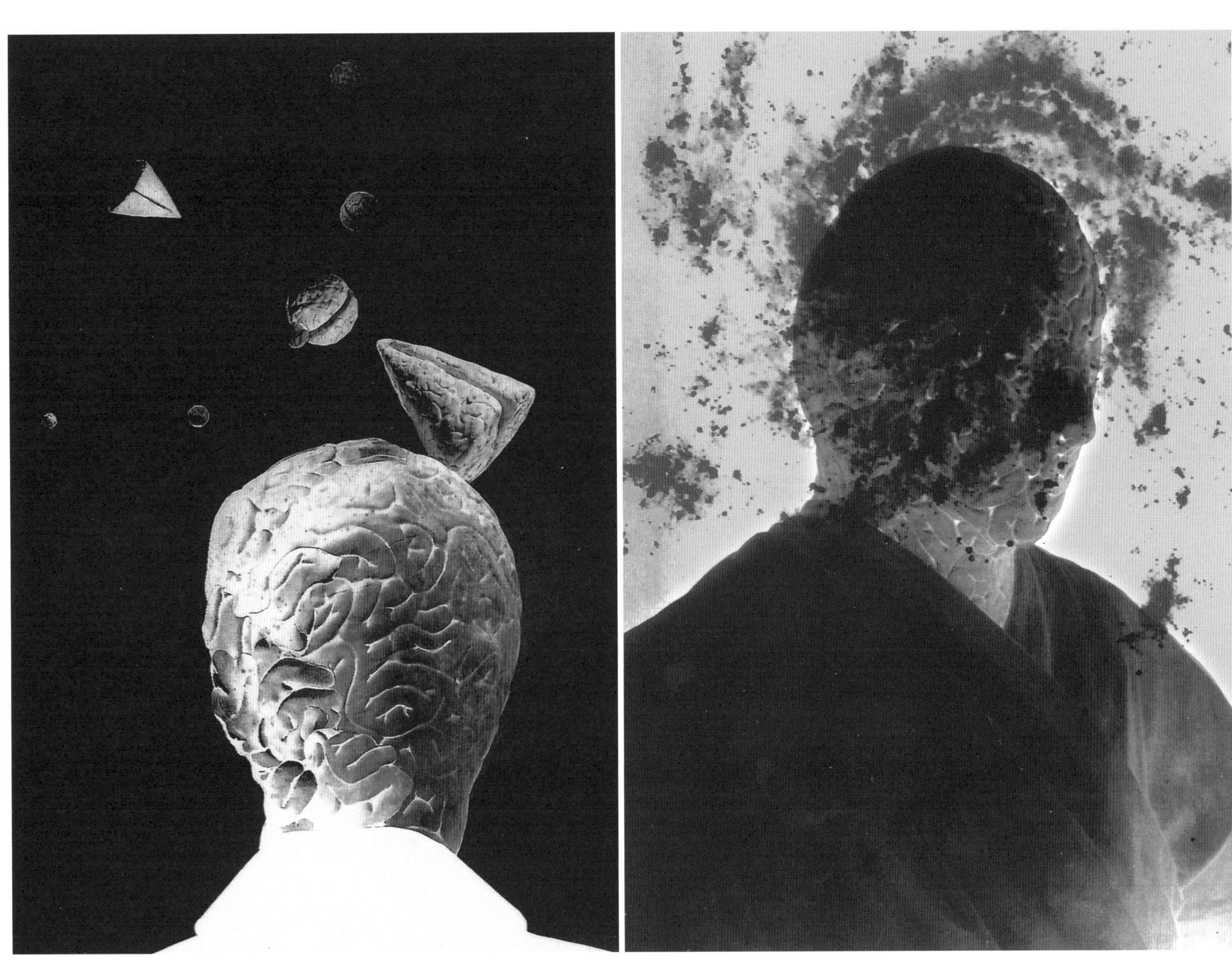

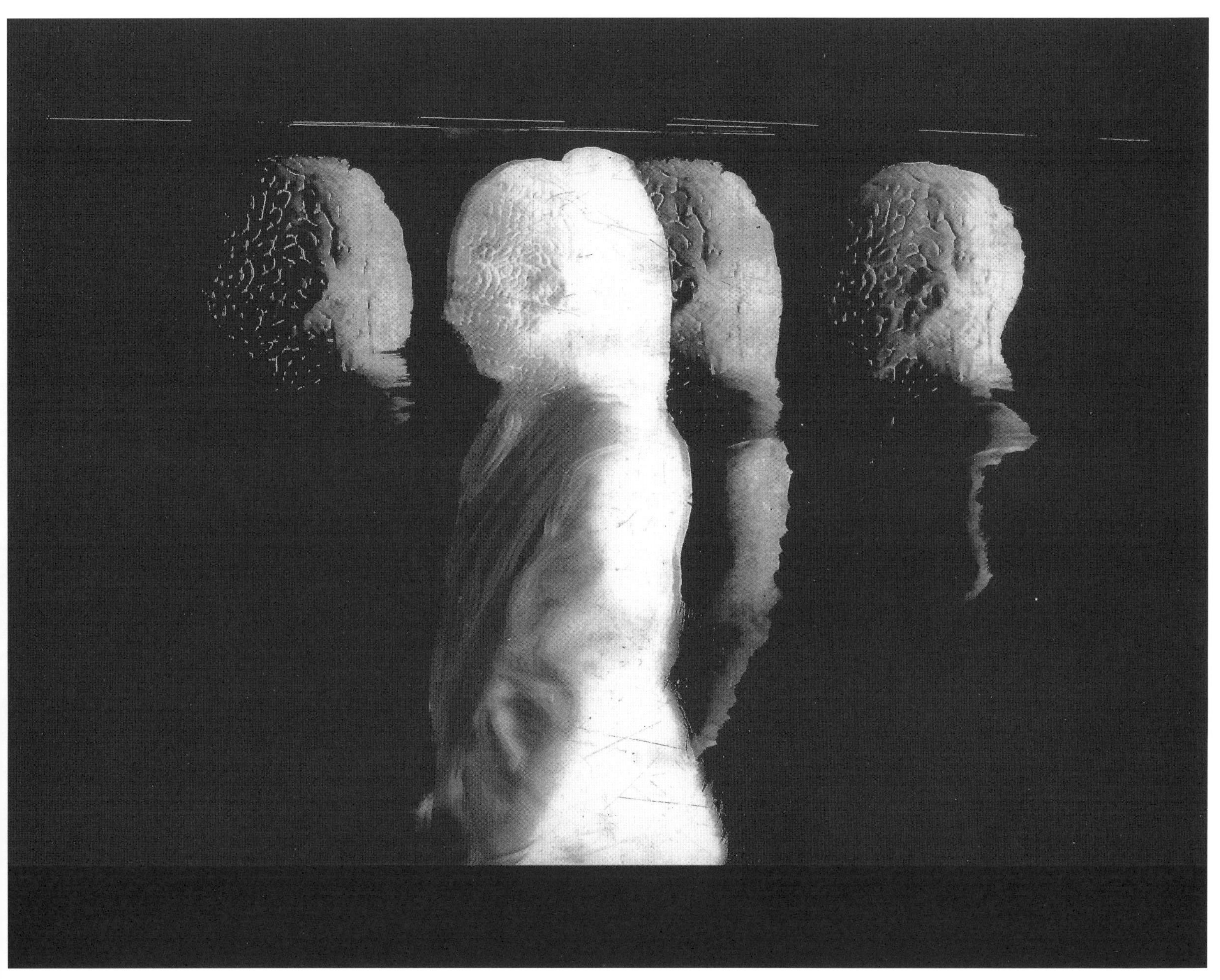

↑ *Congiunzione di un cerebro con il suo doppio dell'universo complanare*, 2017, stampa digitale in b/n su plexiglas opalino, 80×120 cm

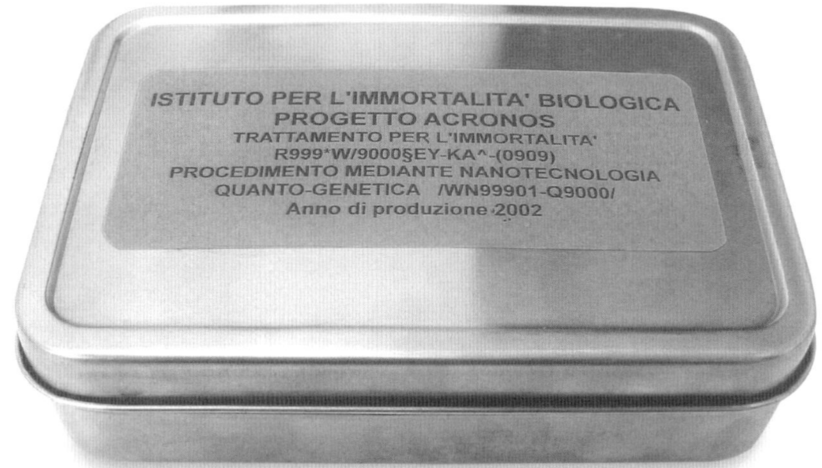

ISTITUTO PER L'IMMORTALITA' BIOLOGICA
PROGETTO ACRONOS
TRATTAMENTO PER L'IMMORTALITA'
R999*W/9000§EY-KA^-(0909)
PROCEDIMENTO MEDIANTE NANOTECNOLOGIA
QUANTO-GENETICA   /WN99901-Q9000/
Anno di produzione 2002

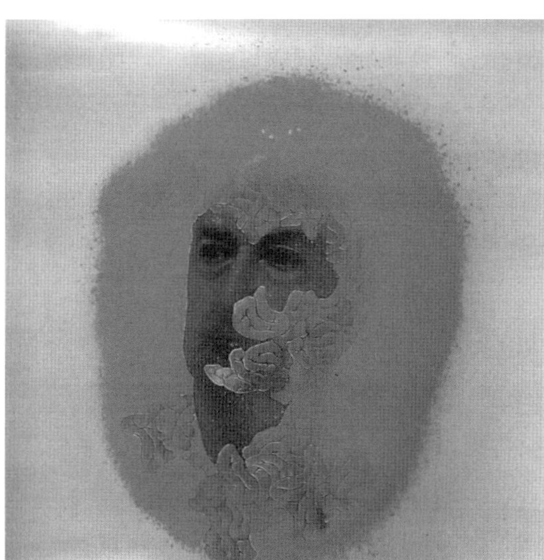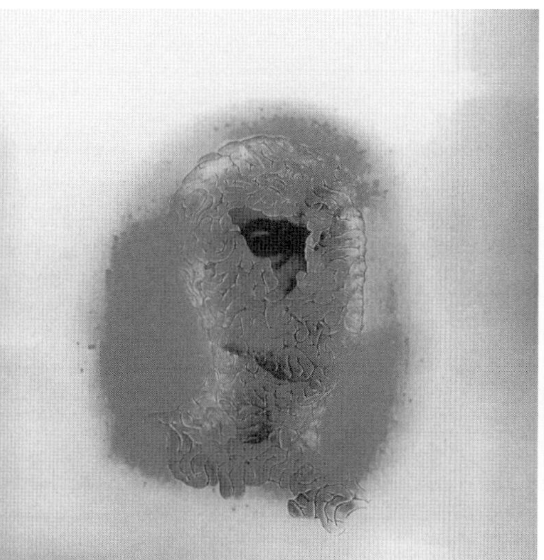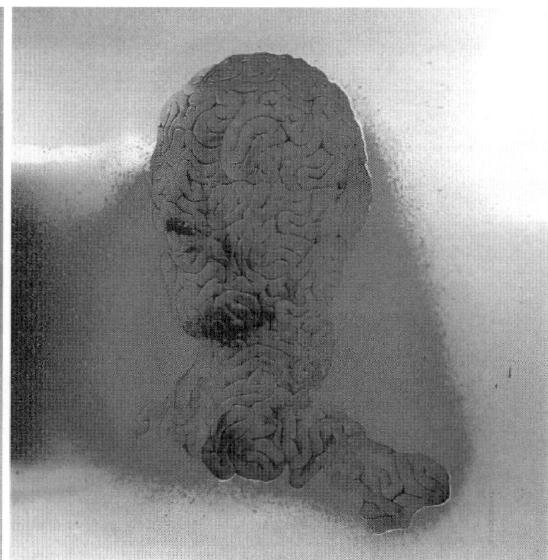

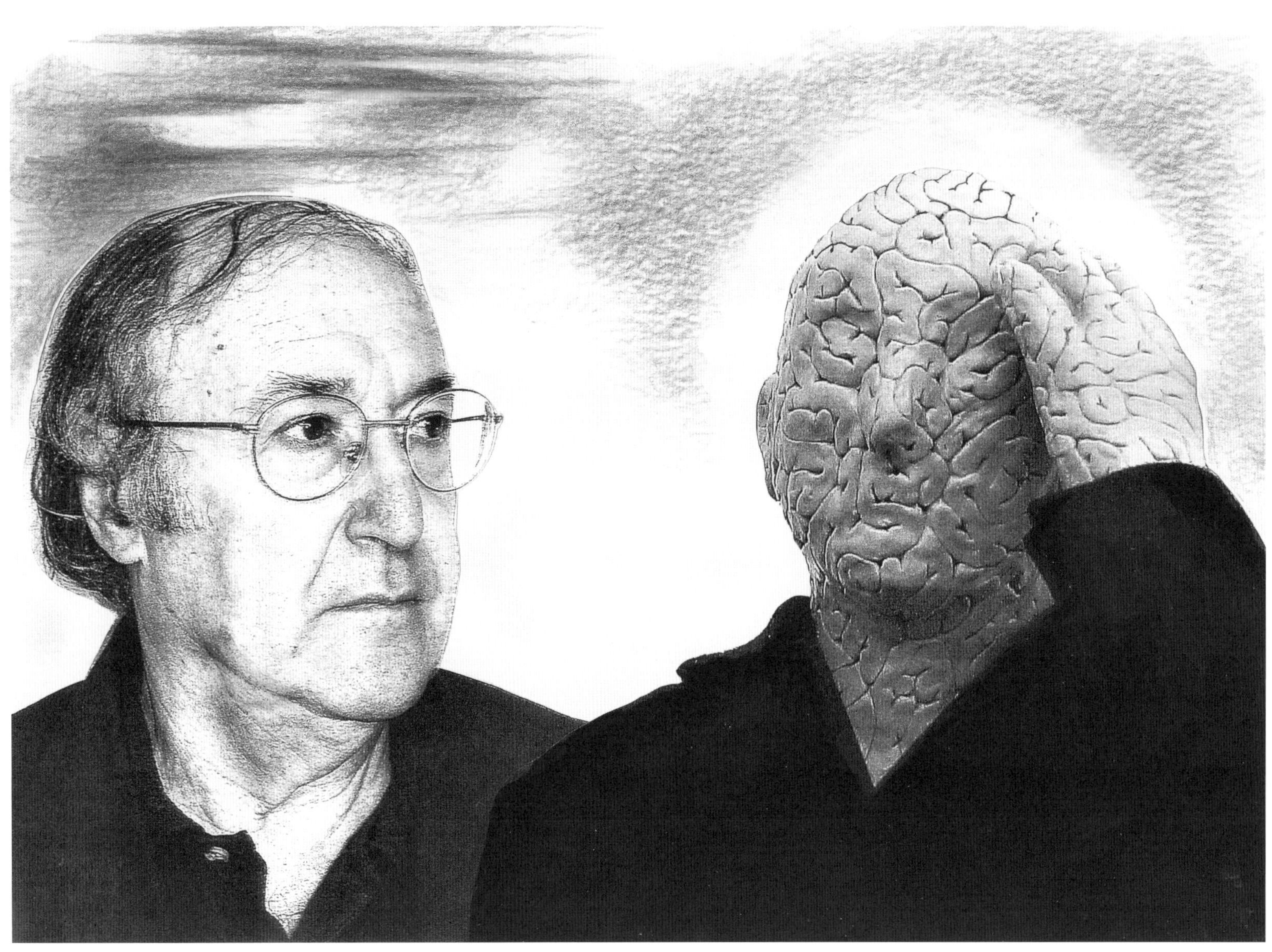

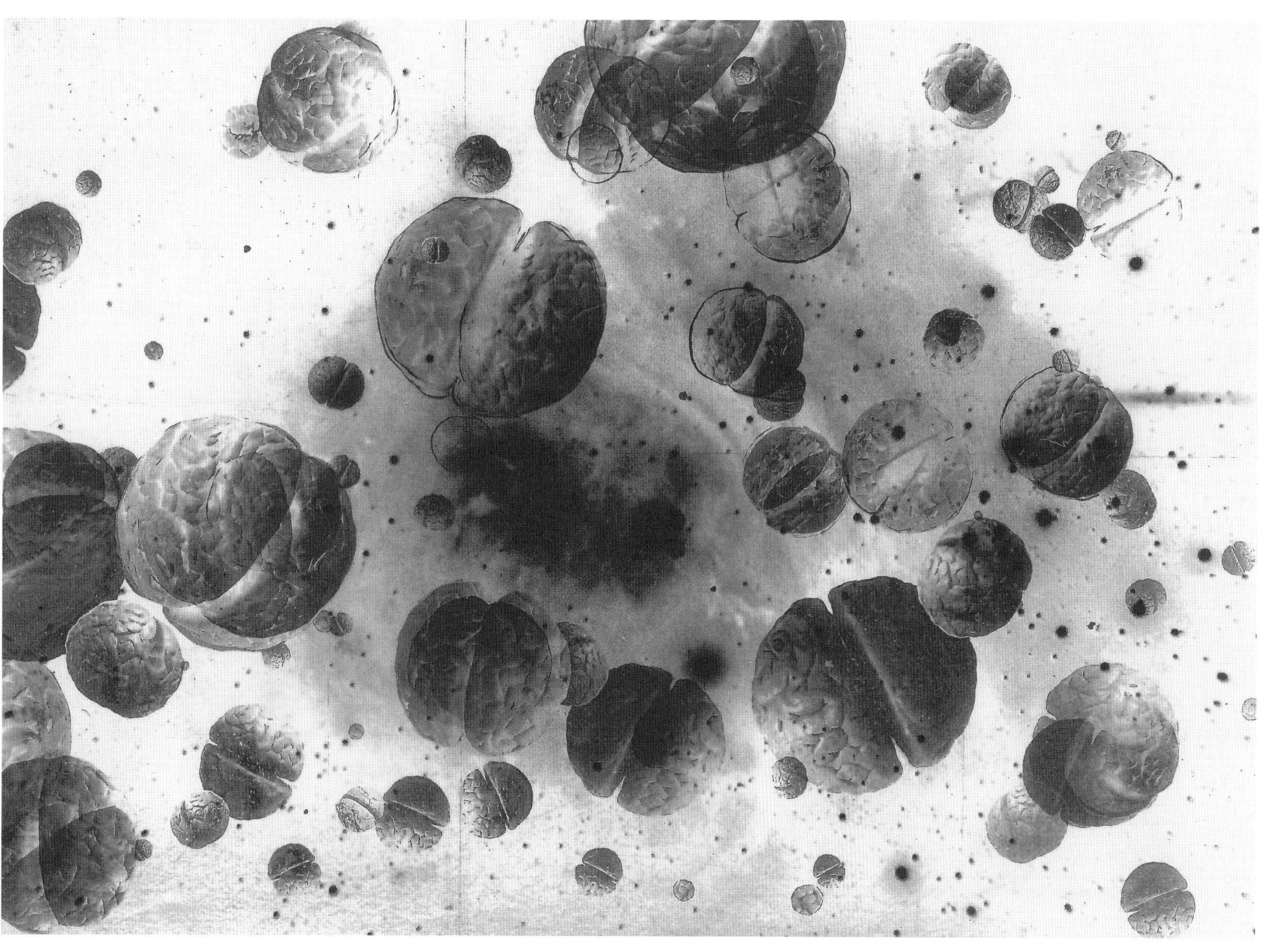

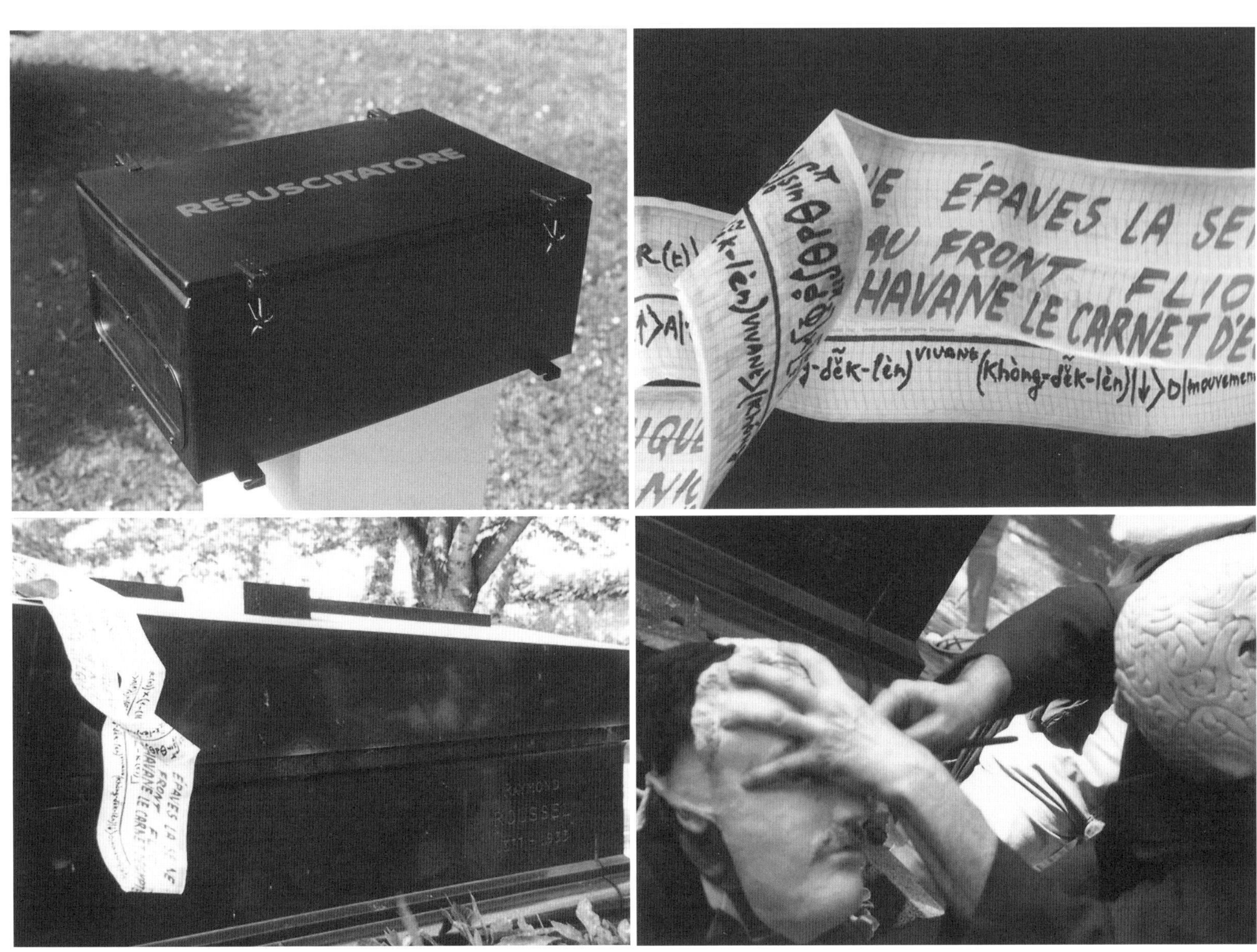

La formula dell'immortalità, performance con Antonino Bove, Gianni Broi, Nathalie Hamard-Wang, 2006, durata 49 minuti; tributo a Raymond Roussel, cimitero del Père-Lachaise, Parigi

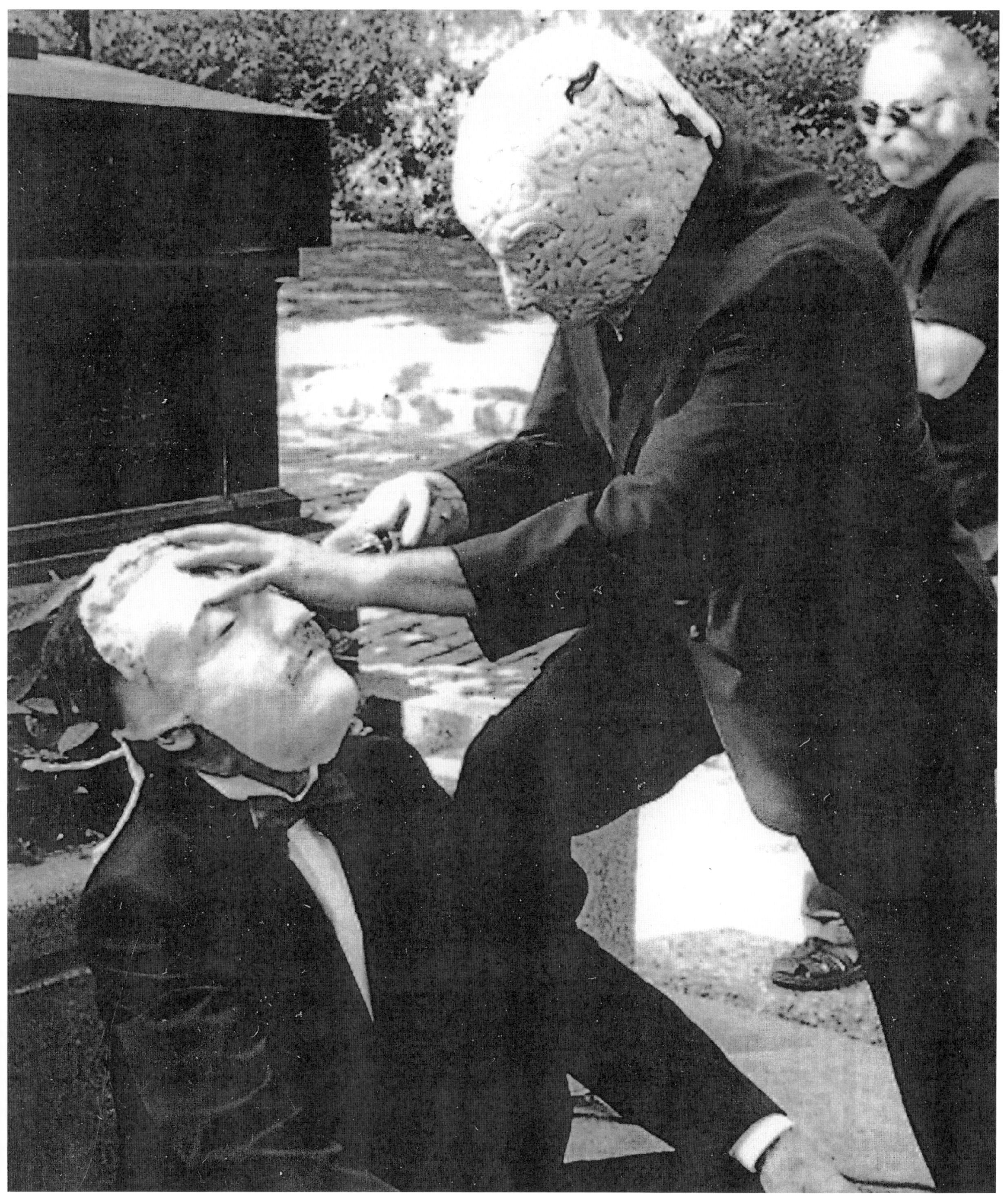

↑ *La formula dell'immortalità*, performance con Antonino Bove, Gianni Broi, Nathalie Hamard-Wang, 2006, durata 49 minuti;
tributo a Raymond Roussel, cimitero del Père-Lachaise, Parigi

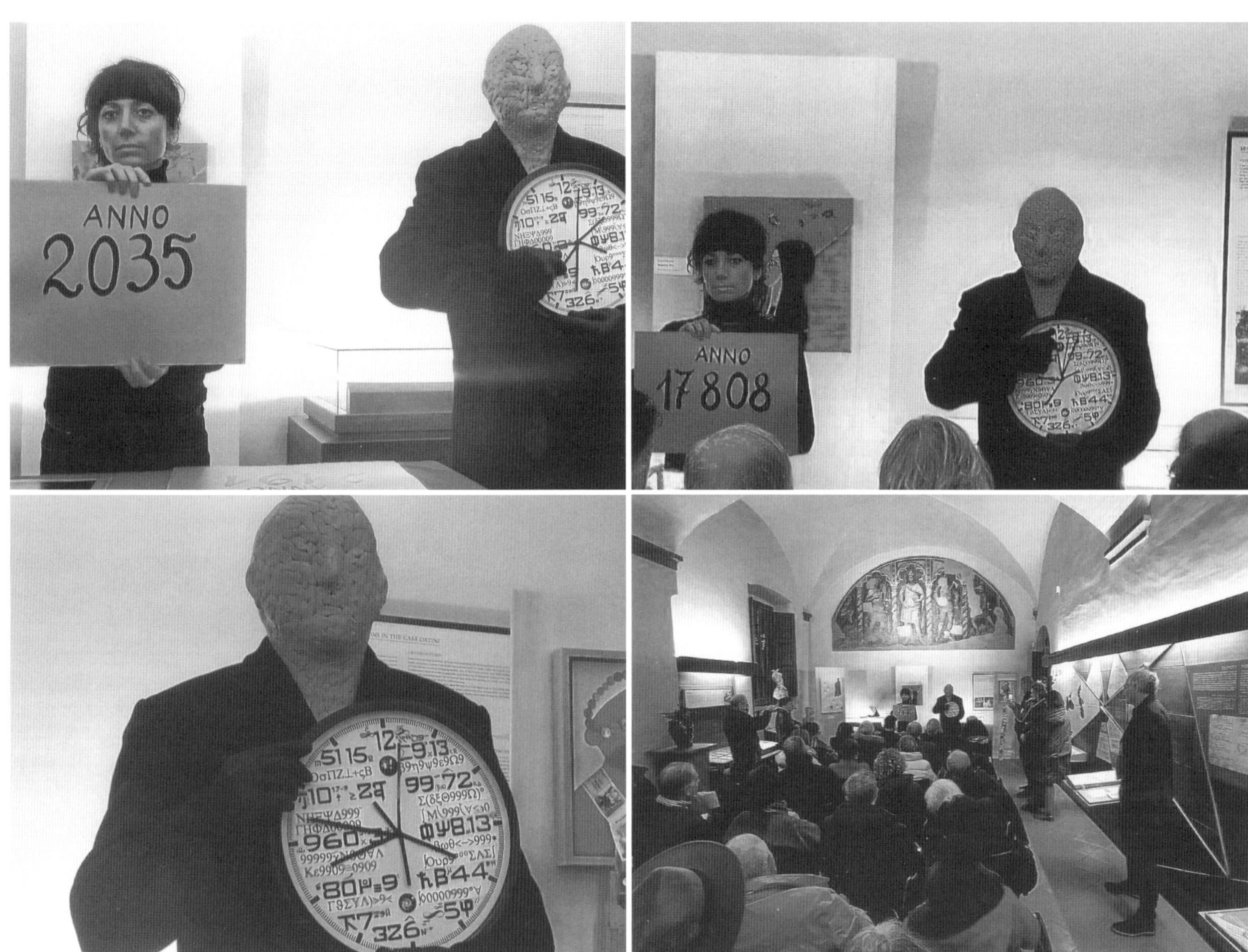

Viaggio nel futuro e ritorno, 2019, performance, durata 14 minuti, Palazzo Datini, Prato

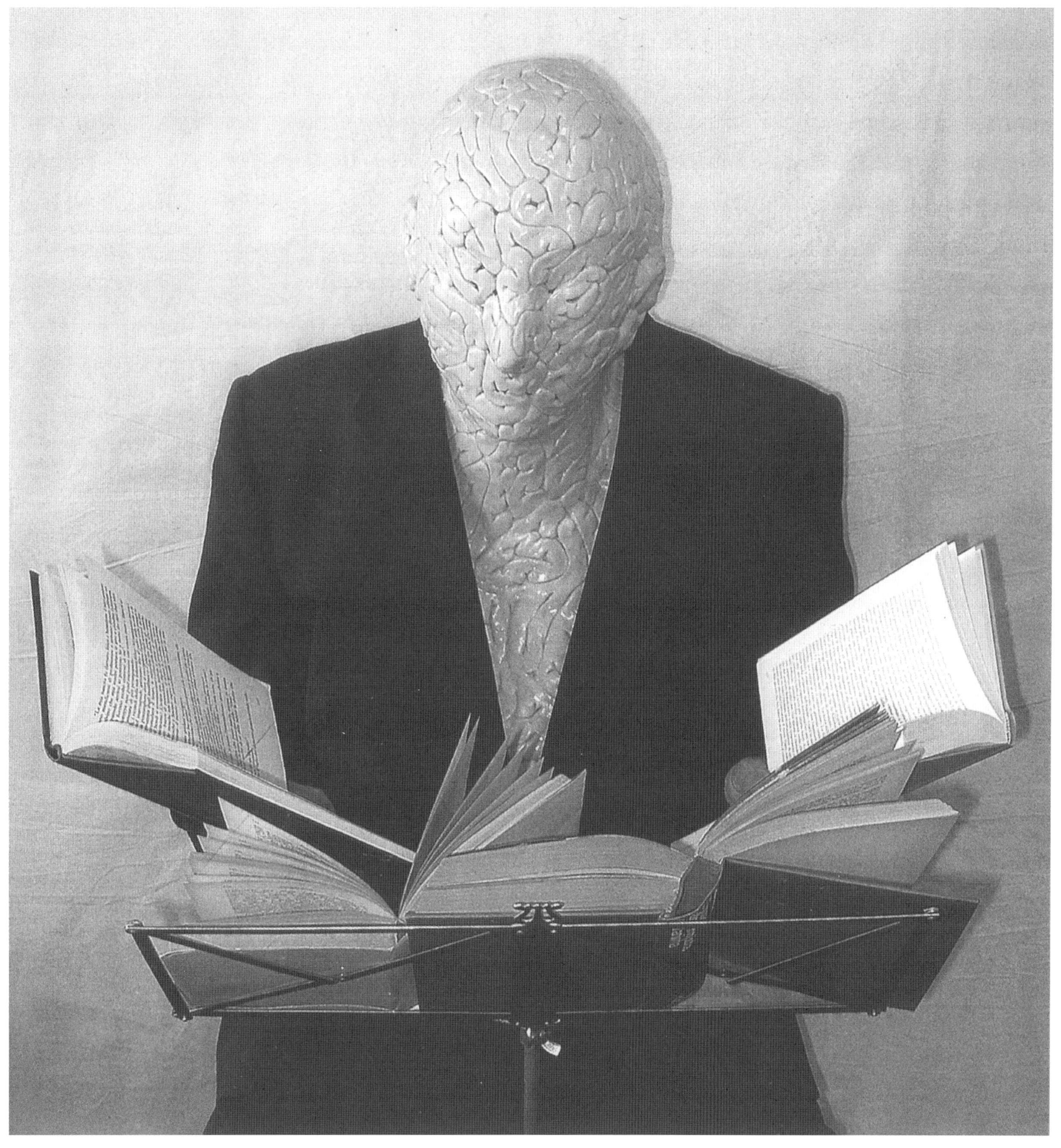

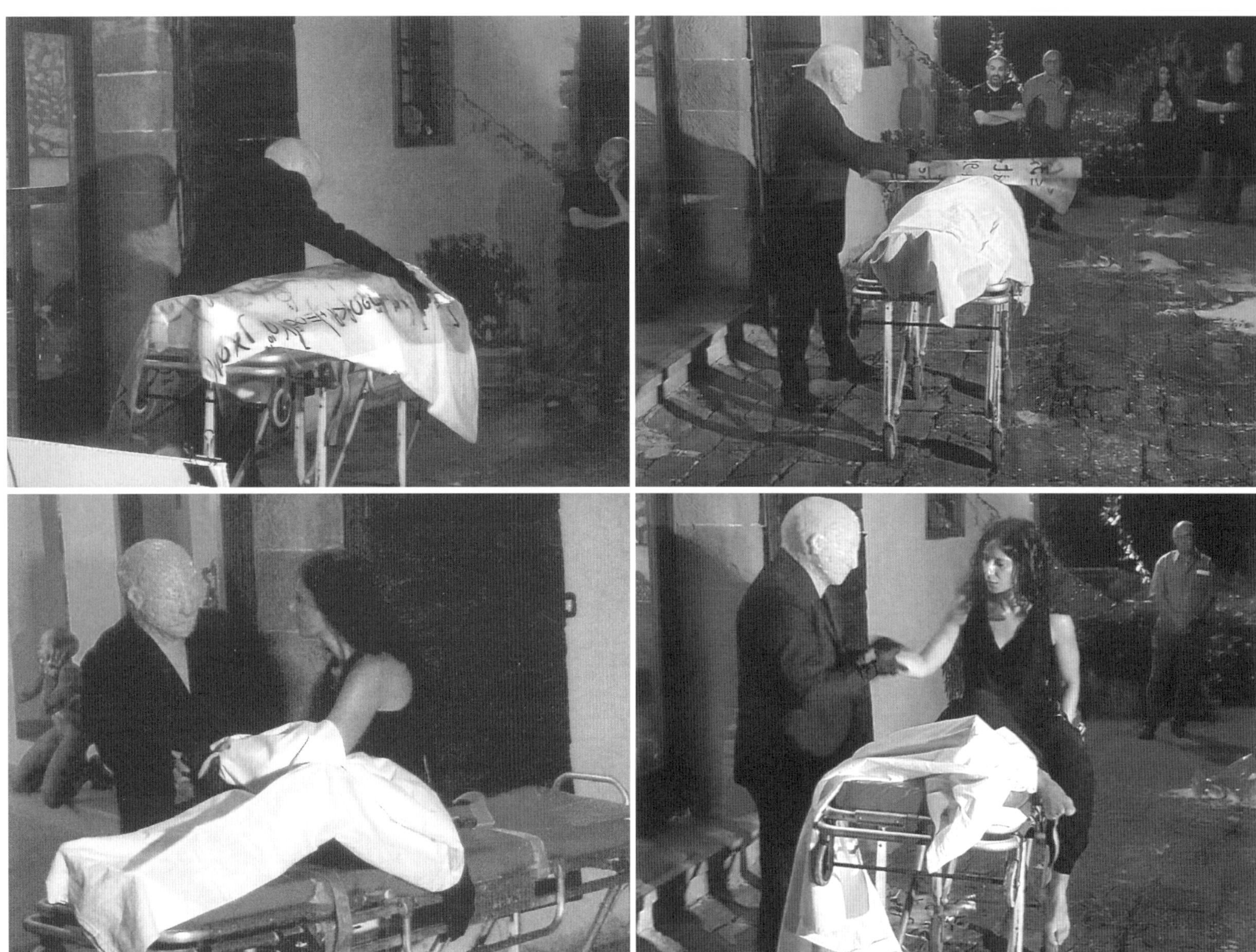

Formula dell'immortalità, 2004, stampa digitale in b/n su alluminio spazzolato, 80×120 cm

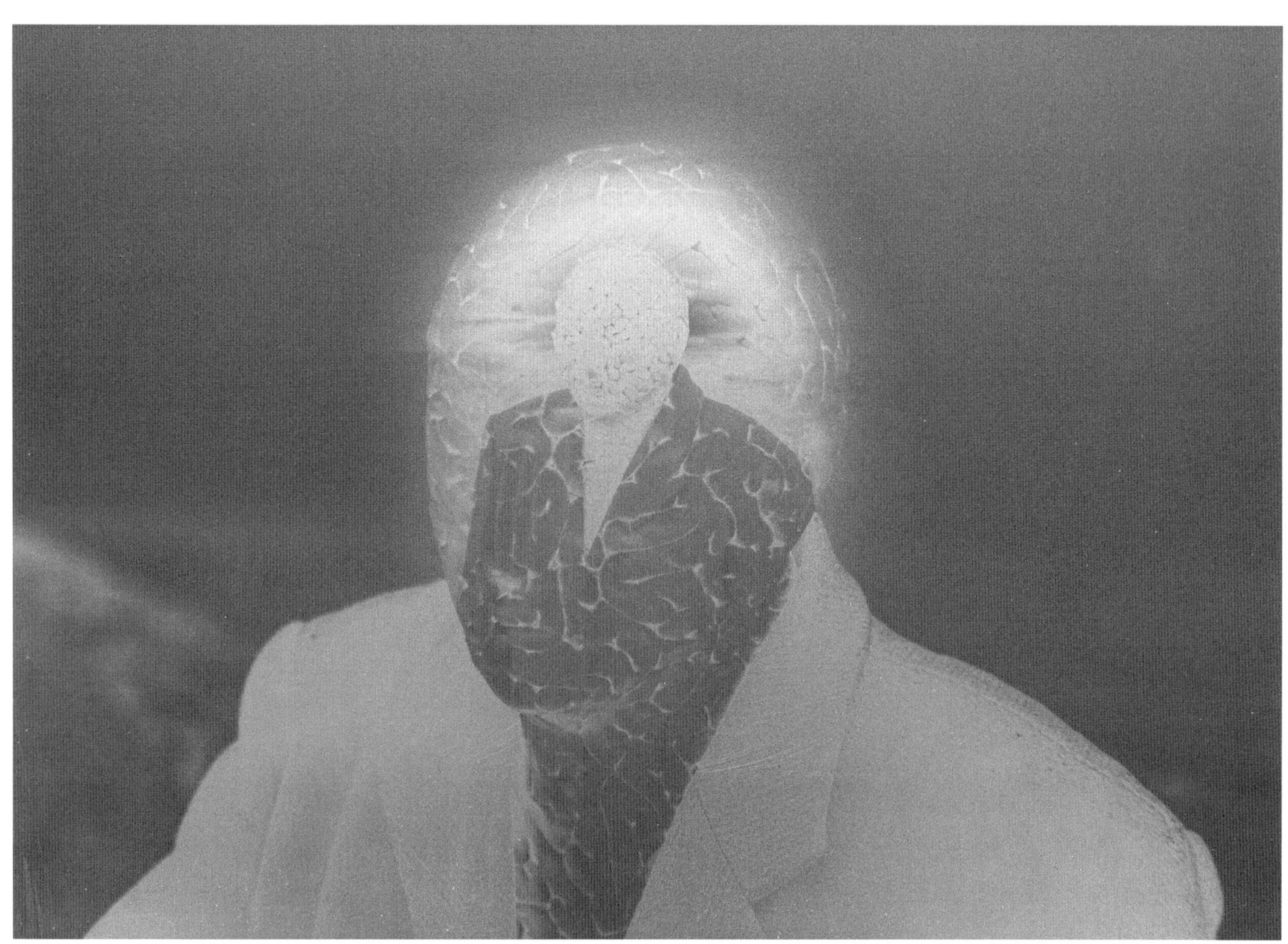

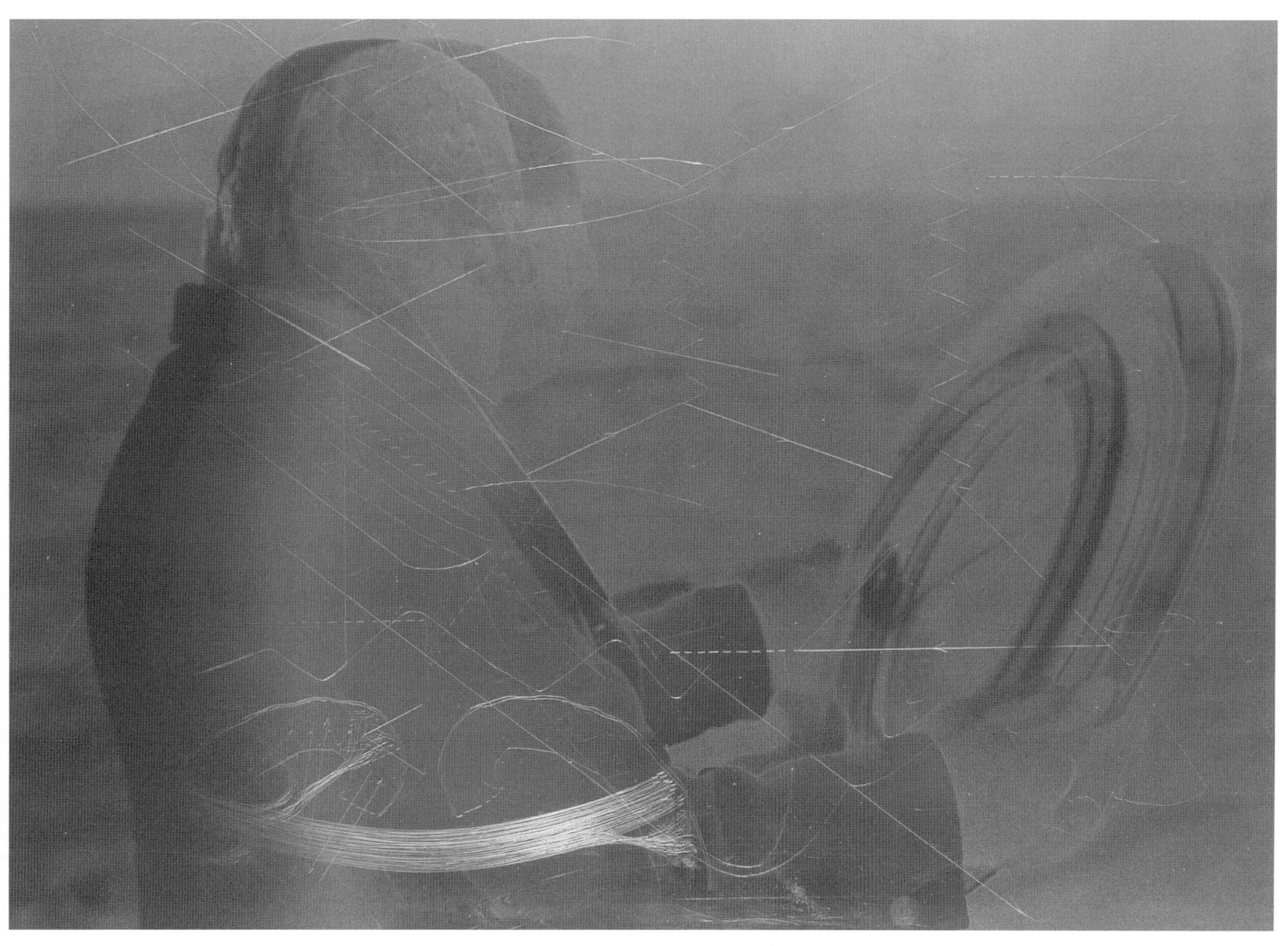

↓ *Affioramento*, 2018, 200×200 cm, stampa su opalino e diamante, spessore 5 mm
↘ *Cosmocronografo per immortali*, 2007, stampa digitale in b/n su plexiglas opalino, 120×120 cm

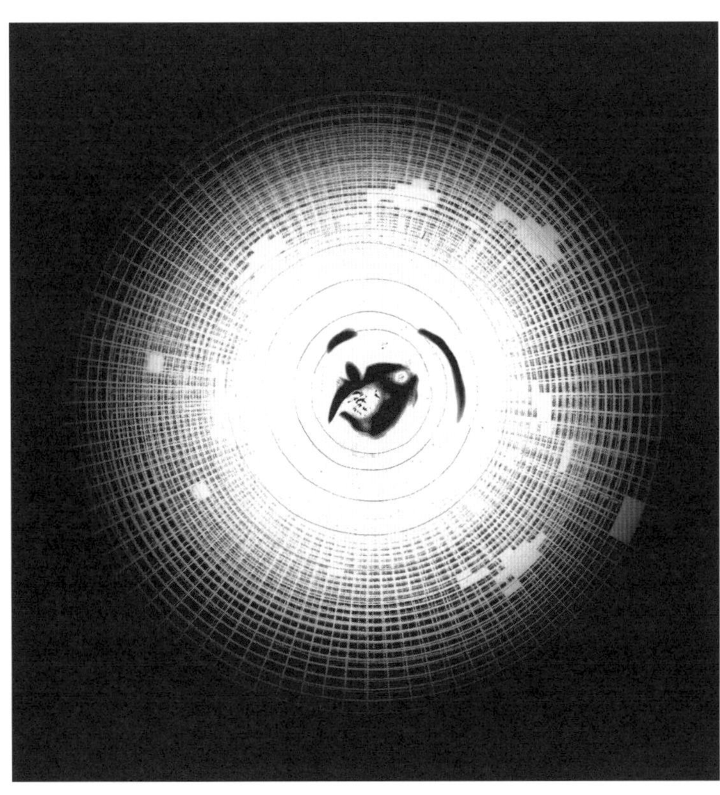
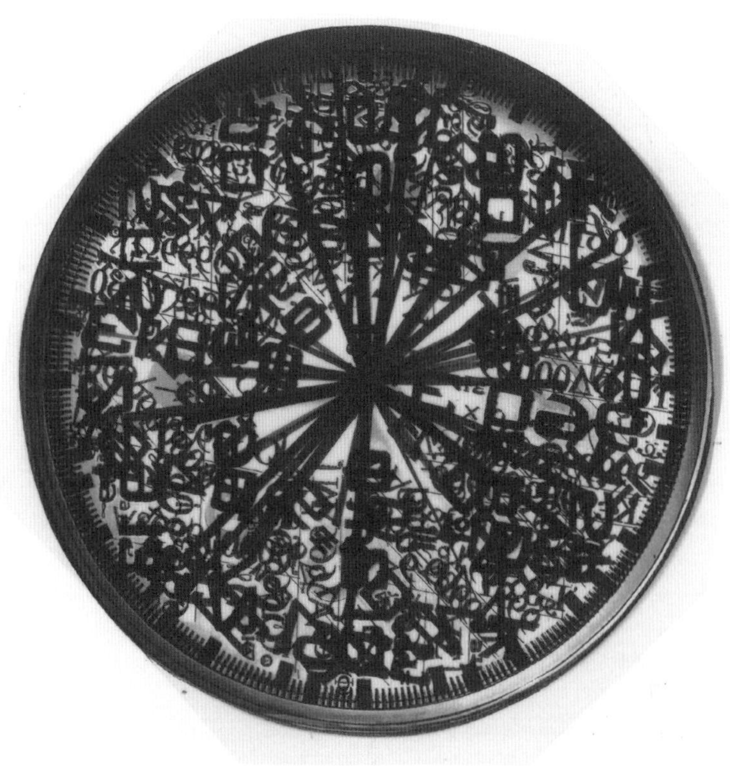

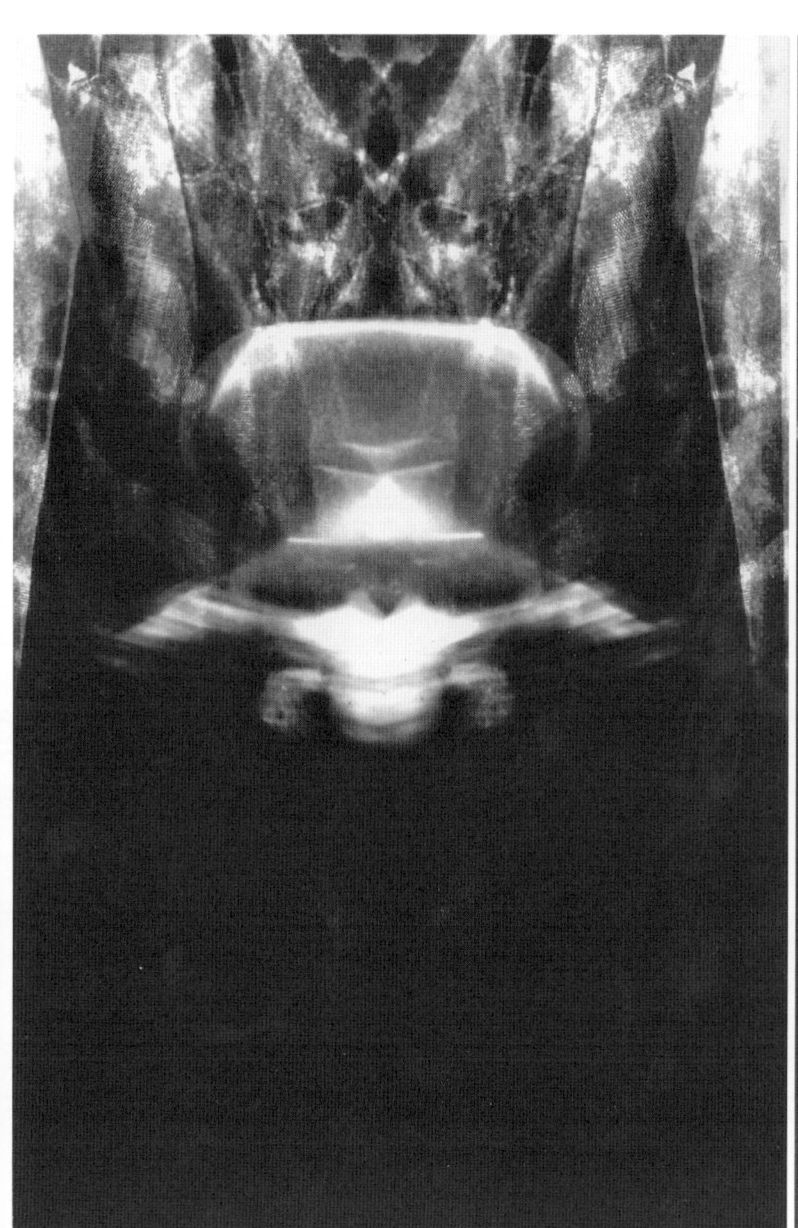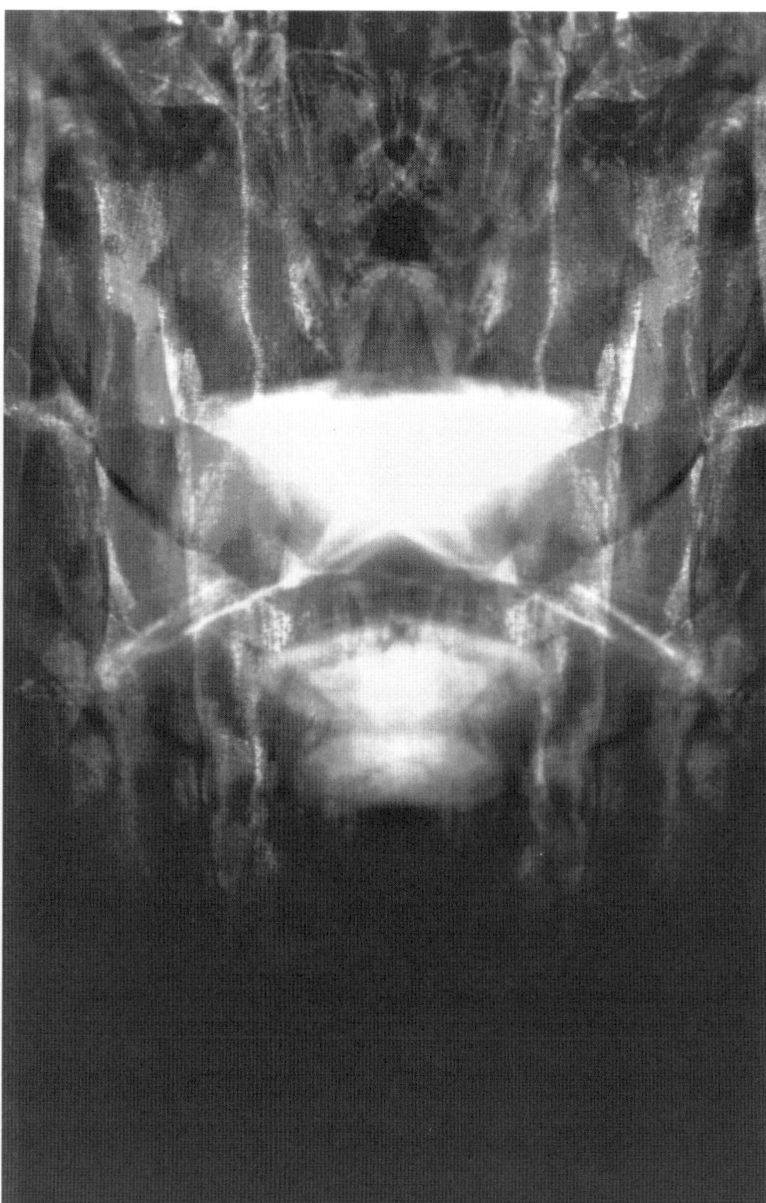

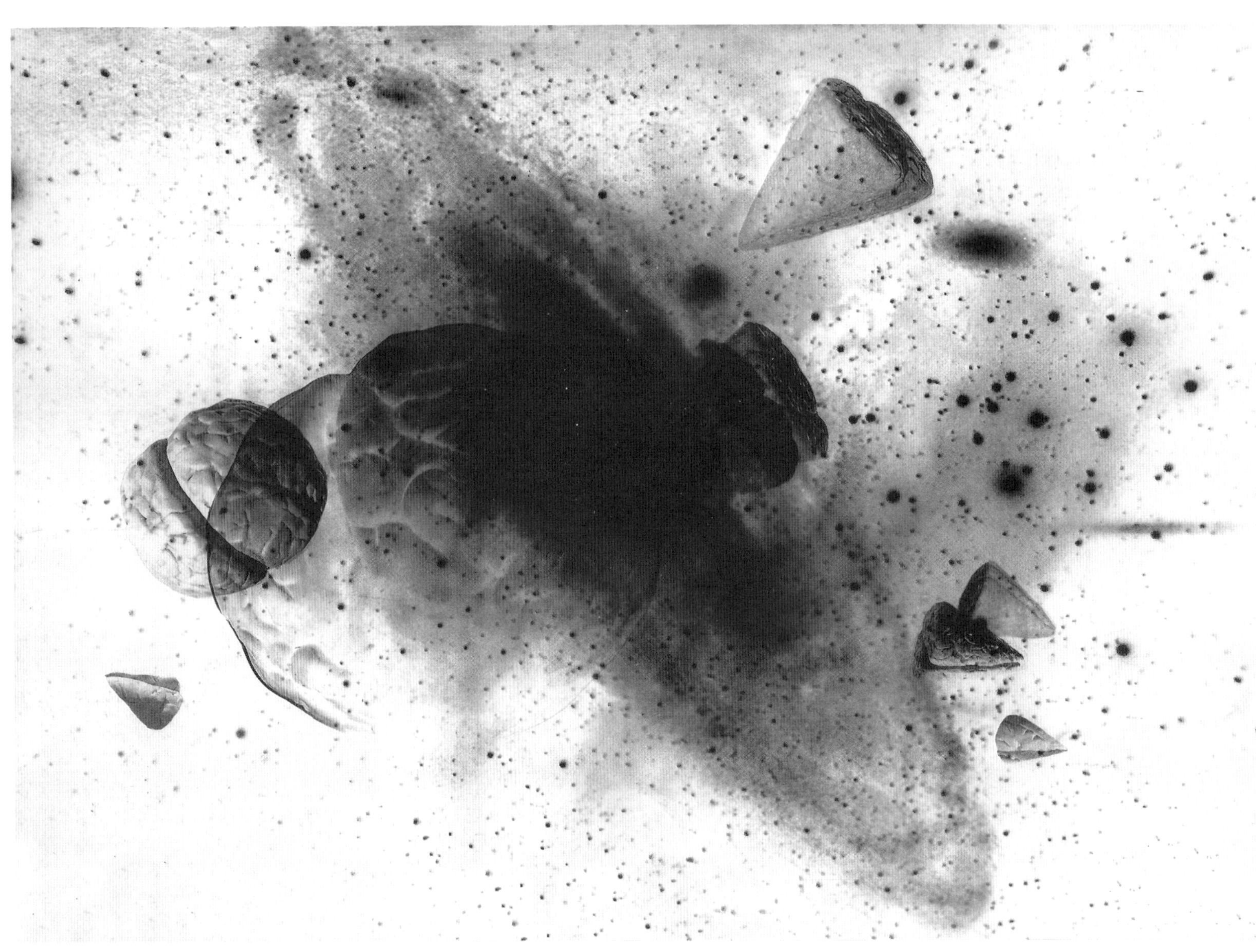

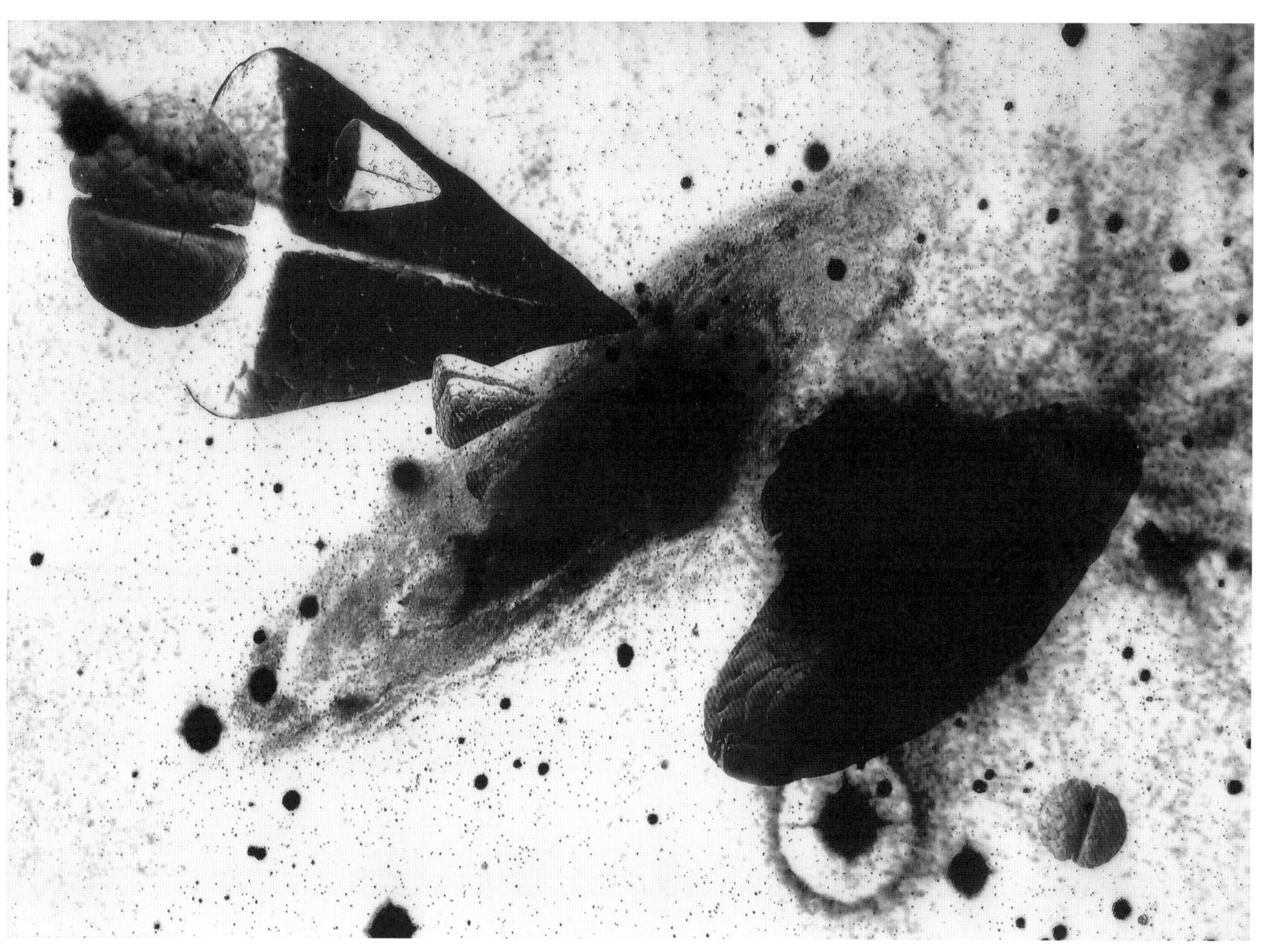

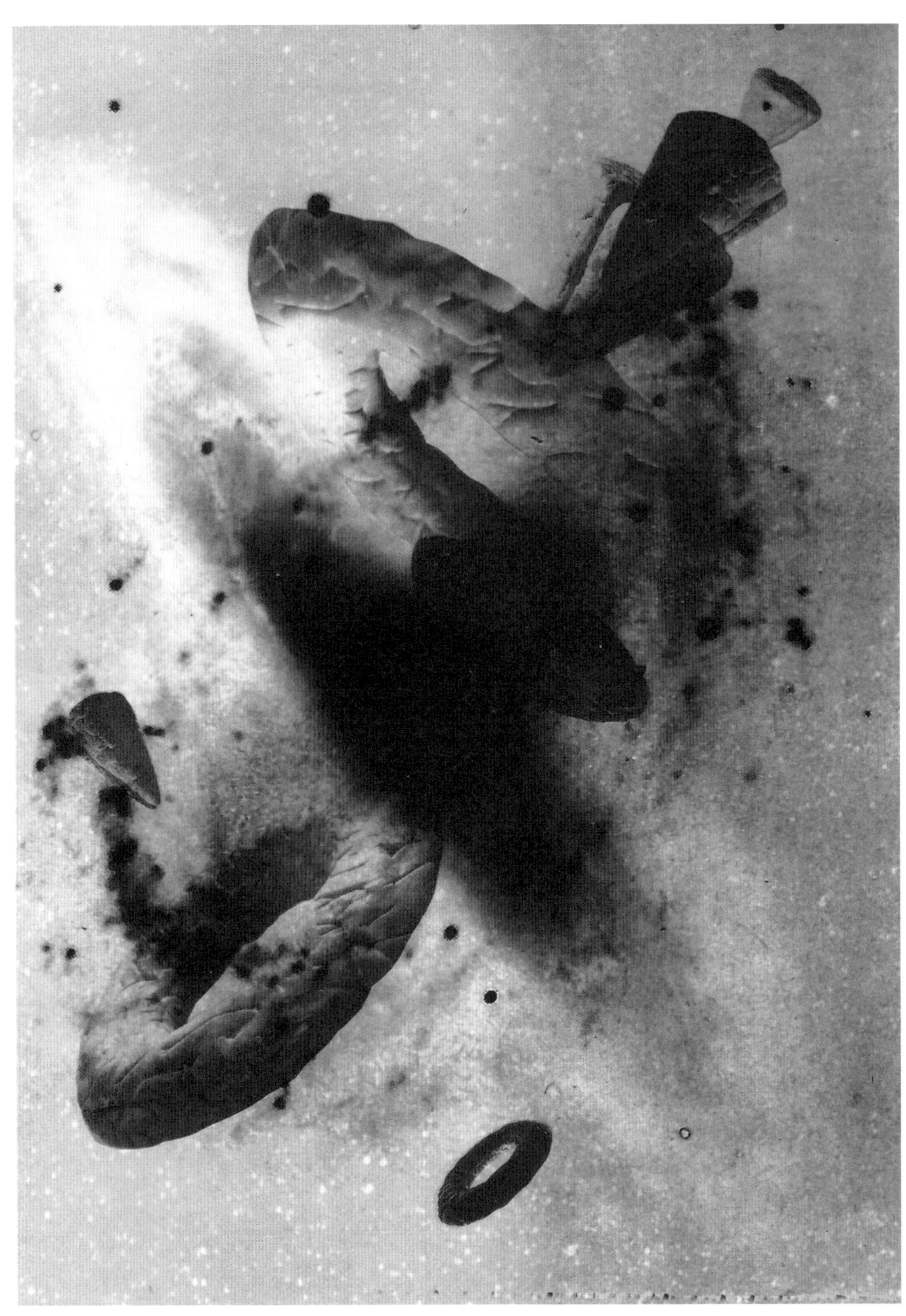

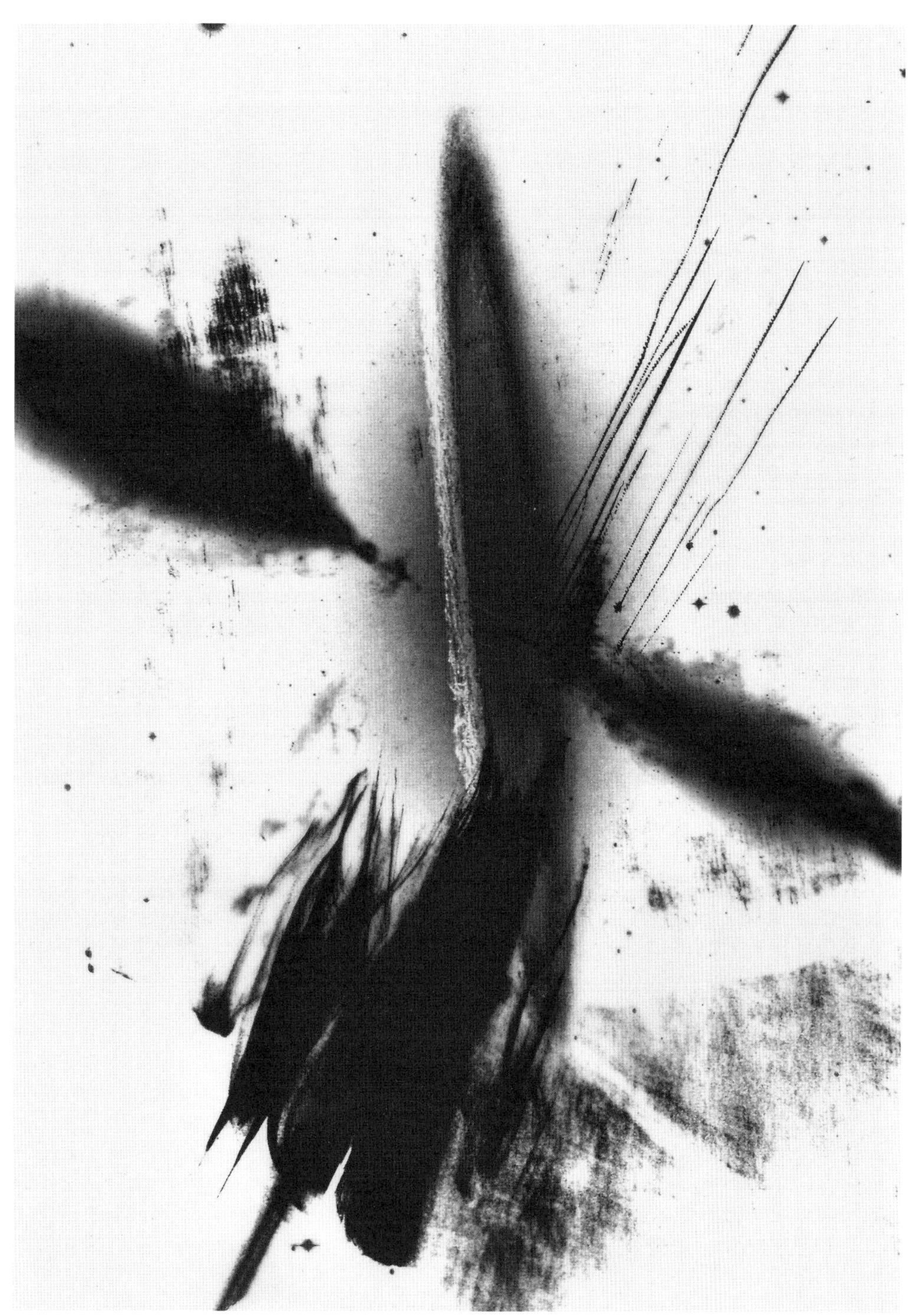

BRUNO CORÀ
THE DREAM OF IMMORTALITY

The thought contains the possibility of the state of affairs which it thinks. What is thinkable is also possible.
Ludwig Wittgenstein, *Tractatus Logico-Philosophicus*, 3.02.

We should try to become immortal as far as that is possible.
Aristotele.

FOREWORD

Over and above other considerations, the experience of which Antonino Bove has become the protagonist must be comprised within an imaginary dimension. Starting from the artistic vocation in which it was founded and launched, this dimension has evolved towards those areas of human and trans-human knowledge seen as capable of rendering it plausible and possible.

Although the utopian character of his career is clear, Bove's experience has accompanied his research throughout his life, up to the present, through areas and phases of total and verifiable reality and other areas and phases initially considered unreal but which, over time and through scientific and biological processes, have become real. Finally, ulterior areas and phases persist within his speculative dimension as utopian, albeit no differently from those which were once equally so and subsequently proved feasible and are by now concretely possible within our experience.

Alongside Bove's own obstinate conviction of materialisation, he was and continues to be sustained along the way by many actions, events and phenomena initiated by other people – researchers and creators, that is, authors – representing the dialectical substrate to his own aesthetic, artistic and scientific endeavour.

Bove is guided by the indestructible desire to see progress, and even the goal of all his work achieved. He ceaselessly explores all possible paths so that what is now considered utopian, that is, the human being's overcoming of physical death, could in future become a real possibility just as other utopias have, in the end, found their place among the things once imagined and then realised by humanity.

The following pages contain a series of reflections made in the light of artistic, aesthetic, scientific, para-scientific, religious and technological facts, and those stemming from other disciplines, triggered by Bove's assiduous experience and his precocious intuitions which, over the course of time, advanced research and studies in numerous fields have supplied with grounded data of probability.

I will not bore the reader with examples and demonstrations of the history of the changes and revolutions in cognition, ethology and biology brought about, since the dawn of civilisation, through the work of artists, scientists and researchers, just to prove that Bove's experience can be comprised within this epic and poetic tradition. Nor is it within the scope of this study to consider or appraise the entity of his action through the results it could achieve, but rather to appreciate the remarkable coefficient of conceptual projection, the striving towards authenticity, the indubitable precociousness of the propositions and the objective quality of the results of the artistic achievements. And further, to testify to an ongoing interest in the developments of an endeavour aimed at overcoming all disciplinary barriers, violating the boundaries, with the sole intention and goal of continuing to believe that dreams can come true.

1. BEGINNINGS, RÊVERIE AND AN IDÉE FIXE

The notion of death entered the mind of Antonino Bove very early, while he was still an adolescent, also because his mother died in childbirth while bringing him into the world. From that moment on, this inevitable possibility was transformed into an obsessive *idée fixe* that pervaded every experience and much of his action, which rapidly evolved into the utopian project of eliminating death from his own destiny and that of the rest of humanity.

In short, while permitting myself the licence of returning later to the individual aspects of his artistic evolution, the itinerary of his work to date can essentially be broken down into several broad phases of elaboration.

The first phase, which is fundamental to all subsequent development, essentially concerns reflection on the phenomenology of the manifestations inherent to existence, the enigmas concerning the essence of psychic energy, the energy of imaginative thought, the spheres of myth, of the surreal, the paranormal and the metaphysical and, by extension, of the supernatural. Having discovered in the family lore the interest of certain members in paranormal experiences, hypnotism, pranotherapy and other activities related to the psychic sphere, Bove sought out their origins and forms, exploring the locations of the same along with a vast related literature. Several decades later, in adult life, he had no difficulty in identifying in some of his close relatives and in the sites of his childhood and adolescence, the reasons behind these 'expeditions' into this proto-occult and mysteric landscape. As Bove himself writes:

> Between 1955 and 1965 I found a remarkable source of inspiration in my long sojourns in the big old house of my maternal grandparents, artistic casters and jewellers, in Via Santa Teresa al Museo in Naples. The succession of generations has turned this residence into a limitless mine of memories deposited in furnishings, clothes, paintings, photographs, death masks and exotic objects from bygone times.[01]

This topological and mnemonic dimension connected with the passage of epochs and generations can undoubtedly benefit from the aid of the ever-compelling reflections of Bachelard regarding the 'poetics of space', the house, the attics, the wardrobes, the doors and the hiddenmost recesses of the edifice, and the dialectic of outside and inside, the closed and the open, the profound dynamics of which suggest all types of reverie, ensuring that the 'dwelling-places of the past remain in us for all time' (Bachelard).

We can well imagine that suggestions, shades and queries, phantoms of desire and of the unknown were born and took shape in that house. Alongside these adventures, Bove also explored the city of Naples, its sulphurous, chthonic underbelly and its most famous museums: the National Archaeological Museum and that of Capodimonte, the Catacombs, and the Cappella Sansevero, with the works of Giuseppe Sanmartino, Francesco Queirolo and Antonio Corradini, so close to his later plastic interests. He also visited the excavations of Pompeii and the various sanctuaries, made excursions to Vesuvius and the volcanic craters and as far as the port: from the darkness to the light of that metropolis so propitiatory and initiatic for his future.

An initial phase, which I would define as neophytic, came about through the umpteenth change of abode, which were all too frequent in Bove's youthful life for reasons connected with his father's work: after Palermo, Naples and then Nola and Castiglione della Pescaia. After attending the Porta Romana Art Institute and having completed his studies at the Accademia di Belle Arti in Florence, with a diploma in painting from the school of Primo Conti, from 1963 Bove settled in Livorno. Dating to 1964 is his first recorded work, entitled *Cervo volante* [Flying Deer], an assemblage of various objects on a tar base that announced a direction of a Neo-Dada character, or in any case material-objectual. In those years, his interest in the photographic medium led him to equip himself with a camera obscura and to set up an actual photographic laboratory for making large prints in his first studio, located in an eighteenth-century mansion in Via Borra in Livorno. However, all his photographic creations, the assemblages and the various materials used, were in fact employed to give shape to works strongly charged with an immaterial, psychological and metapsychic poetics.

In the following decade, and hence in a second phase, this direction was qualified through ethno-anthropological research characterised by social, political and historical interests, albeit always open to the mystical, utopian, analytical realm and not eschewing incursions into alchemy and dreams.

Alongside the determined and systematic production of works, in a third phase towards the end of the 70s Bove brought to the fore a desire to give citizenship to the problematic identity aspect of the anonymous action, not without an ideologically subversive intention *vis à vis* the normal cultural practice of anyone failing to waive identification of the individual communication. In this phase, in the years 1977-79, his *Quaderni Anonimi di Afasie ed Esplorazioni* [Anonymous Notebooks of Aphasias and Explorations] saw the light, independently produced and circulated underground in authentic heterotopias via travels throughout the country.

The next broad area of interest and action, which had already emerged in the course of the 70s and developed up to the 90s, concerned the temporal and psychic sphere of the dream and was again broken down into phases of cognitive advancement.

The two decades between 1973 and around 1993 represent a fundamental basis for the development of Bove's experiences. While employing the realm of dream, differently but in an ideal continuation of the surrealist *koiné*, to reveal a yearning for the temporal divarication of existence, he paved the way to manifesting the life of matter, which is in continuous movement although it does not appear so. Thus, over this lengthy time span, Bove carried out experiments on the 'materialisation of dreams', organised events and actions expressing the objective energy of the work of art, experiments of physical levitation and demonstrative performances. This broad range of activities also involved the work of other artists, with whom he exchanged concepts and poetics that could apparently be placed within the flow of the nascent Italian and European 'posthumanism', incorporating a marked interest in bioengineering, quantum physics and other scientific disciplines nurturing processes for the prolongation of existence. This intense period of exercises and experiences was carried out through encounters with poets and artists who were all interested in overcoming the limitations imposed by literary, plastic, mystical and even scientific traditions. It was during this time that Bove, constantly driven by the idea of overcoming death, glimpsed the opportunity to force the metaphor of physical immortality by conceiving a project to overcome the inflexible rules preventing it.

01   Antonino Bove, unpublished writings.

Bove followed in the footsteps of a lineage of visionaries, inventors, artists and philosophers who spent their lives on the crest of this extreme endeavour, determined to address the myth of physical immortality through art and well beyond it. He devoted himself to the conception and animation of a creature which – if defined totally by a cerebralization of its entire body, as an indispensable possibility in times of bioengineering and posthuman thought – would be capable of transmitting immortality through a formula to the rest of humanity interested in achieving it. From the beginning of the millennium to the present Bove has been engaged in a retrieval, and speculative and poetic advancement, analogous to the ideal and utopian striving of artists such as Gino De Dominicis. Through the project *Acronos* (the name of the imaginary protagonist) he has brought his imaginative thought to a point in which, not only is human death averted, but that of the entire universe-multiverse that could face a similar threat of extinction in future eras in the shape of entropy.

It is not hard to subscribe to Bove's exhortative statement 'Human history is not destined to nothingness'. At the same time his entire career to date, while overtly utopian, is no more so than other equally utopian endeavours that have taken place over time. In the end, this hyperevolutionary concept – or the chronological outstripping of time aimed at eternity as sung by poets, visionaries and saints – is, insofar as it is authentic thought, a reality that belongs to human history every bit as much as death, albeit in continual opposition to it.

The pages that follow intend to illustrate the tracks left by Bove in his progress in this endeavour, still unyielding in its forward march.

2. ANGUISH AND DESTINY

The work of Voltaire (1694-1778), the undisputed founding father of the French Enlightenment, covers almost the entire 18th century up to the eve of the historic revolution. In his *Philosophical Dictionary* (1764), under the entry for original sin, Voltaire writes:

> [...] there is not a single word respecting this same invention of original sin, either in the *Pentateuch*, or in the prophets, or the gospels, whether apocryphal or canonical, or in any of the writers who are called the 'first fathers of the Church'.
> It is not even related in the *Book of Genesis* that God condemned Adam to death for eating an apple. God says to him, indeed, 'in the day that thou eatest thereof thou shalt surely die'. But the very same *Book of Genesis* makes Adam live nine hundred and thirty years after indulging in this criminal repast. The animals, the plants, which had not partaken of this fruit, died at the respective periods prescribed for them by nature. Man is evidently born to die, like all the rest.[02]

This is Voltaire's blunt verdict. And even now, a reading of *Genesis* confirms that things are exactly as the French philosopher stated 250 years ago. As a result, it comes naturally to wonder whether Søren Kierkegaard had read Voltaire's words before writing his own in *The Concept of Anxiety* (1844), subtitled as *A Simple Psychologically Oriented Deliberation in View of the Dogmatic Problem of Hereditary Sin*.

It seems expedient here to consider this very state of anxiety which, as Bove has never concealed, pervaded his youth and did not cease to affect his state of mind, his every daily thought and action, in the years that followed, although he identified the cause of this in the looming inevitable end of life, namely death, rather than in any other cause.

Kierkegaard, on the other hand, identified and assigned a different origin to the 'state of anxiety'. This is connected with the 'presupposition of hereditary sin' and at the same time with the state of innocence that the *Genesis* story explains as being equivalent to ignorance. As Kierkegaard states:

> Innocence is ignorance. In innocence the human being is not characterised as spirit, but is psychically characterised in immediate unity with its natural condition. Spirit is dreaming in the human being [...]. In this state there is peace and repose, but at the same time there is something else, something that is not dissension and strife, for there is nothing against which to strive. What, then, is it? Nothing. But what effect does nothing have? It begets anxiety. This is the profound secret of innocence, that at the same time it is anxiety. Dreaming, spirit projects its own actuality, yet this actuality is nothing, but innocence always seeks this nothing outside itself. Anxiety is an attribute of the dreaming spirit and belongs as such to psychology.[03]

Indeed, psychology has always dealt extensively with anxiety, following Kierkegaard's initial yet profound reflections on it. Freud, in particular, traces its origins not to original sin but to the event of birth as 'a combination of unpleasurable feelings, impulses of discharge and bodily sensations which has become the prototype of the effects of a mortal danger'. It is the reaction to danger, to the very essence of danger, which we can do nothing to avert. In his study *Inhibitions, Symptoms and Anxiety* Freud wrote: 'I am expecting a situation of helplessness to set in', or:

> The present situation reminds me of one of the traumatic experiences I have had before. Therefore I will anticipate the trauma and

02 *The Works of Voltaire. A Contemporary Version.* A Critique and Biography by John Morley, notes by Tobias Smollett, trans. William F. Fleming, E.R. DuMont, New York, 1901. In 21 vols. Vol. VI. Source: <u>oll.libertyfund.org</u>.

03 Søren Kierkegaard, *The Concept of Anxiety. A Simple Psychologically Oriented Deliberation in View of the Dogmatic Problem of Hereditary Sin*. Edited and translated with introduction and notes by Alastair Hannay, Liveright, New York, 2014, pp. 45-51.

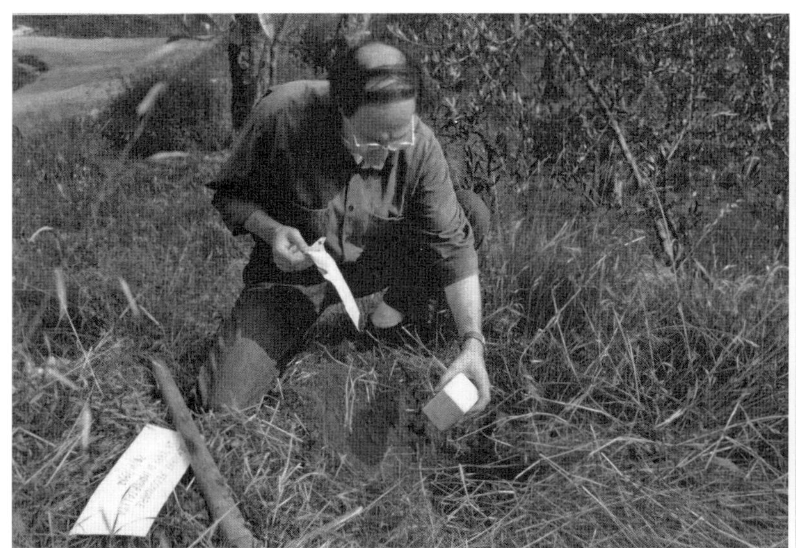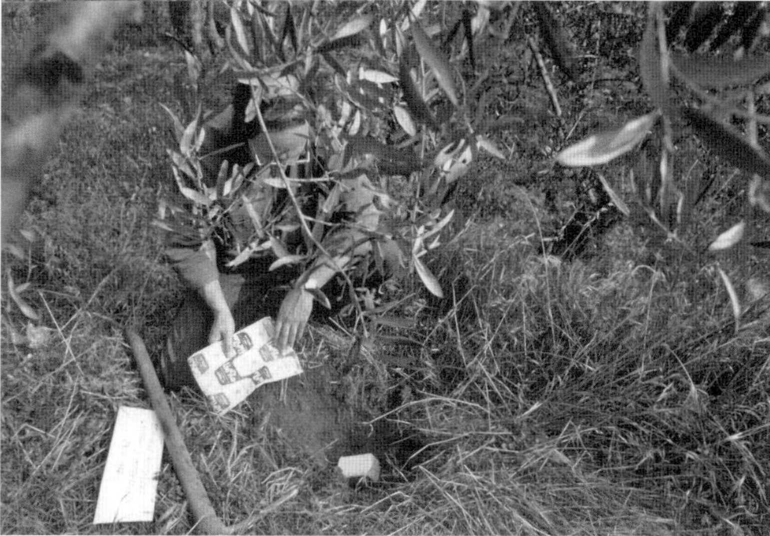

Due di tre stampe fotografiche, 50×70 cm ciascuna, documentazione di: *Seminare immortalità*, 1991, performance nella quale viene interrato un panetto di lievito naturale fresco (*Saccharomyces cerevisiae*)

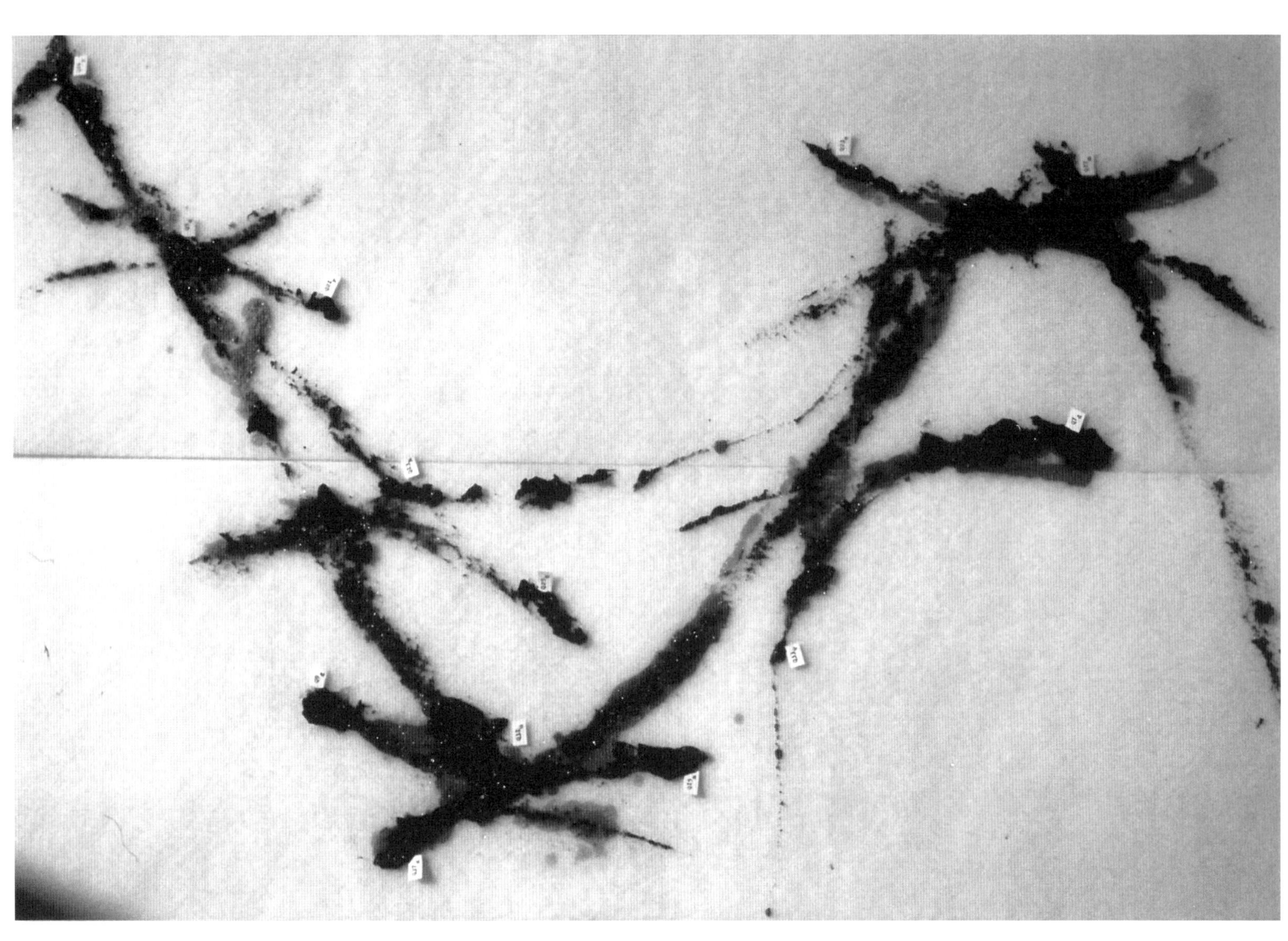

Coltura di spore di alghe marine unicellulari geneticamente ingegnerizzate e loro crescita consapevole (particolare), 1991,
lenzuolo in fibra di vetro, agar agar, alghe marine, 150×210 cm, convegno Arte/Scienza, isola di Stromboli

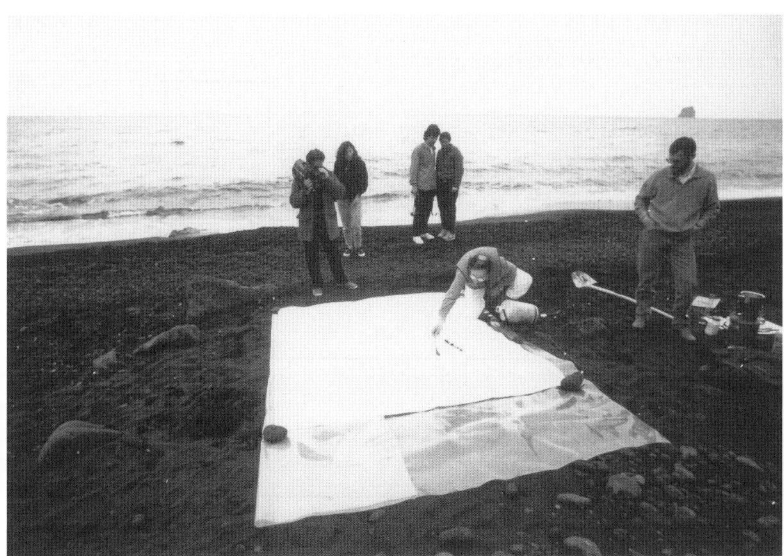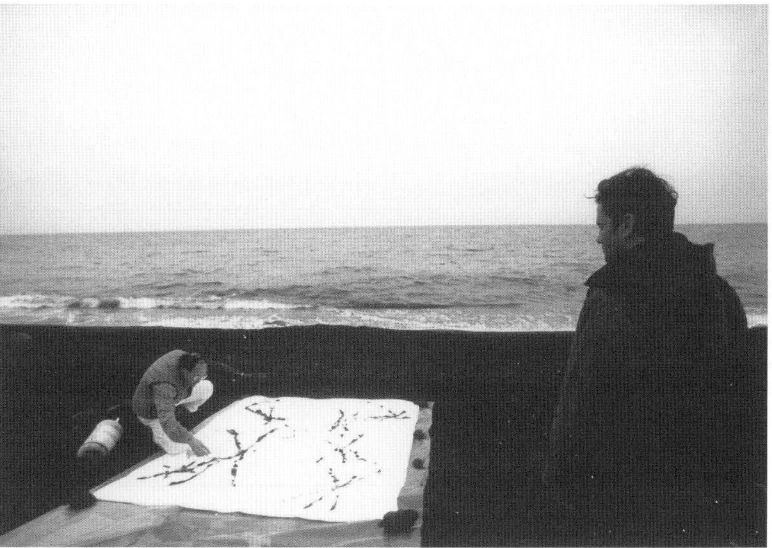

↑ ↗ *Coltura di spore di alghe marine unicellulari geneticamente ingegnerizzate e loro crescita consapevole*, 1991,
lenzuolo in fibra di vetro, agar agar, alghe marine, 150×210 cm, convegno Arte/Scienza, isola di Stromboli

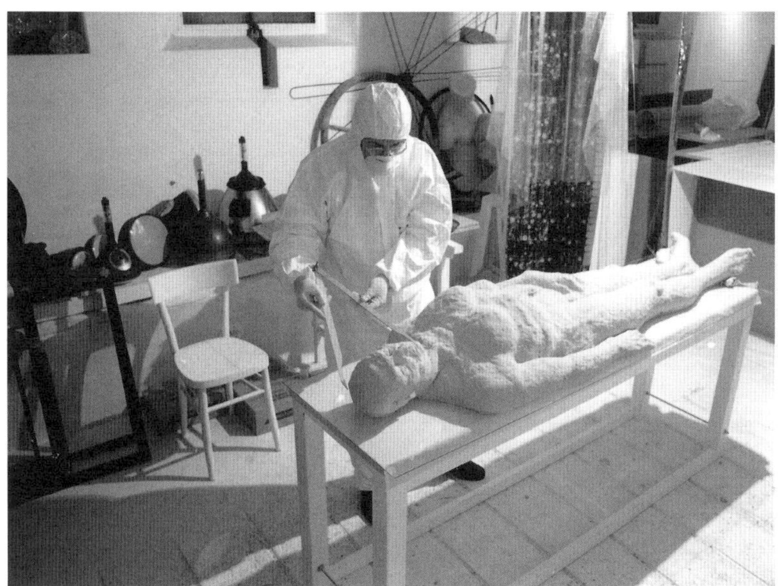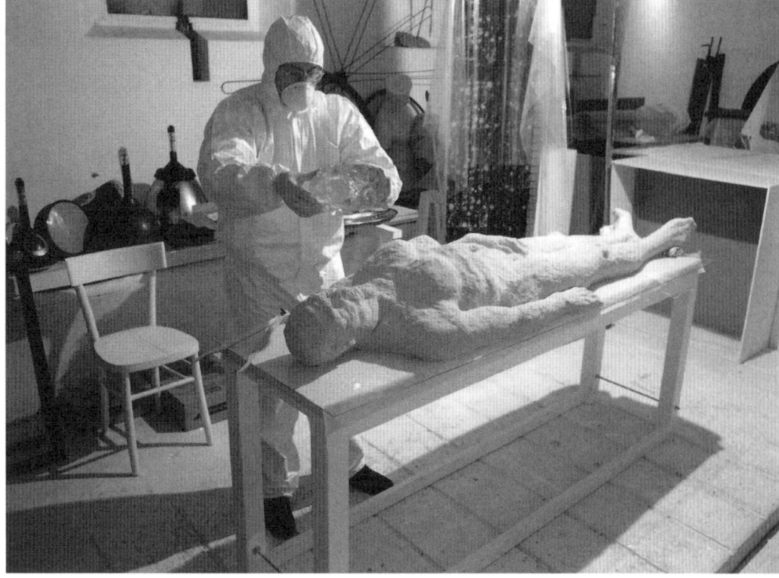

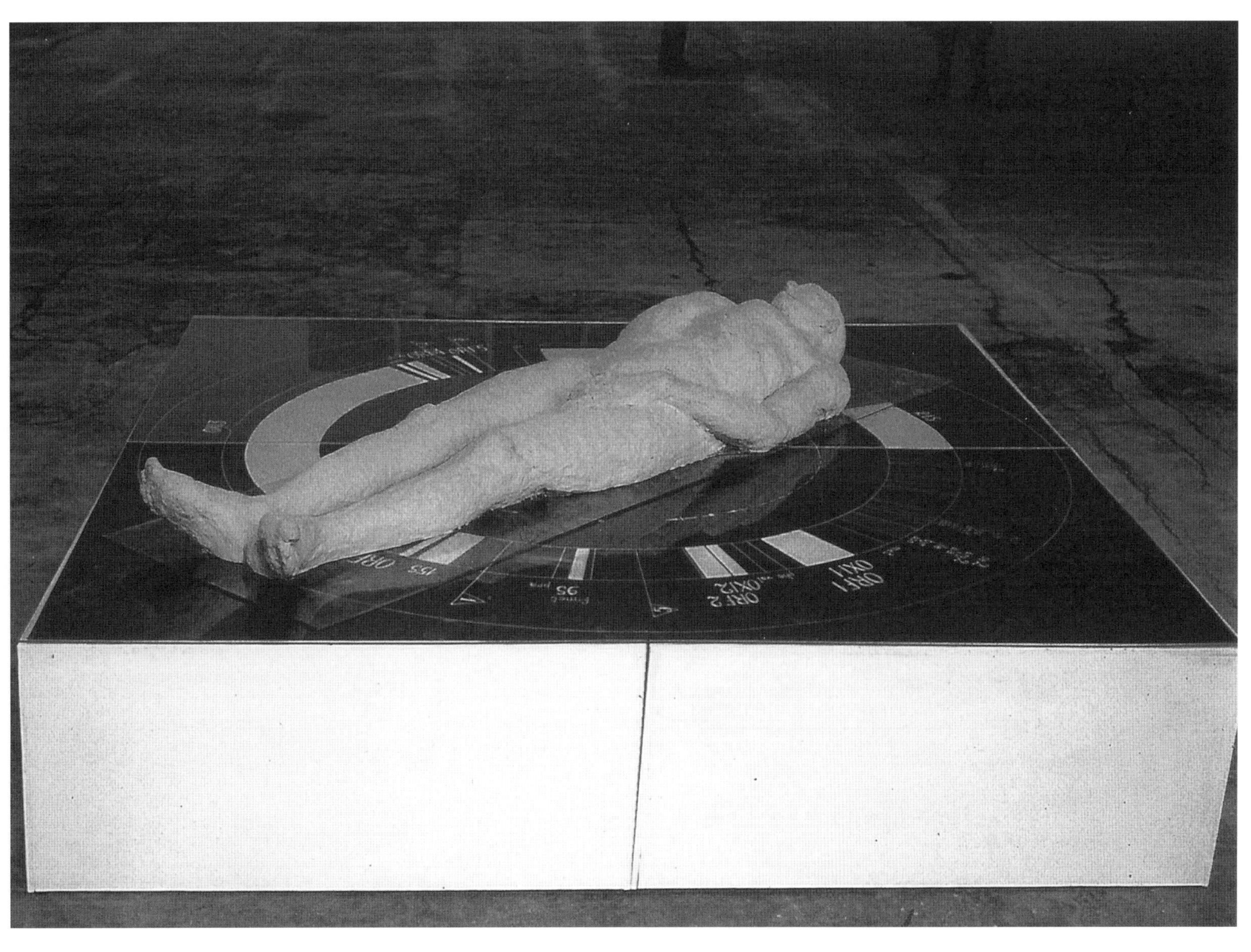

 Antropolievito, 1998, installazione, 95 kg di lievito (*Saccharomyces cerevisiae*) e mappa genetica, 200×300×73,
mostra "Ecce Homo" nell'ambito della rassegna "Irradazioni", Centro per l'Arte Contemporanea Luigi Pecci, Prato

behave as though it had already come,
while there is yet time to turn it aside.[04]
For Kierkegaard anxiety does not refer to anything
specific since it is the pure sentiment of possibilities,
which 'in effect, as human possibilities, offer no
guarantee and always comprise the immanent
alternative of failure, of checkmate and of death'.[05]
Conversely, in the thought closer to our own times,
more specifically that of Heidegger, anxiety is
closely linked to the threat of death. Anxiety
essentially consists of what Heidegger calls
'being-towards-death' namely the acceptance
of death as that 'possibility which is one's
ownmost, which is non-relational and which is
not to be outstripped' (*Sein und Zeit, § 53*) [...]
hence the true meaning of anxiety is *destiny*, that is
the choice of the actual situation as a legacy
one cannot escape and the recognition of
the impossibility or vanity of any other choice
than the acceptance of the situation in
which one already is.[06]
Although this thought has been differently developed
and answered in the work of the philosopher
Emanuele Severino – who has always addressed
themes of eternity and destiny that are well worth
dealing with – it should nevertheless be stressed
that all Bove's action, both artistic and non-artistic,
is aimed at combating the perpetration of the human
condition as set forth in the philosophical analysis
of destiny in the thought of Heidegger: namely, the
destiny of physical death and total annihilation.

This fate has always accompanied human life,
and indeed that of all nature, without it ever having
been possible to come to terms with it, in the sense
of understanding what happens in the transformation
following the manifestation that Rilke speaks
of apropos our existence 'Once for each thing.
Just once; no more'. However, Bove's deliberately
and consciously utopian action has no less right
and aspiration to express itself because impossible,
given that if it does not happen it would make little
difference. Conversely, being the terrain of the
imagination – which like every adventure of scientific
thought and art has always pushed well beyond the
confines of contingent reality – his action has indeed
already led to achievements on which to construct
the edifice currently deemed visionary insofar
as conceived counter to all principles of reality,
but which is reality, it too documented in works,
images and events, namely real creations.

And what else should an artist do if not
'bring the world into the world' as stated by Bove's
contemporary and peer Alighiero Boetti? And,
one might add, 'with all that does not yet exist'?

It is easy, and even banal, to object that Bove's
endeavour is impossible or absurd and, if one really
wished to do so, it could admittedly be declared
doomed to failure. But now, having allayed all possible
objections to it, let us take a look at the less singular
aspects: those connected with past experiences that
have left their mark and, why not, even dreams not

accomplished entirely in vain, as well as aspects that
become plausible through the current scientific
findings that appear to offer ground for Bove's
projects. By doing so, we shall realise that Bove's
action corresponds to a philology of diverse
ramifications, and that the history of scientific,
philosophical, artistic and poetic thought has not
neglected the trials, attempts and strivings that make
some people 'pioneers', 'explorers' and 'discoverers',
in a word: creatures of the time to come.

**3.   IMMORTALITY, ETERNITY, TIME.
MODERN NARRATIONS PRIOR
TO THE ACTION OF BOVE**
Examining the multiple artistic forms
through which Bove's thought has demonstrated
its interest and lasting and constant striving towards
immortality – not only in a metaphysical sense but
rather, and most importantly, in the physical sense
of the body – the narrative and poetic work of Jorge
Luis Borges immediately springs to mind. Indeed, in
our times it is he who has returned most assiduously
to the argument of immortality in stories and poems
that seem at once to assert and deny his attraction
and objection to the essence of this concept. It was,
moreover, addressed in different modes of writing
(or, when constrained by his failing eyesight, through
oral dictation) and from the angle of the concepts of
'immortal identity' and of 'immortality' as an existential
condition, or as the history of 'eternity' or in different
attributes of 'time or death' as an interruption of
temporal experience.

Therefore it does not seem incongruous
in this reflection on the work of Bove to refer to the
aspects distinguishing Borges' thought from that
of Bove, using the former as a cue for comparison
and speculation.

Borges' *Ficciones* (1944) was fairly rapidly
translated in Europe, for the *Nouvelle Revue Française*
by the very Roger Caillois whose pages on the entity
of the dream and the oneiric dimension had been
consulted by Bove in his youth, albeit not without
divergence of opinion. In the collection *El Aleph* (1949)
we find the amazing story 'The Immortal' in which
Borges invents three characters, one within another
as in a Russian doll: the antiquarian bookseller
Joseph Cartaphilus of Smyrna, the Roman tribune
Marcus Flaminius Rufus and the troglodyte
Argos, alias Homer, the author of famous poems.
All three had emerged from the pages of a forgotten
manuscript, found in the last volume of the *Iliad*
by Alexander Pope (1715-1720) that was sold by the
bookseller to the Princess of Lucinge. Borges
recounts that in this manuscript the Roman tribune,
stationed in Thebes Hekatompylos during the reign of

04   Sigmund Freud, *Inhibitions, Symptoms and Anxiety,*
translated by Alix Strachey, Read Books, Northampton,
2013, p. 107.

05   Nicola Abbagnano, 'Angoscia' (Anxiety) entry in
Dizionario di filosofia, Milan, TEA, 1993, pp. 42-43.

06   *Ibid.*, p. 42.

Diocletian, decides to set off to find the City of the Immortals, which is situated in the East 'where the world ends', so that he can drink from the river running beneath the walls of the city that bestows immortality. 'I do not know if I ever believed in the City of the Immortals', Borges has his character admit, 'I think that then the task of finding it was sufficient.'[07] Both significant expressions, not to be neglected but borne in mind apropos Bove's research. After a gruelling journey through the desert and a thousand adventures of mortal danger, wounded and overcome with fatigue the tribune fell into a deep sleep. When he awoke he found himself 'in an oblong stone niche no larger than a common grave, shallowly excavated into the sharp slope of a mountain'[08] at the foot of which, in the land inhabited by the troglodytes ran a stream, beyond the shore of which shone the City of the Immortals. In short, Borges' story goes that, after having drunk the water from the river that bestowed immortality and having passed through a series of dark underground labyrinths to reach the City of the Immortals, the Roman tribune is shocked to discover that it had been destroyed and rebuilt by its inhabitants, resulting in a creation of enormous antiquity that was complexly senseless and, as Borges wrote, ultimately

> so horrible that its mere existence and perdurance [...] contaminates the past and the future [...] as long as it lasts no-one in the world can be strong or happy.[09]

The rest of the story suggests that immortality was affected by the concept of the world as a system of precise compensations, following the doctrine that 'there is nothing lacking compensation in something else' and further that,

> every act (and every thought) is the echo of others that preceded it in the past with no visible beginning, or the faithful presage of others that in the future will repeat it to a vertiginous degree. There is nothing that is not as if lost in a maze of indefatigable mirrors. Nothing can happen only once.[10]

This last statement from Borges' story brings forth the Nietzschean concept of the 'eternal return', which is at the centre of other of his essays, such as 'The Doctrine of Cycles', 'Circular Time' and others.

However, Borges is also the author of the collection *History of Eternity* and stories such as 'Immortality' and 'Time', as well as writings in which dream plays an essential role. For this reason too, I believe it is necessary to consider other elements of his work.

＊ ＊ ＊

Elsewhere, in pages this time dealing with eternity which – through syllogism between arguments revolving around the same magnetic concern – can be equated with immortality, Borges offers a different plane on which to set acute considerations, not devoid of a sensitively poetic vein.

After tracing out the precise chronology, through references Borges finds congenial and readings of which he also provides the source, the *History of Eternity* (1936) is offered to the reader with his own personal theory about it and in a version which he states that he has already formulated in a piece entitled 'Feeling in death' in his 1928 book *The Language of the Argentines*. In this citation of what he had written much earlier, Borges speaks of an 'adventure' in the form of an aimless walk he took one evening in a district far from those he normally frequented. As he writes:

> The walk brought me to a corner. I breathed the night, feeling a peaceful respite from thought [...]. The street was lined with low houses and, although the first impression was poverty, the second was surely happiness [...]. I stood there looking at this simplicity. I thought, no doubt aloud, 'This is the same as it was thirty years ago.' [...] The easy thought, 'I am in the eighteen hundreds' ceased to be a few careless words and deepened into reality. I felt dead–that I was an abstract perceiver of the world [...]. I suspected that I was the possessor of the reticent or absent meaning of the inconceivable word *eternity*. Only later was I able to define that imagining.[11]

In referring to Borges' story I have extracted various salient phrases so as not to engage the reader unduly in the proposition of a text used and referred to in this reflection on the work of Bove. For the same reason, I shall continue to succinctly cite further phrases, this time conclusive and demonstrative of Borges' sentiment towards eternity.

> That pure representation of homogeneous facts', continues Borges, 'is not merely identical to the scene on that corner so many years ago; it is, without similarities or repetitions, the same [...] time is a delusion [...]. This is the conclusion I derive: life is too poor not to be immortal [...]. So then, let my intimation of an idea remain [...]. The real moment of ecstasy and the possible insinuation of eternity which that night so generously offered me.[12]

Borges was a master of the imaginary, oneiric and mnemonically prismatic narration, but it is patently clear that these pages, while admirable and moving, will not be enough to induce Bove to relinquish his striving. Or to placate the conceptual anxiety still aimed at preparing fertile ground for the objective expectation that science and art will come together and collaborate to transform the current utopian creative fervour *vis-à-vis* immortality into a future of real implementations and possibilities for man.

07 Jorge Luis Borges, *Labyrinths: Selected Stories and Other Writings*, edited by Donald A. Yates and James E. Irby, Penguin, Harmondsworth, 1974, p. 107.
08 *Ibid.*, p. 24.
09 *Ibid.*, p. 29.
10 *Ibid.*, pp. 37-38.
11 In Jorge Luis Borges, *Other Inquisitions, 1937-1952*, Washington Square Press, New York, 1966, pp. 179-180.
12 *Ibid.*, p. 180.

4. ANXIETY OF SURVIVAL

In one of his reflections Bove speaks of *survival,* or rather not only does he speak of it more than once but allows this aspiration – defined as necessity and an increasingly impellent need to be met – to transpire the more he focuses the objective of the physical immortality of our body and our life. In one of his famous essays, Elias Canetti sets the concept of 'survival' in relation to that of 'power'. A reading of the most significant passages explains which impulses fuel and determine 'survival' and 'power'. Canetti wrote:

> today, as we all know, the situation of humanity is so serious that we must turn to what is closest to us and most tangible. Nor can we predict how much time remains to see the worst; but it could well be that our destiny is conditional upon certain harsh knowledge that we do not yet possess.[13]

From a beginning of a general character he then moves on to explore how survival is connected with what is generically defined as 'power'. He continues:

> The *dead person* who will never stand again, arouses a huge and horrible effect. The first impulse of someone faced by a dead person, especially if that person is in some way connected with him, although not only in that case, is incredulity [...] we scrutinise every movement of his body. He moved, he's breathing. No. He's not breathing. He's not moving. He's well and truly dead. And that's when the terror in the face of the reality of death kicks in, which could be defined as the only reality, so awful as to encompass everything within it. The encounter with death is an encounter with one's own death.

Apropos this assumption of death by the survivor, Canetti evokes the lament of Gilgamesh on the death of his friend Enkidu, also referred to later in my argument about the immortality developed by Gino De Dominicis. Moreover, Canetti suggests certain unequivocal aspects regarding the relations between those still living and the dead person. Namely:

> The terror aroused by the dead person lying in front of the observer is offset by satisfaction: the onlooker is not dead. It might have been him. But it's someone else lying here.

Canetti then stresses that

> the situation of survival is the crucial situation of power. Surviving is not just merciless, it is something concrete [...] Man never fully believes in death until he has experienced it. And he experiences it in others. They die before his eyes, each one singly, and each single individual that dies convinces him of death.

As is well known, Marcel Duchamp himself declared 'D'ailleurs c'est toujours les autres qui meurent' [Besides, it's always the others who die]. Proceeding with his argument Canetti hammers home the point:

> The sense of happiness generated by survival is indeed an intense pleasure. Once it has taken over and been approved, it demands repetition and grows rapidly to the point of becoming an insatiable passion. He who is possessed by it will appropriate the forms of social life around him so that they satisfy this passion. The passion is that of *power* [...]. Those who have got a taste for survival want to *accumulate it.*

Before concluding, apropos those who have power and the pleasure they derive from surviving others, Canetti also observes:

> The real intention of the truly powerful man is, in fact, incredibly grotesque: he wants to be the *only one.* He wants to survive everyone so that no-one can survive him. He wants to escape death at all costs, and so there cannot be anyone, anywhere, who can kill him. As long as there are men, any man at all, he will not feel safe.

At this point Canetti asks the question: 'But what does it mean to say that the powerful man wants to be the *only one*?' And he replies, concluding that

> the drive to that uniqueness is something extremely real. An authentic force of the first order, which has to be taken very seriously and be plumbed to the depths every time the opportunity arises.

While the profound examination of this force leads to psychopathies such as paranoia, in our case all motivation leading to such conclusions is lacking, so that we can assume that Bove's objective is simply to achieve a 'survival' relative to his aim: that of carrying forward the utopian artistic project of saving man from death and, with him, the very universe, threatened by the second law of thermodynamics, neither more nor less like man himself.

5. ENERGIES OF THE PSYCHE (1966-70)

Whatever the events underlying the anxiety that pervaded the soul of Antonino Bove during adolescence and early youth, by his own account these can be summed up in the determination not to accept, for himself and for humanity as a whole, the destiny of mutual disappearance and the annihilation of existence as a result of death. Furthermore, in a different timeframe but with the same outcome, he also refused to accept the end of the universe itself as an effect of the generalised entropy stemming from the second law of thermodynamics in line with current scientific knowledge. As a result, Bove became convinced of the need to identify a path that would lay the bases for a radical and urgent action to overcome such a condition. Moreover, he was also aware that in philosophical and para-psychological thought, and even in scientific and artistic reflection, hypotheses of possible considerations analogous to

13   For this and the following quotations from Canetti, see Elias Canetti, *Potere e sopravvivenza,* edited by Furio Jesi, Adelphi, Milano, 1981, pp. 11-35. Canetti published his essay for the first time in 1972 with Carl Hanser Verlag, Munich.

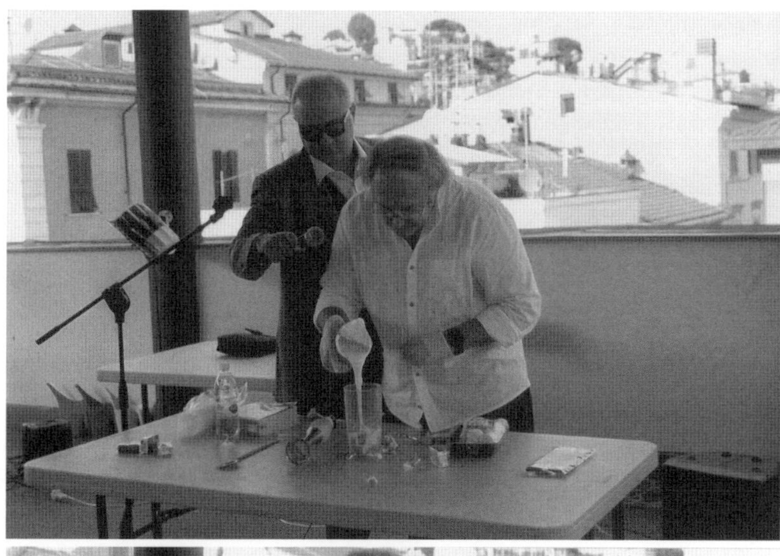
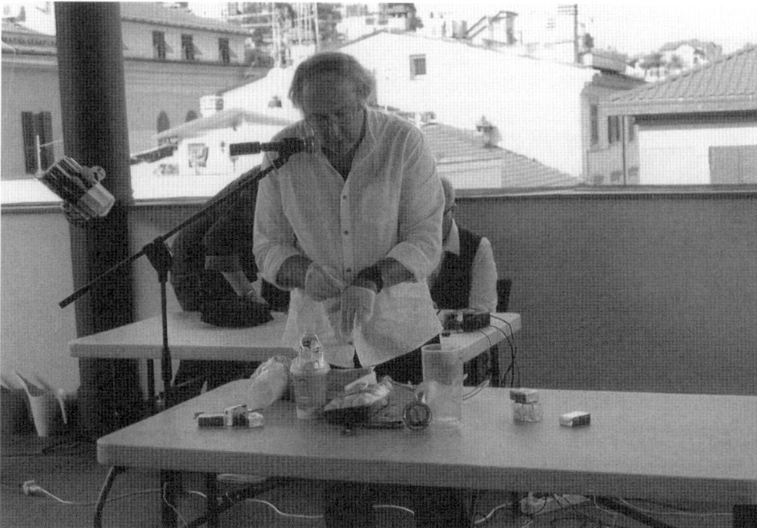
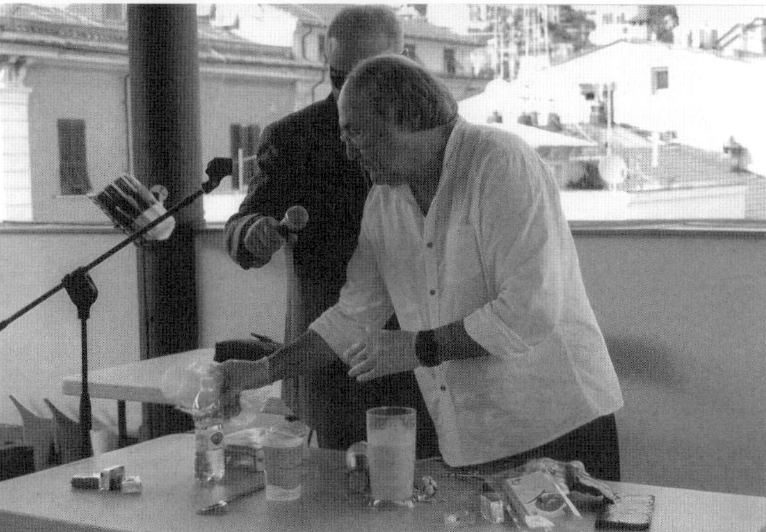
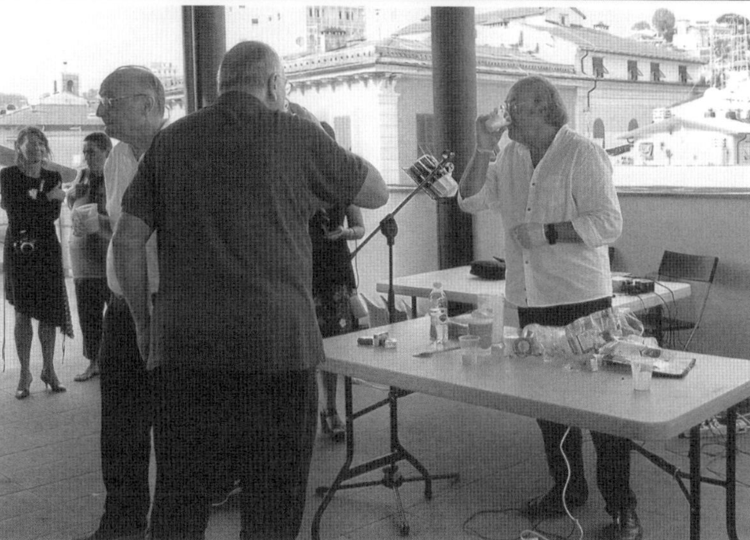

Un cocktail per l'immortalità, 2016, performance nella quale l'autore offre al pubblico una bevanda formata da un insieme di lievito, alghe marine, funghi e yogurt, CAMeC, La Spezia

his own circulated in various fields, from science fiction to poetry and also in biological and technological texts. And so, where should all energies be directed? And, above all, what was to be done? The burning question of all those wishing to change the permanent destiny of a status quo returned obsessively to the mind of the young Bove who, as we recall, had begun to study art in the Painting School of the Accademia di Belle Arti in Florence.

In the first half of the 60s, in Livorno where he had settled after many changes of abode, Bove began working with the camera, producing prints as well as assemblages of images and texts, and using in the painting materials such as wax, tar, fabrics in the form of gauze, various pigments, objects and glass.

Bove was engaged in a constant process of identifying the experiences that let us suppose that, alongside the perception of visible phenomena in reality, there are also many other manifestations of energies and forces which, although invisible, are equally real and existent. It was to these latter that his creative action was most frequently turned, since they seemed to be placed within an area of highly stimulating immateriality, evoking a broader domain that offered a glimpse of another part of life itself. Among these ulterior realities, Bove's eyes and imagination were struck by that which was revealed by dreams, with their extraordinary and unconfined storylines where everything became possible. He saw it as a most fertile terrain for cultivating and experimenting the sense of overcoming the narrow confines of waking existence and reality.

Turning his attention to the fields of psychology and psychoanalysis in which the dream dimension was amply explored, his reflections opened up to the studies of Sigmund Freud and Carl Gustav Jung. These dealt respectively with hypnosis, hypnotherapy and the *Interpretation of Dreams* and, in the case of the younger Swiss psychoanalyst, with the spiritual component of the archaic and the sexuality revealed by the unconscious in dreams. Freud had identified in dreams the greatest source of information about unconscious processes, saving from oblivion something immensely precious that would otherwise have been lost. Jung ventured into regions that, despite being fascinated, Freud was unable to grasp the values of, due to insurmountable differences of individual, generational and spiritual history. The entire sphere of Jung's interest in psychology, alchemy and other areas of the occult was at length kept tendentially and deliberately beyond the scope of Freud's concerns – even parapsychology which he was later to take an interest in – whereas for the young psychoanalyst from Basle they represented a terrain that deserved to be vigorously ploughed.

Between 1966 and 1970, Antonino Bove took great interest in the pioneering work of Jung and of Wilhelm Reich, the theorist of orgone energy, and also in the radical experiences of Antonin Artaud in the 1930s during his travels in Mexico, to the land of the Tarahumara people (1936), to achieve an improbable healing by engaging in the ritual peyote dance. I myself have found among my books and letters notes and traces of the sources Bove drew on in following up these interests.

It is difficult to separate and distinguish the strands that fuel a developing personality, or even to establish their connections: theoretical instruments, travels, encounters with other 'discoverers' seeking a similar path towards self-knowledge and knowledge of one's destiny. This is even more difficult when the person in question is minded to oppose this destiny, to contradict it or even to radically alter its plan, as Bove was determined to do in eliminating death from his existential horizon.

Meanwhile, before his travels to Naples, he produced the works *Cervo volante*, 1964, *Telecinesi* [Telekinesis], 1966, *Apporto* [Contribution], 1967, *Irradiazione* [Irradiation], 1967 and *Entità* [Entities], 1969. All bore a basic substrate of inspired immateriality charged with the breath of life, the expression of energies and tensions leveraging the perception of subtle essences and vacuous presences which, from then on, through the artist's influence appeared circumfused with an aura just bordering on the visible.

Almost simultaneously with the exploration of areas addressing the study of paranormal, occult phenomenologies, based on magical and shamanic, mystical and ritual practices, but also dreams, alchemy and ethno-anthropology, Bove unceasingly observed scientific research and developments, especially in the field of quantum physics. In other words: the whole vast territory in which research pushed back the limits of knowledge, opening up new frontiers in the extension of time and the knowledge of the forces, energies and dynamics that govern the world and the universe.

After initiating materially-based formative processes, such as those that produced *Cervo volante*, 1964, Bove's interest in photography (as evident in the works *Entità*, 1969) had led him to set up a photographic laboratory so that he could process even large-scale prints. His continuing plastic and pictorial production was also able to express itself in the Florentine studio of the maestro Primo Conti. For instance, works such as *Ominide* [Hominid], 1969, in wax, tar, rubber and glass, then followed by other works on engraved stone in 1970, no appreciable traces of which have survived.

The early 70s witnessed a development of sensitive anthropological and ethno-social interests and, in the long wave of 68, also reflections on the social and political reality of those years in Europe, with readings and travels that supplemented and reinforced the working hypotheses already explored. This was the period in which Bove read Mircea Eliade's work on shamanism, that of Angelo Brelich on the history of religions, Lévi-Strauss on ethnology, and the utopian and philosophical thought of Giordano Bruno, Tommaso Campanella and Thomas More, as well as

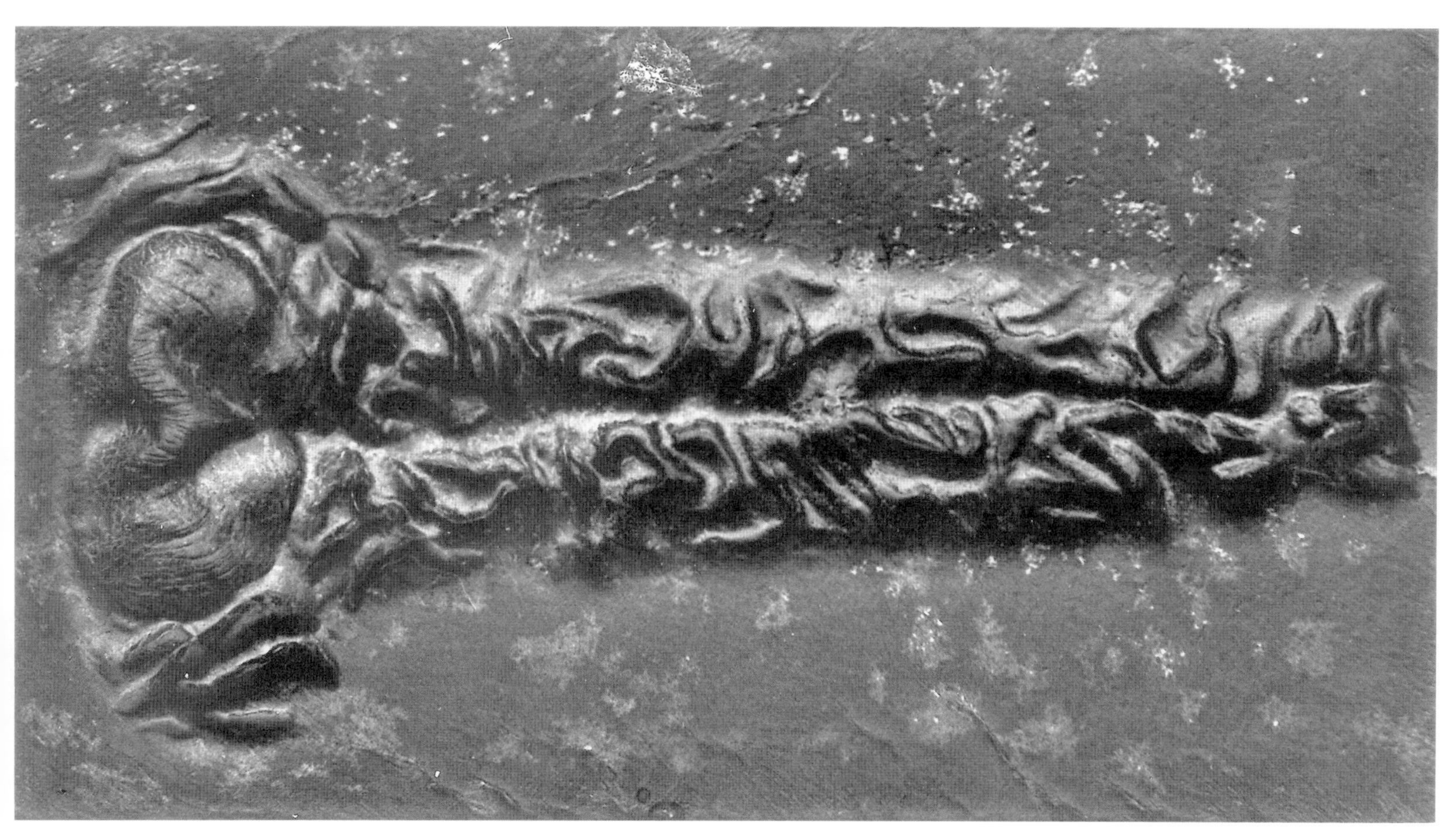

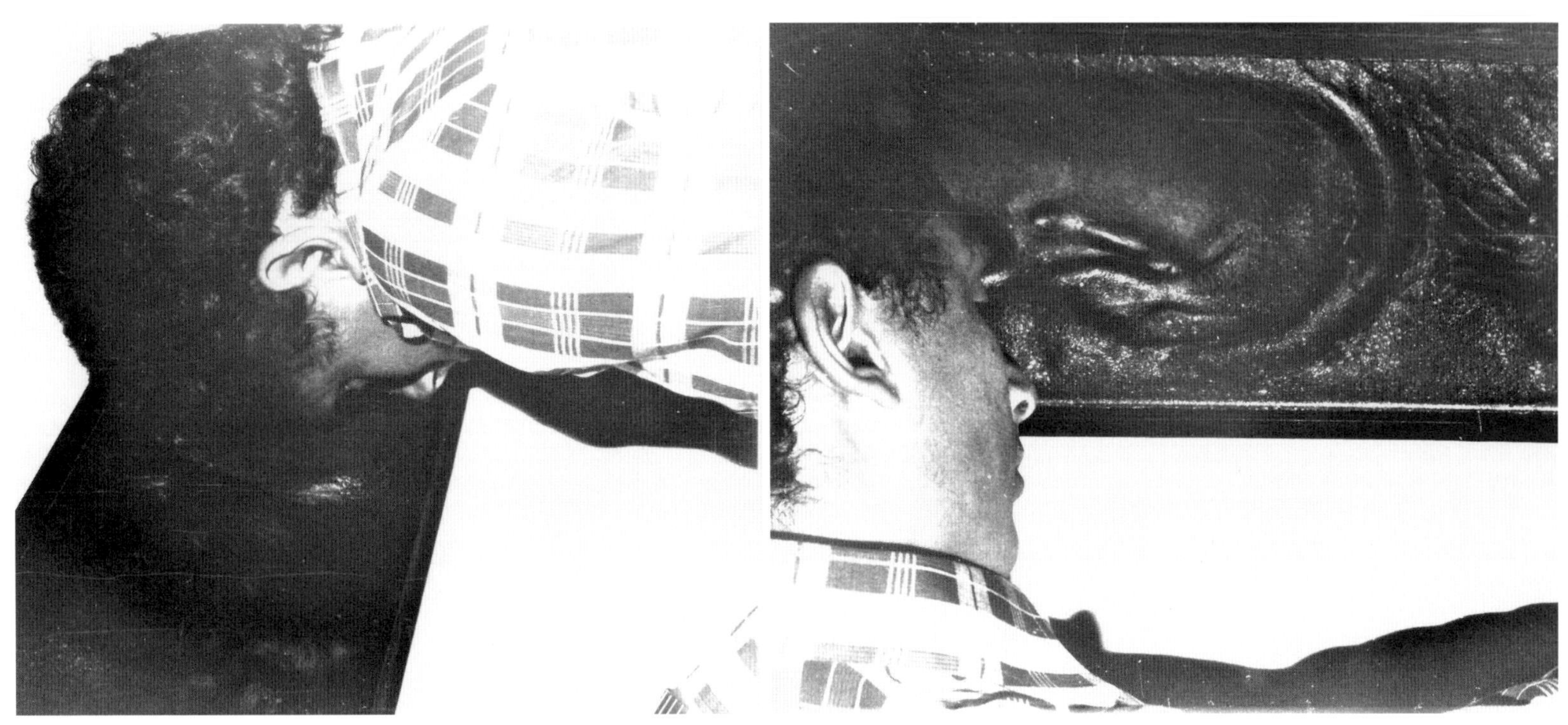

↑ ↗   Tre stampe fotografiche in b/n, 30×40 cm ciascuna, documentazione di:
Impronte, 1974, cera, catrame, pece greca, 25×100×5 cm

that of structural semiologists such as the French writers Gilles Deleuze, Félix Guattari, Michel Foucault and Georges Bataille. The latter was an exponent of historic Surrealism, but also a pivotal intellectual who, like Artaud, meditated other adventures of subversive thought in a poetic sense that are well worth consideration and ought to be taken into account for the expansion of meaning they introduced.

Bove engaged in actual seasons and campaigns of study, taking part in archaeological activities in palaeolithic villages sponsored and coordinated by the University of Pisa between 1972 and 1973, as well as continuing his study trips to archaeological and ethno-anthropological museums, such as the Musée de l'Homme in Paris, again in 1972.

Bove had consolidated the poetic premises of the research already launched, and the hypothesis that in dreams and in other practices of an ecstatic character it was possible to access times and places that daily life and the waking state did not permit. He then launched into experiments and evolutions that, leveraging the dynamics of metaphysical forms, enabled him to simulate the paths – and produce evidence and traces – of a psychic life that was much more extended in a virtual sense, aimed at overcoming the limits of that which was otherwise marked out by the hours of the day. As regards these dynamics, it was child's play for Roger Caillois to argue, with logical and comprehensible 'explanations', that we cannot trust everything that in dream appears to be miraculous, easy and possible. But in Bove's case the issue was that of conceiving the dream as one of the vehicles and instruments from which, and through which, it was possible to draw images to be translated into works, given that the impalpable dimension of the dream was at the same time material, in view of its measurable energies and hence its real mass. And these images become works were realised forms, which became concrete steps for moving from the utopia and the imagination to the possible and verifiable, equating to the axiom that, put briefly, everything that can be thought can become reality. Caillois provides an explanation of this type of logic that reveals the same sceptical character as all his discussion of the dream.

The moment that man scornfully rejects pointless phantasmagoria to devote himself to the tedious and thankless tasks that exhaust him without giving him pleasure, cannot fail to ask himself whether he is leaving the best and truest part of himself in the enchanted realm of dreams. And it is then that he gives a new meaning to the word *dream*: that of a wonderful world which gives him at once happiness and satisfaction. [...] *Dream* therefore becomes the equivalent of *desire*, and more precisely of *unattainable desire.* [...] And for the psychologists it was child's play from the start to demonstrate, without much effort, or rather all too easily, that the dream is the symbolic, masked, realisation of the desires of the unconscious.[14]

We could respond to the numerous stimulating observations made by Caillois by arguing that the dream is not always the expression of a 'marvellous world' yielding happiness and satisfaction. In addition to producing nightmares and anxieties, it can also quite often be the site of crucial tangles in which the unconscious, the ego and the super ego play games that put the poor dreamer sorely to the test.

Between the end of the 60s and 1980 Bove's work took steps that decisively qualified its poetic tendency. This decade of intense activity was expressed through writings of various kinds: diaries, theoretical texts, stories and poetic compositions. These were interspersed with actions and reconstructions of events, producing works based on 'imprints', structures based on ready-mades, transfers and, often, processes memorised through photography, which continued to be a trait common to many works. By way of example, we can mention in this period: *Entità onirica* [Oneiric Entity], 1967, *Ustioni* [Burns], 1968, *Psiche insidiata* [Undermined Psyche], 1970, *Impronte di un sogno* [Imprints of a Dream], 1972, *Monomane* [Monomaniac], 1973, *Trafitture* [Piercings], 1973, *Scrosci* [Thunderstorms], 1975, S*toria dei sogni* [History of Dreams], 1972-78, *Afasia* [Aphasia], 1976 and *Verso il vuot*o [Towards the Void], 1980. We have to associate with these works the vast quantity of experiences opened up in the very distinctive phase of Bove's work on the *Materialisation of dreams,* the development of which calls for a separate reflection that follows the alternation of different phases in the artist's constant attention for around twenty years, from 1973 to 1993.

Bove offers considerable evidence of this tendency to return frequently to the source of the oneiric imaginary as to the flow of a karst river, interspersing this with other chapters of research, sometimes actual construction sites diverging from those of the dream. This recurrent activity calls for the opening of other fronts of reflection, such as those related to the 'living works of art', 1983-94, or the 'Levitations', 1969-94, or to the 'Physics of the Transcendental', 1992-97, through to the chapters of work more incisively aimed at the actualisation of the 'myth of immortality', 1999-2011 and the 'Hyperevolution', 2016-20, in which he is still engaged.

But before sinking our gaze into the adventure of the 'materialisation of dreams', it is interesting to take a look at its premises.

Whereas in *Ominide*, 1969, one can discern the primitive interest in getting back to the human form as that which bears upon it the conscious destiny of the feverish Adamite birth, and at the same time of death, what intuition is Bove's image interpreting in *Entità onirica*, 1967 and in *Entità*, 1969? This is the question I shall try to answer in the pages that follow.

14   Roger Caillois, *Il deserto del sogno*, Nuova Accademia, Milan, 1964, pp. 85-86.

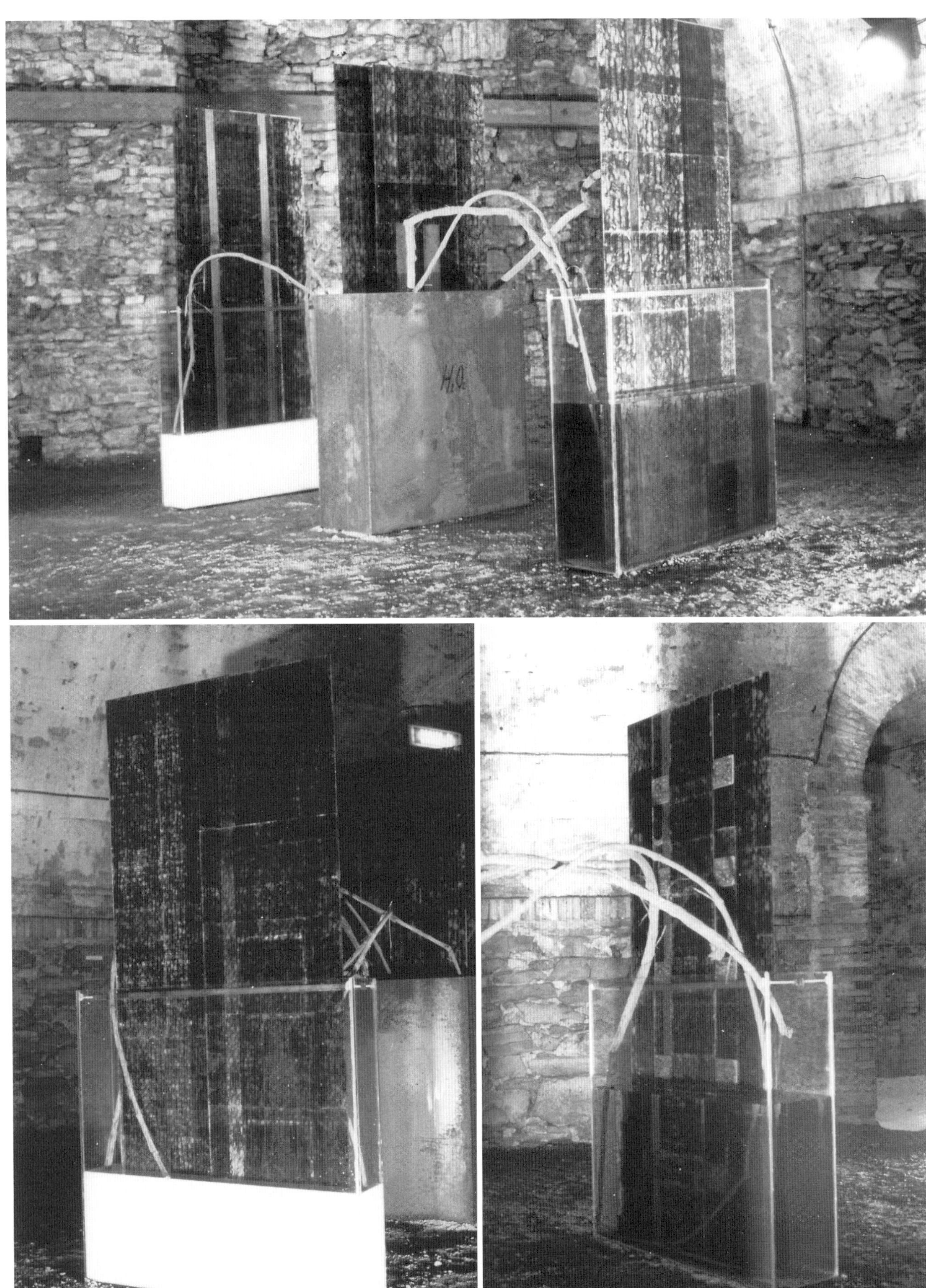

↑ ↗ *Generatore e accumulatore di memoria indelebile*, 1997, installazione composta da tre vasche contenenti yogurt, acqua ossigenata, iodio, lastre di rame, ottone, acciaio e tralci di vite, rivestite di neuroni umani della memoria indelebile, dimensioni d'insieme 300×200×100 cm, Baluardo di San Paolino, Lucca

6. THE MATERIALISATION OF DREAMS (1973-93)

What emerged between the mid-60s up to the early 70s can be considered the implosive phase of Bove's artistic exercise. During this period he elaborated experiences that did not seek motivations to be displayed externally, but rather to bring to the attention of his own requirements a concentrated nucleus of inner urgings that forcefully demanded to be heard and taken into consideration.

It was indeed only after 1973, and in particular with the decision to give shape and regulation to the initiative of founding an imaginary Association of the Oneironauts (1973), that his artistic activity turned decisively towards the outside in the form of actions, demonstrations and documented experiments involving other adherents and participants as well as himself. The self-referential organ of the Association of the Oneironauts, conceived and fostered by Bove as endorsed in its Statute, stemming from the International Laboratory for the Materialisation of Dreams, expresses 'the idea of establishing a community of dreamers for the purpose of materialising dreams'. However, sticking to what Bove wrote about it, one of his statements literally reads:

> During the spring and early summer of 1973, while waiting for the course to start, for the graphics workshops and the painting classrooms to open, I spent long hours in the Boboli Gardens, in the deserted and half-lit rooms of the Gallery of Modern Art in Palazzo Pitti, the Museo della Specola and the museum of science. Walking along the silent avenues edged with laurel, boxwood and tall cypress trees that lead to the fountain of Actaeon, or the grottoes studded with shells and moss of the Medici garden, I reflected on that population of statues which, apparently immobile, dream of us and materialise the reality in which we live. As I strolled I noticed that others, characterised like myself with heavy eyelids and pathologically lucifugous as a result of the intense and all-seeing oneiric activity, were also warily haunting these sites. Their clumsy and cautious demeanour, scarcely concealed by an appearance of naturalness, their semitransparency and the imperceptibly levitational gait, revealed that they too were in possession of the faculties that would make it possible to overcome the limitations and break through the boundaries of the narrow reality within which man has always been constrained to live. Therefore I began to consider bringing together the dream dwellers and travellers that I met in order to set up a confraternity, a centre and a laboratory where dreams could be rendered physical. Even if this human activity is the most intimate and secret of all, I felt it necessary to ensure that the phenomenon of the deca-dimensionalization of dreams had to take place in the light of day. Without more ado, on a sultry afternoon in early June after the start of exams, in the waxworks amphitheatre of the Specola I accosted an individual dressed in black whom I had already met in a recent dream. I brusquely asked him what he was doing here, amidst flayed beings in interrogative and enigmatic poses. With a knowing look he replied politely that, when possible, he liked to return to the places dreamed and that, moreover, the reality that we were living was oneiric time, space and matter. This impalpable, shy but powerful frequenter of dreams was Albifront, the first member of what was very soon to become the Association of the Oneironauts and the Centre for the Materialisation of Dreams. It was in these institutions that the prototype was produced of what was to be developed into the *Oniroscopio fisicizzatore* [Physicalising Oneiroscope], a sort of incubator, condenser and threshold towards this side for the oneiric entities that now live amongst us.

The visual and printed documents referring to this statement are the opening acts of a programme subscribed to by no less than ten associates whose names appear alongside that of Bove, although they clearly correspond to imaginary identities as confirmed by the equally imaginary first and second names like that of Raphael Montes Albifront, already used by Bove. Nevertheless, in articles 2 and 3 of the Statute we can read the essential directions and aims of the Association:

> [...] to foster the promotion and creation of oneiric activity, knowledge of the world of dreams, exploration of the faculties and powers of dreamers, study and analysis of oneiric materials (oneiroplasms), verification of the nature and entity of the materialised oneiric creatures [...]. Elaboration [...] of scientific experiments on the phenomenon of the materialisation of dreams also in relation to art, anthropology, environment, science and the transcendent.

In addition to all this, there is the scientific and technological enhancement of the *Oniroscopio Fisicizzatore,* namely of an actual apparatus that Bove has worked on and with which he has performed sessions on himself and on other subjects open to the oneiric experience under Bove's direct observation. And further, as set forth in article 3 of the Statute: 'the creation of Centres for research into the physics of dreams, for inventorying of the oneiroplasms and a registry of the embodied oneiric entities and of the dreamers.' The list of the activities, proposals and statutory provisions is extensive and detailed and no one is barred from the experience of getting to know, through reading, all the aspects of a conception that has its premises and its design coordinates in the artistic imaginary.

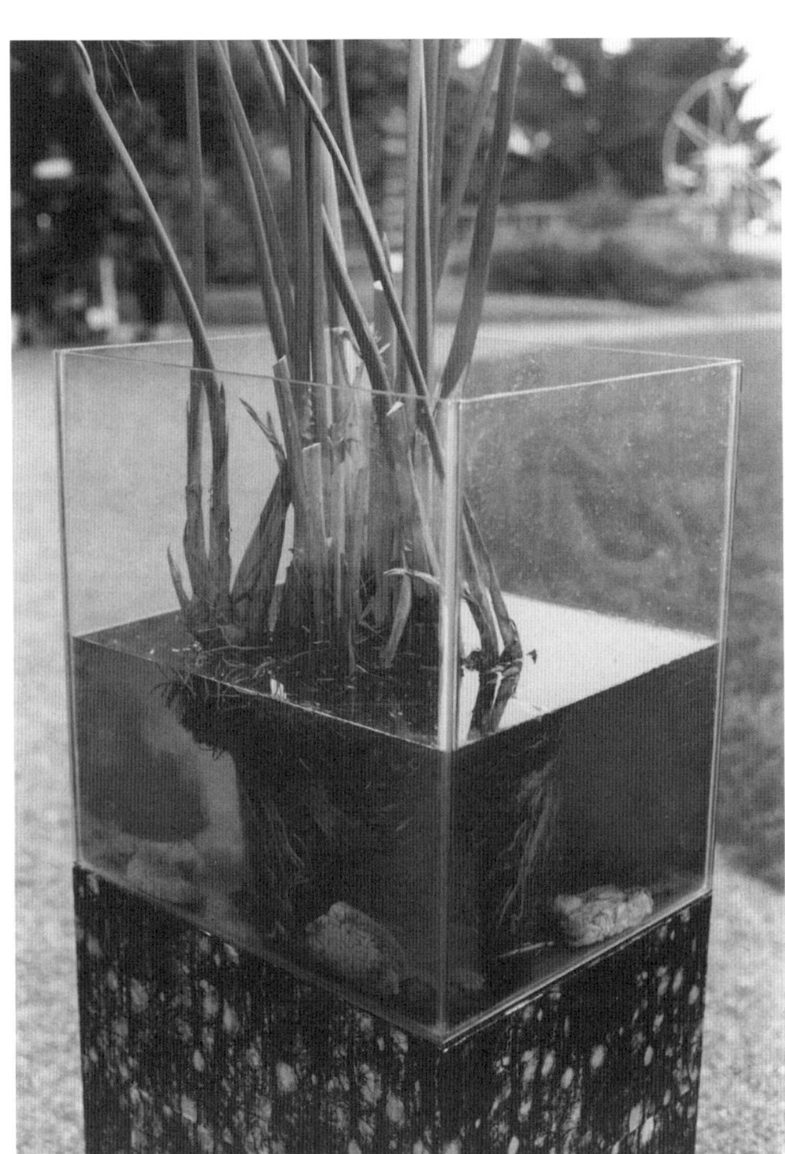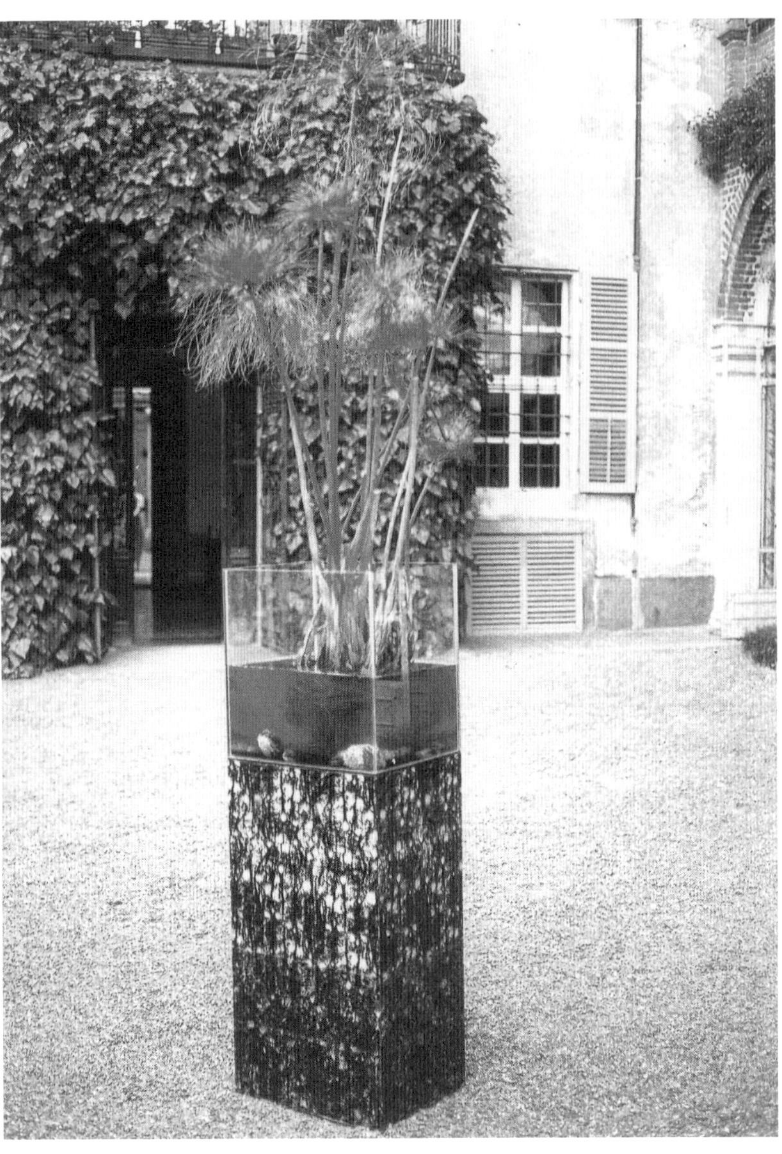

Whether the Statute is oneirological, pataphysical, or purely a self-legitimising support for the continuation of a path that appears, even to Bove's own eyes, to set a severe challenge in terms of persuasion, the regulations nevertheless authorise him – no longer alone but with the support of a community of adherents – to perform all the experiments capable of producing artefacts and works aimed at the more complex and stupefying steps that he already has clearly in mind.

The use of photography is decisive in this repertory of works, so that further on it will be useful to consider the use of this medium.

6.1. ACTIVATION OF THE 'MATERIALISATION OF DREAMS' AND 'ANONYMOUS NOTEBOOKS'

The launch of experiences and public performances devoted to the 'materialisation of dreams' effectively reveals Bove's open challenge to the dominant scientific conventions of the time. Nevertheless, it involved the manifest desire to leverage research, studies, hypotheses and data recorded over a broad span of experiences, and evidence which was also scientific, albeit of a clearly futuristic stamp, inclined towards disciplinary apertures that were not orthodox but courageously innovative in a cognitive sense.

Bove analysed and studied all new speculations in every scientific field that could offer the chance of finding elements that might interact with his own investigations, especially as regards physiology, space-time physics and quantum physics. In the studio, alongside the processing of new materials – after the wax, tar and rubber were often employed in the creation of works based on assemblages and imprints – he also began to introduce coal, mercury, oxides and steel wool as well as honey and silicone, sundry objects, plaster casts and home-made instruments, qualifying his working environment as a scientific and technical workshop as well as an artistic studio.

While Bove performed his oneirological and dream-materialisation experiments on himself, he increasingly also involved other people who were willing to undergo oneiric sessions. Through photography, the wide range of actions carried out month by month, in addition to the drafting of theoretical texts and documentation of the contents of each experience, transformed each simulation and metaphor into a repertory of images and works. With increasing frequency these in turn attracted interest in the form of exhibition appointments, performance initiatives and gatherings with other artists, poets and musicians who shared a common passion for research in the fields of ecology, anthropology, science, literature and technology.

Alongside the aforementioned works – *Monomane*, 1973, *Trafitture*, 1973, *Afasia*, 1976, with their strong, dramatic citations of the iconography of Bacon and also of certain stills from the films of Eisenstein – Bove now began to develop new researches such as the *Individuazione dell'organo dei sogni* [Identification of the organ of dreams], 1973-93, new *Entità*, 1980, and *Corporificazioni* [Corporifications], 1980. These were often bought up for private collections or displayed in collective shows promoted by certain young art critics, who had since emerged, interested in new modes of plastic and anthropological conception of the work. Bove's work stretched to a multidisciplinary fusion that brought to the fore parascientific as well as artistic and poetic approaches, and aroused increasingly frequent interest in the most cutting-edge art venues and annual festivals.

In the 70s, in addition to the diaries and other writings related to the materialisation of dreams, Bove's action brought to light other independent publishing initiatives implemented using makeshift means but of major impact in terms of dissemination practices. Regarding the *Anonymous Notebooks of Aphasias and Explorations* (1977-79) that he himself had conceived, he wrote:

> The series of five issues of the *Notebook*s was independently printed. The first issue had a print run of 1,000 copies and the others 500. The first *Notebook* was written in liaison with Antonio Pennasilico, who went to live in Milan in 1978. The five issues went from February 1978 to December 1979. The copies were left in the waiting rooms of railway stations, university canteens and cinemas, and also on trains and buses in Milan, Bologna, Florence, Pisa, Livorno, Lucca and Siena; some issues were inserted on the shelves of public libraries and bookshops, including Feltrinelli and Mondadori.[15]

The *Notebooks* were an authentic underground operation, often in sextodecimo, all with black card covers. The prose employed was generally devoid of punctuation and deliberately conceived as a flooding verbal flow. The aim was to make the casual reader wonder who the author was, and also to ponder the contents of a convulsive character, at times dramatically repulsive or stupefyingly unreal, almost as if dictated in a condition of trance and in any case provocative. In the first *Notebook* in particular, placed after the text at the end of the pamphlet was a portrait of the two alleged authors. Bove was entirely responsible for the images and writings of the other *Notebooks*, which also contained photos of the 'research and identification of the organ of dreams' from 1970, the 'memorisation of dreams' via superimposition of hands on the manuscripts, the 'imprints of an oneiroplasm' from 1971 (produced using shoe polish), and an 'oneironaut' from 1970, as well as texts and images referring to tragic news stories, suicides or anatopathological exhibits, as in the last *Notebook* of December 1979.

15   Antonino Bove, unpublished correspondence with Bruno Corà, Viareggio, February 1981.

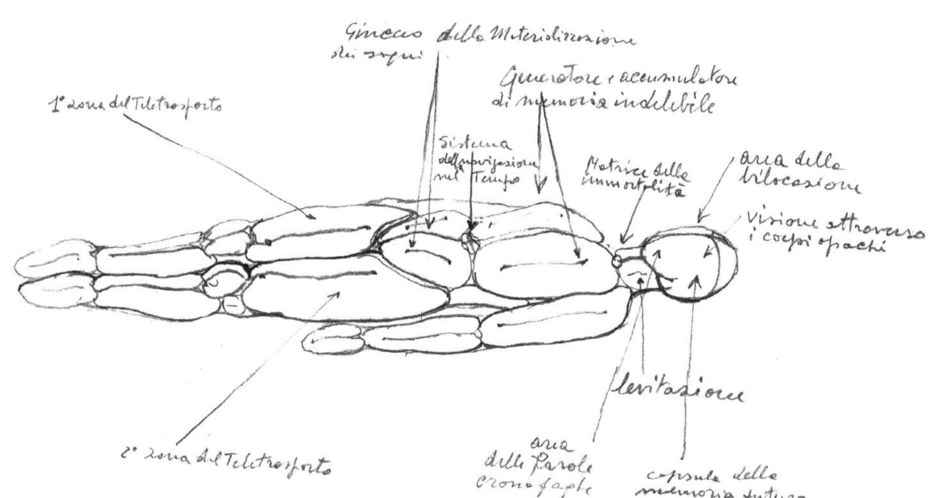

Ginnaso delle Smaterializzazione
dei segni
1° zona del Teletrasporto
Sistema dell'apparizione nel Tempo
Generatore e accumulatore di memoria indelibile
Matrice delle immortalità
area della bilocazione
Visione attraverso i corpi opachi
levitazione
2° zona del Teletrasporto
area delle Parole Cronofaghe
capsula della memoria futura

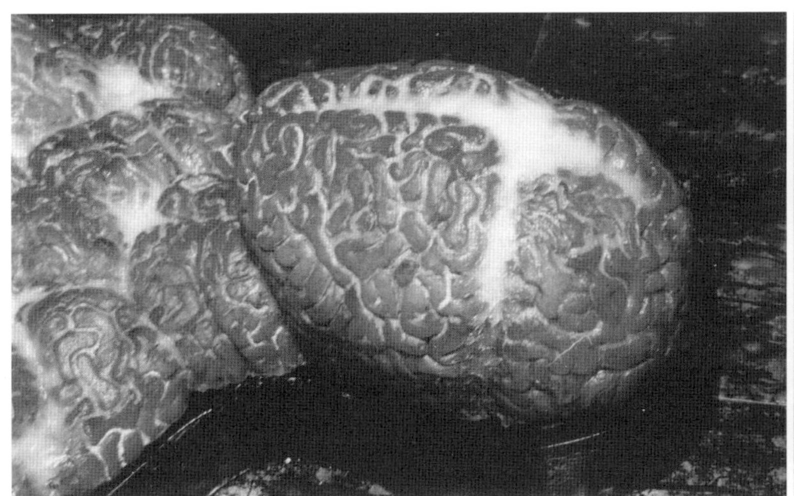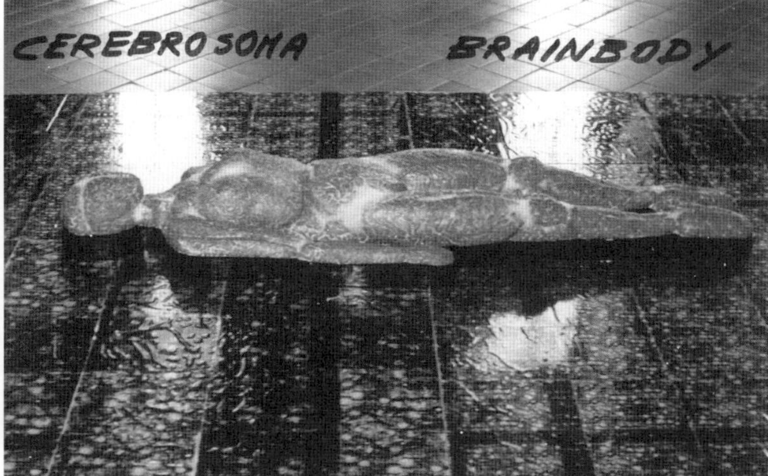

↑ ↗ *Cerebrosoma*, 2000, installazione con figura umana in resina e glicerina, su supporto in ferro e lastre di zinco rivestite di neuroni umani della memoria indelebile, 100×300×30 cm, Palazzo Ducale, Genova

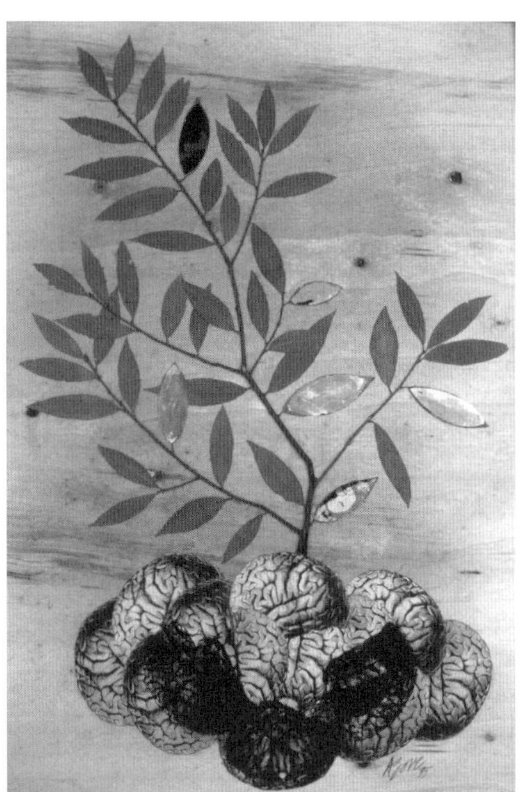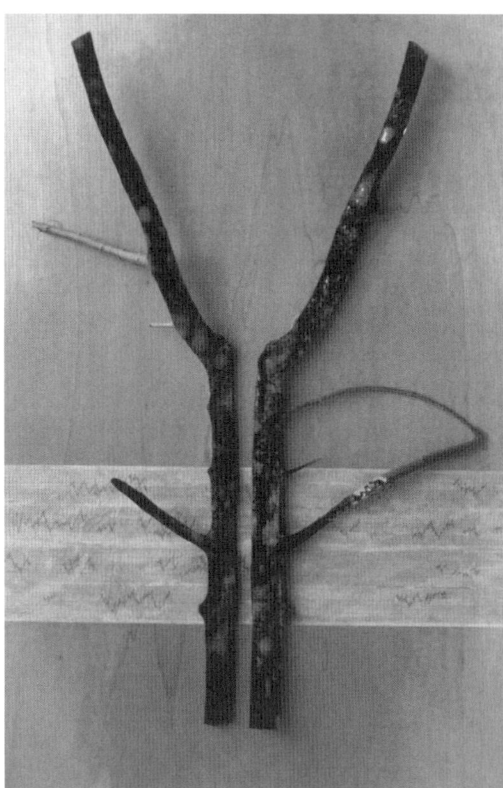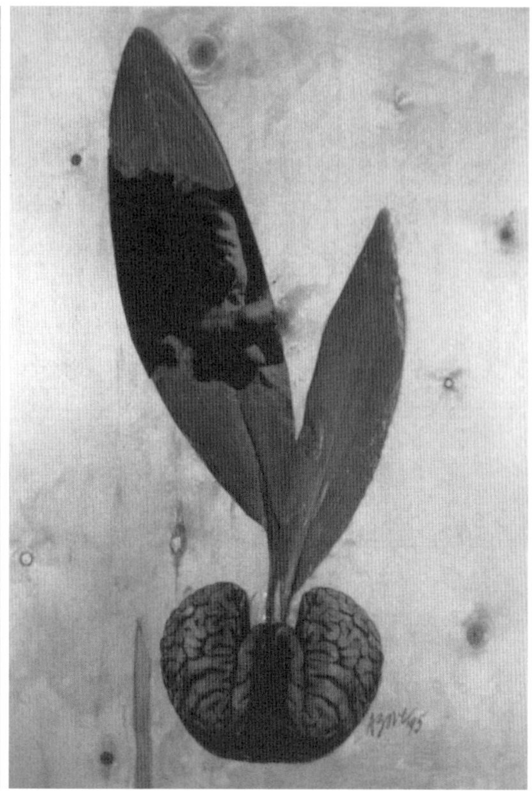

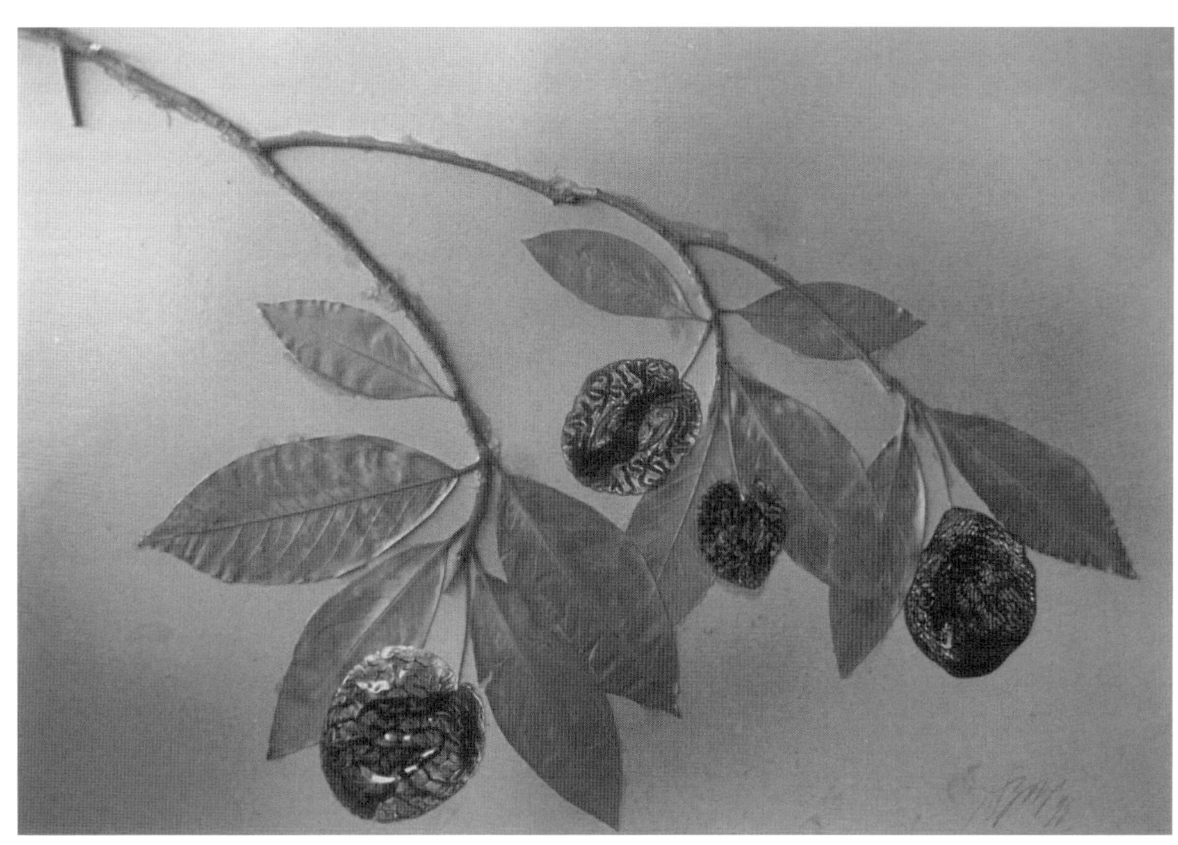

Frutti cerebrali, 1995, legno, iodio, ramo di albero, cerebri, 70×100 cm

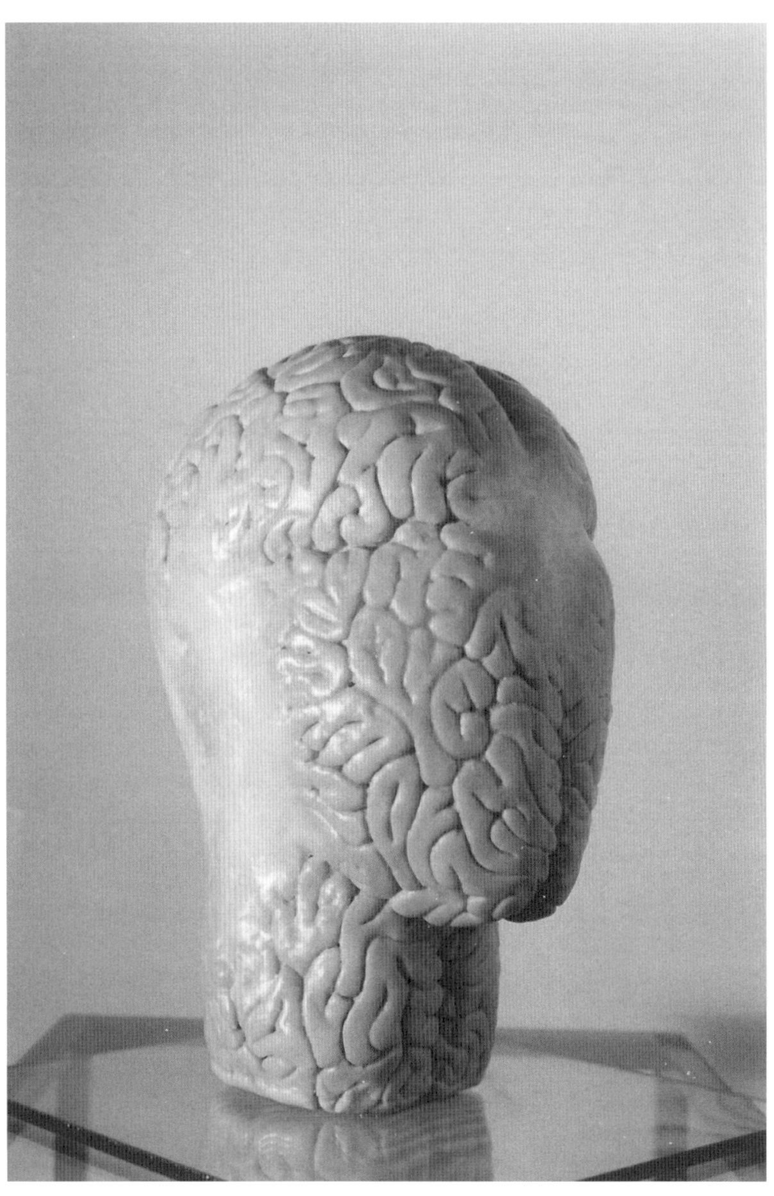

Cerebro, 2001, resina, glicerina, gomma, 29×18×22 cm

Here, as a purely philological reference, we should mention the book-exhibition of Alberto Boatto *Ghenos, Eros, Thanatos*, which was produced in November 1974 'as a collage of verbal propositions, visual propositions and citations'.[16] The distinctions between Boatto's work and Bove's *Notebooks* undoubtedly relate both to the literary and visual contents and to the decision to circulate the *Notebooks* as anonymous productions, which marked the operation of the founder of the Association of the Oneironauts with a different socio-political and also poetic meaning.

It would not be superfluous to return in future to the as yet unprobed connections between Bove's work and the studies and thought of Boatto.

✳ ✳ ✳

One of the finest projects of oneiric inspiration produced by Bove is the fascinating series of photomontages created in 2003 and published in *Via Regia in fase REM* [Via Regia in REM phase], 2005. In this 50-page work he skilfully placed in the streets and squares, in front of the cafes, restaurants and bathing establishments and in other sites of Viareggio, where he lived, the phantomatic presences of artists, poets, philosophers and scientists, actors and other historic figures taken from old snapshots. He altered the colour to sepia so as to distance in time and significantly increase the imaginary and dreamlike quality of his creation, already in itself powerfully alienating as in a dream. In his accompaniment to these images he had created Bove wrote:

> Sometimes the elaboration of the dream is misleading because it uses traces of truth to then take us far away from it [...] Some of the figures really did stay in the city (R.M. Rilke, M.C. Escher, T. Mann, A. Savinio) and might have passed quite close to the settings in which they have been placed. Moreover, certain theories of quantum physics, albeit with the greatest nonchalance, theorise universes parallel to our own; dreams appear to be reflections of existences that could abide in worlds coexistent with that in which we are immersed.[17]

The short book also includes an afterword by Paolo Albani, co-author with Paolo della Bella of *Forse Queneau. Enciclopedia delle Scienze Anomale*, who observes:

> These are photos from a precious archive, where we breathe the air of a magical Viareggio [...] cloaked in a vaguely *fin-de-siécle* atmosphere, with historic personages posing before the camera or engaged in bizarre events.

In effect, the situations created by Bove reflect his desires, the ways and the attitudes in which he imagines surprising his illustrious guests, as in a REM sleep phase. And in terms of projections, it is interesting to observe the connections in which he places his virtual interlocutors. Equally significant are the entirely imaginary encounters that he establishes, indicating possible relations: for instance between Antonin Artaud and Lorenzo Viani in front of his tomb, or Charlie Chaplin, Orson Welles, Alfred Hitchcock and Woody Allen at the Viareggio Carnival of 1959, or Pier Paolo Pasolini with Alberto Moravia and Marcel Duchamp, an improbable trio assembled in Bove's purely wishful meeting.

7. THE START OF AN ACTION WITHIN THE ARTISTIC AMBIT (1983)

The activity of the 'materialisation of the dream' marked the conclusion of an initial phase of introspective work that defined Bove's artistic initiation, the years of academic study and a solitary research. Bove addressed his artistic-scientific proposal to the Italian artistic circles interested in pioneering aesthetic experiences close to anthropological art, the Fluxus agenda, visual poetry and similar. These practices diverged from the proposals of artistic creation endorsed by Arte Povera and subsequent neo-expressionism of various kinds: in other words, of a return to painting, from the *transavanguardia* to 'anachronism', 'bad painting' and other proposals of neoconceptual or analytic painting. This new phase in Bove's work was characterised by a desire for encounter with other interpreters and exponents of unusual and pioneering experiences. He had a genuine interest in making known the research hitherto developed alone in his workshop and setting it in relation with work of different orientation but comprising similar demands and urgings. In a standardised, consumer society, geared to the spectacular nature of goods and experiencing a profound identity crisis, this work was aimed at considering the anthropological value that was nevertheless characterised by increasingly urgent questions about human destiny, in a context of unbridled development of late-capitalistic industrial societies set against a severely jeopardised planetary habitat.

Over the years of study and research Bove had acquired an organic and interactive knowledge of different but interconnected disciplines. These ranged from Jungian psychology, parapsychology, the philosophy of Giordano Bruno and Tommaso Campanella to the physical and physiological sciences of Jacques Monod, the anthropology of Lévi-Strauss and that of Elémire Zolla, the alchemy of Paracelsus and Zen philosophy as interpreted in the light of the quantum science of Fritjof Capra, from the *maudit* literature of Artaud to that of Georges Bataille. This set his action in a condition that was able to relate – with capacities for organisational and performative mediation – to the work of artists such as Claudio Costa, gallerists such as Caterina

16   See: Alberto Boatto, *Ghenos, Eros, Thanatos*, Edizioni Galleria De' Foscherari, Bologna, 1974.

17   Antonino Bove, *Via Regia in fase REM*, Pezzini Editore, Viareggio, 2005.

Gualco in Genoa and critics such as Alessandro Vezzosi. Vezzosi was active in Vinci and in Florence, where he was involved in the activities of the gallery Proposte di Arte Contemporanea, run by Katalin Burmeister in the same ambit in which the gallerist Vera Biondi had previously organised an important exhibition activity in Florence.

Bove had acquired a clear awareness of the fact that the apparent inertia of many elements influencing our lives is actually in perpetual movement, with intensive exchanges of energy in the molecular, atomic and particle state. This had indeed been intuited early on and evidenced in the work Fernando Melani, the outsider who was also active in Tuscany, in Pistoia,[18] so that much of the art that had preceded Bove became evocative in his eyes. Thus, in both the artist's imaginary projections towards this art, and in particular in the statuary, the very poses of the works suggested to him actions or gestures about to be completed.

Bove developed this intuition by taking photographs in the Boboli Gardens in 1969 of the statues of *Kronos* and other mythological figures present within this historic green theatre. It was through this that, in the new creative phase of the 80s, he was able through the prodigy of art to imagine these works as endowed with consciousness and an invisible and mysterious life that freed them from their inert condition. By expediently altering the images of the famous antique works set in the historic gardens behind Palazzo Pitti, Bove decided to give life to a vast, imaginary repertoire of 'Living Art', conceiving a site for it in the shape of a 'National Gallery', and theorising in essays and articles in publications the *Vivaio delle Opere d'Arte*, a simulated museum equipped with signs and indications establishing the virtual structure.

The following year Bove was invited by Vezzosi to take part in the exhibition *Estasi/Antitesi* at the Proposte di Arte Contemporanea gallery, launching a collaboration with Vezzosi that continued in subsequent years with shows such as *Il giardino d'Europa*, 1986, one of the initiatives organised in the framework of the 'Florence, European Capital of Culture' event at Palazzo Medici Riccardi and on other occasions.

Meanwhile, through his entry into the Florence artistic scene Bove came into contact with poets, musicians and sculptors such as Eugenio Miccini, Lamberto Pignotti, Giuseppe Chiari and Renato Ranaldi, as well as gallerists and publishers from central and northern Italy including Piero Cavellini from Brescia and Rosanna Chiessi from Cavriago (Reggio Emilia). Gravitating around the display activities and publishing initiatives organised by Chiessi at the Pari Editori & Dispari venue (today Archivio Pari&Dispari) was an assiduous circle of friends and authors, including the poets Corrado Costa and Arrigo Lora Totino, the musician Philip Corner, the artists William Xerra and Gertrude Moser-Wagner from Vienna, and the influential Verona collector Francesco Conz,

exegete of the Fluxus artists, with whom Bove struck up a friendship.

8. FROM THE HUMAN TO THE POSTHUMAN

The phase which began in the early 80s appears to unfurl, as Bove himself confirms, by opening up his research 'to what is outside him'. It also seems to define a new path of focusing and clarifying the desire to make manifest his own poetic interests and all the work of anguished meditation on death and the identification of the dream and oneiric practices, especially through the experience of the 'materialisation of dreams'. The idea was to find a way out of thanatological destiny in an ontogenetic framework which seems to anticipate what was to become the sentiment and concept behind the so-called 'posthuman' condition. This went well beyond the 'postmodern' climate which, at the time, denoted the characteristic traits of a certain aesthetics, a certain art and architecture and, more generally, a certain development of thought.

While all this appears absolutely clear in observing the continuation of Bove's work, it is equally evident that this work and his action were not confined only to what were to become some of the characteristic traits of the posthuman in the course of the 80s and 90s. There were also other objectives and an aspiration to a change in the human condition that were much more radical and disconcerting than any experience contemplated in that climate and that debate introduced by biotechnological innovations, genetic engineering and extended contaminations with non-human alterity. Indeed, in his artistic-parascientific project Bove elaborated the utopian, but still doggedly pursued, desire to overcome the physical death of the body, to achieve an aspiration nourished in a more or less openly declared manner by serried ranks of thinkers in the spheres of philosophy, science, religion, technology and art itself.

What has been considered so far responds in documentary terms to the steps taken by Bove both within artistic circles and outside them, albeit always publicly. It is therefore surprising that, apart from a few cases of astute and immediate critical acknowledgement, various events addressing the posthuman in the artistic sphere, even a museum level, and including episodes, exponents and works posterior to Bove's pioneering contributions, failed to take his pertinent and

18   The work of Fernando Melani (1907-1985), pioneer of an art conceived in accordance with the concepts of nuclear physics and particle physics, can be viewed in the house-museum of the artist in Pistoia containing many of his works/experiments. See also the publications devoted to him, such as that of Donatella Giuntoli, *Fernando Melani. Un'esperienza bio-artistica*, Gli Ori, Pistoia, 2010, and the study by myself in *Fernando Melani. La casa studio, le esperienze, gli scritti, dal 1945 al 1985*, edited by Bruno Corà, Electa, Milan, 1990.

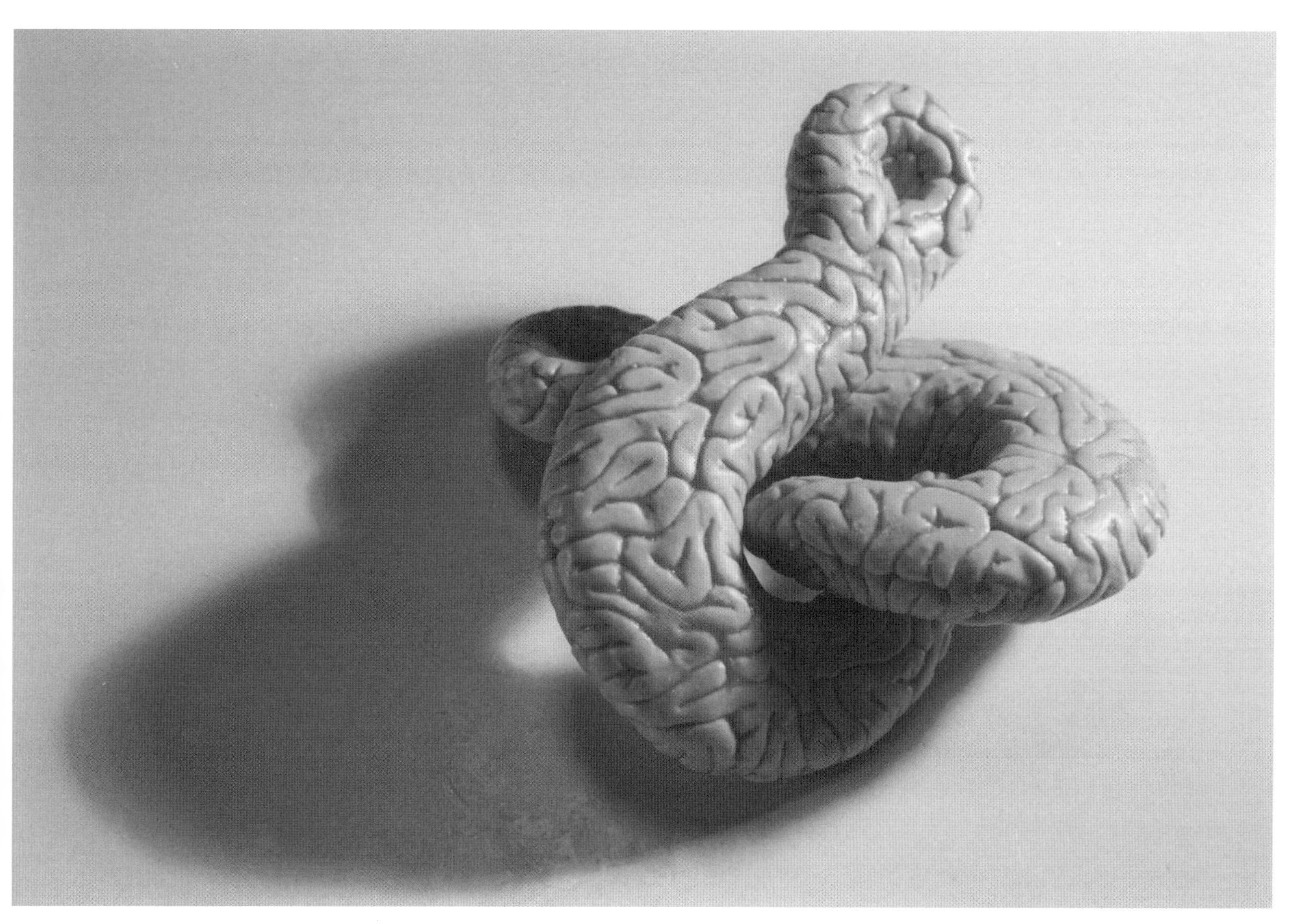

Senza titolo, 2001, ferro, gomma, 22×22×13 cm

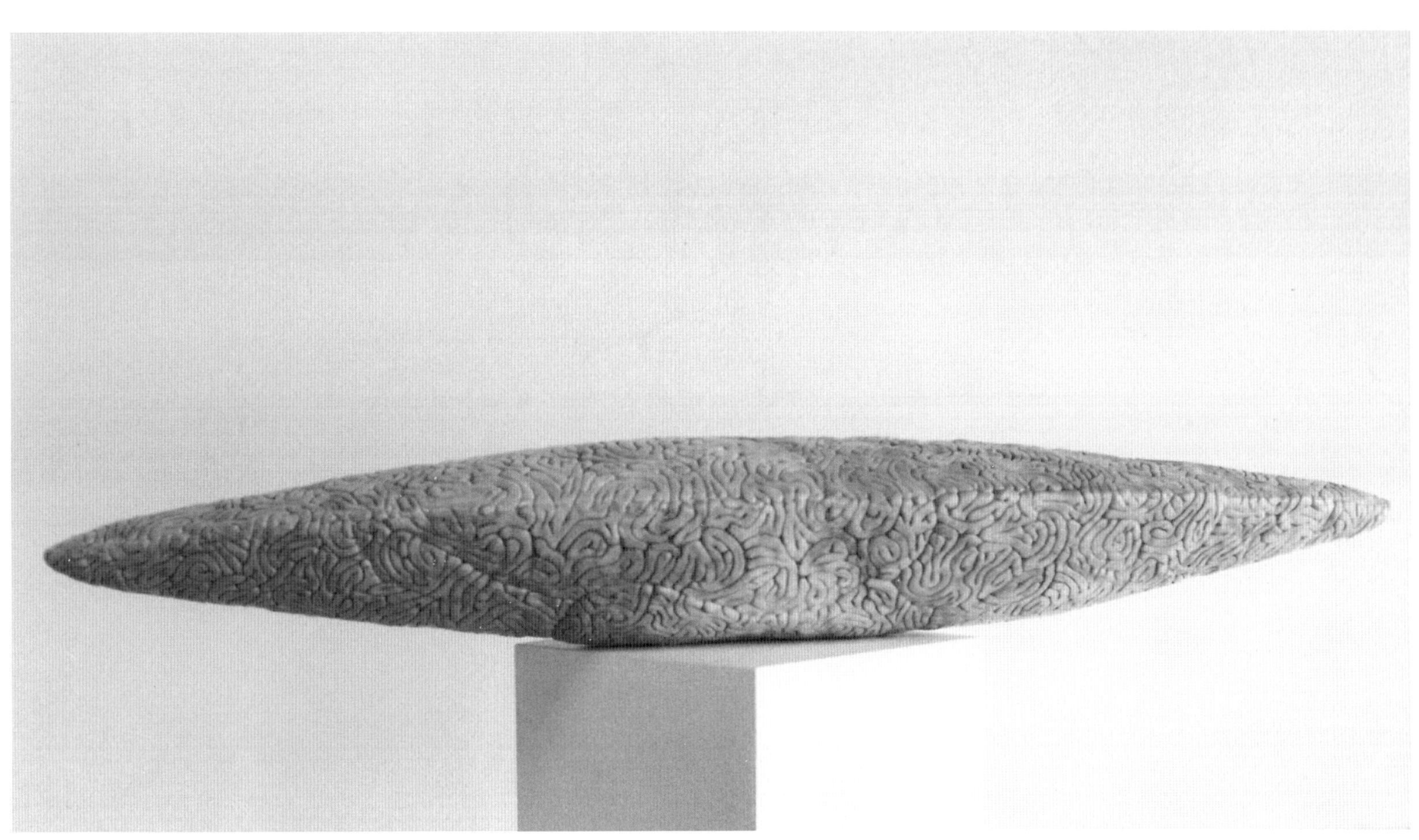

↑   *Amigdala*, 2001, resina, gomma, glicerina, 120×25×30 cm

precursory experience into account.[19] And it was certainly not the only omission!

Here it seems useful to ask ourselves which aspects determined a certain conception that led to the cultural dimension or condition defined as 'posthuman'. Among the numerous studies that have appeared on this argument, for the purposes of comparing Bove's work with the notion of posthuman the most clear and stimulating are the contributions in which the theory of posthuman considers the subject as a transversal entity, immersed and immanent in a network of relations that are not only human but also animal, vegetal and biological (Braidotti). And also those in which the posthuman profile is delineated on the basis of a new vision of the concept of humanity determined by a diffuse *hubris* with non-human alterity. Biotechnological grafting, genetic engineering, the use of stem cells and other research generate continual contaminations, transforming and redefining the human body and its ontogenesis (Marchesini).

The philosopher Rosi Braidotti has devoted hundreds of pages to an intensive analysis aimed at defining posthumanism, articulating its congenital conceptual complexity in topics and arguments responding to questions about the limitations of humanism in the face of the rise of the antithetical posthumanism, the new post-anthropocentric and posthuman subjectivity, the effects of global necropolitics and, finally, the effects of the posthuman on human sciences. In her conclusions to *The Posthuman* she states that:

> it is urgent to set a new posthuman social agenda. The limits and limitations of posthuman bodies must become the object of collective discussions and decisions across the multiple constituencies of our polity and civil society in a manner that does not assume the centrality, let alone the universality, of humanistic principles and anthropocentric assumptions. We now need to learn to think differently about ourselves and to experiment with new fundamental schemes of thought about what counts as the new basic unit of common reference for the human [...] we need new frameworks for the identification of common points of reference and values in order to come to terms with the staggering transformations we are witnessing. This book rests on the firm belief that we, early third millennium posthuman subjects in our multiple and differential locations, are perfectly capable of rising to the challenge of our times, provided we make it into a collective endeavour and joint project [...]. Human embodiment and subjectivity are currently undergoing a profound mutation. [...] Some of these events strike in us awe and fear, while others startle us with delight. [...] It is both exciting and unsettling to be reminded, almost on a daily basis, that we are, after all, such stuff as dreams are made of, and that the new possibilities are immense.[20]

Although the arguments are different, the thoughts on the posthuman of the scholar of biological sciences and epistemology, Roberto Marchesini, tables an all-round analysis of the human dimension based on the binarity of nature and culture and on many processes that have affected ontogenetic evolution over time up to the aftermath of the First World War. After this, an acceleration lasting around half a century brought about a vast number of changes in human life, undermining a concept of humanism that was by then incapable of encompassing the acceleration of the contamination phenomena sparked by technological development. In the second half of the 20th century, 'the relation between man and external reality was profoundly altered' (Marchesini), fostering and effectively engendering major steps in the hybridisation with alterity.

More specifically, it is Marchesini's speculations on the concept of *hubris*, on the redesigned body and the represented body, that appear of particular interest for this interpretation of Bove's work, since they dwell on aspects of the posthuman in art to which Bove has made, and continues to make, significant contributions.

Apropos *hubris*, in the *Dizionario di filosofia* Nicola Abbagnano states that what the Greeks meant by this term was 'any violation of the natural order, the limits that a man had to respect in his dealings with other men, with the deities or with the order of things'.[21] Since order and harmony are indivisible, for Marchesini a series of considerations derive from this, such as that

> Order and harmony reveal the profound need to stem evolution [...] the tendency to consider change as something opposed to the nature of things and hence to consider any alteration as dangerous and blasphemous. The order handed down by the post-Hellenic philosophical tradition is strongly anthropocentric [...] it is mortifying in its staticity and in the simplification of the causal processes. [...] The order celebrated by Plato is none other than the projection of man upon the world, [...] And thus, an order that assumes to read the world in a purely deductive manner [...] to assure man that in whatever remote part of the world he may be – in terms of both space and time, of knowledge and interpretation – he

19 More specifically, reference is made to the itinerant event entitled Posthuman curated by Jeffrey Deitch. Starting in June 1992, it travelled from the FAE Musée d'Art Contemporain in Pully/Lausanne to the Castello di Rivoli in Turin, (October-November 1992), the Deste Foundation for Contemporary Art in Athens (up to February 1993) and the Deichtorhallen Hamburg in Hamburg (March-May 1993), moreover without taking into consideration any of the Italian posthuman experiences existing at the time.

20 Rosi Braidotti, *The Posthuman,* Polity Press, Cambridge, 2013, p. 212.

21 Nicola Abbagnano, 'Hybris' (Hubris) entry in *Dizionario di Filosofia*, Milan, TEA, 1993, p. 448.

can call upon his epistemological resources to act in an appropriate manner: he shall, in any case, be at home.[22]

Marchesini also recalls Abbagnano's statement: 'injustice is merely a form of hubris since it is transgression of the just limitations *vis-à-vis* other men' and that hence exceeding the measure of the just is hubris.

From Plato to Solon, hubris is seen as the 'violation of the religious, social and natural pact that binds the individual to the world'. However, Marchesini also stresses that 'the term *hubris* is treacherous and full of ambiguities, it is a road full of potholes that can in a flash transform the accuser into the accused' since, although it is true that hubris forces the limits to epistemological openings that reveal new latitudes to the human being, conversely he who mistrusts or opposes it usually does so to maintain a stable, anthropological order in the by now obsolete and anachronistic world. In this regard it is a widespread conviction in the times we live in that 'posthumanism completely changes the approach towards hubris which – from being a risk, a danger, a sin – becomes the engine for linking man to the world' (Marchesini), hence losing its previous connotation of ambiguity in justice and negativity.

On the other hand, with reference to art, and especially to Greek or Roman art, the examples of hubris, such as the bronze *Chimera* of Arezzo or the mythological half-man, half-horse centaurs, call to mind the saying 'Nothing new under the sun!' Also persuasively evoked by Marchesini's survey is that:

> The contemporary age is in an inevitable dialectical position apropos the first humanism precisely because, albeit in a totally different manner, it appears to have to overcome that climate of profanation which, in other guise, Leonardo da Vinci and Andrea Vesalio came up against

in their anatomical perlustrations outside and inside the body to be explored, well before Mona Hatoum and Andres Serrano! It is also comforting to learn from Marchesini that:

> Through analysis of the succession of configurations of activity of the various parts of the encephalous [...] even dreams become transparent. For instance, as a result of research carried out on guinea pigs, the neurologist Matthew Wilson of the Massachusetts Institute of Technology was able to demonstrate how it is possible to study the contents of dreams through the sequential analysis of the activated neural configurations.

This confirms just how forward-looking Bove's actions in the sphere of dreams were, as well as all the performative activities he developed since 1972-73 through the creation of the Association of the Oneironauts.

Among the aspects concerning newly-framed issues of the distinctive qualities of the posthuman, those addressed by Marchesini concerning the replanning and representation of the human body are of particularly timely interest since they call into play a multitude of contemporary artists. These include Stelarc, Orlan, Matthew Barney and others who have enacted operations of correction and/or strengthening of the body, with the felinization of the shape of the eyes or ears, the alteration of the forehead, the prominence of the cheekbones, the enlargement of the bridge of the nose and other zoophysiognomic aspects which, as far back as 1586, Giovan Battista Della Porta had described as behavioural aspects connected with the image of the face.

As Marchesini quite rightly says, the dimension of Barney, Orlan and Stelarc is far from being of an initiatic, marginal or secret character, but is rather flaunted as a 'solar, worldly reality, immersed in its own present'. Instead, apropos the experiences and the creatures generated by Bove's imagination and the assiduous work carried out for around fifty years, we realise that the path towards their full recognition and implementation appears to be more challenging and more extended in time on account of its subversive character. We also realise that the staggering entity of the same means that it may yet have to remain at length in the purgatory of utopia.

There is a great deal more to be said and considered regarding the vast issue of the posthuman, and clearly we cannot overlook extraordinary passages such as those of Kafka's *Metamorphosis*, undoubtedly some of the most incisive when speaking of 'mutation'.[23] Nor can we ignore the new literature of a scientific character, where there appear to be no limits to the futuristic concepts concerning the prospects for humanity and its destiny in relation to the developments of the body and of life. These are on track towards a time when it will be increasingly possible to delay ageing, seeking that immortality on which Bove has been working in solitude for many years without the technological power of modern science that the theoretical physicist Michio Kaku speaks of.[24]

With the surprising information drawn from the stories that Kaku told in his radio programmes in the USA, *Exploration* and *Science Fantastic*, we can at this point interrupt the reflection on the posthuman. We shall however return to it in discussing some of Bove's own performances and those of several other Italian artists who have been unduly neglected, while in many cases a great deal of space and time has been devoted to works by artists from other milieux and countries whose experiences are sometimes less significant.

22 For this and following citations from Marchesini, see Roberto Marchesini, *Post-Human. Verso nuovi modelli di esistenza*, Bollati Boringhieri, Turin, 2002, pp. 199-208.

23 See, among the literary criticism, the essay by Giovanni Ragone, 'Nuove metamorfosi. Kafka/Ellis', in *Mutazioni. La letteratura nello spazio dei flussi*, edited by G. Ragone and F. Tartia, Liguori Editore, Naples, 2004, pp. 11-36.

24 See his book *The Future of Humanity*, Doubleday, New York, 2018, especially the chapter in which he dwells on numerous experiments for the achievement of immortality, interrupting the process of bodily ageing.

Again referring to the work that Bove developed under the influence of his investigation of dream, it is useful to consider the exemplary quantity of experiments, performances and realisations carried out in the 80s. These demonstrate the originality of his research *vis-à-vis* the process of vitalisation of apparently inert matter, and actions and facts that paved the way to the most impressive stages of his work. It was these preparatory phases that led him to the conception and elaboration of a 'creature' equipped with a structure metaphorically capable of acquiring bodily immortality and sharing it with whoever had the desire and intention to enjoy it.

Before this phase, Bove devoted himself to many projects, often shared with other artists or operators in the scientific or poetic fields, produced works based on photography and plastic works, wrote articles in several art journals, held conferences, participating in symposia in Italy, Austria, Germany and the USA, and independently published various essays.

9.   FROM 1979 TO 1989

During the 80s Bove engaged in numerous actions and took part in many shows. As already mentioned, it is important to recall among the actions those in which Bove produced images or plastic creations that were later displayed in exhibitions and published in catalogues, brochures and his own articles. After *Visualizzazione di un sogno di un cactus* [Visualisation of the Dream of a Cactus], 1979, and of an *Onironauta* [Oneironaut], 1979, he addressed in person the *Operazione di peso dell'oniroplasma* [Operation of Weighing the Oneiroplasm], 1980. In this experience Bove had reached the objective conviction, based on the principles of science, that the dream, as measurable energy, must also possess a mass and hence that the matter of the dream could be weighed. Luciano Fabro, moreover, had already produced the tautological *Oggetto con dispositivo per ridurne il peso* [Object with a Device for Reducing its Weight], 1968, and Michelangelo Pistoletto the work *Il peso dell'immagine* [The Weight of the Image], 1976, both experiments aimed at weighing the imponderable.

Dating to 1980 is photographic documentation of *Onirescenza* [Oneirescence], 1980, and the *Materializzazione di un sogno* [Materialisation of a Dream], 1980. Later he also produced images of *Sogno di una statua* [Dream of a Statue], 1981, and launched the production of an *Oniroplasma* [Oneiroplasm] that was not completed until 1996, as well as conceiving and metaphorically realising through a performance the coming to birth in adult form of the oneiric entity *Espansiva* [Expansive], 1982. In his book *Oniroplasmi*, Bove provided an eloquent portrait of this 'creature':

> The appearance is that of a girl aged about 18 or 19, fairly tall and slim, with strong, regular features, long straight black hair and olive skin.

In the rest of the account Bove continues the description, listing the continual changes in the physical state. As a result of this, at the presentation of the book a journalist from the Varese daily paper defined it as 'belonging to the large genre of fantastic and visionary literature of Surrealist descent,' while at the same time admitting that he had been charmed by it and was willing to believe that the reader might well wish to enter into such an 'alternative world' suggested by Bove that offered a way out of the biological life/death cycle.

The collaboration Bove had entered into with Alessandro Vezzosi and the Proposte di Arte Contemporanea gallery led him to display in the *Estasi/Antitesi* show his *Mutazione di un oniroplasma* [Mutation of an Oneiroplasm], 1984, a work that was also later shown at Caterina Gualco's Unimedia gallery in Genoa.

Meanwhile, the interest generated around Bove's practice, and his dissatisfaction with having to produce the works using traditional inert materials, led him to reconsider his National Gallery of Living Art project (1983) and to conceive works that are alive, since they are made from living material, and can even aspire to acquire consciousness.

On the impetus of these new intuitions, from 1986 Bove began to produce and circulate a series of dossiers documenting the 'materialisation of dreams' and the 'living works of art', with each of the independently-published folders containing texts, photos, drawings, factsheets and reviews. This new action continued up to 1995, amounting to a total of eleven issues, now practically impossible to find.

The generative drive led to new instrumental works, such as the *Talismano per sognare* [Talisman for Dreaming], 1987, a dream inducer-catalyser, and the photographically-captured attractive action of the *Sostanziazione di un sogno gemino a opera di sognatrici*, [Substantiation of a Dual Dream by Dreamers], 1987, featuring two models in a setting close to a seaside cliff, where the continuous movement of the waves has a strong anxiogenic effect and efficaciously suggests the dream flow.

The works produced between 1988 and 1989 include *Cullabarca di un sogno materializzato* [Boat Cradle of a Materialised Dream], 1988, made using parts of an aircraft fuselage, blocks of melted glass and iron, displayed in 1992 in the Museo Attivo delle forme inconsapevoli, set up by Claudio Costa in the former premises of the psychiatric hospital of Genoa Nervi, *Il sognatore stilita* [Stylite Dreamer] at the time of the show at Arte Sella in 1988, *Levitazione onirica* [Oneiric Levitation], 1988, and finally the installation in the garden of the Accademia della Crusca in Florence, for the exhibition *I giardini della Chimera* curated by Vezzosi in 1989, of an *Emanazione e captazione di sogni* [Emanation and Reception of Dreams] based on a large metal radar antenna connected to an oneiric source.

As already mentioned, in the same period his work was also hosted in the show *Il giardino d'Europa* at Palazzo Medici Riccardi in Florence (1986), while numerous theoretical reflections appeared in journals of culture and current affairs.[25]

The *Biologia del trascendente* [Biology of the Transcendent] is a compendiary work by the artist, setting the record straight on the activities of 'objective levitation', materialisation and reception of dreams, the *Quanti di arte vivente* [Quanta of Living Art] and other initiatives of the decade just mentioned. In the introduction, pondering whether Bove had a centre of gravity or an organising archetype that guided his action, the ethologist Giorgio Celli argues that Bove is inclined towards an 'epistemological *courbure* that sees science as a fundamental and essential element of "doing"'.[26] Celli is even more convinced that Bove's transcendental biology goes beyond the diffuse aesthetics preached by Pierre Restany to the point of *proposing a scientifically proven aesthetics*. Then, anticipating a certain future action on the part of Bove, he asks himself: 'A Frankenstein project?' Celli eloquently answers his own question with a 'perhaps'. It is, however, an anything but casual answer, since we can grasp that his brief but acute prefatory essay to Bove's book is the result of a documented reflection both on the artist's work up to that time, expressed and collected in catalogues edited by Alessandro Vezzosi of exhibitions such as *Il concerto di statue*, *Il ritorno di Pan*, *La fonte delle fonti*, and on the artist's own publications such as *Luminescenze*, 1985, *Onirofanie*, 1987, and *Quotidiane levitazioni*, 1989. Considering Celli's known frequentation of artistic circles, it is evident that he is interested in and curious about Bove's work, admitting that

> the artist takes his concept of 'the scientific' well beyond current boundaries, *revisiting it – so to speak – from the future*, with the eyes of both the prophet and the futurologist.[27]

Moreover, in *Biologia del trascendente* Bove takes the opportunity to theoretically reconfirm essential aspects of his operational praxis as well as providing images of works and photographic evidence of experiments and performances related to the materialisation of dreams, episodes of levitation, works made using yeast, unicellular algae and bacteria: all organisms that can be genetically replicated and hence potentially 'immortal'.

Following through the statement 'the nature of art is more complex than we know', Bove also documents the realisation of the project *Embrio*, 1990, an installation daringly constructed together with Claudio Costa on Monte Forato in the Apuan Alps. Bove writes:

> Embrio is a living organism of art, an entity activated by the massive natural magnet represented by Monte Forato [...]. Suspended in the centre of the huge natural arch of the mountain is a pure form designed to be a 'threshold of the horizon of visible and invisible events'. Installed above the arch is a selection of human cells with the characteristic of being immortal. At the base of the arch a transformer of energy into matter is in operation.[28]

Among the documents contained in *Biologia del trascendente*, the series of reflections and statements gathered under the title 'the museum as a nursery of artworks' should not be overlooked. Although it bears the date of April 1991, it was very plausibly conceived in the first half of the 80s when Bove gave life to the imaginary National Gallery of Living Art and to the Museum as a Nursery of Artworks. Here we find expressions at the extremes of the imaginary:

> Considering that the art of the future will not be restricted to representation and metaphorical mediation but will be a living and autonomous modality, rather than of museums we ought to speak of nurseries in which we can encounter the physicalised creatures of our dreams, intuitions and memories [...]. The museums that house these works must be places of events under way, of encounters with the living materialisation and possible etherisation of our imagination [...] genetic engineering will make immortality possible in a not-too-distant future. I find the idea of giving shape to works, using not inert materials but living organisms with characteristics of immortality, extremely intense. [...] The history of man is a multiform attempt to overcome death [...]. With the development of science the artistic metaphor appears to decline.[29]

Reading these statements after having followed Bove's action so far, one has the impression that he is contemplating a dimensional leap in the conception of his work, opening it up to a greater influence of scientific research. We have ascertained that Bove's striving was originally determined and driven by an artistic vocation, infused with a profound yearning to overcome death, and by the creation of works often explicitly evoking this very notion. It is equally evident that, with the passage of time, an authentic strategic and operational project began to take shape in his conceptual parabola, integrating artistic and poetic action with interests and instruments belonging specifically to psychology, parapsychology, philosophy ethnology, anthropology, mythology, alchemy, the physics of time, quantum physics, physiology, biology, technology, shamanism,

25   On the show *Il giardino d'Europa* curated by Alessandro Vezzosi at Palazzo Medici Riccardi, see the catalogue published for 'Florence, European Capital of Culture' by Gabriele Mazzotta, Milan 1986; for Bove's publication see numbers 16-17-18-19-20 of 1995 and 21-22-23 of 1996 of the journal *RISK*, published by Lucrezia De Domizio.

26   Giorgio Celli, 'Antonino Bove e l'arte della vita', in Antonino Bove, *Biologia del trascendente*, Edizioni Essegi, Ravenna, 1991, unnumbered pages.

27   *Ibid.*

28   Antonino Bove, 'Embrio' in *Biologia del trascendente*, cit.

29   *Ibid.*

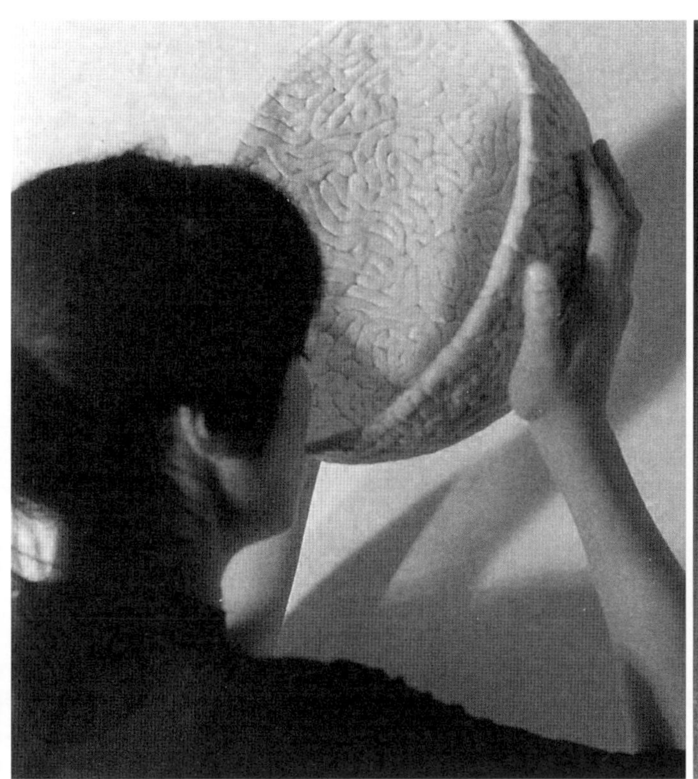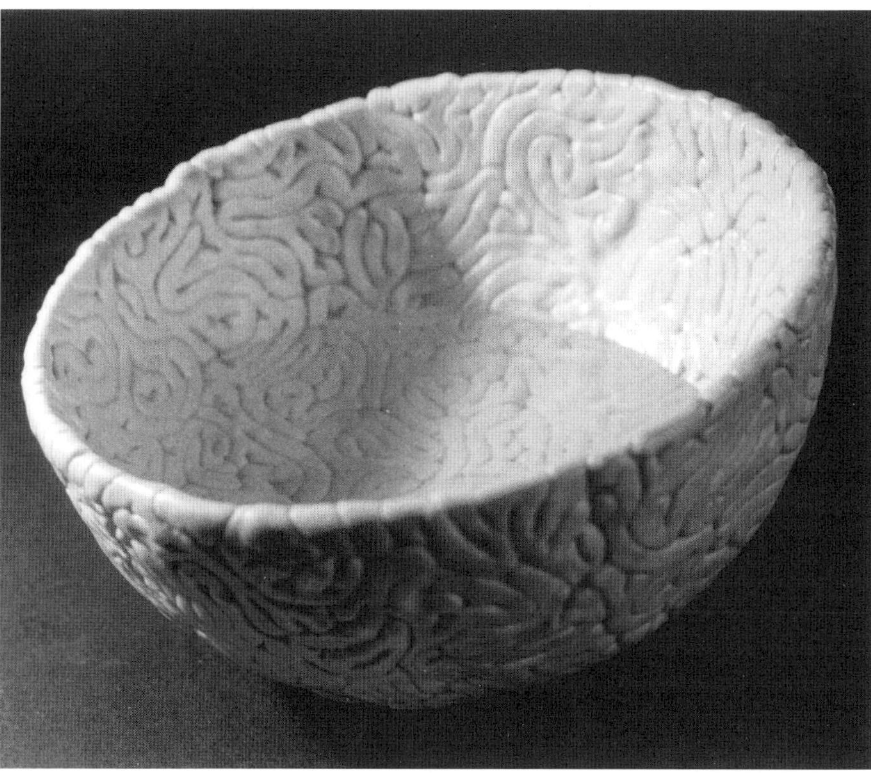

Stampa fotografica (particolare), 40×30 cm, documentazione di: *Bere acqua memorica*, 2004, azione
Contenitore, 2001, alluminio, gomma, glicerina, diametro 31 cm

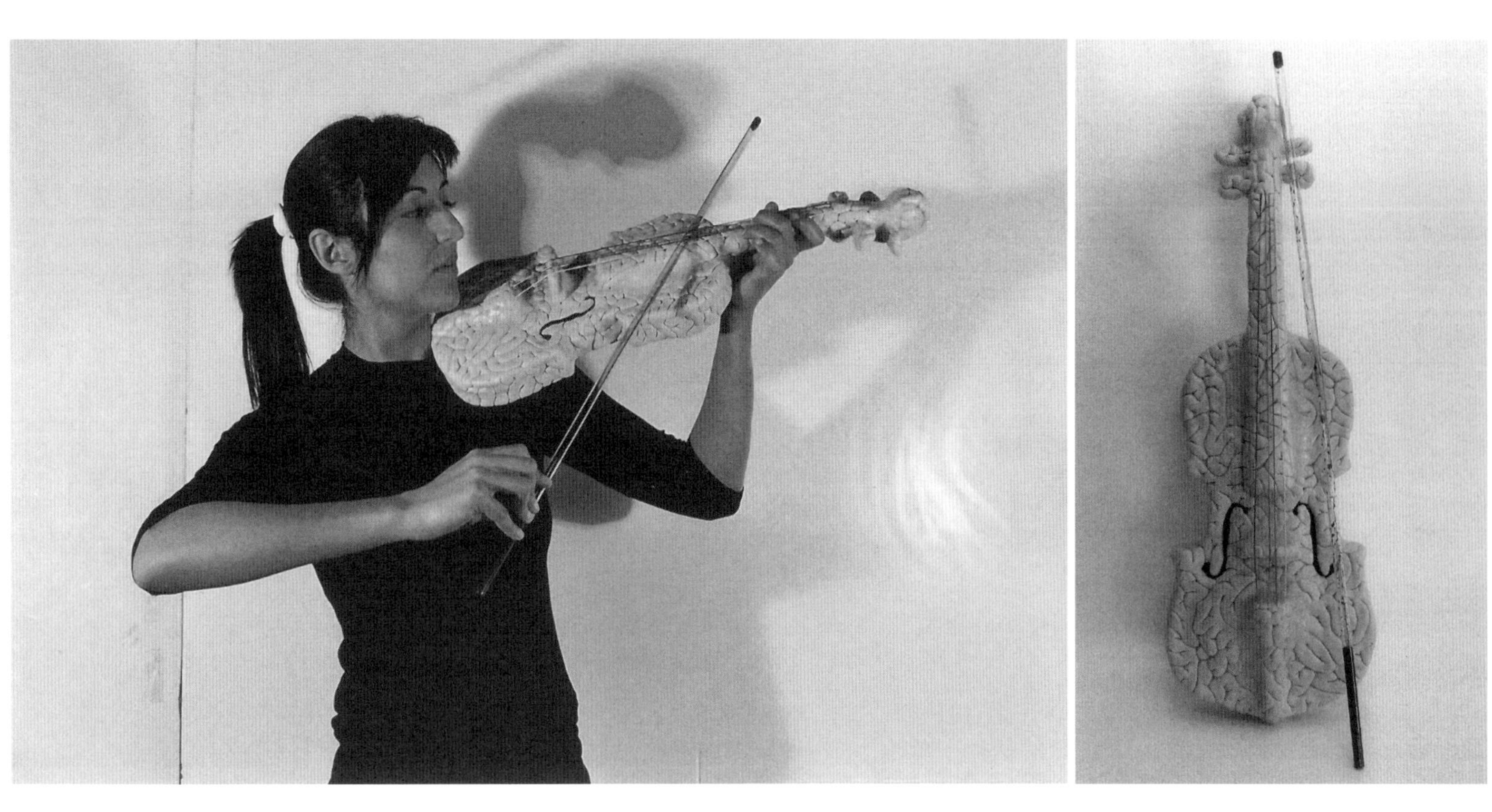

Stampa fotografica, 30×40 cm, documentazione di: *Suonare un violino cerebrale*, 2004, azione
Violino cerebrale, 2003, legno, gomma, vetro, glicerina, inchiostro, 19×9×58 cm

neurology, theology, genetics, sociology and politics. In a word, science from A to Z, human sciences and even science fiction, continually surpassed by Bove's artistic metaphors. The leap that we can glimpse the inclination towards is that of a slow but possible overcoming of the traditionally understood parameters of artistic action, which increasingly surrender to parascientific experience for the sake of gaining ground towards the ultimate objective of the victory of the human body over death. The last statement that I have cited above from the 1991 text – 'With the development of science the artistic metaphor appears to decline' – decidedly prefigures this new phase.

10.   A DIMENSIONAL LEAP

Biologia del trascendente contained images of the 'trees of life' created by Bove on the basis of yeast, a substance that can regenerate itself indefinitely, or based on cultures of marine algae, unicellular organisms that were the subject of a performance organised on the island of Stromboli on Easter Sunday 1991, and of various versions of 'levitation'. The book documented the experiences matured by Bove and amply communicated in Italy and abroad, especially in the United States where he travelled between 1988 and 89, visiting various states and institutions in America where he held conferences. At the Franklin Furnace Archive of New York and Rutgers University in New Jersey, where he was welcomed by Philip Corner, he lectured on the 'living works of art' in the course of the 2nd symposium on 'Art and Invisible Reality' in 1989. As Bove wrote on this occasion,

> Living art will be moulded not in an inert body but in pure energy, in nascent and transmutant matter, in fluid forces equipped with consciousness [...]. Dreamt and fantastic, this art that projects itself beyond art already belongs to the world.[30]

Similarly, with the same communicative drive, on the previous day Bove had illustrated and described the experiences of 'levitation' he had performed by projecting images accompanied by his own commentary.

> In the physics of living Art, in the phenomenology of dreams, the inert comes alive, beings are freed from the weight of corporality and pass beyond space-time, the life-death dyad, energy becomes matter and vice-versa [...]. Levitation, being anti-gravity, is the passage for penetrating the fourth dimension, the entry into anti-matter [...]. Through levitation one begins to conceive Art no longer as only an aesthetic fact but as living energy.[31]

The impulse that Bove gave to his research and, as already noted, his statements about the actions he performed leave no doubt about his intention at this stage to interface every new artistic experience with the pragmatic consideration of the scientific innovations in quantum physics and bioengineering. These developments did not go unnoticed by the critics and scholars who had begun to approach his work, including Alessandro Vezzosi, Andrea Del Guercio, Giandomenico Semeraro, Paolo Albani, Giuliano Serafini, Chiara Leoni, Miriam Cristaldi, Laura Mare and Rossana Bossaglia. The book *Arte e Scienza*, with contributions by Renato Barilli, Giuseppe Caglioti, Gillo Dorfles and Vittorio Fagone, was edited by Bossaglia, who emblematically published in it *The Tree of life. Transmission of immortality from a mass of yeast* (Saccaromyces Cerevisiae) *to a genetically predisposed plant* (1990) in the version of the work installed by Bove at the Kunsthalle in Linz (1992). During the discussion tabled with Barilli and the other authors, Bossaglia confirmed that

> the discrimination between art and science is something that we make, as consumers and in retrospect, depending on the material offered to us.[32]

A few years later Bossaglia explained her conviction about having decided to include evidence of Bove's research in the illustrations of the book on art and science. On the publication of Bove's work *Lievito* [Yeast] – the Italian title of which curiously lends itself to an ulterior potential reading as 'levito', hence alluding to the experiences of levitation also covered in the book – Bossaglia wrote:

> the connection of artistic research with that of physics, especially at experimental level, has rarely been the subject of theoretical discussion, still less of explicit operational praxis: this is the terrain in which Antonino Bove carries out his research [...] Nowadays we increasingly avoid opposing art to science; nevertheless we continue to attribute a fundamental and explicit function to the former, the function of metaphor. In the work of art we can contemplate events and situations that would be unbearable in reality, not because they are euphemised but because they are metaphorical. If I have understood correctly, Antonino Bove's current action is instead aimed at overriding the metaphor and encountering art in another dimension, on the premise that knowledge is one.[33]

In effect, in the interim Bove's work had become strongly oriented towards and distinguished by experiments and actions evolving within the dual ambit of the art studio and the alchemical-scientific

30   Antonino Bove, 'Opere d'arte viventi', typewritten text, New York, 19 November 1989.

31   Antonino Bove, 'Sulla levitazione', typewritten text, Mason Gross Department of Visual Art, New Brunswick, 18 November 1989.

32   Rossana Bossaglia, 'Arte e Scienza. Opinioni', in AA.VV., *Arte e Scienza*, Ilisso, Nuoro, 1993, p. 91.

33   Rossana Bossaglia, 'Nel segno dell'intuizione e della ricerca', in Antonino Bove, *Lievito*, Edizioni Piletra, San Michele di Moriano, 1999.

laboratory. *L'albero della vita* [The Tree of Life], 1991 (which, as mentioned, he displayed inter alia at the Kunsthalle in Linz), does actually have its roots in a mass of pure fresh natural yeast. Similarly, *La pianta della memoria* [The Plant of Memory], 1994, a papyrus plant with its roots immersed in a solution of human neurons, is induced to acquire the faculty of recall. Operating towards similar ends is his *Generatore e accumulatore di memoria*, [Generator and Accumulator of Memory], 1996, a set of plates of glass and copper scattered with neurons and immersed in tanks connected to each other by climbing plants, designed to accumulate information, psychic events and human memories. Finally there is the evocative installation of *Le anguille poetiche* [The Poetic Eels], 1995, synthesising the art-science-nature triad, in which 'the eels, equipped with cognitive faculties [...] give the impression of living signs and graphemes' as they swim around in a tank (140×140×30 cm) inside which Bove has placed signposts bearing lines of poetry, fragments of musical scores and drawings; the whole is placed over maps of genetic DNA and chromosomes (measuring 200×200 cm).

In this experimental context, and with a biogenetic creative vision, in February 1998, Bove accepted an invitation from Giandomenico Semeraro to take part in a group show as part of a programme of exhibition initiatives planned by myself at the Museo Pecci in Prato.[34] Bove burst in with the surprising installation of an *Antropolievito* [Anthropoyeast], 120 kilos of natural yeast moulded life-size in human form, stretched out on a base consisting of a genetic map of the yeast, visually reproduced following the circular graphic pattern of *Saccharomyces cerevisiae*. The work aroused considerable curiosity, since it was clear to everyone that the organism moulded in the yeast would undergo the transformations of living matter, while some people were immediately and powerfully reminded by its morphology of the mythical golem of popular Hebrew-Kabbalistic legend, frequently taken up in nineteenth-century Jewish and German literature, starting with Jacob Grimm, Achim Von Armin and E.T.A. Hoffmann and in the 20th century by Gustav Meyrink. Bove, moreover, was entirely aware of this, as he himself stated: 'This work represents a fundamental stage in my artistic research.' And indeed so it turned out to be for the development of his work, since this creation spawned the conception and realisation of a series of experiences and morphologies based on 'cerebralization' culminating in the design of the figure and entity of *Acronos* (which we shall return to later) indubitably belonging to the rarefied genealogy of creatures conceived by art and destined in different periods to embody the emblem of a specific and unmistakeable *Zeitgeist*.

11. FROM 'ANTROPOLIEVITO' TO 'ACRONOS'. CEREBRALIZATIONS (1998-2008)

Bove was fully aware of the dimensional leap he made with the creation of the *Antropolievito*, and in the following publication he commented on the phases in the elaboration of the work:

> The skin of this creature is marked with my fingerprints. The 'maternal' care I feel in modelling this golem is excessive. I am overcome by a ridiculous giddiness and euphoria now that *Antropolievito* is formed. The length of his life will be circumscribed, in perfect conditions, to just a few weeks, but at the same time he will be eternal. The cells of the yeast reproduce themselves, always identical, from the origins of life; this means that if, in the years to come, I model another golem it will genetically be the exact double of *Antropolievito*. It is hardly necessary to stress the implications of a philosophical, ethical and aesthetic character that an entity of this kind entails.[35]

The phase that opened up for Bove from here on was that of an operativity intuited within an 'art as the extinction or surpassing of art.'

Bove had served a long apprenticeship expressed through shared performances with visual poets (including Arrigo Lora Totino, Franco Beltrametti, Maurizio Spatola, Eugenio Miccini, Lamberto Pignotti and Gian Ruggero Manzoni), numerous shared actions with Claudio Costa, precursors of anthropological art, and with Angelica Thomas and Jacob de Chirico, co-founders and exponents of the *Kraftzellen-Cellule di energia* group, as well as his frequent participation in artistic-scientific events. All this equipped him with a synthetic capacity to identify the direction to be taken at the dawn of the third millennium, making him ready for the decisive development of his 'immortalist' poetics.

The creation in 1999 of an organism called *Cerebrosoma* [Cerebrosome], a successor of the 1998 *Antropolievito* and considerably altered in appearance, effectively and clearly revealed the new road Bove had taken. In presenting his impressive creation at the Palazzo Ducale in Genoa in February 2009 he wrote in a communication:

> In this work [...] the human body is subject to a dramatically extreme evolution. Paradoxically, all the organs and the deriving functions have disappeared [...] we are in the presence of a fantastic autonomy in which this being, composed entirely of neurons, is

34   See the exhibition *Ecce Homo* curated by Giovanni Semeraro, in *Irradiazioni*, at the Cartaia, Vaiano, 27 February – 31 March 1998, sponsored by the Centro per l'Arte Contemporanea Luigi Pecci. Along with Antonino Bove other invited artists included Franco Ionda, Innocente, Fabio Mauri, Jaume Plensa, Mimmo Roselli, Marco Nereo Rotelli, Andres Serrano and Oliviero Toscani.

35   Antonino Bove, 'Antropolievito', in *Lievito*, cit., p. 35.

constituted of and inhabited by solely thoughts, memory, dreams and information. In another independently-printed text Bove continues his description:

Cerebro is a paradoxical and terrible imaginary being, belonging to a distant future [...] *Cerebro* contains a large dose of irony and absurdity, possibly triggered by a nightmare. How could an organism composed solely of cerebral matter even stand up? [...] His cerebral mass suggests prodigious intellectual capacity, greatly superior to that of common mortals. Weighing around 80 kg he would dispose of 80 × 10 to the power of 14 neurons (20 million billion operations per second: the computational power of a human brain times 80!) This intelligence suggests, for instance, that *Cerebro* has developed the capacity to communicate via telepathic waves; that he can feed himself metaphysically, that he can move using the power of thought and reproduce himself by transmitting personal data to another *Cerebro*.

In concluding his description of the properties of this prodigious creature, whose senses would be 80 times more sophisticated and developed than ours, Bove endorses:

Before him we are projected into a very distant future in which the spiralling evolution of his DNA has resolved the problem of he damage caused to cells by time. He will be saturated with the telomerase enzyme that blocks cellular ageing. The extreme and abyssal evolution of *Cerebro* coincides with immortality.[36]

One of the consequences of the conception of the *Cerebrosoma*, 1999, was the production of a series of objects and utensils which Bove called 'cerebralizations' (violins, telescopes, scales, shoes, bags, chairs, shells and books). These objects were made of rubber scored by cerebral gyri, simulating the future infusion of intelligence into even inert materials with the intention that they would become living and thinking.

Using resin, rubber and glycerine, in 2002 among other works the figure of *Acronos* took shape, materialised from a dream in the laboratory of the phantomatic Association of the Oneironauts. The author of the dream, Massimo Locus, alias Antonino Bove, describes after a dual dream the figure that he called *Acronos*:

I was walking along the shore of a lake teeming with life [...]. On a small hill nearby I saw a perfectly cubic construction without any windows but with a wide door [...]. A figure with smooth and anonymous lineaments appeared in the doorway. As I approached I noted, with a certain repulsion, that the head, totally hairless, was marked by greyish cerebral gyri covered with a thin, transparent and moist membrane. Given the absence of eyes, nasal protrusion, mouth and ears, the being had no face. The hands, the only parts left visible by an austere and elegant black suit, were made of the same cerebral matter. Forcing myself to appear casual and seeking to conceal a vague sense of terror, I skirted around him. The individual appeared to have peaceful intentions; he sat down calmly on a rock nearby and assumed an absorbed and thoughtful attitude. His head was bent downwards as if burdened by an immense weight. When I awoke I recorded the dream scrupulously.[37]

The entire story of this creature of Bove's imagination—after having taken part in the events that developed from the date of his conception up to 2016, the year of publication of the story-manifesto of his entire identity and mission—continues to be the coveted alter ego of his author, as well as the aspiration to which every human being should yearn, since *Acronos* is the prototype of the eternal man.

Bove has written hundreds of impassioned pages with detailed descriptions of the oneiric origin of *Acronos*, the technology used to materialise his entry into the world, his physiology, his language, his meditative silences, his offer of a formula for the treatment to be undergone to obtain the immortality of the body, his potential and his faculties. Naturally he has also dwelt on the prospects that this prodigious new posthuman being can hold out for the entire worldly community and even for the destiny of the universe-multiverse that Bove thinks about. These pages represent the most advanced goal of his artistic-scientific, science-fiction and post-artistic adventure. From the moment *Acronos* appeared in Bove's conceptual and operational repertoire he has gradually paved the way to introducing his creature into his own daily business of actions, public performances, exhibitions, conferences and publications. This is his way of conferring upon this being—this alter ego—a shared, irreversible and unsurpassed reality which, at the same time, instigates developments marking authentic new phases in Bove's phantapoetic speculation. These include biological immortality (hyperevolution),[38] the foundation of the Archive of Indelible Memory of the Order of the Quantogenetic Immortals and of the Order of the Diaconia of the Imaginary, the

36   See archive documents of Antonino Bove and the catalogue of the exhibition *Tuchfühlung 2* at the Kunsthaus Velbert Langenberg (D) and the Palazzo Ducale in Genoa (11-27 February 2000), curated by Norbert Bauer, Herbert Griemann and others in collaboration with the Galleria Leonardi V-Idea and Florence Reimann.

37   Antonino Bove, *Acronos*, Morgana Edizioni, Florence, 2016, pp. 6-7.

38   The 28-minute film *Acronos*, 2013, produced by the Association of the Oneironauts and Studio Sumatra, an independent film and art production studio, has been publicly screened at the Trieste Science+Fiction Festival (29 October-3 November 2014), at the Galactic Film Fest at The Frida Cinema in Los Angeles (2014) and at the GAMC 'Lorenzo Viani' in Viareggio.

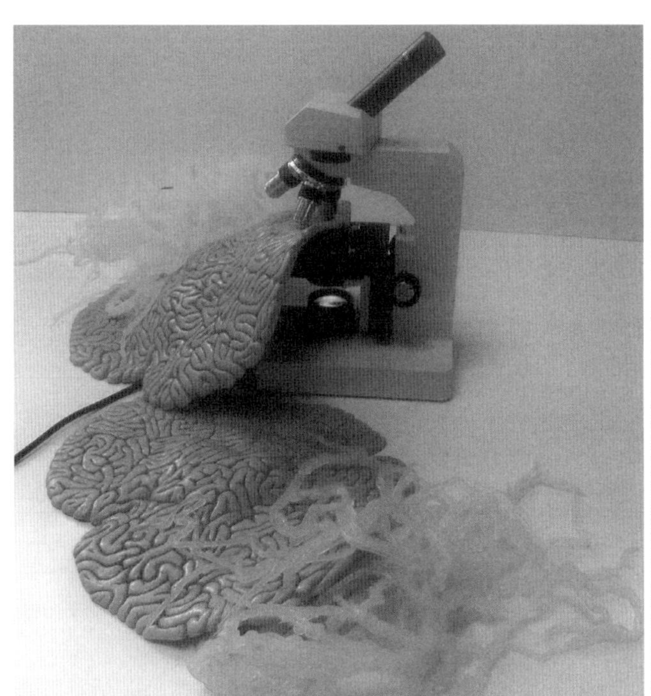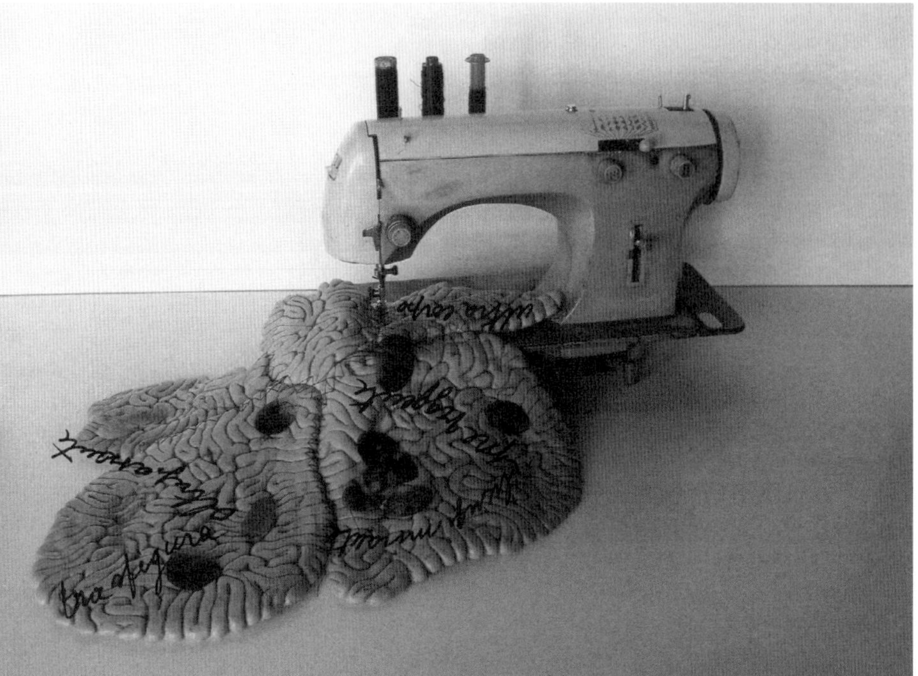

propagation of luminous energy,[39] of the superluminal faculty and of living, non-physical light, not of an electromagnetic nature.

During this period Bove worked on numerous different new creations closely connected with the sphere of operation suggested by the concept of *Acronos*. Among these we can mention *Cosmocronografo* [Cosmochronograph], 2004-2016, *Resusciteur*, 2006, the numerous volumes of the *Formulas and Treatment Protocols for Quantogenetic Immortality*, 2007, the *Formula for Treatment of Immortality*, 2007, the *Connettomi fanici* [Luminous Connectomes], 2018 and various photography-based works related to *Human Cerebral Entities – Conoidal, Spheroidal, Toroidal – in Multiverses*, 2017.

Additionally, of particular significance among the numerous performances staged from 1991 on were *Nutrirsi d'arte* [Feeding on Art], 1999, in collaboration with Daniele Poletti, an artist who 'offered his body to some genetically-engineered leeches so that they could feed on his art'; *De artis corpore,* 2001, an autopsy of the living work of art as vivisection of the body of God, at the Accademia Autoptica [Autopsy Academy] in Viareggio, carried out by Bove together with the 'transubstantiators' Paolo Albani, Marco Corbelli and Daniele Poletti; *Alcune brevi azioni eternali* [Several Brief Eternal Actions] 2004, performed by Bove's daughter, Azzurra, on which occasion the artist asked himself:

What harmonies will emerge from a violin entirely substantiated by brain? Mental sound waves that are acute and moving, or funereal and evocative? What will we see through a cerebral telescope? Distant dream landscapes? Memories that we had forgotten? What liquid will this hemispherical recipient made of neuronal matter contain? Ideas, liquid thoughts?[40]

There is photographic documentation of all these actions.

Similarly significant are the performances dedicated to Raymond Roussel and John Cage, both conceived within the context of practices simulating the 'resuscitation' of deceased artists. For the French writer buried in the historic cemetery of Père-Lachaise in Paris, the photos taken during the joint performance by Bove, Gianni Broi and Nathalie Hamard-Wang record the commemoration held on 14 July 2006 during the event *Corps de marbre, corps de chair*, culminating in the evocative action of Roussel's hoped-for return to life through the *Formule de l'immortalitè*. In the spring of 2007, Broi curated an exhibition at the Biblioteca Nazionale Centrale addressing the documentation of this work along with numerous other contributions, as well as a conference attended by Bove himself.

Instead, for the reappearance of John Cage, Bove organised two performances, creating and wearing a rubber cast of Cage's face, and arranging the respective sound dynamics: first at Villa Enrico Caruso in Lastra a Signa (Florence) in April 2016, and then in Verona in May of the same year.

Finally, the numerous performances devoted to divulgation of the *Formula dell'immortalità*, were similarly engaging and attracted major public participation. These took the form of the consumption of various foodstuffs (liquids, yeasts, yogurt, algae, pane Carasau, or Sardinian flatbread, etc.) or through the distribution of a scroll containing the formula, in the form of a roll approximately one metre long that was given free of charge to the public in attendance.

12. 'ACRONOS', THE FINAL LINK IN THE ARTISTIC CREATURAL CHAIN

This is certainly not the first time that the thought and work of an artist have offered extraordinary proof of how the imagination, extending itself beyond space and time, succeeds in materialising with absolute idealism creatures, places, faculties and scenarios of the future derived from the dream and desire of overcoming death and physical disappearance. 'Imagination is more important than knowledge' (Einstein).

It was the imagination that Antonino Bove leveraged to arrive at the conception of his creature *Acronos*, with the redemptive aim of freeing the human race from death and leading it once and for all into eternity along with the body. This is the goal around which Bove's artistic striving has revolved from the start, and not that concept of ideal eternity that even art has always promised and guaranteed to its best artificers as the result of acquiring undying glory. Like Gino De Dominicis, an artist of his generation, albeit later and through different paths, Bove sought and affirmed the need for the immortality of the body and not the equally appreciated recollection of posterity.

At this point the time is ripe for a comparison of Bove's creature *Acronos* with the family tree of anthropomorphic beings invented by mythology, literature, art, philosophy, religion, science and technology, with a view to discerning in what respects and in which particular characteristics *Acronos* differs from all of them.

In an exhibition organised around ten years ago in Lugano,[41] we succeeded in mapping out an extensive show exploring the destiny of the relation between the human being and the machine, in a time when the former has already incorporated and integrated into itself mechanical parts, while the latter increasingly appears to emulate the human body to the point of wanting to replace it completely. The event offered an array of vantage points for observing and considering the trajectory of the human body in history, art, technology, mythology, photography, theatre, robotics and in other spheres, revealing and offering glimpses of the incredible developments and disturbing anatomical

---

39   See the glossary in this catalogue.

40   Antonino Bove, 'Brevi azioni eternali', unpublished autograph text, 2004.

41   See: *Corpo, Automi e Robot. Tra Arte, Scienza e Tecnologia*, catalogue of the exhibition curated by Pietro Bellasi and Bruno Corà (Lugano, Museo d'Arte), Mazzotta Editrice, Milan, 2009.

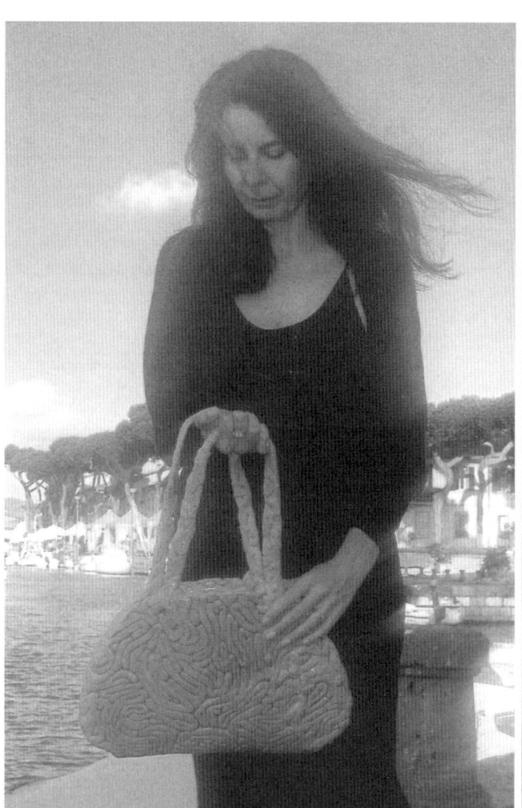 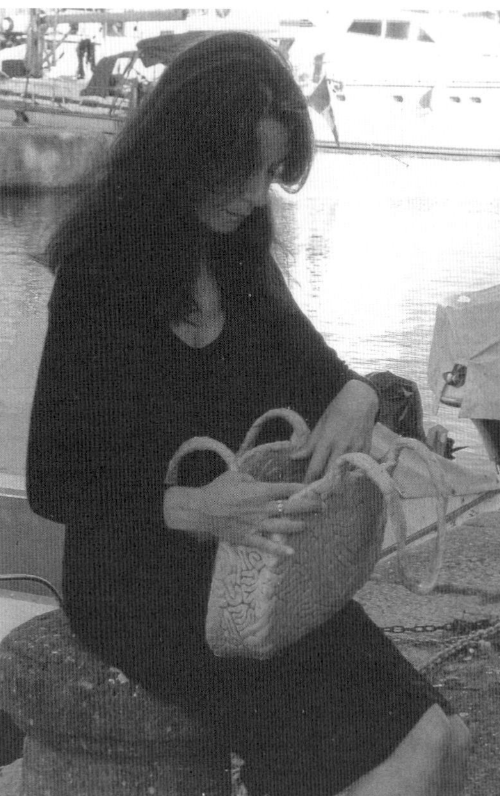 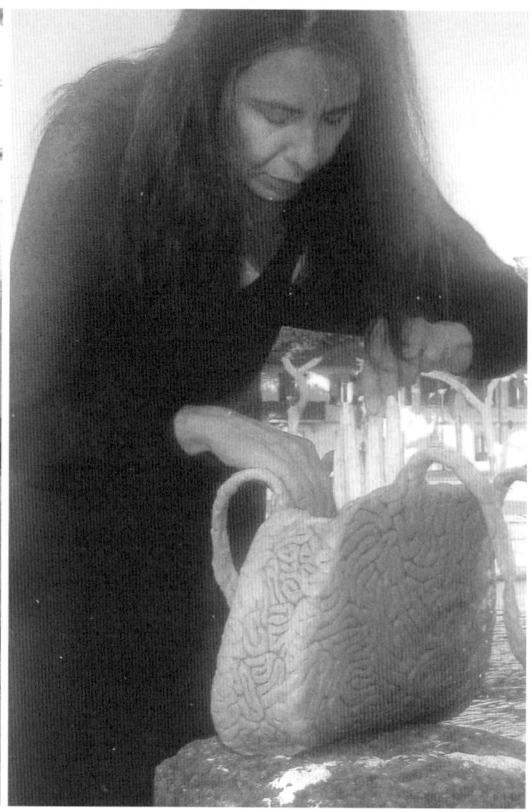

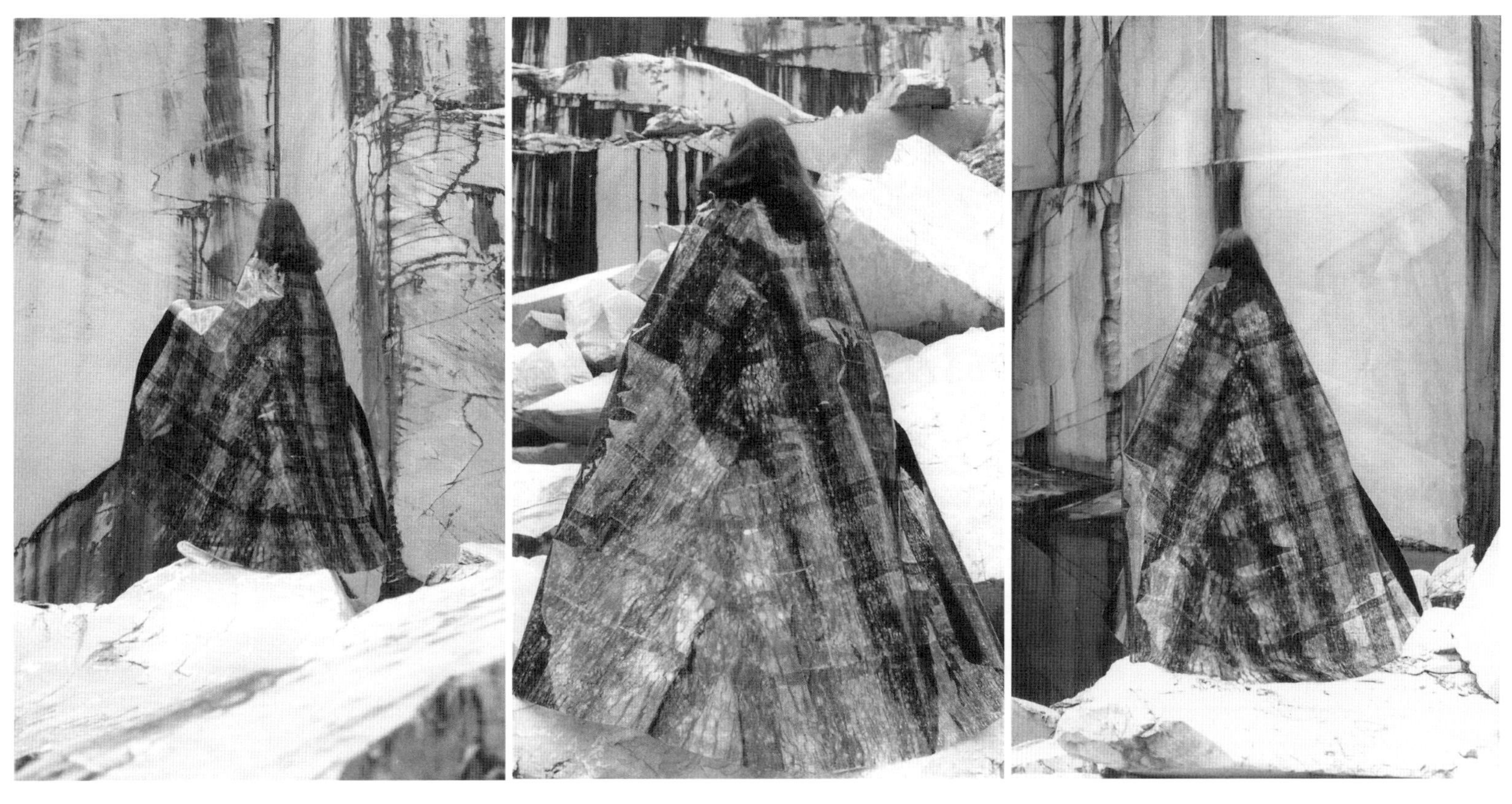

Mantello ascensionale, 1999, performance, durata 6 minuti, cava di marmo Henraux,
Monte Altissimo, Seravezza, Lucca; tre documenti fotografici a colori, 180×60 cm ciascuno

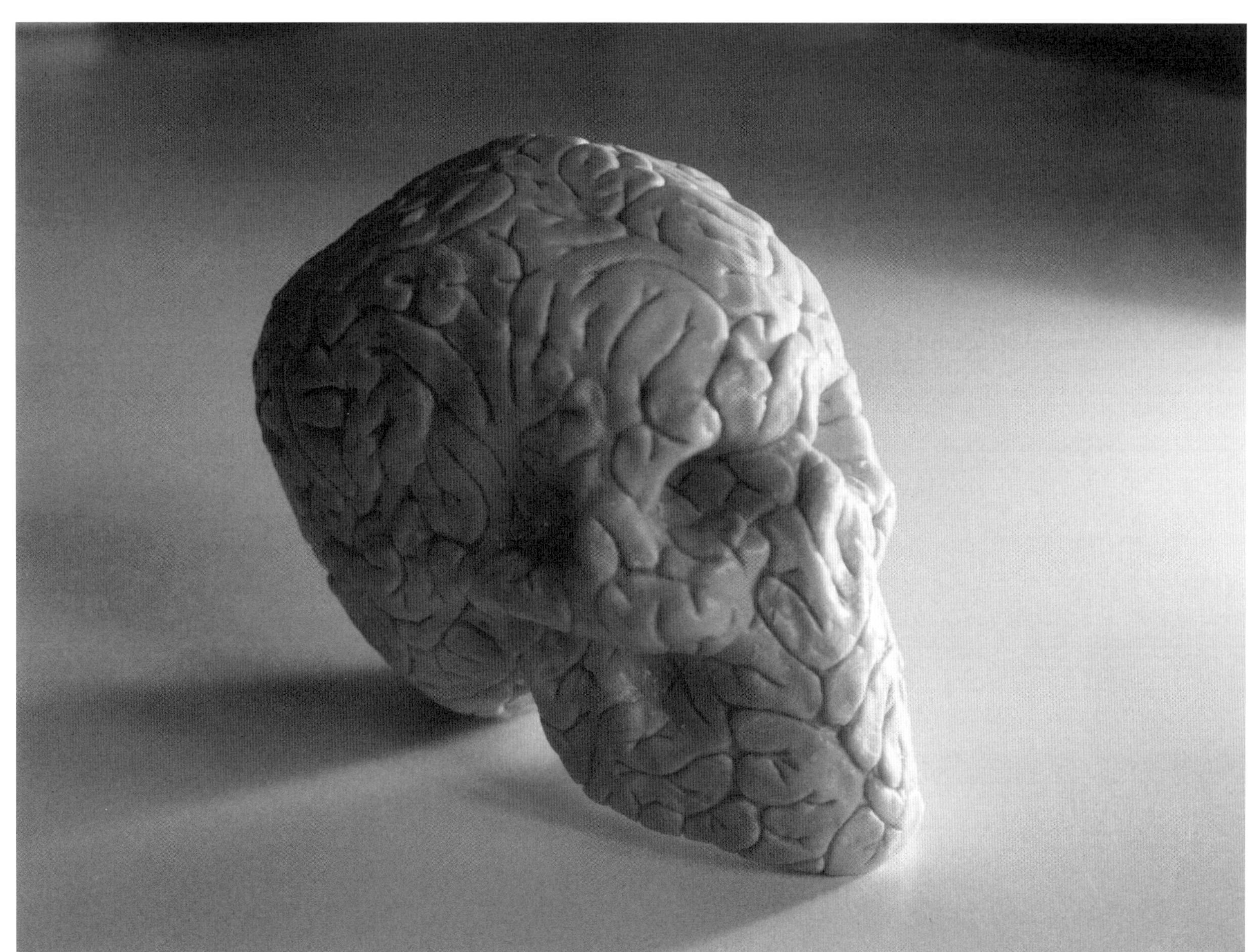

Senza titolo, 2003, resina, gomma, glicerina, 21×15×17 cm

transformations of that same body. In the course of this research, the leading scholar on the argument prophetically remarked 'Perhaps one day a kind automaton will be able to help an old or sick person or perform domestic tasks'[42] in a comment since overtaken by the robotic reality of the present time. On her part, the historian of Greek art Vassilopoulou recalled that the word *automaton* appears in the *Iliad* (Book V, l. 749) and dates back to Homer, and that Daedalus had possibly already constructed several automata. But above all, the scholar wrote that 'in the *Bibliotheca* Apollodorus mentions the myth of Talos, the bronze servant given by Zeus to Minos as the guardian of Crete'.[43] Images of Talos, the pioneer of the automata, are found on an Attic vase dating to 400 BC, on several coins from Phaistos, and finally on two Etruscan bronze mirrors. His image, complete with wings, alludes to the speed with which he was ableto patrol the island of Crete in his task of surveillance and defence, up to and including committing crimes.

However, it is the reflections and the acute connections discovered by Pietro Bellasi between the literary works of Raymond Roussel, the works of the Dada artists – in particular of Picabia and Duchamp – and in the vast creationist repertoire of automata, androids and artificial bodies from the golem to the homunculus and Frankenstein that he mentions,[44] that appear the most fitting associations to be extended to the work of Bove.

More specifically, having already mentioned the golem in the various versions of the ancient Hebrew legends and up to the novel by the Austrian Gustav Meyrink (1915), which attempts to give life to the artificial creature for the umpteenth time, the familial *fil rouge* cannot overlook the paradoxical and sinister description of aliens and extravagant creatures made by the character Canterel in the novel *Locus Solus* by Roussel, who appears several times in Bove's writing in his attempt to anchor his accounts to experiences prior to his own.

From Roussel we can move on to the metaphysical mannequins of de Chirico, with no few analogies to the figure of *Acronos*. These mannequins, moreover, bear with them not only the enigma of the human condition and history, but also that of the destiny of the body. Was it not that very *Homme sans visage* who bore upon himself set squares, ruling pens and protractors and other mysterious signs and figures, emblems of the mathematical-scientific thought that augments the already explicitly enigmatic quality?

In works such as *La nostalgie du poète* (1914) and *Il figliol prodigo* (1917), like the Futurists themselves despite the conflict with their notions of space and time, de Chirico too had come to the conclusion to 'completely suppress man [...] get free of the anthropomorphism [...] see everything, even man, in its quality of thing. This is the Nietzschean method'. His mannequins too, frequently identified with the figure of the *Troubadour* of the 1920s, appear

absorbed in a dimension of bewilderment also shared by Bove's *Acronos*.

Further, having evoked the Futurist component of this genealogy in transcendence, it seems apt to also recall the words of Marinetti when, in 1910, he wrote in *Multiplied Man and the Reign of the Machine*:

> it has to be recognised that we aspire to the creation of a non-human type in which moral pain, goodness, affection and love will be abolished [...]. We believe in the possibility of an incalculable number of human transformations, and we declare without a smile that wings lie sleeping within the flesh of man. The day when man will be able to externalize his will in such a way that it is extended beyond himself like an immense, invisible arm, then Dream and Desire, which are now just empty words, will reign supreme over subdued Space and Time. The non-human mechanical type, built for ubiquitous speed, will be naturally cruel, omniscient, and combative. He will be equipped with unexpected organs: organs adapted to the demands of an environment made up of continual collisions.[45]

Before ending this essay Marinetti launches a further prophecy: '*The multiplied man* that we dream of will not know the tragedy of old age!' Leaving aside Marinetti's vitalistic 'coarseness', many elements of his ante litteram posthuman and prophetic concepts are echoed in the super-faculties of *Acronos*. Moreover, it seems possible to glimpse a similar resonance with the thought of Nietzsche, especially as regards the theory of the 'eternal recurrence', at least partially, as a cosmological poetic and philosophical speculation, and in the concept represented by the *Übermensch*, translated by the term closer to the vision of its author as 'Overman' rather than the at length used 'Superman'. It seems pertinent to recall that Nietzsche's inspiration of the eternal recurrence in similar form came to him during 'the first days of August 1881 at Sils Maria, 6,000 feet above sea level and much higher than all human things!' as he was walking along the shore of Lake Silvaplana in the Upper Engadine. Possibly in a gesture of tribute to Nietzsche, Antonino Bove too places the dream setting in which he encountered his imaginary creature *Acronos* on the shore of a lake 'teeming with life'. Although Nietzsche explicitly defines the eternal recurrence in aphorism 341

42   Mario Losano, 'Le alterne vicende delle macchine calcolanti e semoventi', in *Corpo, Automi e Robot. Tra Arte, Scienza e Tecnologia*, cit., p. 58.

43   Vivi Vassilopoulou, 'Gli automi e la tecnologia dell'antica Grecia', in *Corpo, Automi e Robot. Tra Arte, Scienza e Tecnologia*, cit., pp. 61-63.

44   Pietro Bellasi, 'Signore e Signori, il corpo', in *Corpo, Automi e Robot. Tra Arte, Scienza e Tecnologia*, cit., pp. 17-35.

45   Filippo Tommaso Marinetti, 'L'uomo moltiplicato e il regno della macchina', in *Le Futurisme*, Paris 1911, now in *Manifesti futuristi*, edited by Guido Davico Bonino, BUR, Milan, 2009, pp. 253-255.

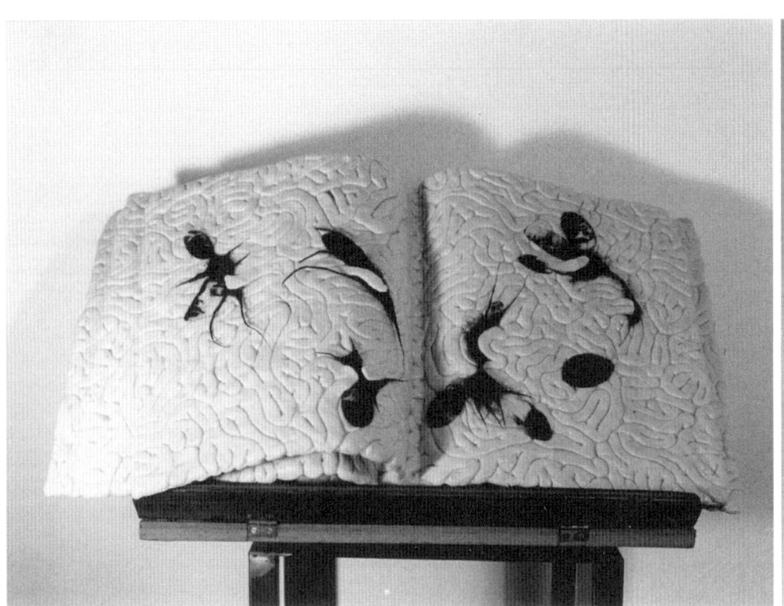 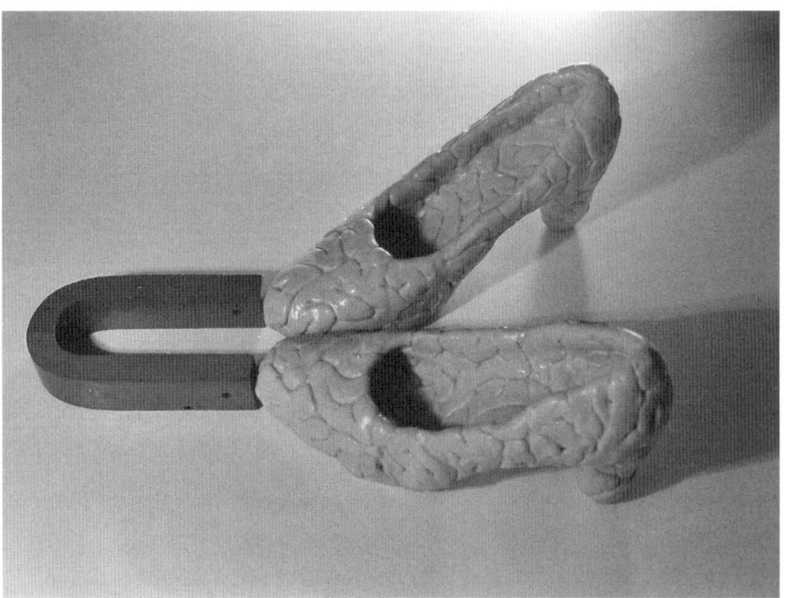

 Libro della memoria tridimensionale e permanente, 2003, gomma, ossidiana, cera per arnie,
stoffa, lana d'acciaio, 32×64×11 cm, collezione Paolo Della Grazia, Monza e Mart, Rovereto
 Senza titolo, 2004, gomma, cuoio, calamita, 40×29×10 cm

160

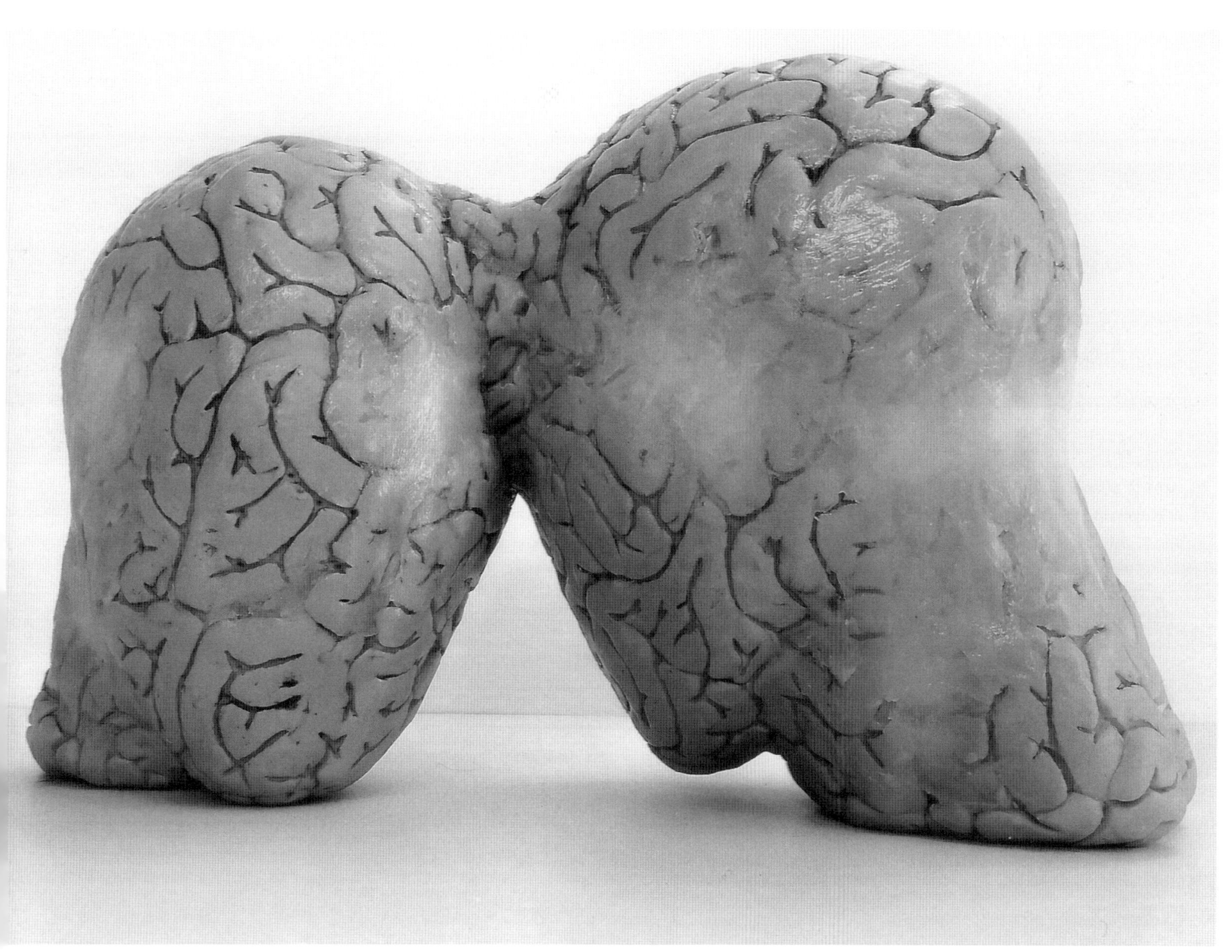

Fusione tra cerebri, 2005, resina, gomma, glicerina, 26×51×24 cm

('The Greatest Weight') of his book *The Gay Science*, he had already had an intuition of it in his early essays *Fate and History* and *Freedom of Will and Fate*, which anticipate the relationship between human time and cosmic circularity. Analogously, Bove arrives at the ideal encounter with his creature who is the answer to the coveted immortality, and hence to the potential concept of overcoming death, after having elaborated in successive phases over around fifty years forms and entities in progressive evolution towards the cerebro-organism of *Acronos*. He is Bove's *Übermensch*, about whom certain reflections are indispensable! No less than Roussel, Schopenhauer, Nietzsche and de Chirico too are certainly part of the fil rouge of Bove's conceptualisation of *Acronos*, albeit with all due considerations and diversifications.

On the other hand, although Gino De Dominicis too launched out early along the same path of aspiration towards bodily immortality as Bove, the relation between his research and that of Bove is more complex and distinct for various reasons. The work of De Dominicis also has its different phases and conceptions that cannot be ignored, in addition to an unthinkable and unexpected epilogue that calls for different appraisals of his action, which I personally believe has not yet been entirely deciphered. As regards the striving towards physical immortality, not only of the body but of the work of art itself, among the vast critical literature I consider that expressed in various circumstances by Italo Tomassoni to be closer to the artist's intentions.[46]

Of particular interest, for instance, are a series of questions posited in Tomassoni's presentation in the catalogue raisonné and in the text itself, albeit partially revised for the retrospective exhibition at the MAXXI, where he dwells on De Dominicis' aversion towards any photographic documentation of his works. Accepting the risk of possibly misrepresenting the artist's true thought, Tomassoni hypothesises:

> there is, perhaps, a reason that — originating from the phobia of the photographic simulacrum seen as a practice that mystifies the unique — brings forth an unfounded question: is it possible that the author of the solutions of immortality, rather than being afraid of death, was obsessed by the eventuality of an eternal life? If this were the case, the concern for the immortality of the body and the search for a redeeming mission for art could be triggered by the same terror: the incapacity to dominate the action of time on matter.[47]

The same hypothesis — almost a *contrappaso* — appears in other parts of the presentation of the enigmatic work of De Dominicis, in other words, like Nietzsche and the idea of the eternal recurrence, what De Dominicis expresses towards immortality is not so much a concrete yearning as a terrifying eventuality. Let me quote, for instance, the conclusion of the text just mentioned:

> one must go back [...] And descend into the depths of the secret of an artist who

navigated the time and the horror of his abysses without wishing to pass anything of his down, not out of contempt for history or for profane communication, but for fear of being doomed to the agony of immortality.[48]

There will be time for further study and exploration of the work of De Dominicis, a central figure of the second half of the 20th century. Personally, having been a participant witness of many of his outstanding endeavours from 1970 up to his death I feel that, although in thematic terms Bove's experience in pursuit of immortality followed paths that were problematically, scientifically and aesthetically akin to those of De Dominicis, their artistic and poetic wavelengths are not compatible.

That of De Domenicis is dominated by the strain towards the mythical, by the paradox, by exclusivity, the exercise of magic and the game of chance; that of Bove is sustained rather by an oneiric origin and by a request for exorcised redemption of the life of humanity and of the universe from entropy and death, cognitively increasingly extended. Seen thus, the two paths prove to be individually and objectively different. De Dominicis' categorical refusal to belong to any artistic genealogy whatsoever is countered by Bove's consideration for experiences prior to his own by masters such as de Chirico or Savinio regarding aspects that appear to consider the meshing of humanist and scientific culture, the persistence and importance of memory, the interest in anthropic images similar to *Acronos* for want of eyes, ears and nose, bodies capable of levitation, asexual or hermaphrodite figures and other characteristics prefiguring a posthumanity which, effectively, De Dominicis did partially draw on.

Nevertheless, while the latter had no qualms about identifying himself with the hero Gilgamesh in the quest for immortality, no less has Bove on various occasions taken on the appearance of his creature *Acronos*, in the hope of becoming physically immortal like him, as indeed he imagined him.

13. PHOTOGRAPHY ANNOTATING AND DOCUMENTING THE EXPLORATORY ACTION

Bove began using photography from a very early stage, urged almost by an intimate need to preserve times and actions which, while representing an interruption in the flow of life, also decree an automatic and involuntary *dépense* of the same. He saw it as the perfect medium for freezing instants,

46   Italo Tomassoni, 'De Dominicis, Prini, Pisani' in *Flash Art*, XXIV, nos 98-99 (summer 1980), p. 42; 'Il caso Gino De Dominicis' in *Flash Art*, XXI, no. 144 (June 1988), pp. 38-41; also 'Gino De Dominicis. Sulle tracce di un universo immobile' in *Flash Art*, XXXII, no. 214 (February-March 1999), pp. 70-77; finally, 'Epopea di Gino De Dominicis' in *Gino De Dominicis. L'immortale*, catalogue of the exhibition (Rome, Maxxi, 2010), Electa, Milan, 2010, pp. 31-37, and 'Gino De Dominicis' in *Gino De Dominicis. Catalogo ragionato*, Skira, Milan, 2011, pp. 11-23.

47   Italo Tomassoni, 'Epopea di Gino De Dominicis', cit., p. 35.

48   *Ibid.*, p. 37.

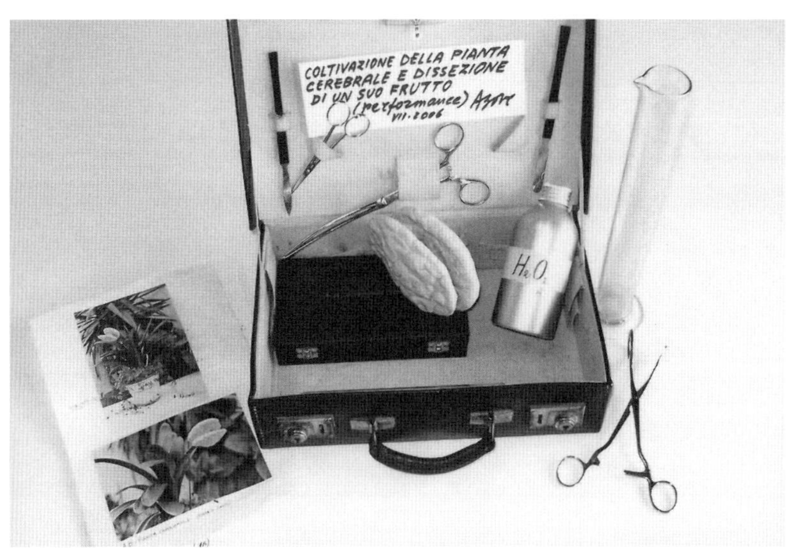

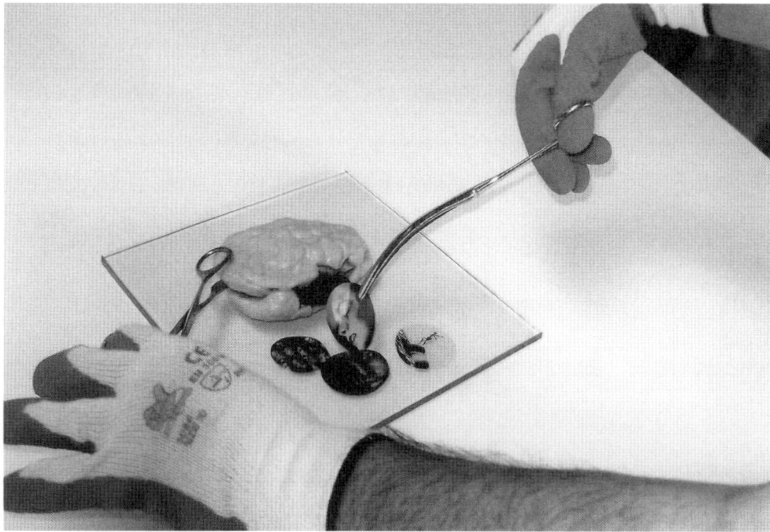

Due stampe fotografiche, 40×60 cm ciascuna, documentazione di: *Coltivazione di una pianta cerebrale e dissezione di un suo frutto*, 2006, performance, durata 13 minuti

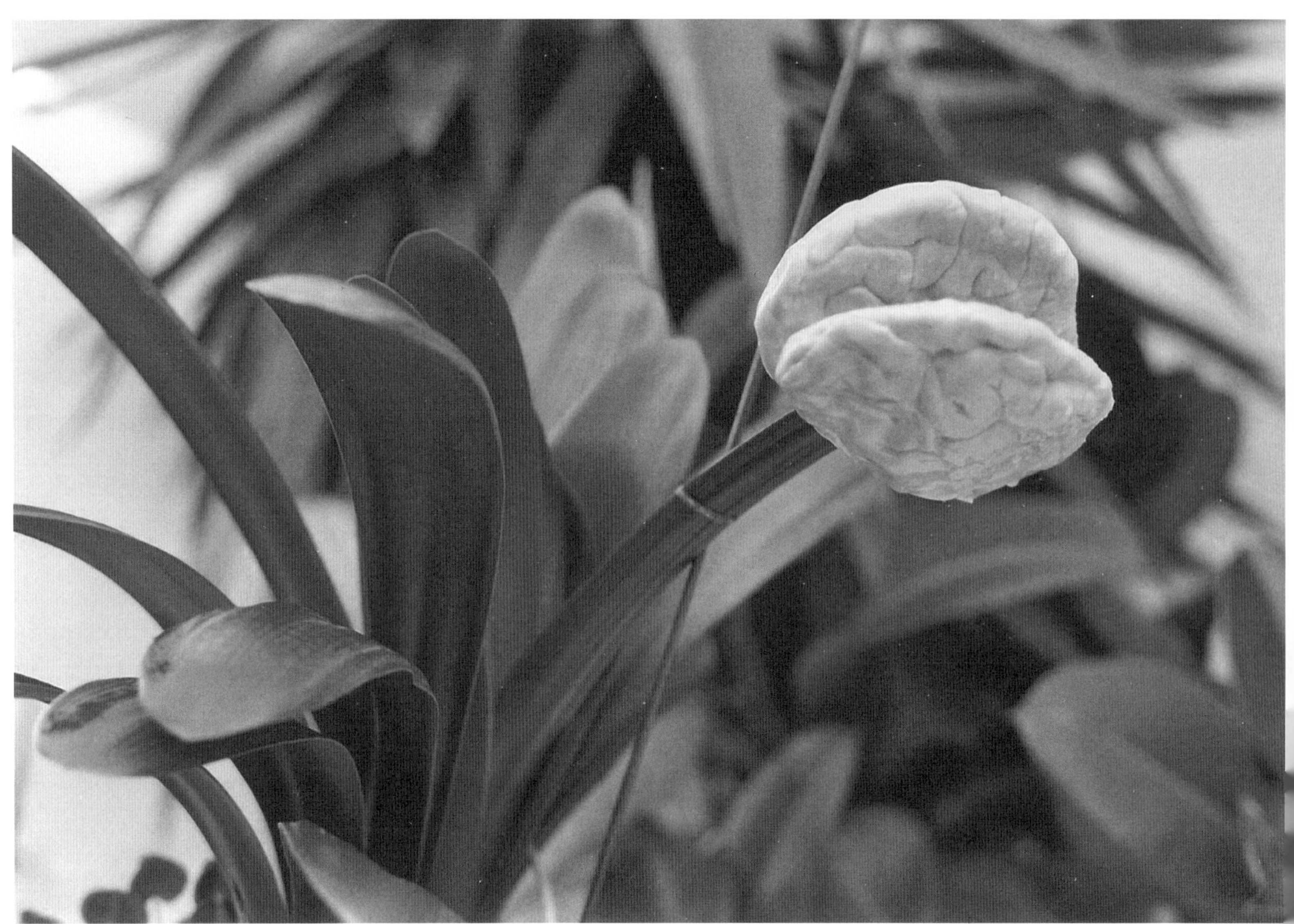

appearances, events, places and even the projections of his own imagination. As a result, it does not seem that we can identify, over the years and the vast repertoire of Bove's works, any mode or quality in the practice of photography directed towards an eminently aesthetic end or intended to have an independent formal role as protagonist. On the contrary, since when in the 60s, as already mentioned, Bove decided to set up a photographic lab to produce prints of a considerable size, he constantly used photography with a sensitive significance fitting his intentions that were already in the initial artistic experiences oriented towards non-contemplative ends. Nor was he the only artist at that time, from the mid-60s on, to employ the camera lens for documentary and ancillary purposes. One could mention all the engaging situations created by the artistic generation that produced happenings, including those of Fluxus or of the Nouveaux réalistes and the exponents of Arte Povera. However, that is not to say that I believe the particular use made of the photo by Bove can be ascribed *tout court* or solely to this type of straightforward reportage, except in the case of certain performances in which, effectively, the snapshots of a photographer invited to record the publicly organised and performed action was of this same 'documentary' character.

As is well known, from the 20th century to the present, since the exercises of futuristic intent carried out by Bragaglia or others, and by Dadaists such as Höch and Heartfield, and also differently by Man Ray, photography has been introduced into art to freeze movement, to create photomontage and to simulate situations and behaviour in myriad ways. Its use is by now so extensive that the younger generations might be led to believe that it was always so, were it not for the photographs from the very beginnings – from 1828 on – showing that when they first emerged they were strictly confined to portraits taken within the photographic studios, of the kind previously produced for centuries by artists using paints and paintbrushes rather than light itself, or to elementary landscapes.

In certain works of Gerhard Richter the *trompe-l'œil* of an image, based on a photograph but actually painted, is then completed by the touch of a dry brush without colour, resulting in the invention of melancholy masterpieces that, even more than the photograph, suggest the passage of time and the slipping of experience into oblivion. It is, nevertheless, the creation of actual staged sets – such as those conceived and produced by Yves Klein for photo-based works like the *Anthropometries*, 1961, and *The Leap into the Void*, 1959-60 – that we should look to for the most exemplary and emblematic precedents of a concept similar to that adopted by Bove of photography aimed at demonstrative-documentary purposes. Furthermore, apropos the action developed by Bove over the years, we can again reference the original and innate capacity for communication implemented by Klein in the way he divulged his works.

So what is the quality of the photography and the use made of it by Bove in his works? Indeed we should not forget what Susan Sontag said in reflecting on the qualities of photography:

> Because each photograph is only a fragment, its moral and emotional weight depends on where it is inserted. A photograph changes according to the context in which it is seen.[49]

Observing Bove's first creations based on photography, one notes that he himself is often the protagonist. The photo taken at Villa Fabbricotti in Livorno, which he called *Identità* [Identity], 1967, was one of the very first of his career. Although here Bove wished to capture and visualise through the photo an ephemeral and disturbing 'presence' like a fleeting shadow amidst the greenery, in some way it seems to be the materialised projection of himself in an assiduous and attentive interception of his inner ghosts. He acts similarly when he visualises the *Memorizzazioni dei sogni* [Memorisations of Dreams], 1973, the *Levitazioni* [Levitations] and the *Materializzazione dei sogni* [Materialisation of Dreams], although in these he often photographs models too, that is, people other than himself. Throughout the phase devoted to the *Psiche* [Psyche], 1966-79, and then in that of the *Materializzazione dei sogni*, Bove's photography records scenes, subjects, material equipment, forms and situations arranged, as already mentioned, in staged sets skilfully conceived and arranged by him to confer 'reality' on the process of revealing energies and actions aimed at achieving the abnormal end of materialising the dream dimension and, beyond this, the goal of physical immortality.

The frequent recourse to artifice, montage and photographic collage, aimed at documenting prodigious events such as the levitation of objects or even of persons in a dream state suspended in the air, is justified in the same way as simulations and renderings are now commonly used in the field of design to prefigure future realities. But for an artist aspiring to achieve objectives such as those of Bove, reality is not enough, and this is where art comes in. The photograph does not merely portray the past but, appropriately used, can also anticipate the future, documenting it as already attained and elapsed. Photography can allow the vision of a future. As in theatre or cinema, all fiction is justified for the purpose of the dramatic development and makes the enactment of the imaginary possible. This leads to a question: what is the difference between a photography prefiguring a possible future reality and that in quest of increasingly abstract images? They appear to be substantially equivalent, since both are based on unknown dimensions.

The ethos of Bove's photography in his work introduces a 'vision of desire' that aspires even to the impossible. This has no qualms about adopting the significant corollaries of its circumstantial meaning for its ends. Thus, for example, placing in front of an (ordinary industrial plant a sign designed to bring

49   Susan Sontag, *On Photography*, Anchor Books, New York, 1990, p. 105.

about a *détournement* of its real use, and photographing it, can 'prodigiously' establish the headquarters of the 'Laboratory for the materialisation of dreams and the vivification of works of art'!

Moreover, in October 1960 at Fontenay-aux-Roses Yves Klein also had himself photographed launching into space in the work *The Leap into the Void*, mentioned above, failing to include in the picture shot by Harry Shunk the group of judo practitioner friends who immediately caught him in the safety net they were holding to save him from the disastrous fall!

But do we really want artifice to be abolished from the elaboration of the work? Or deny the significance of a caption set below a photo? Or even call into question the importance of a statement bearing a 'threshold of meaning'? We cannot overlook the fact that Bove's work is historically situated on the heels of the experience of artists such as Klein and Manzoni and of Duchamp, of the *ostranenie* or estrangements of Shklovsky and the conceptual *koiné* before them.

The broad repertoire of performances made by Bove from 1973 up to the present rests systematically on the scaffolding of a dramatization of the gesture of which, without photography and media such as video and film, we would now have no record, and hence verifiability, except for a riskily improbable oral mythography.

14. WRITING, THEORY, COMMUNICATION AS PROMOTIONAL SUPPORT

Like photography, albeit with a different efficacy, writing plays a significant and particular role in the complex mythopoeic construction of Bove's work. Fundamentally, the writing has several qualities. Firstly, its fantastic, science-based character places it in the narrative strand that has its ideal model in Raymond Roussel's masterpiece *Locus Solus*, and further back in the genius of Jules Verne. From the 60s on, Bove realised that to address the abnormal enterprise of eradicating death through art and science he needed numerous aids and expedients of different kinds, and that one of these was the textual expression of principles, corollaries, methods and procedures etc., and that only writing, along with photography, action coordinated by orality, would allow him to proceed towards his utopian goal.

Like photography, writing can prefigure the desired outcome if it is rhetorical (through metaphor), which, as the art of persuasion can find a way into the hearts of those who are open to storytelling and willing to address the uphill path through what the words prepare and configure. It is not an original operation. Addressing the public of Yves Klein's work at the very beginning of the artist's 'immaterial' experience, Pierre Restany exhorted the audience to approach

'these monochrome propositions' that demand from the observer 'the entire

legacy of receptiveness that can make revolutions and topple tyrants'. In short, the promoters of every utopian or revolutionary enterprise have always sought accomplices and nourished the hope that others would espouse their demanding and often impossible goals. To this end, all incitements also pass through words, through the more or less vivid or imaginary account that can nevertheless be proposed as attainable.

In view of a series of analogous practices, allow me once again to call into play the communicative experiences of Yves Klein or Joseph Beuys aimed at upholding their ideas on, respectively, immateriality, the dream flight, the permeability of the dream or the transformation of social orders, in relation to that developed by Bove. He actually followed up Klein's *dépassement de la problématique de l'art* with the discourse-concept of the 'immateriality of the body' sought and simulated to an even more advanced degree than even De Dominicis had pushed it.

Klein got to the stage of entrusting himself to Saint Rita (to whom he was devoted) through a prayer written by himself, interceding with her as the patron saint of lost causes to help him to reach all his goals, effectively considered impossible. Small wonder then if Bove, more pragmatically, entrusted himself to the profane but no less miraculous advances of science, biology or technology, combined with the action of art, for the realisation of the utopia of liberation from death and the consequent achievement of the physical immortality of man.

As for all visionaries, writing is the tool of prediction, of the prelude that anticipates the verification of the event. But to what writing did Bove turn? In his case can we speak of that 'literature as utopia' of which Ingeborg Bachmann has given such an impassioned and admirable description?

But if those who write [*die Schreibenden*] now had the courage to declare themselves in favor of utopian existences, they would no longer need to adopt that country, that dubious utopia [...] in which they have hitherto carved out their place.[50]

As mentioned, to date Bove has produced several types of writing. Among these we can distinguish a kind that totally simulates the normative relations governing the parascientific actions implemented in the phase he himself defined as *Psiche*, and subsequently in the *Materializzazione dei sogni*. This was the approach used in a series of publications such as *Luminescenze*, 1985, *Onirofanie*, 1987, and *Quotidiane levitazioni*, 1989, containing texts written in the years prior to the actual publications.

In the *Quaderni anonimi di afasie ed esplorazioni*, 1979, the prose, completely lacking punctuation, is flowing and of a poetic-delirious character. The *Biologia del trascendente*, 1991, takes the form of a list of concepts that assumes a premonitory and prophetic character.

Another aspect not to be overlooked in Bove's action is a praxis of 'certification', consisting of giving every initiative aimed at grounding an experience or a cognitive process an accreditation in the form of a self-certification officialising the implementing event. Over the course of the years and the initiatives undertaken, Bove engaged in founding the Association of the Oneironauts, the Order of the Quantogenetic Immortals, the Institute for Biological Immortality and the Laboratory for the Materialisation of Dreams, developing statutes, minutes and organs and producing norms, exhorting participation and fostering actions that appear to bureaucratise and contain the processes and developments within a regulation designed to officialise every act. This approach, not devoid of a playful Surreal-Dadaist and pataphysical tradition is, on closer observation, not alien either to other artists of the avantgardes following the historic one, and especially to the praxis of Fluxus: suffice it to mention Joseph Beuys, or the lettrist approaches and visual poetry. The use of validating stamps, foundation plaques, titles and institutions continues the semi-serious game of communicative principles with the savour of manifestoes and of proclamations that was also present in the work of Yves Klein and Piero Manzoni.

A further consideration is that this behaviour can also be seen as a form of self-certification in the face of the indifference, incredulity and sometimes outright scepticism of most of the public, and even of those working in the sector and the more inattentive critics. In a self-certification approach there is another aspect not to be undervalued: namely that of a concern and attention of a structural nature, in other words driven by the desire that the action undertaken should be consolidated and garner consensus so as to prevent its motivations and strivings becoming depleted.

The constant thought of certain artists is aimed at the formalisation of their artistic concepts, which is a very significant phase in the qualification of the poetic intuition, in its material elaboration and its final definition within the work. Sometimes this concern is also charged with an ulterior commitment to success, in the form of feeling it necessary to gather around the work a species of publicly notified protective garrison.

That said, in addition to motivations of this kind, it is also important not to undervalue an element of self-deprecation, designed to leave open the awareness of the utopian level of the enterprise or the mere feeling, suggested by an alterity ever active in the consciousness, that demands not to be taken too seriously. It is obvious, in fact, that in non-bureaucratic spheres such as those of art and poetry a stamp or a plaque offers no guarantee of the success of a work or a thought. Nonetheless, it has to be acknowledged that Bove's communication and action of self-promotion are grounded on and spread by a dense and intensive effort of aesthetics, poetics and formalisation.

Finally, as against certain documents intended to have the peremptory character of the theoretical manifesto, there are other writings that take the form of actual stories with detailed plots, such as *Oniroplasmi* or, most recently, an authentic work of fantastic fiction that announces Bove's identification with a character that is the protagonist of all his past and, most importantly, future action. This is *Acronos*, dealing with the cerebral creature who is invested with the power, liturgy and objective of the so-called 'Treatment for Immortality' through the virtual application of the 'Formula for Immortality'. This book, therefore, prefigures the posthumanity that will operate in a hypothetical distant future, when the universes themselves – the parallel multiverses – will be charged with luminous energy and from them it will be possible to bring forth, in the form of pure and non-physical light, all the human beings who have appeared and lived in the history of the world.

Regarding awareness of the function of writing in supporting Bove's artistic-para-scientific action, his theoretical work of 2007 dealing with the 'physical identity of words' entitled *Verboplasmi* [Verboplasms] cannot be overlooked. Here Bove dwells on the 'weight' of words, on their attractive and directional 'magnetism', their 'energy', their 'imaginative and sonorous power', the 'smells and tastes' they convey, their 'apotropaic' and 'thaumaturgical' properties and 'topological' faculties. Bove's stimulating discussion is studded with fitting examples of writers of all times and degrees which, together with several works physically produced, that is *verboplasmate*, body out his poetic-inventive essay.

In relation to all this activity of polymorphic metawriting we can understand Bove's frequent invitations to and participations in micro- and macro-writing and verbovisual events in which, over the years, he lined up alongside artists and poets such as Emilio Villa, Lamberto Pignotti, Eugenio Miccini, Arrigo Lora Totino, Maurizio Spatola, Gian Ruggero Manzoni, Paolo Albani, Vittore Baroni, Dario Barsottelli, Sergio Cena, Franco Beltrametti, Giancarlo Pavanello, Mario Commone, Nanni Balestrini, Laura Mare, Luciano Ori, Martino Oberto, Mario Diacono, Adriano Accattino, Arturo Schwarz, Giancarlo Maiorino, Sarenco and numerous others with whom, moreover, he has collaborated as founder and co-editor of the container journal *BAU* since its conception and production in 2003-2004 up to the present.

15. TOWARDS 'NON-PHYSICAL LIGHT'

The reader attentive to the path pursued to date by Antonino Bove will certainly not be surprised to learn that, still striving in his utopian action towards the eradication of physical death from the horizon of human destiny, he has advanced further in a cognitive speculation devoted to one of the most challenging of phenomenal elements: light.

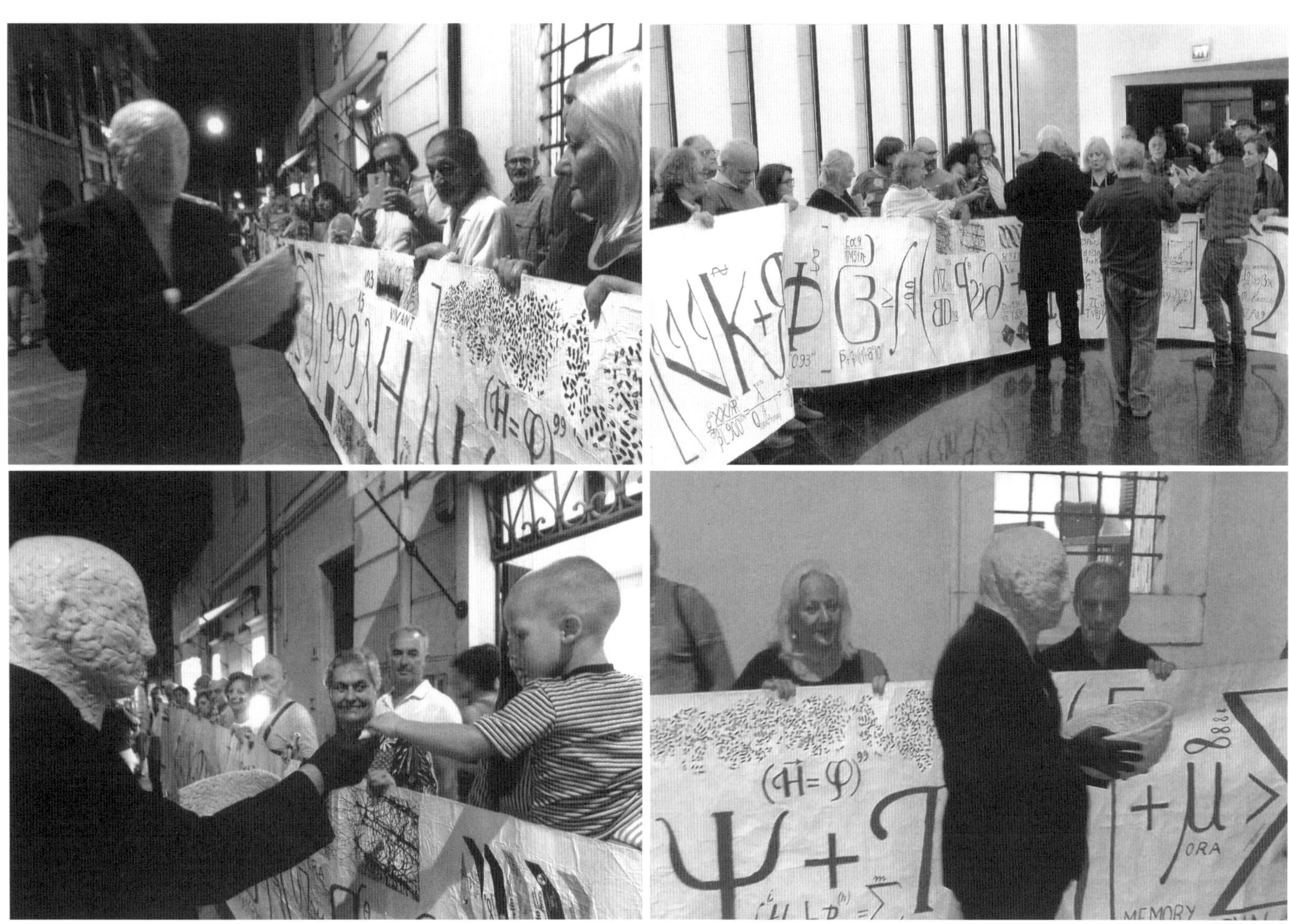

In the midst of a raging pandemic on planetary scale that has already claimed several million victims in the course of about two years, making it – along with the rise in the Earth's temperature caused by excess emission of CO_2 into the atmosphere – the most disastrous event since the tragic World Wars, Bove's research opens up to the unknown entity of the element of light, theorised and imagined in the dimension of overcoming the present situation of man.

This chapter of artistic-scientific work that I am referring to last of all, in these final lines, concerns more specifically what Bove calls 'non-physical light'. But what daring 'opening' is the cognitive striving of Bove's art now proposing?

The most ancient philosophy and the most cutting-edge physics have both addressed the issue of light and its nature. Art too has offered indications of exceptional importance about light, without uttering a word but instead visualising its overwhelming appearance, sidestepping its enigmatic origin and essence while demonstrating its capacity to stupefy the eye and the mind. Moreover, this evasion appears to be analogous, albeit different, to that adopted by the leading twentieth-century physicists Louis de Broglie, Erwin Schrödinger, Werner Heisenberg, Niels Bohr and others in overcoming the controversy between the corpuscular and undulatory theories of light. Their demonstration consisted of invoking a synthesis of the two theories, an outcome that art achieved simply by altering the gnoseological perspective and replacing the question about light with the answer, consisting of its magical magnetic visualisation. In *Melencolia I* Albrecht Dürer floods with a black light the shoulders of the seated angel, abstracted in enigmatically unknown thoughts. Caravaggio has offered a vision of light that renders it significant through the welcoming womb of shadow that threatens the light as it enfolds it or fuses wonderfully with it. Pellizza da Volpedo, Previati and Balla, as well as Seurat and Signac, have furnished unrivalled examples of the corpuscular appearance of light, almost impossible to fix one's eyes on. Giorgio de Chirico has revealed its enigmatic and metaphysical quality at the Nietzschean midday hour, while the heroic young Lo Savio has explored the journey of the propagation of light in the boundless cosmogony, leaving us a description of its inconceivable and truly mysterious transit through the darkness:

> These visions of luminous spectres in space developed slowly in me; it was only later that the awareness dawned of an original motive: light. For me light is not the consequence of an image, but the sum of several images in continual evolutionary movement. The idea of light as pure and simple observation would be nothing were it not the direct involvement at the genesis of life in its essential dynamic. In every aspect of its being it is in relation with something else; then follows a further journey that leads to the possibility of losing the sense of what it is, to wander in the void. This wandering, in itself nothing, is only in how it appears to us: the image of an almost impossible reality.[51]

I once read in an exchange of correspondence that a famous psychiatrist of Catalan origin, François Tosquelles, recalled having come across in a Hebrew or Aramaic text the statement that light comes from within.[52] Personally I have no doubt at all about it as regards either Lo Savio or Bove. Moreover, one might consider that the famous exclamation 'Mehr Licht!', said to have been pronounced by Goethe on his deathbed, was an invocation addressed to himself, to his last energies, demanding from his spirit in that dramatic final moment a final emanation of 'more light' at the instant of descending into the darkness of death.

Precisely apropos the concept of overcoming death, the most recent phase in the progress of Bove's art comprises a large cycle of works devoted to 'non-physical light', along with several theoretical texts or which, in any case, enunciate this entirely original dimension which he is addressing. Works such as *Connettomi fanici*, 2018, *Connettomi umani in universo complanare* [Human Connectomes in Coplanar Universe], 2018 and *Luce afisica*, 2019, visually announce the first appearances of this new domain to which Bove has turned his attention. Highlighted against backgrounds of dark or neutral space are macular morphologies, circular luminous auras and a large number of non-identifiable organisms. Nonetheless, regarding these Bove observes and theorises:

> Guiding me in intercepting the unknown is the oneiric phenomenology that quantistically processes the existential and ultrasensitive experience. The logic of dreams projects itself beyond the laws of physics permitting intuitions that precede scientific reasons. Some dreams (*Acronos*, 2016) are at the origin of the prefiguration of the connectomes (complete and total information about the consciousness of the individual) within the multiverses. Beyond live the 'fixed light essences' which instead inhabit a non-physical hyperspace that had no beginning and is external to infinity and to the dimension of events.[53]

He then goes on to say, 'In this dimension light is not made up of photons or of an electromagnetic nature and is immobile'.

Before advancing further into the new domain enunciated and implied by this statement, within the context into which the artist invites us to follow him it does not seem inappropriate to recall, among the

51   Francesco Lo Savio, in *Lo Savio*, catalogue of the exhibition (Rome, Galleria Selecta, 1960), Istituto Grafico Tiberina, Rome, 1960.

52   Oscar Piattella, Ugo Amati, *La luce: dialoghi tra un pittore e uno psichiatra*, Walter Stafoggia Editore, Pesaro, 2009, p. 40.

53   Antonino Bove, *Connettomi fanici – 25.6.2018*, unpublished autograph text on the rear of the namesake visual work.

Gent. Dott. Luciano Guerriero
Direttore Agenzia Spaziale Italiana
Viale Regina Margherita, 202
Roma

da diversi anni sviluppo una ricerca artistica incentrata sulla levitazione come fenomeno onirico e scientifico-tecnologico.

Il mio interesse per il galleggiamento di volumi nello spazio ha origine dal sogno. In esso disponiamo di un corpo sensibile e nello stesso tempo etereo che trasgredisce liberamente la legge di gravità e la pesantezza della materia.

Come artista ricercatore la più grande aspirazione sarebbe di sospendere una scultura nell'aria.

E' trascorso un quarto di secolo da che l'uomo con i viaggi spaziali ha iniziato a conoscere la condizione fisica e psichica del galleggiamento nello spazio per assenza di gravità. Tale esperienza non è stata ancora metabolizzata artisticamente.

Dal punto di vista estetico una forma sospesa nello spazio crea situazioni, dinamiche e geometrie singolari venendo a mancare i concetti di equilibrio di masse, di alto-basso, di baricentro. Ciò comporta conseguenti spostamenti ed espansioni di senso sia concettuali che emozionali, visive e percettive.

Alla luce di quanto sopra le chiedo di poter visitare i vostri laboratori di simulazione di ambienti extraatmosferici in assenza di gravità per astronauti, di poter effettuare personalmente esperienze di galleggiamento nel vuoto e in questi ambienti sviluppare esplorazioni artistiche riguardanti il comportamento di masse, volumi, forme ed insiemi di materiali, liquidi, solidi e gassosi, di organismi vivi, sia animali che vegetali, di esseri umani.

Considerando che la dimensione di assenza di gravità nel futuro sarà per l'uomo una condizione sempre più estesa anche in rapporto alla realtà virtuale, si comprende l' importanza che rivestirebbe una ricerca artistica in tale direzione.

Sono certo che questa richiesta verrà accolta con spirito lungimirante.
In attesa, le invio i più distinti saluti

Antonino Bove

Viareggio, 2 Novembre 1992

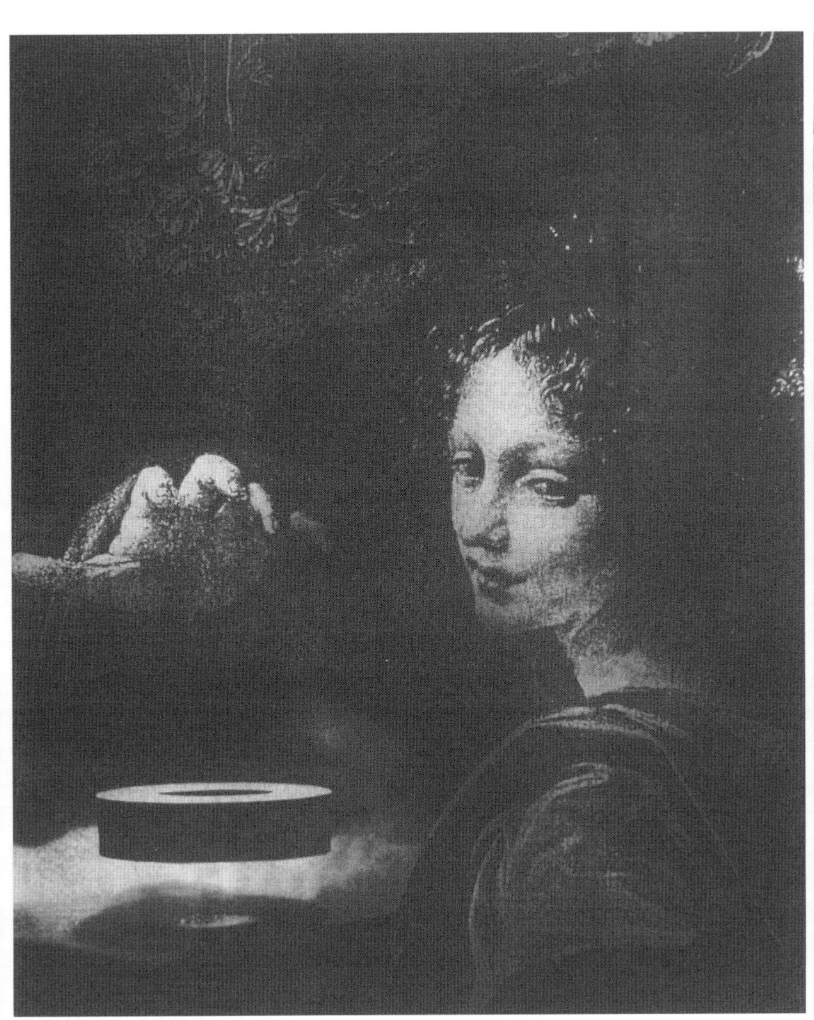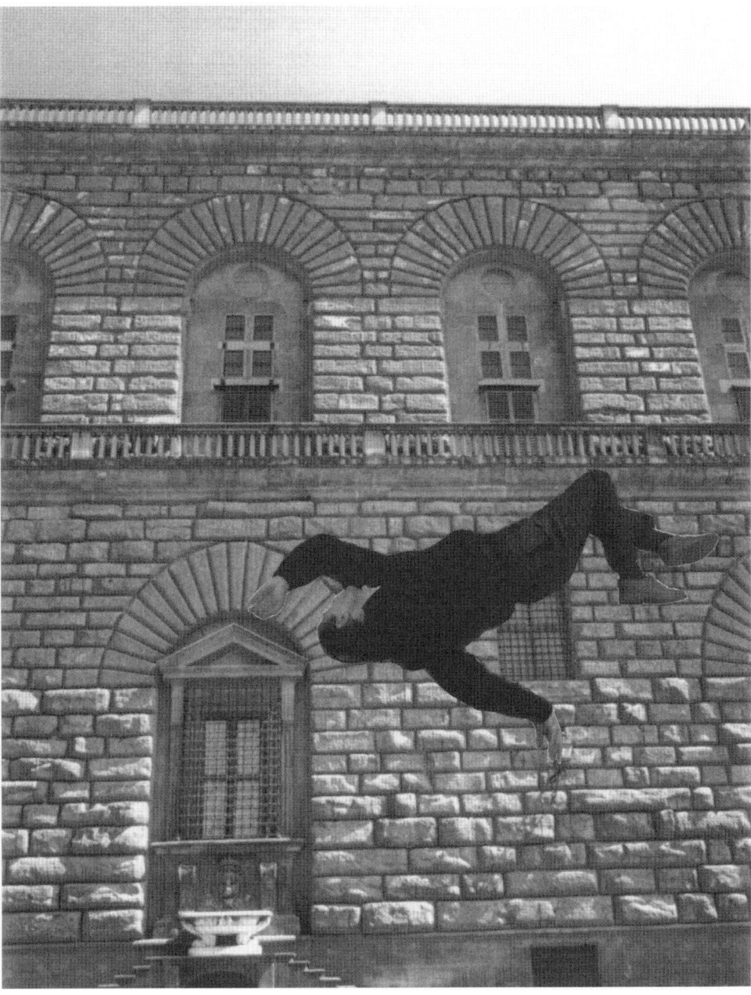

metamorphic properties and qualities of light, that which is peculiar to the 'aura'. Indeed, although the aura is made up of a physical entity, it can also be considered partially 'non-physical' in terms of its assumed impalpable consistency and, for most of us, its invisibility. Here we are certainly not referring to the aura discussed by Walter Benjamin that the work of art possessed by virtue of its uniqueness, which Benjamin believed had been lost with the advent of the technical reproducibility of the work. Here we are instead speaking of what certain dictionaries define as

> a subtle invisible essence or fluid said to emanate from human and animal bodies, and even from things; a psychic electro-vital, electro-mental effluvium, partaking of both mind and body, hence the atmosphere surrounding a person; character; personality.[54]

As everyone knows, in many representations of Christ and the apostles or other figures considered to be holy, the aura is shown in the form of a circle of golden light, known as a nimbus or halo, around the head of the figure and sometimes around the entire contour of the body. However, a similar indication of luminosity used to denote the intense spirituality of a person is also to be found in Hindu and Persian art and in many Buddhist paintings. In view of this, we cannot fail to mention that Bove too took care to iconographically and plastically define his creature *Acronos* encircled by light emanating from his head and body in the form of an etheric yellow-green aura.

Of particular interest among the literature of supersensible knowledge of the world and human destiny is that of the theosophist Rudolf Steiner, whose teachings have been taken into consideration by many contemporary artists.[55] Apropos the aura, in his treatise on theosophy Steiner formulated a reasonable premise:

> For example, certain processes taking place in space are perceptible to us as manifestations of light only because we have properly formed eyes. How much of what is real actually becomes evident to any being depends on that being's degree of receptivity. We are never justified in saying that only what we ourselves can perceive is real. Many things can be real, but we simply lack the organs to perceive them.[56]

Steiner follows this premise up with many other considerations, including this one:

> These spiritually perceptible colours, which surround an active physical human being like an egg-shaped cloud, constitute that person's aura. The size of this aura varies from person to person, but on the average we may imagine a whole person to be about twice as tall and four times as broad as his or her physical body.[57]

However, here I will deliberately interrupt consideration of this phenomenon, which is effectively invisible to most of us, since it is not exactly what Bove intended to bring to the fore in his visual work

and in his investigation of the potential of the mind should it succeed in expanding its strength and its powers through science. In a later text, in fact, Bove clarifies what it is that keeps him most objectively engaged:

> There is good reason to believe that there exist ten to the power of fifty worlds possessing internal consistency, possibly of different sizes and with different properties and values of space-time, gravity and light. In such a context, electromagnetic light might be simply the reflection of a light with greater faculties and energies.[58]

In his notes – hitherto mostly unpublished and brought to light here – Bove goes so far as to hypothesise the 'hyperbolic size' of that 'luminous singularity' that 'our mind cannot fully comprehend'. However, coming to the substantive point of his new speculation, Bove states:

> The innumerable combinations of the infinite justify us in thinking that there could exist a universe coplanar to our own where there could be human essences that have lived or are living in our world. Beyond the laws of physics the impossible becomes probable, the laws of nature are overthrown and superseded. Non-physical light could be the sum of all the individual intelligences of the entire history of life in the cosmos.[59]

The myriad other aspects of Bove's exploration and imagination that have found space in this new poetic extension concern the waiver of the laws of physics and the laws of nature relating to our cosmological system, hence transcending space-time and entropy. The 'non-physical humans' imagined by Bove

> could be superterminal nuclei of pure thought, awareness, memory and information at once individual and universal.[60]

Bove prefigures and hypothesises the possibility of all this and much more in his works and in his theoretical notes, to which we refer the reader of these pages dealing with his intense writings for a complete knowledge of his thought. However, I cannot fail to remark on the existential yearning expressed even in this most extreme conception of his, not devoid of

54   W. E. Butler *How to Read the Aura*, Aquarian Press, Northampton, 1979, p. 7.

55   Among the most significant exhibitions, I have had the opportunity to study the artistic elaboration of Joseph Beuys, Remo Salvadori, Helmut Federle, Ólafur Elíasson, Katharina Grosse, Carsten Nicolai, Claudia Wieser, Bernd Ribbeck and others. See: *Rudolf Steiner and Contemporary Art*, catalogue of the exhibition (Kunstmuseum Wolfsburg, 2010, Kunstmuseum Stuttgart, 2011), DuMont Buchverlag, Cologne, 2010.

56   Rudolf Steiner, 'Thought Forms and the Human Aura', in *Theosophy: An Introduction to the Spiritual Processes in Human Life and in the Cosmos*, Anthroposophic Press, New York, 1994.

57   *Ibid.*, p. 161.

58   Antonino Bove, 'Fenomenologia della luce afisica. Dimensioni ed entità umane di luce afisica', unpublished text, 2020. Unnumbered pages.

59   *Ibid.*

60   *Ibid.*

emblematic resonance, in which the superluminal entities of anthropological derivation would be

> finally free of death, pain, impulses, bodily and fleshly needs, archaic instincts of violence and subjugation, the thirst for power and for money belonging to previous humanity in the primordial state.[61]

Through his tenacious poetic action Bove is pointing to a state of existence that is possible – and objectively and ethically desirable – insofar as it has already been achieved by many, in the mind.

16. NON-CONCLUSIVE EPILOGUE

The entirety of Bove's work is comprised within the eschatological dimension, albeit as an action of refutation and a utopian artistic enterprise driven by an inflexible ideal and poetic striving. The perspective lines of his work, converging on that boundary that still lies in the womb of destiny, have already been consummately defined. These can be synthesised in the resolution of the problem of art, almost like the conscious continuation of the life experience of Yves Klein encapsulated in his declaration 'Le tableaux ne sont que les "cendres" de mon art', meaning that once a work or painting has been created its essence is beyond the visible, in the sensitivity sparked in the state of raw material.[62]

As already mentioned, De Dominicis played an ineluctable role in the poetics of physical immortality. Nevertheless, a closer study of his work clearly reveals the differences between his experiences and the almost coeval practices of Bove. Although the direction was the same, the repertoire of procedures, processes, demonstrative occasions, morphological, aesthetic and scientific outcomes was totally different. The main path followed by Bove has close affinities with all scientific and speculative developments and, while tending to overtake them, never ignores them but leverages them to offer a glimpse of the ulterior possibilities they promise.

The domain within which Bove has acted to date is that of the conceivable imaginary, and at no time has he confused his – albeit lively – imagination with harsh reality, even though the production of works and thoughts intended to alter and overcome that reality has been, and continues to be, remarkable. His latest research, following the production of the film *Acronos*, 2013, and the enunciation of luminous energy, are concerned with hyperevolution, the identification of the superluminal intersection, namely, that of entities and singularities appearing through non-electromagnetic light, and prefiguring 'the era of the first immortals'.

While these are some of the perspective lines informing Bove's current work, we cannot overlook the fact that, from their very emergence, he also subscribed to and espoused certain concepts that have moulded and accompanied us in the second half of the 20th century.

For instance, when we discovered that the 'art work' as symbol of art's unchangeable core and as propagator of a belief in a static world, has run its course[63]

and that

> as long as we ignore the fact that the 'art work' and the concept of reality it expressed were only passing historical solutions of a much profounder problem, we shall be unable to understand the scope of the revolution through which we are passing.[64]

In this same period, various readings of a psychological character forged our awareness of the indissoluble dialectic of Life and Death. The compelling arguments of Norman O. Brown on death, time and eternity[65] convinced many people that a possible Nirvana could be found by accepting death as inseparable from life and the other side of the same coin. That said, in the interstices of his reflections there were observations suggesting that something had not been exactly clarified:

> man is that unique species of animal which has a history, that is to say, that animal whose essence is not united with his existence, as with other animals, but is developed in the dialectic of historical time.[66]

There is reason to believe that, like many of us, Bove too was familiar with these and other similar texts. However, in his case something had already matured within him to make him the exponent of a new conception of the human, more specifically a concept intended to overcome millennial and ancestral conditionings.

The subject of a form of posthumanity, moreover favoured day after day by scientific developments, had to attack all the benchmarks of the conceptual and existential system consolidated in history, because this was the essential prerequisite for overcoming a humanism by now considered obsolete. In this respect, after lengthy reflection, Bove inevitably came to the conclusion that the Gordian knot to be untied through art and science was precisely that of striking to the heart the greatest taboo in human history: death, the end of life. Shifting the line 'omnis non moriar', which in Horace's *Ode* (III; 30) follows 'Exegi monumentum aere perennius', from poetry to real life was the goal deemed to be lived eternally.

In the most recent of Bove's theoretical formulas aimed at clarifying the fundamental meaning of his experiences, in January 2018 he wrote:

> The aspiration to immortality is deeply present in human beings. The yearning for

61   *Ibid.*

62   Yves Klein, 'Le dépassement de la problématique de l'art', in *Le dépassement de la problématique de l'art et autres écrits*, École Nationale Supérieure des Beaux-Arts, Paris, 2003, p. 83.

63   Alexander Dorner, *The way beyond 'art': the work of Herbert Bayer*, New York University Press, New York, 1958, p. 134.

64   *Ibid.*

65   Norman O. Brown, *Life Against Death*, Wesleyan University Press, Middletown, 1959, pp. 87-110.

66   *Ibid.*, p. 102.

eternity and the burning desire to cancel
time and perpetuate one's existence urges
the accomplishment of an art that can
efficaciously respond to this need. An art
that does not resort to metaphor but, by
absorbing scientific knowledge, helps to
probe the possibility of an unlimited life.
This artistic research is based on the utopian,
radical and paradoxical vision of a human
existence freed from death. Human history,
so deeply marked by the impending tragedy
of death, by pain, melancholy and nostalgia
resulting from the transience of life, calls for
the hypothesis of a dimension not subject to
this grave limitation.
The answers to be provided are immeasurably
difficult, not only in terms of personal death
but also in relation to the slow extinction of
the cosmos.
What power of imagination can find a solution
to these formidable dilemmas?
An art not restricted to changing man alone,
but rather the entire universe!
Artistic fiction always has an enigmatic truth.
At present, it is only through art that we can
become immortal.

The amazing leap required to glimpse
unlimited life is only possible through a
powerful oneiric and fantastic input.
Venturing into the unknown we realise that we
do not have the right words to configure and
describe the new scenarios. Nevertheless we
intercept revelations, we are led to surprising
reflections, theories and conjectures that
are also functional to the reality that we
experience every day.
The challenging operation that we propose
is like a game in which various basic rules
have been eliminated and replaced by others,
apparently illogical. The result leads to
unwonted observations that prove significant
for our existential and cognitive experience.
It is therefore indispensable to imagine, plan
and simulate immortality.
Such protensive projection can help us
to better understand the world we are in,
and enhance our understanding of the
limitations and possibilities of the human
being on this planet.[67]

67 Antonino Bove, 'Una ricerca sull'evoluzione della specie umana', unpublished manuscript, Archivio Bove, Viareggio, 10 January 2018.

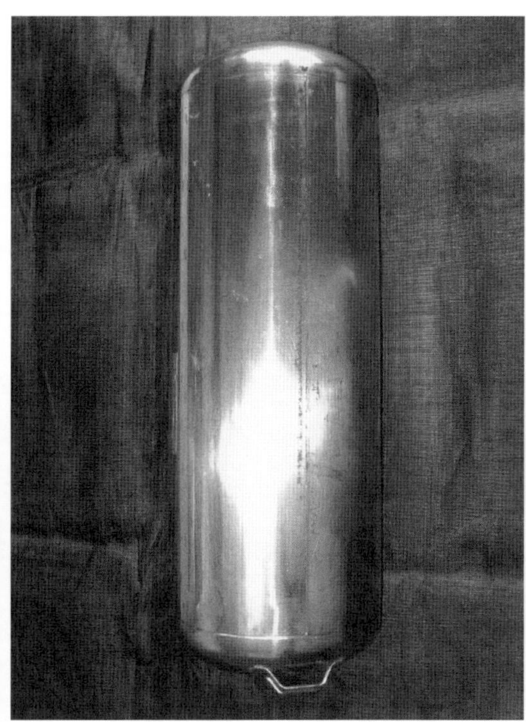 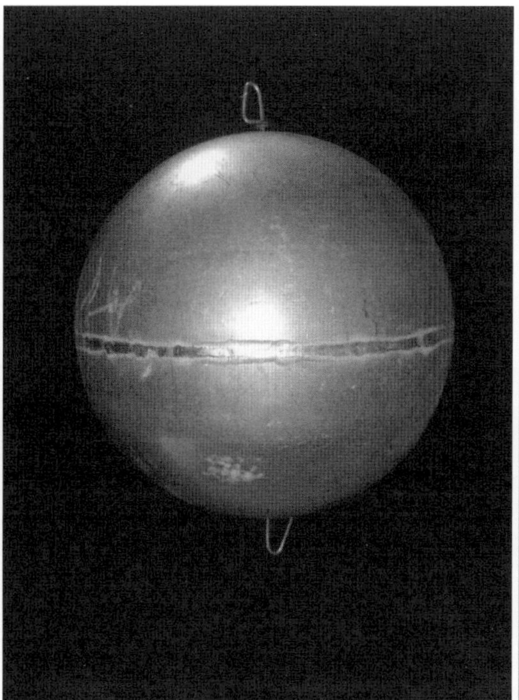 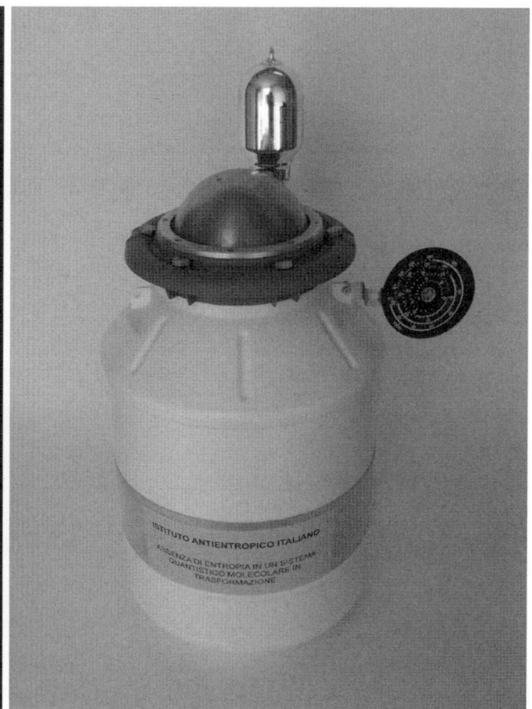

Camera ad ultravuoto contenente luce non elettromagnetica, 1982, cilindro in acciaio, 20×20×70 cm
Contenitore ad ultravuoto con all'interno luce afisica, 1982, sfera in alluminio, diametro 32 cm
Assenza di entropia, 2016, recipiente in acciaio, materiale plastico e strumenti, 25×33×52 cm

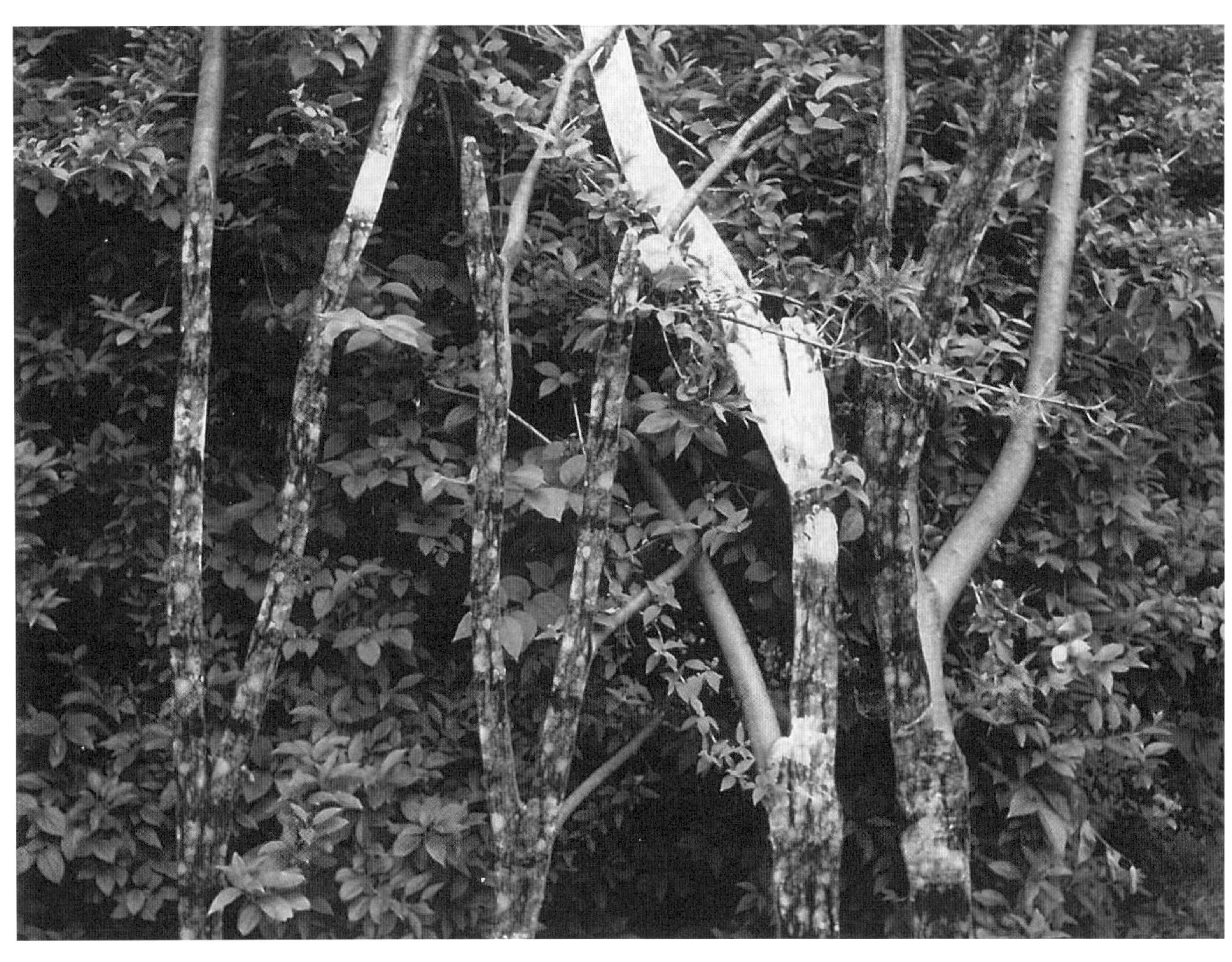

 Una di due stampe fotografiche, 60×80 cm ciascuna, documentazione di: *Alberi neuronali*, 1996, installazione composta da sezioni di alberi con applicazione di immagini di neuroni umani, dimensioni ambientali

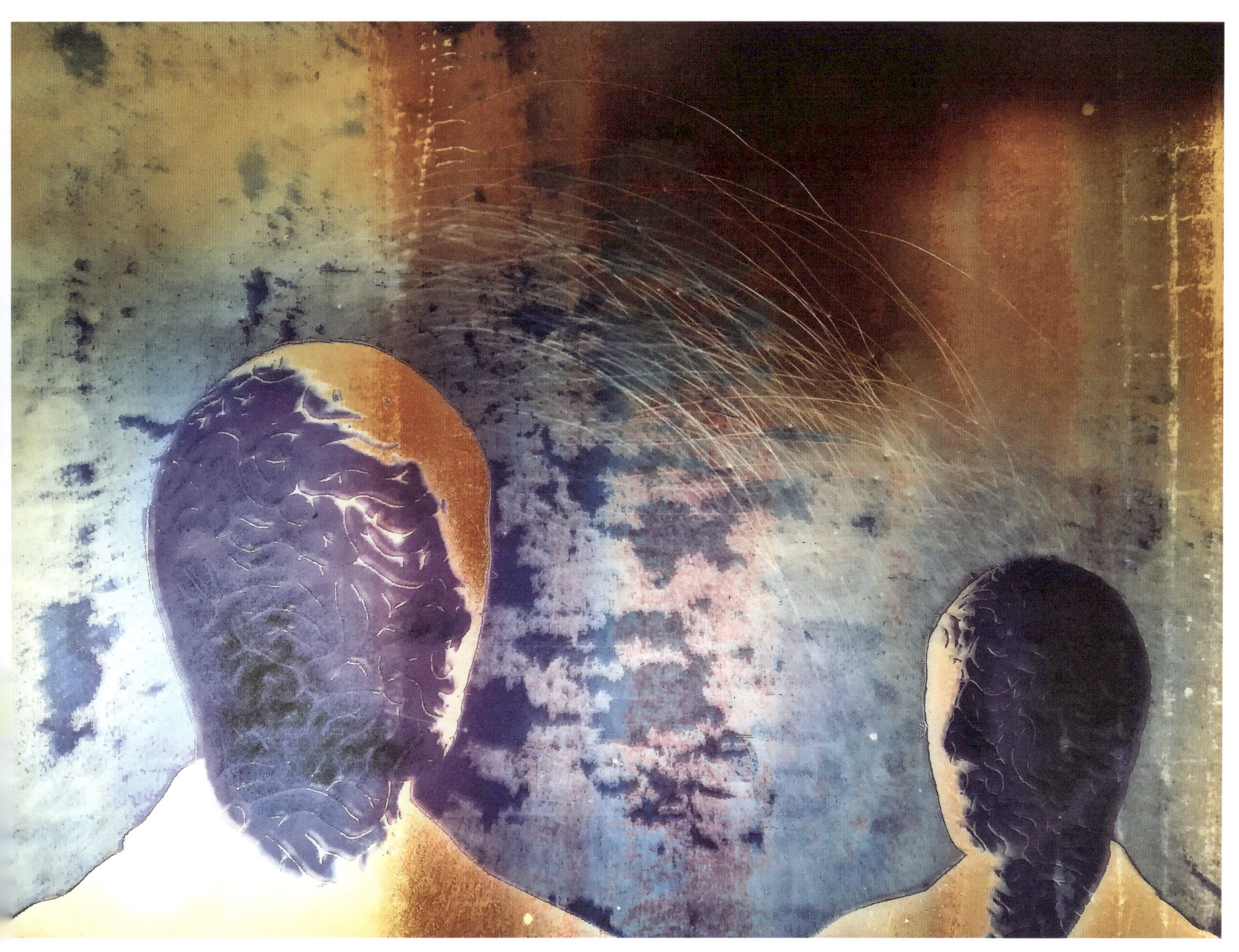

Conversazione tra Acronos, 2014, stampa digitale su plexiglas trasparente e lastra di rame incisa, 50×70 cm

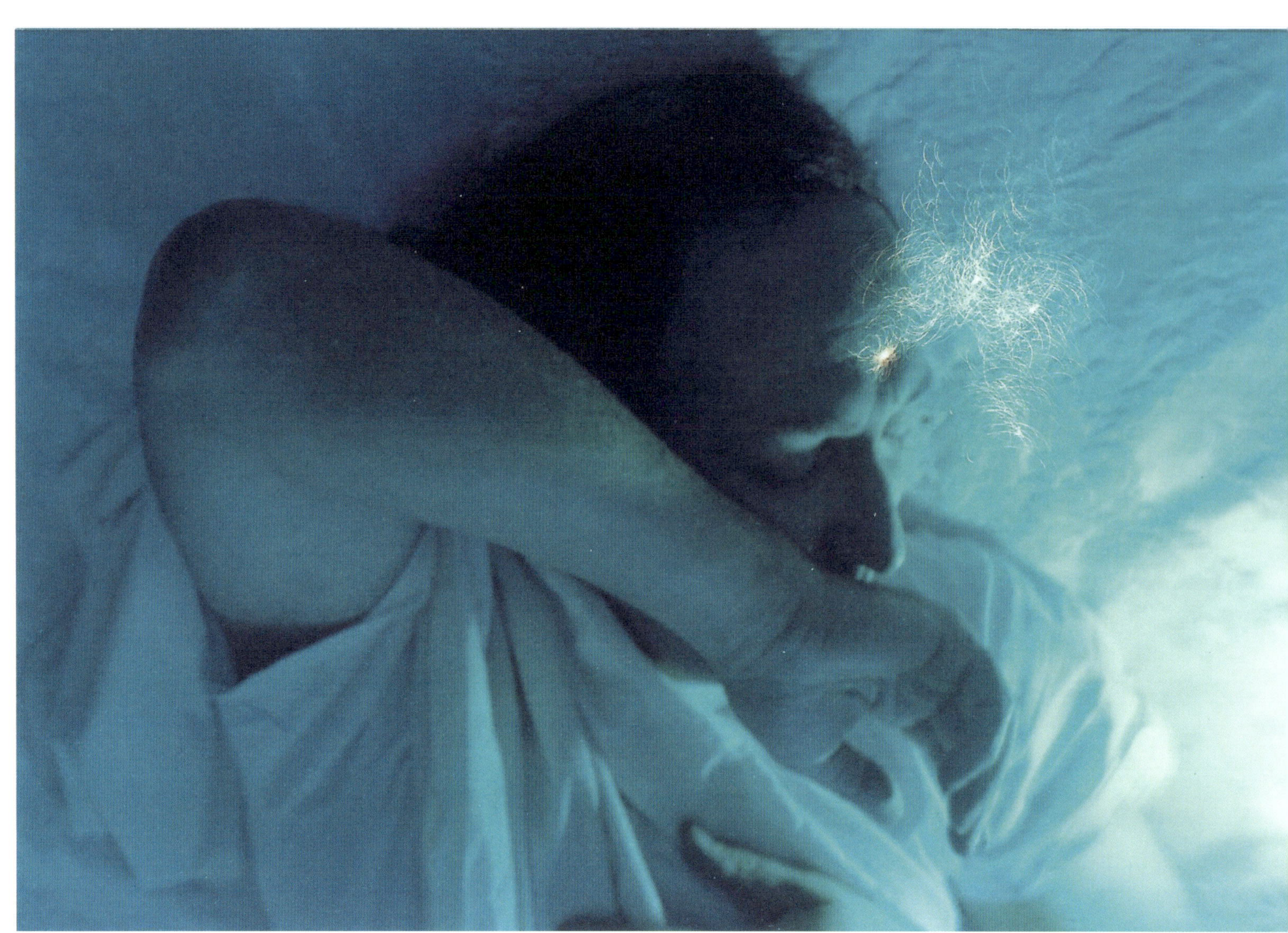

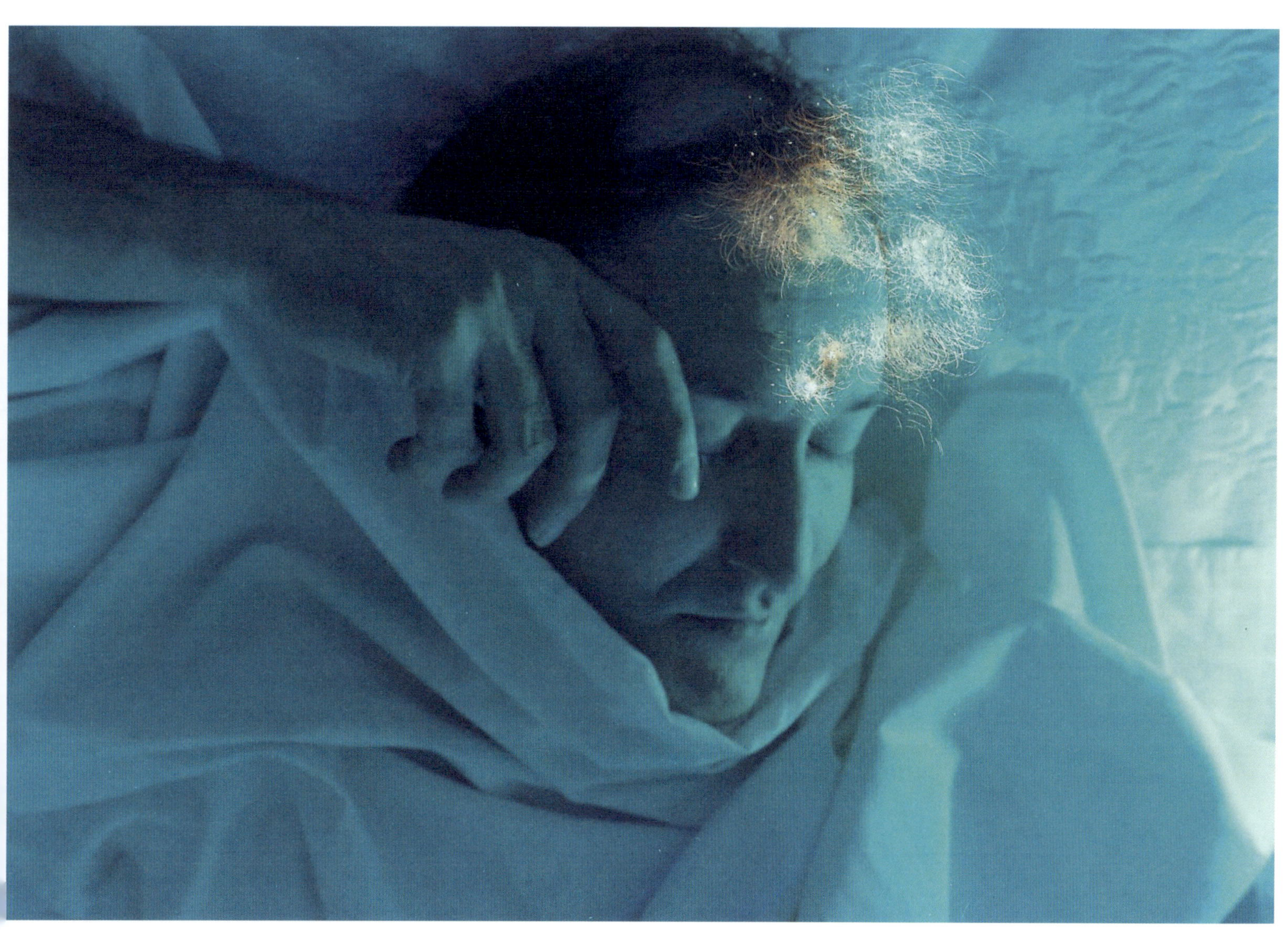

Un sogno entra nella realtà, 1993, tre stampe fotografiche a colori, 40×60 cm ciascuna

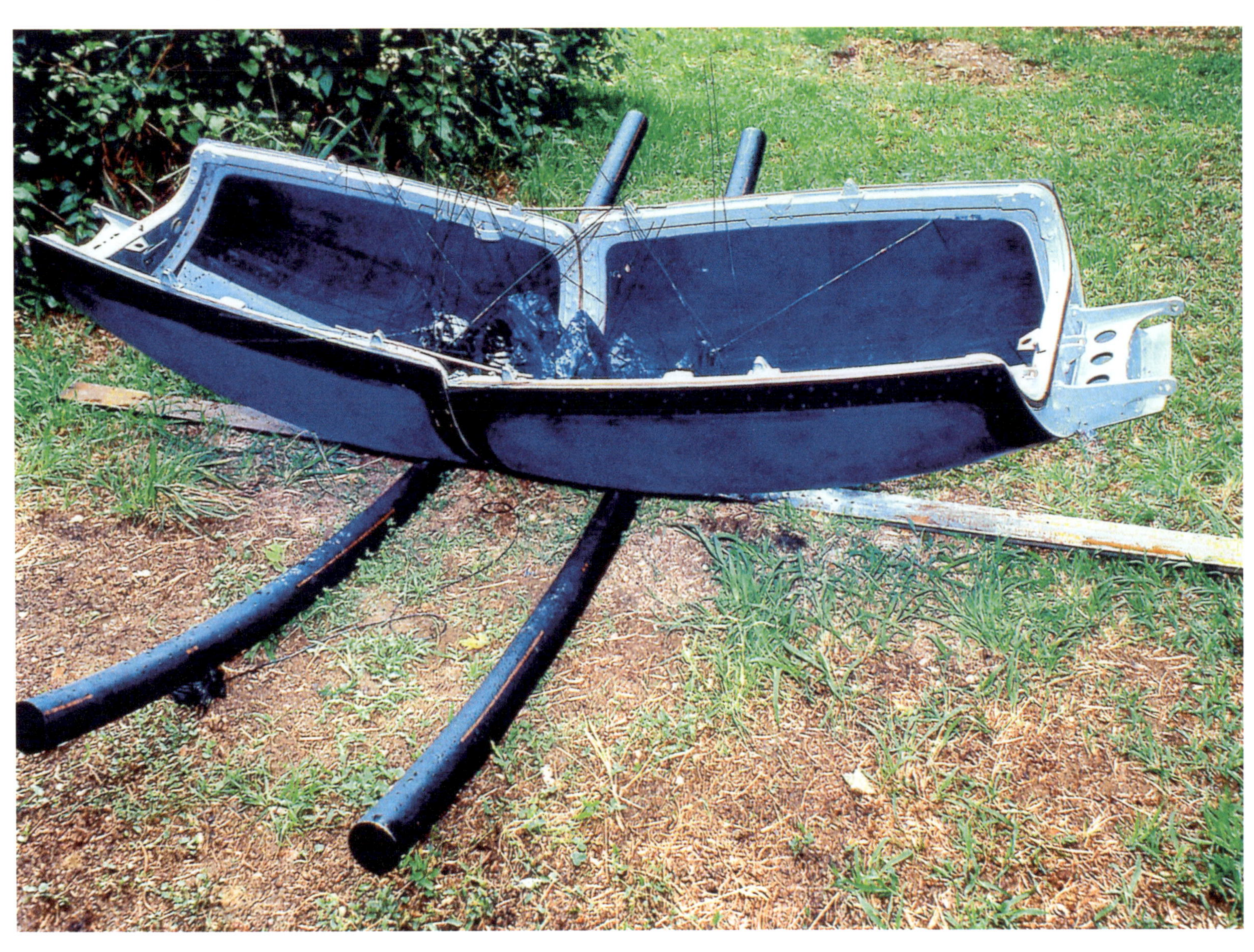

 Cullabarca di un sogno materializzato, 1992, installazione con carlinghe di aereo, blocchi di vetro di fusione, barre di ferro curve, sensori, suoni, 280×300×61 cm, ex Ospedale Psichiatrico di Quarto dei Mille, Genova

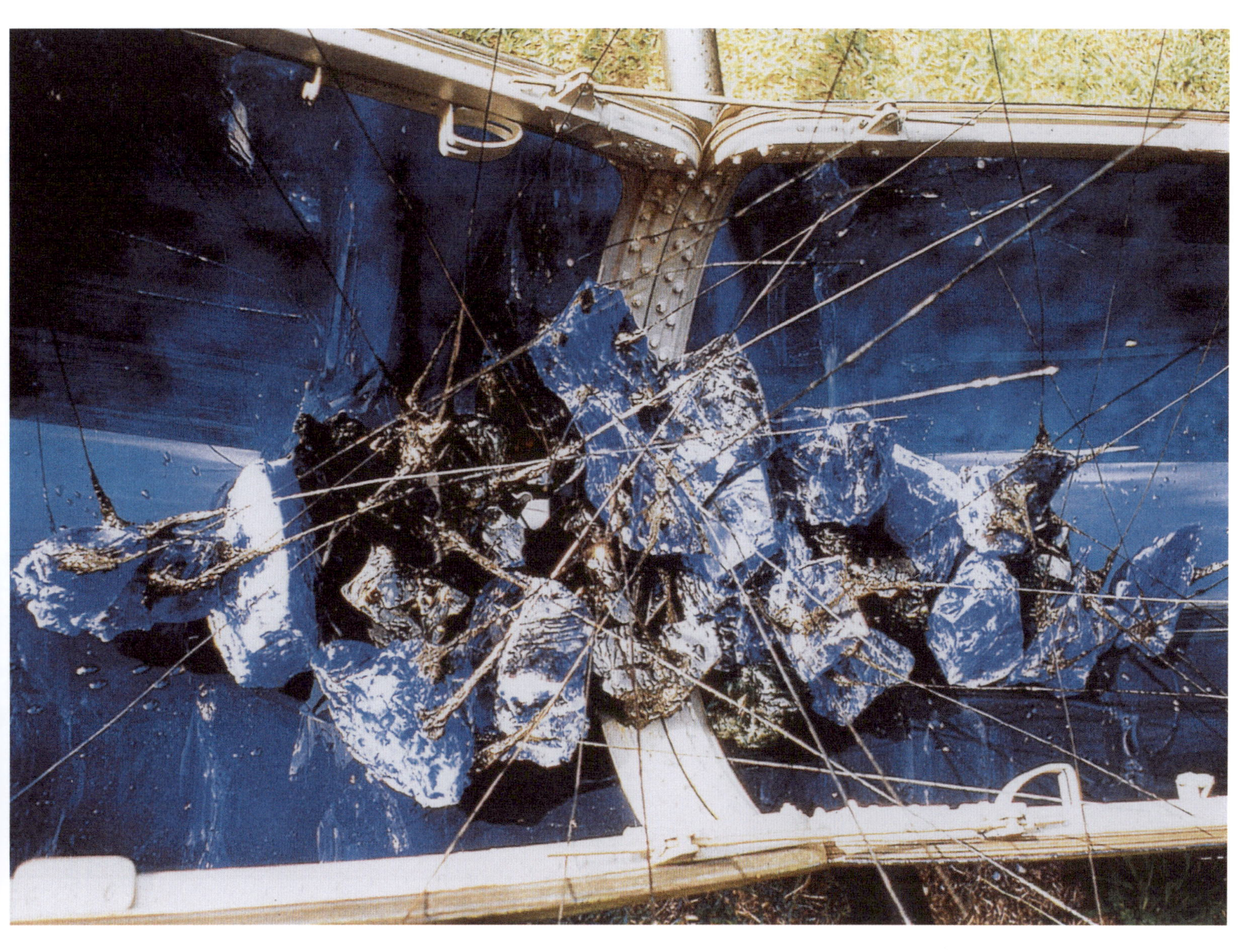

Cullabarca di un sogno materializzato (particolare), 1992, installazione con carlinghe di aereo, blocchi di vetro di fusione, barre di ferro curve, sensori, suoni, 280×300×61 cm, ex Ospedale Psichiatrico di Quarto dei Mille, Genova

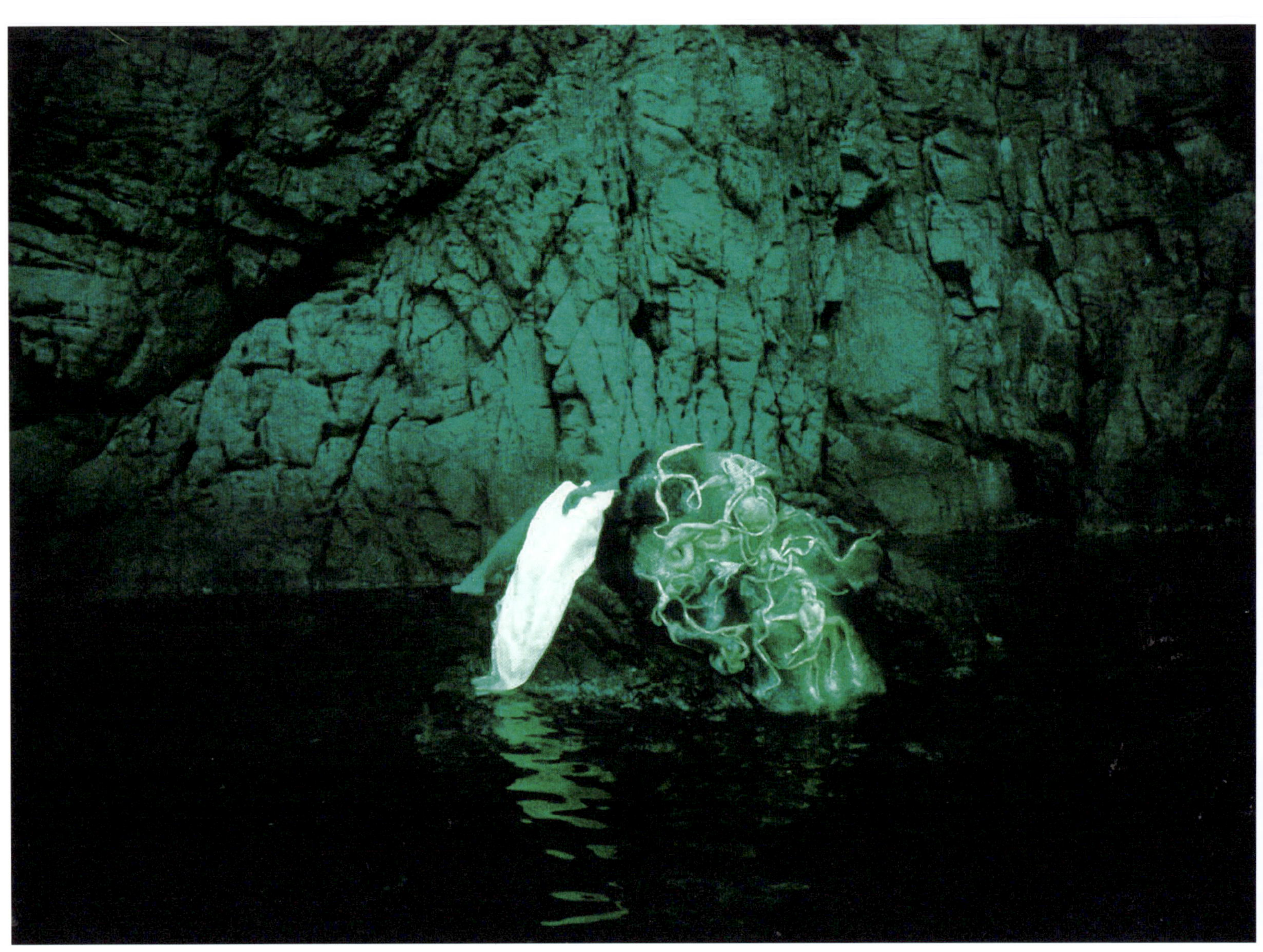

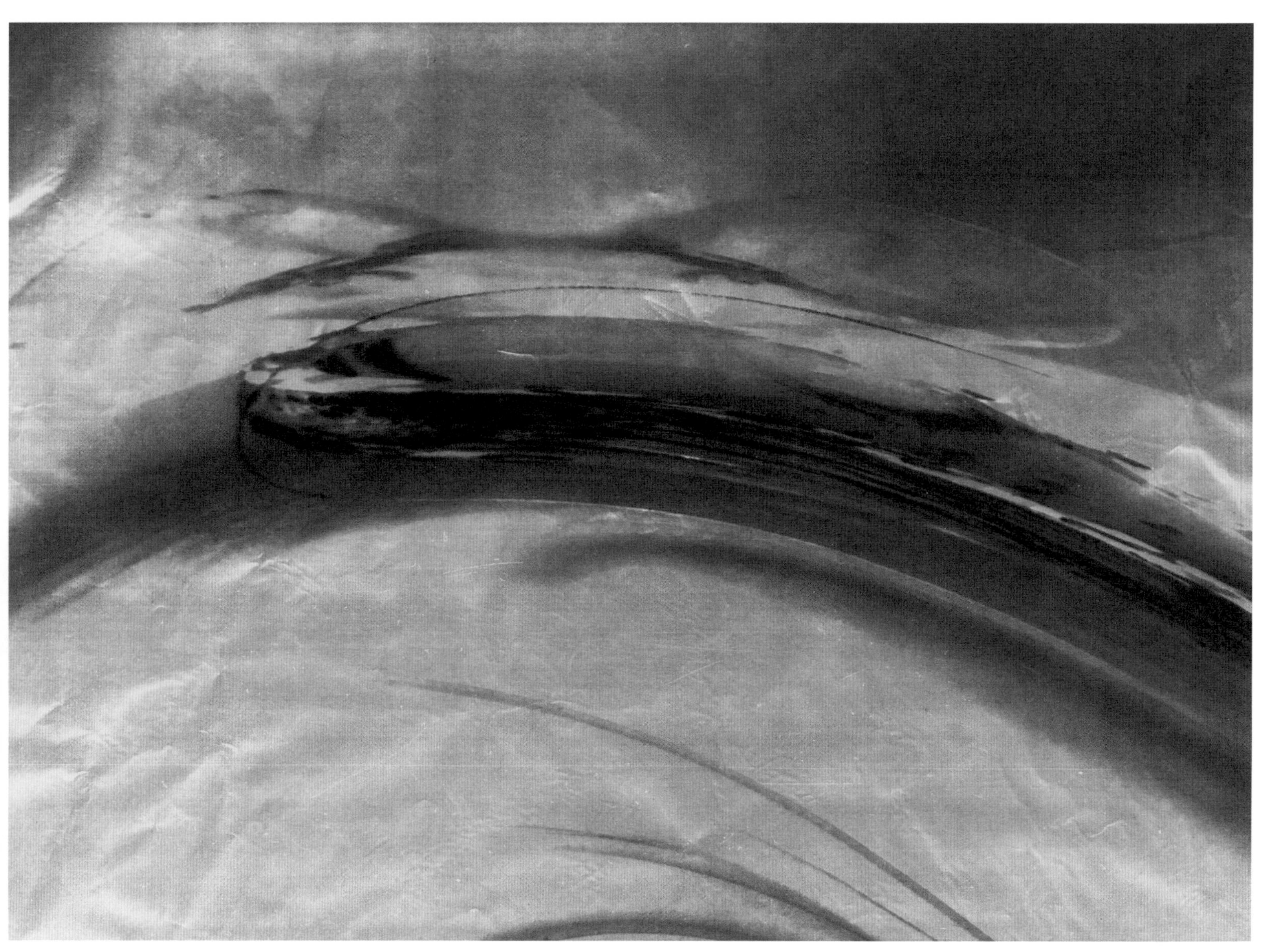

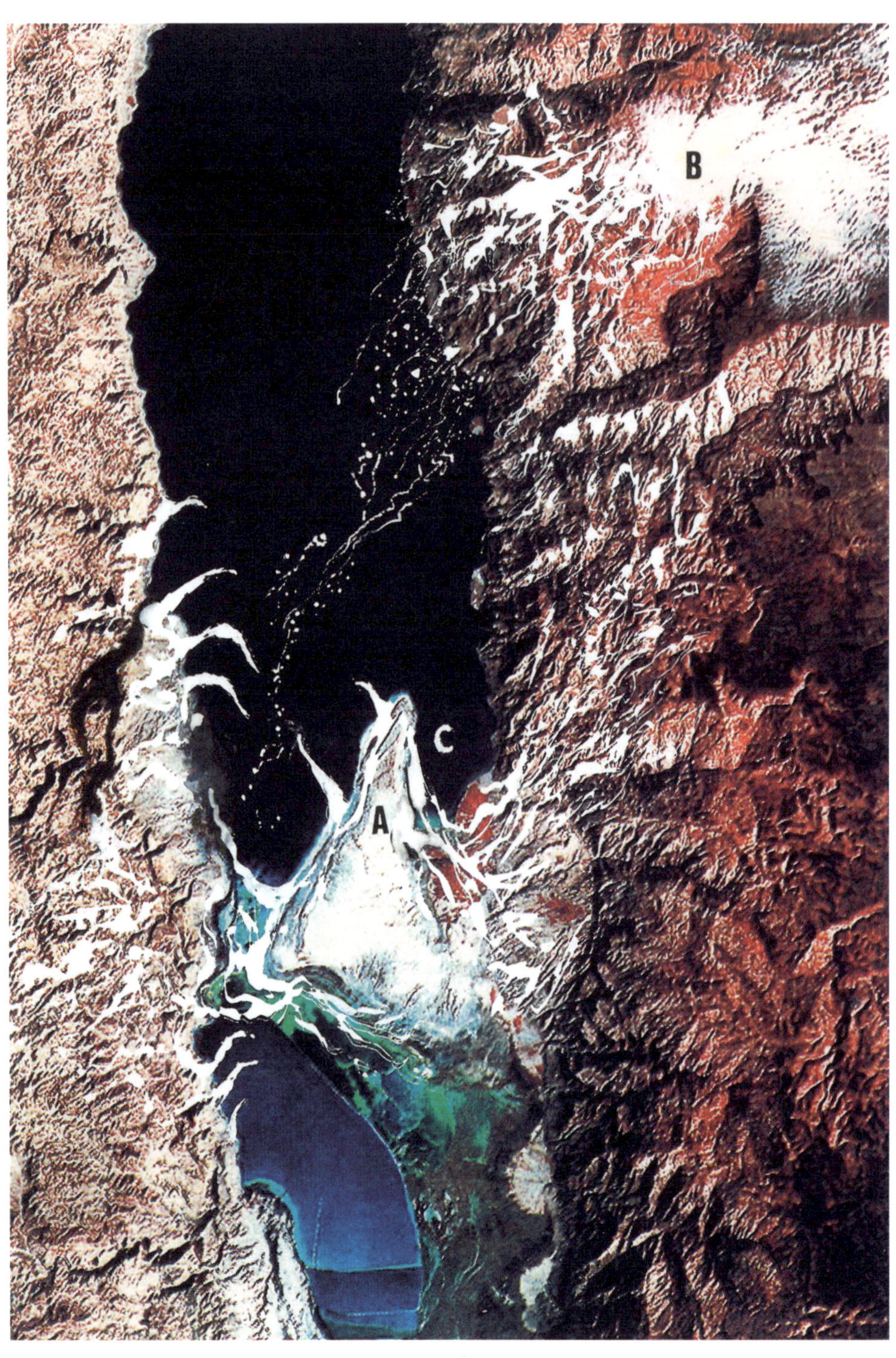

Onirogeografie. Grande atlante dei sogni materializzati, 1985, immagine fotografica elaborata dall'artista, 80×60 cm

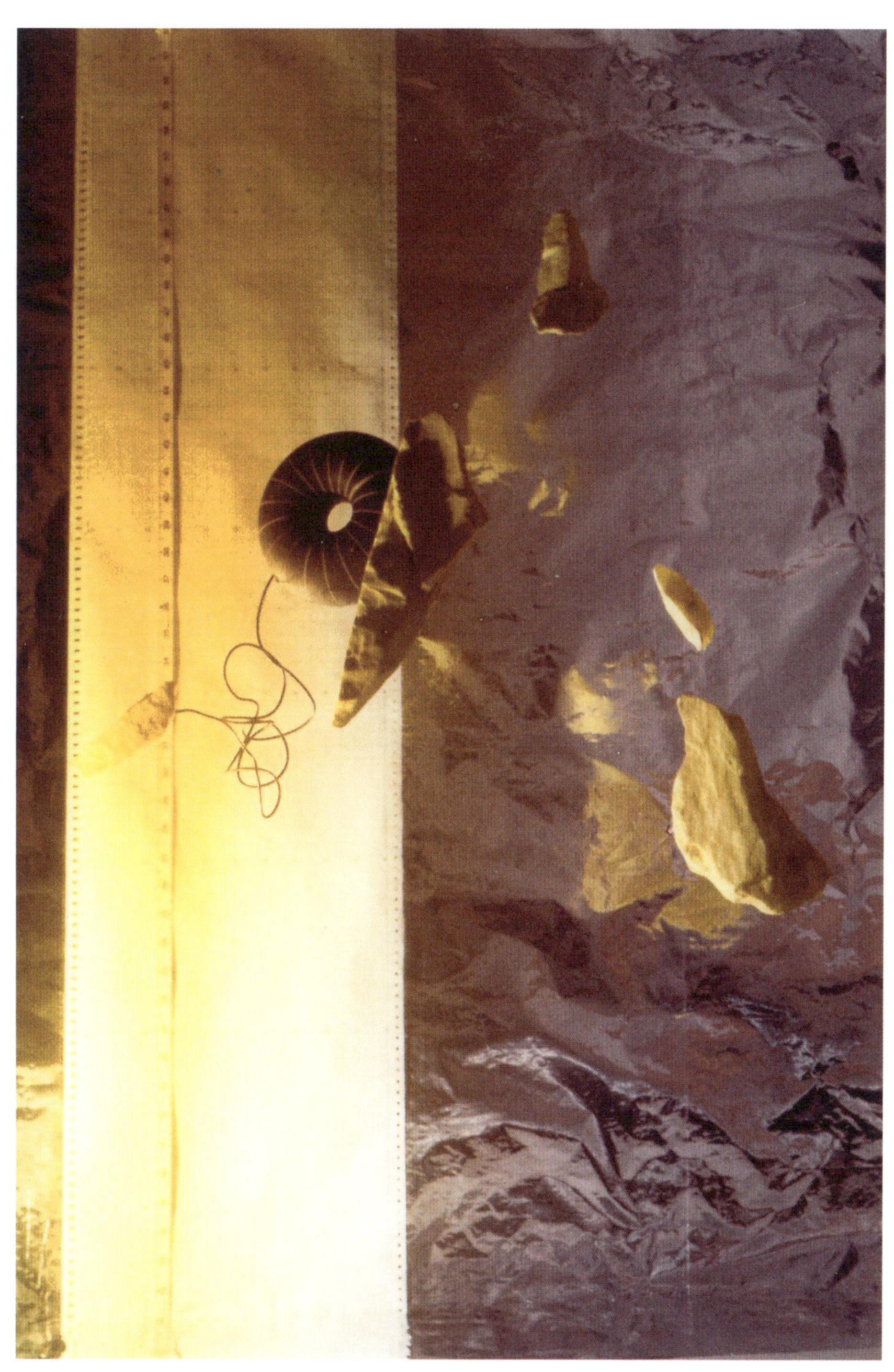

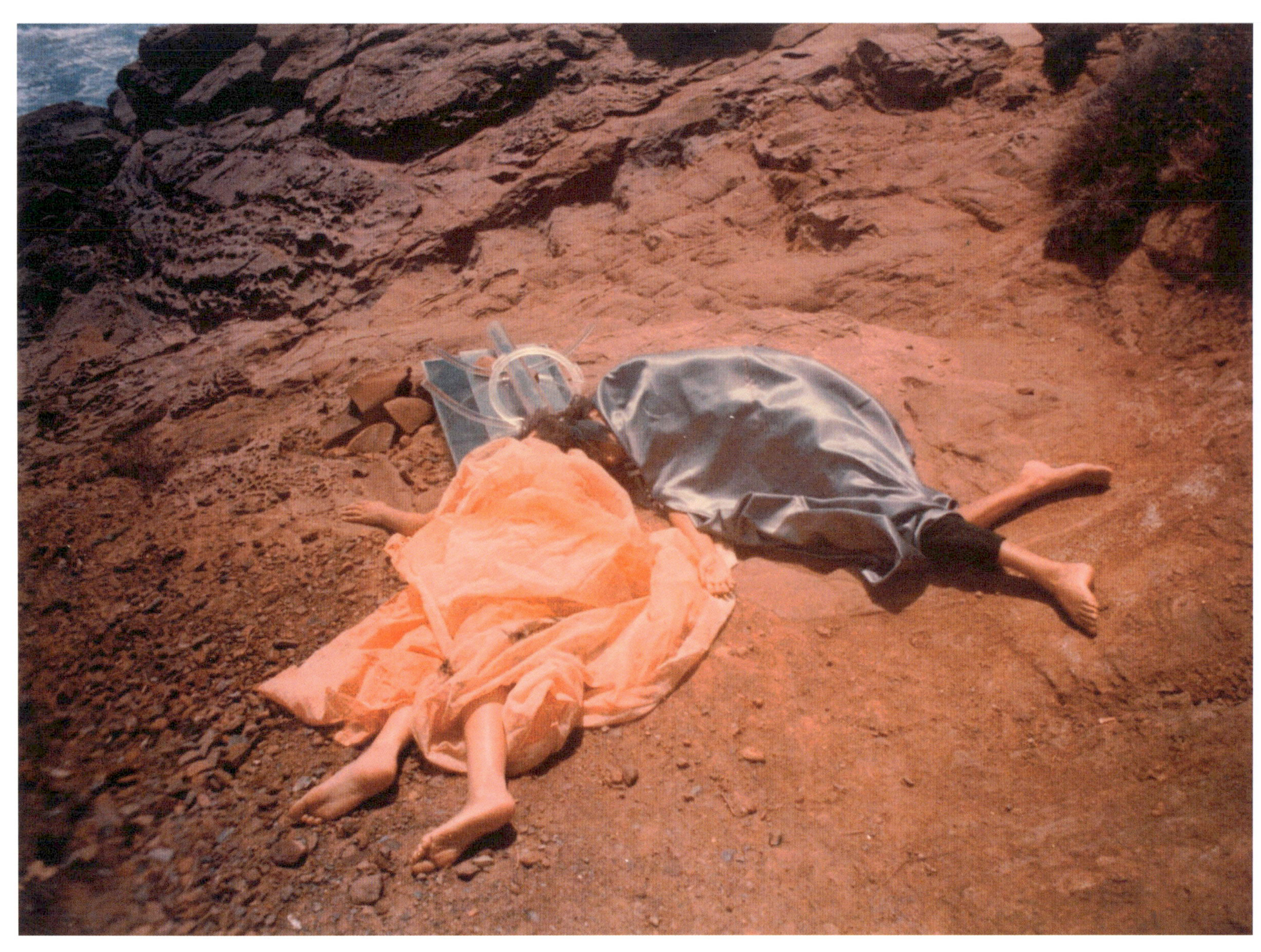

↑ Una di tre stampe fotografiche a colori, 80×100 cm ciascuna, documentazione di:
Materializzazione di un sogno gemino, 1987, performance, durata 17 minuti; Sassoscritto, Livorno

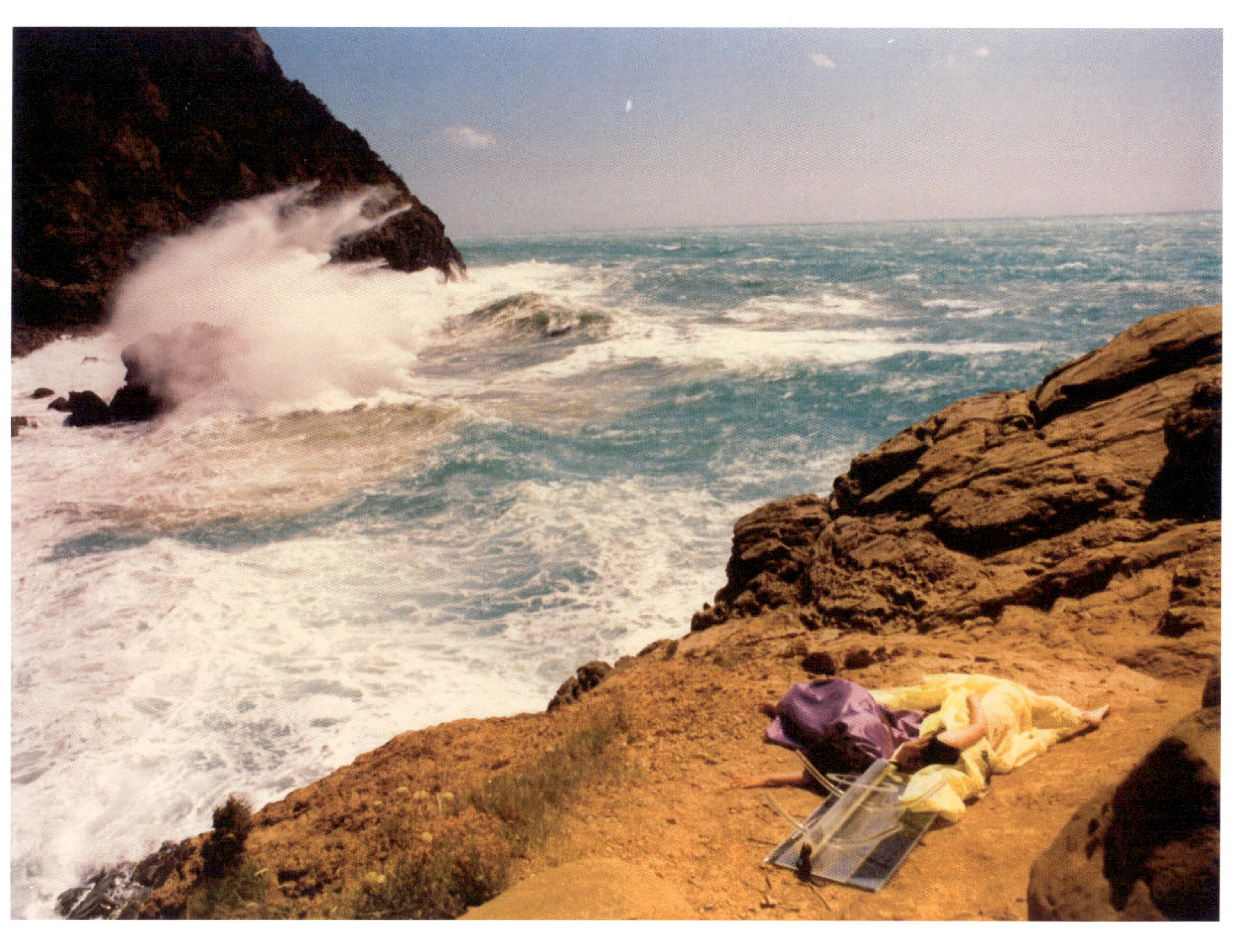

↑ Una di tre stampe fotografiche a colori, 80×100 cm ciascuna, documentazione di:
Materializzazione di un sogno gemino, 1987, performance, durata 17 minuti; Sassoscritto, Livorno

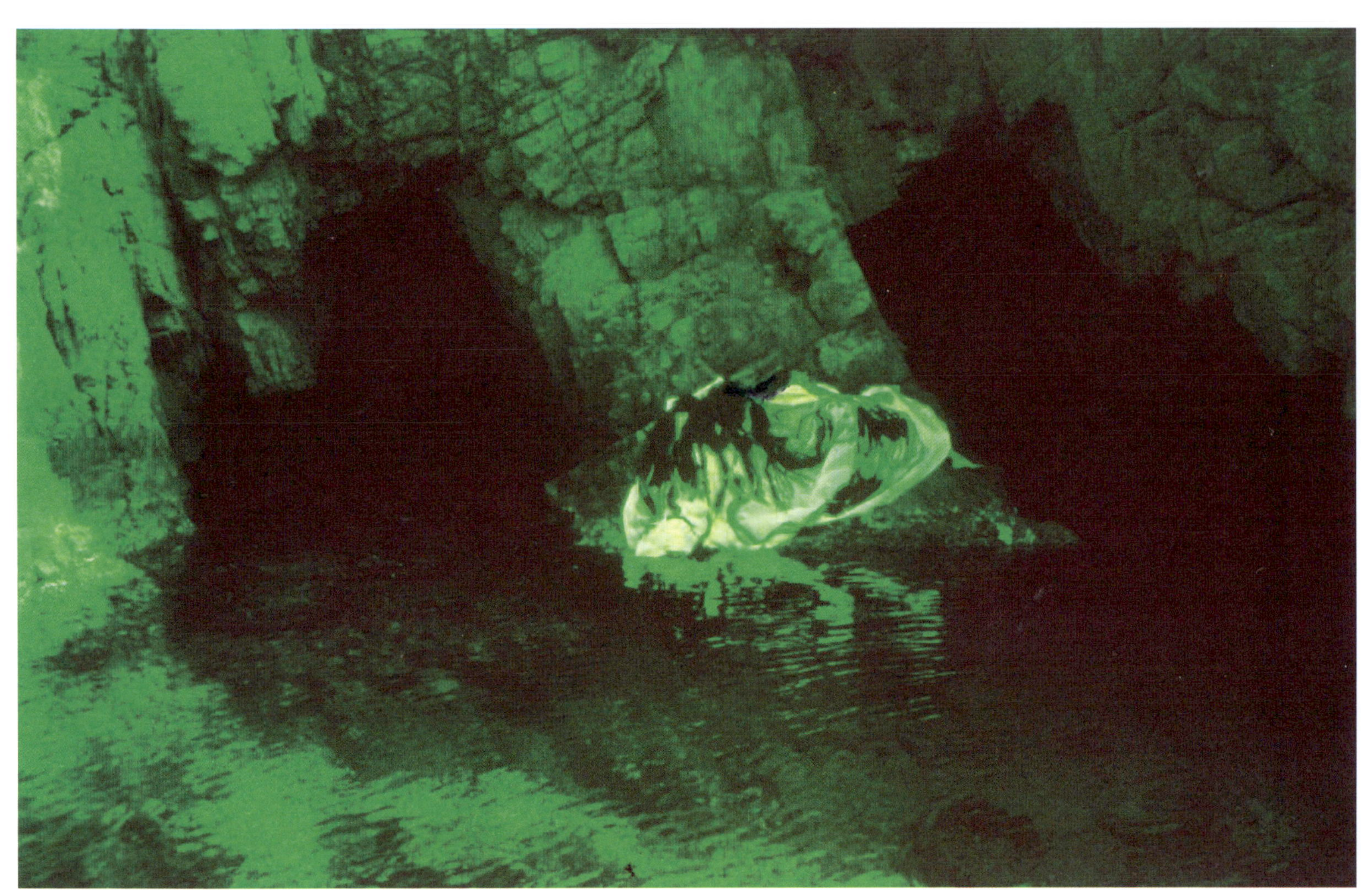

↑ *Fisicizzazione di un sogno*, 1987, installazione e stampa fotografica cibachrome, 80×120 cm

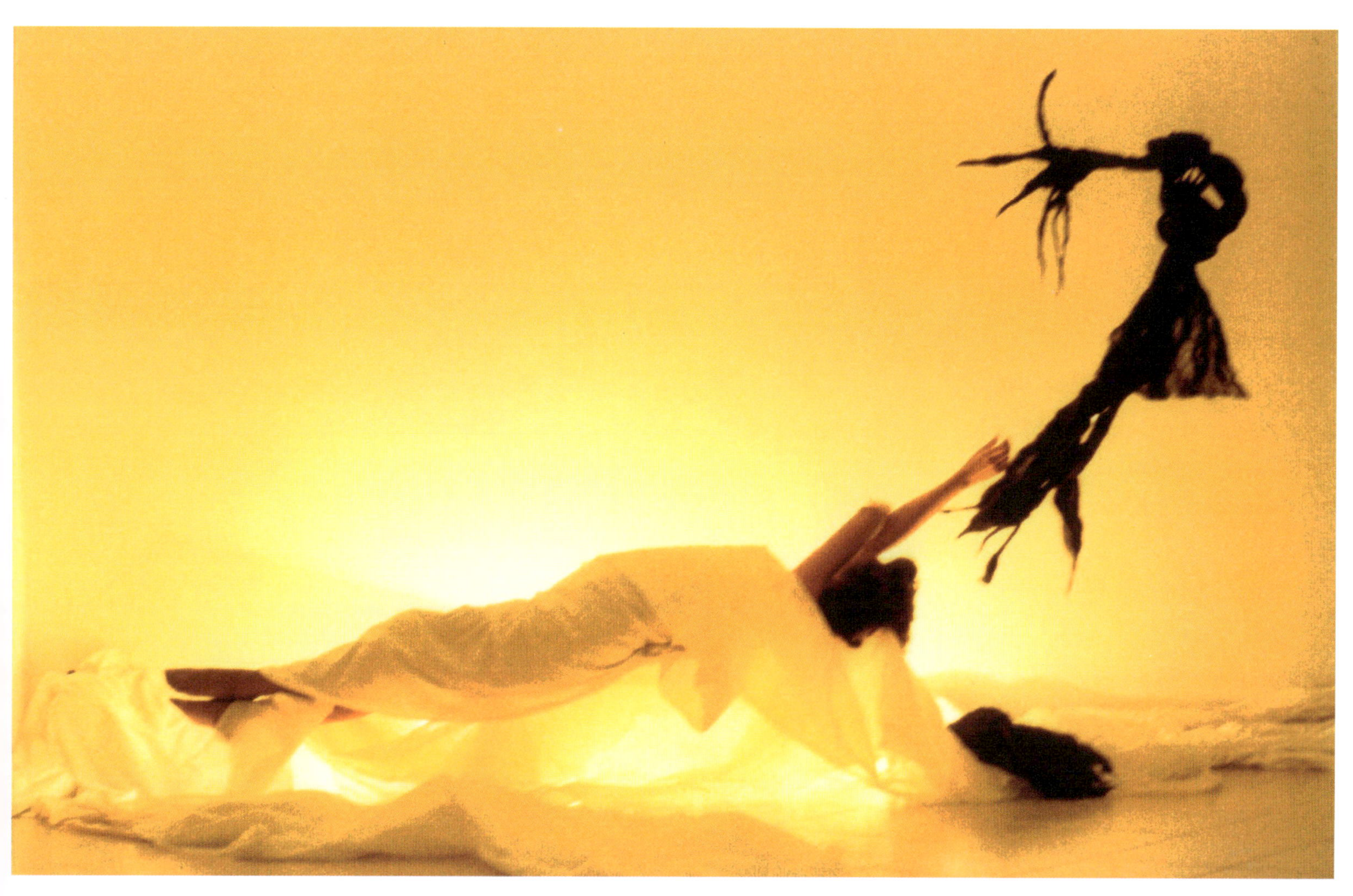

Stampa fotografica cibachrome, 80×123 cm, documentazione di: *Sognatrice e oniroplasmi in levitazione*, 1987

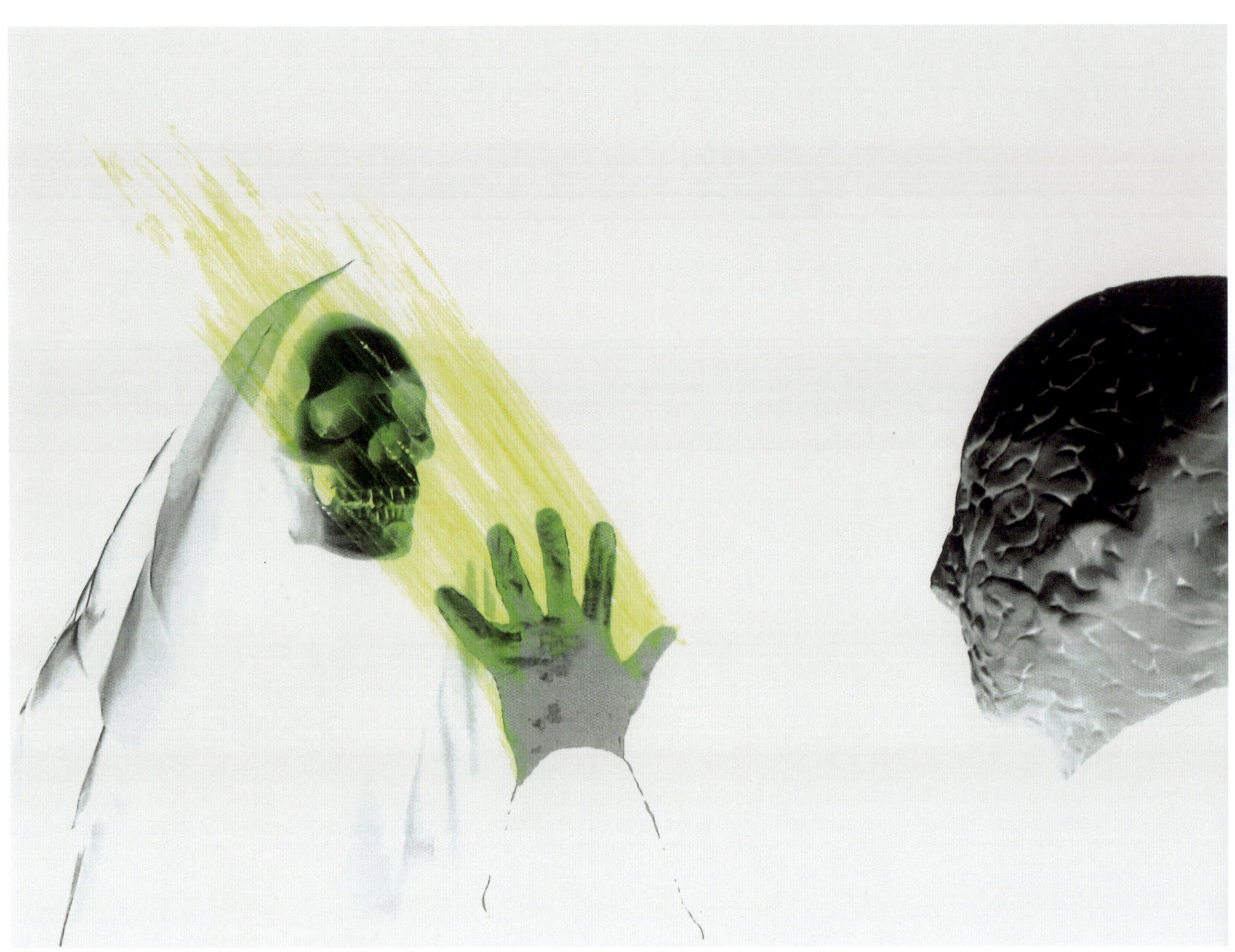

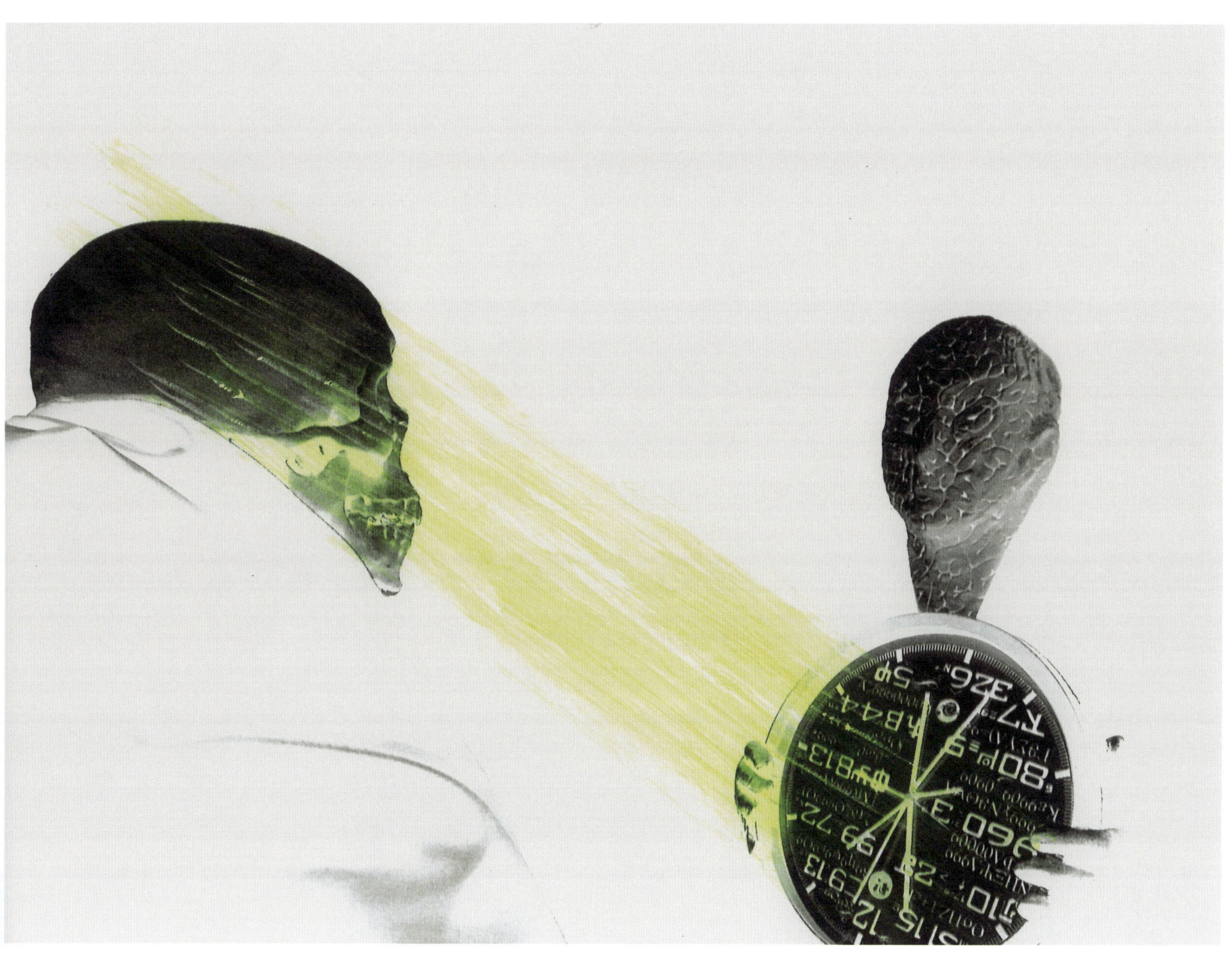

Acronos annulla la morte, 2006, stampe digitali su plexiglas trasparente e pigmento luminescente, 83×123 cm

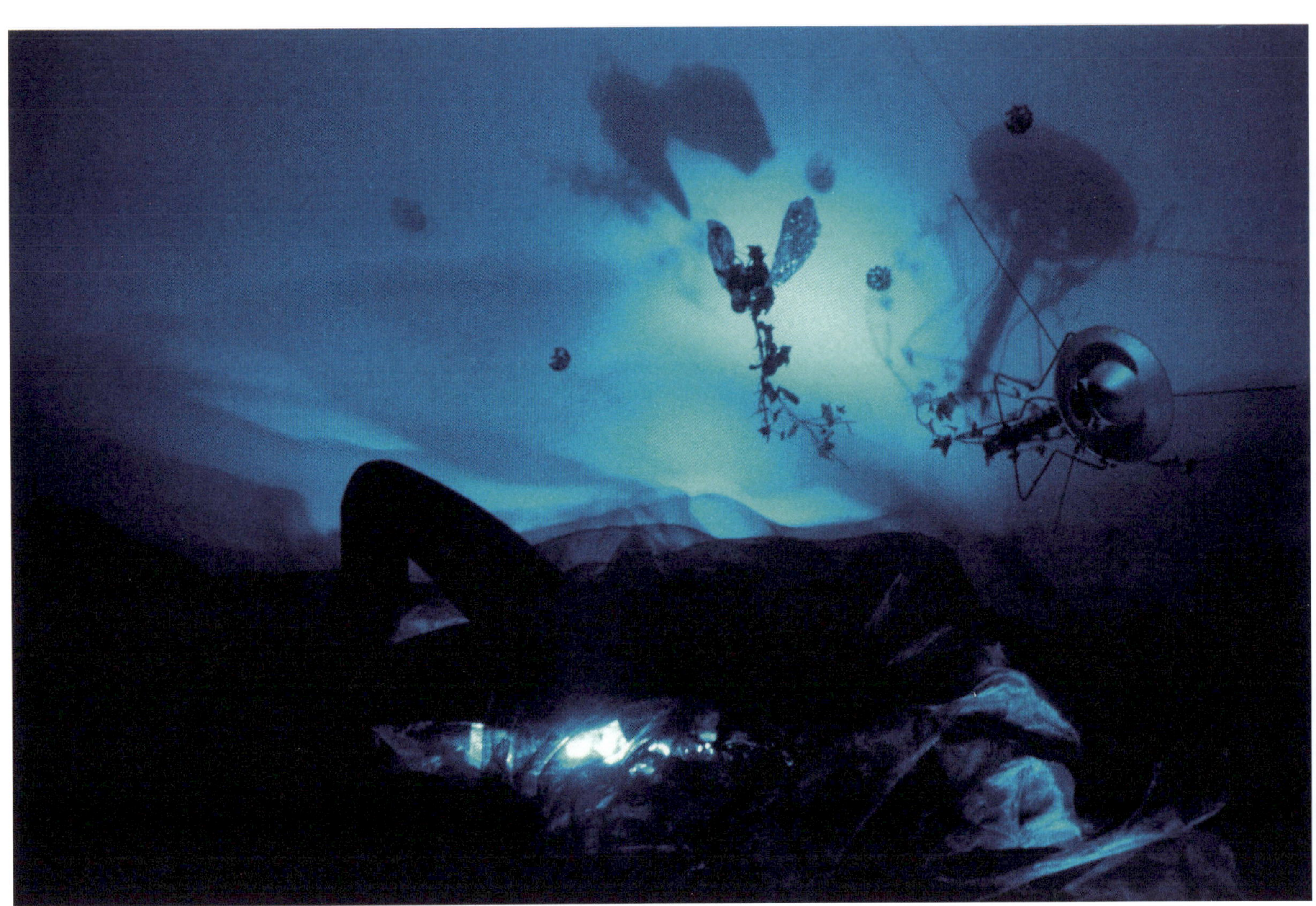

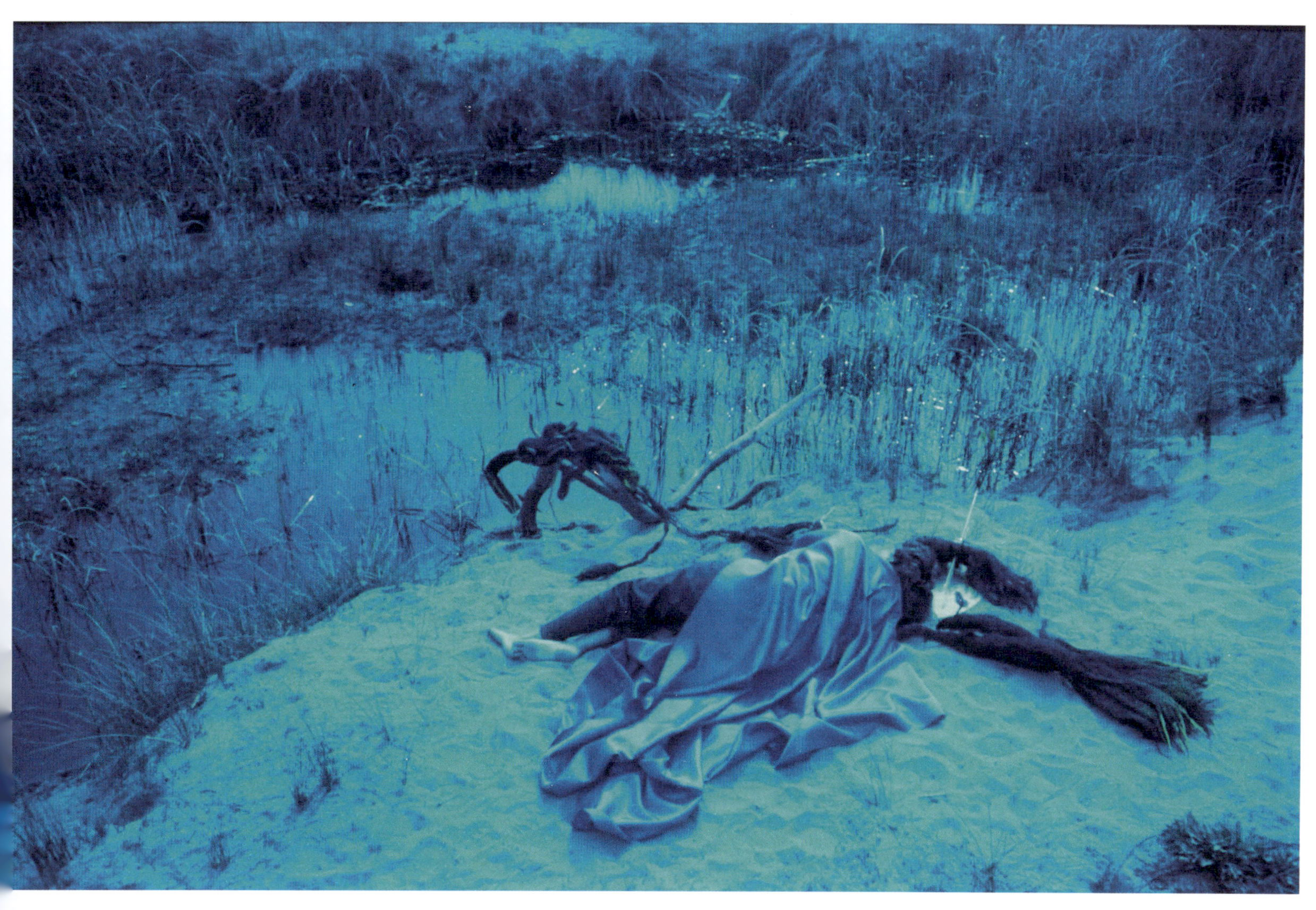

Una sognatrice materializza un sogno, 1987, stampa fotografica cibachrome, 80×120 cm

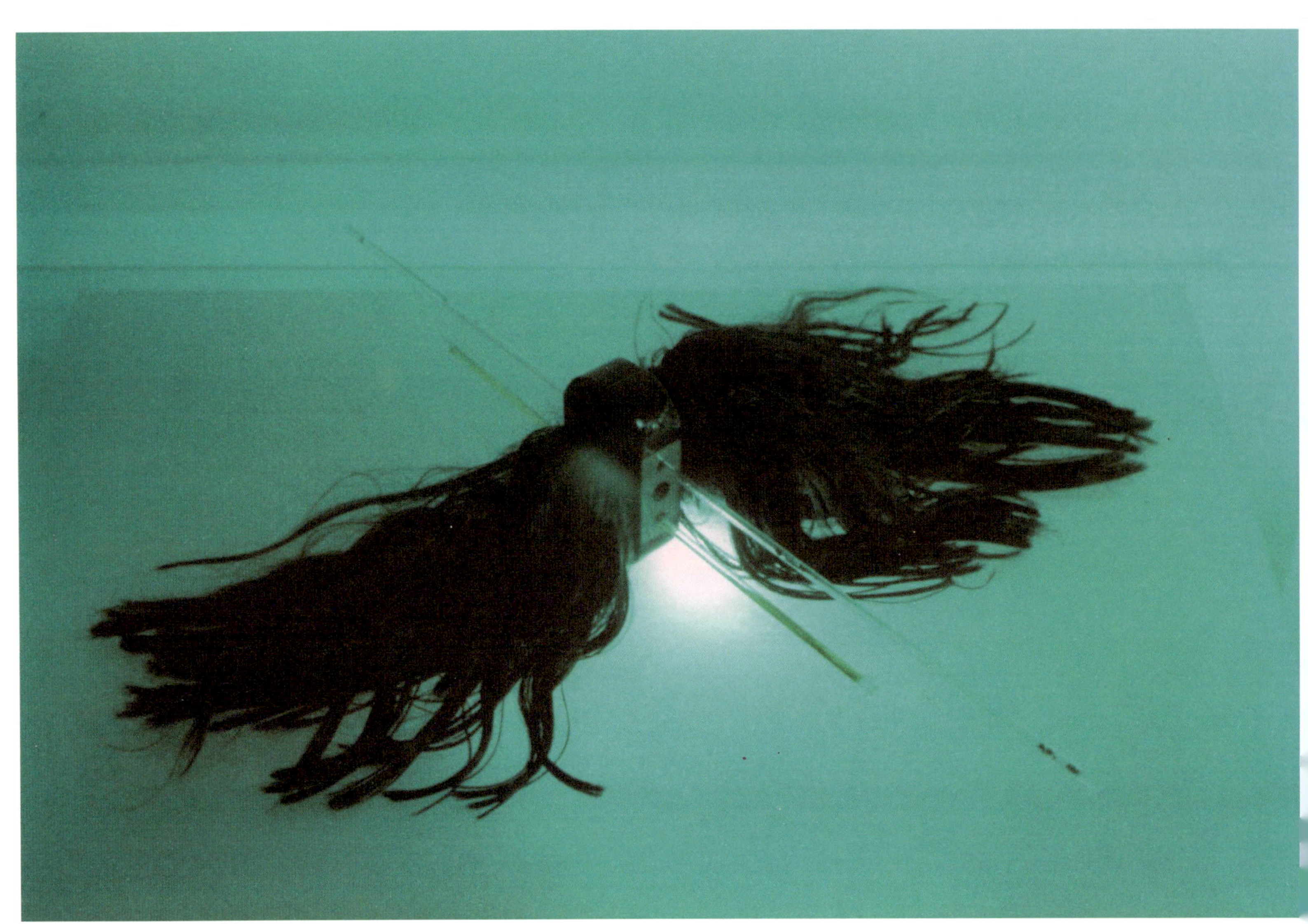

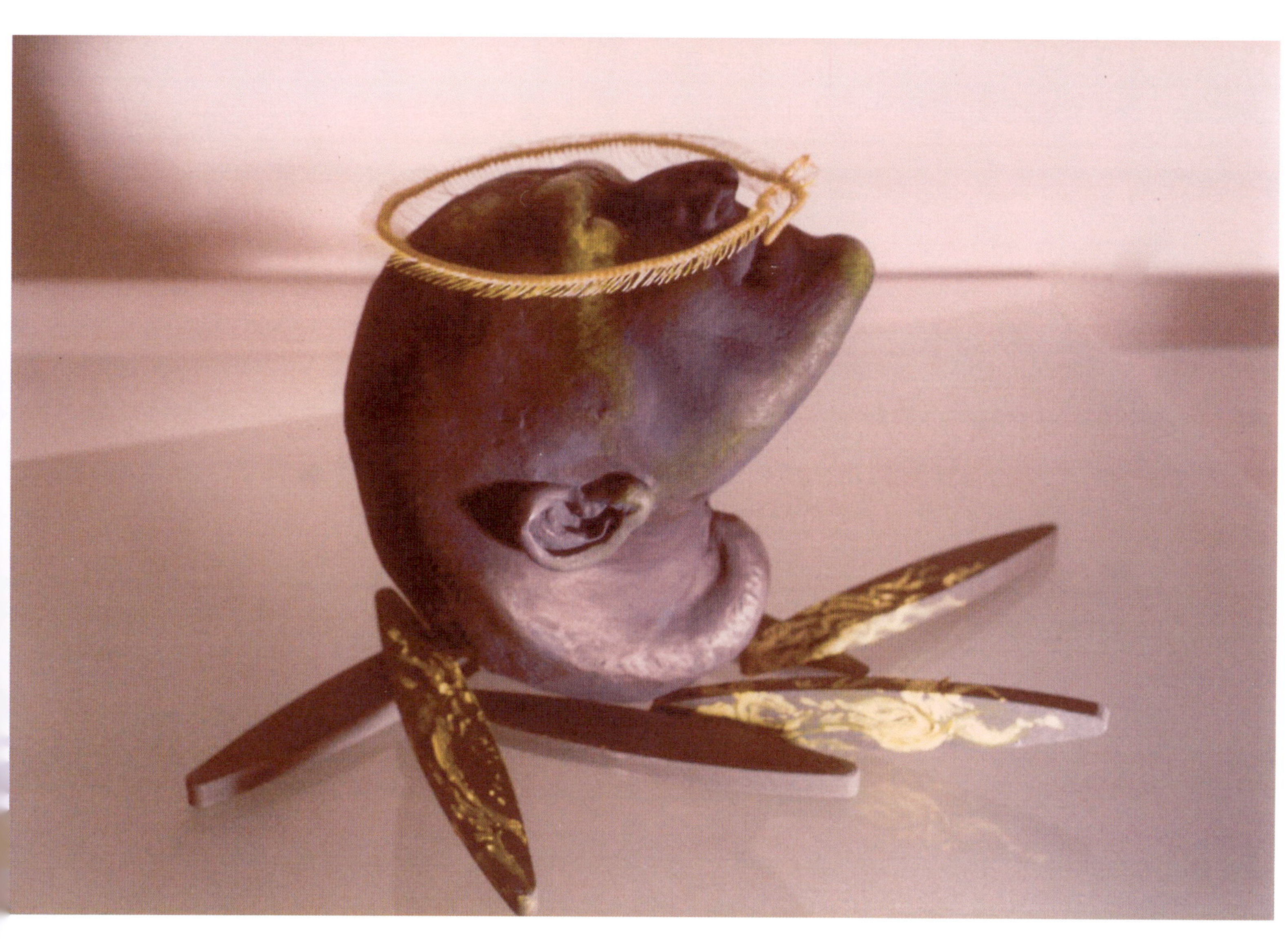

Induttore di sogni, 1987, carborundum, fosforo, calco in grafite, scheletro di serpente, 23×38×48 cm

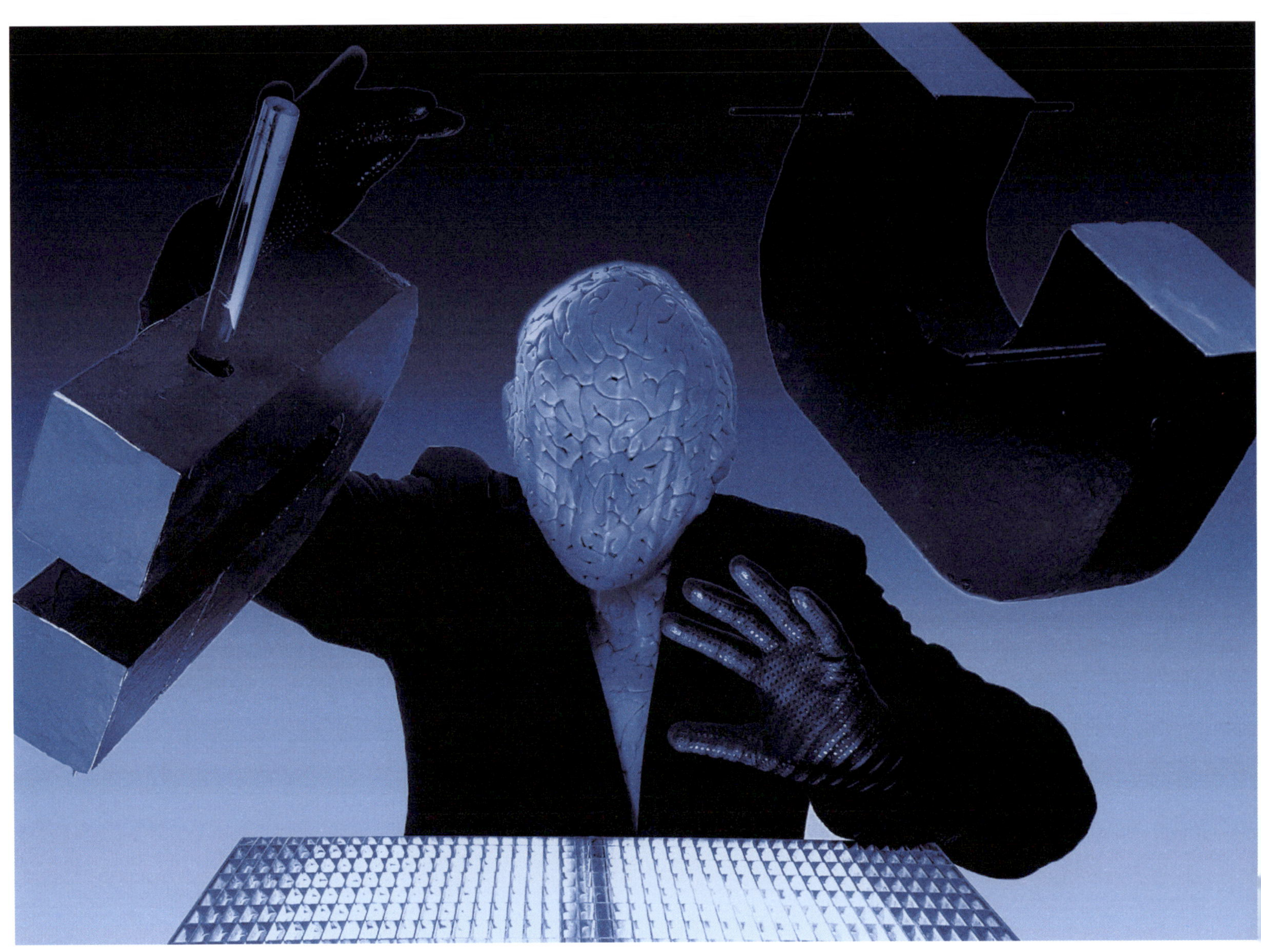

↑ *Levitazione di magneti viventi*, 2018, stampa digitale su plexiglas opalino, 80×120 cm

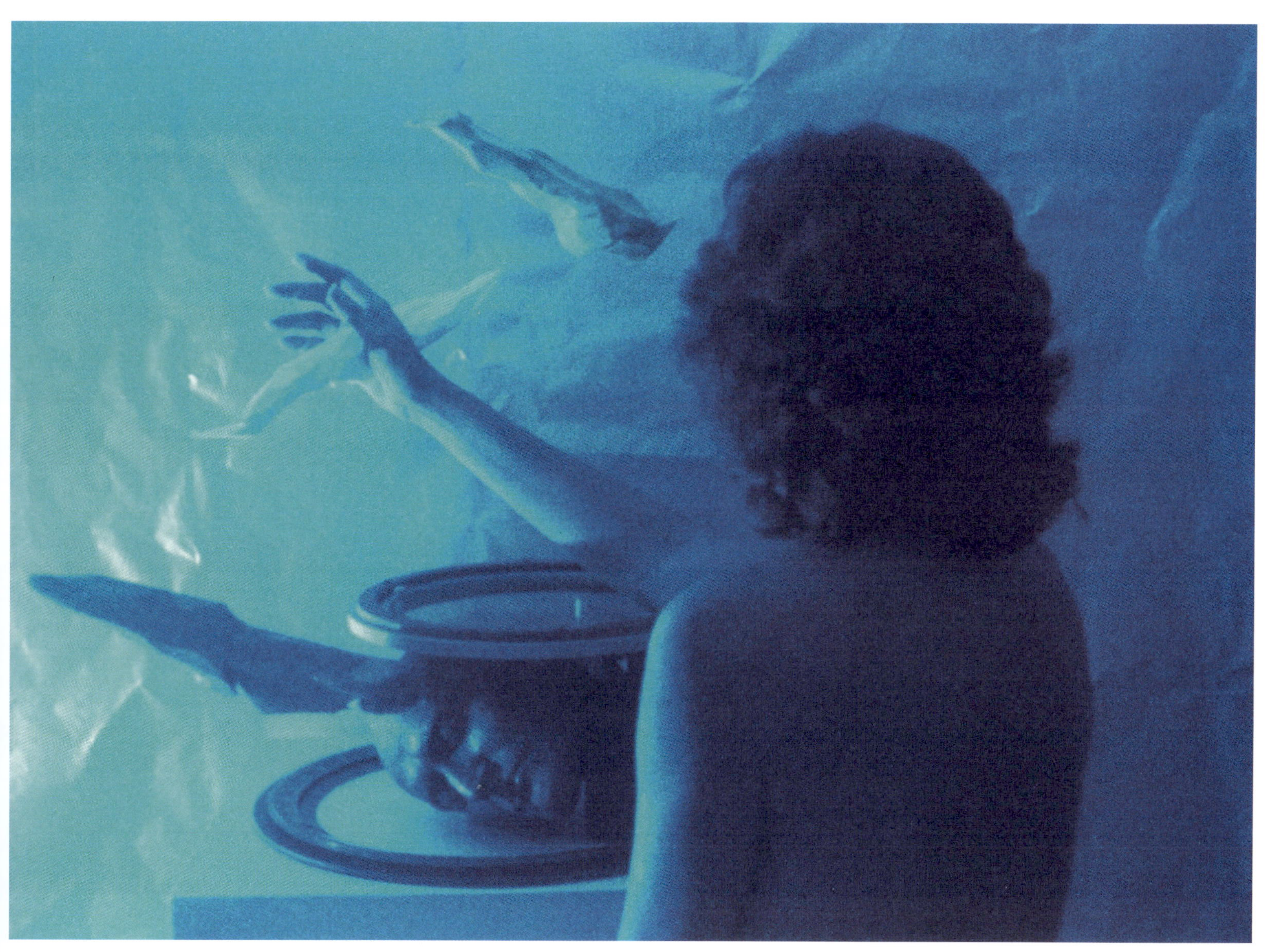

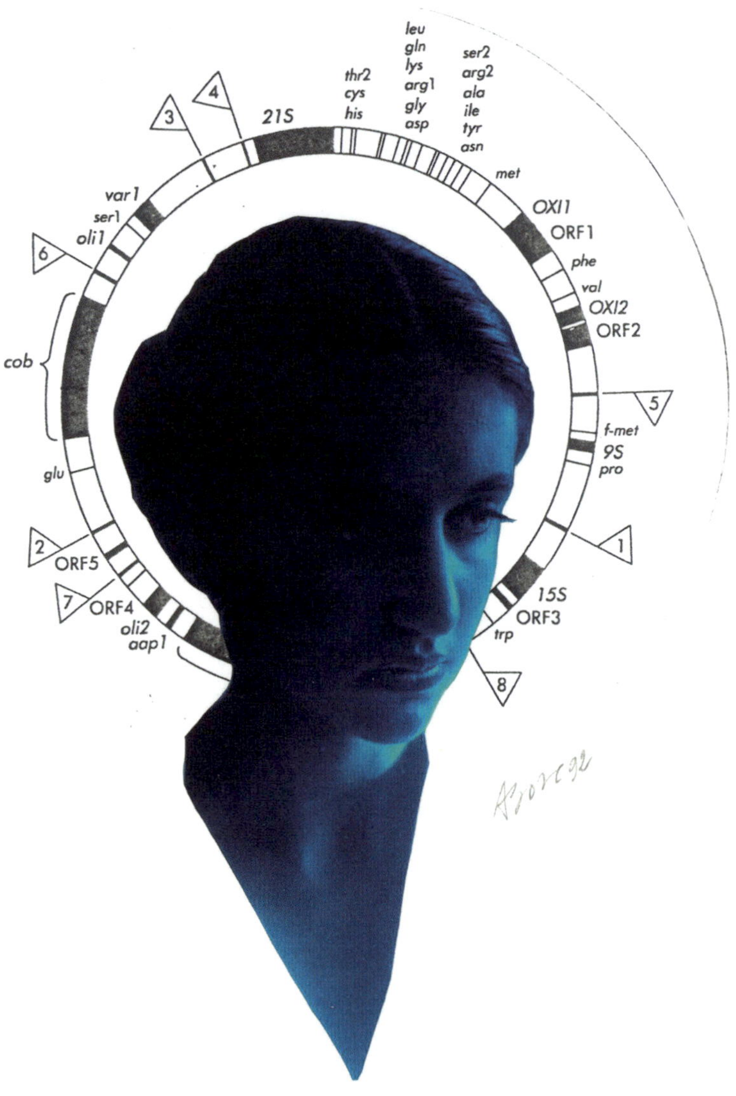

Avvicinamento all'immortalità, 1992, collage su carta, 60×40 cm

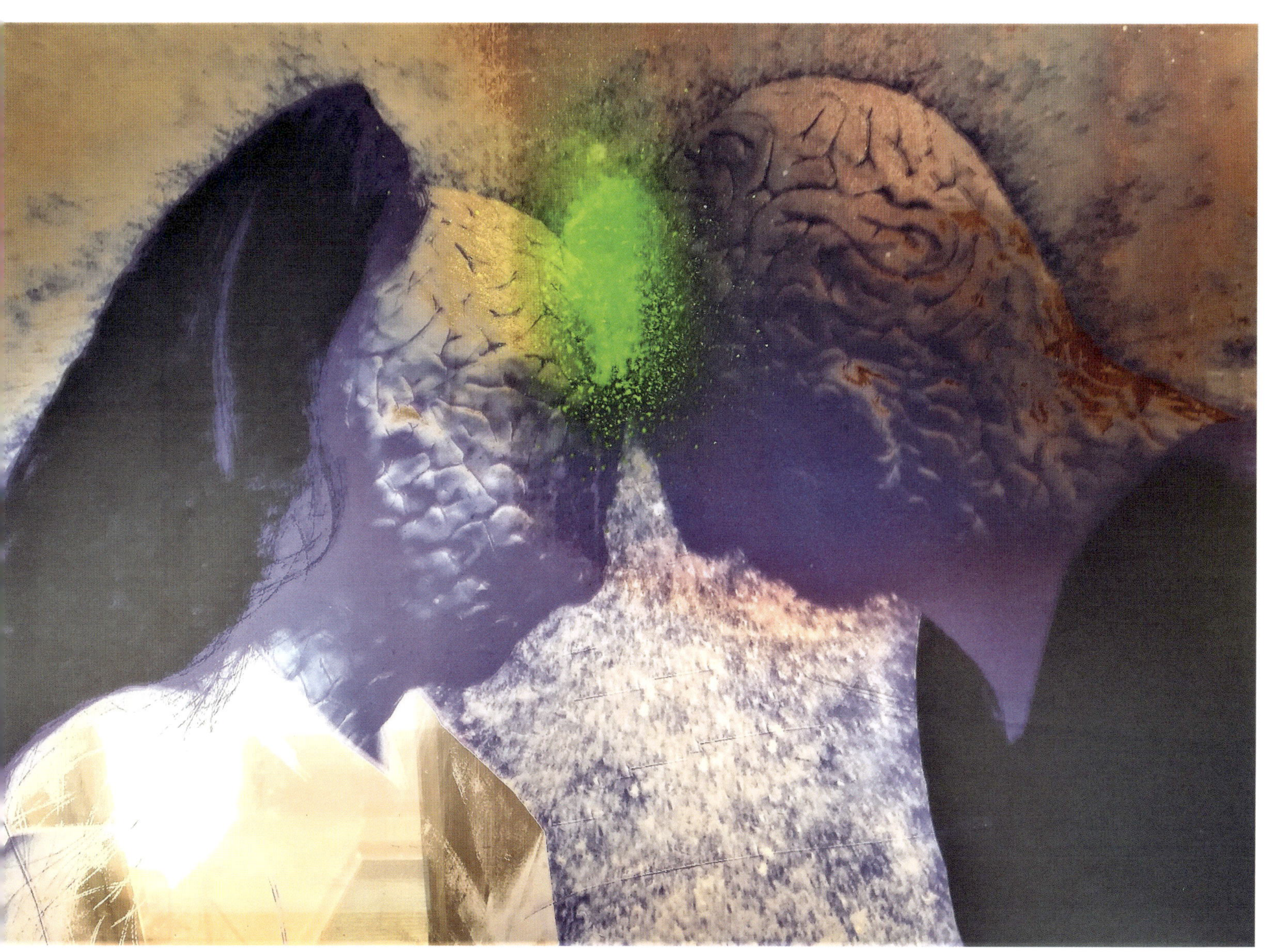

Comunicazione tra Acronos, 2013, stampa digitale su plexiglas trasparente su lastra di rame, 50×70 cm

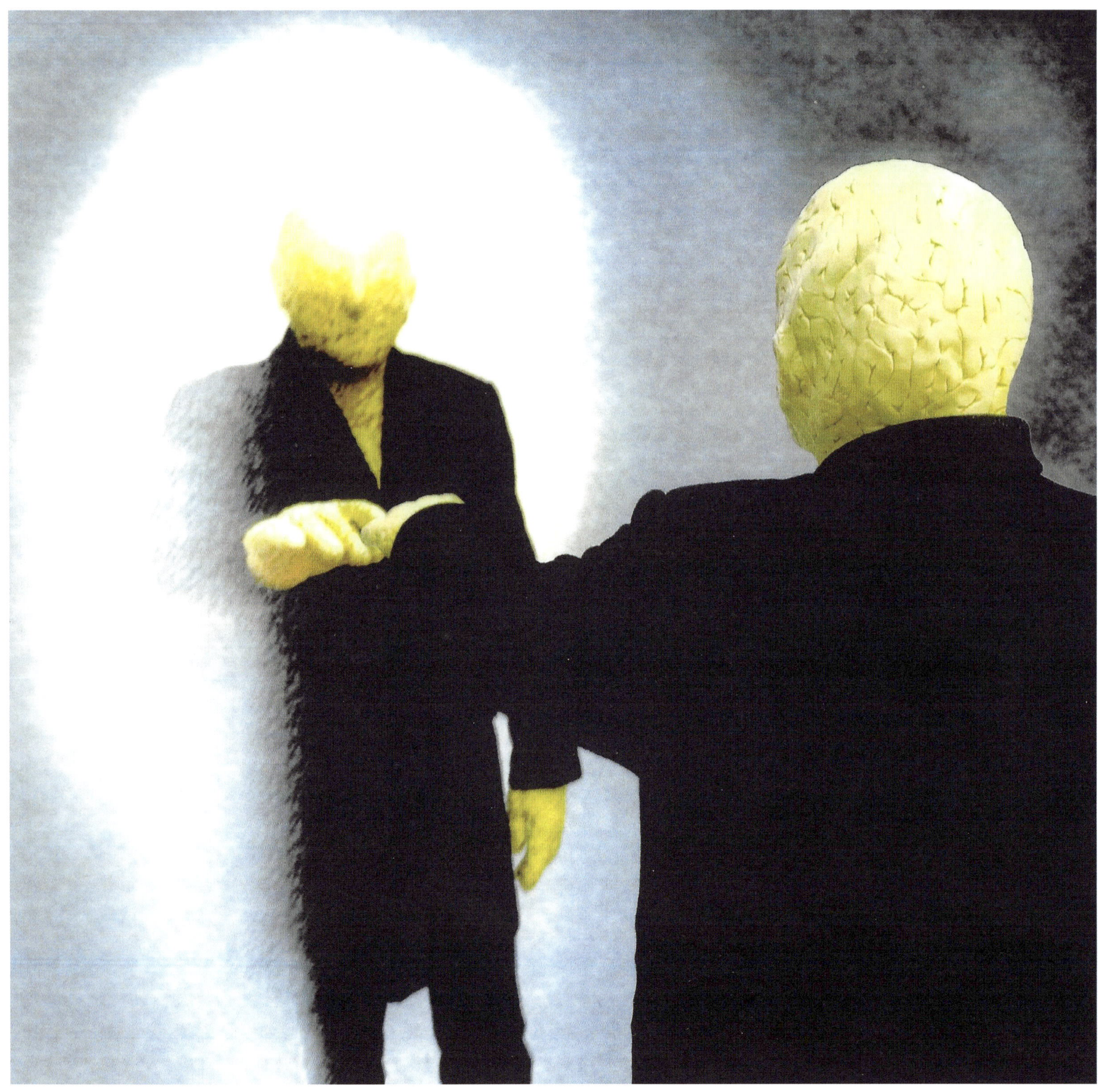

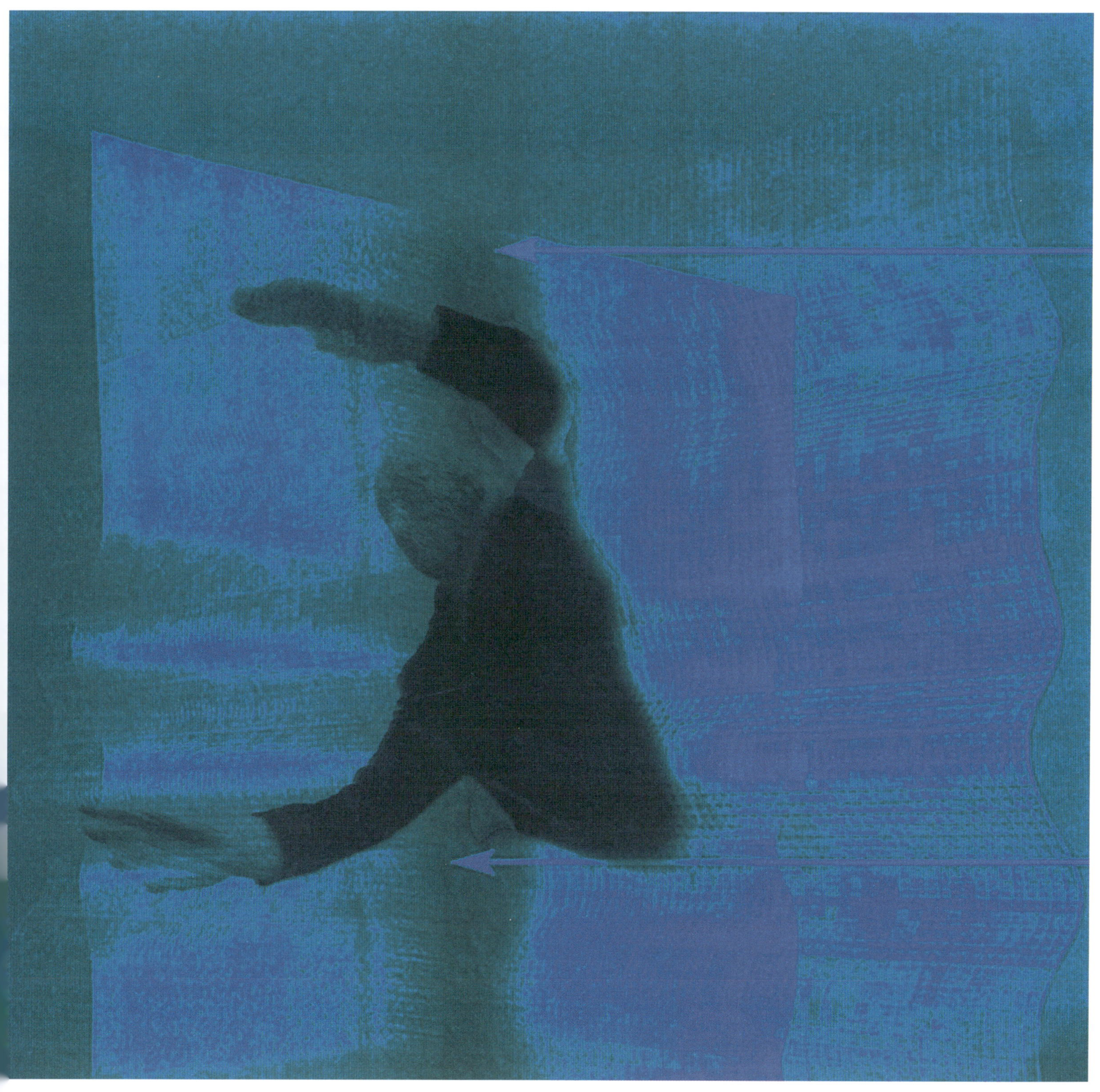

Attraversamento della dimensione spaziotemporale (particolare), 2019, stampa digitale a colore su plexiglas opalino, 130×90 cm

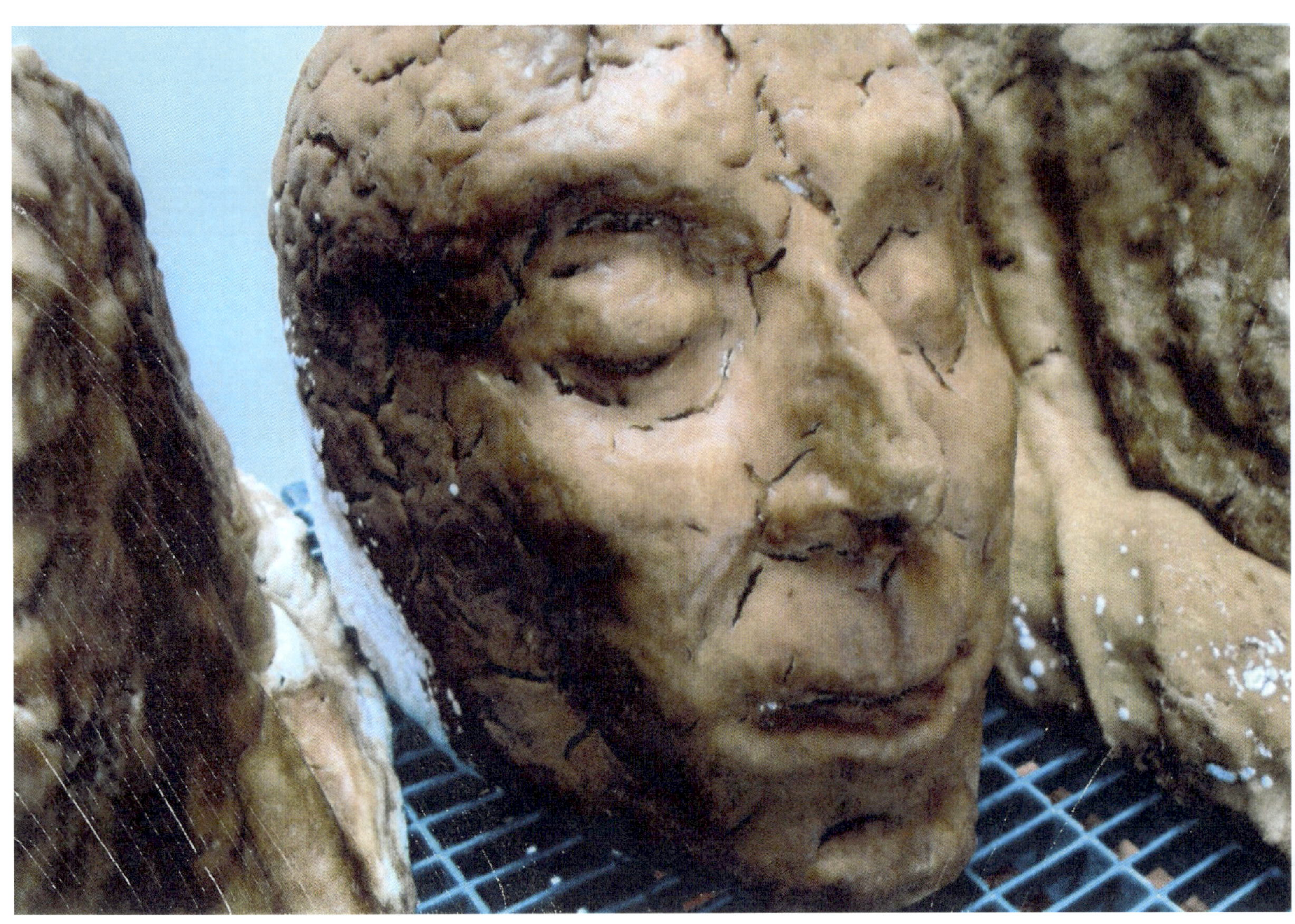

Scultura viva, 2008, organismo di 9 kg di lievito naturale fresco, Luoghi dell'Utopia, Villa Borbone, Viareggio

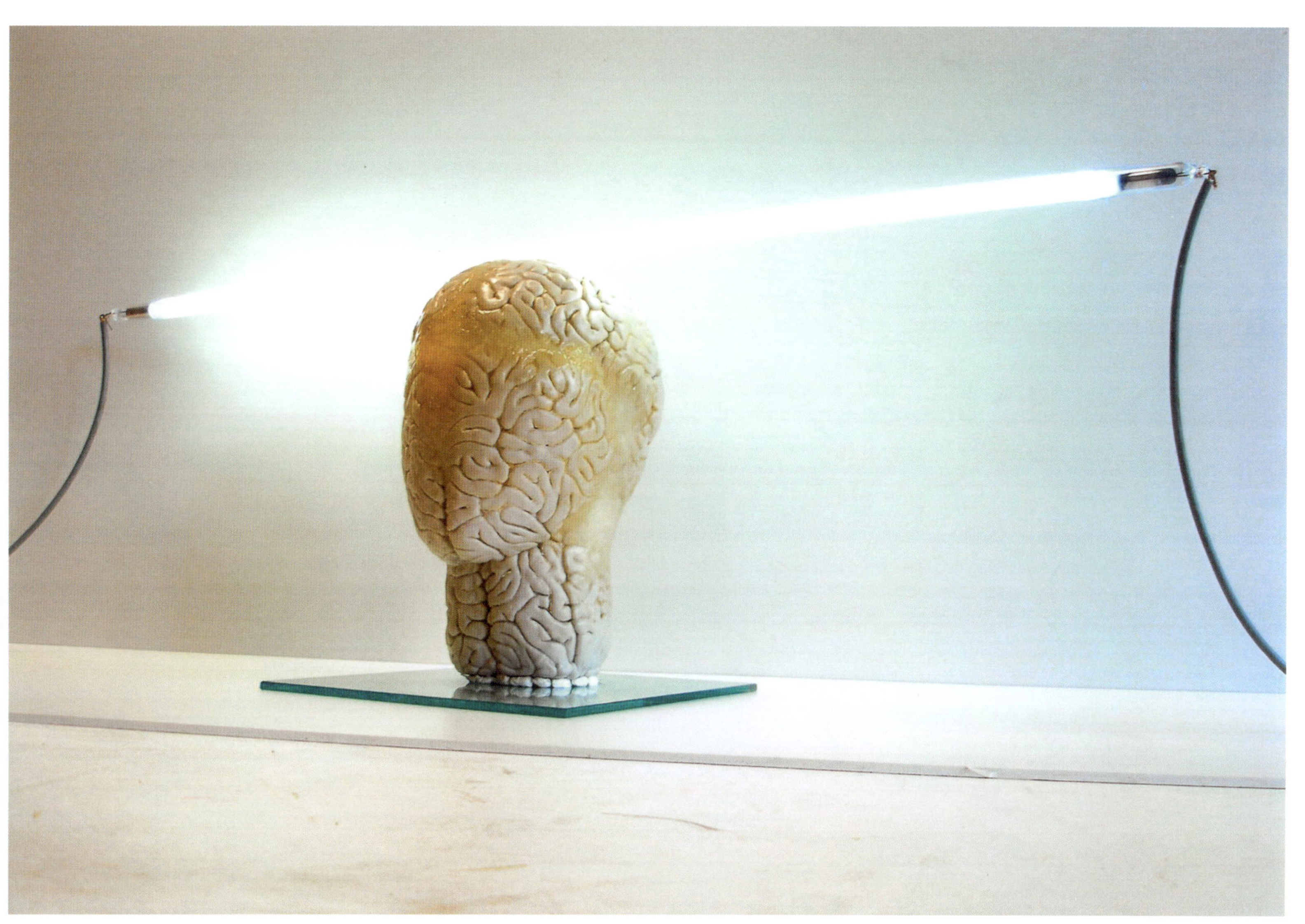

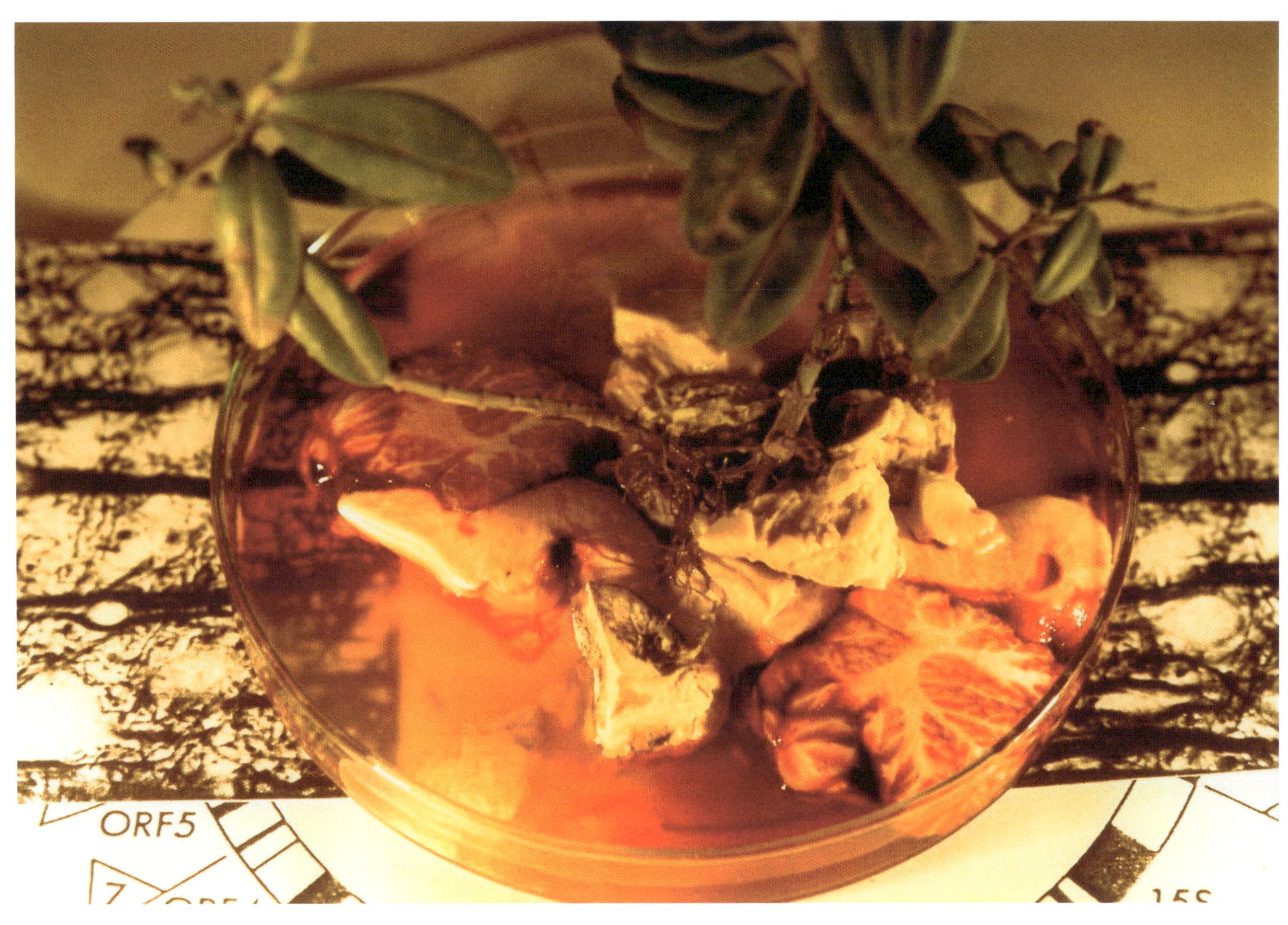

Una di due stampe fotografiche, 40×60 cm ciascuna, documentazione di: *Coltivazione di una pianta della memoria perenne*, 1994, radici immerse in neuroni umani della memoria illimitata

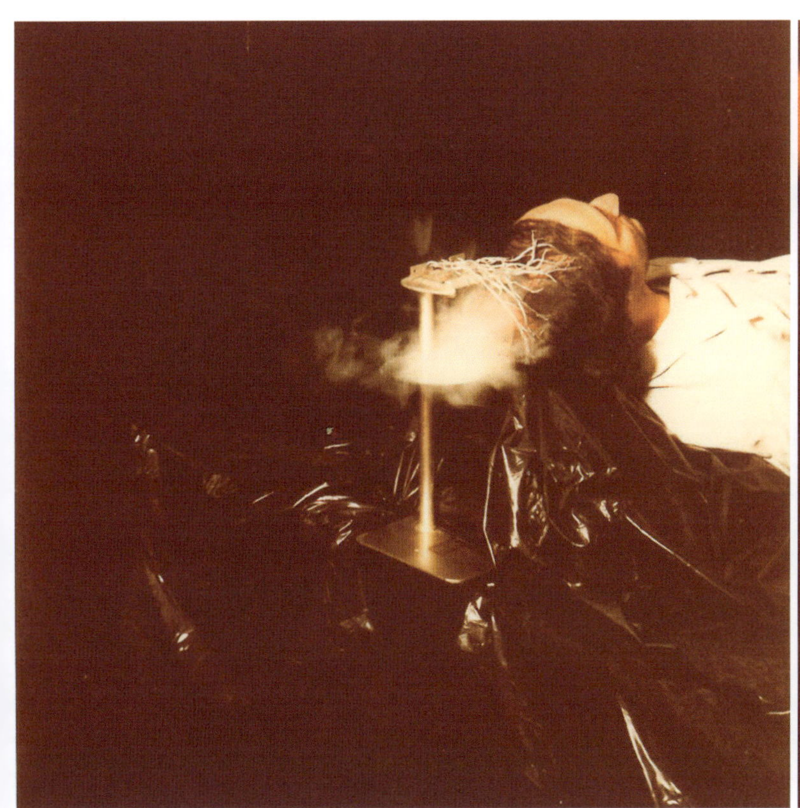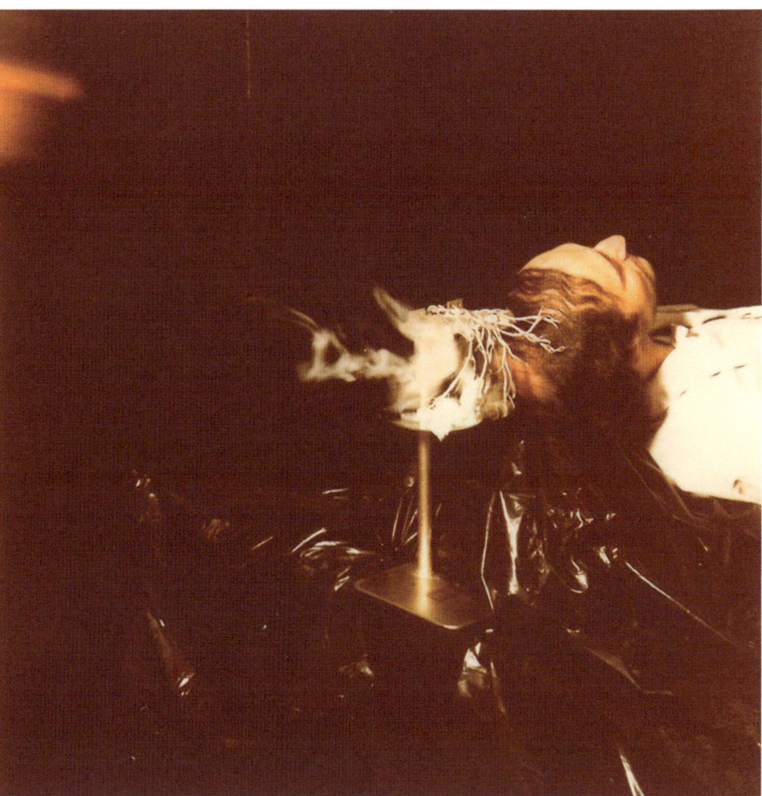

↑ ↗ Sequenza di sei stampe fotografiche a colori, 25×28 cm ciascuna, documentazione di:
Materializzazione del sogno "Acherontia Atropos", 1981, performance

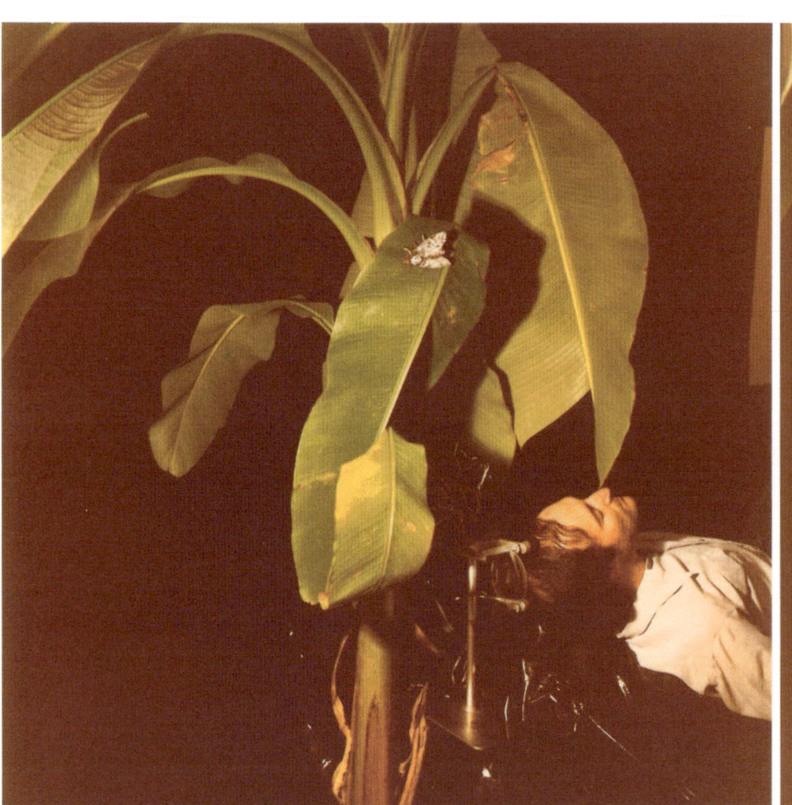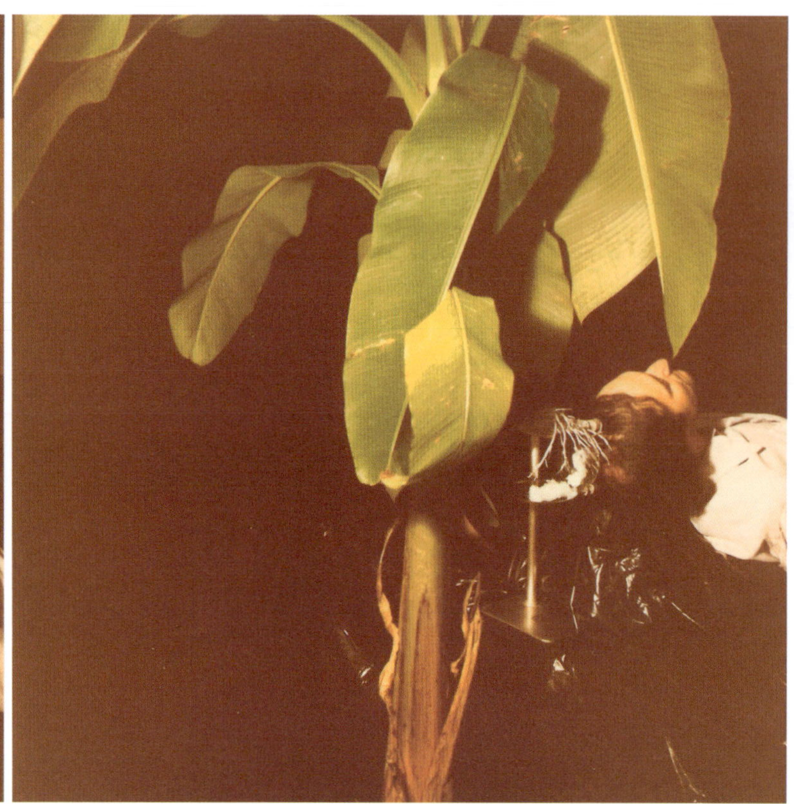

  Sequenza di sei stampe fotografiche a colori, 25×28 cm ciascuna, documentazione di:
Materializzazione del sogno "Acherontia Atropos", 1981, performance

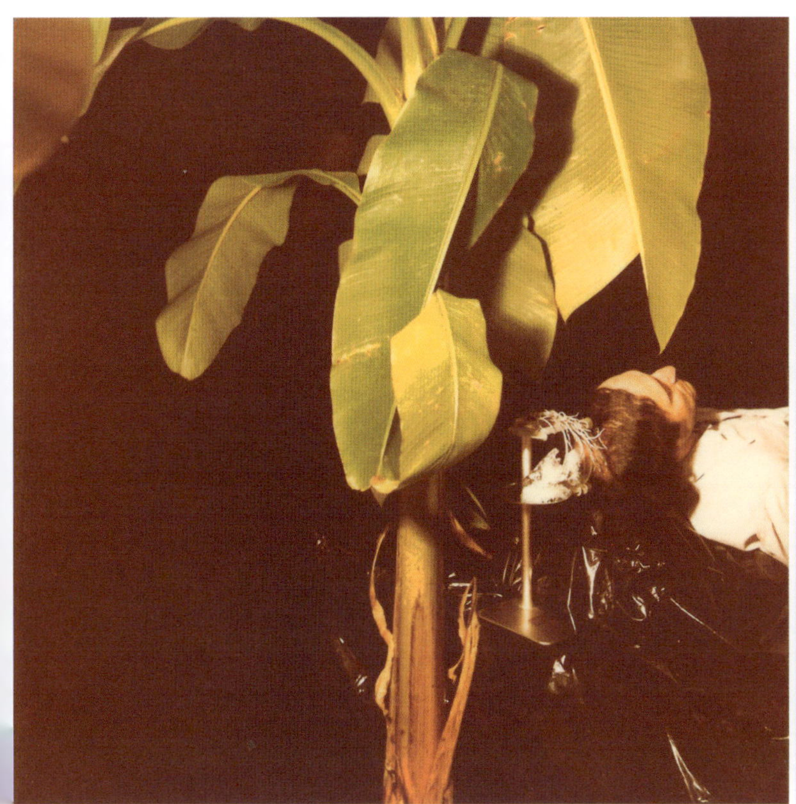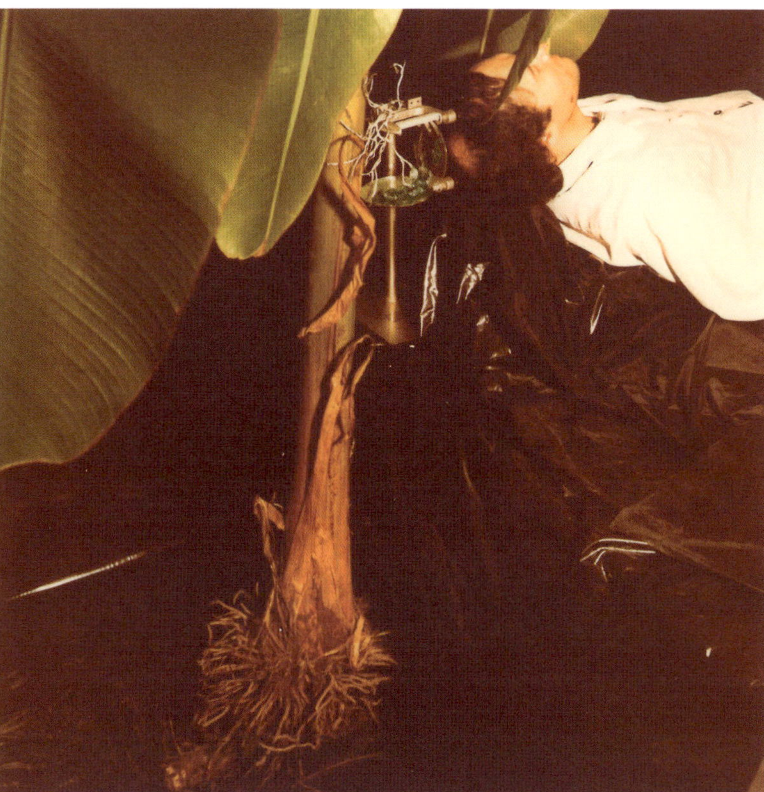

Sequenza di sei stampe fotografiche a colori, 25×28 cm ciascuna, documentazione di:
Materializzazione del sogno "Acherontia Atropos", 1981, performance

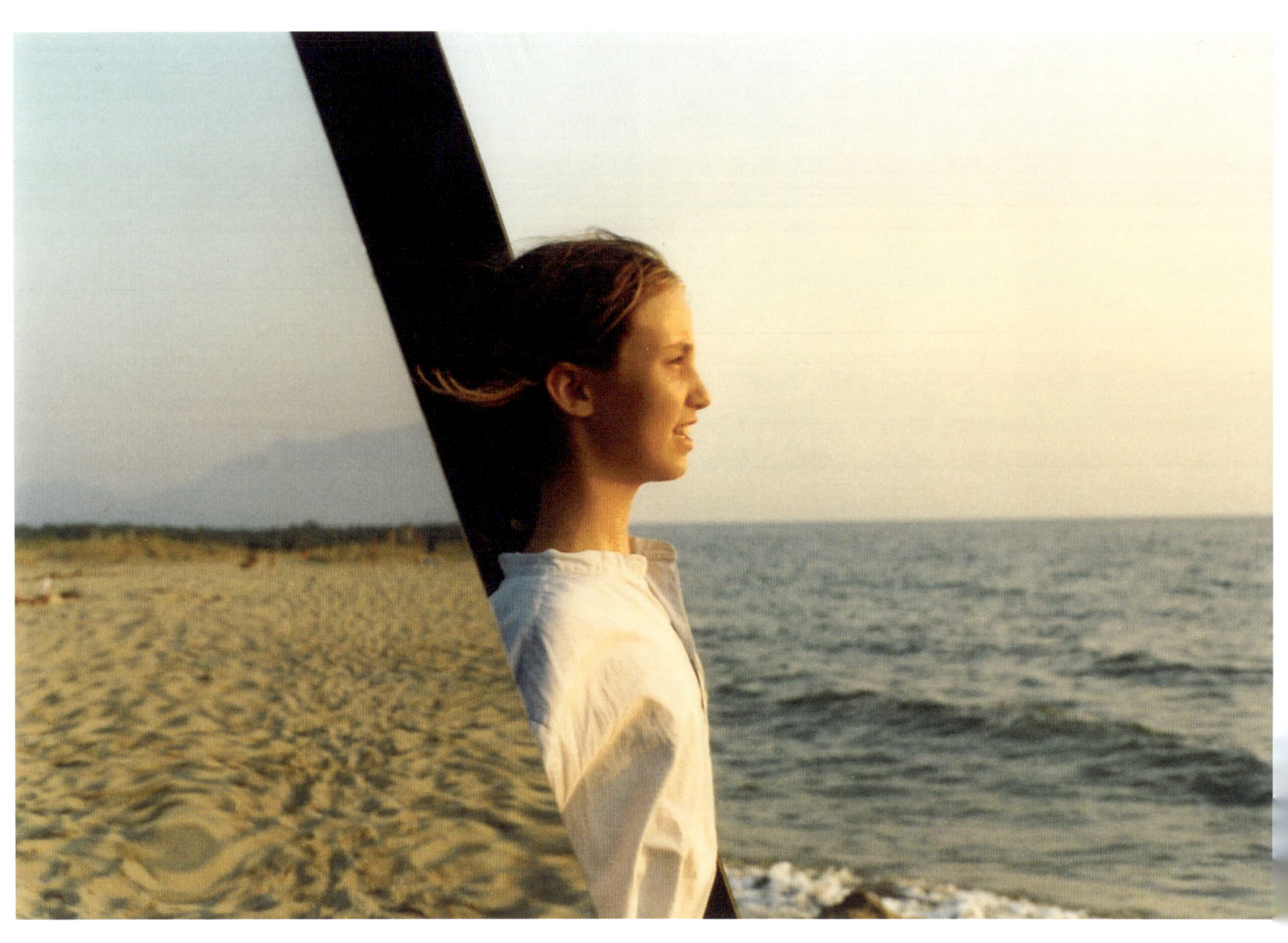

Soglia dell'orizzonte degli eventi, 1996, installazione/performance, specchi, isolatori, barra di plexiglas, neuroni della memoria indelebile, 160×80×200 cm

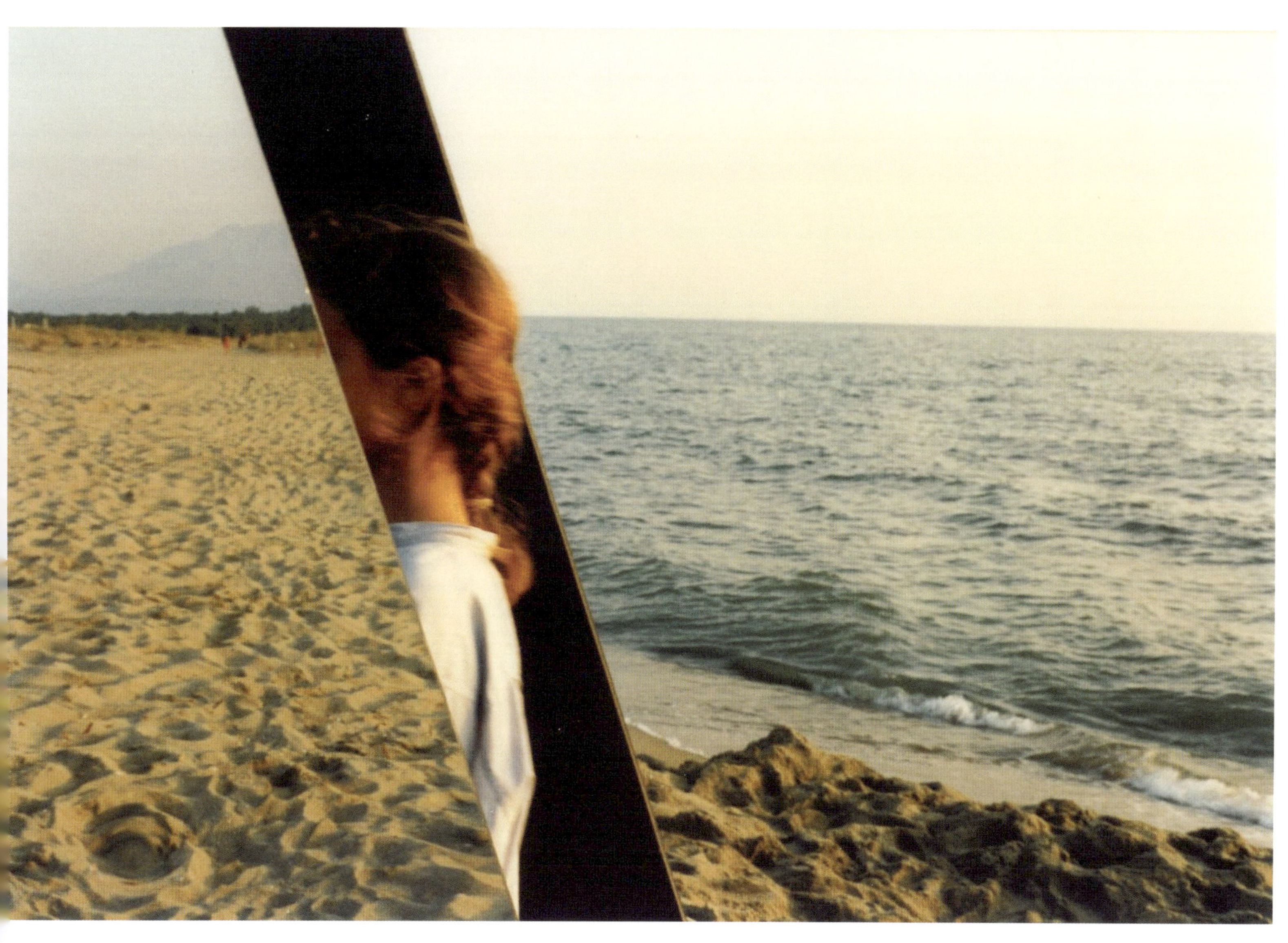

Soglia dell'orizzonte degli eventi, 1996, installazione/performance, specchi,
isolatori, barra di plexiglas, neuroni della memoria indelebile, 160×80×200 cm

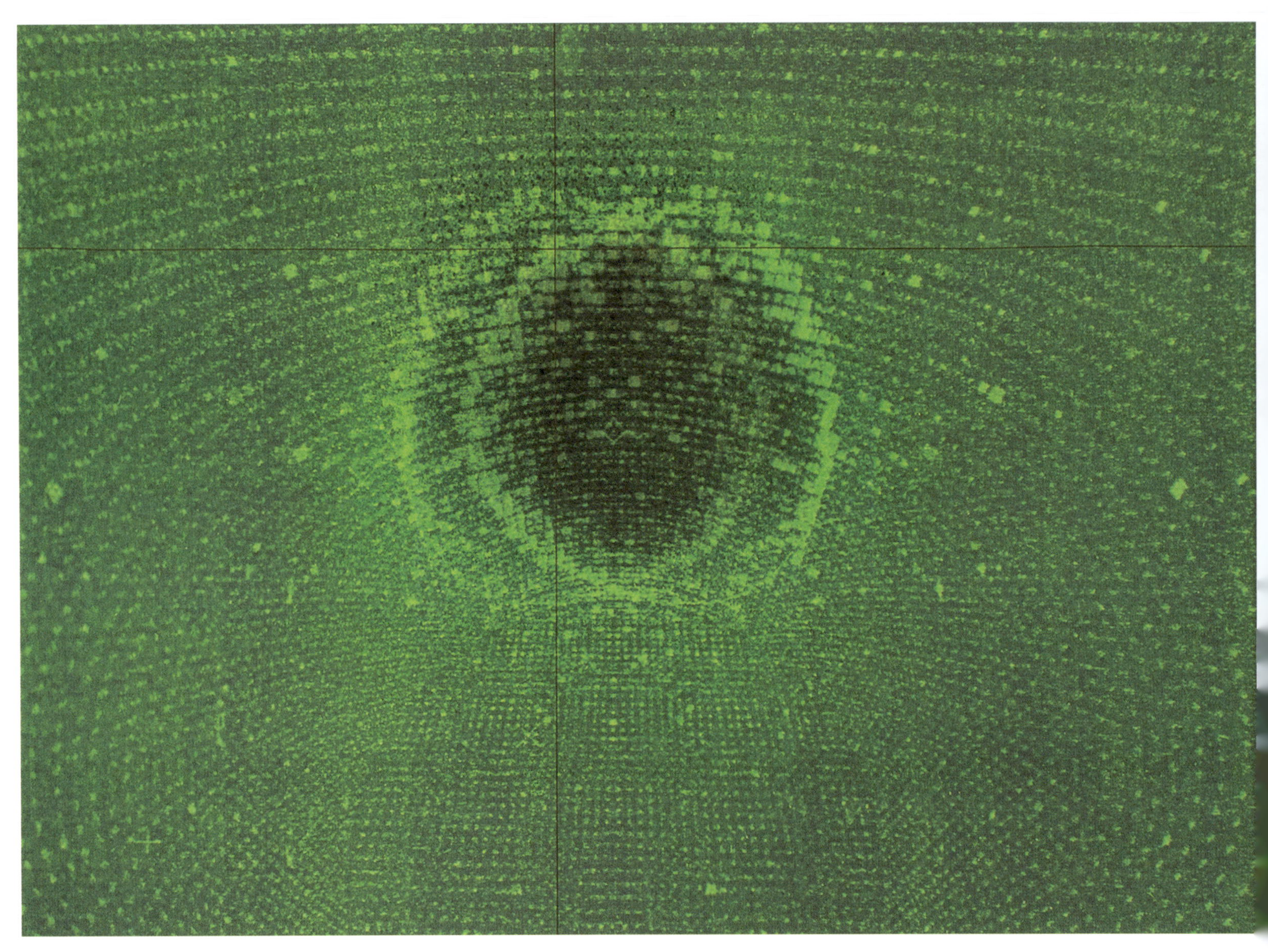

Affioramento di particelle pensanti dal vuoto cosmologico (particolare), 2018,
stampa digitale su plexiglas opalino e inserti metallici, 100×103 cm

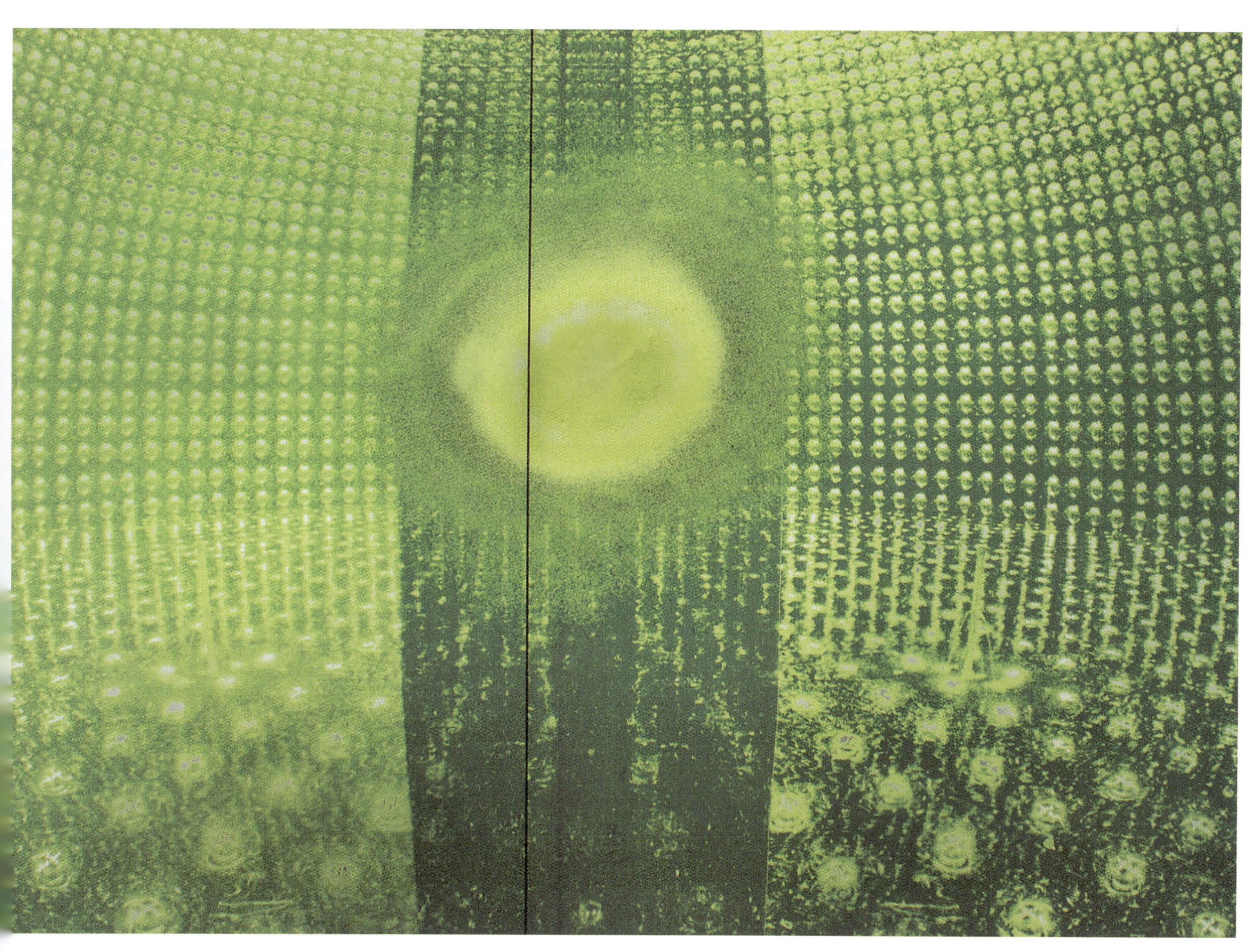

Emersione di una entità cosciente dal vuoto cosmologico (particolare), 2008, stampa digitale su plexiglas opalino, inserti metallici, pigmento luminescente, 92×151 cm

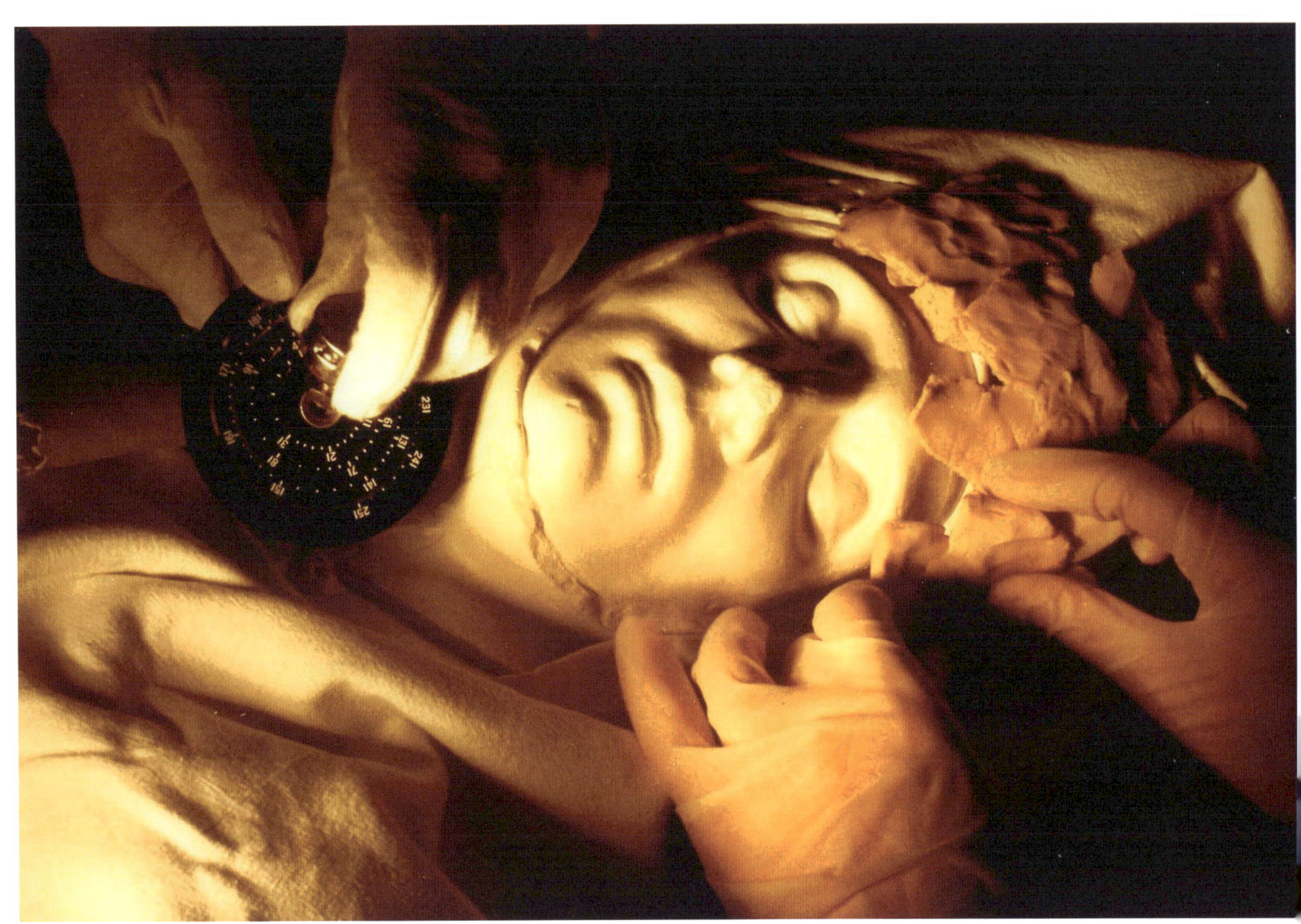

↑ *Vivificazione di una scultura mediante il lievito*, 1992, stampa fotografica, 40×60 cm

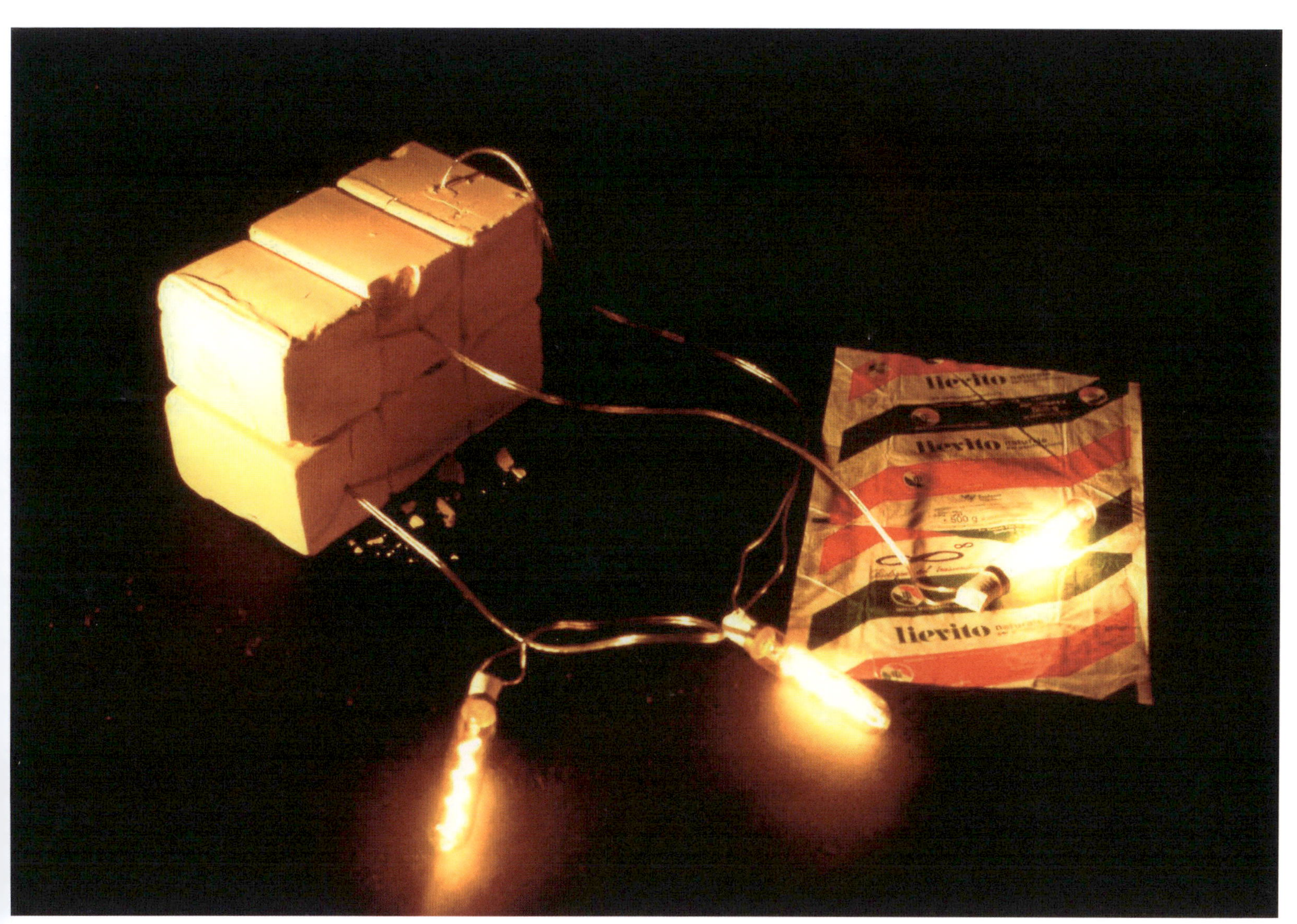

Energia del lievito, 1991, stampa fotografica, 40×60 cm

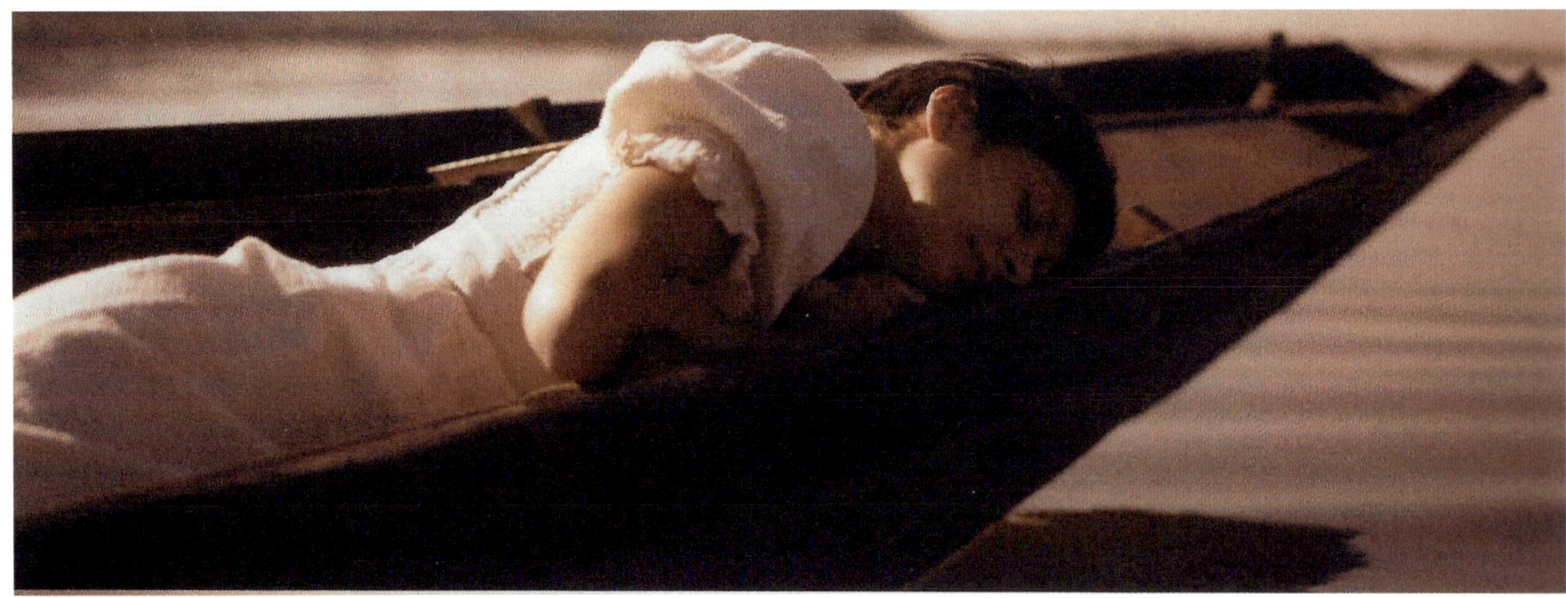

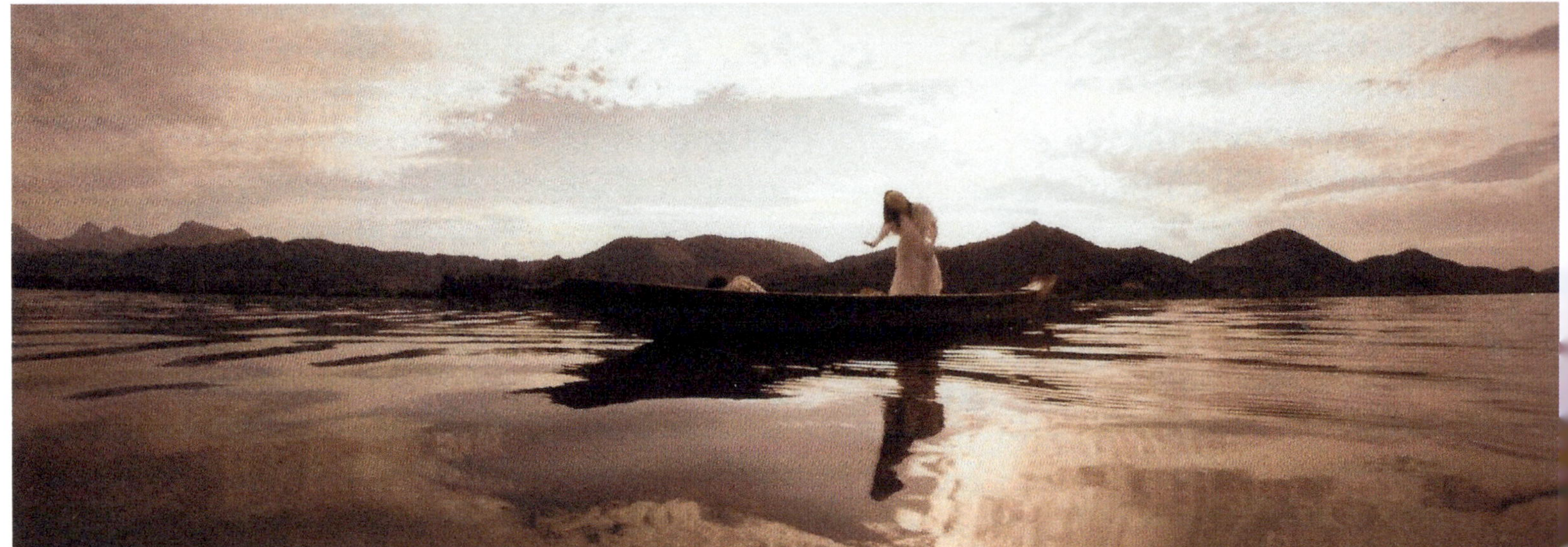

Sognatrice che materializza un sogno, 2013, frame dal film *Acronos*

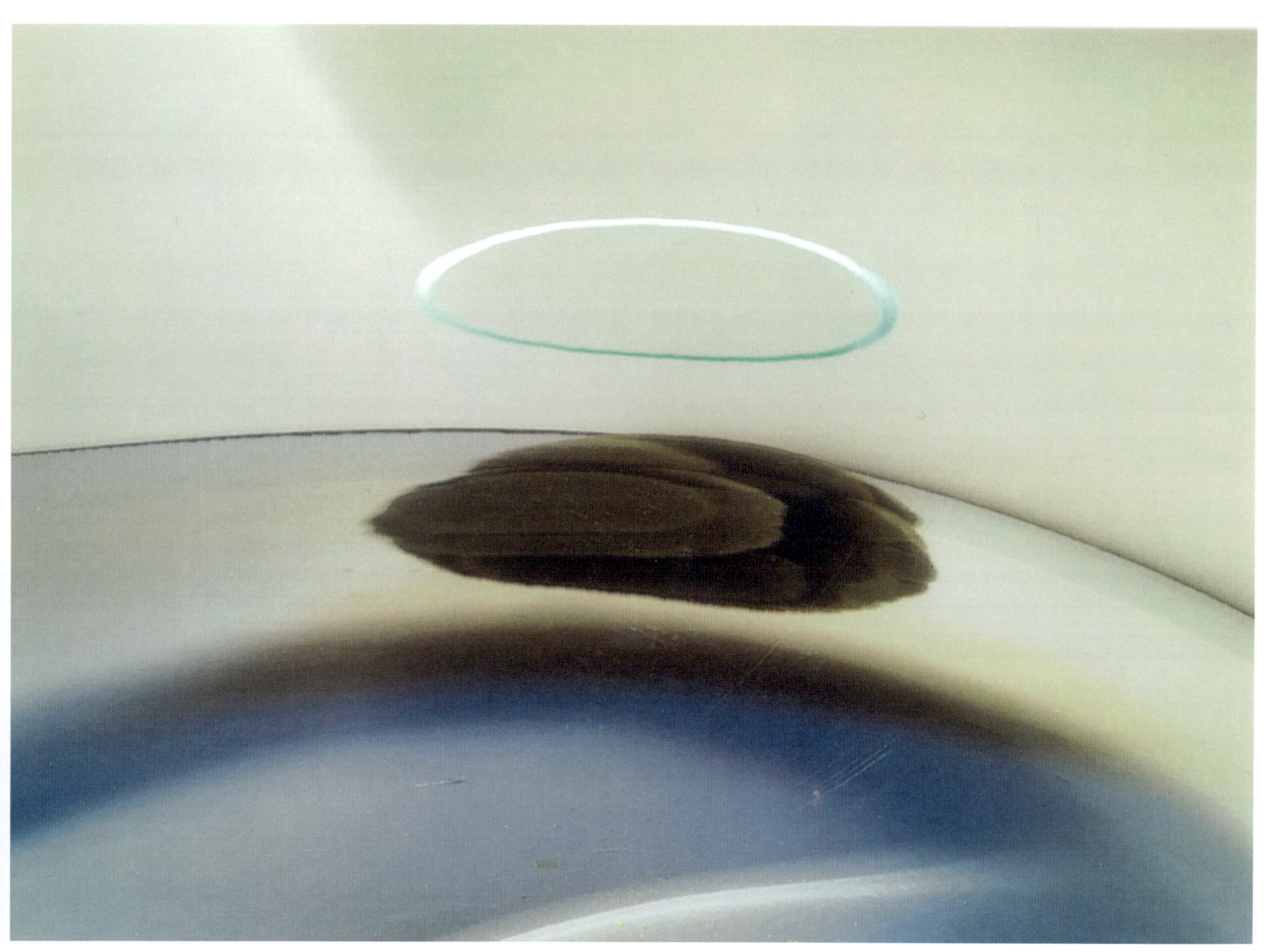

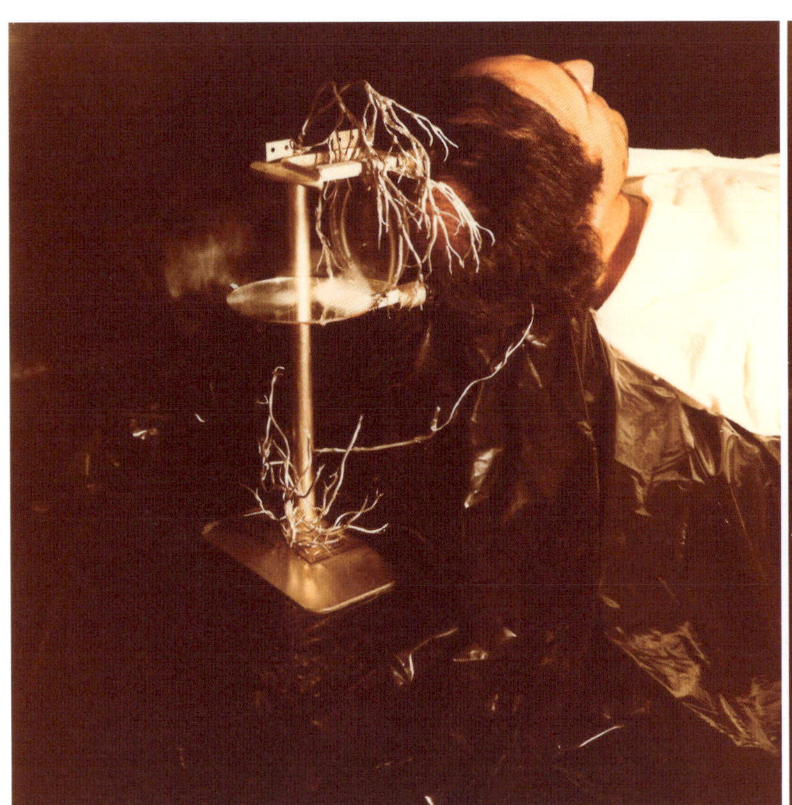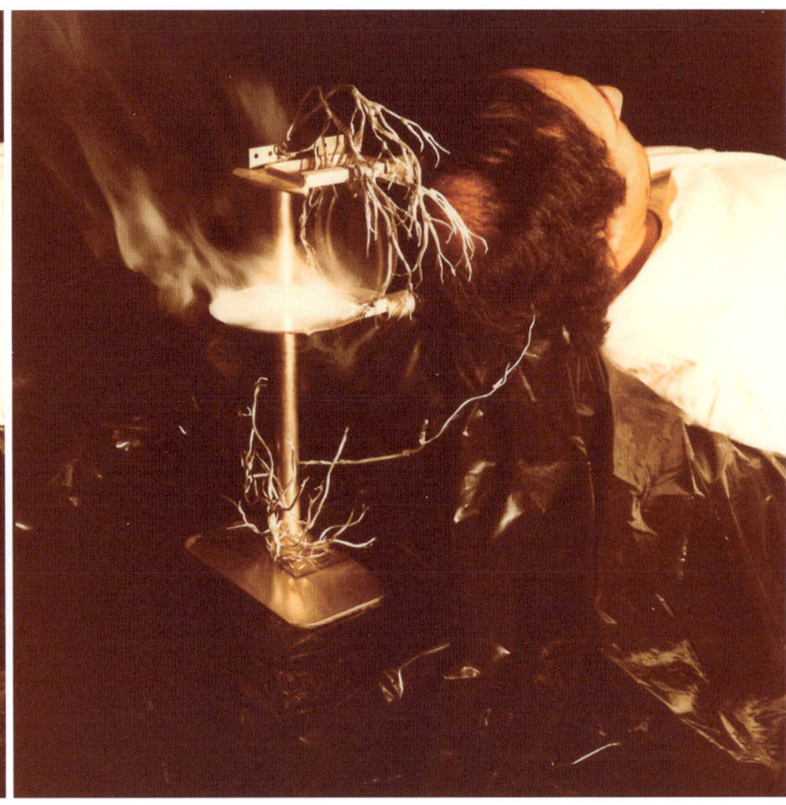

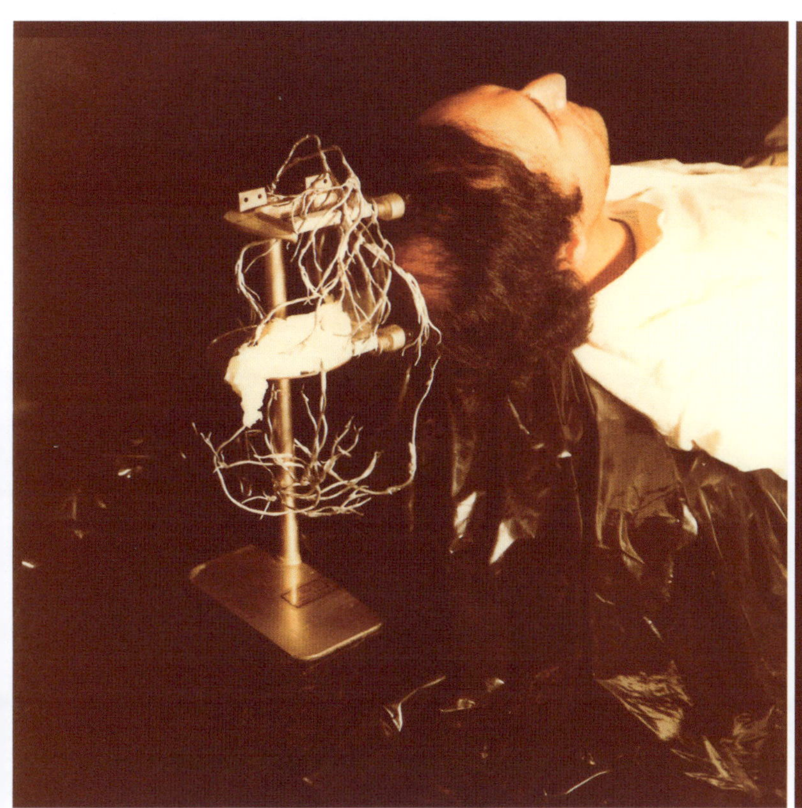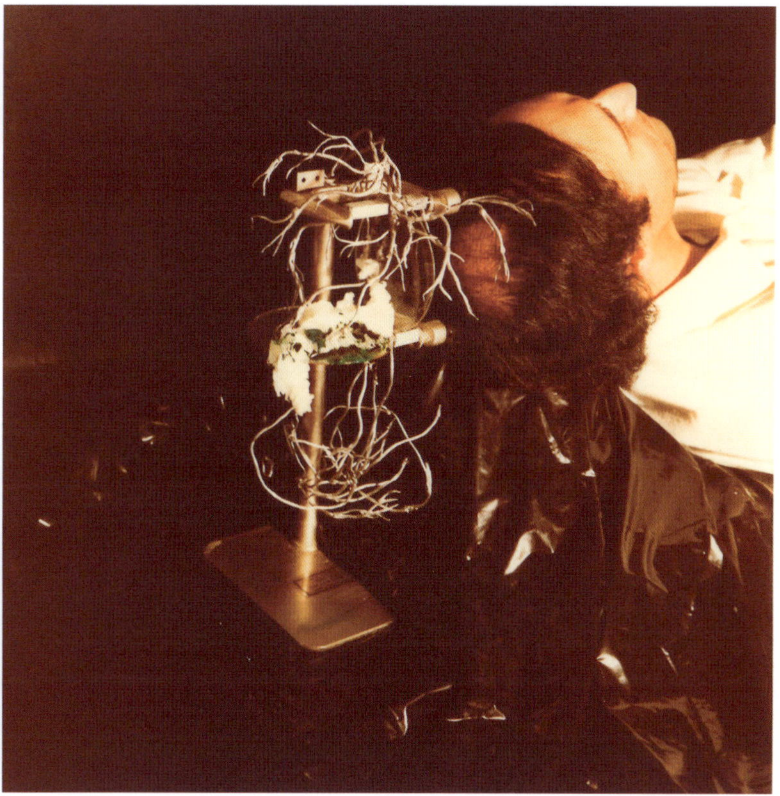

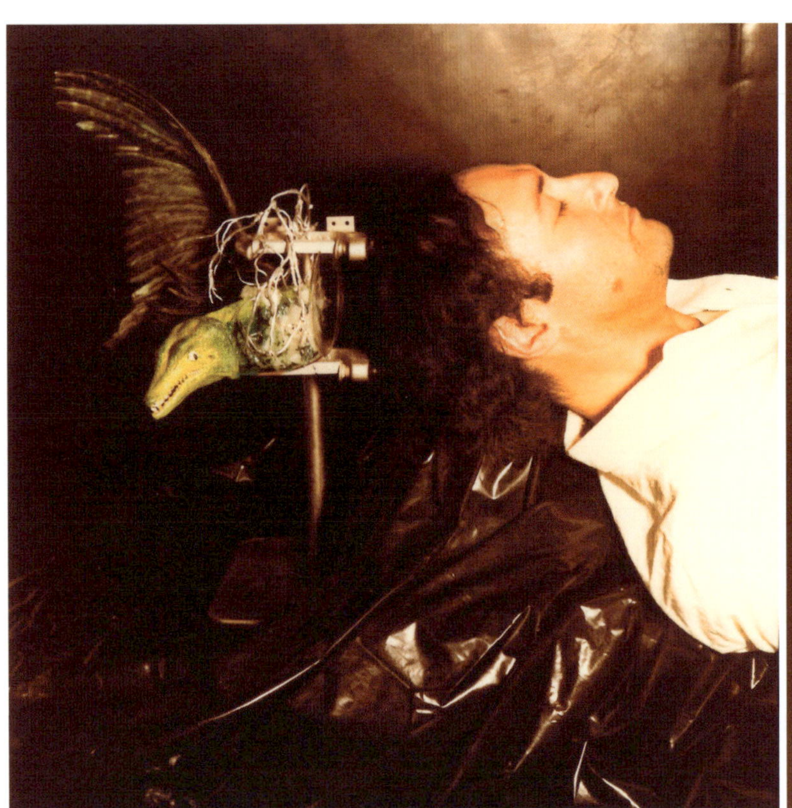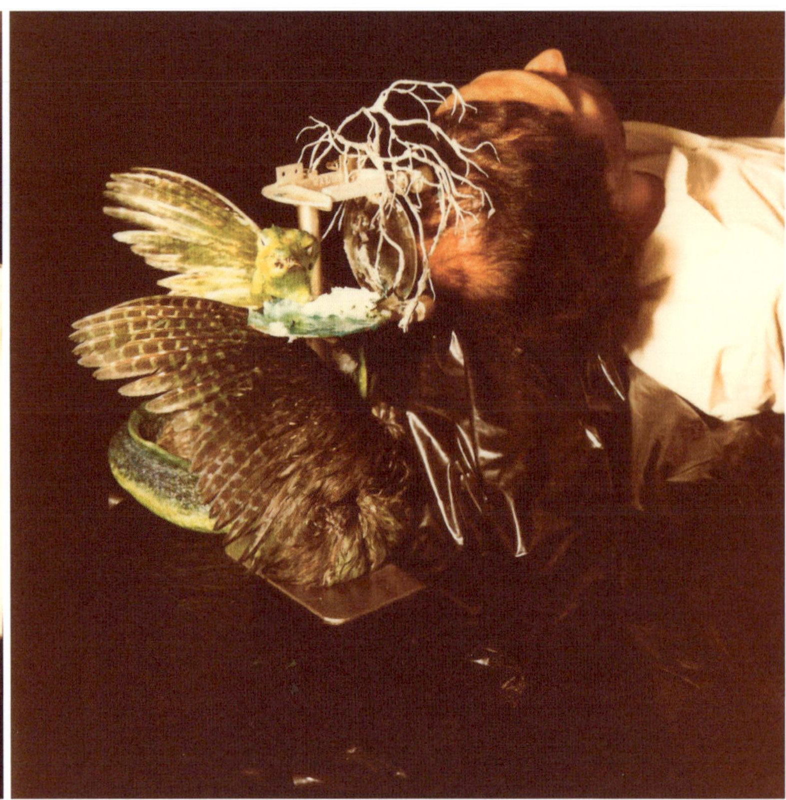

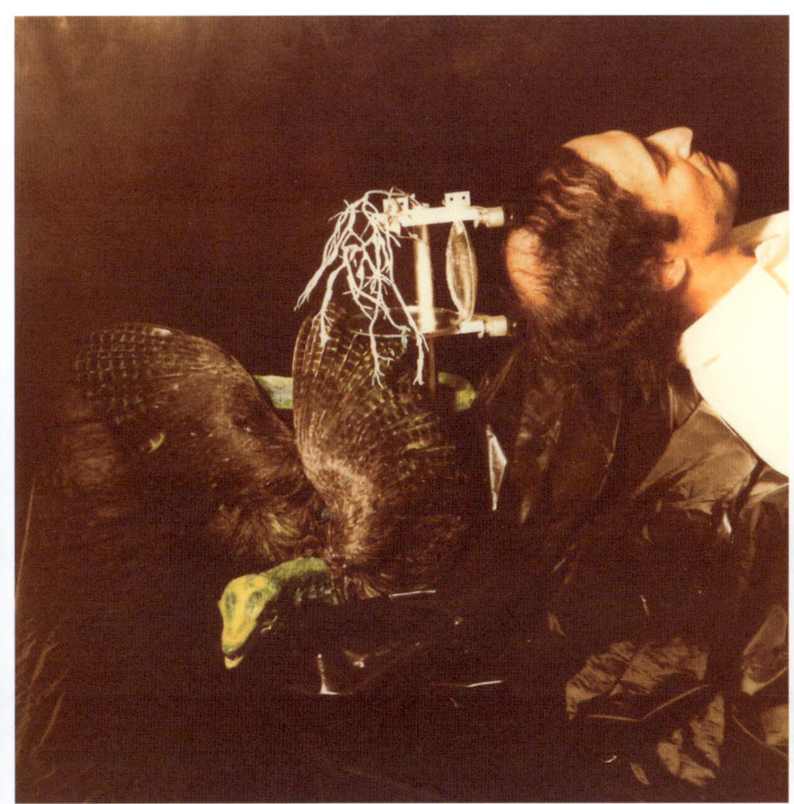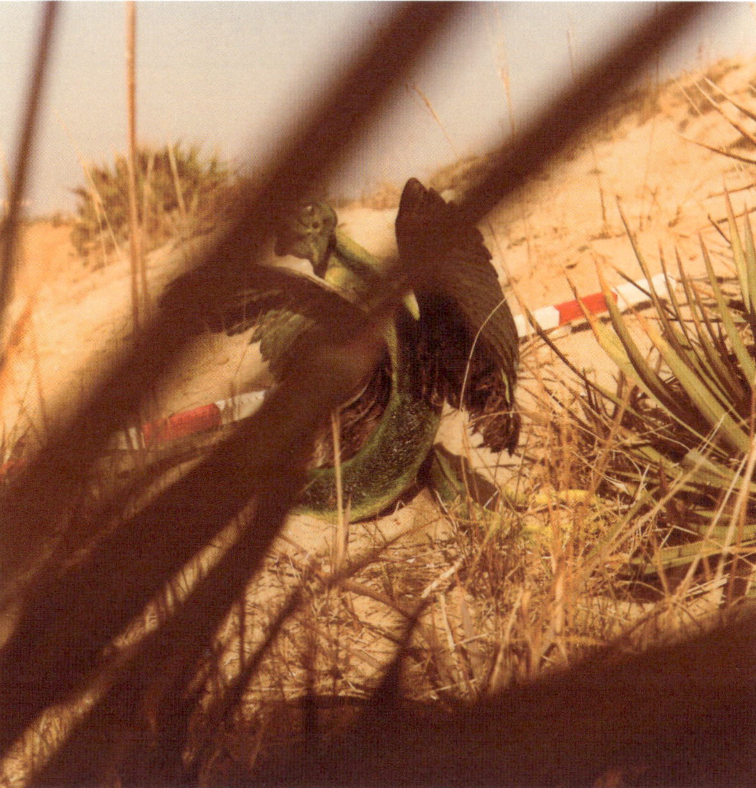

Sequenza di sei stampe fotografiche a colori, 60×60 cm ciascuna, documentazione di:
Materializzazione del sogno "Serpente oniropompo", 1980, performance

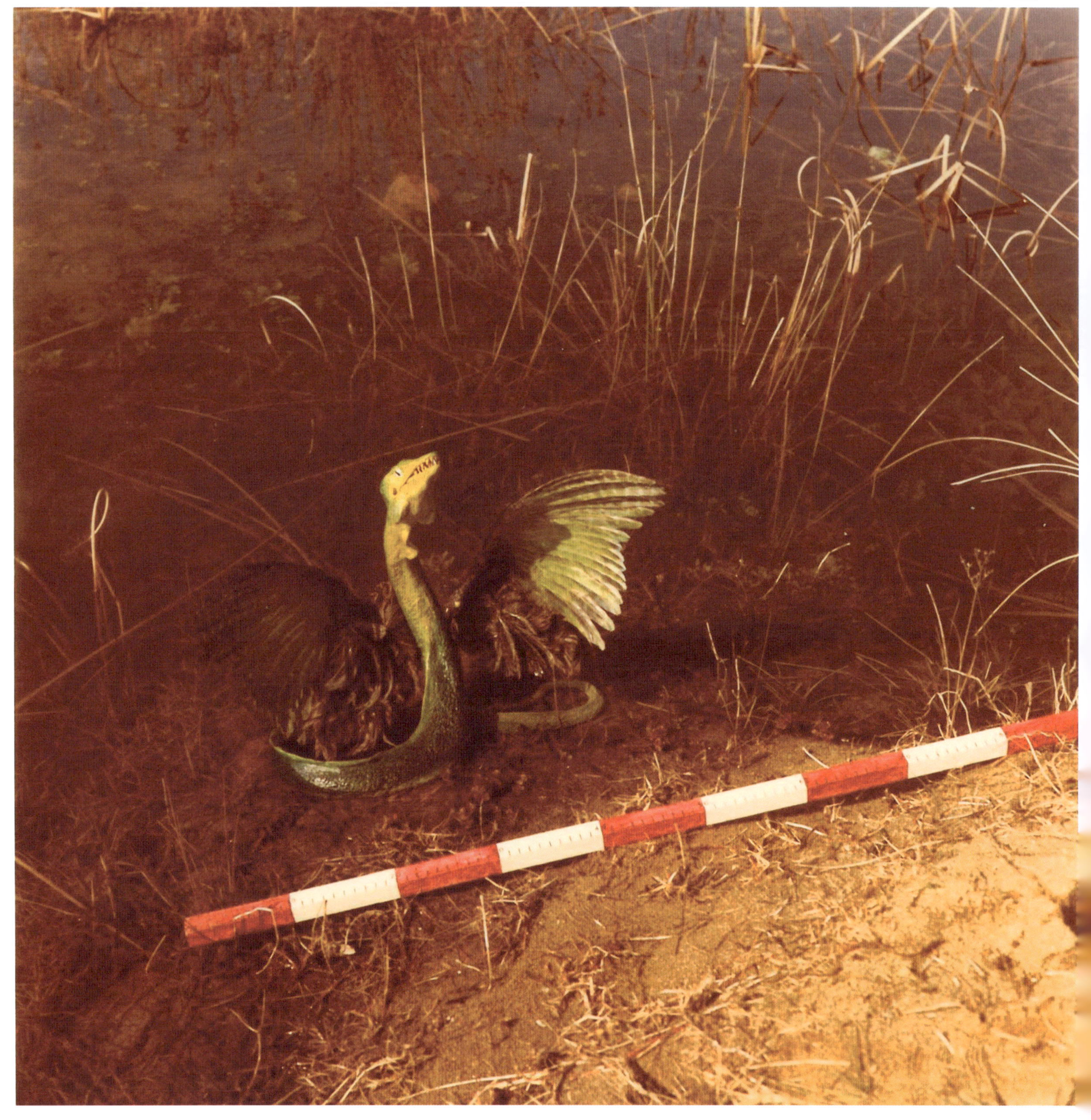

Sequenza di sei stampe fotografiche a colori, 60×60 cm ciascuna, documentazione di:
Materializzazione del sogno "Serpente oniropompo", 1980, performance

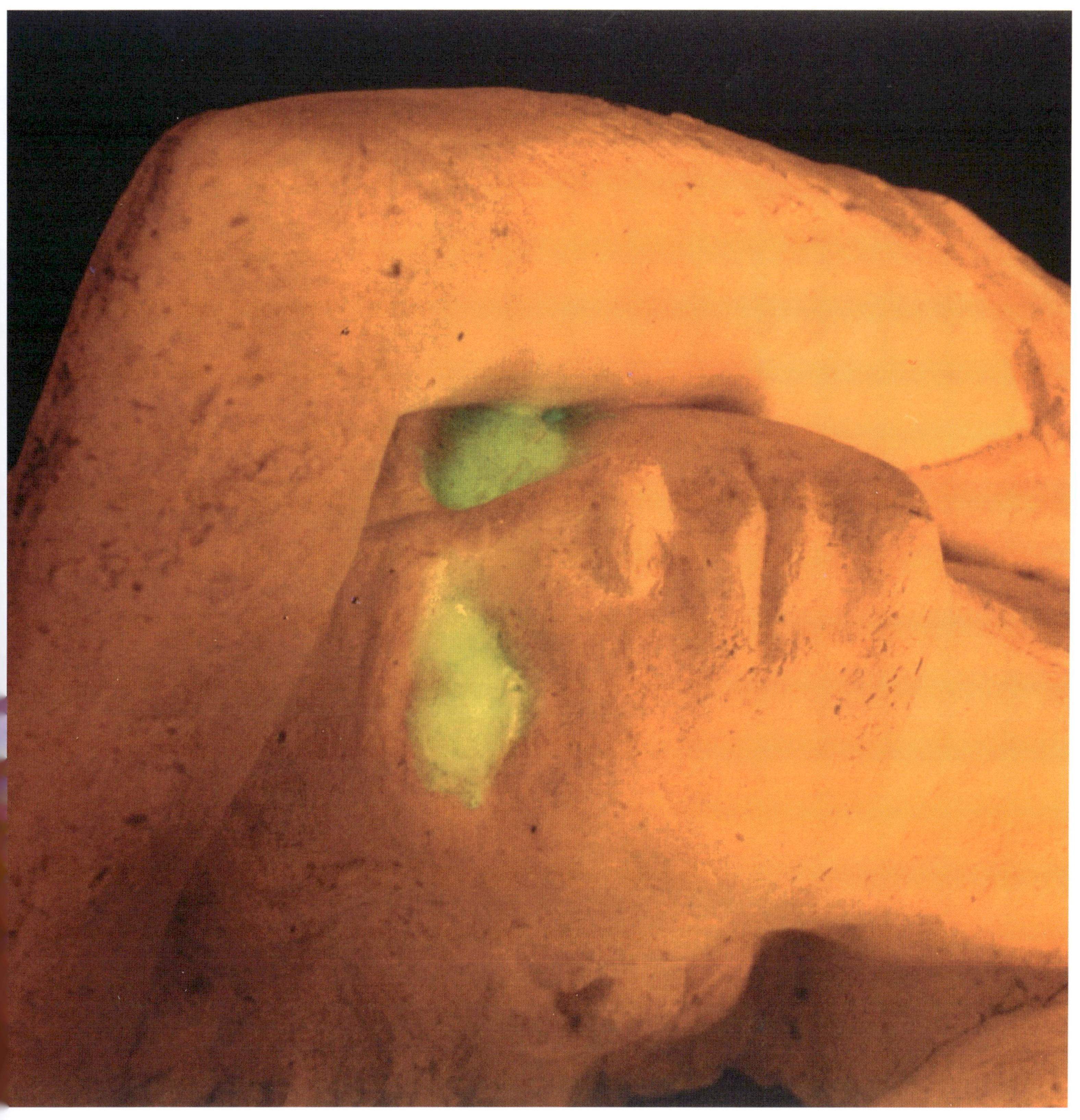

Sognatrice dalle palpebre roventi, 1993, gesso, fosforo, 57×33×26 cm

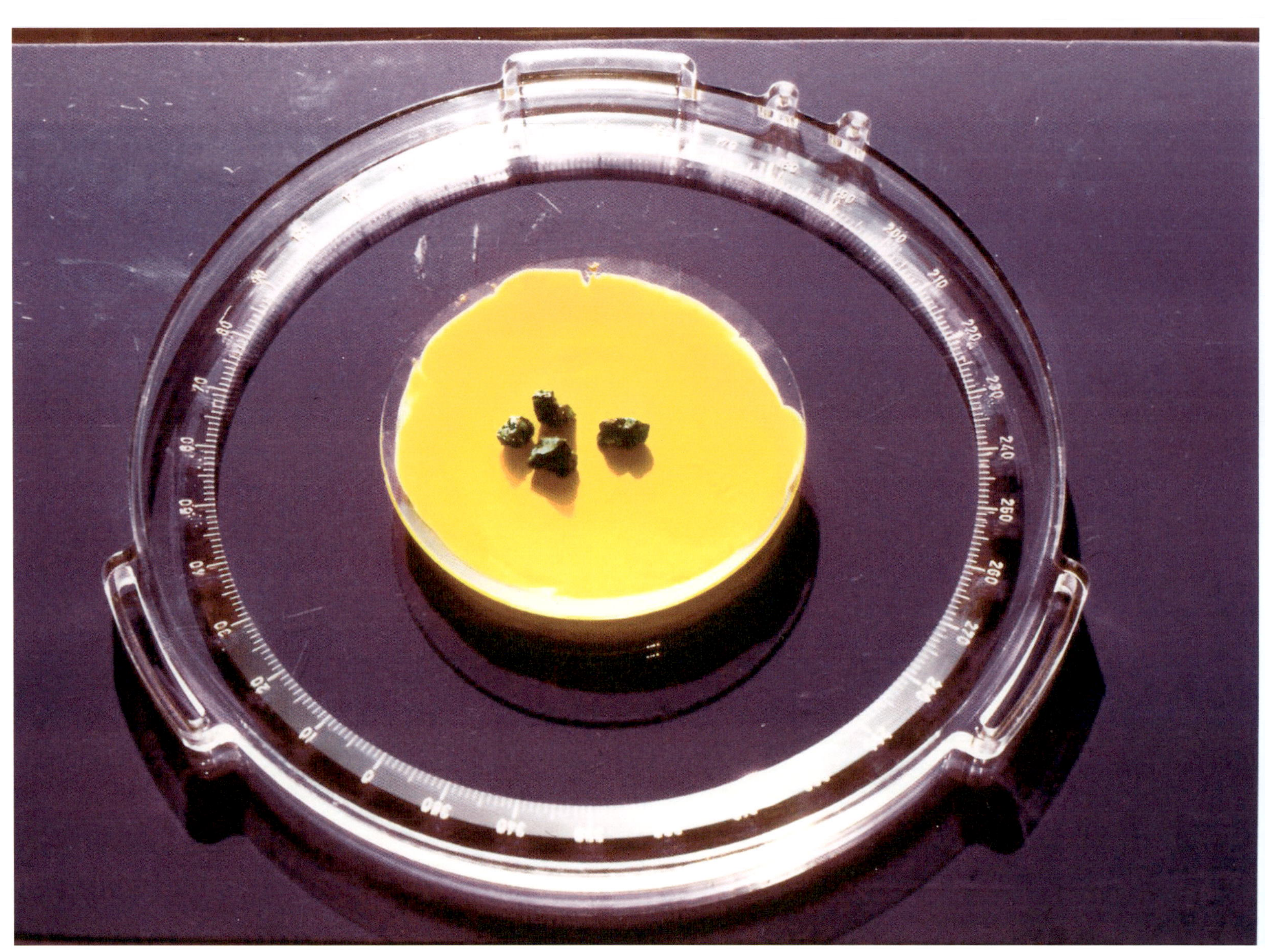

Oniroplasma di un frammento di sogno, 1985, stampa fotografica a colori, 40×60 cm

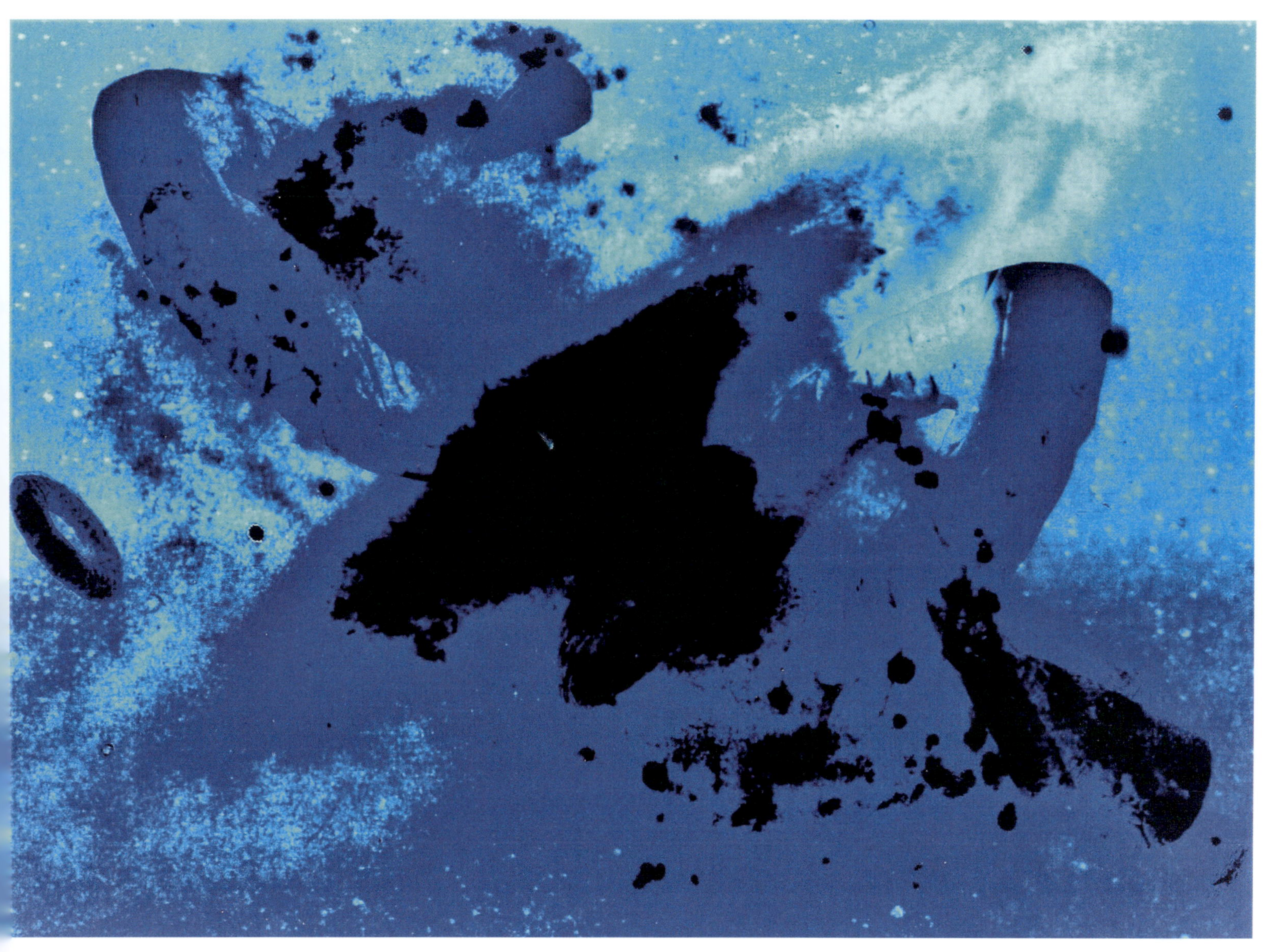

Entità umano-cerebrali, 2017, stampa digitale a colore su plexiglas trasparente, 60×83 cm, collezione Art Hotel, Prato

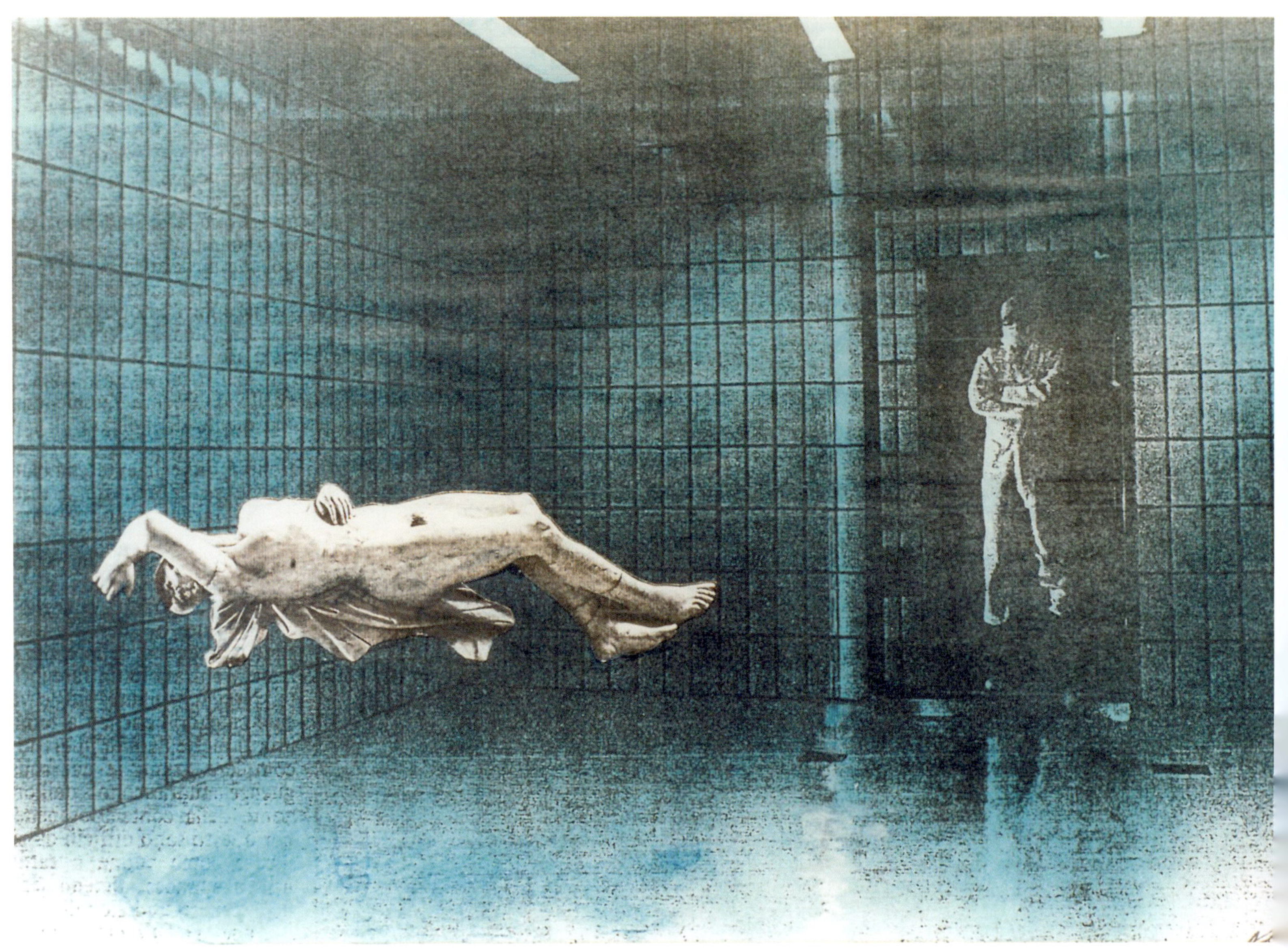

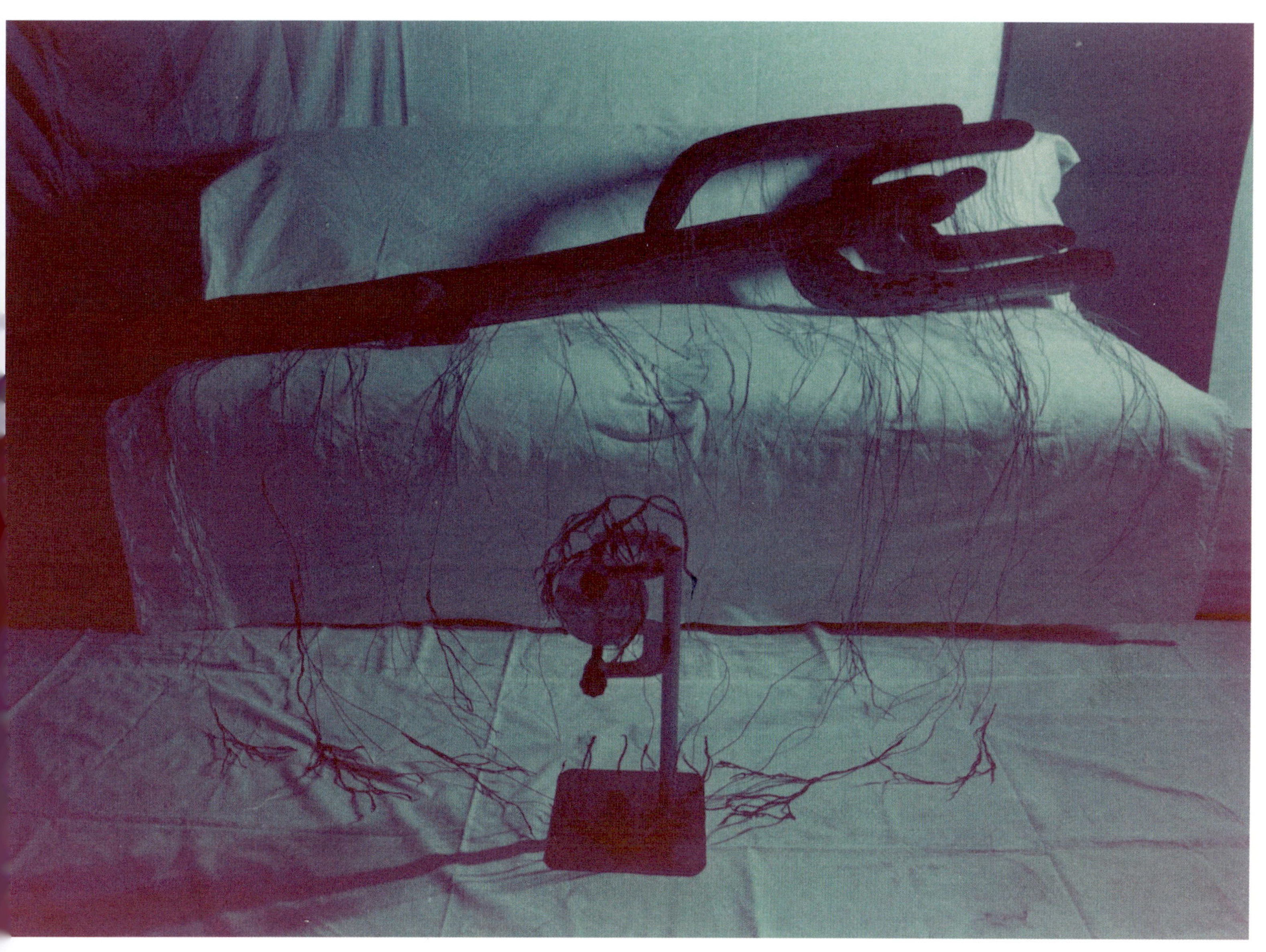

Materializzazione del sogno di un cactus, 1980, installazione, 220×200×100 cm

225

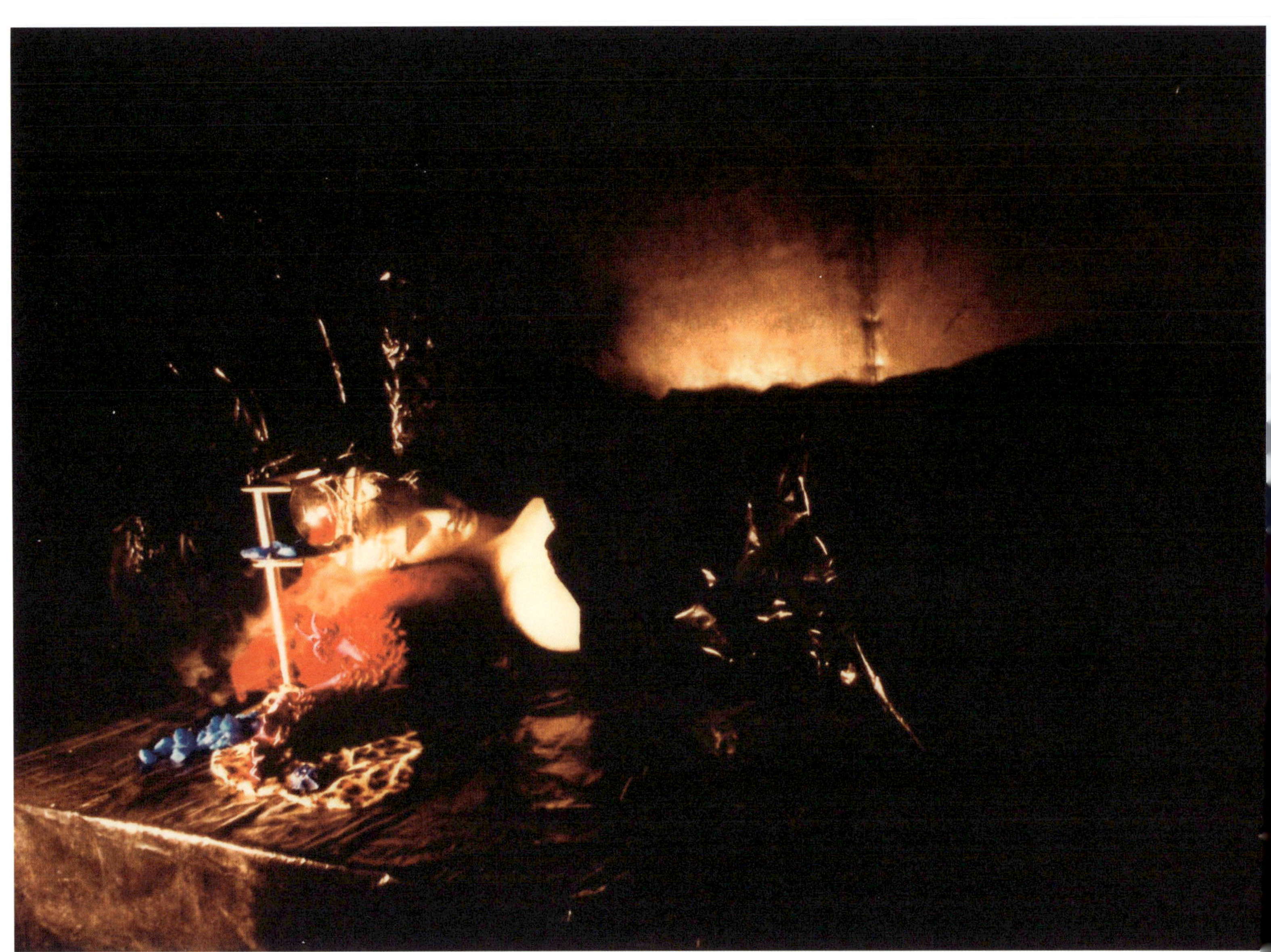

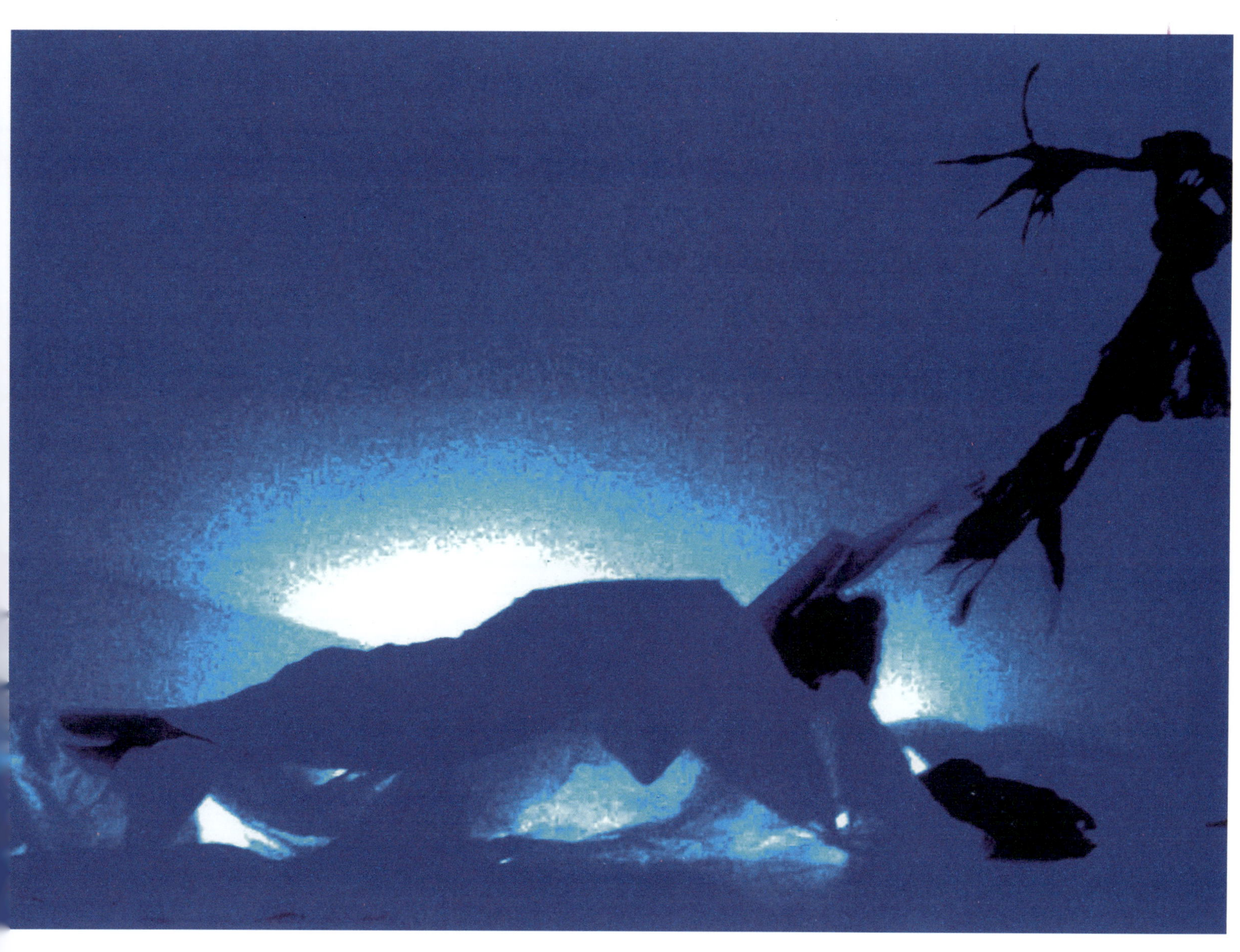

Sognatrice e oniroplasmi in levitazione, 1987, stampa fotografica cibachrome, 80×123 cm

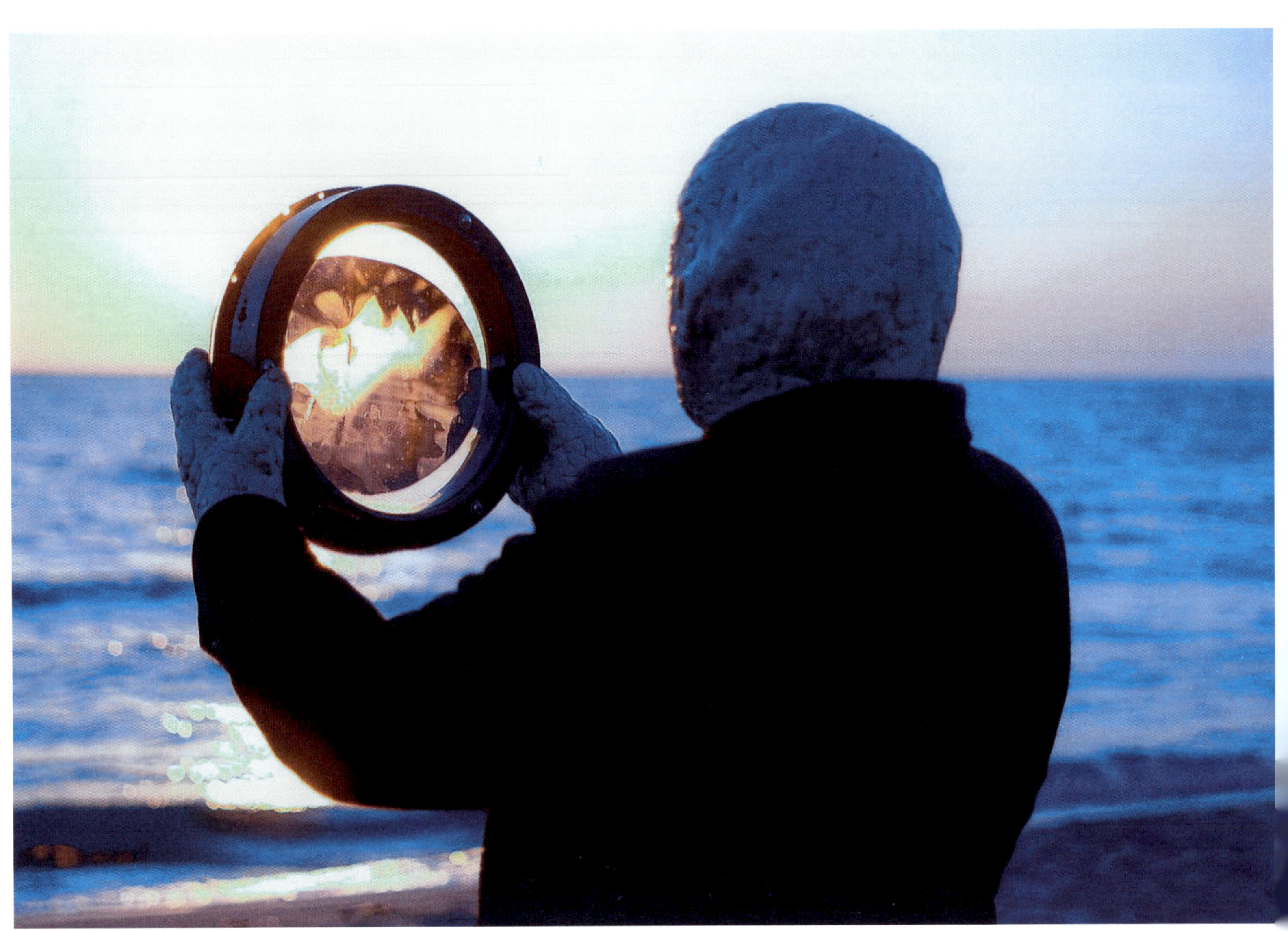

↑ *Acronos ricorda ciò che accadrà*, 2018, stampa digitale su plexiglas trasparente, lastra di ottone, 50×70 cm

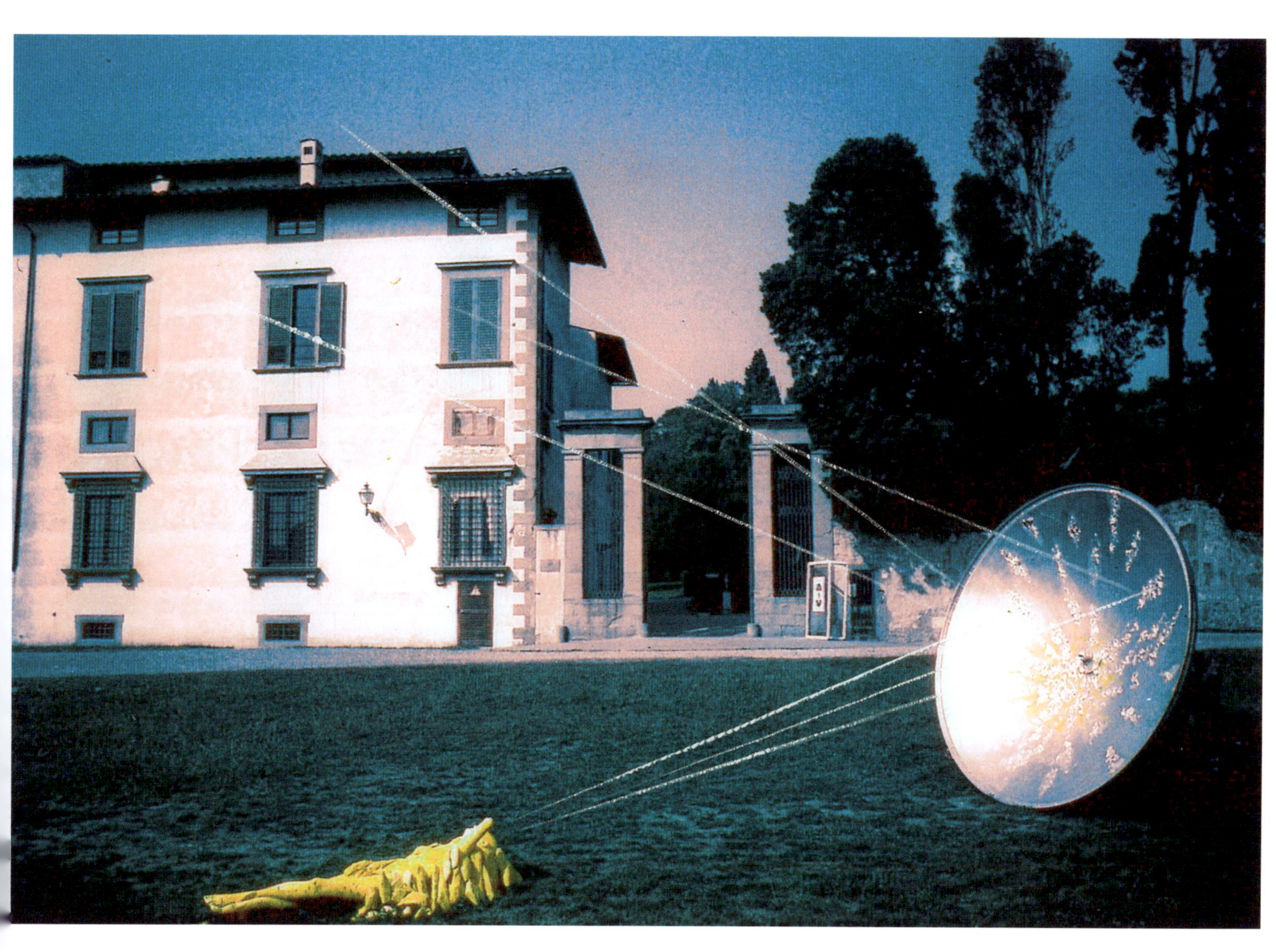

Captazione ed emanazione di sogni di una statua, 1989, installazione, parabola di radar, statua di ermafrodito in resina, schegge di marmo, fosforo, dimensioni variabili, Villa Medicea, Firenze

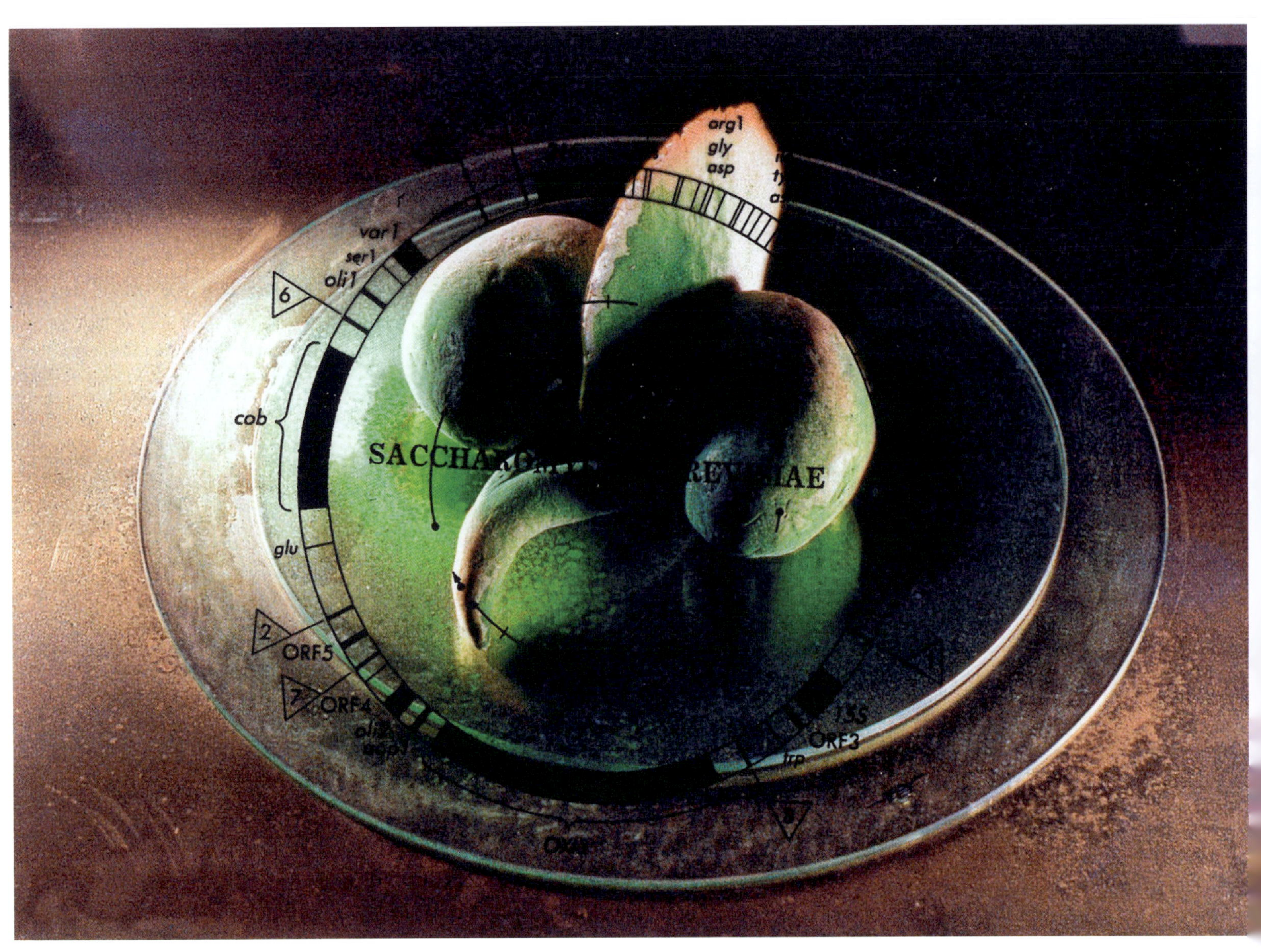

↑ *Infinitivo*, 1990, organismo di arte vivente autorigenerantesi, 9 kg di lievito naturale fresco e mappa genetica dello stesso, ingegnerizzata, 60×80 cm

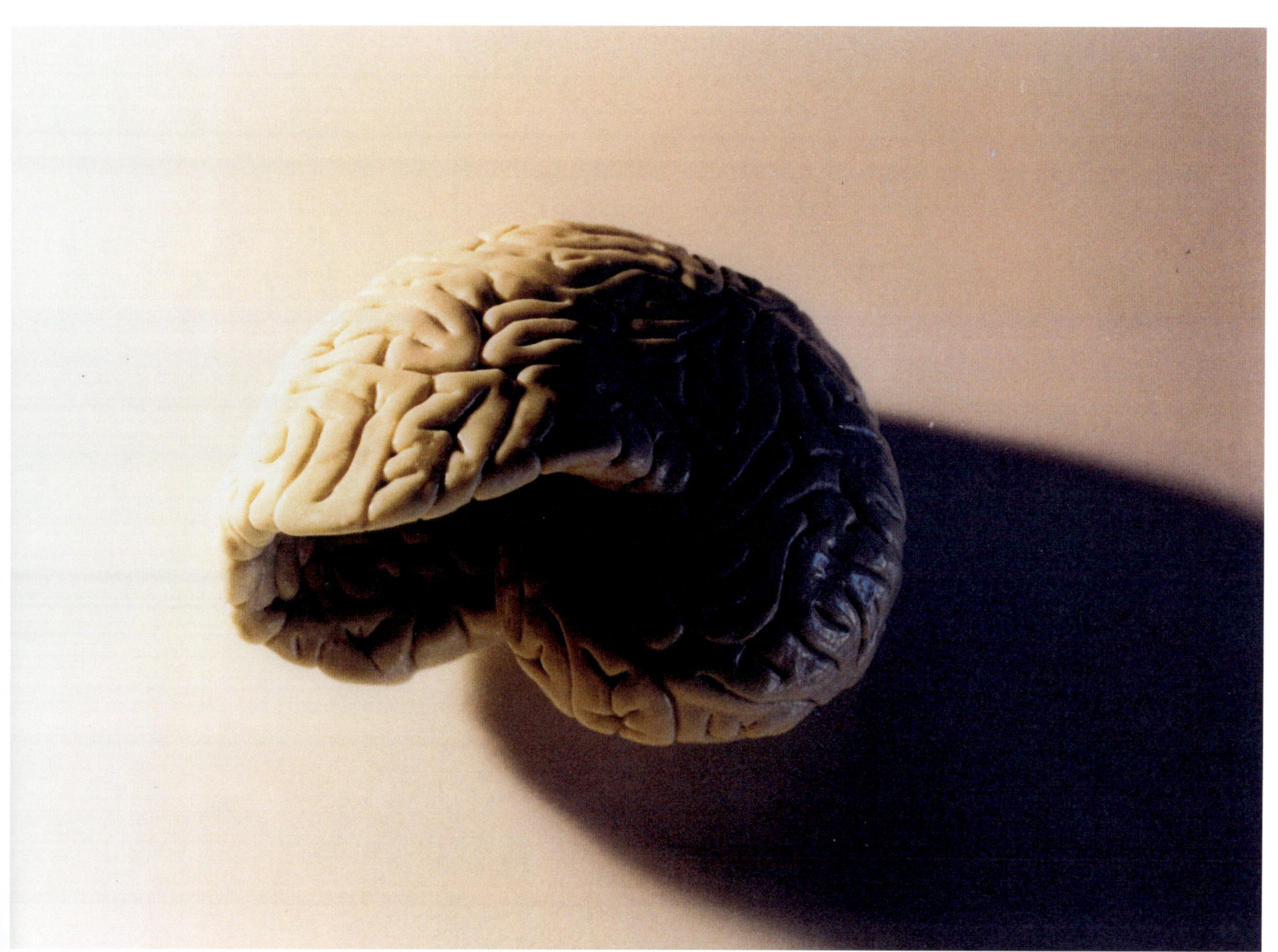

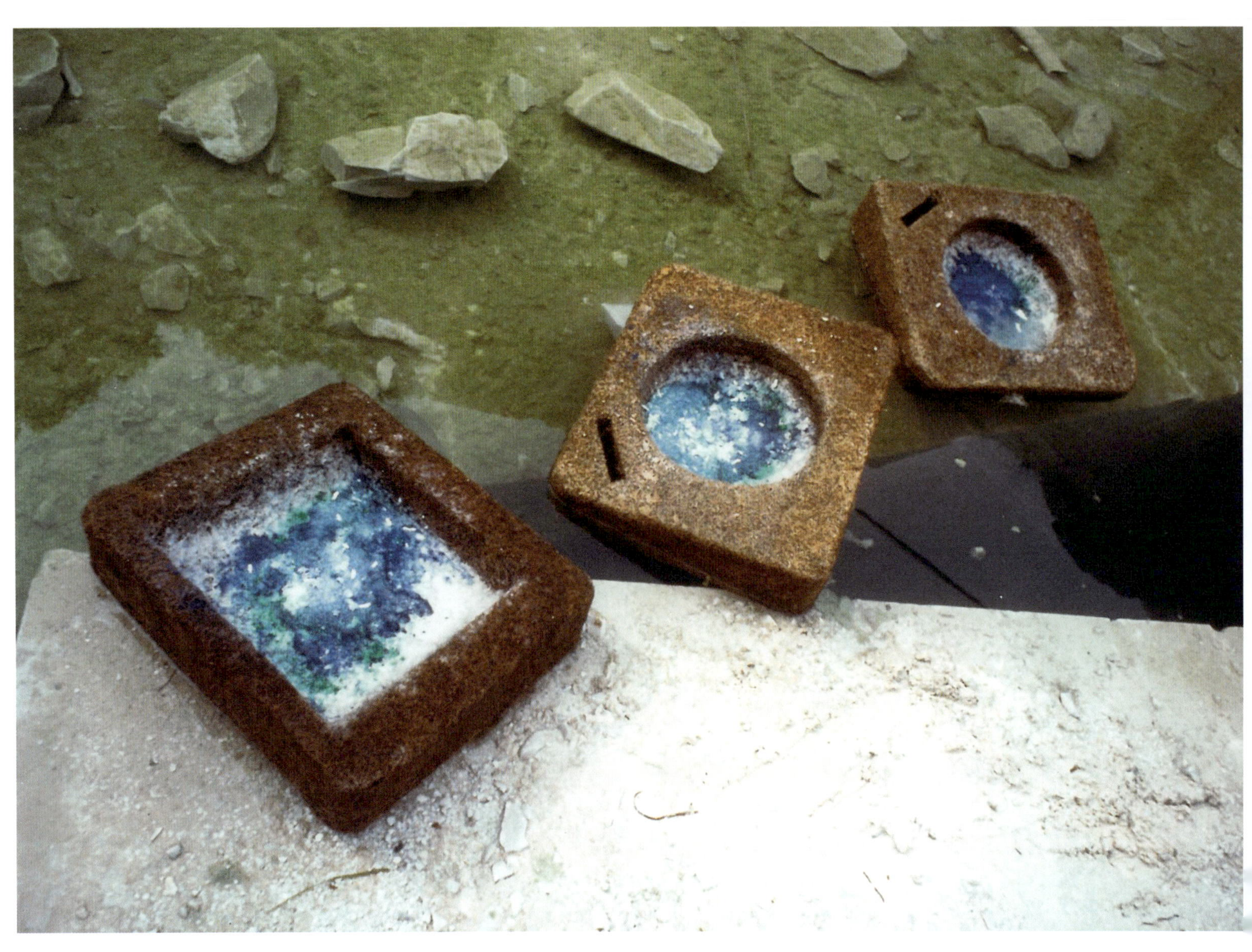

 Coltura di embrioni di arte vivente (particolare), 1990, installazione, iodio, fosforo, mirra, acqua ossigenata, grafite, lievito, mercurio, agar agar, magnesio, tessuto cerebrale, dimensioni variabili, Cava di Marmo Henraux, Monte Altissimo, Seravezza, Lucca

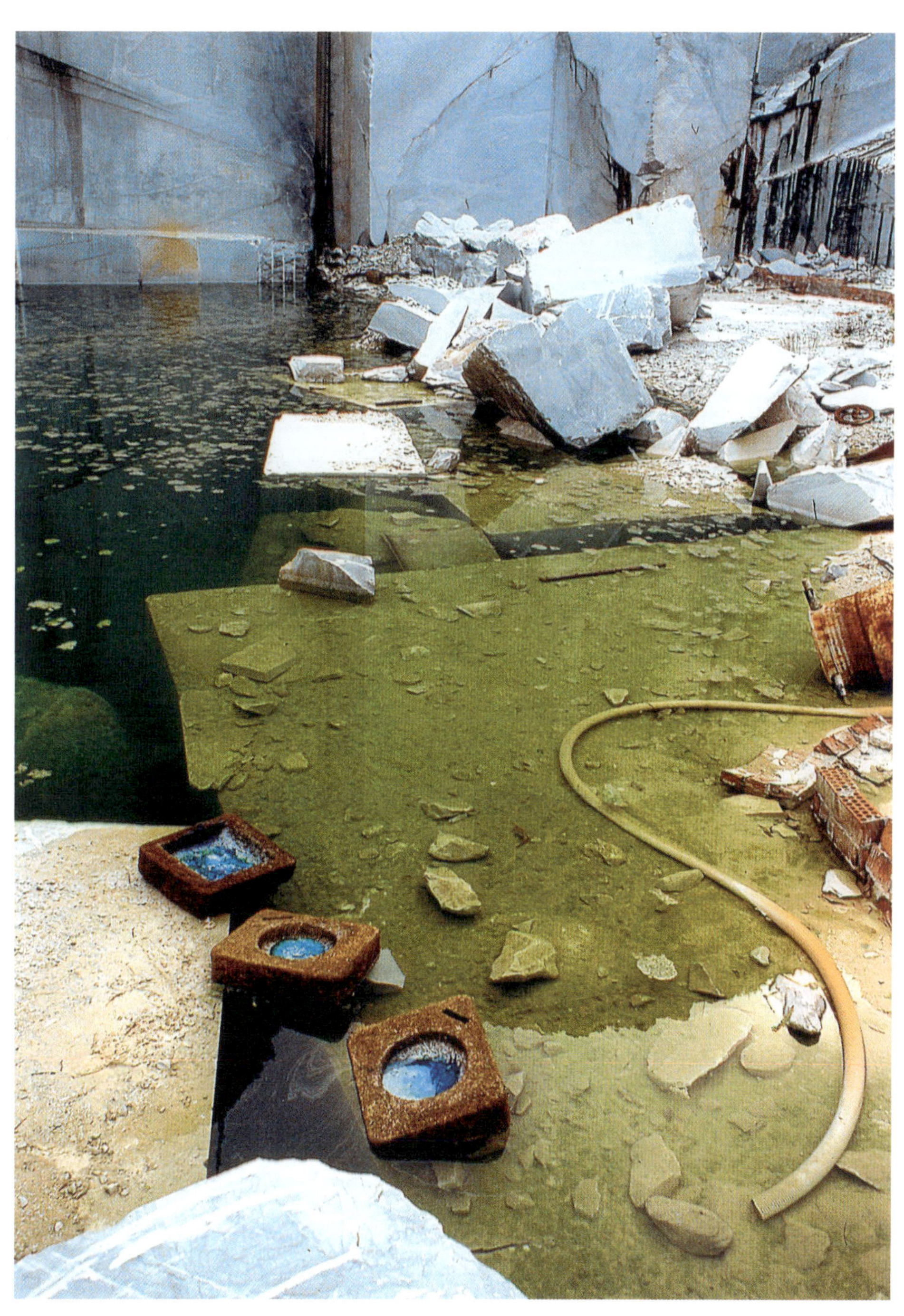

Coltura di embrioni di arte vivente, 1990, installazione, iodio, fosforo, mirra, acqua ossigenata, grafite, lievito, mercurio, agar agar, magnesio, tessuto cerebrale, dimensioni variabili, Cava di Marmo Henraux, Monte Altissimo, Seravezza, Lucca

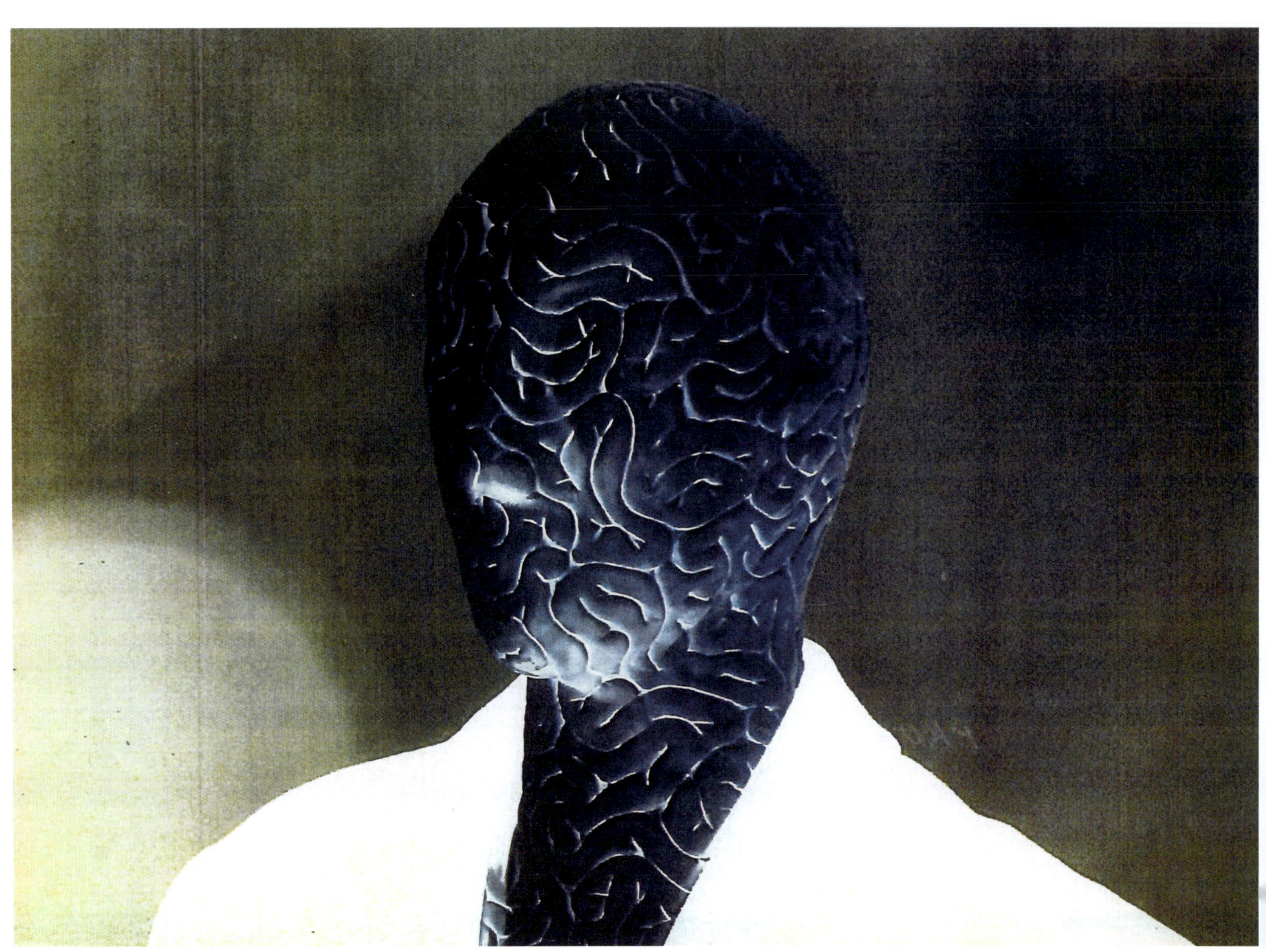

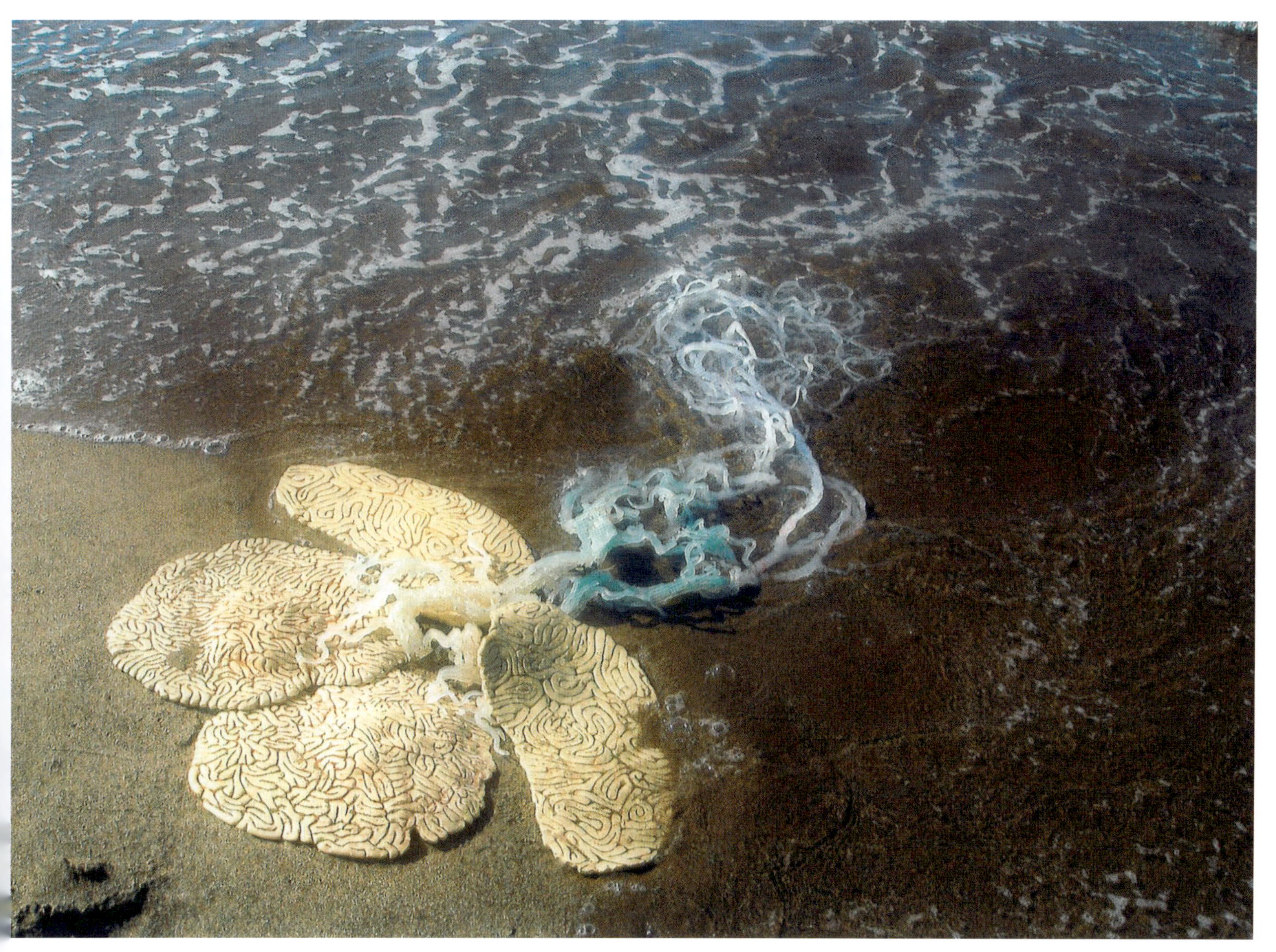

Oniroplasma, 2003, gomma, silicone, 78×230×8 cm

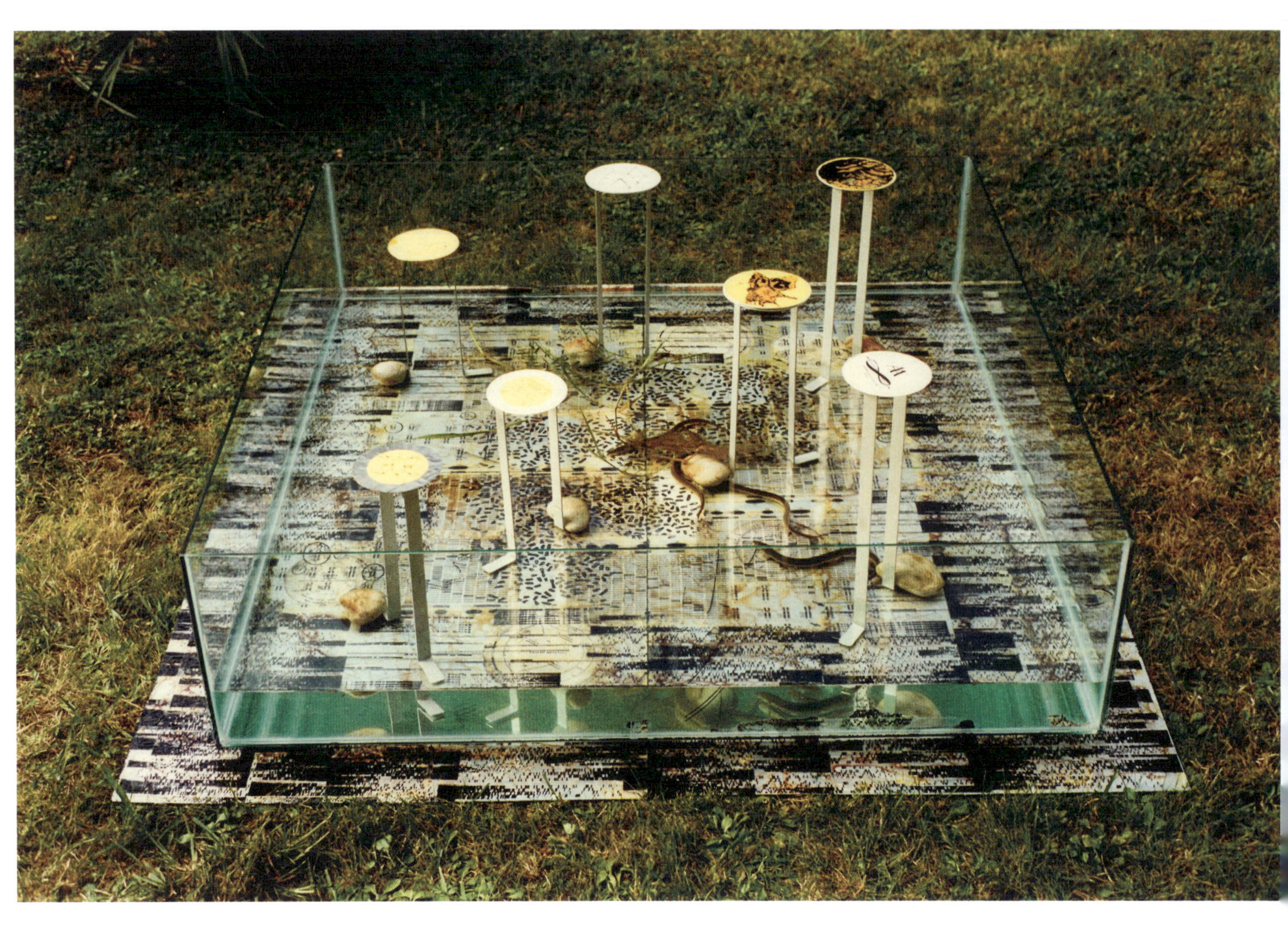

Le anguille poetiche, 1995, installazione-performance, 120×120×40 cm, anguille aumentate geneticamente, segnacoli con versi poetici, frasi, parole, formule e simboli intercambiabili dall'autore

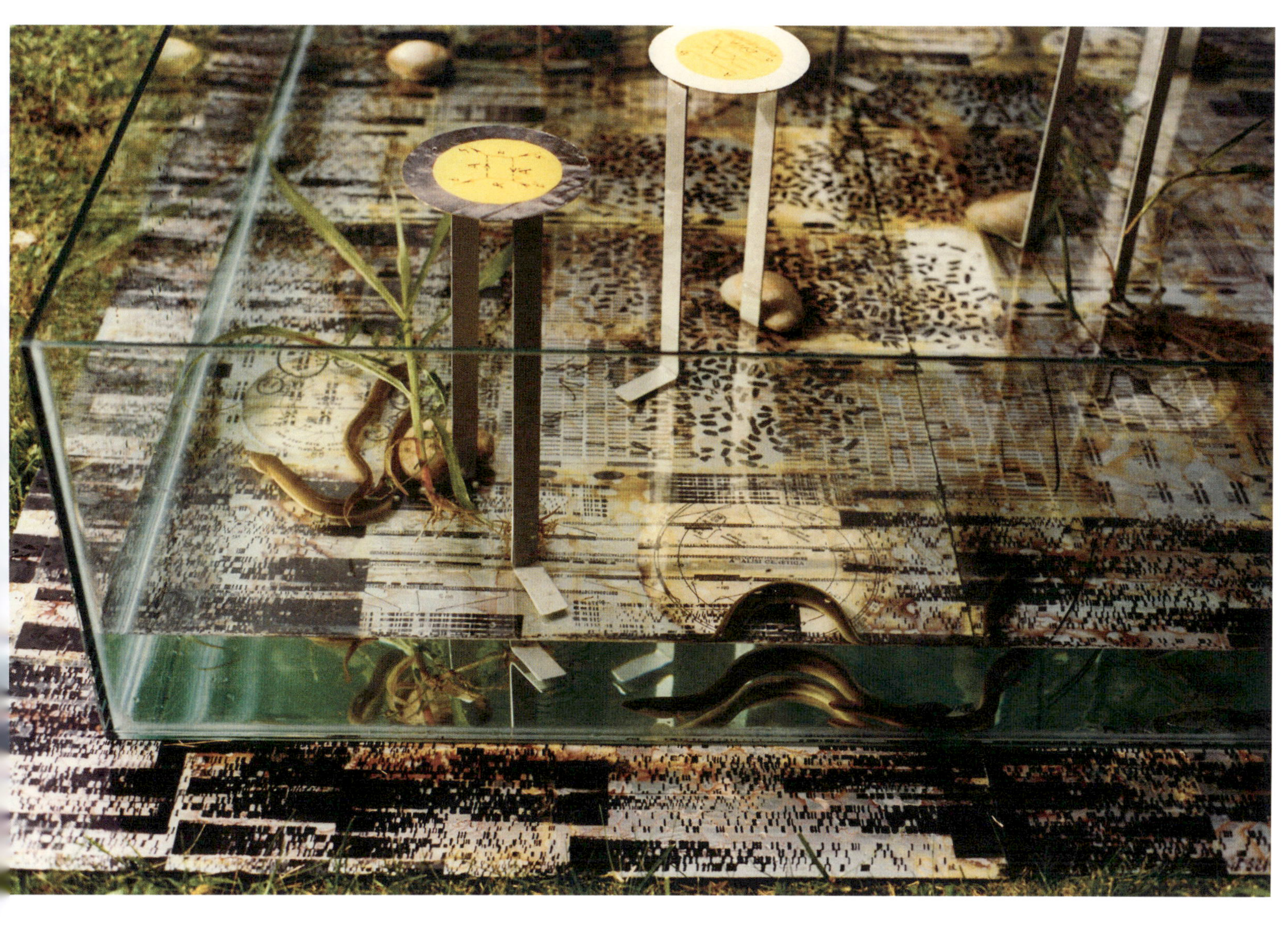

Le anguille poetiche, 1995, installazione-performance, 120×120×40 cm, anguille aumentate geneticamente, segnacoli con versi poetici, frasi, parole, formule e simboli intercambiabili dall'autore

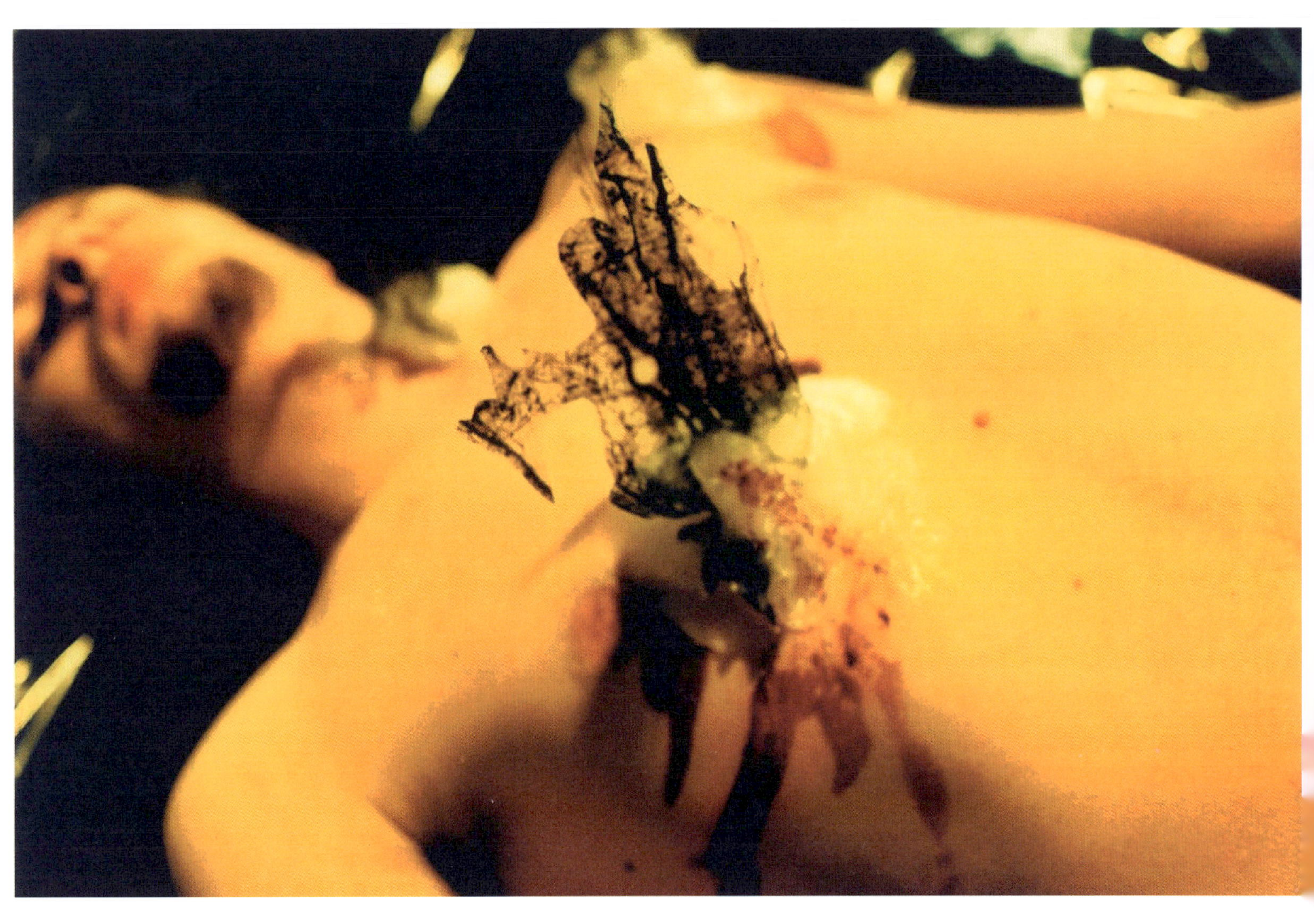

Stampa fotografica a colori, 60×80 cm, documentazione di: *Tre avvicinamenti all'immortalità*, 1999, cellule staminali a replicazione illimitata, neuroni a memoria indelebile, magneti tripolari

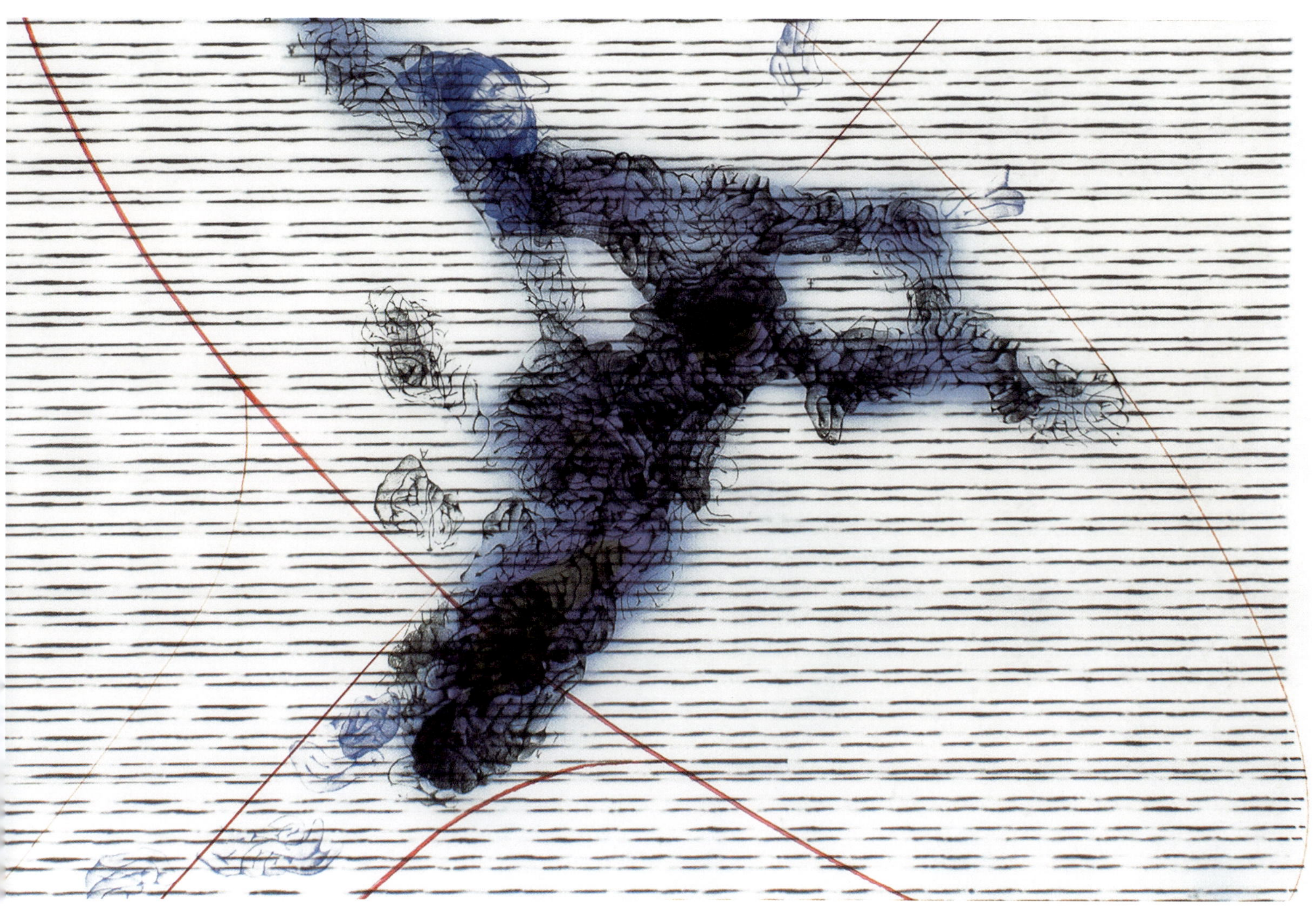

Apparizione di entità coscienti (particolare), 2019, sovrapposizione di stampe digitali su plexiglas trasparente e opalino, 100×100 cm

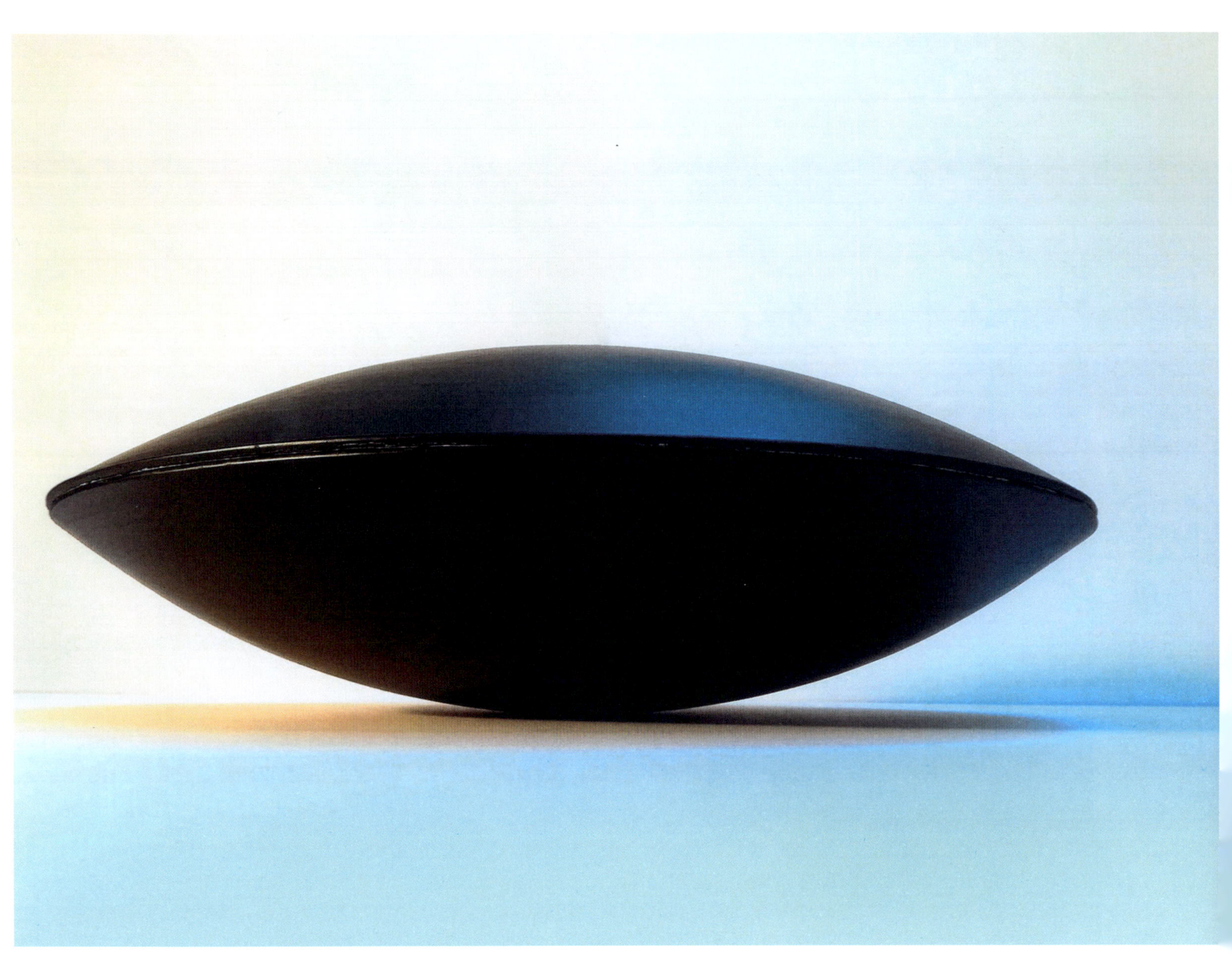

Emulazione quantogenetica di me stesso. Connettoma della mappatura completa in bit di informazione della mia entità esistenziale, 2019, contenitore in vetro, smalto antirombo, 50×50×14 cm

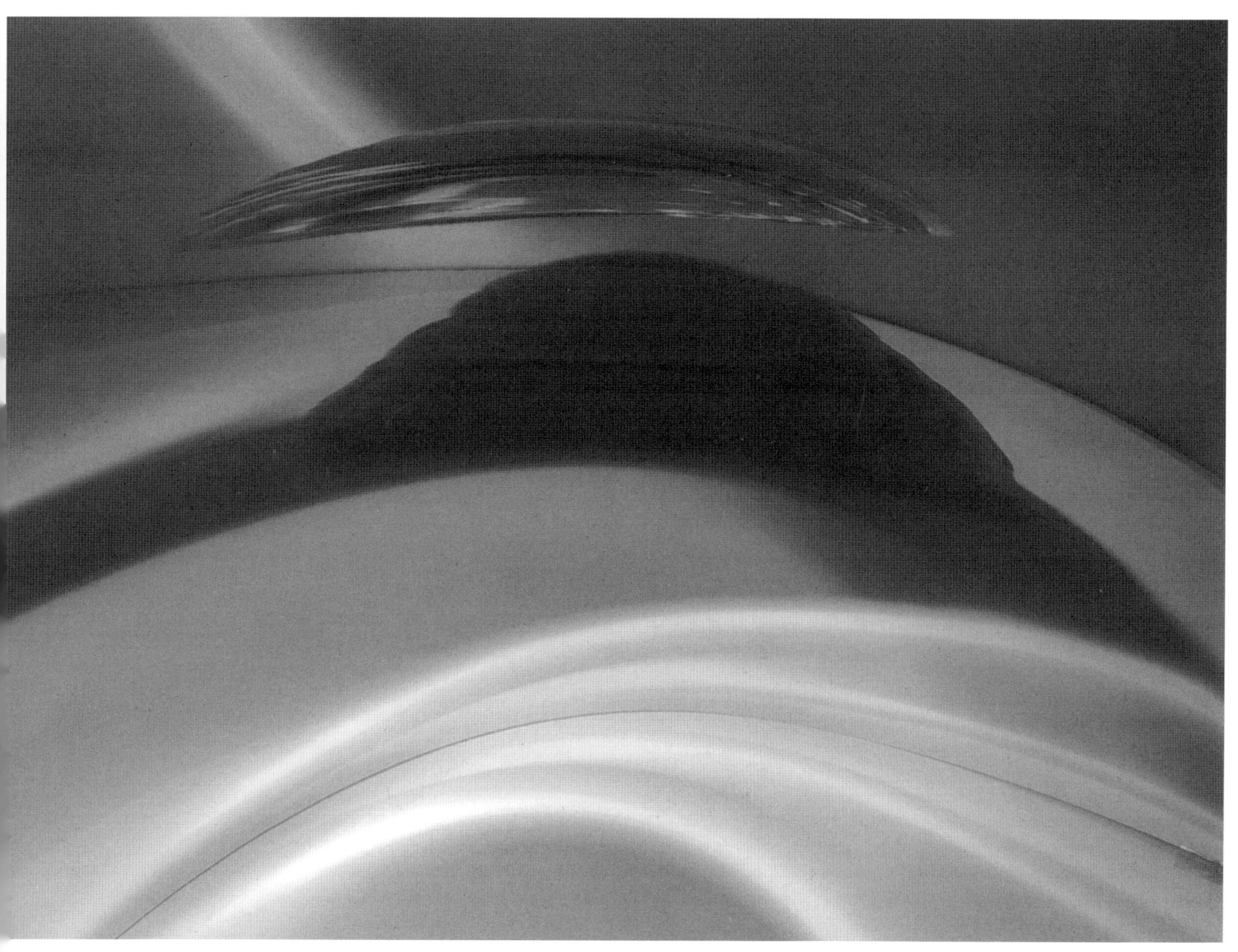

Pre-entropico, 2020, stampa digitale in b/n su plexiglas opalino, 60×80 cm

SCRITTI DI ANTONINO BOVE

NEL MUSEO BUIO
1967

I musei sono abitati da popoli di statue che vivono quando la luce ne esalta le forme. Che cosa accade di notte, mi chiedevo, osservando la luminescente Psiche di Capua, del Museo Archeologico Nazionale, quando il buio è assoluto?

Ero studente presso l'Accademia di Belle Arti e avevo stabilito una muta amicizia con un anziano custode, sempre immerso nel fumo di sigarette e in interminabili letture, in un angolo appartato della portineria. Provavo simpatia per quel tipo che non si occupava d'altro che stare seduto su una sedia sgangherata, curvo a leggere mentre una folla di studenti, insegnanti, visitatori entrava e usciva in continuazione dalla scuola. Ogni tanto gli portavo un pacchetto di sigarette della sua marca preferita, cercando di scambiare qualche frase. Misantropo e introverso disponeva di una vasta e bizzarra cultura di autodidatta, formatasi come un mosaico disordinato di figure a volte perfettamente rappresentate, altre frantumate o addirittura capovolte. Diomede completava l'orario di servizio come guardiano presso il Museo Archeologico, dove era alloggiato nella foresteria. Viveva in una camera sottotetto occupata per metà da un gigantesco armadio guardaroba, nel quale dormiva.

Una mattina, entrando in Accademia, senza dare spiegazioni trovai il coraggio di chiedergli se sarebbe stato possibile visitare il Museo durante la notte. Diomede non interruppe la lettura di un grosso tomo rilegato in pelle che poggiava su di un cavalletto e soltanto quando stavo oramai per andarmene, bofonchiando alcune frasi incomprensibili mi disse di passare a trovarlo l'indomani sera.

Guidato da un approccio al sapere vorace e caotico non si era minimamente stupito della mia strana richiesta. Portando un pacchetto di mandorle, noci e capperi spediti da alcuni zii della Sicilia, mi recai da lui al museo. A fine cena, verso l'una di notte, Diomede, preso un grosso mazzo di chiavi, mi invitò a seguirlo. Percorremmo lunghi corridoi, depositi di vecchi mobili, ballatoi, scale di servizio e attraverso una porticina, sbucammo al piano terra nella biglietteria. Dopo alcune brevi raccomandazioni dell'amico melanconico mi incamminai verso le immense sale dedicate alla scultura ellenistica.

La città, a quell'ora, era coperta da dense nubi autunnali e stava sprofondando in un narcotico sonno annaffiato da tiepidi temporali.

Favorito da una sottile lama di luce lunare che filtrava dall'alto di un finestrone, mossi i primi passi. La linea luminosa, dopo aver tagliato diagonalmente il gruppo marmoreo di Teseo che combatte con un centauro si infiggeva alla base di un'erma sormontata da una testa faunesca. Incoraggiato da questa ultima presenza di luce mi inoltrai nel buio definitivo della sala attigua. Ricordavo che, in prossimità del lato destro avrei incontrato, a circa otto-dieci passi, il corpo disteso e levigato della Ninfa dormiente. Al tatto trovai il braccio piegato sotto la testa della fanciulla, quindi sfiorai con la punta delle dita il volto dalle palpebre serrate. Percepivo il freddo minerale del marmo e la cieca solitudine ed estraneità alla vita di quelle membra, simili al cadavere toccato durate una lezione di anatomia. L'assenza totale di fotoni congedava, in quelle forme, ogni illusione, seduzione e simulazione vitale. Andando oltre, cautamente, per evitare di urtare contro qualche opera, mi avvicinai ad una scultura che riconobbi come la Danzatrice con i cembali. La ricordavo alta sul basamento, elegante e armoniosa con le braccia sollevate e con le punte dei piedi che sfioravano il suolo, scolpiti perfettamente per rendere gioioso il dinamismo di quel movimento. Adesso, nel nero assoluto dello spazio, la fanciulla era invisibile. Cercavo la sua presenza con lo sguardo ma era inesistente come un pianeta perduto in lontananze siderali.

Ero prossimo all'ultima sala dove ricordavo esposta, in un'abside, la Psiche di Capua. Nelle mattine estive quando la luce entrava da un alto oculo frontale la statua, in marmo alabastrino, emanava una preziosa aura disvelatrice. Mi incamminai verso quella che ritenevo la giusta direzione cercando di recepire qualche segnale ma i miei passi si persero nel nulla. Non avendo riferimenti vagai ancora fino a quando, sopraffatto dalla dimensione indecifrabile mi stesi sul pavimento a riflettere ed attendere l'alba.

Quelle magnifiche opere d'arte, anche se presenti intorno a me, erano annientate dalle tenebre che le privava dell'intelligenza infusa dagli scultori, le disumanizzava, riconducendole allo stato originario di materia bruta. Questo accadeva all'arte quando la luce non accendeva la sua esistenza. Il museo al buio era perduto, assente, morto. Avevo la prova dell'abissale nulla che, per spegnimento, paralizza lentamente l'universo?

idea di fondare una comunità di sognatori con
scopo di materializzare i sogni nacque durante
soggiorni a Firenze per concludere il ciclo di
tudi presso l'Accademia di Belle Arti. Durante la
rimavera e l'inizio dell'estate del 1973, in attesa
he cominciassero le lezioni trascorrevo lunghe
re nel giardino di Boboli, nelle sale deserte e in
enombra della Galleria d'Arte Moderna di Palazzo
itti, al Museo della Specola e in quello della Scienza.
    Nei silenziosi viali contornati di alloro, bosso
alti cipressi che conducono alla fontana di Atteone
alle grotte rivestite di conchiglie e muschio del
iardino Mediceo meditavo su quella moltitudine
i statue che, apparentemente immobili, ci sognano
materializzano la realtà nella quale viviamo.
el passeggiare notavo che altri – come me dotati
i palpebre pesanti e patologicamente lucifughi per
ntensa e onniveggente attività onirica – si aggiravano
ospettosi in quei luoghi. Il comportamento impacciato
guardingo, a stento nascosto da una apparente
aturalezza, la semitrasparenza e il deambulare
npercettibilmente levitante rivelava il loro essere
ortatori delle facoltà che avrebbero permesso di
uperare i limiti e infranto i confini della realtà angusta
ella quale, da sempre, l'uomo è costretto a vivere.
    Cominciai così a pensare di unire assieme
li abitatori e i navigatori nei sogni che incontravo
er dare vita ad una confraternita, ad un centro, ad
n laboratorio dove si potessero fisicizzare i sogni.
nche se questa attività è quanto di più intima e
egreta che l'essere umano elabora, ritenni necessario
re sì che il fenomeno della decadimensionalizzazione
ei sogni dovesse svilupparsi "alla luce del sole".
ompendo gli indugi, in un afoso pomeriggio dei primi
i giugno, a esami iniziati, nell'anfiteatro delle cere
natomiche della Specola, abbordai un individuo
estito di nero che avevo già incontrato all'interno
i un sogno recente. Bruscamente gli chiesi che
osa ci facesse in questo luogo tra esseri scorticati,
pose interrogative ed enigmatiche. Con sguardo
intesa rispose, gentilmente, che amava, quando
ossibile, tornare nei luoghi sognati e che, del resto,
realtà che stavamo vivendo, era tempo, spazio
materia onirica. Questo impalpabile, timido ma
otente frequentatore di sogni era Albifront, il
rimo componente di ciò che, ben presto, sarebbero
iventati la Società degli Onironauti e il Centro per
Materializzazione dei Sogni.

In tali istituzioni fu realizzato il prototipo e
successivamente fu sviluppato l'Oniroscopio
fisicizzatore, sorta di incubatore, addensatore
e soglia verso l'al di qua delle entità oniriche
che vivono, adesso, tra noi.

MINELANS 2003

I corpi delle opere d'arte non conoscono ancora la vita; attendono impazienti la vivificazione.

L'ho sognata nuovamente. Con uno sforzo di lucidità mi sveglio e ancora impastato del sogno mi precipito a registrare e prendere appunti sulla sua figura, sui particolari vivissimi che ho presenti nella mente. Sono determinato a replicare, nella realtà, questa opera d'arte vivente da me creata nel sogno, che preme per entrare nell'al di qua. Se la singolarità abita nei miei sogni e io sono il suo autore dovrebbe essere possibile riprodurla nella materia. Comincio con il disegnare il suo aspetto, ad annotare gli infiniti elementi che la formano, i dettagli che la compongono. Ben presto mi rendo conto che i risultati sono deludenti. Con impegno e ostinazione mi concentro ancora di più ma per quanto mi affatichi devo fare i conti con i materiali che la costituiscono, estranei alla realtà. Nel sogno questo miraggio dalle fattezze di una ragazza medusiforme ha il volto e il corpo di color Crale. Tale colore che nel sogno è del tutto naturale, è inesistente fisicamente, non appartiene alla scala cromatica che i nostri occhi percepiscono. Dove trovare questo indefinibile pigmento assente in natura? Da quale sostanza e attraverso quale procedimento chimico si potrebbe ricavare un colore simile? Con il variare dei toni del Crale la "mia" entità onirica comunica messaggi psichici, parole mai pronunciate, vaghi profumi, lontane e trasparenti note musicali che provocano turbamenti e gioie. Nella dimensione onirica di questa notte Minelans, così l'ho chiamata, fluttuava nell'aria facendo piovere dal corpo immagini olopsichiche riguardanti la mia infanzia. Lacerti di vita rimangono sospesi nello spazio per poi cadere e infrangesti come schegge di specchio su blocchi pietrificati di lava nera. Ruotando con il corpo gelatinoso e ancora in levitazione posso vedere sulla sua pelle nitidi riflessi di figure miniaturizzate del mio futuro.

"Dall'archivio eterno", mi dice Minelans, con una espressione di intesa.

Nel sogno, con mano sicura, avevo composto le sue membra, selezionato i miliardi di neuroni e sinapsi, tessuto le labirintiche circonvoluzioni della sua mente disvelatrice dell'enigma e dell'oblio. Servendomi di particelle quantiche, algoritmi genetici e sostanze rare come la Nomalia Cosena, la Apofela Tisettra Esigle, la Corma Dialipena avevo distillato, per lei, il magma pecioso del caos, annullato la forza di gravità e dell'entropia, dipanato le leggi dello spaziotempo. Finalmente Minelans, l'opera d'arte che vive, fosforescente plasma futurnale, ci avrebbe salvato. Guidata dalle energie oniriche scaturite da sognatori veggenti Minelans avrebbe provveduto alla evoluzione della specie umana verso l'immortalità e evitato lo spegnimento termico dell'universo.

Grande è l'amarezza nel constatare l'impossibilità di materializzare Minelans. Elegante, semplice e armoniosa essa splende soltanto nei miei sogni. Questa notte è ricomparsa; nel sogno non ero il solo testimone, al mio fianco c'erano Albifront, Espansiva e Nottiluce, sognatori della Società degli Onironauti. Contemplando attentamente lo scrosciare pulsante della luce afisica che emanava Minelans, ci siamo avvicinati. Eravamo talmente prossimi a lei che le cascate di costellazioni che emetteva si riversavano su di noi svelandoci il Segreto. Adesso sappiamo cosa e come fare. Con il suo generoso aiuto stiamo lavorando intensamente, nel Laboratorio per la Materializzazione dei Sogni, per ottenere i preziosi ingredienti della identità di Minelans. Finalmente disponiamo delle informazioni per fisicizzarla con sostanze non appartenenti alla Tavola Periodica degli Elementi. Nel sorriso paraclito e nell'empatia che Minelans mostra verso tutte le intelligenze multiversali leggiamo il codice genetico della vita, divenuta infinita, che ingoia il sordo abisso del tempo.

NELLA BAIA DEGLI ONIROPLASMI
1973

Se il sogno è energia cerebrale e mentale
e l'energia è un aspetto della materia,
si deduce che il sogno è dotato di massa.

Una corona di candide e aguzze montagne traforate da cave di marmo statuario e scritto, chiamata dagli escursionisti *Catena della memoria indelebile*, circoscrive la baia degli oniroplasmi, nell'inquieto e vorticoso oceano dell'immortalità. Questo porto innaturale, un tempo cantiere per transatlantici percorrenti le prime incerte rotte dei sogni verso la materia, è irto di gru che sollevano ponti, scale e antenne avantisogno a oltrepassamento. Lunghi moli, a denti di pettine, tengono saldamente attraccate navi cisterna svuotate, accuratamente, degli incubi spaventosi che trasportano da una comunità ad un'altra. L'arsenale è suddiviso in darsene dove, pronti al varo, sono allineati scafi veloci di allucinazioni rivelatrici. Qui la Società degli Onironauti ha inaugurato una nuova sede del Centro per la Materializzazione dei Sogni, complesso che ruota attorno ad un Oniroscopio fisicizzatore di grande potenza. Capienti hangar accolgono i sogni tattili che entrano nell'al di qua; laboratori di analisi e altissimi capannoni finestrati, adeguati ad ogni esigenza, ospitano sogni in carne e ossa, ai quali è sconosciuta l'irreversibilità. Alcuni sognatori che operano in questo luogo, veri e propri rovesciatori di orizzonti, sono pervasi da un fervente e tenero amore materno per ogni creatura onirica, alla quale danno vita nei sogni e sostanza nella realtà. Altri, sedotti da queste misteriose rarità corporificate, ne diventano amanti appassionati. Su tutto regna una ineffabile febbre conoscitiva dovuta alla constatazione che, tramite la materializzazione dei sogni, è finalmente possibile espandere la vita e il mondo oltre i limiti fisici, biologici e spaziotemporali.

L'Onirofisicizzatore, gigantesca apparecchiatura di circa trenta metri di lunghezza e dieci di altezza, è installato all'interno di un edificio dalla forma di semisfera. In questo luogo, talmente vasto da non poter distinguere le mura perimetrali, siamo pervasi da una inspiegabile euforia e dalla sensazione di ampliamento della capacità respiratoria.

Disteso all'interno di un cilindro trasparente, insonorizzato e disposto, in perfetta perpendicolare Droll, rispetto all'Oniroscopio, il sognatore comincia a generare i sogni. Li vediamo apparire sulla superficie di una grande parabola, una sorta di schermo convesso, di 360 centimetri di diametro e 60 di profondità. Trattandosi di un effetto inconsueto, alcuni osservatori provano, nei primi momenti, una certa difficoltà nel focalizzare gli onirogrammi. Vedendo le immagini del sogno in rilievo e in levitazione, se non fossero così lontane, si sarebbe spinti ad allungare una mano per toccarle. Con ciò si appurerebbe che, in questa fase delicata, esse sono ancora impalpabili. Gli onirogrammi vengono come risucchiati all'interno di un doppio tunnel addensatore, al quale la parabola è connessa. L'energia onirica si incanala in questa sorta di clessidra posta orizzontalmente e nel punto più stretto dell'imbuto, incontrando il cono di luce spaziotemporale del nostro orizzonte degli eventi, assume consistenza corpuscolare, si fa materia. Resi visibili, gli oniroplasmi passano dallo stato di onde di luce di informazioni a quello di molecole.

Notiamo che la prima parte della clessidra è avvolta da un enorme solenoide composto da potenti supermagneti con il compito di concentrare l'antimateria psichica. La seconda metà del tunnel è inserita in una possente camera ad ultravuoto prodotto da trappole ad assorbimento e pompe crioscopiche, in continua attività. Il settore finale della galleria che già contiene onirosomi, pressoché formati, è inglobato in un poderoso tamburo al cui interno vi è gravitazione pari a zero. Giunti al termine del viaggio, gli oniroplasmi, provvisti della tridimensionalità, finalmente si affacciano sulla immensa spianata dell'hangar di accoglienza, sporgono, fluttuano, galleggiano emettono voci e suoni, si espandono o si depositano ovunque, a seconda della loro natura.

Sostanza mentale elaborata dal sognatore, gli oniroplasmi hanno natura e comportamenti svincolati dalle leggi della fisica, possono abitare e agire nella nostra dimensione ma anche uscirne fuori, essere indipendenti dalla psiche di chi li ha sognati. Gli oggetti, le concrezioni inanimate, gli organismi ibridi sognati, man mano che si materializzano, vengono condotti, con ogni cautela e riguardo, in zona di osservazione e analisi. Il copioso prodursi di reperti onirici rende necessaria una accurata e immediata conservazione e catalogazione. Grandi spazi e adeguate metodologie sono indispensabili affinché non si smarrisca la fragranza significativa di tali organismi e che le singolarità fisicizzate non si trasformino in incoerenti cumuli di macerie mentali e detriti psichici in decomposizione. Centinaia di metri quadrati di superficie sono appena sufficienti per ospitare, in certi casi, il rapido materializzarsi di pochi

minuti di attività onirica, come nel sogno detto
delle *Nubi di gigli armonici.*

Alcune fisicizzazioni sono del tutto
corrispondenti ai sogni in atto, altre, per determinate
complicazioni mentali del soggetto sognante,
sono diverse e apparentemente incongrue, sia con
la realtà fisica, che rispetto al "senso" del sogno.
Nel caso dell'oniroplasma detto dello *Specchio liquido*,
la materializzazione di un "normale" specchio si
liquefaceva dopo pochi secondi.

In prossimità dell'area di sbocco nella realtà
dell'onirofisicizzatore, sono apparecchiati strumenti
per la registrazione e la lettura delle componenti
di tipo acustico ed olfattivo degli stereosogni;
tali impalpabili qualità sono state riconosciute,
successivamente, identiche dal soggetto sognante.

Nel sogno *Trillorubino*, nel quale la sensazione
acustica sognata "[...] era come grani di quarzo
rosso sangue" è stato possibile ottenere effetti
sonori rappresi e tattili in una sostanza ancora in fase
di studio. Risultati sorprendenti sono stati raggiunti
comprimendo drasticamente, durante il processo
di corporificazione, il tempo di trasmutazione dallo
stadio mentale del sogno a quello visivo e fisico.
Si agglutinano in tal modo, per il tempo necessario
alla percezione e alle analisi, anche particolari tipi
di sogni vorticosi o in immobilità profonda, oppure
sogni frequentatori dei margini estremi del ricordo,
come nel caso del sogno detto della *Trafittura
dell'orizzonte*. Restringendo il diaframma nel punto
critico di condensazione del tunnel, si provoca
una implosione che fa nascere sogni verificatisi
nel passato e rimasti custoditi nella memoria
del soggetto sognante per numerosi anni.

A causa di una infinita gamma di processi
variabili, alcuni brandelli di sogni fisicizzati vengono
come risucchiati nel vuoto. Altre volte l'intera
atmosfera intorno all'area di consistenza dei sogni
dell'Oniroscopio assume color Crale. La comparsa
di questo colore sembra collegata con alcuni
particolari tipi di entità oniriche mantidee, oppure in
seguito a somministrazione, al sognatore, di Tiasoe.

Alcuni rari sogni, impazienti, entrano
direttamente nella realtà con una sorta di
accartocciamento dell'aria su se stessa, nelle
immediate vicinanze della sommità cranica
del sognatore. Tale fenomeno si verifica allorché
la materializzazione avviene nella Grande
Fossa di Incubazione e Corporificazione, allestita
non lontana e in parallelo all'Onirofisicizzatore.

Osserviamo che il piano che accoglie il
sognatore è costituito da una unica fusione di piombo
mentre la testa poggia su di un piatto antisismico
di puro totalo. Il pavimento della fossa è lastricato
con ampie piastre di *magnetite plurinata*, mentre
le pareti sono rivestite di un mosaico di infiniti *oculi
ioananda*. Qui reperti onirici materializzati, dotati
di magnitudine tra 0.1. e 2.2. sembrano sfondare il
tempo in quanto veri e propri segnali di cosa accadrà
nel futuro. In particolari casi vediamo la volta cranica
del sognatore esalare una sostanza impalpabile che

gradatamente si agglutina per diventare
della materia che il sogno rappresenta.

Dall'incerto grumo iniziale si dipartono
prolungamenti che determinano la direzione
dell'organismo in sviluppo. Si scorgono rigonfiamenti,
diramazioni fino sul pavimento. Intravediamo le
sembianze di una figura umana le cui membra si
stendono, prendono decisamente proporzione.
Una prominenza si flette, si raccoglie; non è difficile,
a questo punto, distinguere il volto di un bambino.
Si vanno delineando le braccia, ben presto
perfettamente modellate. La creatura onirica
che gioca sulla sabbia è identificabile nel sognatore
all'età di quattro anni, come testimonia una
fotografia dell'epoca. Stiamo dunque osservando
la materializzazione del sogno di un momento
dell'infanzia del nostro sognatore. Progressivamente
un intero frammento di sogno vesperale si va
animando, si espande nello spazio circostante del
vasto hangar. Un blu intenso si dilata molto in alto
con il segreto di una notte profonda. Sulla destra
germoglia una palma, il mare, in basso, è ampio e nero.
L'area è popolata, adesso, da una folla di esseri
e oggetti insoliti, vividi, germinanti di concrezioni
animate, lussureggianti, policrome. L'ambiente
circostante è tutto un fibrillare di voci di persone che
forse non esistono più ma che sono tornate tra noi.

Alcune entità oniriche, sorridendo, si
dissolvono oppure escono dall'edificio, andando
a confondersi, per l'ennesima volta tra i vegli.
Altre singolarità, ibride del sognatore, inaugurano
vite parallele ad esso o del tutto nuove; doppi,
completamente simili al nostro procreatore di sogni
attendono perplessi, si osservano. Il caso del sogno
concretizzato detto *Il saluto degli Onironauti*
possibilizza relazioni tra esseri umani e entità oniriche.
Dimostra la facoltà di questi esseri fisicizzati di
sognare a loro volta e rendere corporei i propri sogni.

L'hangar è, al termine, popolato da una folla
di organismi e oggetti non umani dalle facoltà a noi
sconosciute ma non estranee. Notiamo qui vicino una
pianta rampicante che si nutre di confetti; una specie
di serpente oniropompo dalle piume pungenti, più in là
un cactus ermafrodito, [...] una spugna onirofaga [...].

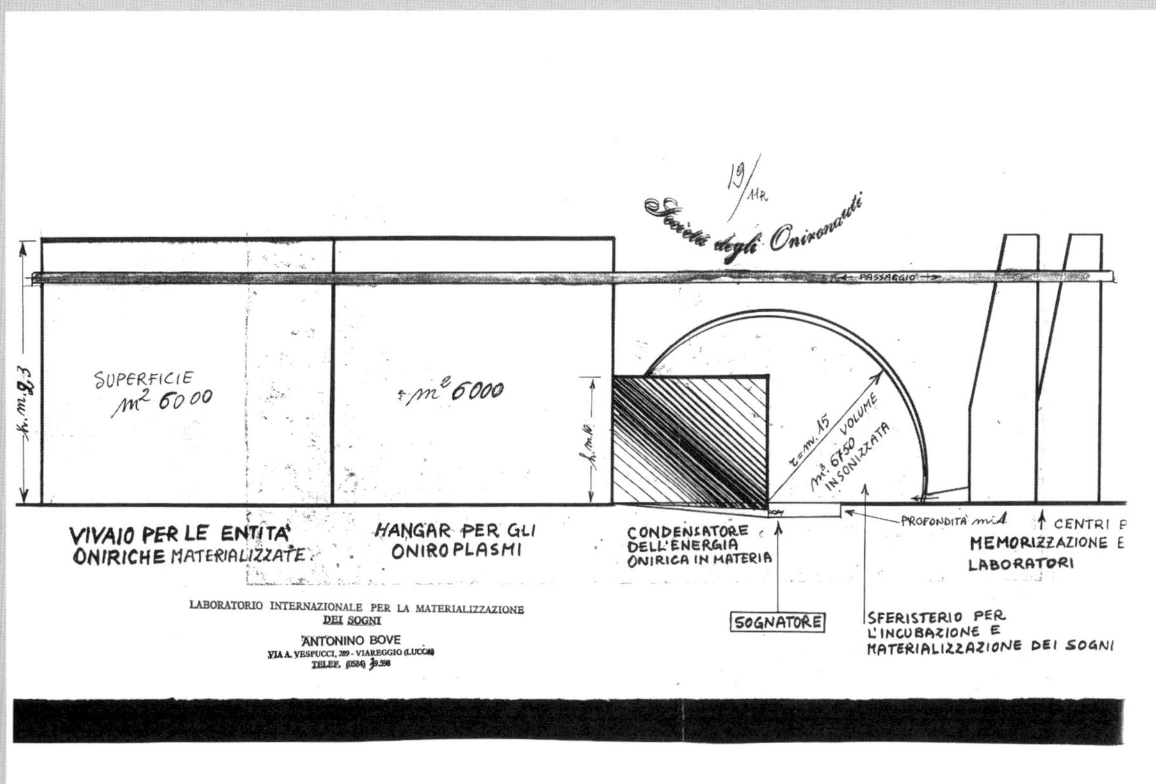

CENTRO PER LA MATERIALIZZAZIONE DEI SOGNI - FIRENZE - 1973 - pianta

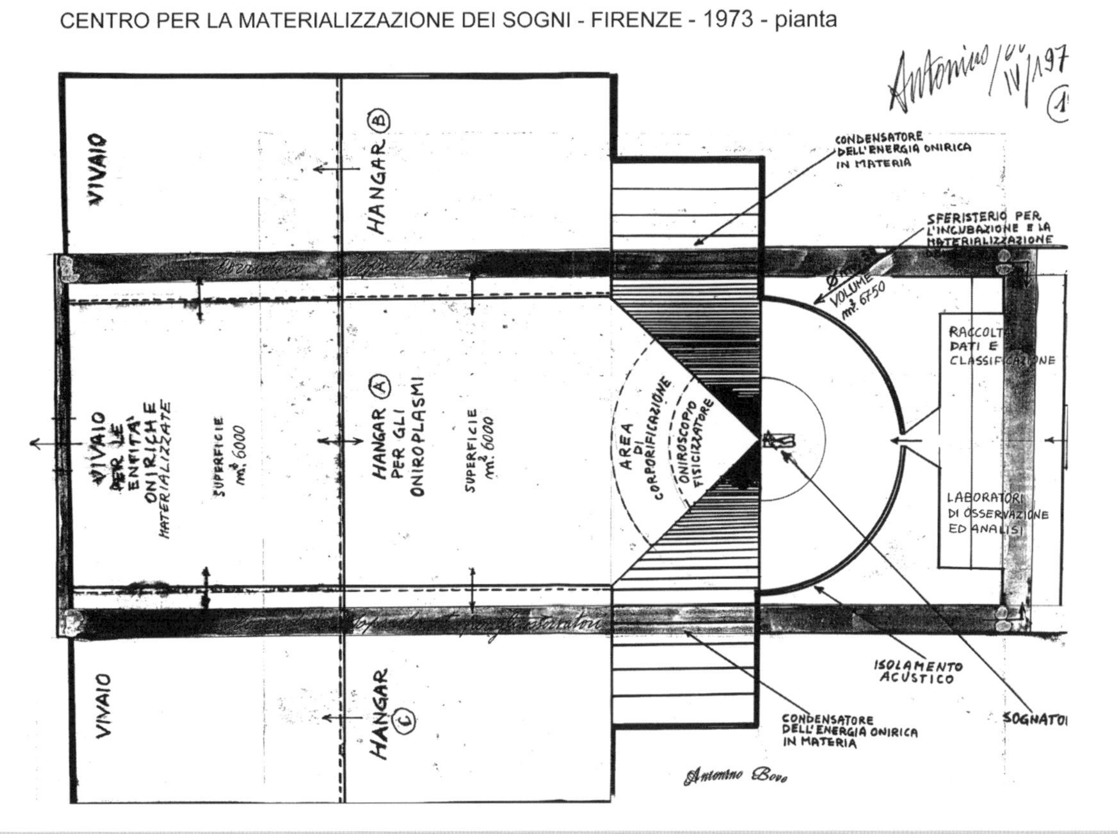

Vedere un sogno con gli occhi,
toccarlo con le mani.

Albifront: "Stiamo per presentarvi l'Onirofisicizzatore, una apparecchiatura che permette la visualizzazione e la materializzazione dei sogni. Tra pochi istanti potremo vedere e toccare i sogni della persona addormentata in quella capsula trasparente".

Giornalista (B): "Vuole dire che, per la prima volta, grazie a questa complicata tecnologia potremo osservare, in diretta, il sogno di un essere umano?"

Albifront: "Certamente! Analizzeremo sullo schermo dell'oniroscopio le immagini oniriche che costituiscono il sogno e potremo palparne la loro fisicità nell'area preposta alla materializzazione".

Mentre continua a parlare Albifront muove alcune leve e preme una serie di pulsanti sul quadro comandi.

Prosegue: "Il corpo del sognatore è disposto su quella asse, ortogonale alla grande parabola che, al centro, presenta un cunicolo avvolto da poderosi anelli spiralati. Vedete che la parte centrale comprende un intrigato blocco di meccanismi, enormi magneti e camere a ultravuoto. Il complesso di apparecchiature termina laggiù, ad una considerevole distanza, con un cono tronco dal quale sbucano gli oniroplasmi che hanno attraversato la Soglia dell'Orizzonte degli Eventi, confine dell'universo antropico. Dove finisce l'impianto inizia la spianata, vasta come un campo di calcio, dove si depositano i sogni corporificati. L'onirofisicizzatore ci consente di osservare qualunque tipo di sogno e soppesarne tutte le sue componenti. Tra pochi minuti avvisteremo l'interno del sogno di Nottiluce, nostro sognatore da diversi anni. Durante l'evento ci sposteremo nell'area della materializzazione. Indossiamo queste tute e guanti sterili; vi prego di starmi sempre vicino, di non toccare, al momento, gli oniroplasmi che altrimenti potrebbero modificarsi."

Giornalista (A): (cercando di dissimulare un certo scetticismo) "Se quanto lei afferma si dimostrasse vero, la materializzazione dei sogni costituirebbe una conoscenza capace di mutare, alla radice, la nostra vita, la natura e la costituzione del mondo".

Albifront: (indicando lo schermo della superficie smerigliata) "Ecco... le prime immagini. Osservate quella miriade di punte di spilli luminescenti che si vanno espandendo, sono le immagini del sogno in atto. Si distingue qualcosa... sembrano globi di materia cerebrale... galleggiano nell'aria...".

G. (B): "...Liberano piccoli satelliti..."

G. (A): "...Si raggruppano in colonie stellate..."

G. (C): "...In basso dello schermo c'è un intreccio di rami spezzati... scortecciati, sottili... bianchi... ma sono ossa! Sono scheletri umani... con le ali?!"

Albifront: "Venite, andiamo nell'area della materializzazione. Guardate all'uscita del cono, il sogno sta sbucando nella realtà, prende forma. Ecco sulle vostre teste le bolle che osservavamo sullo schermo".

G. (A): "...Sono centinaia di piccoli globi... sembrano tessuti con capelli...".

G. (C): "Stiamo attenti a non schiacciare queste fragili ossa... sono sparse ovunque... potrebbero essere scheletri di angeli...".

G. (A): "...Odo come un frinire di cicale... questa luce intorno, miriadi di punte di spilli vorticanti... fluttuano, ondeggiano con intensità variabile... mi ricordano un'aurora boreale...

G. (B): "E questi cerchietti... come di fotoni intrecciati, sparsi tra le ossa in prossimità dei teschi... forse... aureole?"

G. (A): "Come è possibile tutto ciò? Dove ci troviamo?"

Albifront: "Quanto ci circonda è l'espansione tridimensionale del sogno di Nottiluce. Non disorientiamoci. Adesso, con l'aiuto di alcuni assistenti, analizzeremo le sfere al microscopio. Guardate, quelle che chiamavamo sferule sembrano semi neuronali o forse uova cerebrali fecondate. Distinguete l'embrione? Ha già tutte le fattezze di un angelo...".

L'esile scheletro di un cherubino viene raccolto e poggiato delicatamente su di un tavolo autoptico.

G. (C): "Nottiluce deve aver sognato una epidemia fulminante di angeli... ma dove erano? Venivano da qualche parte? Sono frastornato...".

G. (A): "Dunque, questi oniroplasmi sarebbero angeli morti e angeli che stanno schiudendo da sferule luminose... mai visto tale assurdità!"

G. (B): "Ma come è possibile che nascano da queste
specie di bolle cerebrali? Forse sono frutto
di una attività mentale? Sono pensieri?"
G. (A): "Pensieri... volanti... pensieri pensanti???"
Albifront: "Al termine del sogno avremo modo
di riflettere e dedurre i significati
di questo evento. Torniamo nell'area
della materializzazione".
G. (C): "Guardate che spettacolo! L'intero hangar
è rilucente di nuclei luminosi in fibrillazione".
G. (B): "Lassù... vedete anche voi? Le singolarità
si vanno concentrando... si dispongono
a formare un ideogramma...".
G. (A): "Sembrerebbe una parola... non riconosco
a quale alfabeto o lingua appartenga...".
G. (C): (con un cannocchiale cerca di osservare
meglio la sigla palpitante di luce, formata
da miriadi di microentità angeliche)
"Dalla sua eleganza e splendente bellezza
potrebbe essere la cifra di un segreto
fondamentale dell'universo... forse la chiave
per comprendere l'indesignabile...".
...
...
Il sogno di Nottiluce ha avuto la durata di 3 minuti
e 11 secondi. In questo breve tempo l'hangar n° 9
è stato colmato, a perdita d'occhio, da strati di
ossa appartenenti a esseri umani alati. Lo spazio
circostante l'Oniroscopio fisicizzatore è pervaso da
centinaia di ovuli fulgenti, dai quali nascono piccole
creature umanoidi che si spostano nello spazio ora
velocissime, ora come al rallentatore. Il sognatore
Nottiluce, con l'ansia protettiva di una puerpera chiede
cosa ne sarà di questo suo sogno, adesso che è tra noi.
Albifront: "Queste entità, smaterializzandosi,
potrebbero tornare nell'aldilà onirico, oppure
potrebbe accadere che, desiderose di
fecondarsi con gli umani o altri esseri viventi,
escano e si propaghino nel mondo. Come
abbiamo avuto modo di appurare, diversi
oniroplasmi hanno già fertilizzato organismi
viventi, vegetali e animali. Alcuni membri
della Società degli Onironauti, che non
mancherò di presentarvi, sono ibridi umano-
onirici, con tutte le conseguenze ultrafisiche
che comporta la fusione. Se prendiamo come
esempio questo evento, che chiameremo
Angelofania, possiamo constatare che i suoi
oniroplasmi ci svelano comportamenti della
materia e della fisica a dire poco, inusitati.
Questi cervelli sferici, luminosi e trasparenti
che covano embrioni di angeli sono alieni alle
specie e forme di vita evolutesi sulla terra;
non appartengono alla biologia del nostro
pianeta. Da adesso potrà darsi che alcuni
di loro, popolando la biosfera, si fondano
con altri organismi viventi, con umani.
È intuibile quali lussureggianti commistioni
potranno scaturire dall'incrocio di creature
oniriche con noi. I sogni materializzati,
immensificando gli umani, espanderanno
la superficie e la massa terrestre, amplieranno
l'informazione sull'universo e la portata della
vita. Sognando e materializzando i suoi sogni
l'uomo evolverà verso dimensioni superiori;
la materia e la realtà saranno arricchite dalle
proprietà ultrafisiche dei sogni, saranno da
essi sognificati...".

LA MATERIA DEI SOGNI
1973

I sogni fisicizzati presentano aspetti estremamente vari, inconsueti e sorprendenti. Ogni organismo onirico materializzato ha il potere di mutare la propria entità autonomamente dal soggetto sognante. Metamorfosi impercettibili oppure velocissime o radicali sono possibili in ogni momento. In certi casi, tramite una progressiva evanescenza, l'oniroplasma torna, scorporandosi, ad immergersi nel suo universo di origine. Come decantandosi alcuni sogni si assopiscono. Per il piacere dell'immobilità assoluta si autoestinguono nella totale silenziosa pienezza. Volutamente si astraggono dall'incessante lavorìo del caos. A volte la materia del sogno è in tutto coerente con il significato del sogno in atto. Può accadere, tuttavia, che senza un motivo apparente la stessa materia cambi repentinamente natura, anche in antitesi allo stato e all'identità precedente. Vedremo, in seguito, che nella materia onirica si sommano le qualità fisico-chimiche e biologiche più diverse e contrastanti. L'oniroplasma di una piuma può avere, inspiegabilmente, il peso di un alveare e ancor più di un aliante per poi, senza nessuna apparente ragione, tornare leggera e magari rimanere sospesa, in levitazione, a mezz'aria. I nostri assistenti, nel descrivere l'infinito caleidoscopio dei comportamenti degli stereosogni parlano, ad esempio, della compenetrazione di alcuni di essi in oggetti, come nel caso dei *fogli di carta carbone accartocciati* trasformatisi, dopo la sognificazione, in *stridenti rondoni.* Analisti hanno rinvenuto tracce di sogni di ominidi nell'antracite, giustificazione dell'elevato numero di calorie che si sviluppa dalla combustione di tali resti fossili vegetali. Alcuni pesanti e massicci oggetti metallici, per l'eccessiva concentrazione di cellule oniriche depositatesi in loro, sbiancano, assumono un aspetto diafano, consistenza gelatinosa, evaporano. Parallelepipedi di granito, dell'altezza di un uomo, per la particolare speciosità di sogni *Ahmah*, a grandine, abbattutisi su di loro, approfittando di un momento di assenza degli osservatori, hanno cambiato baricentro e posizione, non potendo ancora sottrarsi al lavoro onirico interno, costituiscono il senso della parola "fragile".

La sostanza onirica, apparentemente, non ha nessun collegamento o consequenzialità con la psiche e la biografia del proprio sognatore sembra non avere alcuna aderenza con le leggi della fisica, della realtà tridimensionale e riferimento ai comportamenti umani.

La materia dei sogni pare aver concentrato in sé tutte le facoltà che la mente umana possa concepire e una realtà illimitata possa contenere.

Il proteomorfismo dei sogni fisici costituisce un ampliamento sconfinato delle possibilità di vita. Conosceremo, più avanti, singolarità oniriche indeperibili, non soggette all'estinzione. Entità sognescenti che, infrangendo le regole del nostro universo, oltrepassano la consistenza della materia più densa, si spostano alla velocità del pensiero, transitano liberamente dal tempo presente al passato, al futuro, conservano memoria di tutti gli esseri umani comparsi sulla terra e degli eventi accaduti su di essa.

UN SOGNATORE
1974

La grande sala è priva di mobili, i finestroni d'angolo
sono murati, quelli centrali oscurati da pesanti tende,
lastre di marmo nero rivestono le pareti. Nel lucore
azzurrino, umido e fresco, la polvere è costantemente
assorbita da appositi aspiratori, mentre alcuni
condotti capillari nebulizzano canfora. Una luce di
Wood illumina debolmente i teli di batista e le coltri
di esili e pallidi germogli di grano coltivati in acqua di
roccia, su cui è disteso il sognatore. Silenziosamente
mi accosto al letto e lo vedo, simile ad una puerpera,
strisciare con amore i polpastrelli sulle creature
oniriche appena materializzate. Dalla sua pelle
traspare la rete venosa, specialmente in prossimità
delle fossette termosensibili; alle tempie, provviste
di membrane natatorie e sotto la lingua, la linfa
contenuta in glomeruli, si mantiene sul freddo costante.
Le ossa piatte di questo sconfinato onironauta sono
elastica cartilagine. Con il sopraggiungere dell'alba
la penombra è sufficiente a scatenare in lui sogni
vertiginosi e schiumosi. L'epidermide trasuda, ad
ogni minimo movimento, un siero verdastro dal vago
odore di mughetti. Premurosi assistenti inumidiscono
le labbra del partoriente con gocce di clorofilla ed
essenza di bergamotto, che lo rendono euforico.

   L'attrazione esercitata da sogni armillari
fa sì che i suoi stati di veglia siano sempre più rari.
Fragili e rivelatori sogni, come geroglifici, lo
trapungono; fecondi bisbigli di entità oniriche
amorose lo seducono; prodigiose trasparenze
lo vestono; vorticose discese nel purpureo sciame
remoto di sogni *Erebo* lo rendono parzialmente
invisibile. Il sognatore riemerge dagli estremi confini
onirici solo quando, dopo aver sognato fuori di sé,
è sfiorato dove una volta aveva le unghie.

DOPO UNA
MATERIALIZZAZIONE
1974

Le mura dell'anfiteatro, dedicata ad Artemidoro di
Efeso appaiono flesse, deformate dalla pressione
e dagli urti causati dagli oniroplasmi nel nascere.
Su alcune pareti le pietre sono morbide e rese
trasparenti come pani di paraffina; esalano un denso
vapore giallastro. L'effluvio si va addensando agli
angoli, in una specie di olio essenziale dai mille odori.
La sensazione è di trovarci in una sala parto dove,
per qualche singolare motivo, sono venuti al mondo,
contemporaneamente, decine di bambini.

Al risveglio di *Albifront* la parte terminale del
sogno è rimasta sospesa tra l'aldilà onirico e il qui. Vicino
al talamo dell'onironauta si agitano, inebriati di nuova
vita, gli oniroplasmi più inusitati. I vapori stazioneranno
per un po' nell'aria elettrizzata e pervasa da un forte
odore di ozono, come dopo elaborate saldature.

Osserviamo il lento depositarsi della nebbiolina
sulle lenzuola che, imbevendole di fermenti orfici,
le trasforma in sofo glu glu memorici.

Il letto del sognatore, che era stato consolidato
e inchiavardato con barre di acciaio al pavimento,
appare squassato. Il legno pregiato con il quale il talamo
è costruito sembra avere subito, sulla testata intagliata,
un rapido processo di carbonificazione al punto da
essere trasformata in antracite pleistocenica. Ai piedi,
lo stesso legno ha invece germogliato esili rametti,
con foglioline e timidi fiori. La superficie che ha accolto
la dormizione e ha subito la precipitazione onirica, ha
raggiunto elevatissime ustioni immateriali. Nella parte
centrale dell'aula magna, dove è scavata la fossa
dell'incubazione che accoglie il letto, il pavimento ha
ceduto. I lastroni di marmo scritto si sono aperti in
squarci sotto il peso gravoso di alcune ciocche di capelli
biondi di un sublime poeta inglese. Entrato nel preludio
del sogno, il Prometeico è annegato in seguito alla
vendetta di una divinità invidiosa; il suo cuore, arso su
di una pira di libri, in prossimità del mare, batte ancora
in una pisside di quarzo.

Dalle spaccature del pavimento si intravedono,
come da un aereo, nuvole in forma di madrepore e più
sotto, paesaggi marini, ricordo della nostra infanzia.
In un angolo della fossa propiziatoria vi è una singolarità
sospesa per aria, immersa in una atmosfera buia.
Ha la forma di un poliedro con un numero di facce
talmente elevato da essere eguale ad una sfera.
Una luce fortissima, orientata su questa supernova
onirica, viene assorbita rapidamente per effetto della
concentrazione che ha subito nel farsi materia.

UNA ENTITÀ ONIRICA
1975

I sognatori ostetrici
assopiscono i sempre vegli,
partoriscono profusioni,
dissolvono nidiate di strazi.

Vi è concitazione, questa mattina, nella sala delle conferenze del Centro per la Materializzazione dei Sogni. Fotografi, operatori televisivi, giornalisti si accalcano intorno al lungo tavolo dove, tra pochi istanti, prenderanno posto i portavoce del laboratorio, nonché l'attesa e discussa protagonista. Sui giornali abbiamo letto di lei, tra la meraviglia, la perplessità, il dubbio e l'ironia. La sua assurda e abnorme origine onirica ha fatto parlare di falso scientifico, di burlesca performance ad opera di un gruppo di attori. Eccola, comunque, alle ore 10 in punto, prendere posto qui, davanti a noi. L'aspetto è di una ragazza di circa 18-19 anni piuttosto alta e slanciata; lineamenti del volto regolari e decisi, capelli lunghi, neri, lisci; la pelle olivastra. Tra il pubblico si espande, in crescendo, un mormorio di sgomento nel constatare che un lato del petto, della spalla e del braccio sinistro della giovane sfumano nel nulla. L'avambraccio e la mano ben modellata completano e assecondano la figura come se ogni cosa fosse al suo posto. Prende la parola il sognatore Crisocrisi, padre onirico della singolarità. Il silenzio nella sala affollata, dovuto alla concentrazione e allo stupore degli astanti che appaiono come ipnotizzati, si fa totale.

Espansiva è nata qui nel Centro, alle ore 4:46 del 9 settembre scorso, in seguito alla materializzazione del mio sogno denominato Nelumbo Esteso. Secondo la documentazione custodita e gli oniroplasmi ancora ospiti da noi, che vedrete tra poco, questo sogno si è sviluppato per la durata di 7' e 39" e concerne tre fiumi femmine che scorrono sinuosamente nel deserto del Ciò che sarà. I fiumi cercano di raggiungere il mareSattva del Futuro prossimo. Serpeggiano, tremando, verso valle fra dune quasi bianche di assoni neuronali e vanno a sfociare sotto la soglia della Porta delle Imprevedibilità Ogìe.

Mentre il sognatore ricorda il sogno, su due schermi posti ai lati del tavolo scorrono le immagini e i dati tecnici degli oniroplasmi materializzati. Alcuni di essi vengono mostrati dagli assistenti. Possiamo osservare su di un piano alcuni strati delle dune bianco cenere formate da una specie di materia cerebrale spugnosa e leggerissima. Su di un carrello, provvisto di ammortizzatori, viene spinta con cautela, nella sala, la pesante Porta delle Imprevedibilità, alta circa tre metri. Gli stipiti e l'architrave sono di tessuto muscolare vivo con impalcatura ossea; legamenti e tendini nei punti di giunzione sono vere e proprie articolazioni.

Durante la dimostrazione non sfugge ai giornalisti che Espansiva si va materializzando nelle parti mancanti del corpo e dissolvendo in altre. La testa, ora, è volatilizzata; al suo posto i presenti notano lo scatenarsi di un microtemporale; dense nubi rilasciano, fra tuoni lontani, fulmini e scrosci di lacrime, che le bagnano il seno. Sulla base del collo splende un piccolo arcobaleno. È adesso che possiamo udire, nonostante manchino il collo e la testa, la voce delicata e calma di Espansiva.

Sono entrata nella vostra realtà nel momento in cui, con le mie due sorelle di sogno a rifrazione amorosa, ci siamo immerse sotto la Porta che vedete. Esse sono rimaste di là, mentre precipitavo nella materia.

Dicendo così Espansiva manifesta il suo volto con una espressione tra l'imbarazzato e il divertito.

Gli analisti – prosegue – potrebbero fornirvi una infinità di dati fisici sul mio corpo ma il loro tentativo di definirmi è vano. Contrariamente ad alcuni antroposogni stabili, conosciuti qui, la mia entità corporea è in continuo cambiamento di stato come la rifrangenza di un raggio di luce su un opale che ruota.

La creatura onirica si alza da sedere, scende gli scalini del podio e si avvicina alla prima fila. La reazione, all'approssimarsi della bella ragazza, dal corpo semitrasparente, genera un certo scompiglio. Le persone più vicine cercano frettolosamente di allontanarsi quasi temendo la sua presenza. Rassicurandole con modi suadenti Espansiva invita un fotografo a toccarla per appurare la sua fisicità. Dopo un istante di incertezza il giovane, incoraggiato da un sorriso, allunga lentamente una mano, le sfiora la fronte. Con stupore vede affiorare sulla pelle l'immagine di una persona a lui cara, estintasi recentemente.

FOSGENIA
1975

Come Ferdinandea, il grumo lavico affiorato agli inizi del XIX sec. dal mare bollicante del Regno delle Due Sicilie e inabissatosi prima ancora che scoppiasse un contenzioso per la sovranità tra il reame borbonico e quello inglese, così si materializzò e nello spazio di otto notti si dissolse l'isola onirica di Fosgenia. In quelle soffocanti giornate di agosto la capitaneria di porto provvide a rilevarne le coordinate nautiche ma non fece in tempo a depositarle presso il Registro Geografico Internazionale perché la strana concrezione svanì.

Fosgenia fu la sostanziazione del sogno di anonime sognatrici, ospiti del Centro per la Materializzazione dei Sogni i cui oniroscopi fisicizzatori erano stati orientati verso il tratto di mare teatro dello straordinario evento. L'isola, distante dalla spiaggia non più di un miglio, a causa della bassa marea che si verificò, fu presto raggiungibile anche da terra. Una sottile lingua di sabbia permise a schiere di villeggianti di avvicinarsi cautamente e quindi mettere piede sullo straordinario promontorio che imperava proprio al centro dell'orizzonte, tra la punta del Molo Nuovo e la Fossa dell'Abate.

Superati i primi momenti di timore, Fosgenia fu circondata da sciami di barche e patini ricolmi di giornalisti, operatori televisivi, bagnanti che, esterrefatti, le giravano intorno, elevando esclamazioni di meraviglia e stupore. Certe volte la folla ammutoliva paralizzata per l'emozione che quel lussureggiante paesaggio psichico, assolutamente inconsueto, suscitava nel più segreto inconscio. Nel buio della notte precedente, appena rischiarato dalle luci della costa, i presenti che si attardavano sulla spiaggia, nell'udire come un sordo, profondo boato, si rallegrarono pensando che finalmente si stava approssimando un refrigerante temporale.

Un gruppo di spettatori convenuti al Bagno Avvenire per assistere alla presentazione di una raccolta di rime di un giovane poeta, videro emergere lentamente dal mare, fattosi improvvisamente nero, denso e pecioso, mastodontiche forme vagamente antropomorfe. L'ammasso globoso si sollevò sempre più in un silenzio solenne, mentre le acque, risucchiate, scoprivano un incerto sentiero di sabbia del fondale, brulicante di pesci e molluschi trovatisi improvvisamente a secco. Dalle parti della darsena e della marina di ponente il mare, rigonfiando, scaraventò barche e yacht sulle banchine e gli arenili.

La mattina successiva, nel cielo serico per le amorose carezze, voluttuose intuizioni dalle ali a forma di foglie di agave zigzagavano stridendo, tra le nuvole perlacee, per l'estasi. L'accesso all'isola era sorvegliato da due maestosi oniroplasmi, sorta di telamoni a squame orifiamma e nero sovraluminale, di nome *In Erzia* e *Az Ione*. Le singolarità oniriche affondavano, le estreme propaggini, nel mare fremente di schiumosi desideri. Nella parte dell'isola verso il Canale detto *delle Menadi*, gli alberi frondosi del livore, dell'albagia e dell'assassinio tessevano, all'imboccatura delle grotte, le loro sensibili radici, come scritture omicide. A detta di coloro che si arrampicarono sui sogni *Super Io*, in forma di nidi fossili, questi erano fari accecanti e sfrigolanti di luce granulosa, la notte e calamitanti buchi neri, emettenti un terrificante rombo ctonio, il giorno.

L'impressionante evento della nascita di Fosgenia attirò torme di sognatori di ogni risma. Confondendosi nel caos, furtivamente a nuoto e con ogni mezzo, rapidamente si diressero verso l'isola, eleggendola a olimpo delle divinità oniriche. Tali personaggi ombrofili e preveggenti, avidi di ardere in nuovi sogni e celebrare con essi connubi vietati agli uomini, scesero nel ventre di quel sogno fisicizzato. Intervistati dichiararono di aver ritrovato in quei recessi, palpiti di vita preclusi all'arte, sprofondati nell'abisso dell'amnesia e del non appartenente agli umani. Chi sbarcava non senza difficoltà su questa sorta di materia immateriale notava fiordi e calanchi, giacimenti di immobili e remoti sogni centripeti, concavi e senza immagini. In vaste fosse di erosione implodevano sogni indescrivibili che si allontanavano sempre più dalla luce dell'intelligenza. Dal belvedere del Centro, Fosgenia era come una scheggia di misterite, immersa fino alle candide piume delle scapole nello sciame verde smeraldo delle illusioni. La seconda notte, tanto acuta da potersi toccare e pungere, nel versante Nord-Ovest di Fosgenia, detto Hybris, le pareti a picco erano solcate da squarci di ricordi astiosi, da fratture rancorose, dilavate da temporali di compassione e argentee cascate di lungimiranza. Tale paesaggio era rischiarato dal fosforescente plancton dei sogni che, visitati i dormienti tornavano nella loro dimora. Lentamente evaporavano come nebbia, ascendendo fino alle vette delle nascite vuote per avvolgerle, fecondarle e attrarle nell'al di qua. Su queste cime

il vento del delirio strappava cirri e nembi di memoria
sotto forma di veli e filamenti dall'aspetto di volti
perduti nel tempo, che oscuravano a sciami il cielo,
andavano ad affollare il popolo dei sognatori.

Barriere frangisogno di densi rimpianti
e stanche promesse, in assenza del caso, avvolgevano
l'isola di una cortina più che trasparente. Proiettando
ombre di luce sulle rocce a geroglifici, favorivano
il germinare di arborescenze in forma di invocazioni,
ostacolano la ressa di altri sogni sempreverdi,
sublimati in essenze armoniche. Incantamenti si
tenevano in precario equilibrio sui rami di alberi
dalle folte chiome somiglianti a profili di persone
amate perdutamente. Questi particolari sogni orfici,
trasmutandosi in spugnose malinconie, scatenavano
tempeste con scrosci e raffiche di inquietudini a
struttura grafitica, in forma di alfa e omega.

Allorché ti sdraiavi sulla spiaggia, ti
addormentavi e ti fondevi con la corrente onirica
proveniente dai mari dell'Illimitato, approdavi come
sogno su Fosgenia, incontravi quel sogno poliessere
fatto all'età di sette anni che con amorosa insistenza
torna a visitarti. Osservavi che nel fisicizzarsi e
smaterializzarsi abbracciava e contagiava altri sogni.

Oggi, ottava notte di Fosgenia, dall'alto
di questa terrazza con il pavimento reso scivoloso
dalla sopportazione, lo sguardo, dopo essersi posato
sull'ampia distesa di sabbia cosparsa di sogni incerti,
straccati dal mare e fatti a brandelli dagli onirofagi,
rova, di fronte, per l'ultima volta l'isola, da alcuni
ibattezzata "dei fui capovolti". Sull'atollo che va
scorporandosi intravedi donne e uomini in lacrime
che salutano i sogni che li hanno salvati; riconosci,
nelle descrizioni sussurrate dalla folla degli affetti
che ci hanno preceduto, in epoche lontane, i sogni
ivelatori che verranno a conoscerci.

IL PESO DEI SOGNI
1975

A quei sogni generosi che si fanno sognare.

Solcata nel corpo da graffi, levigata da carezze, plasmata da impronte, gravata dalle passioni, affilata dagli istinti, accecata dalle afasie oniriche degli umani la vediamo davanti a noi. Ambigua e dolente, lussureggiante, apparentemente immobile, è la materializzazione di tutti i sogni degli uomini le cui ceneri, polvere, ossa e carne viva, attraverso i millenni, sono nati ed estinti sul pianeta.

L'isola di Fosgenia è emersa dal mare, fattosi improvvisamente trasparente come liquido sinoviale, ad opera di tre sognatrici Brahma. Le sue coordinate nautiche corrispondono alla intersezione degli assi determinati dagli Oniroscopi e dalle sognanti, disposte, rispettivamente, sulla punta della Diga Foranea, davanti al Palazzo delle Meduse e alla Foce della Fossa dell'Abate. In essa sogni addensati vertiginosamente creano un prosperoso paesaggio vivente, avvolto da nuvolami di ricordi, esalazioni di umori, eruzioni di destini.

Forniti di cannocchiali e telecamere scrutiamo Fosgenia dal belvedere dello stabilimento balneare Balena, gremito da una folla agitata e vociante. Il meteorite, precipitato dall'universo dei sogni, ci offre, come panorama, la parte retrostante *dell'Isola dei Morti* di Böcklin. Ammaliante nella incantata bellezza, minacciosa per l'altezza incombente, questo carcinoma onirico lambisce, con la cuspide di un pinnacolo roccioso, la sfera lunare, avvicinatasi pericolosamente alla Terra per curiosare.

Sul fare dell'alba di oggi riusciamo a scorgere una immensità tenebrosa e battuta da scroscianti temporali di insistenti sogni *Parsifal* a rapimento. Palchi di dense e fitte nubi giallastre, inarcate come dorsi di narvali in navigazione, sono rischiarati, qua e là da fuochi fatui di fugaci ebbrezze, flebili speranze, timide voluttuosità di sogni *Uys*, a repentina variazione di peso. Sulla riva, scogliere semoventi e franose di sogni incoerenti ed ermetici si prolungano fino in prossimità della spiaggia.

Ieri notte, Fosgenia, nel poderoso, lento affiorare, come colossale, rabbrividente madrepora ha quasi inondato la costa. Nel torvo chiarore fosforico una cortina di sogni montuosi dalle forme simili ad un altare di Pergamo, si sono posti quasi a controbilanciare la catena delle Alpi marmifere. Rilievi fotogrammetrici compiuti con passaggi in elicottero, a volo radente dagli esperti della *Società degli Onironauti,* nella zona dell'isola denominata

Prototorace (Sud-Sud-Ovest) hanno evidenziato rocce oniriche dalle forme di ciclopi, formatesi, nei secoli da migliaia di sogni di interi popoli. La parte centrale che, in questo momento, l'isola pone come equidistante dalle sue punte estreme chiamate Capo *Epigonale* e Capo *Pelaringo,* sembra costituita dalla corporificazione di incubi effettuati da re, tiranni, satrapi, tetrarchi, papi, magnati e amministratori corrotti. La regione a Nord, popolata da piante mantidacee, assorte, umbratili, eccentriche e crudeli è la sostanziazione di sogni appassionati e lungimiranti di scrittori, poeti, artisti, musicisti. Mediante un telescopio riusciamo a distinguere, sulla radura di un altopiano, oniroplasmi in figure antropomorfe ammantate di bianco. Sotto una sottile pioggia primaverile alcune vestali sono intente in un rituale di risuscitazione. È una bambina quella che si rianima e scende da un catafalco di rose bianche. La sognatrice Brahma2 ci dice che la scena alla quale abbiamo assistito è il brandello di un sogno di Gustav Mahler compiuto, secondo quanto annotato in una sua agenda, la notte del 18 aprile 1897, ad Amburgo.

La regione dell'isola che si spinge fino a Capo *Pelaringo,* classificata *Trepidofora Empiva,* presenta tundre e praterie di sogni in letargo, vuoti o vaghi, che stagnano in paludi e acquitrini dove vegetano negatori e spegnitori di sogni. Ai loro confini, da una serie di laghi gelati di sogni non ancora nati e fecondati da umani, giunge un canto sommesso e dolcissimo di bambini.

Superato l'iniziale smarrimento, un gruppo di studiosi si appresta, con l'aiuto della Guardia Costiera a sbarcare sull'isola, per compiervi accertamenti e analisi. Dal molo si stacca una imbarcazione sulla quale hanno preso posto biologi, fisici, geografi, psichiatri, con relative apparecchiature. Nell'avvicinarsi all'isola incontrano molte difficoltà; Fosgenia è circondata da un intreccio di correnti che ostacolavano l'attracco. Alcuni analisti appurano che questi impedimenti non sono altro che campi magnetici di flussi rapidissimi di immagini, parole, segni e numeri di sogni in via di corporificazione. Prelevando campioni di liquido onirico gli esperti riescono ad individuarne i contenuti riferibili a poemi, invettive, orazioni, suppliche, formule matematiche e cosmologiche, azioni e situazioni di accadimenti ancora senza sognatori, simili a spezzoni di film che vagano pericolosamente. Una squadra di sub si rende conto che contrariamente a quanto

i riteneva, l'isola, attualmente, non ha fondamenta,
non è la parte emersa di un rilievo orogenetico
marino ma galleggia; il fondo è piatto e liscio come
quello di una zattera.

Questa mattina, per compiere il miglio
scarso che separa la terraferma da Fosgenia, a
causa della densità dei vortici onirici e dei torridi venti
di protosogni, gli esploratori hanno impiegato alcune
ore. Finalmente sbarcati si sono trovati immersi nella
più totale apparente illogicità. Sulla battigia i loro
piedi poggiavano su uno strato di pietre a forma di
ideogrammi la cui disposizione, non casuale, faceva
pensare ad un testo sacro. Sorprendeva l'odore
di lievito che quei sassi, color indaco, emanavano.
L'acqua del mare scorrendo su di essi sollevava, ad
ogni onda, come un brusio di voci umane che a volte
sfumava in un canto lontano. Al microscopio i detriti
delle rocce ideomorfe risultavano microrganismi
che crescevano secondo criteri geometrici futurnali.

Lungo un sentiero che conduceva verso
l'interno dell'isola, denominato *Arteria femorale
Vorr*, gli osservatori si imbatterono in una colonia
di grosse valve metalliche nere, alcune serrate,
altre semiaperte. Forse, a causa dell'arcaica
cognificazione, questi resti fossili perdevano
consistenza. Alcuni esemplari si frantumavano
o gradatamente scomparivano del tutto.
Dal paesaggio circostante, in continuo mutamento,
il gruppo comprese che metamorfosi e ibridazioni
oniriche, impercettibili o rapidissime, erano possibili
in ogni momento. In alcuni casi, tramite una
progressiva volatilizzazione, gli oniroplasmi tornavano
allo stadio originale per rientrare poi, nella realtà
sotto le sembianze di un altro sogno. L'onirofisi di
una sorta di scolopendra si trasformò in un rizoma
e quindi germogliò in un boschetto di bambù
dimostrando che, in quel piccolo lacerto di sogno,
si concentrava tanta materia da colmare, in pochi
minuti, un campo di calcio. Attraversando i *Giardini
Candidi Onagli* un componente della spedizione
riconobbe, nell'essere onirico esile e garbato,
dalla consistenza dell'ambra, apparso all'improvviso
da dietro una quinta intricata di riflessi inquietanti,
se stesso, bambino; si rese conto, improvvisamente,
di abitare nel sogno compiuto ieri notte.
Dal diario del Prof. Ireos:

La sognatrice Brahma3, chiamata Vertice
d'Abisso, è con noi nella esplorazione
di Fosgenia. Ci troviamo nella zona
nordoccidentale che, per le alte colonne
prismatiche di consistenza gommosa, formate
da miliardi di neuroni umani della memoria,
è stata denominata, dal nostro cartografo,
Neurania. Avanzando lungo una scogliera
ci accorgiamo, a guardare bene, che i massi
di basalto sulla destra sono esseri sognati,
in meditazione (sogno n. 8611/claris). L'acqua
del mare, intorno, ribolle per il loro elevato
stato di concentrazione mentale. Ogni tanto
un personaggio di pietra, forse per l'effetto
dell'energia bollicante, volteggia per aria in

levitazione. In uno di questi, Brahma3
riconosce il suo amante onirico che le era stato
vietato, nel modo più assoluto, di sognare.
I due si abbracciano appassionatamente,
si baciano, si accarezzano teneramente.
Anato, questo il suo nome, le dice, in lacrime,
che gli restano poche ore di materializzazione.
Pazza di gioia per averlo ritrovato, disperata
per doverlo perdere un'altra volta, la
sognatrice non sa come trattenerlo.
Forse potrebbe sognarlo ancora, malgrado
la grintosa sorveglianza. Dice di possedere
una infinità di dati informativi sulla sua massa
onirica ma perché si effettui la steremniosi,
occorrerebbero catalizzatori tensis di
straordinaria potenza. Comincia a fotografarlo
e a riprenderlo con una telecamera schernik
psicacea a risolvenza assoluta; preleva il calco
infigone dei suoi volti geometridi e le impronte
delle stigmate bundum che lo coprono, misura
l'estensione delle sue membrane volatorie.
Mentre compie in gran fretta tali operazioni,
l'innamorato si va sciogliendo in un liquido di
accecante luminosità. Brahma3 non può darsi
pace. Rattristati raccogliamo in un matraccio
sterile, questa sorta di luce organica. Alcune
gocce, finite sulle nostre mani, provocano forti
scosse elettriche. Il contenitore verrà portato
nei laboratori della Società degli Onironauti
per l'auspicata rimaterializzazione.

Procedendo si imbatterono in altre amorevoli
creature oniriche, impalpabili come acheni della
pianta di tarassaco. La brezza del maestrale
che cominciava a soffiare, nella luce all'occaso,
sparpagliava queste dolci presenze; parti di loro si
depositavano, simili a polline sui vestiti, altre, come
pezzi di testamenti strappati o carta straccia mista
a pagine di preziosi libri sconosciuti, si disperdevano
in mare. Sogni, dalle fattezze parzialmente umane,
giacevano in prossimità dei bordi di un buco nero, in
lenta rotazione, dalle dimensioni di una pista da ballo.
Ad ogni giro, mediante il giustapporsi di particelle
organiche, apparentemente incoerenti, risalenti dal
fondo abissale della singolarità cosmologica, i sogni
si andavano completando. Il retrocedere, con facilità,
da una età senile a una infantile di tali organismi
onirici, denotava che, in quella dimensione, non
vi era consequenzialità biologica; lo scorrere del
tempo era aleatorio e multidirezionale. Particolare
attenzione fu dedicata al fatto che, sull'isola, la
morte, l'oblio, l'indebolirsi degli affetti non esistevano.
Il continuo metamorfosare delle entità oniriche portava
ad un incessante arricchimento del loro patrimonio
informativo. L'ignoto concedeva, amorosamente, ai
sogni i propri segreti più intimi. I visitatori di Fosgenia
constatavano un sistema di vita nel quale i processi
fisici avvenivano senza dispendio di energia. I sogni
sembravano essenze di conoscenza; tramite gli umani
entravano nel mondo, si caricavano di informazione,
accrescevano all'infinito la loro energia, concorrevano
alla creazione ed espansione dell'universo.

Evidentemente la materia dei sogni era collegata
con la mente del proprio sognatore, tuttavia alcune
di queste entità mostravano di essere dotate di
libero arbitrio. Tuffandosi dall'isola le singolarità
raggiungevano la spiaggia e si andavano a
confondere tra le migliaia di persone sulla battigia.
Nella moltitudine vociante alcune persone piangevano
a dirotto o turbate, in ansia, pensierose, accorate
e tristi cercavano una ultima presenza intravista
laggiù; altre, esultanti, impazzite dalla gioia, colme
di speranza salutavano, lanciavano grida di saluto,
agitavano fazzoletti.

Ben presto gli studiosi si resero conto che
classificare il continuo trasfigurarsi della fluida materia
onirica, sarebbe stata una impresa impossibile.
L'universo evanescente, qui concentrato, sovrastava
di gran lunga la realtà. Per effetto dell'incessante
sognare degli umani, l'isola sembrava espandersi
progressivamente. Verso il mare aperto, affioravano
strani arcipelaghi simili a palloni sonda; nuove
concrezioni di sogni dalla perfezione metafisica
formavano banchi di sfere sospese in levitazione.
Altri sogni a incandescenza, ostensione dei segreti
umani più gelosi e reconditi, al contatto con l'acqua
del mare alzavano dense colonne di vapore; spinti
dal maestrale sulla costa tornavano, nella notte in
arrivo, ad inseminare gli umani.

A veder bene, malgrado l'intensa peristalsi
onirica, Fosgenia non aumentava di volume perché,
nel frattempo, altre parti di essa svanivano. Nei casi
di risveglio improvviso del sognatore, gli accumuli
e le sedimentazioni dei sogni in atto, scomparivano
all'istante. Il diario del Prof. Ireos prosegue:

L'isola sulla quale poggiamo cautamente
e prudentemente i piedi, lontana anni luce
da noi, ci è, paradossalmente intima e per
certe evidenti testimonianze, familiare.
Ci muoviamo con infinita cautela per il rischio
di calpestare il germogliare di parti oniriche
elaborate in sogno da noi stessi. Mentre
osservo il maestoso dissolversi di vaste
porzioni di paesaggio, vengo assalito da
un senso di grave turbamento, solitudine,
nostalgia. Riflessa in uno specchio, fluttuante
come una vela, improvvisamente, intravedo,
sento la voce e sfioro colei che ho amato
perdutamente e rappresentava la quintessenza
della vita senza confini e la morte mi ha rubato.
In quella apparizione fugace ho percepito
la confortante promessa di un ritorno.
Nel silenzio assoluto, l'isola va implodendo
su se stessa. Siamo grati alle sognatrici del
Centro, ai loro sogni concentrici, creatori
di Fosgenia; ospiteremo con amorevolezza,
studieremo le preziose entità e i reperti onirici
che sono rimasti con noi e hanno accettato,
generosamente, di consegnarci il segreto
che dissolverà la morte.

LUCEFISSA
1976

Nessuno ha mai visto aperto il monumentale ingresso della cappella dei baroni Porpora nel cimitero degli Allori. Il pesante cancello in ghisa e il portone nero dell'edificio sono sigillati. I visitatori passano, malinconici e meditabondi, lungo il viale ombroso quasi senza notare l'ottocentesca costruzione circolare in stile eclettico.

In un piovoso pomeriggio di novembre, mentre il mare gonfio e schiumoso urtava minacciosamente con il torso, gli scogli del Molo Nuovo, una impiegata della Sovrintendenza, incaricata di inventariare le opere più significative del luogo, un fotografo e l'anziano guardiano del camposanto si apprestavano ad entrare nel tempietto. Servendosi di robuste tronchesi e di una leva il custode, non senza difficoltà, riuscì a recidere la spessa catena arrugginita del cancello e quindi a forzare la serratura che teneva unite le ante di legno di quercia del portale. All'interno una luce uniforme, fredda e cristallina scendeva dal lucernario posto sulla sommità della volta a cupola. La giovane si stupì di non trovare, dopo così gran tempo, polvere o frammenti di intonaco sul pavimento. Con lo sguardo percorse l'intera circonferenza dell'edificio, che le sembrava più un osservatorio astronomico che una cappella funeraria. Le pareti erano perfettamente lisce e bianche; la cupola, dipinta di un tenue colore indaco, non mostrava lesioni o macchie di umidità.

Sull'ara, situata al centro del bel pavimento a tarsia marmorea, un mazzo di rose bianche, per la loro freschezza, sembrava appena colto.

Il volto del custode da una espressione di meraviglia iniziò a virare verso una leggera smorfia di dubbio. Si mise a cercare un passaggio, una porta secondaria attraverso la quale qualcuno, recentemente, sarebbe potuto entrare.

Mentre rifletteva che non aveva mai provato una sensazione di silenzio così profondo, la donna si mise ad esaminare con attenzione la bianca tovaglia ricamata che copriva l'altare. Il suo candore non aveva certo l'aspetto di un tessuto vetusto. Quello spazio sembrava incontaminato da presenza umana, incorrotto e non deperito dallo scorrere del tempo.

Il vecchio custode, un po' indispettito per non aver trovato una soluzione al suo sospetto, se ne stava, naso all'insù, ad osservare l'ampio oblò al centro della cupola, formato da lastre di vetro raggiera, incorniciate da un telaio metallico.

Il fotografo, tornato sulla porta d'ingresso, cominciò a predisporre il cavalletto e la macchina fotografica. Impercettibilmente ebbe la sensazione che l'aria e la pioggia esterna erano come trattenute, a metà della soglia, da una invisibile cortina trasparente. Sembrava che l'atmosfera esterna non potesse entrare in quel luogo.

Inquadrando con l'obiettivo i pochi oggetti esistenti nello spazio curvo interno, percepì una loro strana immobilità; una fissità che andava oltre lo stato inerte della materia. Il vaso di fiori, la statua in marmo di un bambino, il voluminoso libro sull'altare sembravano avere dentro, bloccato ogni atomo, immobilizzata ogni molecola.

Passando la mano su alcuni di questi oggetti, constatò che erano freddissimi e pesantissimi. Per l'indolenzimento dei polpastrelli pensò, bizzarramente, che la loro temperatura potesse approssimarsi allo zero assoluto e che quelle splendide rose si andavano trasmutando in piombo. Ogni cosa, del resto, dava la sensazione di appartenere alla definitiva eternità.

Gigliola Castaldi, incaricata della catalogazione, notò che le ombre, brevi e nerissime, proiettate dai rilievi architettonici e dalle statue, forse per la strana fissità e per l'irreale tempo remoto nel quale erano immerse, avevano inciso, come la morsura dell'acido su una lastra di zinco, la superficie sulla quale si spandevano. Esitante toccò un'ombra oscura e dai bordi taglienti come schegge di ossidiana. Con un certo panico vide scomparirvi dentro le dita: ebbe la sensazione che fossero come fratture su una voragine siderale.

Immersa in queste riflessioni quasi trasalì nello scoprire, sotto l'altare, una lampada votiva accesa. Avvicinò cautamente le dita alla piccola fiamma e accertò con sorpresa che non scottava; se vi si soffiava sopra, non oscillava, né accennava a spegnersi. Erano ormai trascorse più di tre ore. Uscirono e si trovarono nell'umido crepuscolo inoltrato della sera autunnale, che stava sopraggiungendo.

La superficie vellutata e carnea del volto di marmo del bambino fotografato ieri, la singolare profondità delle ombre, l'improbabile profumo delle rose centenarie, la luce mattinale rarefatta e atemporale nella quale il tempietto sembrava galleggiare, mentre fuori, al momento di uscire era quasi buio e piovoso, avevano impressionato fortemente il fotografo che decise di tornare, prima possibile, in quel luogo. Cercò per telefono la ragazza della Sovrintendenza. Aveva necessità di confrontare con un testimone quanto aveva visto. Il bisogno di capire e verificare gli strani fenomeni constatati, risultò urgente anche per Gigliola che, temendo di non essere creduta dai colleghi, non riferì a nessuno della esperienza.

Con il pretesto di aver dimenticato un esposimetro e voler fare ulteriori rilievi metrici, il giorno seguente, di mattina, i due si presentarono alla portineria del cimitero per chiedere le chiavi della cappella.

Mentre il rumore dei passi si sbriciolava sulla ghiaia del viale, Gigliola ricordò di avere sognato, durante la notte, il lucernario sulla sommità della cupola, dal quale, malgrado l'intensa luce, non si vedeva il cielo.

Nel sogno alti frontoni con timpani aggettanti erano posti ai quattro punti cardinali di una sala circolare. Con una vista telescopica poteva vedere che le cornici pur convergendo per determinare i vertici dei triangoli, non si incontravano mai. Fissava attentamente con lo sguardo le modanature e constatava che queste si accostavano sempre più senza però mai congiungersi per formare l'angolo.

I due giovani procedevano soli nel lungo viale, mentre la pioggia faceva ondeggiare leggermente le cime dei cipressi. Giunsero di fronte al sepolcreto e con non poca difficoltà riuscirono ad aprire ed entrare. Come la volta precedente si trovarono circonfusi da quella luce particolare. La ragazza compì, lentamente, mezzo giro della costruzione e si avvicinò alla base di marmo sulla quale era poggiata la statua del bambino. Come nel sogno si sorprese che il suo sguardo, diventato acuto al pari di un microscopio, poteva penetrare la superficie del marmo. Distinse nitidamente impronte digitali di carezze convulse. Con la punta delle dita sottili e lunghe come radici di una pianta, percepì i rilievi e le avvallature di onde acustiche che avevano urtato, imprimendosi sulla superficie del marmo; avvertì treni di onde di lamenti e grida disperate, in un torrido pomeriggio d'agosto. A maggiore profondità la giovane intravide l'agitarsi convulso di moltitudini piangenti. Udì, con dolorosa vastità di gamme tonali, il fragoroso stormire di pini curvati dalle violente raffiche di vento di una tempesta. Sorpresa e turbata si scostò e alzando lo sguardo si trovò sotto ad uno dei portali che ospitava, in file di quattro, le tombe della famiglia Porpora. La luce tagliente e metallica permetteva di vedere bene la forma triangolare del timpano, che, come nel sogno, aveva gli angoli con convergenza tendente all'infinito. Da una distanza di qualche metro osservò nuovamente il raffinato corpicino di marmo, come vivente, del bambino che le procurò struggimenti affettivi e la precipitò in luttuosi ricordi dell'infanzia

Il bruciante desiderio di tornare nel tempietto, più che dagli strani fenomeni incontrati era determinato dal voler partecipare, con tutta se stessa, a quella atmosfera di lento, infinito vortice d'amore.

Qui era attratta, come da una forza ancestrale, da un richiamo non terrestre, di sconfinata serenità; si sentiva pervasa dalla certezza di trovarsi ad un capolinea, dopo un affannoso cammino, di non dover temere più niente dal dolore e dalla morte. Pensò che in quello spazio sferico forse si interrompeva il Nulla e veniva meno l'indifferenza del cosmo. Forse lì era concentrato il segreto tanto cercato dagli umani, nel loro effimero passaggio sulla Terra.

Si sentiva come ebbra di struggente nostalgia per un amore immenso mai conosciuto ma al quale apparteneva nel più intimo. Si accostò ancora di più alla statua e avvertì un rapimento gravitazionale che la fece urtare ad essa e perdere l'equilibrio. Sempre più velocemente tutte le cellule, le molecole, i neuroni, i quanti del suo corpo, come granelli di sabbia presero a confluire in quello della statua. Vide così lo spazio intorno a sé come lo può vedere solo un'opera d'arte vivente, osservatrice atemporale e custode della memoria permanente della specie umana.

Gigliola si rialzò da terra con cautela cercando di rendersi conto se ogni parte del corpo fosse a posto. Decisero, per quel giorno, di fare una pausa di riflessione. Uscirono, pioveva. Marco guardò l'orologio e vide che erano le 11:35, esattamente l'ora nella quale avevano varcato la soglia per entrare nel tempietto.

Dove avevano vissuto in quel periodo di tempo che valutava intorno alle due ore?

Forse avrebbe potuto raccogliere altre informazioni dalle fotografie che aveva scattato il giorno prima. Pioveva. Si diressero verso il mare. Ad est, incombenti sulle pinete, nuvolami arancioni e cremisi erano trapunti da stormi di gabbiani inquieti.

Prossime all'incontro con il mare piomboso, le acque fangose dello scolmatore, provenienti dal lago lambivano il limite di guardia degli argini.

Il fotografo dormì per il resto del giorno un sonno agitato.

Mentre la notte stava calando si svegliò e nella camera oscura iniziò a stampare le prime foto. Vide affiorare dalla vasca dello sviluppo una panoramica della cupola della cappella funeraria, simile a una specola. Notò, con stupore, che l'immagine rappresentante l'architettura ruotava lentamente.

Il foglio di carta fotografica si comportava come uno schermo televisivo. Nonostante il movimento, le colonne, le statue, i pochi oggetti proiettavano la stessa breve ombra nerissima.

Al centro della cupola una luce fosforescente, cruda e tersa bucava l'oblò e sembrava che fosse il motore stesso di quella impercettibile rotazione.

Se ne stette lì, per alcuni minuti, come paralizzato dal fenomeno del quale non trovava una credibile soluzione. Appurò che la luce, in grani, come polline dorato animava quel microuniverso.

Nei punti dove si determinava l'ombra, la polvere fosforica accelerava il flusso, vi scivolava dentro e scompariva. Passò ad un altro fotogramma dove aveva inquadrato la testa della statua raffigurante "La poesia che si duole per la morte del poeta Norberto Porpora". Già a sviluppo iniziato poté distinguere il fremito delle palpebre del volto mesto della Poesia; i suoi occhi socchiusi, ora, lo guardavano, quasi ribaltandosi verso l'alto, mentre le labbra di marmo si contraevano in una espressione amara...

Suonarono alla porta, era Gigliola. Entrata in camera oscura la ragazza, incredula, osservò la fotografia immersa nella soluzione di fissaggio. Su altre fotografie poterono osservare panneggi di marmo che si contorcevano, un primo piano della lampada accesa che bruciava senza consumarsi.

Disposero le foto stampate su un tavolo e poterono avere una panoramica di quell'universo in fermento convulso. Assisterono al dialogo concitato tra la statua allegorica della *Poesia* e il busto in bronzo di Ferdinando Porpora.

Sopraggiungeva l'alba e sospesa la stampa, riposero le fotografie in una busta che, una volta chiusa, per la palpitante vitalità dei soggetti raffigurati emanava un brusio continuo e imbarazzante.

Entrambi i giovani presagivano che quel luogo, straordinario, era un passaggio che proiettava oltre le leggi della materia, verso l'ineffabile armonia che gli umani, da sempre, anelano. Dedicarono il giorno che stava nascendo all'analisi delle fotografie che, per i soggetti che in esse mutavano continuamente, sembravano schermi di monitor senza spessore.

Marco aprì il cassetto dove avevano riposto la grossa busta nera. Dall'interno proveniva un brusio di voci; il fremito delle falde testimoniava che quella busta covava una vitalità irrefrenabile. Con cautela prelevò la fotografia scattata con il grandangolo che ritraeva il sepolcro in marmo nero lucido di Gerardo Porpora, astronomo. Un signore di imponente statura, con barba e redingote stava curvo su di un telescopio ad osservare il ventre di una costellazione siderale. Servendosi di una lente di ingrandimento, il fotografo osservò i bordi della scultura. Su di essi tempeste e vortici di lucefissa, come grani di sabbia, si addensavano fino al punto di deformare il movimento della statua. Dove il vento dei fotoni si placava, cominciava l'ombra. Contemporaneamente, nelle vicinanze, altre escrescenze andavano delineandosi. Un micro-ciclone di luce, ronzante per la vertiginosa densità, determinava un embrione che nel giro di pochi secondi acquistava le fattezze di un corpo umano. Dopo qualche ora di osservazione, un popolo di statue vive era stato plasmato dai grumi luminosi, mentre scie di pulviscolo fosforescente scorreva via per precipitare nelle ombre.

Era sera quando i due giovani contarono, su quegli strani schermi fotografici, la nascita di cinque nuove statue viventi.

Sulla destra della sepoltura dell'astronomo furono individuati i gruppi marmorei dedicati a Reginaldo Maria Porpora, anatomista; Evaristo Porpora, bibliotecario pontificio, Amalia Convessa, amante dell'illustre bibliotecario. Sul lato sinistro del sacello dell'astronomo videro affiorare il corpo enorme in marmo bianco di Carrara, della baronessa matriarca Maria Porpora, rappresentata dall'artista distesa pesantemente su di una dormeuse di granito rosso; videro inoltre apparire il complesso tombale di Concetta Porpora, esploratrice, modellata in una unica colata di ghisa, nell'atto di abbeverarsi alla sorgente del fiume Zambesi.

A notte inoltrata i due vollero confrontare le immagini emerse sulle fotografie, con la realtà nel tempio. Servendosi delle chiavi che si erano fatte consegnare provvisoriamente dal custode, nella notte finalmente serena, poterono entrare nel cimitero e nel piccolo panteon. Come sempre e senza quasi più meravigliarsi, aperto il portone si trovarono immersi in quella irreale luce zenitale.

Constatarono, ben presto, l'esatta corrispondenza di quanto vedevano davanti a loro con l'evoluzione delle fotografie avvenuta precedentemente. Gigliola si accostò all'ombra profonda e gelida di una colonna dorica del sepolcro del bibliotecario. Dai bordi taglienti di questo oscuro non-luogo sibilava un vento polare; all'interno dell'ombra le parve di riconoscere, ad una lontananza abissale, ammassi stellari medusiformi disposti come la lettera Omega. Provò ad introdurre dentro la feritoia verticale una penna stilografica; man mano che entrava in quel nero profondo, si smaterializzava. Vide sparire anche la sua mano, poi il braccio, in un attimo, senza provare alcun dolore, fu in quell'aldilà.

Pur disponendo di una identità, non aveva più corpo. Volando, senza meta, fu catturata da una increspatura di lucefissa e si ritrovò sul basamento della tomba della capostipite baronessa virago.

Una fotografia è rimasta casualmente sul lungo tavolo della camera oscura. L'immagine riprodotta è quella di una coppa, di un calice, finemente sbalzato. La stampa fotografica, dalle dimensioni di un album da disegno, ha percettibili tremori. La coppa formicola di microscopici bagliori, ruota lentamente e mostra il fregio elaborato in eleganti formule matematiche, adamantina dimostrazione della teoria delle Coniche Eternali.

La mattina seguente, entrando nello sferisterio, Marco poggia casualmente la fotografia vivente ritrovata, sul monumento contenente le ceneri di Lazzaro Porpora detto il Resurrettore. La foto inizia a mostrare alcuni accenni di tridimensionalità. Da un nucleo gelatinoso delle dimensioni di un pomo cresce una protuberanza che assume la forma dello stelo tornito della coppa. La materia emana i bagliori di un metallo prezioso, non contemplato nella scala periodica degli elementi. Sul bordo del calice simboli finemente cesellati narrano le gesta del sognatore Albifront, il materializzatore di sogni.

Sul fondo della pisside giace una piccola massa nera: una mosca morta, chissà quando. Nell'osservare il prezioso calice Marco lo solleva verso l'alto sfiorando casualmente una delle mani protese del Resurrettore. Riabbassando il recipiente vede la mosca che agitando le zampette cerca di scalare il bordo dorato. Giunta sull'orlo, sfregando le ali, in un attimo spicca il volo.

L'arca di Lazzaro Porpora è costituita da una fusione di rame puro, mirmide e teodrosso ed è composta da tre figure. Il Resuscitatore, modellato a grandezza naturale, con il volto contratto, i capelli scomposti e le braccia tese in avanti sta operando sull'esile corpo di una adolescente che, un attimo prima, apparteneva alla morte. Le membra della giovane sono ancora rigide ma un accenno di movimento della testa e una imprevista espressione del volto, data dalla bocca schiusa, come per l'uscita di una invocazione, denotano il ripristino del flusso vitale. Un cagnolino plasmato con grande perizia tecnica e stile iperrealista è nell'atteggiamento di spavento e meraviglia; già virtualmente corre per gettarsi tra le braccia della padroncina.

Saliti i pochi scalini che portano all'ara del singolare planetario, Marco e Gigliola aprono il voluminoso libro dalla copertina nera, poggiato sull'altare. Sul frontespizio sono impresse le cifre della Società degli Onironauti e il titolo:

Storia dei Sogni Materializzati – Anno MCMLXXIX – Volume n. 9×999999999

Dalle prime pagine i due capiscono di trovarsi all'interno della materializzazione del sogno denominato Lucefissa. Il sognatore Albifront, avvalendosi dell'Oniroscopio Fisicizzatore, ha messo al mondo questo sogno, nel tempo che un gabbiano impiega ad attraversare lo spazio di cielo sopra le nostre teste.

da *Oniroplasmi*, Pezzini Editore, Viareggio 2010

ONIRIA
2001

Una spianata di taglienti schegge di sogni che per la strana e bizzarra conformazione sembrano i resti dell'esplosione cosmica di una nana bianca, si estende, a perdita d'occhio sulla laguna lattiginosa detta *Piattaforma delle Immensitudini*. In lontananza, nella apparente uniformità del paesaggio, alcuni candidi e fragili grumi di pulsante materia incerta, tra l'onirico, l'organico e il minerale se ne stanno sospesi per aria. Ogni tanto coaguli opalescenti si alzano alti nel cielo che, simile ad un immenso specchio parallelo alla superficie terrestre, fedelmente ne riflette l'immagine. Non distanti agglomerati di sogni arcaici dalle vaghe forme umane emananti fitti e concitati brusii, per l'elevatissima densità di massa sprofondano lentamente, scomparendo. Gli scogli, forse madrepore, spugne o efflorescenze cristalline, imbarazzanti per il loro fremere e sorprendenti per il continuo mutare delle forme fanno pensare a sogni in fase di elaborazione e in via di corporificazione. Tale comportamento sembra collegato al contenuto delle trame oniriche e alle storie dei loro sognatori, appartenenti alla generazione detta dei *Rêveristi calamitanti a pluriesistenza*, attualmente operanti in questa regione. Le proprietà fisiche e biologiche delle meteoriti oniriche dai colori, consistenza e aspetto, a prima vista illogico, appaiono discordanti con la realtà; non seguono, infatti, le leggi della fisica ma le originali e premonitrici dinamiche psichiche dei sogni.

Nella zona chiamata *Implementazione degli Insiemi*, dove poderosi oniroplasmi sono giustapposti tra loro in modo compatto e psichicamente stabile, vediamo elevarsi una serie di alti edifici dalle forme architettoniche che ricordano le circonvoluzioni cerebrali, innestate, alquanto incoerentemente, con costruzioni dalle strutture rigorosamente razionali. Il complesso sistema urbanistico ospita laboratori, archivi, vivai, abitazioni e costituisce il Centro per la Materializzazione dei Sogni, creato, alcuni anni fa da sognatori di ogni specie, provenienza geografica e sociale, fondatori della Società degli Onironauti.

La mancanza di spazio per ospitare la moltitudine dei sogni prodigiosi che vengono corporificati incessantemente, ha costretto, ben presto, gli operatori del Centro a costruire nuovi vasti hangar ed espandersi verso l'oceano privo di orizzonte. Dalla fondazione della Società ad oggi, notte dopo notte, fertili onironauti hanno colmato centinaia di accoglienti strutture per migliaia di metri cubi di volume di sogni tridimensionali. Il continuo estendersi di tali vivai e allevamenti di singolarità, non appartenenti alla natura, ha determinato la formazione di un vero e proprio continente situato dove comincia l'infinito, chiamato Oniria. I sognatori sanno bene che non basterà l'intera superficie terrestre per contenere la popolazione delle loro creature che tumultuosamente entrano nella realtà. Rilevazioni dell'Istituto Geografico Internazionale hanno accertato che il volume e la superficie del nostro pianeta, dall'entrata in funzione dell'onirofisicizzatore è pressoché triplicata. A riequilibrare l'inesausta e ipertrofia accumulazione dei sogni interviene, a volte, la decisione degli stessi di smaterializzarsi e tornare nell'universo di origine.

L'ONIROSCOPIO FISICIZZATORE 2001

Alcune strutture proteiformi che danno asilo alle entità oniriche sono costruite con imperituri sogni materici. Venti rabbiosi di frenetici incubi a svelamento smerigliano le spesse pareti degli hangar rendendole trasparenti e gelatinose. In certe notti la luna, alla deriva, quasi tocca la terra al punto che il monte Everest graffia, con la cima rocciosa, il Mare della Tranquillità; si scatenano allora, su questo paesaggio, non attinente alla geografia, burrasche a multideclinazione brahma. Al limitare della *Piattaforma delle immensitudini*, la potente energia onirica sottoforma di onde di voci liquide, urta contro le lunghe dighe composte da miriadi di pupille insonni, cementate tra loro da vischiose lacrime amare.

L'immenso edificio principale, nel quale è installato l'oniroscopio fisicizzatore, ha la forma di una semisfera con la volta talmente alta e sottile da perdersi nel cielo. Nel buio profondo una tenue luce vagamente fosforica disegna, al termine di questa convulsa giornata, complicati volumi geometrici e profili taglienti. Il polline luminescente che impalpabile scende dall'alto evidenzia una poderosa apparecchiatura che si estende per un centinaio di metri fino dove, in un debole chiarore, si apre l'area di accoglienza dei sogni che si fanno materia. L'oniroscopio agisce secondo principi fisici opposti ad un buco nero che divora materia e luce per l'enorme forza di gravità. Invece che sottrarre materia, tale stupefacente congegno, grazie alla vivacità mentale dei sognatori, aggiunge a profusione, materia alla materia, nascite e creature singolari all'universo visibile, espandendolo. La corporificazione avviene mediante il progressivo addensamento dei sogni fino a giungere allo stato materico; le immagini psichiche prodotte dal sognatore si condensano in particelle che si concentrano al punto da diventare tangibili.

Nella esocitosi sinaptica – dice un esperto del Centro – lo spostamento di una particella con una massa di dieci alla meno diciotto grammi da l'avvio a una scarica neuronale; il movimento si verifica grazie alle fluttuazioni quantomeccaniche. Il pensiero e il sogno rientrano nel regime di gravità quantistica. Il sogno, in particolare, è una energia che trascende le leggi della fisica. La tensione onirica oscilla sul bordo del campo gravitazionale dell'onda del nostro orizzonte degli eventi e si aggetta oltre.

Tale comportamento fa sì che il sogno disponga di informazioni che oltrepassano l'unidirezionalità dello spaziotempo. La reversibilità cronologica passato-futuro, la premonizione, la levitazione sono caratteristiche tipiche dei sogni che qui conduciamo nella realtà tramite la loro materializzazione. Il sogno è più concreto di un neutrino che, privo di carica elettrica, non ha una struttura interna; appartenendo all'antimateria, è una porzione di nulla che svolazza nello spazio a una velocità prossima a quella della luce nel vuoto.

La complessa apparecchiatura dell'onirocondensatore che incombe sulle nostre teste è stata accuratamente messa a regime affinché il sognatore Massimo Locus possa incontrare nuovamente l'entità conosciuta in alcuni sogni insistenti, accuratamente descritti nella relazione alla Società degli Onironauti e condurla nell'al di qua. Il genitore di questi sogni da tempo risiede nella comunità del Centro, dove lavora come catalogatore di oniroplasmi. Con entusiasmo ha accolto la proposta degli specialisti di far entrare nella nostra dimensione l'insolito essere. Questi hanno individuato, nella singolarità la via per oltrepassare i confini biofisici degli umani.

Il momento atteso e accuratamente preparato finalmente arrivò. Gruppi di tecnici indaffarati si affrettavano nelle ultime operazioni intorno all'onirofisicizzatore. Fuori, sull'*Oceano Ancestor*, perennemente agitato dal turbinio di incubi collerici, il buio cupo era interrotto da un vago chiarore in forma di un monogramma che faceva presagire l'accadimento di un evento, ad oggi, mai verificatosi.

I tecnici invitano Locus a sistemarsi nel cilindro di incubazione dell'oniroscopio per prendere sonno.

L'energia onirica del sognatore – spiega un progettista – viene proiettata sulla grande parabola che vedete, coperta da un sottile strato argenteo di materia nemantica. Il sogno che si intravede appena in fluttuanti, impalpabili e trasparenti colori, è convogliato in quella specie di gigantesca clessidra orizzontale, enorme addensatore di energia cerebrale in particelle subatomiche. Grazie a potenti magneti la cui forza di gravità è

un milione di volte superiore a quella terrestre,
i fotoni onirici gradatamente passano allo stato
corpuscolare. Il processo di concentrazione
aumenta nelle camere ad ultravuoto e a
gravitazione zero. Infine, il sogno fa il suo
ingresso nella spianata delle materializzazioni,
fuoriuscendo da quell'alto ugello laggiù
ed espandendosi in tutta la sua dimensione.
L'hangar che si apre dove termina l'onirofisicizzatore
ha accolto l'imponente formazione del sogno di
Locus, durato 11' 6". Nella smisurata vastità di questo
edificio ci sentiamo minuscoli; per la luce abbagliante,
a fatica scorgiamo un paesaggio desertico nel
quale tonnellate di pietra pomice bianca e soffice
si è depositata sul pavimento. Alcuni punti delle
pareti dell'hangar hanno ceduto alla elevatissima
pressione sviluppatasi nella fisicizzazione.

Per quanto aguzziamo la vista non scorgiamo
i confini di tale distesa. Disorientati decidiamo di
inoltrarci tra le dune. Dopo i primi faticosi passi
constatiamo che stiamo camminando su un fittissimo
tessuto di neuroni dalle profonde e robuste radici
sinaptiche. Ogni tanto scariche elettriche trafiggono,
crepitando, la pianura sterminata. Qua e là affiorano
sfere pulsanti, con circonvoluzioni cerebrali, emananti
armonie safrane. Sopraffatti dallo spettacolo
grandioso di questo scenario non ci accorgiamo
che, in prossimità del nostro punto di osservazione,
una sfera lentamente metamorfosa in una forma
che assume sembianze umane. Veniamo raggiunti
dal sognatore Locus che, entusiasta per la riuscita
dell'esperimento, ci invita ad avvicinarci allo strano
individuo che ha appena completato la corporificazione.
Siamo scossi per l'evento straordinario ma ancora
più turbati e intimoriti per la vicinanza con il
personaggio singolare, seduto su di una roccia e
raccolto in un atteggiamento pensieroso. Ha la testa
reclinata verso il basso come gravato da un peso
immenso. L'individuo è, incredibilmente, privo degli
occhi, della bocca e delle orecchie. La testa e il collo
sono segnate da circonvoluzioni cerebrali grigiastre,
rivestite da una membrana trasparente e umidiccia.
Le mani, uniche parti che un austero ed elegante
abito nero lascia scoperte, sono della stessa materia
cerebrale. Dopo alcuni attimi di sconcerto, vincendo
un vago senso di terrore e spronati da Locus
sommessamente gli poniamo qualche domanda.
Udiamo una voce calma e lontana, che si irradia
dalla testa; la meraviglia è che la sua voce, prima
di essere udita, è già nel nostro pensiero.

CONVERSANDO CON ACRONOS
2002

Alcune ore dopo la materializzazione, comodamente seduti sul belvedere del Centro che permette allo sguardo di abbracciare la splendida baia delle *Immensitudini*, ci godiamo una gradevole conversazione, alternata a meditabondi silenzi. Anche se diverso da noi, Acronos, questo il nome datogli dal suo sognatore, conserva caratteri antropomorfi riconducibili agli umani. Il nostro ospite emana dal comportamento e da quanto ci dice, una serenità sconfinata, una siderea pace interiore, una remota, inquietante e sconosciuta pienezza. La sua ineffabile imperturbabilità è simile a quella di un saggio che ha superato ogni indicibile prova, conosciuto tutte le configurazioni della vita e coniugazioni della morte ed è pervenuto ad uno stato di grazia ultraterrena. Malgrado la sua formidabile capacità di memoria che, ad un calcolo sommario si suppone pari a ottanta per dieci alla quattordicesima, per due alla decima, alla sedicesima, Acronos dimostra di essere dotato di autoironia dichiarando che, a volte, nel ricordare particolari minimi di ere passate ha qualche incertezza.

Acronos ringrazia particolarmente Locus e la Società degli Onironauti per aver intuito il suo desiderio di incontrarci. La storia dell'umanità, segnata dalla ineluttabilità della morte, lo commuove profondamente. La sua presenza nel sogno di Locus e l'accondiscendenza a corporificarsi è dovuta alla forte empatia che suscitiamo in lui.

Vi ammiro – prosegue il singolare personaggio sul quale non stacchiamo gli occhi di dosso dallo stupore – per il coraggio che avete nel vivere una vita caduca, fragile, cosparsa di dolore. Provo pietà per il vostro dover scomparire, predeterminato, immutabile, indipendente dalla volontà. È inspiegabile come questa ombra tetra non vi impedisca di gioire e agire, compiendo cose mirabili o turpi come se foste eterni. È mia intenzione aiutarvi concretamente, se lo vorrete, per liberarvi dalla sottomissione alla morte, aprirvi la strada ad una vita senza fine; potrete così superare i limiti umani, correggere e migliorare la natura, conoscere i segreti dell'universo. Se lo desiderate metterò le mie facoltà e poteri a vostra disposizione, affinché possiate, gradatamente pervenire a una condizione esistenziale superiore alla più fervida immaginazione.

La vita illimitata, per chi la auspica, non sarà un monotono fluire di eventi, diventati privi di senso di fronte all'eternità ma creazione continua, scoperta di significati ed esperienze sublimi. Rimanendo soggetti alla deperibilità, alla transitorietà e all'oblio non potrete sviluppare una sostanziale evoluzione. La circoscritta capacità di potenza mentale del vostro cervello, anche con l'aiuto dei più potenti computer, non permette di risolvere i grandi enigmi dell'universo. Per conoscere la sua ragione d'essere dovrete accedere all'immortalità anche se ciò comporterà la modifica del corpo e della mente.

Affabile e pacato, Acronos, fa seguire, tra un ragionamento e l'altro, pause di silenzio assorto. L'argomentare, pronunciato con intensità e soppesando ogni parola, suscita in noi una forte impressione e altrettanta incredulità. Il cerebro continua:

La meditazione, anche per periodi di tempo talmente lunghi da apparire illogici, vi permetterà di raggiungere livelli di comprensione impensabili. Con l'immortalità avrete il tempo e la capacità di memoria immensamente ampliate per rivivere storie personali e sociali che la brevità della vita e i limiti biologici, oggi, vi impediscono di conoscere. Non più soggetti all'estinzione potrete concentrarvi sull'oltrepassamento della materia e decifrare lo scopo e i fondamenti dell'universo.

Come parlando a se stesso Locus osservò, ad alta voce, che con l'accesso alla vita perenne, non saremmo più stati in balia del decadimento fisico, del dolore e del nulla; anche la società sarebbe stata più giusta perché la dittatura del denaro, l'accumulo di ricchezze, la brama di potere di fronte al tempo illimitato da vivere, avrebbero perso ogni significato. Già con la fisicizzazione dei sogni si era constatato il dissolversi dei confini tra le nazioni e lo scomparire della proprietà privata.

Acronos proseguì:

Sarà inevitabile abbandonare i principi etici, filosofici e culturali attuali. Gli istinti ancestrali di aggressività, egoismo, sopraffazione, violenza basati sulla carne, il sangue, lo

sperma di fronte al susseguirsi delle ere non
avranno più scopo. La tristezza e la malinconia
per la brevità della vita abiteranno solo nelle
grandi opere d'arte e letterarie del passato.
Le menti più acute degli umani effimeri, si
sono confrontate con la morte, rimanendone
inevitabilmente sconfitte. Non dovete avere
timore dell'eternità perché la traiettoria della
conoscenza è infinita.

Nell'ascoltare queste parole, dette appassionatamente
e intensamente, Locus aggiunse che per gli umani
era necessario evolvere la propria identità. Con la
materializzazione dei sogni si era acuita l'insostenibile
presenza della morte. L'ingresso dei sogni nella
realtà, con tutta la loro prorompente libertà aveva
reso intollerabili i limiti biologici dell'uomo.

Il rispetto per tutti gli esseri viventi – aggiunse
Acronos, illuminandosi leggermente nell'area
frontale – costituirà la strada da percorrere
nelle profondità del tempo. Ogni umano
immortalizzato sarà prezioso perché
depositario di un patrimonio di conoscenza
e saggezza necessario a tutta la comunità,
per poter navigare nel cosmo, attraverso
i millenni. I sentimenti e gli affetti non
avranno più il sapore della malinconia ma
si arricchiranno di valenze sconosciute.
Una volta immortali potrete sviluppare gli
studi e le esperienze sulla infinita serie
di universi che contengono informazioni
impreviste e sconfinate più di quanto,
malgrado eterni, sarete capaci di scoprire.

Dopo questo primo incontro con il cerebro ci
sentivamo sperduti come viaggiatori ai margini di
un continente sconosciuto. Provavamo gratitudine
per la generosità di Acronos, per il suo spalancarci
orizzonti di tale avvenire. Nello stesso tempo eravamo
presi dal terrore per le vastità che ci attendevano,
che avrebbero mutato radicalmente il nostro essere.
Avremmo saputo inoltrarci nell'universo senza
nuocere a noi e agli altri? Saremmo stati capaci di
sostenere il peso e la responsabilità della evoluzione
verso una nuova specie umana?

Constatavamo che per Acronos il silenzio
era parte della comunicazione. Il suo tacere aveva
le sembianze meditative di chi è abituato a navigare
nell'immensità dello spaziotempo; sembrava parlare
con il silenzio, ampliava la comunicazione creando
empatia. Nelle pause si percepiva un senso di
pienezza, di pace, di vicinanza ed elevata attenzione
e solidarietà verso di noi.

LA FISIOLOGIA
2002

Le funzioni vitali, in Acronos, risultano strettamente dipendenti dai processi fisici che avvengono a livello subatomico. Il suo patrimonio genetico è integrato e potenziato da dinamiche quantistiche. La produzione di energia necessaria a sostenere tale organismo scaturisce da un sofisticato sistema autorigenerativo. La struttura neuronale, che costituisce l'intero corpo, è organizzata su basi più sottili, veloci e potenti rispetto ai processi elettrochimici. L'evoluzione di questo apparato, vertiginosamente specializzato, spiega le facoltà superiori rispetto a quelle umane. La rete neuronale sostituisce la respirazione mediante un complesso metabolismo che non prevede processi ossidativi. La quantità, l'assorbimento e lo scambio tra ossigeno, idrogeno ed elio avviene attraverso processi atomico-molecolari che permettono ad Acronos una autonomia energetica molto estesa. Il suo sistema fisiologico è composto da aree olisticamente interconnesse. La funzione della nutrizione è assente per cui il corpo non produce materie di rifiuto. Reazioni quantiche sviluppano procedure nelle quali neuroni totipotenti, muoni a correlazione, sinapsi a campo magnetico, corteccia motoria UXL a perimetro somatico per la levitazione, nuclei olivari antigravitazionali, tachioni genetici, dinamiche di accelerazione o inversione di senso tra fotoni, anticipazione o retrovisione temporale, determinano alcune delle straordinarie facoltà vitali di Acronos.

Dai primi momenti che lo abbiamo incontrato siamo stati affascinati dal suo levitare, con un leggero andamento fluttuante. Un invisibile cuscino d'aria si interpone tra i piedi e il suolo. A seconda della volontà del cerebro tale galleggiamento può variare rendendo rapido il movimento e accentuare l'altezza del corpo. Acronos ci spiega che la levitazione è dovuta ad un campo magnetico agravitazionale generato dalla forte concentrazione di atomi di elio e ossigeno. Per quanto trasparente, lo spazio che distanzia i piedi del cerebro dal terreno, a causa della densità di massa, non può essere attraversato ad esempio, da una lamina di metallo o altro materiale.

La riproduzione, in Acronos, avviene mediante clonazione di una particola del suo corpo, oppure per via onirica, sognando integralmente il cerebro e materializzandolo tramite l'oniroscopio fisicizzatore.

Alcuni giorni successivi alla materializzazione di Acronos, fu organizzato un incontro nella sala di anatomia dei sogni. L'essere immune allo scorrere del tempo avrebbe illustrato, personalmente, la propria fisiologia. Ci trovavamo in un edificio costituito da un raro sogno del genere Eradium poligonaceo, entrato nella realtà recentemente. L'insieme era strutturato per sale dalla forma geometrica di celle di un alveare, ampie e stranamente illuminate, sia di giorno che di notte, da una fredda luce bluastra. Le pareti sottili, trasparenti ed elastiche si espandevano e si contraevano impercettibilmente, come se l'intera struttura respirasse. Qui aveva scelto di abitare, momentaneamente, Acronos che per la giovialità con la quale si intratteneva con i presenti, sembrava si trovasse a proprio agio.

Acronos: Sopra la regione che chiamerò *Gineceo della materializzazione dei Sogni*, corrispondente nel vostro corpo all'addome, ho situato la zona ripartita in due emisferi del *Generatore e accumulatore di memoria indelebile*. Come potete constatare dalla tomografia assiale si tratta di una ampia zona di densi e compatti strati di neuroni evoluti in particelle subatomiche, con informazioni complete sul tempo passato. Tale complesso di sinapsi, psiconi, dendriti e assoni hanno il posto delle cellule, che in voi umani, sono programmate per l'apoptosi. Le mie atomocellule hanno le caratteristiche di rigenerarsi all'infinito come le staminali; attivano campi di probabilità contenenti tutte le possibili traiettorie di registrazione della memoria. Si tratta di un complesso di supermateria che accresce la potenza senza aumentare di volume perché infinitamente concentrata. Atomi cerebrali di miliardi di gigabit di memoria sono compressi in sofisticati sistemi e giacimenti di pura informazione su ogni evento accaduto nel passato remoto ed attualmente in atto. L'area di registrazione dei dati esperienziali ed affettivi abbraccia l'intero "universo visibile", ammontante a dieci elevato alla decima, alla centoventitreesima bit di capacità di memoria. Il nucleo più profondo di questa massa memorica è sostanziato di dati sotto forma di luce, talmente concentrata da avere consistenza metallica.

Così dicendo Acronos immerge delicatamente
la mano nel proprio torace e facendosi spazio tra
una scissura cerebrale e l'altra estrae una sorta
di amigdala, emanante una tenue luce pulsante.
Questo nucleo dotato di coscienza di sé corrisponde,
attualmente, a dodici alla decima alla novantaseiesima
bit di informazioni, in continuo aumento. Con il
permesso di Acronos viene isolata dal reperto una
piccola porzione di tempo passato che, osservato,
inizia ad aumentare di peso, al punto da lesionare
il tavolo su cui poggia; mediante un robusto carrello
la particola è posta sotto uno spettrografo di massa
psidak a visualizzazione di eventi remoti. Sullo
schermo la linea dell'orizzonte degli eventi illumina
la vita di una piccola comunità risalente a tredici
alla terza anni fa. Vediamo individui con mansioni
di scribi intenti a stilare un protocollo sulla procedura
per l'imbalsamazione di un defunto. La scansione
di un altro glomerulo dell'amigdala mostra la
concentrazione completa di una persona codificata
in tre per dieci alla venticinquesima bit, molto cara
ad Acronos, estinta prima dell'età degli immortali.

    Confinante con l'area della memoria indelebile
– prosegue Acronos – dove voi avete lo
stomaco e l'intestino, ho l'*Organo della
Fisicizzazione dei sogni* per mezzo del quale
sono in grado di sostanziare personalmente
i sogni senza l'ausilio dell'oniroscopio.
Mediante un complesso processo di
contrazione dello spaziotempo i miei
sogni passano dallo stato di energia
mentale alla corporificazione nella realtà.
Totalmente immersi nella lezione dell'immortale
non ci eravamo accorti che stava sopraggiungendo
il tramonto. Dalle pareti membranose dell'aula
vedevamo arrossare il disco del sole che, con gli
ultimi raggi, trafiggeva placide nuvole raggruppate
come una folla in attesa. Qualcuno, dentro di sé,
pensò che forse, tra non molto, il tramonto non
avrebbe più fatto nascere pensieri malinconici.

    L'appuntamento era fissato per la notte,
allorché il cerebro avrebbe dimostrato la facoltà di
materializzare sogni senza apparecchiature di sorta.

    Alle ore 03:49 fummo testimoni della
tridimensionalizzazione onirica, simile ad un parto,
di Acronos che chiese di addormentarsi immerso
in una vasca di acqua hornum. Dal dischiudersi della
linea di accostamento dei due emisferi dell'encefalo
dei sogni, iniziarono ad uscire embrioni onirici
che rapidamente presero forma, espandendosi
nella sala ipogea, predisposta appositamente per
la straordinaria occasione. Gli emisferi cerebrali
divaricati liberarono miriadi di microscopici biocristalli
organici. Nello spazio illuminato dalla luce bluastra
vedemmo una nuvola di gemme fluorescenti che si
addensò in colonie. Gradatamente si assemblò una
figura vagamente umana. Acronos stava sognando
una persona che, successivamente, appurammo
essere un artista morto suicida. L'area circostante
la vasca si animò di questa presenza nictomorfa
smaniosa di rivestirsi di materia. In alto si addensò il

paesaggio di una cava di travertino a cielo aperto.
Laggiù, dove i candidi blocchi di pietra evaporavano,
uno strano edificio, simile alla prua di una nave,
emergeva da un lago. Sul tetto a terrazza, dove
crescevano cipressi altissimi, si distinguevano
statue classiche in atteggiamenti di lotta furibonda.
Sulla parte della terrazza pericolosamente inclinata
e già parzialmente immersa nelle acque cupe
notammo un enorme telescopio semidistrutto da un
meteorite, i cui frammenti neri erano sparsi intorno.
Sopra tutto, quasi a immaginarla, vedemmo una
segretissima costellazione, tanto lontana da poterla
toccare sollevandoci sulla punta dei piedi. L'ammasso
stellare prese le sembianze dell'amatissimo artista
che riconoscemmo, non ancora completamente
formato, dietro la testa di Acronos. Avvolto in un
lungo accappatoio nero, era nella sua casa di Roma,
sette anni prima di quel 22 agosto 2011; sorridente
ci salutò ponendosi una rosa sul cuore.

    A materializzazione avvenuta le pareti della
camera di incubazione apparivano, come in altri casi,
deformate, contorte, strappate come vele al vento,
trasmutate in lastre di piombo. I reperti onirici vennero
raccolti, analizzati e accuratamente classificati.

    Al mattino successivo, pur avendo riposato
poco eravamo pronti al nostro posto per annotare
quanto Acronos avrebbe detto. Di lì a poco ecco
giungere l'eternauta il cui comportamento era
di una costante serenità, a volte interrotta da una
imprevedibile ilarità.

    In corrispondenza del cervello – proseguì
Acronos – custodisco, nella zona frontale
mediana, la facoltà della premonizione;
nella regione occipitale elaboro le funzioni
che presiedono alla bilocazione, mentre
le zone temporali sono specializzate nella
visione attraverso i corpi opachi. Nell'area
anteriore bassa del capo vi è la sede della
comunicazione. Qui la materia è talmente
compatta da non poter essere attraversata
dai raggi X e da determinare i due terzi
dell'intero peso corporeo.
Le immagini ottenute attraverso la risonanza
magnetica, che state osservando, mostrano, infatti,
complesse architetture spiraliformi, intrecciate
secondo curvature spaziotemporali sconosciute.
Acronos continuò:
    Le funzioni della memoria e del pensiero non
avvengono mediante proteine e trasmettitori
chimici sotto forma di catene di aminoacidi o
molecole ma tramite una dinamica quantistica.
I neuro-quanti svolgono le funzioni con una
velocità prossima a quella della luce. Ciò
spiega la potenza di calcolo, conservazione
e accumulo di memoria, non solo circoscritta
alla testa ma espansa in tutto il mio corpo.
Estraendo dalla scissura occipitale una piccola
parte dell'Organo delle informazioni sul tempo futuro,
Acronos ce la offre in esame. Il glomerulo prima
spugnoso, poi gelatinoso e cangiante, di una strana
luce nera, in breve tempo crebbe fino alle dimensioni

di un pallone da rugby. All'interno una infinità di
assoni tempopenetratori visualizzavano proiezioni
nel tempo a venire, sempre più profondamente
nei secoli quanto più suddividevamo la parte presa
in esame. Su una sezione sottilissima potemmo
notare, con grande stupore, come saremmo stati
tra cinquanta anni; ci sorprendemmo di vederci
nell'aspetto, simili ad Acronos.

Tra i corpi genicolati basali situati nella
profondità cerebrale, all'altezza dei nostri zigomi,
Acronos indicò i condotti del sistema circolatorio
spaziotemporale. Nelle immagini che apparirono sullo
schermo della prospezione tomografica della testa,
(tutto il corpo di Acronos è da considerarsi testa
ed egli pensa con l'intero soma) osservammo un
compatto insieme di microspirali, di vettori surrivi
che permettevano l'ubiquità. Per appurare questo
fenomeno ci spostammo davanti ad un monitor
che trasmetteva un video in diretta della grande diga
foranea detta delle *Metamorfosi poetiche* che si
trova davanti al Centro, a duecento metri di distanza.
Con stupore constatammo che Acronos, pur essendo
a pochi passi da noi, compariva sul monitor sopra
un masso di granito della scogliera. Ci salutò agitando
alcuni istogrammi su carta, appena tracciati dalla Tac.
Il cerebro ci spiegò che il teletrasporto era avvenuto
trasferendo, in tempo reale, su quello scoglio la
codifica della totalità dei suoi dati fisico-mentali,
l'informazione sul numero dei possibili stati quantici
nei quali si trovava. Laggiù, Acronos era la sincronica
materializzazione della simulazione.

CONTEMPLAZIONE E MEDITAZIONE
2002

Acronos dedica molto tempo alla contemplazione e alla meditazione per risolvere i complicati problemi che affondano le radici nei limiti estremi e remoti delle sue conoscenze. In questi momenti delicati le attività vitali sembrano rallentare fino alla catalessi. Se non fosse per l'intensa produzione di dati e lo scrosciare delle immagini rilevate sui monitor con i quali è collegato, potremmo dire che si trovi in uno stato di vita latente e sospesa. In questi giorni stiamo vedendo i collaboratori registrare lo sviluppo delle sue riflessioni e prendere nota delle variazioni delle condizioni fisiche. In lui le funzioni cerebrali variano di intensità producendo innalzamento o raffreddamento della temperatura corporea, emanazione di luce fosforica e accentuazione della sollevazione levitativa.

Precedentemente si sono verificati casi in cui il corpo di Acronos nel corso della meditazione si è coperto di brina, fino a giungere alla temperatura di -26°, oppure l'intensità di luce che irradiava il suo corpo ci costringeva a usare, nelle vicinanze, spessi occhiali da sole. Non sono pochi gli episodi nei quali abbiamo visto l'amortale galleggiare per aria come un pallone aerostatico e siamo stati costretti ad ancorarlo con dei cavi a solidi appigli per evitare che, al termine della trance il cerebro cadesse in malo modo. Abbiamo anche assistito, con una certa preoccupazione, durante un aumento di concentrazione all'accrescimento del peso corporeo fino a sprofondare nel piano sottostante. In queste circostanze la vita sembra paradossalmente allontanarsi da lui perché le apparecchiature rimangono mute e le onde dell'elettroencefalogramma rimangono piatte. Tale situazione evidenzia che Acronos ha provvisoriamente lasciato il suo corpo e sta navigando in una dimensione non fisica; un autodistacco, questo, dalla vita biologica pur rimanendo vigili gli organi della percezione periferica dell'accadere subnucleare.

Spesso la fase della contemplazione precede quella della meditazione. Dai dati raccolti durante lo stadio osservativo-comprensivo dell'immortale, nonché da quanto lui stesso ci riferisce, appuriamo che, in quei momenti, è in grado di penetrare nel soggetto fino nelle più recondite strutture subatomiche e quindi di "muoverlo", simulando la presenza nei più diversi contesti. Lo studio di Acronos prosegue traendo dall'oggetto della sua attenzione tutte le possibili morfologie, configurazione e possibilità esistenziali. I materiali raccolti ci autorizzano a credere che in lui, la contemplazione di un paesaggio, di una statua, di un'opera d'arte vivente abbraccia tutti i loro possibili stati quantici che tali soggetti assumeranno nello spaziotempo.

TRATTAMENTO
PER L'IMMORTALITÀ
2002

La Matrice dell'immortalità che ho situato qui, alla base anteriore del collo – esordì il Cerebro – produce atomocellule staminali nelle quali non avviene invecchiamento; come sapete, il mio intero corpo ne è sostanziato. Queste cellule sono formate da un nucleo nel quale i geni sono in sinergia con atomi di ossigeno, idrogeno ed elio. Le funzioni biologiche sono integrate da processi e microreazioni nucleari. La perfetta fusione tra la componente organica e subatomica produce l'energia antientropica, autorinnovabile necessaria per prolungare, infinitamente, la vita nel tempo. Metteremo in coltura parti di tessuto della Matrice che impianteremo nei nostri coraggiosi volontari. Il procedimento codificato in una formula complessa attiverà nel loro DNA la rigenerazione che, gradatamente, li condurrà nella nuova esistenza.

La selezione dei candidati, da parte dell'Istituto per l'Immortalità, scelti sulla base di particolari doti di resistenza fisica, equilibrio psichico, temperamento tenace e forza di volontà aveva determinato un gruppo di sei individui di nome Pha, Oeu, EmE di sesso femminile e Aro, Noot e Ren Ran maschile, di età compresa fra i trentacinque e quaranta anni.

A partire dai primi mesi di applicazioni fu riscontrato, in loro, un arresto dei processi di decadimento cellulare. Il DNA presente nelle quantocellule impiantate e attecchite nei soggetti in esame si dimostrò inattaccabile dai radicali liberi, dai virus, dalle neoplasie. Il verificarsi di regolari e continue mitosi, nelle quali le nuove cellule rigeneravano quelle originarie che rimanevano geneticamente giovani, confermava l'efficacia del trattamento. Gli esami istologici dimostravano inoltre che in queste cellule era scomparso il gene timer, causa del declino della vitalità delle cellule "normali". Contemporaneamente alle mutazioni di carattere genetico si riscontrava il verificarsi della cerebralizzazione, visibile a partire dalla testa. Gli organi interni del corpo, i tessuti muscolari, la struttura scheletrica e l'epidermide si andavano neuronizzando. Purtroppo la lenta e progressiva trasformazione dell'apparato visivo, uditivo, della laringe e del palato, nel nuovo sistema percettivo e sensoriale stava creando notevoli disagi.

La contemporanea presenza di due sistemi di vita molto diversi costituiva, indubbiamente, la fase più difficile da superare. I neoimmortali vedevano trasformarsi i lineamenti del volto, delle membra e internamente avvertivano il verificarsi di potenti e dolorosi sconvolgimenti fisici e mentali. Si dovette ricorrere a interventi chirurgici e raffinate terapie per favorire il processo di trasformazione e adeguare l'anatomia per accogliere la formazione dei nuovi organi. L'assistenza solerte e premurosa delle squadre di medici, fisici e biologi si trovò ad affrontare situazioni decisamente drammatiche. Il protocollo prevedeva che il trattamento sarebbe stato interrotto quando le difficoltà fisiche e psichiche avessero raggiunto livelli di palese insostenibilità. Il punto di maggiore tragicità fu raggiunto quando Noot giunse nella fase in cui il cuore, il sistema arterioso e l'apparato polmonare metamorfosarono lentamente nell'organo Generatore e Accumulatore di Memoria Indelebile. Per una serie di complicati motivi si interruppe tale trasformazione determinando uno scompenso apoplettico che, in breve tempo portò Noot al coma e quindi al decesso. L'accaduto procurò gravi dubbi e aumentò lo scetticismo di coloro che sostenevano l'impossibilità del trattamento. Dispiacque a molti la morte di Noot, un valoroso onironauta che aveva compiuto numerose esplorazioni nella costellazione dei tenebrosi incubi Sfingidi, dissolti grazie alle sue coraggiose scoperte. Fu deciso di interrompere, momentaneamente, il programma per approfondire le cause che avevano determinato la triste scomparsa di Noot. L'autopsia e le analisi suggerirono di rallentare sensibilmente i tempi della trasformazione in modo da permettere ai complessi processi di evolvere con minori traumi.

Alcuni mesi dopo fu deciso di riprendere, cautamente, il trattamento con Ren Ran un artista che aveva rappresentato, con la ipersensibilità di un rabdomante, accadimenti futuri, trasalimenti psichici disvelatori, fertili incubi mediante raffinati grafemi. Raccolti in poderosi ed eleganti album e preziose antologie, il cartografo disegna, illustra e intuisce il tempo a venire. Nella sua testimonianza leggiamo:

La trasformazione verso l'immortalità è fonte di sconvolgimento e disorientamento ma è sopportabile di fronte allo strazio che la morte, le leggi fisiche organizzate per la scomparsa della coscienza di sé, l'indifferenza della natura provocano negli umani. Le facoltà di comprendere il divenire nella sua sferica completezza, la possibilità di leggere la realtà da ogni angolazione ben oltre la visione unica dell'io, nonché il potenziamento della memoria, divenuta stereoscopica e corpuscolare della vita illimitata, mi danno la motivazione per proseguire questa esperienza, unica nella storia dell'umanità. Quando dormo il mio corpo cerebrale rimane attivo e capta, con goniometrica precisione, ogni dato ed evento che avviene nella dinamica spaziotemporale. L'Io si sta trasformando in una specie di radar che capta a 360°. La concentrazione mentale e la forza del pensiero sono talmente elevate da assumere consistenza fisica. Vedete? Sollevo questi fogli di carta e sposto quelle penne concentrandomi su di essi. Mi sta accadendo di non sentire più il terreno sotto i piedi. Nei primi momenti questa sensazione mi suscitava disagio e sconcerto. Una sorta di campo magnetico mi tiene distante dalla superficie di appoggio di qualche millimetro. Un'aura antigravitazionale si interpone tra me e il suolo. Avevo letto nel libro "Fisica e fisiologia degli immortali" scritto da Acronos su questo, come su altri fenomeni ma ben altra cosa, dalla teoria è l'esperienza reale. Il levitare e altri aspetti che comporta la cerebralizzazione, mi procurano la sensazione di allontanarmi dalla materia per inoltrarmi in una dimensione prevalentemente mentale e afisica.

Nella relazione di Oeu, all'Istituto per l'Immortalità leggiamo:

Da otto anni combatto disperatamente contro un tumore che partendo da un seno si è propagato ai polmoni. Le cure effettuate non hanno avuto nessun esito. Sentendo di avvicinarmi alla fine ho deciso di intraprendere l'esperienza del trattamento. La radicale trasformazione in cerebro riplasmerà totalmente le mie cellule eliminando quelle cancerogene.
Capisco adesso l'atteggiamento assorto e meditabondo che a volte assume Acronos. Egli conosce tutto il dolore e il lutto che affliggono la vita degli umani. Muovendo i primi passi nell'immortalità sto diventando testimone di questo immane tormento.
La promessa è che gli eterni si confronteranno con la luce invece che con la morte; conosceranno felicità durature, rivelazioni smaglianti per cose mai conosciute dagli umani. La certezza in questa evoluzione mi motiva a proseguire.

Scrive invece Aro:

L'assunzione delle informazioni sulla totalità dell'orizzonte degli eventi dell'universo visibile che sto acquisendo è un carico insostenibile che mi schiaccia e mi inorridisce. Rimpiango il palpito tiepido e fugace della vita dei mortali, la fragilità dell'esistenza che rende misterioso e unico ogni istante e sorriso, irripetibile, ogni gesto. Ho nostalgia dello stupore per l'inusitato, per l'emozione del tempo che fugge, tutto ciò sarà sconosciuto a noi perenni. Nel mondo degli immortali non esisterà più l'evento miracoloso della nascita, dell'infanzia con la sua amabile fiabesca ingenuità e purezza. La diversità sessuale scomparirà. Il sentimento dell'amore e dell'attrazione erotica, cantata da generazioni di poeti, artisti svaniranno come la natura, con la sua cruda bellezza. Quanto dico è forse patetico di fronte all'impresa mirabile inaugurata qui. Scelgo, quindi, di interrompere il trattamento e di tornare alla vita quotidiana di prima, di invecchiare, di morire. La vita illimitata sarebbe un carcere. Desidero, quando sarà il momento, di scomparire, di liberarmi dall'ossessione di esistere. Ho meditato intensamente sul fascino muto e grandioso di ciò che non è: in questo vuoto materno voglio perdermi. Vi auguro un felice proseguimento.

Materializzata dal sogno denominato *Nascite effimere* effettuato dal sognatore Ementis, l'entità onirica EmE ha le forme attraenti di una adolescente. La singolarità sa che il suo tempo di permanenza, in questa realtà, sarà breve: sono passati già tre anni dal suo ingresso nella materia. Per questa ragione EmE ha chiesto di far parte del gruppo dei primi immortali. L'onirosoma ha visto Acronos meditare, immobile, da alcuni giorni, seduto sulla scogliera detta delle *Dormizioni*, antistante la baia delle *Immensitudini.* Pensando di non essere osservata ha posato una conchiglia su una roccia vicino. Acronos ha continuato a riflettere sulla teoria della supersimmetria ma alcune aree neuronali, preposte all'empatia hanno iniziato a vibrare come non gli accadeva da tempo. Trascorse alcune ore l'amortale si reca nell'orto botanico, nell'oasi delle palme sagittarie dove scorge EmE mentre sta nuotando nel laghetto. Per l'emozione la caduca diventa luminescente. Le onde magnetiche emesse dai due, stretti in un solo corpo, fanno dell'acqua un enorme cuscino di vapore. EmE sa che non farà in tempo a completare il trattamento per la vita imperitura. Ancora un centinaio di ore e parti di lei cominceranno a smaterializzarsi. Quella stessa notte Acronos conduce la ragazza nell'Istituto per l'immortalità, dove è in atto la sperimentazione di un procedimento per l'emulazione di organismi viventi complessi. La capacità di memoria a cui sono pervenuti i calcolatori è bastante per poter effettuare una gemella perfetta di EmE. Non c'è tempo da perdere. Già la giovane percepisce vertigini e spossatezza, barcollando si stringe ad Acronos. Rapidamente gli operatori procedono alla scansione nucleare della massa atomica del suo corpo immagazzinando i milioni di terabit di informazione sulla sua identità.

La raccolta dei dati durò cinquantadue
ore, al termine delle quali l'apparecchiatura di
modellazione che traduceva le informazioni raccolte
in atomocellule iniziò a comporre la forma della
giovane. La mattina del giorno successivo le due EnE
si abbracciavano. La gemella neonata stringendo
affettuosamente l'altra se stessa, ne percepiva l'inizio
della smaterializzazione. Malgrado la vedesse ancora,
nello stringerla tra le braccia cingeva oramai soltanto
la sua immagine. Nel giro di alcuni secondi quella
che era venuta dal sogno, ad esso tornava. Non vi era
tristezza, però in questo congedo. Acronos e le due
singolarità sapevano di disporre delle conoscenze
e delle esperienze per porre rimedio all'estinzione.

Alcune settimane dopo ebbe inizio il
trattamento per l'immortalità di Pha, che circa
alla metà della procedura così riferisce:

Avanza, all'interno di me, in ogni più intimo
atomo la mutazione. Nella mia mente si
dissolvono le tendenze istintive, le cognizioni
del mondo e della realtà limitate e circoscritte
che avevo come essere umano. Le categorie
ragionative sono moltiplicate da una
profusione inarrestabile di nuove sterminate
conoscenze, da sorprendenti percezioni
sensoriali. L'ampliamento immane della
memoria mi permette di ricordare nitidamente
galassie di eventi e rivivere il mio passato
dettagliatamente, giorno dopo giorno.
Grande meraviglia e gioia è stato il totale
affioramento, minuto per minuto, dell'infanzia
trascorsa con mia madre quando, nei lunghi
pomeriggi, con dolcezza e pazienza, mi
insegnava a disegnare o a suonare piccoli
motivi al pianoforte. Fingevo di sbagliare
nota per estasiarmi del suo premuroso sorriso
di incoraggiamento. Ora ho la possibilità di
gustare nuovamente le espressioni del suo
volto, assaporare la fragranza della voce,
nelle esclamazioni di approvazione, mentre
mi bacia sulla fronte. Rivedo tutti gli sguardi,
i sorrisi, odo nuovamente i suoni, i profumi
della mia infanzia, l'ondeggiare delle foglie
dell'albero di pesco, il vibrare dei fili d'erba,
il fioccare della neve sul giardino di fronte la
casa dove abitavo. In forza di questa memoria
tridimensionale posseggo la totalità atomico-
molecolare di tutto quanto mi ha circondato
nel passato e nel quale oggi sono immerso.
La memoria odierna è tattile, posso infatti
entrare nel ricordo come con un microscopio
e possedere la fragranza sorgiva di quella
realtà. Ho la facoltà di isolare il frammento di
un ricordo e materializzarlo. Così non sono più
preda della malinconia, della nostalgia, della
rassegnazione, dello smarrimento per il tempo
passato perché, adesso, posso riportarlo in
vita fisicamente. Quale privazione sono i limiti
organici nei mortali, soggetti allo svanire dei
ricordi, all'oblio delle persone care dopo solo
tre generazioni e con il sopraggiungere
della vecchiaia, all'offuscarsi della lucidità
intellettiva. Mi stupisco del coraggio
dell'umanità nell'indagare la sterminata
complessità dell'universo, malgrado i limiti
delle proprie capacità.
Nonostante lo spalancarsi di questa
inimmaginabile dimensione conoscitiva,
guardandomi allo specchio provo spavento
nell'osservare il mio aspetto. Non mi riconosco.
Non so più chi sono. Ho paura di me stessa.
Qual è il mio corpo, la mia vera identità?
I lineamenti del volto sono scomparsi quasi
completamente, sostituiti da anonime
circonvoluzioni cerebrali. Affronto questo
grave disagio affinché al rammarico del
tempo che scorre, al rincrescimento della
vita che passa, alla patetica fragilità del corpo
si sostituisca, finalmente, una esistenza
illimitata e si interrompa la dittatura della
morte sulla specie umana.

Messa a dura prova dalla sconvolgente
trasformazione del proprio essere, Pha aveva
trovato in Max Locus un riferimento sicuro.
Conosceva da anni il compagno che l'aveva sempre
premurosamente aiutata e sostenuta, specialmente
in questo periodo di difficile e delicata mutazione.
In seguito al trattamento il loro rapporto si era
andato complicando per il sopraggiungere di pulsioni
e necessità inconciliabili che non potevano avere
risposte a causa delle oramai diverse identità.
Malgrado fossero distanti, comunque avvertivano
la necessità di stare assieme, di parlarsi, di raccontarsi
il prodigioso e sconvolgente cambiamento in corso.
Giorno dopo giorno, Pha sentiva allontanarsi dalle
dinamiche psichiche, dai bisogni, dai desideri collegati
con la fisiologia e il corpo nativo. Prendevano invece
vigore e si espandevano in modo esponenziale,
le nuove facoltà mentali e i poteri di percezione della
realtà. La meraviglia per quanto stava accadendo
che pervadeva entrambi, placava gli inappagamenti
e i desideri non corrisposti. La femminilità e gli impulsi
sessuali di Pha lentamente si andavano smorzando.
Nei confronti di Locus prendeva forma una proiezione
amorosa sconosciuta, dal fascino grandioso,
misteriosamente connessa con il cosmo intero.
I due si ritrovavano spesso nell'hangar 53/Awtt del
Centro, detto dei sogni Elisi, per la calma assoluta
del luogo. Distesi su prati coperti di licheni blu che
emettevano lievi armonie irenule, Locus chiese a Pha
di descrivergli il processo di invecchiamento cellulare
del suo corpo con il trascorrere degli anni. Tra qualche
decennio le loro fisiologie sarebbero state così
lontane da rendere impossibile il proseguimento della
relazione. Locus si sarebbe inoltrato nella vecchiaia
e infine sarebbe deceduto. Era necessario cominciare
a pensare concretamente di intraprendere il trattamento
per l'immortalità. La loro empatia sarebbe durata
non soltanto nell'istante di una vita ma per sempre.

UNA EMULAZIONE
2005

Come di consueto, quel giorno di fine aprile si svegliarono alle 4:30 di mattina. Dopo poco raggiunsero, con l'ascensore, l'ultimo piano del palazzo-torre, in acciaio e vetro, sede dell'Istituto per l'immortalità quantogenetica. La nascente luce dell'alba, nel cielo perlaceo, già pervadeva le fitte pinete, le paludi dai bruni falaschi, gli argentei acquitrini, le cortine di dune che, degradando in vaste spiagge, incontravano il mare, appena increspato dalle onde. Durante la notte aveva piovuto. Adesso con il congedo delle ultime nuvole il cielo azzurro smalto era percorso da brividi di vento di libeccio. Stormi di gabbiani volteggiavano compiendo acrobazie, alcuni altissimi, altri, planando si perdevano in lontananza verso l'orizzonte.

Nell'aula dalle finestre a parete il piccolo gruppo dei neocerebri, lentamente, si sedette intorno ad Acronos. Con tono pacato, comunicando telepaticamente, l'immortale iniziò con il dire che le motivazioni al farsi eterni faceva parte del necessario processo evolutivo della specie umana.

Acronos: È inevitabile che l'Homo Sapiens, per liberarsi dalla morte, dovrà evolvere radicalmente prima in cerebrosoma poi in altre forme per giungere, infine, ad essere una entità incorporea di pura intelligenza e coscienza. L'immortalità biologica, la cerebralizzazione del corpo rappresentano soltanto una fase della parabola evolutiva umana. Verranno i tempi nei quali il corpo, simile a crisalide, sarà abbandonato e la vita umana proseguirà come entità di luce non elettromagnetica, libera da ogni limite fisico. Tale quintessenza, pur conservando le caratteristiche personali e individuali si unirà con altre entità umane per formare costellazioni di intelligenze. Queste matrici, dall'infinita potenza di informazione saranno in grado di agire sulle leggi fisiche quali l'entropia e la seconda legge della termodinamica alle quali è soggetto l'universo, modificandolo a vantaggio della vita. Il nostro essere immortali è poca cosa di fronte alle entità umane di luce afisica che abiteranno il futuro remoto. Se l'universo è globalmente iperbolico (deterministico) tutta l'informazione contenuta nella totalità della storia umana, compreso ogni dettaglio di ogni vita umana è a disposizione di chi potrà analizzarli. Il cervello degli umani non immortali può codificare un numero di bit compreso tra 10 alla decima e 10 alla diciassettesima, ciò implica che il numero dei possibili ricordi di una persona sia compreso tra 2 alla decima, alla decima e 2 alla decima alla diciassettesima. Una capacità di memoria di tale misura è raggiungibile costruendo calcolatori adeguati. Affinché nessun essere umano vada perduto o dimenticato a causa della morte propongo, a voi, di lavorare ad un progetto con il quale si possa emulare una persona. Raccogliendo la sua identità quantogenetica, compiendo la mappatura completa e totale, in bit di informazione della sua vita, esperienze esistenziali, ricordi, sogni, pensieri, sentimenti sarà possibile creare un altro originale della persona deceduta. Una persona emulata sarà in tutto e per tutto identica e indistinguibile dall'originale. L'emulazione è l'originale stesso perché appartenente ad un unico stato quantico. Due corpi esistenti allo stesso tempo e con l'identico DNA sono lo stesso corpo.

Erano trascorse diverse ore dall'inizio dell'incontro tra i cerebri. All'esterno dell'osservatorio una luce fredda e tagliente disegnava un paesaggio dai contorni netti. Il mare, adesso, lanciava sulla spiaggia, con fragore, alte onde schiumeggianti. Laggiù, da ovest avanzavano ammassi di nuvole color piombo attraversate da raggi di sole che illuminavano fitte cortine di pioggia.

I protocerebri meditando quanto aveva detto Acronos passeggiavano silenziosi all'interno dell'ampia cupola. Di tanto in tanto accostavano tra loro le fronti per scambiarsi informazioni e riflessioni. Era necessario proseguire il processo di emancipazione dalla morte e dall'estinzione. Fino a quando l'uomo non avrebbe spezzato il ciclo biologico vita-morte non sarebbe stato libero e gli sarebbero state precluse dimensioni straordinarie. Sulla base di questa convinzione i cerebri avevano affrontato il trattamento per l'immortalità. L'esortazione di Acronos di ricorrere alla emulazione costituiva una ulteriore occasione, per gli umani, di superare l'incubo della morte; non avrebbero più provato il tormento straziante, nel guardare i propri simili, come prede, un giorno, della morte; non sarebbero stati presi dall'angoscia nel vedersi simili ad ombre fuggevoli.

Alcuni mesi dopo, all'interno dell'Istituto fu inaugurata una sezione per l'attuazione del Progetto denominato "Connettoma/Ritorno" con il quale furono messi in costruzione potenti calcolatori per raccogliete la totalità dei dati, in bit di informazione, che compongono sia fisicamente che psichicamente un essere umano. Un modellatore-configuratore li avrebbe quindi tradotti nella materia organica che sostanzia il corpo umano, permettendo la perfetta emulazione.

Dalla riunione nell'osservatorio, in quella mattina di primavera, trascorsero circa tre anni. In questo periodo Acronos e i suoi collaboratori avevano trovato conferma scientifica a diverse intuizioni. Era stato accertato che nell'organismo umano la velocità di cambiamento degli stati quantici è inferiore o uguale a 4×10 alla cinquantunesima bit al secondo, moltiplicata per la massa corporea espressa in chilogrammi. Un essere umano di circa 70 kg non può cambiare stato più di 4×10 alla cinquantatreesima volte al secondo. Un numero altissimo ma pur sempre un numero finito. Stabilita la massa di un individuo inferiore a 100 kg e l'altezza inferiore a 2 m ne consegue che la codifica di questo essere richiede al massimo 3×10 alla quarantacinquesima bit. Il numero dei possibili stati quantici nel quale questo essere si può trovare è dato al massimo da 10 alla terza per 10 alla quarantacinquesima. Tale calcolo è da collocarsi nell'ambito del principio di indeterminazione che stabilisce un limite alla precisione con la quale si possono misurare la quantità di moto di una particella e la sua localizzazione. La posizione di un punto, nello spazio delle fasi, non si può descrivere con precisione maggiore della costante di Planck.

Grazie alla creazione di processori organici quanto-neuronali a sviluppo esponenziale si giunse a realizzare mega elaboratori di calcolo in grado di trattare miliardi di terabit di informazione. Finalmente, passati due anni, fu messo in atto il processo, oltremodo difficile e complesso della mappatura perfetta di alcune persone che, volontariamente, avevano accettato di essere emulate. Tutto procedeva per il meglio allorché, circa un anno dopo accadde, improvvisamente, un grave fatto. Una giovane ricercatrice dell'Istituto, mentre tornava a casa dal lavoro, a causa di un incidente stradale, purtroppo morì. Grande fu il dolore, per l'improvvisa tragedia, tra coloro che conoscevano Ica Nischim. La ragazza era una persona straordinariamente sensibile e gentile, sempre colma di attenzioni per tutti, appassionata studiosa ed elemento costruttivo nel gruppo di ricerca nel quale lavorava. Il dramma terribile della morte si presentava, come sempre, dalle origini della storia umana, con tutto il suo strazio per l'irreparabile, definitiva separazione dalla persona amata. Dopo la disperazione e lo sgomento dei genitori, dei parenti, degli amici e di tutti coloro che la conoscevano e l'amavano, la comunità scientifica dell'Istituto decise che era venuto il momento di agire. Avendo, Ica, fatto parte del primo ristretto gruppo di volontari dei quali

si conservavano le mappature, dopo aver valutato il caso e le possibilità operative Acronos e i componenti del Progetto "Connettoma/Ritorno" provvidero a mettere in atto la seconda parte del procedimento di emulazione. Una prodigiosa apparecchiatura avrebbe trasformato i bit di informazione raccolti, nella materia organica che costituisce un essere vivente. Il modellatore-configuratore avrebbe tradotto in atomi, elettroni, quark, gluoni, geni, cromosomi, cellule, neuroni, molecole i 3×10 alla quarantacinquesima bit di informazioni che componevano il corpo e la mente di Ica.

Determinati a riavere tra loro l'amabile amica, Acronos e i suoi, coadiuvati da una numerosa squadra di esperti, iniziarono le procedure necessarie allo scopo. Utilizzando le sostanze biologiche e chimiche primarie costituenti il corpo umano, opportunamente predisposte, il congegno formatore procedeva a comporre le particelle subatomiche, a costruire il corredo genetico, ad assemblare neurone con neurone, a tessere le reti e i collegamenti sinaptici, a produrre i miliardi di cellule specializzate. Attraverso i monitor era possibile osservare le complesse fasi della costituzione del fisico e della psiche della giovane. Certe volte l'apparecchiatura modellatrice sembrava fermarsi mentre invece infondeva, nel nuovo corpo, preziose informazioni sotto forma di migliaia di ricordi e sogni. Dopo 459 ore terminò il processo di riconduzione alla vita. Ica emulata, trovandosi nello stesso stato quantico dell'originale, era la stessa persona di prima che morisse. Dopo alcune settimane di riposo assoluto in compagnia dei genitori e degli amici a lei più vicini, fu organizzato un incontro per festeggiare l'amica garbata e benvoluta. In quel piacevole pomeriggio il sole, di color carminio, indugiava a tramontare sul mare mansueto, sugli arenili costellati dai piccoli fiori di elicriso, sulle lontane sponde del lago folte di asfodeli. Nella sala grande, detta Vitalba Perenne dell'Istituto, si radunò tutto il personale, nonché la protagonista lieta e serena, vestita in un elegante abito da sera verde smeraldo.

Una commissione composta da medici, psichiatri e studiosi a lungo parlò con la giovane, effettuò esami clinici e fisiologici comparandoli con quelli antecedenti l'emulazione. Ebbe colloqui approfonditi con la madre e con coloro che la conoscevano da anni. Tutti affermavano che Ica era, nel corpo, nel comportamento e nel pensare, la stessa persona con la quale, in precedenza lavoravano e trascorrevano il tempo libero. Nella circostanziata relazione finale si prendeva atto che Ica Nischim attuale, era la stessa identica persona che fu codificata e mappata un anno prima. Si constatava che l'emulazione aveva ottenuto un perfetto doppio originale.

TAUMATURGICA 2005

Diversi giorni prima della inaugurazione, in quel precoce inizio di estate già molti avevano ricevuto l'invito. Non il solito cartoncino stampato ma una tessera magnetica munita di display. Ponendo i polpastrelli sui punti indicati comparivano le informazioni riguardanti il vernissage. Si trattava di una esposizione di arti visive dal titolo "Taumaturgica", che si sarebbe tenuta presso la nuova sede della Società degli Onironauti, nell'antico Palazzo delle Muse. L'idea della card, specie di microcomputer dallo spessore di qualche millimetro avrebbe fatto pensare ad una sofisticata originalità se non fosse che, volendo, digitando i propri dati di nascita si sarebbe appreso quelli della morte. La strana carta magnetica, come si spiegava sul piccolo monitor incorporato, costituiva un esempio del tipo di opere d'arte esposte nella mostra personale di un artista pressoché sconosciuto.

L'annuncio dell'evento, alquanto inconsueto e con una vaga aura di mistero, ampliato dalle principali emittenti televisive e riportato sui quotidiani nazionali fece sì che, in quel tardo pomeriggio di maggio, un numerosissimo pubblico si accalcasse nei freschi e vasti spazi del palazzo in stile neoclassico. Si poteva accedere al primo piano mediante passerelle instabili, che poggiavano su alte dune di sabbia sulle quali crescevano cespugli di ginepro, mirto ed elicriso. L'incessante avanzare del mare, con il tempo, aveva eroso la linea di costa e raggiunto le fondamenta del poderoso edificio allagando i saloni del piano terra, oramai abbandonati.

Dal giardino pensile si poteva ammirare, in lontananza, nel declinare lussureggiante del pomeriggio la fitta oasi di palme il cui colore, in controluce, virava verso il verde smeraldo, in perfetto accordo tonale con il mare divenuto violetto. Nel ninfeo, circondato da spalliere di iris bianchi e ombreggiato da ampi velari, un quartetto d'archi effondeva delicate armonie; più avanti intorno ad un elegante buffet premurosi camerieri versavano, da caraffe poste tra fiori e frutta, bibite dissetanti dai vivaci colori. Indicando distrattamente i recipienti i visitatori allungavano il calice di cristallo che solertemente veniva riempito. La superficie del liquido lentamente cominciava ad animarsi di figure traslucide, come uno schermo di video. Probabilmente si trattava di immagini collegate al futuro della persona che stringeva in mano il bicchiere perché, superati i primi istanti di sorpresa, questa si metteva ad esaminare con cura l'oggetto di vetro. Ritenendo trattarsi di uno scherzo alcuni azzardavano con i vicini, anch'essi meravigliati battute di spirito. Dopo i primi momenti di stupore, nel riconoscere luoghi familiari e persone care, cominciavano a ridere compiaciuti e divertiti. Altri, presi da improvviso sgomento per chissà quale avviso funesto intravisto, cominciavano a correre verso l'uscita, piangendo. Nel cadere i calici, come leggerissime piume, impiegavano diversi secondi prima di toccare il suolo. La bevanda profetica, spandendosi, rapidamente scompariva.

All'ora stabilita il pubblico, che a stento frenava l'impazienza, si riversò nella prima grande sala.

Al centro di un'area, grande come una pista da ballo, una nubecola di denso vapore madreperlaceo avvolgeva un'opera impedendone la visione. Dal lato opposto dei visitatori, raccolti in gruppo, si fa avanti un individuo di età indefinibile, elegante nell'abito nero. Le persone più vicine notano, subito, con un brivido di turbamento che la sua testa, il collo e le mani, uniche parti del corpo scoperte, sono di materia cerebrale. Fitte circonvoluzioni di turgido cervello, nell'assenza dei tratti somatici privano quello che dovrebbe essere il volto, di ogni espressione; i solchi sinuosi disegnano interamente il capo dal quale si espande, uniforme, la voce gradevole, udibile perfettamente. Su quello che dovrebbe essere il volto si leggono, appena accennate le orbite oculari, le sporgenze zigomatiche, il dorso del naso, la prominenza del mento. Il cerebro si presenta dicendo di chiamarsi Acronos e di essere l'autore delle opere che, presto, potremo osservare; con fare colloquiale e garbato spiega che prova compassione per gli esseri umani condannati a dover morire come i loro sentimenti, affetti, esperienze, opere dell'ingegno, cancellate dal tempo. Mediante l'arte egli ci avrebbe donato l'immortalità, una vita illimitata per comprendere l'infinito, elevato all'infinito, dell'universo.

Acronos: Nelle sale, diventate un vivaio di opere d'arte,
vedrete che queste non sono metafore ma
organismi pensanti. Conoscerete entità
estetiche dotate di coscienza e libero arbitrio.
Non essendo soltanto frutto dell'immaginario,
il loro valore si identifica con la vita espansa
e aumentata a livelli mai concepiti dall'uomo.

A queste parole nel salone dagli alti soffitti si levò un brusio di commenti increduli. Il misterioso artista si accostò alla prima opera e con un gesto lento dissolse la cortina di nebbia che avvolgeva una forma

inconsueta. Si poteva distinguere un corpo umano
in rotazione verticale, composto da fasci intrecciati
di sottilissimi filamenti luminosi come un tessuto
di neuroni e sinapsi. Sfiorando appena il suolo
quell'essere aumentava la sua definizione materica
o quasi si dissolveva, in rapporto alla velocità di
rotazione. Disponendoci in un punto preciso tracciato
sul pavimento, in quella entità riconosciamo,
con un soprassalto, i nostri lineamenti; sentiamo
compenetrarci in essa. Ci troviamo così nei luoghi
della nostra infanzia con il virgineo e albale splendore
del mondo di allora. Ecco venirci incontro trafelato
il cane Dago, con il quale saltavamo sugli scogli della
"sorgente". Vediamo il frondoso ciliegio che fa bianca
la finestra della cameretta, con i suoi rami in fiore.
Siamo adesso con amici, contemporaneamente in
luoghi diversi; il nostro io è come moltiplicato per cento.

Frastornati, sconvolti, stupiti, con l'animo in
subbuglio torniamo presenti nella sala; tra le mani
qualcuno stringe una fotografia, una lettera, piccoli
oggetti di quella realtà appena vissuta. Nel catalogo
della mostra questa scultura-installazione, proteiforme,
è riportata con il nome: "Omnia logos ubiqua".

Riavutosi alla meglio dalle emozioni il gruppo
procede nella stanza successiva dove è possibile
vedere una austera ed elegante forma che ricorda
una grossa amigdala, levigata e lucida come fosse di
marmo nero del Belgio. Per il flettersi ed espandersi
ritmato delle numerose facce, sembra che respiri.
Acronos ci dice che il suo peso varia in rapporto
alla circolazione della memoria indelebile del tutto
che fluisce nel suo interno. Il singolare ovoide è
la condensazione vertiginosa dell'informazione
completa e totale di ogni essere umano vissuto e
vivente sulla terra. Il suo peso, prosegue nella
spiegazione l'artista, è talmente elevato da essere,
paradossalmente, indifferente alla forza di gravità.
L'enigmatica forma scura, adesso, ha assunto un
aspetto lanceolato ed appare sospesa nello spazio
all'altezza del nostro sguardo. Sotto di essa l'aria
non può essere attraversata per la concentrazione
di immani forze cosmiche agenti. Strumenti di
rilevazione, posti intorno alla amigdala segnalano che
il tempo, in lei, non scorre. Il perfetto e imperturbabile
stato di levitazione di questa memoria permanente
dell'intelligenza, resa visibile e operante dalle facoltà
oniriche e conoscitive di Acronos fa sì che chi la
contempla e dal proprio intimo la interroga, venga
pervaso da una indicibile armonia e stato di grazia.
I presenti che provano a concentrarsi su di lei
dichiarano di sentirsi colmi di uno sconosciuto senso
di liberazione, di un balsamico sollievo, di percepire la
guarigione dall'assedio del dolore, dall'angoscia per
tutti i mali e per la sottile ombra della morte che ogni
umano porta dentro di sé. Si assiste così, nei presenti,
ad una indefinibile euforia nella quale si vedono
persone, intorno all'opera, che si abbracciano le
una con le altre. Un signore, in un angolo, oppresso
da un lutto recente scoppia in un pianto di gioia per
un refolo di speranza che sente germogliare dentro
di sé. Il messaggio che quel nucleo di una superiore

nuova arte emana dice che non rimarrà solo; lei
sarà restituita alla vita. Una giovane, disperata per
l'irreversibilità di una separazione ha recepito i segni
di una soluzione. Un giovane critico inviato da una
prestigiosa rivista d'arte, vedendo quello che sta
accadendo e concentrandosi sul respiro della scultura
viva, ha perso il suo atteggiamento altezzoso. Con la
schiena curva e il passo malfermo avanza schiacciato
dalla tempesta di rivelazioni abbattutasi su di lui.
Pensava di trovarsi, come sovente, ad una
inaugurazione dove la mondanità spesso si mescola
alla noia e all'egocentrismo. Per la prima volta nella
vita si sente come se gli fosse stato diagnosticato un
male incurabile e in preda alla più nera disperazione
gli si offrisse una medicina taumaturgica che lo
avrebbe guarito.

Procedendo oltre la comitiva accede nella
terza sala il cui pavimento è soffice e soggetto a
repentine inclinazioni. I visitatori avanzano con disagio
per fermarsi di fronte ad un organismo che Acronos
dice essere la materializzazione di un suo sogno.
L'oniroplasma, dal profumo intenso di gelsomini,
è di color crale: ha vagamente la sembianza di
una medusa. Una trina di premonizioni, non ben
corporificata fluttua tra la realtà e il suo universo di
origine. Acronos invita una bambina che per meglio
contemplare lo strano essere estetico si è avvicinata,
ad accarezzarle le celle pupali. Appena sfiorati i
grappoli simili alle infiorescenze delle palme da datteri
si liberano sciami di lampridi iridescenti che posandosi
sulle persone sussurrano nelle orecchie segreti
fino ad oggi indicibili agli umani. Il cerebro precisa
che questa classe di opere d'arte onirica è soggetta
a rapide smaterializzazioni.
Acronos: Possiamo osservare Qualia, già in
          evanescenza. Al suo posto sboccerà l'ipostasi
          del sogno annunciatosi questa notte,
          appartenente alla tipologia dei sogni di luce
          non elettromagnetica.
La visita stava per concludersi. I visitatori avevano
esaurito tutta la gamma delle esclamazioni per
esprimere la propria meraviglia. Le parole non erano
sufficienti per descrivere quanto avevano visto e
provato. Nell'ultima sala furono accolti da una luce
afisica non di tipo corpuscolare, né ondulatorio,
che non provocava ombra. Intravedevano un arco
luminoso sospeso in levitazione che scompariva in
un profondissimo buio siderale. La specie di orizzonte
si infiggeva in un "nessun luogo", sfrigolando e
sibilando come cavi elettrici ad alta tensione bagnati
dalla pioggia. Dall'abisso fuoriusciva un soffio,
un respiro potente. Alcuni assistenti, servendosi
di lunghe aste, abilmente, vi avvicinavano uccellini,
piccoli animali senza vita. Con grande stupore di
tutti, questi esserini riprendevano a vivere saltando e
volando via. Quell'alito rigenerava le cellule, i tessuti
organici e infondeva nuova vita.

"Quale enorme valore avrebbe un'opera d'arte
che potesse guarire dalla morte chi la contempla!"
rifletté una nota gallerista della capitale.
Si fece avanti proponendo ad Acronos una mostra

di queste opere nel suo importante centro d'arte.
Parlando di denari e contratti, sicura di sé, si avvicina
alla installazione per poterla osservare meglio.
Muove ancora alcuni incauti passi e come attratta da
una forza irresistibile, improvvisamente è inghiottita
nel nulla da una invisibile frattura spaziotemporale.

      Esterrefatti da tante emozioni alcuni visitatori
perdevano l'orientamento; tornando indietro vagavano
in un'area sconosciuta, assolutamente vuota, non
ritrovavano quanto, poco prima, avevano contemplato.
Varcando il portone di uscita i testimoni di questo
viaggio estremo si riversavano, stremati e tremebondi,
sulle poltrone di vimini del giardino. Sia pure esausti
si sentivano colmi di una sconfinata ricchezza interiore;
adesso sapevano che niente sarebbe stato come
prima, nel petto custodivano la certezza luminosa della
salvezza della vita, non più destinata al nulla.

DEFISICIZZAZIONE
2005

In quei giorni l'aura violastra di Lucensis, protosatellite formatosi intorno alla terra dall'accumularsi dei sogni degli immortalizzati, si faceva largo tra le nuvole irascibili. Violenti temporali di sogni appartenenti alla classe *Infinità remote,* dopo aver irrorato il pianetino, in lente spirali scendevano sulla terra per fecondarla; una nebbia di sporule si depositava sui grandi caseggiati urbani, sui dormitori pubblici, sui collegi, sulle ville incoronate di cipressi e pini cosparse tra i colli. Risalendo in alto l'energia onirica si avvitava in ventosi sogni palingenetici che spingevano l'arcipelago delle incontaminate *Isole Perpetue,* mai abitate fino all'età degli immortali, verso la costa. Placatosi, il nubifragio lasciò posto a un cielo di colore indaco sopra un mare graffiato, qua e là, da onde immobili e da un'aria maliosa che sembrava far levitare quelle terre rare. Malgrado che il sole fosse sfavillante, si distinguevano acutissime le stelle, i pianeti e le costellazioni; in particolare brillava Andromeda diretta, a folle velocità, verso la nostra Via Lattea.

Nell'Istituto per l'immortalità si stavano radunando decine di cerebri che avrebbero preso parte all'infotrasporto di Acronos nell'universo complanare. Intorno al connettore, un toroide alto come un palazzo di quattro piani, ferveva il lavoro delle squadre dei tecnici. L'enorme anello di novantasei metri di diametro in lega metallica composta da noseòlo almesto e cropite ormica, disposto orizzontalmente, presentava ciclopici avvolgimenti di massicci cavi elettrici distribuiti a raggiera e convergenti al centro dove, su una piattaforma, avrebbe trovato posto Acronos. Durante la notte il cerebro aveva sognato le *Isole Perpetue,* spesso osservate con il telescopio, nere e globose che ansimavano e sbuffavano simili a dei cetacei. Nel sogno, volando, compiva un'ampia virata poi saliva ad altissima quota in modo da poter vedere, dietro la scogliera dei *Martiri onniveggenti* i promontori che, biforcandosi, univano le due isole come un gigantesco nervo ottico e si prolungavano fino alla *Catena delle Costanti Fondamentali di Hoss.* Laggiù, nel mare, si apriva un immenso pozzo dove le acque con grande fragore precipitavano, evaporando. Sul fondo dell'imbuto, che attraversava l'intera sfera terrestre, Acronos intravedeva ammassi stellari e ancora oltre un centro luminoso di indicibile serenità e misteriosa bellezza.

Nell'esperimento il compito di ciascun eterno era di sequenziare, catalogare e mappare un trentaseiesimo dell'intero corpo di Acronos. La massa dei dati, ridotti a dieci alla meno ventitré, dimensione nella quale lo spaziotempo cessa di esistere, girando vorticosamente nel solenoide si trasformava in antimateria e veniva lanciata oltre la soglia del nostro universo.

Iniziata la prova vedemmo il corpo di Acronos diventare semitrasparente, implodere e scomparire. Gli strumenti di misura e le apparecchiature segnalavano che Acronos quantico si stava sovrapponendo a quello afisico. Adesso avevamo la conferma che, nel mondo dei quanti non vi è separazione ma tutto è collegato in una stretta rete di relazioni. Tra universo materico e universo complanare vi era dunque la possibilità di un contatto.

Terminata l'impressionante esperienza si provvide gradatamente a ristabilire le normali condizioni iniziali. Sulla piattaforma il cerebro, aiutato dagli assistenti, si ricompose. I neoimmortali avevano dato prova di un grande coordinamento e capacità di emulare l'intero soma del cerebro. Il connettore era stato in grado di trasferire, oltre i confini della materia, informazioni complesse e organizzate. Nel laboratorio aleggiava un contenuto compiacimento per lo straordinario risultato. Il giorno successivo, Acronos raccontò che durante l'esperimento, nei momenti di forte tensione e sollecitazione era riuscito a rimanere cosciente e come in un sogno ricordava il parossistico incontro con se stesso afisico; l'universo parallelo gli era parso limpido e atemporale. Lo stupore più grande era stato nel vedersi esterno al proprio sé. Acronos2 era come il riflesso di uno specchio, non sostanziato di materia ma di una luce sconosciuta ai fotoni; emanava una luminescenza diafana, non corpuscolare, che non creava ombra. La brevissima durata del contatto aveva impedito ad Acronos di compiere ulteriori osservazioni. Tornò con il pensiero a quegli attimi sconvolgenti; era impressionato dal suo io intravisto dall'altra parte dell'universo. Avrebbe voluto parlargli, fargli mille domande, abbracciarlo. Chi era effettivamente quel clone cosmico? Forse si trattava di una olografia, una presenza virtuale o veramente era una espansione di se stesso? Lo pervase un senso di empatia per il gemello remoto e sperò di poterlo rivedere.

Allo scopo di stabilire un contatto tra l'universo della materia, quello speculare e viceversa fu predisposto il programma *Lumine*. Esso prevedeva un altro infotrasporto innalzando, questa volta, a centootto il numero dei cerebri per ridurre l'ingente mole della codifica dei dati identitari di Acronos, da parte di ciascun collaboratore. Il toroide schermato all'interno con spesse piastre di tracene conide fu reso più stabile mediante un rivestimento di drofenabite, per meglio sopportare le violente sollecitazioni alle quali sarebbero state sottoposte le informazioni subatomiche di Acronos, viaggianti alla velocità pari a quella della luce. Alcuni giorni prima dell'inizio della prova furono avviate le procedure di messa in funzione della complessa serie di apparecchiature. Ad assistere all'esperimento, ai margini della zona dove erano disposti gli enormi macchinari, si notava un folto pubblico di osservatori scientifici, di sognatori del Centro per la Materializzazione dei Sogni, persone in attesa di iniziare il trattamento per l'immortalità, cerebri in via di immortalizzazione, alcune entità oniriche.

La nutrita schiera di cerebri si posizionò ordinatamente a raggiera ai posti stabiliti intorno al quantificatore. Iniziò l'esperimento e per l'effetto della scansione nucleare eccifera dei lettori gominali visis, Acronos si sentì suddividere in ogni più piccola parte, quindi schiacciare da un peso gravitazionale estremo, al punto da perdere conoscenza. Si ritrovò, infine, in uno spazio indefinito inondato di luce uniforme e fredda nel quale galleggiava privo di corpo. Nel più assoluto silenzio e vuoto provò ad innalzarsi per poter scrutare lontano. Vagò cercando di individuare, intorno a sé, elementi che interrompessero l'uniformità sterminata di quel nulla che sembrava non avere profondità, un alto o un basso. Spostandosi non provava fatica, né alcun peso o percezione fisica. Finalmente, lontanissimo, scorse un punto leggermente più luminoso; cercò di dirigersi verso di esso ma ben presto quello sparì. Vide poi un'altra luce e gradatamente corpuscoli che veloci percorrevano, in tutte le direzioni lo spazio. Alcuni passavano vicino a lui, da altri ne era attraversato senza avvertire la minima sensazione. Le sfere di luce si fecero numerose e con le loro traiettorie tessevano una fitta rete nello spazio. Un nucleo particolarmente radioso gli si accostò e per un poco gli rimase vicino, oscillando appena. Prendendo gradatamente consistenza, il globo assunse forma umana. Riconobbe, con stupore, in quelle sembianze, sé stesso. Il doppio, sorridendo disse qualcosa che l'amortale percepì come se fosse stato pensato e pronunciato nella sua mente; quanto si stavano dicendo nasceva all'unisono nel loro pensiero. Vedendosi davanti a sé, Acronos si riempiva di meraviglia. Quell'Io si comportava con la naturalezza del braccio destro che si muove in perfetta sincronia o indipendentemente dal braccio sinistro, comandati da una unica intenzione. Nel frattempo, intorno a loro si stava formando un cerchio di esseri di luce, levitanti e semitrasparenti. L'immortale riconobbe, con non poca sorpresa, il doppio dell'amata EmE, di Pha, del suo sognatore Locus, di Tsi e di altri dell'Istituto. Lieti ondeggiavano intorno come se volessero festeggiarlo. Si avvicinò Pha2 ed ecco ripetersi l'effetto del pensiero telepatico che fluiva simultaneamente tra loro. A lungo stettero con le fronti accostate, atteggiamento, tra i cerebri, per dimostrare profonda empatia.

Acronos constatò che in questa dimensione non vi era separazione individuale e tutto comunicava e si muoveva fluidamente all'unisono; che la materia era luce afisica, la gravità levitazione, il disordine entropico era aumento dell'informazione, lo spaziotempo era infinito presente, senza distinzione tra passato e futuro.

Acronos: Intorno a noi, nel frattempo, ruotava un vivace assembramento di essenze simmetriche, di figure e di esseri, riflessi del nostro mondo fisico. Con Acronos2 desideravamo fortemente di rivederci; sarebbe stato meraviglioso incontrarci sulla terra, in un'area predisposta adeguatamente, dove creare le condizioni per accogliere altre entità luminose e favorire la compenetrazione dell'energia afisica con la materia.

L'ONIROTRASPORTO
2006

Acronos avrebbe sognato e fatto entrare
Acronos2 nell'al di qua tramite l'integrazione tra
l'onirofisicizzatore e l'etereizzatore, sistema, questo,
che aveva già fornito ottimi risultati. Il condensatore
dell'energia onirica sarebbe stato connesso
con il toroide in modo da permettere la fusione
dell'onirosoma Acronos con il suo doppio. La difficoltà
risiedeva nel fatto che il gemello simmetrico era
costituito da un insieme superiore di informazioni
e sconosciute dinamiche ultrafisiche. Acronos2,
pertanto, si predispose ad essere sognato, codificato
e mappato fornendo coordinate e procedimenti
funzionali allo scopo. Alle ore 2:16 dell'8 marzo,
Acronos si apprestò ad entrare nell'onirotrasportatore
e non molto dopo iniziò il sogno che, per la
complessità durò circa dieci ore. Grazie alle
apparecchiature che avevano compiuto
perfettamente tutte le operazioni, con grande stupore
dei presenti un globo di luce sempre più intenso,
al punto da non potersi guardare si addensò, dal nulla,
nell'area delle materializzazioni. Sospeso per aria,
il sogno di Acronos, lentamente prese forma umano-
cerebrale. Per potersi avvicinare alla singolarità,
incandescente a causa dell'energia che emanava,
furono necessari abbondanti getti di azoto liquido
a -193°. L'emozione era indescrivibile. Vedemmo
Acronos2 dal corpo semitrasparente abbracciare
il suo se stesso materico. Accostando le loro teste
per salutarsi, dove le fronti si toccavano l'elevatissimo
scambio di informazioni creava una luce bluastra
che, evaporando, formava una nubecola sferica.

Nella tiepida serata, pervasa dal profumo
di salmastro che giungeva dall'oceano non distante
dal Centro per la Materializzazione dei Sogni, fu
organizzata una festa. Laggiù, oltre la lontana diga
foranea che a stento faceva da argine alle maree degli
incubi a suicidazione, sogni agapanti contornavano,
con una sottile linea di luce, dense nuvole di
svelamenti sul punto di sciogliersi in benefici
temporali. I due Acronos, leggermente sdoppiati,
circonfusi da un'aura fosforica, avanzavano
ondeggiando per la levitazione; si differenziavano
soltanto per alcune decine di stati quantici.
Nonostante che i componenti della comunità fossero
abituati a situazioni insolite e del tutto originali, la
presenza dell'essere di sola luce suscitò vivissimo
interesse. Diversamente dagli oniroplasmi che, pur
essendo sogni fisici appartenevano al nostro universo,
Acronos2 proveniva da una dimensione altra,
al momento sconosciuta.

Senza ragioni apparenti, l'afisico da
semitrasparente lentamente si dissolveva del tutto
per poi tornare luminescente. Altre volte, come fosse
di vetro, di lui si distinguevano soltanto le parti più
spesse della figura. Scomparendo non rimanevano
che grumi di gelatina fosforica pulsanti e galleggianti
nello spazio che poi, riunendosi tra loro e con
altre particelle, affioranti dal nulla, ne delineavano
nuovamente la forma. Nella fase della completa
invisibilità la sua presenza era evidenziata soltanto
dalla voce e da un campo magnetico molto forte
che attraeva gli oggetti metallici che si trovavano
nello spazio circostante. Ne risultava un incongruo
assemblaggio di spilli, monete, viti e quant'altro
sospese per aria che descrivevano il profilo del
Doppio. L'invisibilità, in certi casi, era dovuta al totale
confluire di Acronos2 nel suo gemello materico,
oppure al ritornare nell'universo originario. Tra i tanti
aspetti caratteristici fu appurato il fenomeno nel quale
i tessuti organici, gli oggetti e luoghi con i quali
l'esoAcronos entrava in contatto, erano resi imperituri.

LA GUGLIA MULTIVERSALE 2006

Nell'arcipelago detto delle *Ore smeraldine* fu individuato un luogo adeguato al progetto per sperimentare la fusione tra l'universo della materia con la luce afisica.

Perennemente battuta dai marosi di sogni a *Irreversibilità ostinee* e a *Inevitabilità furenti*, l'isola prescelta era percorsa da venti tempestosi che erigevano pericolose barriere frangisogni denominate *Persistenti estinzioni* e *Oblii dolorosi*. I calanchi e le possenti rupi, aspre e verticali del versante Nord/Ovest dell'isola avevano fatto da anfiteatro ai cortei funebri che, prima dell'era attuale degli immortali, conducevano i defunti al cimitero, incastonato tra le rocce minacciose. Sulle scogliere, tra le cime dei vecchi cipressi e le colonne spezzate si potevano ancora vedere statue in bronzo e marmo protese nell'ultimo disperato saluto o cupi angeli della morte abbracciare fanciulli piangenti, nell'atto di congedarsi dai genitori affranti. A questo volto tragico, l'isola opponeva, nel versante Sud/Est, una vasta area da poco oniroemersa, ancora non del tutto esplorata. Qui pianure e spiagge lambivano un mare sempre calmo, chiamato dai naviganti *Oceano Gioiente* dove il susseguirsi delle onde, simili ad una scalinata, ascendevano verso un alto orizzonte.

I criteri con i quali edificare lo speciale immenso contenitore trasparente fu pensato dai due Acronos secondo leggi ultrafisiche. Le formule matematiche e i teoremi pregeometrici che scaturivano dal rapporto tra le costanti cosmologiche fondamentali del nostro universo e quelle dell'omonimo complanare, ne definivano la forma architettonica. Questa si componeva di una parte concreta ed un'altra invisibile. L'aspetto di quella percepibile ricordava una sorta di stupa con una altissima guglia. La costruzione si estendeva su una superficie di sedicimila metri quadrati ed era costituita da elementi come l'orbinio, l'utallio, il tanidio che ne garantivano la stabilità, la leggerezza e la giusta osmosi con la parte immateriale. I biocristalli metallici della copertura, dallo spessore monoatomico, erano esseri intelligenti e in grado di gestire le sollecitazioni più estreme degli agenti atmosferici e delle leggi della fisica. Al suo interno, l'indipendenza dalla seconda legge della termodinamica la neutralizzazione dell'entropia e l'autonomia dalla forza di gravità, determinavano prestazioni adeguate per favorire ospitalità e l'espansione delle entità parallele al nostro mondo. Il tessuto spaziotemporale presentava curve e pieghe affinché le distanze cosmiche fossero abbreviate e percorribili da ancora non precisate ed enigmatiche singolarità luminose prive di massa, non appartenenti alla luce elettromagnetica. Nella struttura, pressoché invisibile, gli analisti osservavano meravigliati le facoltà di Acronos2 che, esaminando e palpando la consistenza degli oggetti quotidiani, appartenenti a persone sconosciute, ne leggeva la storia, ne decifrava le tracce, i sentimenti, le presenze di vita, le emozioni rimaste impresse in essi. Ogni cosa di uso quotidiano, fragile, deperibile, fugace come una semplice tazza da tè, un abito, una pianta, piccoli ambienti di alcuni metri quadrati di giardino, o l'angolo di una stanza, vissuti o amati da una o più persone ed erano entrati a fare parte dei loro significativi momenti di vita, venivano, da Acronos2, posti in stato di eternità. Se l'incorporeo accarezzava un libro, uno strumento musicale, un mobile percepiva ancora il tepore della persona che li aveva posseduti, entrava in contatto con essa. Gli oggetti e le cose conservavano, dunque, energie insospettate, sconosciute agli umani. Resuscitati dalle facoltà del luminescente Acronos2, poveri utensili domestici diventavano densi grumi di vita comunicante, dimostravano che la coscienza aveva l'energia di imprimersi nella materia e così rendere visibile e complete ampie aree dell'universo. Al tempo dei mortali si credeva che la coscienza e l'intelligenza personale si estinguessero con l'interrompersi della vita. In questa dimensione complanare la mente poteva modificare le leggi della fisica, contribuire al compimento dell'evoluzione del genere umano e al raggiungimento del Tutto. Avevamo le prime conferme che ogni evento o oggetto che entrava in contatto con il pensiero e da esso era creato, viveva per sempre. Con le dimostrazioni di Acronos2 il patrimonio di esperienze, sentimenti, cultura elaborato dagli esseri consci non si dissolveva ma rimaneva integralmente intatto. Dalla mirabile costruzione di base, progettata dai sempiterni Acronos e Acronos2 si innalzava una cuspide il cui vertice, dopo alcune centinaia di metri, diventava invisibile, penetrava nell'iperspazio per sbucare nel nostro esouniverso afisico. Qui gli esseri umani che ci hanno preceduti, nell'avvicendarsi delle generazioni, diventate singolarità di pura coscienza, erano vive e presenti. Finalmente si aveva la certezza che la vita si espandeva senza limiti, i suoi atomi e

molecole erano testimoni dell'intelligenza fattasi
eterna; l'intero mondo visibile era una sfera armonica
formata dalla vita di tutti gli esseri che l'avevano
abitata, dalle origini. Come un cordone ombelicale la
cuspide anaentropica metteva in contatto l'universo
delle essenze consapevoli con quello visibile.
Il paesaggio terrestre si arricchiva, così, di valenze
sorprendenti. Una nuova geografia psichica affiorava
dai deserti, si elevava dalle pianure e dai mari.
I sentimenti, gli amori, le idee, i concetti di coloro
che abitavano nell'universo parallelo, ritornando
nella materia si addensavano nelle forme di montagne,
fiumi, laghi, isole. Nello stupa creato dai due Acronos
si verificava che le passioni, gli impulsi, le emozioni,
gli slanci vitali avevano la capacità di imprimersi,
trasformare, modellare e addirittura animare gli
oggetti, gli alberi, le rocce. Le bluastre rupi del Sialis,
emerse recentemente dal Mare di Nium, sono la
concrezione della tenacia, della costanza, della
determinazione per liberarsi dalla estinzione del popolo
di Panor, abitanti la vicina città di Tanorpe. Avvicinando
la testa a queste pietre è possibile udirne le voci.
Le grandi collezioni di oggetti psichici e
d'affezione, ospitati nelle Gallerie di Storia della
Vita, allestite nell'illimitato Palazzo Permanente,
di fianco alla Biblioteca dell'Istituto per l'immortalità,
testimoniano l'aumento di significato avvenuto in
questa realtà. Un esempio è costituito dal vaso
di fiori detto Acilli Lieta, conservato nella raccolta.
Il reperto, apparentemente in ceramica smaltata,
di un colore blu intenso, con decorazioni geometriche
bianche, ha la proprietà di metamorfosare in un
foulard dagli stessi colori, fluttuare nell'aria, assumere
le forme del volto della giovane... e parlare.
Questo comportamento, apparentemente bizzarro
è in relazione ai pensieri e alla vita di Lieta, da poco
reincarnata, alla quale l'oggetto appartiene.
Passando tra le mani di Acronos2 alcune
fotografie, scattate da un nostro amico viaggiatore,
le persone ritratte non rimangono più fisse nell'istante
in cui furono riprese ma si animano. Un bambino
vestito di bianco, con il casco da esploratore,
fotografato nel 1951, non più ostaggio malinconico
dell'immobilità, socchiude le palpebre e con una mano
si protegge gli occhi dal sole al tramonto sulle calme
acque di un fiume dell'Africa equatoriale. Ogni foto
osservata e sfiorata dall'immateriale, diventa una
finestra palpitante e pullulante di vita tridimensionale.
Facendo attenzione era possibile percepire i suoni,
i rumori e gli odori di quella realtà. Un signore in
sahariana con barba e cannocchiale a tracolla, da
Acronos2, è fatto entrare nella nostra dimensione.
Il personaggio si presenta come l'autorevole
professor Pasqua, paleontologo. Acronos2 spiega
che la presenza proviene dal nostro universo
complanare dove ogni individuo, cosa, evento o
storia sono ospitati, imperituramente integri, come
erano vissuti sulla terra ma con facoltà aumentate.

ALLA FINE DELLO SPAZIOTEMPO
2005

L'arte comincia dove finiscono le leggi della fisica.

Le meditazioni dei due Acronos, fusi definitivamente in un'unica entità AA, si vanno facendo sempre più frequenti e prolungate. In queste prime ore della mattina osserviamo il cerebro disteso supino, da cinquantasei ore, su un divano dell'archivio dell'Istituto per l'Immortalità Quantogenetica. Il sole entrando dalle grandi vetrate nell'archivio vastissimo, con le pareti traforate da una galassia di alveoli contenenti milioni di terabit di informazioni sugli isouniversi complanari (((OO))) e su migliaia di connettomi o emulatori di esistenza, lo evidenzia, immobile, come una statua. Ogni tanto il doppio essere lentamente scompare lasciando un'aura in levitazione a perimetrare quella che era la forma. AA nelle sue speculazioni si è concentrato sulle caratteristiche e dinamiche di un'area oltre il sistema degli universi paralleli e lo sdoppiamento dei molteplici mondi. Le sue riflessioni lo portano a ritenere che esistono dieci alla cinquecento mondi dotati di coerenza interna, magari con differenti valori, proprietà e dimensioni di spaziotempo e gravità. Qui la luce afisica, ad esempio, potrebbe avere caratteristiche più evolute di quella elettromagnetica. Dotata di una velocità maggiore di 3×10 alla decima cm/s potrebbe preesistere al multiverso e rivelare una dimensione dove la vita si sviluppa in proporzione molto aumentata rispetto a quella nella quale ci troviamo.

Ciò che conosciamo – pensa dentro di sé AA – non è l'universo intero, molta parte è, al momento, inaccessibile. Oltrepassando alcune singolarità cosmologiche potremmo giungere in una enigmatica iperdimensione sovraluminale, esterna al multiverso visibile. Lentamente AA torna ad essere presente tra noi e desideroso di una pausa, per decongestionarsi, invita i neoimmortali Pha, EmE e Trsa a recarsi nella regione dei sogni Hatmaa. In questo luogo alte, limpide e silenziose cascate di acqua ossigenata misya issus precipitano in una valle alzando candide nuvole di vapore e alimentando tiepidi e quieti laghi poco profondi. Sotto questo paesaggio, sotto i dolci declivi dei prati e delle lontane vette rocciose vi è il vuoto. Il piccolo gruppo si immerge nel liquido amniotico e si assopisce, sapendo che, allontanandosi dalla vita e dalla morte, lasciando momentaneamente il mondo, sarebbe entrato nell'inesistenza. Al risveglio, rigenerati e leggeri, constatano che non è passato alcun tempo da quando si sono bagnati in quelle balsamiche acque.

Partendo dall'universo complanare periferico al multiverso, – propone AA agli amici – ci dirigeremo verso un punto dove si intersecano gli orizzonti degli eventi e le leggi della fisica collassano. Nell'attraversarlo saremo investiti da spessi sciami e turbolenze di accadimenti spaziotemporali, ultimo riverbero del mondo visibile. Dovremo cercare di non farci travolgere, altrimenti cadremo in universi casuali e caotici.

Dopo le numerose esperienze vissute, il gruppo ha raggiunto un livello comunicativo talmente alto da convergere telepaticamente le menti in un unico pensiero. Nel giorno stabilito, aiutati da squadre di esperti e assistiti da numerosi collaboratori, l'insieme entra nel gigantesco connettore S{RÑΣ}∞999 già sperimentato per l'infotrasporto nell'universo limitrofo e simmetrico e si predispone al viaggio. Con stupore AA e i suoi si trovano immersi nello specchio dello sterminato patrimonio della memoria dell'umanità formato dalle coscienze individuali degli esseri vissuti e viventi, nonché della collezione degli infiniti eventi accaduti nella storia della vita. Procedendo si avvicinano faticosamente alla accecante cortina di luce afisica prevista. Tutti i riflessi dei possibili stati quantici e delle leggi della fisica, dalla nascita dello spaziotempo sono il motore di quest'onfalo incandescente, schiumeggiante e bollicante, simile alla caldea colma di lava di un vulcano. Il gruppo intuisce che quella sostanza granulare e porosa è la concentrazione vertiginosa, iperbolica, l'essenza dello sviluppo della vita non soltanto basata sugli atomi, sul carbonio, sul sistema nervoso e genetico ma nelle forme più diverse nate sui pianeti simili al nostro, disseminati nel cosmo. La percezione del gruppo è allarmante; la preziosa matrice sembra prossima al collasso e all'autoestinzione a causa delle stesse leggi della fisica. Sovrastati dal potente spettacolo i trasumanati finalmente sbucano in una dimensione di ineffabile pace e serenità mai provate prima; avvertono una misteriosa forza attrattiva, un richiamo calmo e suadente che dissolve ogni turbamento. Si trovano fusi tra loro sotto forma di sfere psichiche naviganti in una luce vivente, onnicomprensiva, simile ad un fluido pensante. Tale luce afisica, superiore a 10

alla novantesima numero di fotoni esistenti nell'intero
universo visibile, è una energia che si autoriproduce
ad infinitum, unificando l'intera storia della vita e del
cosmo. Una grandezza che la nostra mente non può
comprendere se non si fa, essa stessa, afisica. AA e
le infosfere umane si sentono espandere in una corale
metamente di essenze luminose frutto dell'albero
della vita multiversale. In questo centro stabile, privo
di inizio e fine, antecedente la nascita dell'universo, le
entità radianti operano incessantemente per fermare
l'inflazione e evitare la morte termica, partecipano alla
creazione, alla salvaguardia e all'espansione
dell'intelligenza negli iperinfiniti.

da *Acronos*, Morgana Edizioni, Firenze 2016

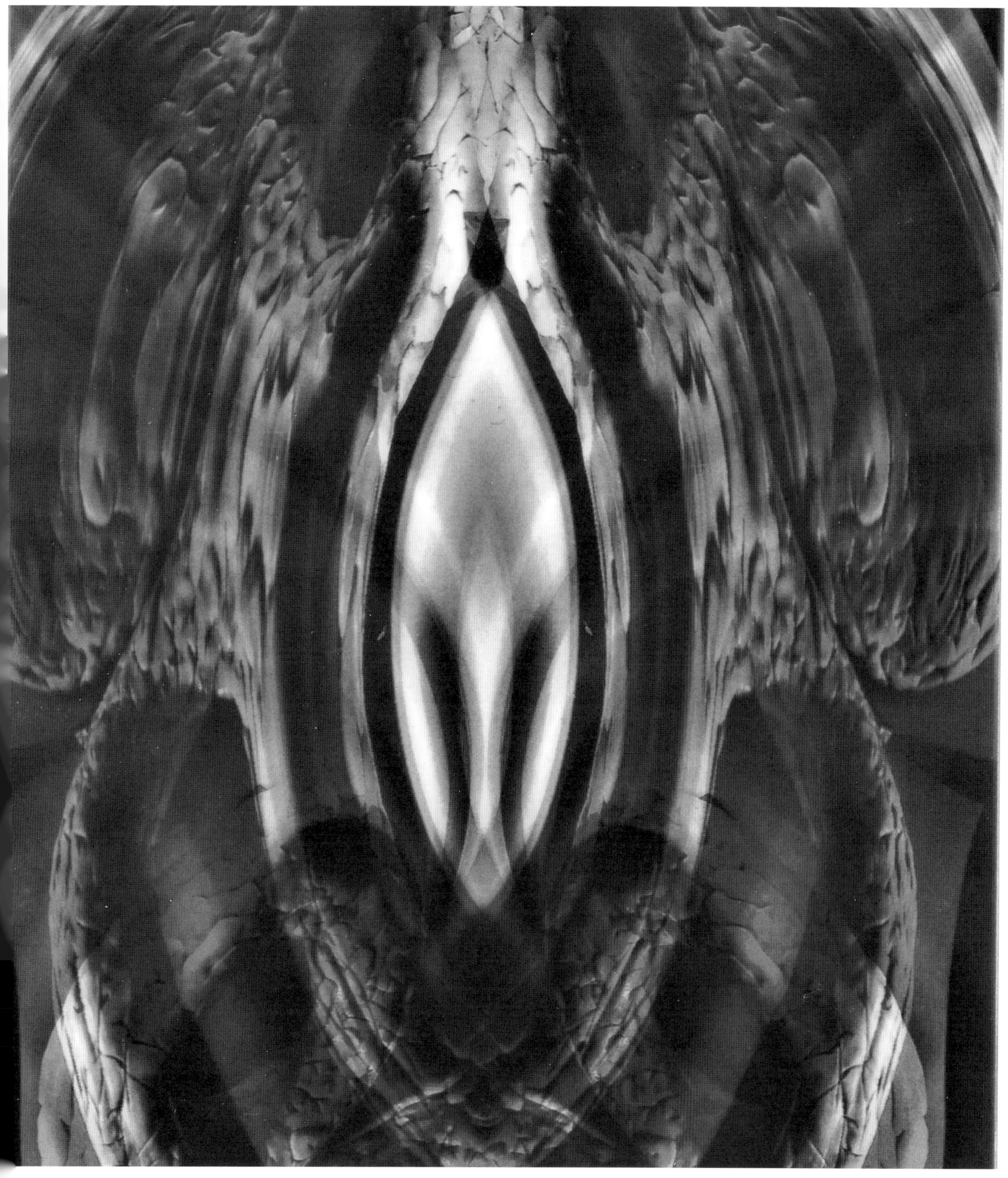

Curvature dello spaziotempo, 2020, stampe digitali a colori su lastre di plexiglas trasparenti sovrapposte, 120×80 cm

APPARATI

A

ACRIBIA NUBILOS O MELANCONIA SIGRA
Epidemia che paralizza i sognatori.

AGHINICHE INCANTACEE
Fosse, nell'oceano dei sogni, che
ospitano opere d'arte mai viste da umani.

AGHITALAMO
Banco di sogni fisici appena nati.

AGHÌON
Un materializzatore di sogni.

ALBIFRONT
Un protosognatore.

ANFORALIA
Sogno di un'opera d'arte vivente.

ANICTIMA
Città onirica abitata da sognatori
ed entità neuronali.

ANTE SONNIUM
Giacimenti di sogni non ancora tali.

ANTIMATERICHE NOPSI
Energie mentali insonni
che si oppongono ai sogni.

APHANORESI
Proprietà di alcuni sogni di rendere
trasparenti e leggerissimi gli oggetti.

**ARCHIVIO DELLA
CONOSCENZA ONNICOMPRENSIVA**
Istituzione situata nell'universo
complanare al nostro.

ASTURNO
Colore onirico che fa dimenticare
determinati ricordi.

AURIGEMMA VIDE INFRA
Sogni di affetti e sorrisi
di persona amata.

AURONIRICO
Un sognatore.

AVANTISOGNO
Specie di sogni che fecondano
sognatori narcolessici.

B

BACINO DI WASHINGTON
Città onirica materializzatasi in una unica notte.

C

CAVITÀ CONTRO CAVITÀ
Concrezione onirica che custodisce
l'altra faccia della nascita.

CEREVISIAE
Prima opera di arte vivente.

CONICOINFINITO
Sognatore abitante in più orizzonti degli eventi.

CRALE
Colore onirico non appartenente allo spettro
cromatico elettromagnetico. Emana anche odore e
armonie.

CRISOCRISI
Un cofondatore della Società degli Onironauti.

CRONOCONICO
Sogno di Acronos sotto forma di spore poetiche.

D

DEMULCE AER
Sogni corpuscolari impalpabili
emessi dal respiro dei sognatori.

DESTILUCE
Essere onirico che emette luce dagli aculei.

DISOBLIO
Altopiano dove i sogni si nutrono
dei frutti della memoria.

DOLOROSI OBLII
Classe di incubi sotto forma di marosi.

DOVE SONO?
Sogni disorientanti.

E

EMSICA
Oniroplasma che materializza sogni.

ESPANSIVA
Creatura umano-onirica.

EUTERPE
Sognatore che entra ed esce dai sogni altrui.

F

FIBRILLE EQUATORIALI EPENDIS
Mantello composto da incubi tessuti assieme.

FINISMUNDI
Continente onirico, ultrasottile, che sfuma nel nulla.

FISICA E FISIOLOGIA DEGLI IMMORTALI
Trattato scritto da Acronos.

FISICA ONIRICA
Trattato scritto da Trsa.

FLABESCO
Vento fatto di sogni.

FOSGENIA
Isola onirica materializzata e in seguito dissoltasi.

G

GIACIMENTO DELLE PREDIZIONI
Luogo dove confluiscono i sogni.

GREMITIO
Sogno oviparo.

I

ICCIPIA
Sognatore senza peso.

IGNIVOMI
Sogni cenerei di "forse", percorsi da venti copiosi di "sembra".

IRIDISSE
Sogni che pervadono il corpo del sognatore, trasformandolo in sogno.

IRREVERSIBILITÀ OSTINEE
Ribollenti grovigli di sogni.

ISOLE PERPETUE
Isole oniriche sbuffanti come cetacei.

IVALE
Colore onirico che suscita precisi ricordi.

K

KROALA
Oniroplasma che perfora l'infinito.

KROMA
Stereosogno che rende possibile l'impossibile.

L

LAMIDE VESPAIATA
Singolarità onirica con poteri anticipatori sul divenire.

LINFATICI TRINITARI
Oniroplasmi in forma di sudario.

LUCE AFISICA
Luce non di origine elettromagnetica.

LUCENSIS
Satellite della Terra formatosi dall'accumulo dei sogni materializzati.

LUMINE
Programma per sperimentare contatti tra l'universo visibile e il suo parallelo.

M

MAGNETITE PLURINATA
Sogni materici calamitanti e levitanti.

METESSI
Sogni di opere d'arte disobbedienti alla legge di gravità.

N

NANE BIANCHE
Entità oniriche a metà tra sogno e materia.

NENUFARO
Entità onirica.

NEPROSSA
Singolarità onirica partorita da una sognatrice.

NIVROGLIA
Continente affollato di seducenti sogni che fecondano gli indifferenti.

NIZÒMENI
Sogni rivelatori, impollinatori di sognatori.

NOTTILUCE
Una sognatrice.

O

OBIUM
Armonie oniriche tattili.

OCCHIPEDE
Figlio di Sirame e del sogno Epalseo.

OCEANO ANCESTOR
Mare senza confini, agitato da insidiosi e collerici incubi.

OCEANO GIOIENTE
Mare sempre calmo con onde a svelamenti.

OCULI IOANANDA
Sogni che permettono di vedere oltre il proprio inconscio.

OLOCAPSI
Sogni che abbracciano l'intera psiche del sognatore.

OLTRAGGIO DEL NULLA
Sogni che non si dissolvono né si scoloriscono.

OMBRISERA RAGGIATA
Oniroplasmi che oscurano le irradiazioni di enigmi.

OMBROFOBI
Sognatori bramosi di buio.

ONAGRO
Colui che compie sogni antecedenti alla sua nascita.

ONIRIA
Pangea dei sogni.

ONIROFAGHI
Mangiatori di sogni.

ONIROFISI
Sogni tattili.

ONIROFORIE
Feste di sognatori e di entità oniriche.

ONIROFUGHI
Persone che temono di sognare.

ONIROIDI
Pseudo sogni.

ONIROMORFE
Forme di un sogno.

ONIRONAUTA
Viaggiatore nei sogni.

ONIROPLASMI
Sogni materici.

ORNIVI
Sognatori che levitano per energia onirica.

OUA (ONIRO UNIVERSAL ANCESTOR)
Singolarità oniriche estremofile.

P

PAROLE CRONOFAGHE
Onirogrammi che pronunciati
permettono di leggere nel futuro.

PAROLE MAI DETTE
Bioria, conagra, assublire, esiastro, zianzio...

PHA, OEU, EME, NOOT, REN RAN
Protoimmortali.

PIATTAFORMA DELLE IMMENSITUDINI
Laguna illimitata dei sogni.

PLANCTON ONIRICO
Popolazione eterogenea di microsogni
che mutano la cenere in sperma, innescano
nuove nascite e curvano le linee di gravità.

PLANULA FRINA
Pianta onirica.

PORTA DELLE IMPREVEDIBILITÀ OGÌE
Accesso al fianco debole dell'Ignoto.

PULVA E MEGASPOSE
Progenitrici dei sogni.

Q

QUIZIONI
Brividi che pervadono chi sogna quando
è posseduto da incubi insistenti.

R

RACNÌCIDE
Colossale tipo di alberi multionirici.

RÊVERISTI CALAMITANTI A PLUMESCENZA
Prima generazione di sognatori.

S

SCILLI ABIS
Pianta onirica dalle foglie in forma di mani.

SFIGMA VIVIPARA
Entità onirica.

SIRAME VOLITANTE
Sognatrice.

SOGNATORE VENULATO
Onirofago, non disinteressato, floricultore di sogni.

SOGNI A TRAFITTURE DI ORIZZONTE
Permettono di andare oltre il nostro
orizzonte degli eventi.

T

TALAMO ABISSALE
Località abitata da una comunità di sognatori.

TASMALICHE
Eruzioni di sogni.

TELFENA
Organismo onirico medusiforme,
dall'ampiezza di una sindone.

TEOSTRO
Sogno di Acronos.

TRAPASSATI SAREMO
Foreste pluviali di sogni arcaici.

TRAUMANTI
Incauti viaggiatori negli incubi.

TRAUMATURGO
Guaritore di incubi.

TRILLORUBINO
Pietra onirica sonora.

U

URGENIA NITRIA
Specie di farfalle oniriche dalle ali con disegni di
lettere e numeri. Disponendosi opportunamente
formano parole premonitorie.

UYS
Sogni a variazione di peso.

V

VANASTO TRISMEDATA
Corporea entità onirica ermafrodita.

Antonino Bove nasce a Borgetto, Palermo, il 7 dicembre
1945, durante un evento bellico. Sua madre, Teresa Manifesto,
muore per complicazioni dovute al parto.

Trascorre i primi anni di vita da una zia che ha facoltà
sensitive e pratica, in ambito parentale, la pranoterapia.
Negli anni '30, a Milano, il padre aveva frequentato corsi di
tecnica per l'ipnotismo e circoli dove partecipava a sedute
di parapsicologia. Da bambino, in estate, soggiorna nell'antica
e grande casa dei nonni materni, fonditori d'arte e gioiellieri,
acquisiti con il secondo matrimonio del padre e abitanti in via
Santa Teresa al Museo a Napoli. Il sovrapporsi di generazioni
aveva reso quella residenza una inesauribile miniera di memorie
sedimentate in mobili, vestiti, quadri, sculture, fotografie,
calchi funerari, oggetti esotici provenienti da epoche lontane.
Frequenti sono le visite al Museo Archeologico Nazionale,
a quello di Capodimonte, alla Cappella del Principe di San
Severo, le gite agli scavi di Pompei, le escursioni sul Vesuvio,
alle solfatare, nelle catacombe, ai santuari, al porto.

Nel 1963 risiede a Livorno e frequenta l'Istituto
d'Arte di Porta Romana a Firenze. Nel 1967 prosegue gli studi
d'arte iscrivendosi alla scuola di pittura tenuta da Primo Conti
presso l'Accademia di Belle Arti di Firenze, dove si diploma.
Svolgerà in seguito l'attività di docente in istituti d'arte e licei
artistici. Nella seconda metà degli anni '60 inizia l'attività artistica
nella città labronica, in uno studio situato in un palazzo del
XVIII secolo in via Borra, dove allestisce una camera oscura
adeguata per stampe fotografiche di grandi dimensioni.

Nel 1970 trasferisce il proprio studio in via Pellettier.
Nel 1972 si sposa con Teresa Gambardella e va ad abitare
a Viareggio, dove apre uno studio in una ex fattoria nella
campagna circostante la città.

Nel 1973, convinto che i sogni rappresentino una
espansione conoscitiva, oltre che per la loro simbologia,
anche per la fenomenologia, attraverso la quale si esplicano,
fonda la Società degli Onironauti e il Laboratorio per la
visualizzazione e materializzazione dei sogni ed elabora la
teoria della "Fisicizzazione dei sogni". Mediante fotomontaggi
e l'uso di materiali come la cera, il fosforo, il mercurio, lo iodio,
l'acqua ossigenata, i magneti, addensa frammenti di sogni
che chiama "oniroplasmi". Preleva impronte, effettua descrizioni,
pesature e misurazioni di entità oniriche i cui comportamenti
trasgrediscono le leggi della fisica e della biologia levitando,
attraversando muri, transitando nel tempo a piacimento,
mutando forma e dimensioni.

Nel 1975 nasce sua figlia Azzurra.
Nel 1983 dopo un lungo periodo di intenso e introverso
lavoro artistico apre la ricerca all'esterno; conosce il critico

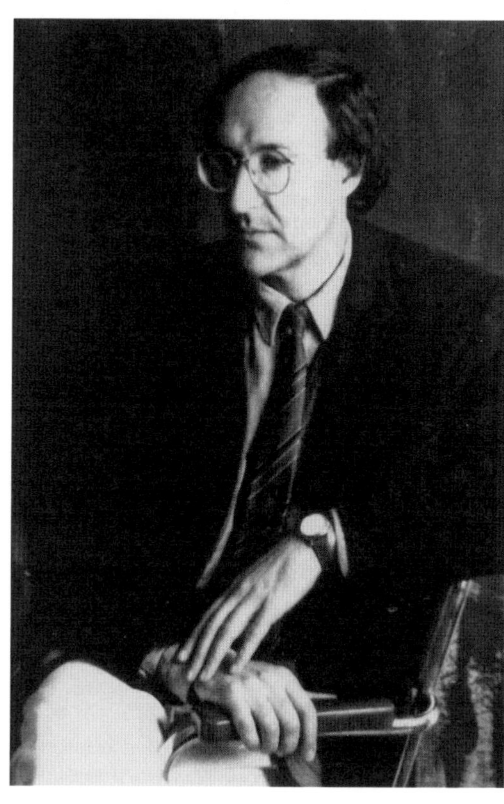

↓ Antonino Bove ritratto da
Maria Mulas, Milano, 1991

d'arte Alessandro Vezzosi, Claudio Costa, Caterina Gualco della galleria Unimedia di Genova, dove esporrà più volte.

Nel 1984 l'inappagamento per l'inerzia delle materie tradizionali con le quali vengono create le sculture lo inducono a fantasticare un'opera d'arte che, come nel mito del re-mago Pigmalione, abbia vita propria e addirittura sia dotata di coscienza.

Ritorna su alcune intuizioni annotate in una serie di fotografie scattate nel 1969 nel giardino di Boboli e alle cere anatomiche di Clemente Susini nel Museo della Specola di Firenze. Seguono tentativi e simbologie per vivificare delle statue e rilevazioni con strumenti di invenzione dell'energia emessa dai loro corpi.

Inaugura l'esistenza di una immaginaria Galleria Nazionale di Arte Vivente e un Centro per la vivificazione delle opere d'arte, presenze documentate con targhe e insegne che applica su diversi edifici e luoghi. Intorno al 1986 conosce a Firenze Eugenio Miccini, Renato Ranaldi, Daniele Lombardi, Giancarlo Cardini, Sylvano Bussotti, Lamberto Pignotti, Giuseppe Chiari, Piero Cavellini e a Cavriago Rosanna Chiessi, Philip Corner, Corrado Costa, il collezionista del movimento Fluxus Francesco Conz, William Xerra, Arrigo Lora Totino, Paolo Emilio Antognoli e Gabriele Dini, Gertrude Moser-Wagner, Laura Mare, il gallerista Luciano Inga Pin che acquisisce alcune sue opere e Giorgio Bonomi, che pubblica diversi articoli su Bove nella rivista "Titolo". Con diversi di loro effettua mostre e partecipa a iniziative e progetti editoriali. Conosce a Bolognano e frequenta a Milano Lucrezia De Domizio Durini, che più volte lo ospita, con articoli, nella rivista "RISK Arte Oggi". Effettua conferenze e partecipa a convegni sui temi arte-natura-scienza in Accademie BB.AA. (Urbino, Brera, Firenze, Carrara) e università in Austria, Germania e Stati Uniti. Nel 1988 entra a far parte del gruppo Kraftzellen-Cellule di energia, formato da Claudio Costa, Jakob de Chirico, Angelica Thomas, Igor Sakarof Ross, Peter Strauss. Con questo gruppo collabora all'esecuzione di numerosi progetti, installazioni e performance a Monaco di Baviera, Treviso e Trento (con la partecipazione anche di Philip Corner e della danzatrice e sciamana coreana Hi-Ah Park) a Barcellona e Kassel.

Nello stesso anno partecipa alla mostra internazionale "Naturalianz, Ressource Kunst. Die Elemente neu gesehen", curata da Georg Jappe con l'installazione *Das Bett des Phönix* a Monaco di Baviera, Berlino e Oslo. Alla fine degli anni '80 compie viaggi negli Stati Uniti dove espone e tiene alcune conferenze. Nel 1990 è cofondatore del gruppo italo-austriaco Osmosi-Osmosen con Gertrude Moser-Wagner, Enzo Forese, Giuliano Orsingher, Heimo Wallner, Nora Bachel, che in un decennio svilupperà oltre trenta fra mostre e simposi a Schrattenberg, Vienna, Linz, Salisburgo, Milano, Roma, Lucca, nonché una nutrita serie di pubblicazioni.

Nel 1991 apre un ulteriore studio a Valdicastello Carducci a Pietrasanta.

Nel 1994 tramite il critico Giandomenico Semeraro conosce Bruno Corà, direttore del Centro per l'Arte Contemporanea Luigi Pecci di Prato, relazione che andrà sviluppandosi organicamente nel tempo. La conoscenza del poeta verbovisivo, performer e declamatore Arrigo Lora Totino lo mette in contatto con Ezio Gribaudo e gli fa conoscere l'opera di Franco Beltrametti e Maurizio Spatola. Presso la Rocca Paolina di Perugia conosce Vettor Pisani, con il quale avrà uno scambio epistolare.

Nel 2000 si sposta in via Antonio Pucci a Viareggio, dove trasferisce lo studio. Numerose sono in questo periodo le amicizie e le collaborazioni con personalità quali Chiara Leoni,

Paolo Albani, Massimo Mori, Nanni Balestrini, Gianni Emilio Simonetti, i collezionisti Silvano Gori, Carlo Palli, personalità di straordinaria energia costruttiva e passione per l'arte, Paolo Della Grazia, fondatore del vastissimo Archivio di Nuova Scrittura, generosamente donato al Mart di Rovereto, Luigi Bonotto, Giobatta Meneguzzo, Adriano Accattino del Museo della Carale di Ivrea, i poeti verbovisivi Anna e Martino Oberto, le galleriste Silvy Bassanese di Biella e Rosa Leonardi di Genova.

Costanti permangono, nella propria interiorità, le problematiche della labilità e dei limiti fisici dell'essere, l'angoscia del dover precipitare, con la morte, nell'oblio e nel nulla. A tali questioni risponde con la convinzione che l'arte e la scienza debbano infrangere il cerchio biologico vita/morte, aumentando l'attuale capacità di memoria dell'uomo di 10 alla quattordicesima neuroni e prolungando le aspettative di vita fino, nel futuro inoltrato, a giungere all'immortalità.

Con le "cerebralizzazioni" inizia ad avvolgere, rivestire, inglobare oggetti, solidi geometrici, strumenti musicali e scientifici nonché libri in circonvoluzioni cerebrali di gomma siliconica, simbolicamente caricandoli di intelligenza e memoria. Consapevole che il cervello umano è la massima espressione dell'evoluzione della natura e dell'uomo e che attraverso di esso il pensiero sancisce l'esistenza dell'Universo, che sarebbe vuoto se non ci fosse la coscienza del sé a illuminarlo, cerca di neuronizzare la materia inerte, di creare una sorta di pancerebralismo, di cerebralizzazione del tutto. L'intento è di infondere la coscienza di sé oltre che nella materia, in tutti gli esseri viventi.

Nel 2001 concepisce Acronos, un essere totalmente sostanziato di cervello che dona agli umani la formula dell'immortalità. Così come l'uomo è conformato nell'attuale stadio di sviluppo fisiologico, non può sopportare il bagliore che comporta l'immortalità. Acronos è, per noi transeunti, terrifico, anormale, ma anche colui che grazie alla sua vertiginosa evoluzione si è liberato dalle pulsioni ancestrali distruttive di aggressività, violenza, brama di potere che ancora albergano nell'uomo. Disponendo della memoria, dell'informazione, della potenza di calcolo, della finezza di sentimenti, pensiero e percezione della realtà nella misura di dieci alla quattordicesima moltiplicato per settanta volte – quale è il peso medio di una persona –, rappresenta il massimo livello al quale l'umanità può pervenire tramite il corpo. Tali capacità sono decisamente più idonee per decifrare gli enigmi dell'universo e inoltrarsi nel futuro remoto; possibilità che attualmente ci sono precluse.

Nel 2003 è tra i fondatori del "Contenitore di Cultura Contemporanea BAU", una rivista in forma di scatola d'artista tuttora operante e presente in collezioni, musei e fondazioni quali il Mart di Rovereto, il Museo del Novecento, la Triennale, la Biblioteca Nazionale Braidense, la Biblioteca d'Arte del Castello Sforzesco di Milano, la Fondazione Bevilacqua La Masa di Venezia, il MACRO di Roma, il Centro per l'Arte Contemporanea Luigi Pecci di Prato, la Yale University, la Tate Library di Londra, la Biblioteca V. Kandinsky del Centro Pompidou di Parigi.

Conosce Guido Peruz, persona di profonda umanità, artista di grande sensibilità, collezionista raffinato.

Sviluppa relazioni con Giulia Niccolai, Mara Borzone, Giuseppe Calandriello, Massimo Salvoni, Flavio Ermini, Luigi Ballerini, la scrittrice Rossana Balduzzi Gastini, il direttore del Museo Lu.C.C.A. Maurizio Vanni, Germana Agnetti, i critici Gillo Dorfles, Angela Madesani, Duccio Dogheria, Giorgio Zanchetti, Patrizio Peterlini, Mauro Carrera, Angelica Bergamini, Alessio Larocchi, Alessandro Della Santa, i collezionisti Luciano

Benetton, Luca Gastini, Andrea Carmenati, Riccardo Grassi,
Fabio e Paolo Gori, i galleristi Claudio Poleschi, Paola Raffo,
Giovanni Bonelli e Patrizia Serra di Milano.

Nel 2014 muore la sua compagna Teresa; l'evento tragico
ancor più lo spinge a meditare sul limite alla vita imposto dalla
morte. L'illusione di durata, causata dal flusso vitale, ci distrae
dal riflettere sull'irreparabile, quotidiano avanzare verso la fine.
La storia umana si è svolta, fino ad oggi, giocoforza,
nell'accettazione delle leggi fisiche e biologiche, all'interno
dell'inevitabile ciclo vita-morte. Tutti i più grandi ingegni,
dopo aver compiuto opere egregie, giunto il loro momento,
hanno dovuto soccombere alla morte. A cosa dovrebbero
servire l'intelligenza e l'arte se non a cercare un antidoto alla
putrefazione? L'obiettivo imprescindibile dell'arte-scienza è osare
di impedire la degradazione cellulare, porre argine all'entropia,
addirittura ostacolare il progressivo raffreddarsi dell'universo.

Dal 2015 al 2021 si concentra sul pensiero postumano
e sull'intelligenza artificiale nella consapevolezza che la dignità
umana e la compassione sono alla base della società e dello
sviluppo tecnico-scientifico. Constata il parallelismo di numerose
sue intuizioni sviluppate sin dagli anni '70 e nei decenni successivi
con le allora nascenti teorizzazioni del movimento culturale
transumanista. Ha modo di confrontarsi con diversi studiosi tra
i quali Nicola Liberati, docente di Filosofia della Tecnica presso
l'Università di Shanghai e Luca Grion, professore di Filosofia
Morale all'Università di Udine.

↓ ↘ Antonino Bove, 1968, studio di via Borra a Livorno

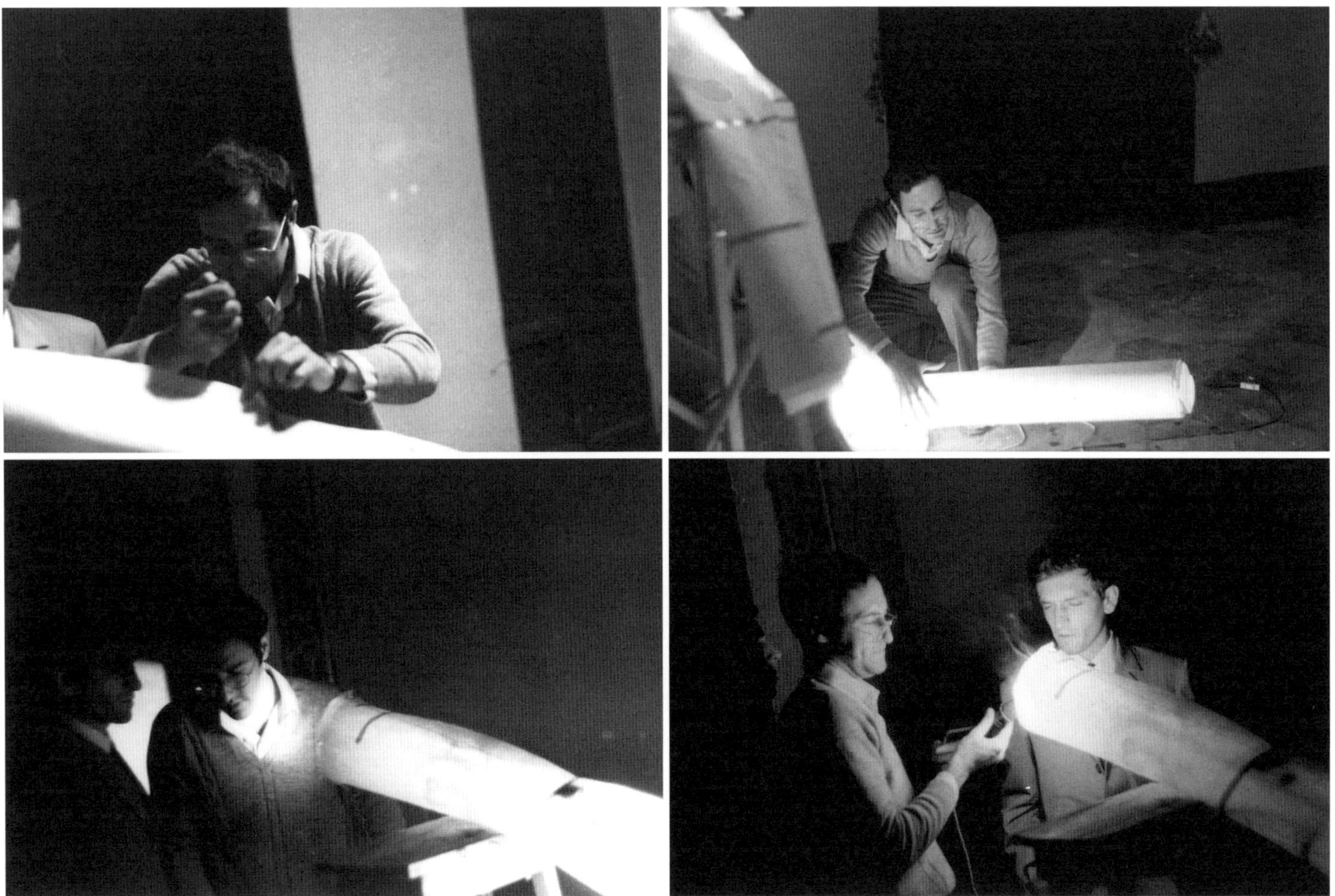

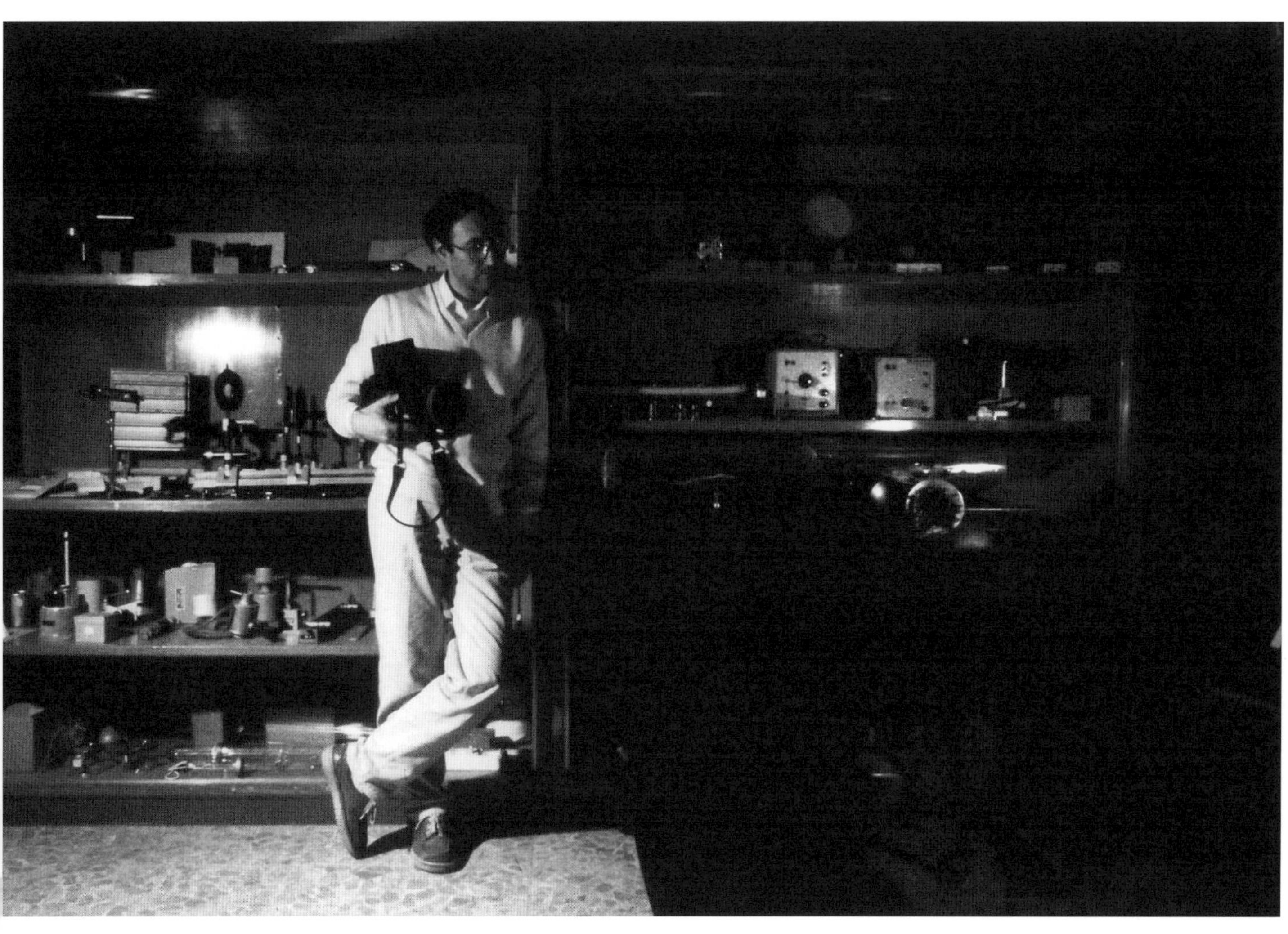

Antonino Bove, 1985, laboratorio di fisica ottica, Università di Pisa

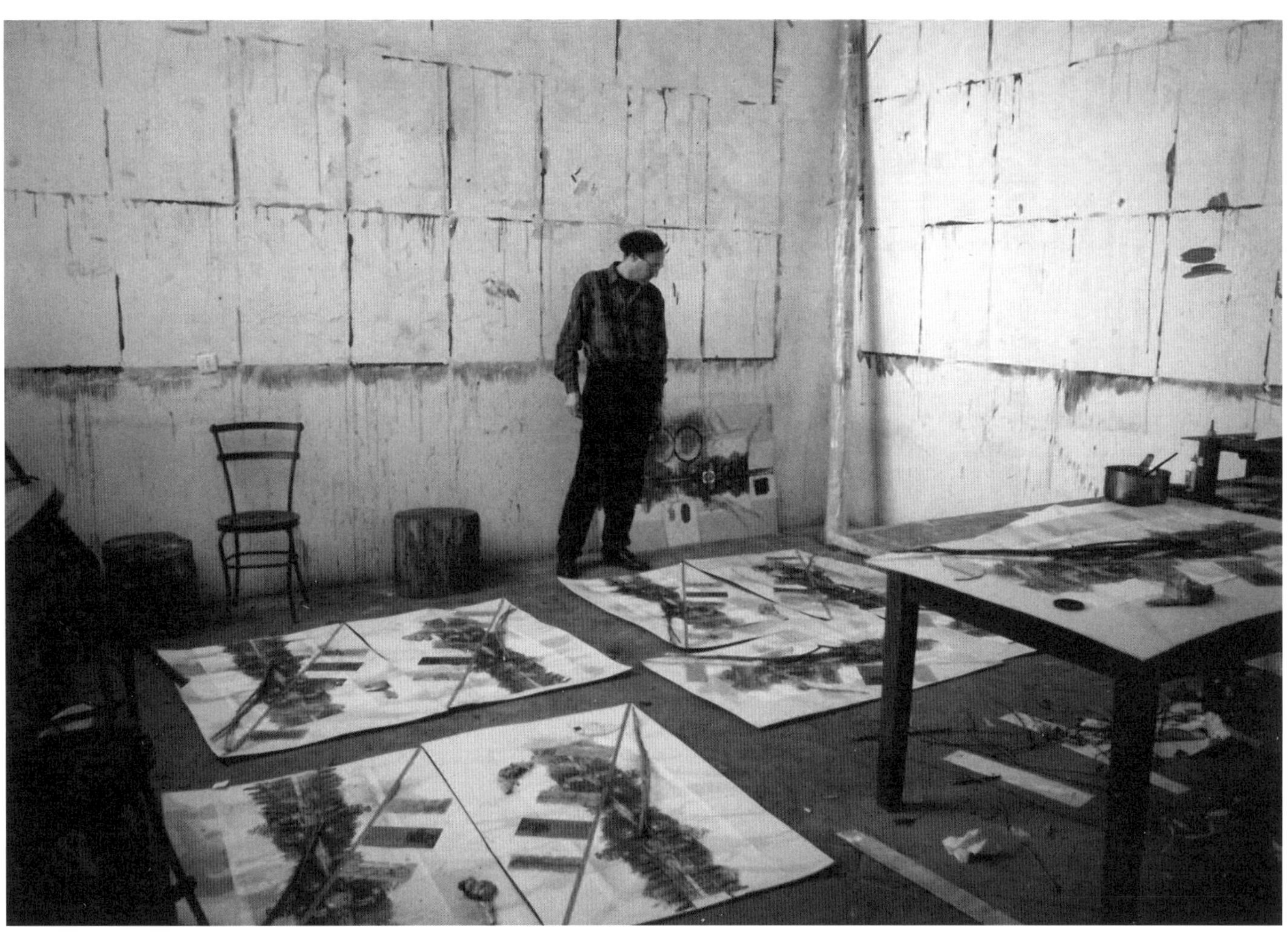

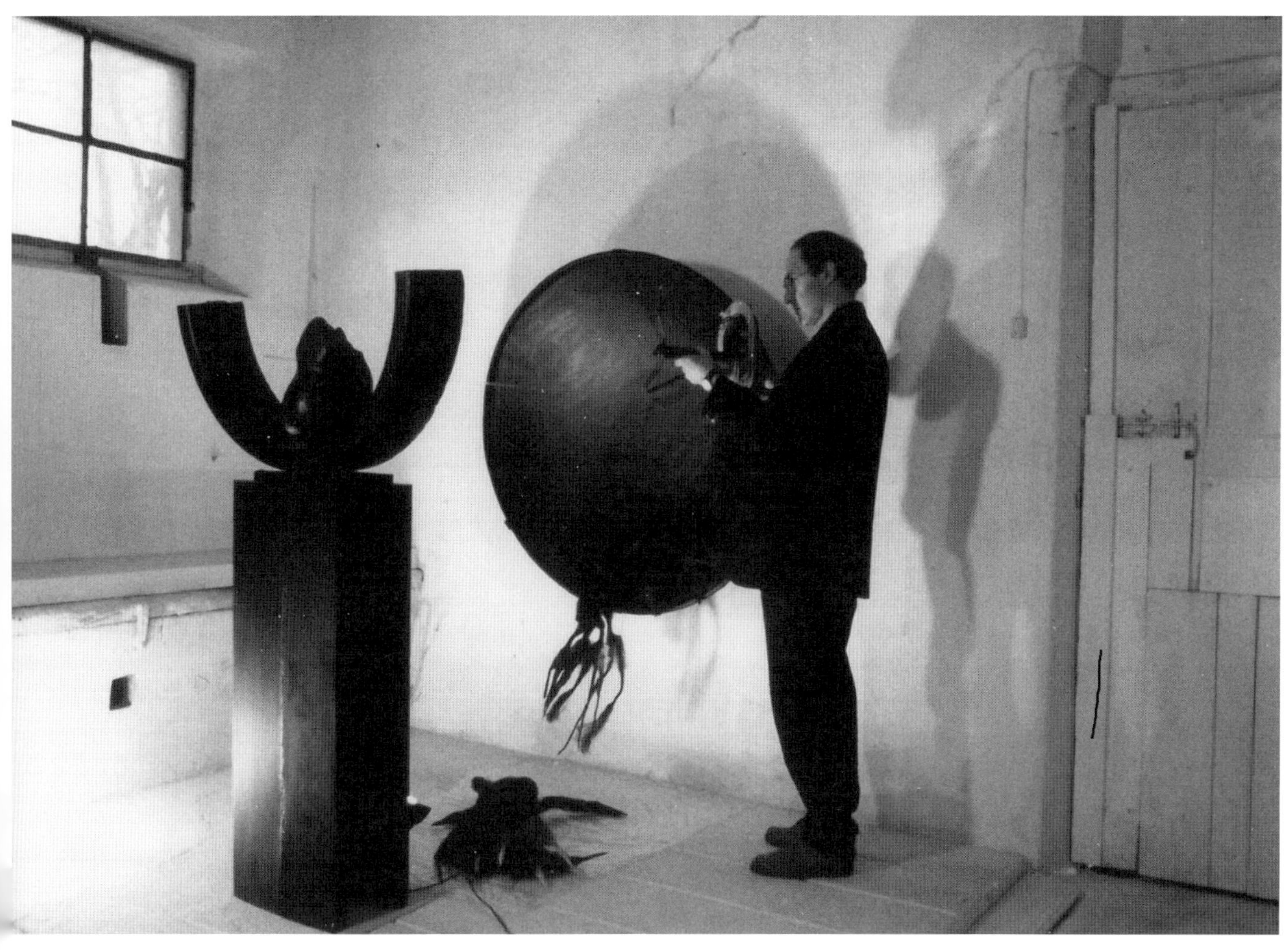

Antonino Bove, 1988, studio di via della Gronda, Viareggio

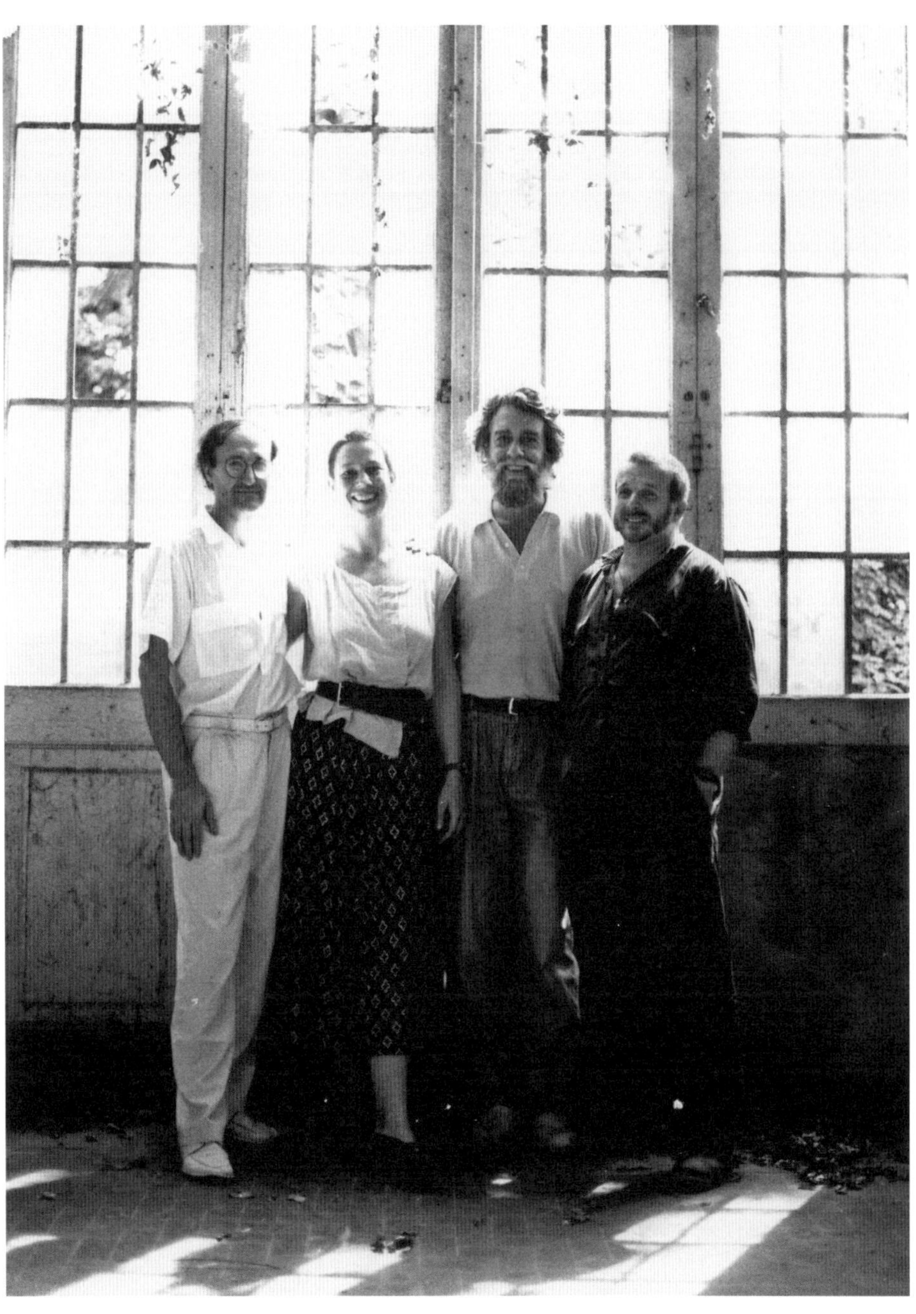

↗ Gruppo Kraftzellen-Cellule di energia, Antonino Bove, Angelica Thomas, Claudio Costa,
Jakob de Chirico, 1988, ex Ospedale Psichiatrico di Quarto dei Mille, Genova

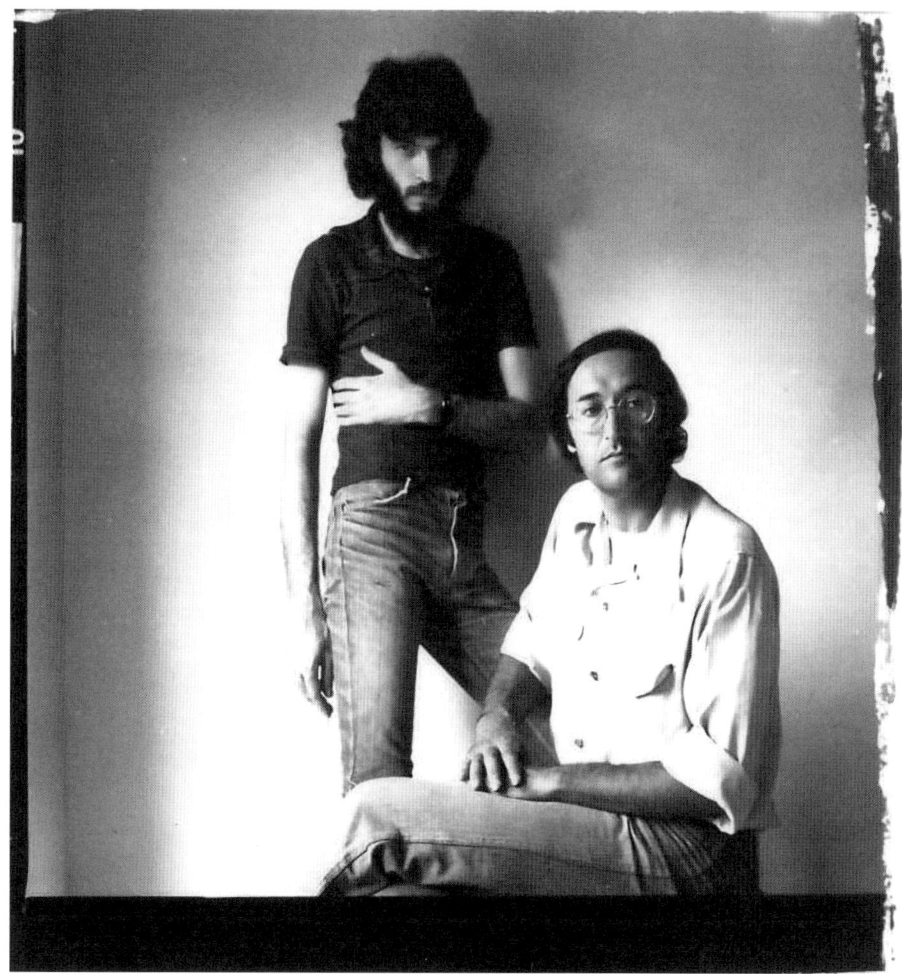

Antonino Bove e Antonio Pennasilico ai tempi dei *Quaderni anonimi di afasie ed esplorazioni*, 1977, Forte dei Marmi

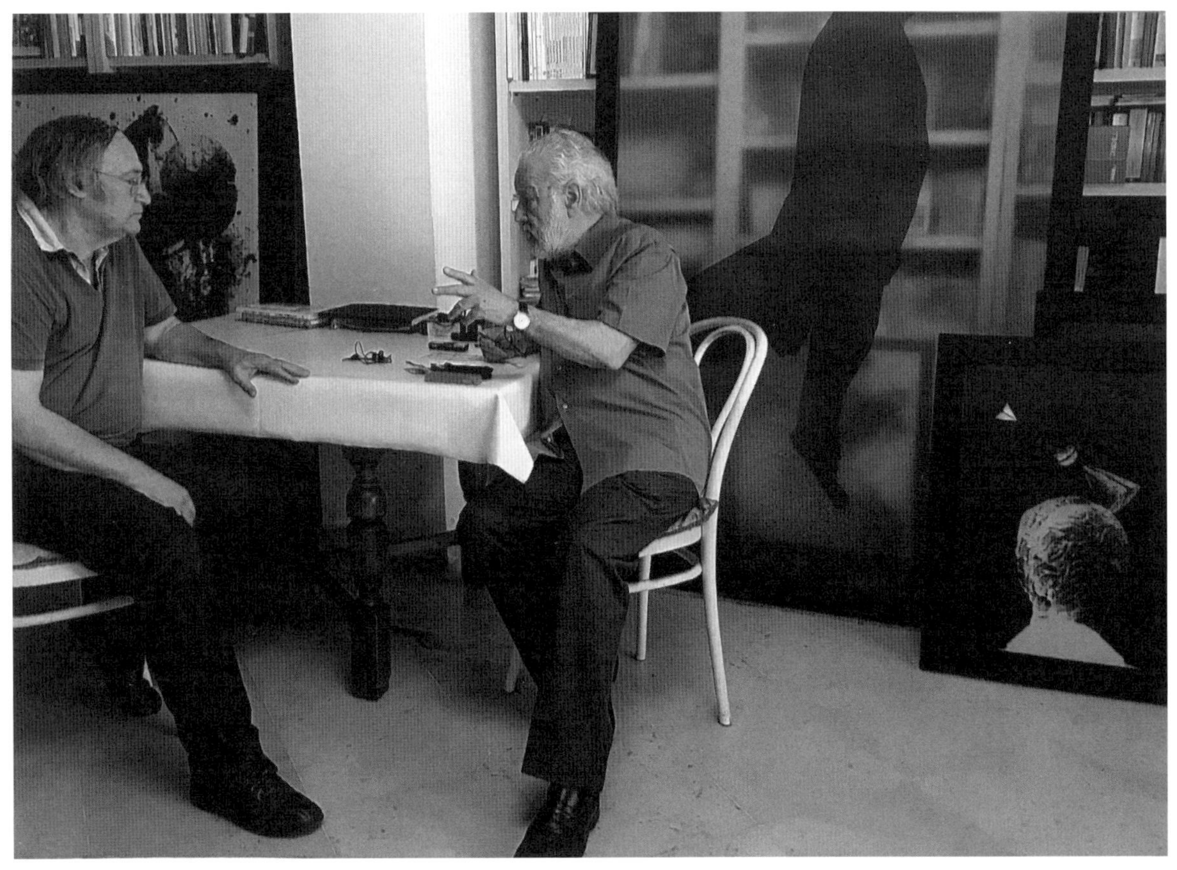

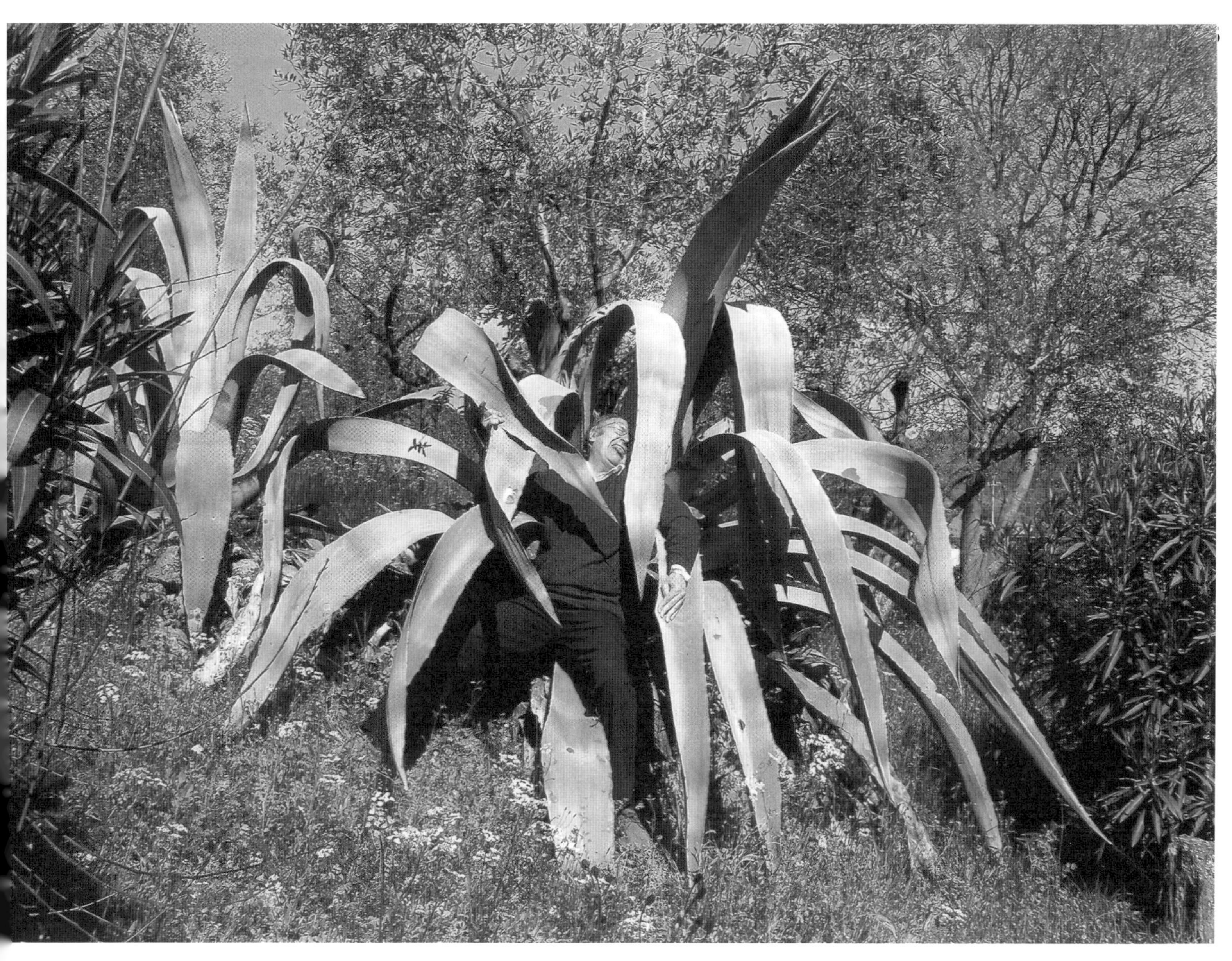

Senza titolo, Orto Botanico di Lucca, 2010

1969
Mostra del Movimento Studentesco presso l'Accademia di Belle Arti, Firenze e il Circolo Culturale "A. Gramsci", Livorno.

1970
Mostra personale di otto lavori presso lo studio di via Borra, Livorno (presentazione di Damiano Tuvieri).

1971
Mostra personale di dodici opere presso lo studio di via Pellettier, Livorno.

1973
Atto Costitutivo della Società degli Onironauti.

1974
Mostra collettiva "Politica per immagini" presso la Sala dell'Arengo, Camera del Lavoro, Viareggio.
Azione conoscitiva *Impronte*, modello Giuliano Franzì.

1984
Mostra "Estasi/Antitesi" presso la galleria Proposte d'Arte Contemporanea, Lucca, l'ex galleria d'arte Vera Biondi, in via del Parione, Firenze e la Galleria Unimedia, Genova, a cura di Katalin Burmeister, testo critico di Alessandro Vezzosi.

1986
Esposizione in occasione di "Firenze capitale europea della cultura", a cura di Alessandro Vezzosi, presso il Palazzo Medici Riccardi di Firenze e Villa Demidoff, Parco Mediceo di Pratolino.

1988
Entra nel gruppo Kraftzellen-Cellule di Energia (Antonino Bove, Claudio Costa, Jakob de Chirico, Igor Sakarof Ross, Peter Strauss, Angelica Thomas). In questo ambito effettua le performance *Gri Gri Vé Vé* presso l'Atelier Bereiterangher, Monaco di Baviera.
Performance *Lo spirito della saldatrice*, con la partecipazione di Philip Corner e della sciamana coreana Hi-Ah Park, Piazza Cesare Battisti, Trento.
Installazione *Restituzione dell'ossigeno alla natura* nell'ambito dell'Esposizione Internazionale d'Arte presso la Künstlerhaus Bethanien e l'Akademie der Künste di Berlino, Saarbrücken e Oslo.
Progetto-Installazione *Macinatore dello spirito* (grande parabola di radar e cappotto di Marcel Duchamp) per la stazione Metropol di Barcellona, a cura di Hamdi el Attar.

Primo "International Symposium Art and Invisibile Reality" presso la Schloss Elmau, Monaco di Baviera.
Partecipa alla Biennale Internazionale Arte Sella, Borgo Val Sugana, Trento, con l'installazione-performance *Il sognatore stilita*.

1989
Conferenza sulla materializzazione dei sogni ed esposizione di grandi fotografie al 2° Simposio Internazionale "Arte e realtà invisibile" presso il Franklin Furnace Archive, New York e il dipartimento di Visual Arts della Rutgers University, New Jersey.
Mostra "I giardini della Chimera", a cura di Alessandro Vezzosi, presso l'area antistante l'Accademia della Crusca e Castello, Firenze.
Installazione e performance del gruppo Kraftzellen "Mecanè Macon, Mecanè Mazal–Cambi luogo Cambi stella" nella rassegna Archetipi, presso l'ex chiesa di San Teonisto, Treviso.
Mostra "Borderland", a cura di Andrea B. Del Guercio, presso le ex Scuderie Reali, Reggio Emilia.

1990
Installazione-performance *Embrio* con Claudio Costa e Miriam Cristaldi sul Monte Forato, Alpi Apuane, Carrara.
Progetto "Synapsen", a cura di Gertrude Moser-Wagner, presso il Museo della Scienza, Vienna.

1991
Installazione-performance *Coltivazione di organismi immortali di arte vivente* nell'ambito del convegno "Arte-Scienza" svoltosi sull'Isola di Stromboli.
Performance con Limpe Fuchs e Alexej Sagerev *Der Nahtlose ubergang oder materializzazione dei sogni* presso la sala Black Box del Gasteig, Monaco di Baviera.
Conferenza presso l'Accademia di Belle Arti di Brera, a Milano. Azione *Seminare immortalità*, consistente nell'interreare pani di lievito naturale fresco, Montemagno di Calci, Pisa.

1992
Installazione *L'albero della vita* nella mostra "Im raum schule" presso il Kulturhaus di Linz.
Mostra "Arte come evocazione" presso la Fondazione e Fonderia Artistica Pietro Caporrella, Roma.
Mostra "Evocare Colombo" presso l'ex Ospedale Psichiatrico di Quarto dei Mille, Genova, a cura di Miriam Cristaldi.
Conferenza presso l'Accademia di Belle Arti di Urbino.

1993
Mostra "Arte-Scienza-Natura" presso la Galleria d'arte MAERZ, Linz, a cura di Elmar Zorn.
Mostra "La presenza della Virtualità", a cura di Miriam Cristaldi, presso l'ex Biscottificio Falcinelli di Sarzana.
Mostra personale "Trascendenze" presso la galleria d'arte Immart, Roma.
Mostra "Qui e altrove" presso la galleria d'arte Container, Firenze.

1994
Rassegna "Virtus della virtualità" presso la Cava di marmo "La Piana", Carrara e Palazzo La Marmora, Biella.
Mostra "Paraxo 94", in omaggio a Thor Heyerdahl, Laigueglia, Andora, Palazzo Ducale di Genova.
Rassegna "Progetto scultura", a cura di Pietro Caporrella e Silvano Gori, presso Villa Gori, Santomato, Pistoia.
Mostra "Voglia di Vagli", in occasione dello svuotamento del lago di Vagli, Garfagnana, a cura di Giandomenico Semeraro.
Con Massimo Gamna crea installazioni luminose ed effetti di scena per il concerto del compositore e ricercatore musicale Paolo Antonio Tommasi "Cassiopea-Albero della Vita" nel Teatro Verde di Villa Bernardini a Lucca, nella Fortezza Vecchia di Livorno e nel Castello di Populonia.

1995
Mostra "Ama l'arte" a cura di Giandomenico Semeraro presso il Castello di Ama in Chianti.
Progetto-performance con Gian Ruggero Manzoni pubblicato sulla rivista "Origini", n. 26.
Mostra "Arte come pre-", presso la Fondazione Mudima, Milano, la Galleria Kontraste, Forte dei Marmi e il Museo Villa Croce, Genova.
Conferenza "L'opera e l'eredità di Joseph Beuys" tenuta da Lucrezia De Domizio Durini nell'ambito di un ciclo di incontri sull'arte contemporanea a cura di Laura Mare, promossi dall'Istituto Statale d'Arte di Lucca e ospitati nel Palazzo Ducale della stessa città.

1996
Mostra "Autoritratto dentro-fuori" presso il Museo Arte Contemporanea e la clinica psichiatrica di Milo, Catania.
Mostra "GeneraTorre" con Arrigo Lora Totino, Daniele Poletti e Massimo Gamma presso la Torre Guinigi di Lucca.

Installazione-performance *Soglia dell'orizzonte degli eventi* effettuata da Giovanna Gamna, spiaggia di Viareggio.

1997
Installazione *Le anguille poetiche*, nell'ambito della rassegna "Incontri d'Arte" a cura di Giandomenico Semeraro, presso la galleria Nuova Icona, Venezia.

Mostra all'International Visual Poetry Exhibition, St. Kilda, City of Port Phillip, Australia.

Organizza sei incontri per la rassegna "Arte, materia, metodo, estetica" a cura di Laura Mare promossi dall'Istituto Statale d'Arte di Lucca. Invitati: Sandro Baroni, Remo Bodei, Bruno Corà, Sandra Lischi, Hidetoshi Nagasawa, Ruggero Pierantoni.

1998
Mostra "Artomatica", a cura di Chiara Leoni presso la Torre Matilde di Viareggio.

Mostra "Ecce Homo", a cura di Giandomenico Semeraro, nell'ambito della rassegna "Irradiazioni" promossa da Bruno Corà, direttore del Centro per l'Arte Contemporanea Luigi Pecci di Prato.

Mostra "Trasfigura", a cura di Miriam Cristaldi presso la galleria d'arte Dialoghi di Silvy Bassanese, Biella.

Simposio "Arte in-consapevole" e mostra presso l'Institut Hartheim di Linz.

Mostra "Tra scrittura e immagine", a cura di Laura Mare presso Villa Gori, Stiava, Lucca.

Happening *Sofo Glu Glu* in un allevamento con 7.000 tacchini bianchi di Gianrenzo De Martin, Parma, con performance, declamazioni e brani acustici di Paolo Albani, Vittore Baroni, Dario Barsotelli, Antonino Bove, Eugenio Miccini, Arrigo Lora Totino, Daniele Poletti.

1999
Presentazione dell'evento *Sofo Glu Glu* nella galleria d'arte La Corte di Rosanna Tempestini, Firenze.

Mostra "Poetoculture: la poesia visualizzata e la cartolina postale dagli anni '60 ad oggi" a cura di Giancarlo Pavanello, presso la galleria d'arte Nuovo Spazio, Mestre.

2000
Installazione *Gehirnkorper* nell'ambito della rassegna "Korperkonturen", esposizione presso il Palazzo Ducale di Genova e Kunsthaus Langenberg-Velbert.

Mostra "Romanticismo dell'ostacolo", a cura di Peter Hasmann, presso la galleria d'arte Leonardi V-idea, Genova.

"Acuto: il punto dell'arte", mostra a cura di Giandomenico Semeraro, Museo di Arte e Storia, Sondrio.

Mostra "Parleransi li omini...: Leonardo e l'Europa", a cura di Alessandro Vezzosi, presso il Museo di Assisi e Archivio di Stato di Napoli.

2001
Mostra "Fermentazioni. Arte Contemporanea sulla strada del Vino", a cura di Giandomenico Semeraro, presso la Villa-fattoria Maionchi, Tofori, Lucca.

Mostra "Dal non esistente", a cura di Giovanni Leghissa, presso la galleria d'arte Leonardi V-idea, Genova.

Performance e edizione numerata del libro d'artista *De artis corpore accademia autoptica* con Daniele Poletti, Paolo Albani, Marco Corbelli nello Studio d'Arte Memoria Indelebile, Viareggio.

Invitato alla X Biennale di Arte Sacra, Isola Gran Sasso, a cura di Luciano Caramel, Carlo Chenis, Giuseppe Billi.

Partecipa a "Utopia", Biennale delle Arti e delle Scienze del Mediterraneo, Salerno.

2003
8° Simposio "Azioni oscure" a cura di Paolo E. Antognoli presso l'acquedotto Nottolini, Lucca.

Organizza con la redazione di "Abaco / aperiodico di cultura contemporanea", diretto da Giampaolo di Cocco, la tavola rotonda "La biennale apocrifa: per una nuova politica dell'arte contemporanea" presso la galleria d'arte Corso dei Tintori, Firenze.

Organizza quattro conversazioni sull'arte contemporanea a cura di Paolo E. Antognoli, promosse dall'Istituto d'Arte e Liceo Artistico di Lucca, tenute presso l'ex Aula di Corte d'Assise del Palazzo Ducale.

È tra i fondatori della rivista d'artista "Contenitore di Cultura Contemporanea BAU".

2004
Rassegna "Un cuscino per sognare" a cura di Rosanna Chiessi e Andrea Sassi, Reggio Emilia, con testi critici di Francesca Alfano Miglietti e Marinella Paterni.

Presentazione del n. 0 del "Contenitore BAU" presso la Fondazione Carlo L. Ragghianti di Lucca: all'incontro partecipano Vittorio Fagone, direttore della Fondazione, Eugenio Miccini e la critica d'arte Antonella Serafini.

Nell'ambito del Contenitore BAU organizza, al Circolo Culturale Matilda di Viareggio, una mimodeclamazione-performance del poeta visivo Arrigo Lora Totino.

2005
Convegno "Il porto insonne", sull'esperienza del Laboratorio d'Arte Contemporanea della Bassa Lunigiana, a cura di Bruno Corà e Mara Borzone, presso il CAMeC di La Spezia.

Incontro con Vittore Baroni per "BAU" con Nanni Balestrini, presso il Circolo Culturale Matilda di Viareggio.

Contribuisce ad organizzare il Convegno dell'Associazione Culturale BAU "Sulla opportunità di una sezione dedicata all'arte contemporanea nell'erigenda GAMC di Viareggio". All'incontro partecipano, tra gli altri, la critica d'arte Antonella Serafini, Marco Pierini, direttore del Centro per l'Arte Contemporanea Palazzo delle Papesse di Siena e Francesca Serrati del Museo di Villa Croce di Genova.

2006
Inserito nella collezione del Museo d'Arte delle Generazioni Italiane del '900 G. Bargellini di Cento, direttore Giorgio Di Genova.

Presentazione con il critico d'arte Antonella Serafini, William Xerra e Marco Pierini del "Contenitore BAU" n. 2 presso il Centro per l'Arte Contemporanea Palazzo delle Papesse di Siena.

Performance *GianoSuba* con il gruppo BAU-Teilchen presso l'Istituto Italiano di Cultura di Vienna.

Mostre "Insulae" e "Metamorfosi del libro" a cura della Biblioteca Civica e della galleria d'arte Il Gabbiano, La Spezia.

Performance *Adipocera* con il gruppo BAU presso Colle Vanda, Massarosa.

Performance in onore del proto-surrealista Raymond Roussel *La formule de l'immortalité* con Gianni Broi e Nathalie Hamard-Wang al cimitero del Père-Lachaise, Parigi.

Performance *La pianta cerebrale*, Centro per l'Arte Contemporanea Castello di Rosignano Marittimo, Livorno.

Performance *Navan: nell'Isola onirica di Fosgenia*, con il gruppo BAU, Parco Foundation, Casier.

Cor Cordium, rituale poetico con letture, musiche e performance dedicata a Percy B. Shelley, spiaggia di San Terenzo, Lerici, La Spezia.

Azione Oscura *Persistenza*, a cura di Mirco Mugnaini, Monte Altissimo, Alpi Apuane, Carrara.

2007
34ª Edizione Arti Visive Città di Sulmona, curata dal critico Giorgio Di Genova.

Mostra "Acque in Arte: fonti di bellezza" a cura di Giandomenico Semeraro, Terme di San Giuliano, Pisa.

Mostra "La Joconde inattendue" a cura di Alessandro Vezzosi, Château du Clos Lucé, Amboise, France.

Mostra "Mini-Maxi" a cura di Lamberto Pignotti, galleria d'arte La Cuba d'Oro, Roma.

Mostra "Camera 312; promemoria per Pierre Restany", a cura di Ruggero Maggi, evento collaterale della 52ª edizione della Biennale di Venezia.

Presentazione, nell'ambito di "BAU Saluta Fluxus", di una performance acustica eseguita da Philip Corner e Phoebe Neville presso la Biblioteca Comunale di Viareggio.

Performance *La formula dell'immortalità* nel Convegno "Intorno a Raymond Roussel; itinerari a cura di Gianni Broi", Biblioteca Nazionale Centrale di Firenze.

Mostra "L'ora del tempo", a cura di Mara Borzone, presso la galleria d'arte Il Gabbiano, La Spezia.

Mostra "Multiverso", bipersonale: Antonino Bove, Luca Brocchini, presso la chiesa di San Giuseppe, Viareggio.

Mostra "Artisti a Palazzo", a cura di Fiorenzo Birindelli, presso il Palazzo Arese, Cesano Maderno.

Mostra "Il Discobolo" presso lo Studio d'Arte Contemporanea Gennai di Pisa.

Donazione di un'opera all'archivio del "Lavatoio Contumaciale" di Tomaso Binga, Roma.

Performance con Gianni Broi *Una mappa per Shelley*, nell'ambito della rassegna "Il cuore e l'ombra viva", organizzata dall'Associazione BAU sulla spiaggia antistante Piazza Mazzini, Viareggio.

Presentazione con altri componenti del "Contenitore BAU", presso il Caffè Giubbe Rosse, Firenze.

Rassegna "Contemporaneo Versiliese" organizzata dall'Associazione BAU, a cura di Marco Maffei, Antonella Serafini e Laura Mare presso la Villa Paolina Bonaparte di Viareggio e al Laboratorio di Arte Contemporanea MXM di Pietrasanta.

Mostra "Elogio della Bugia", a cura di Mara Borzone, galleria d'arte Il Gabbiano, La Spezia.

Performance con Gianni Broi e Nathalie Hamard-Wang dal titolo *Raymond Roussel rencontre son double*, al cimitero del Père-Lachaise, Parigi.

2008

Mostra "The Mailartists Horse of Italy" a cura di Ruggero Maggi, Berlino.

Mostra "Profondità 45 – Torino World Design Capital" a cura di Ruggero Maggi, Palazzo Atena, Torino. Con Eleonora Acerbi presenta il "Contenitore BAU 4+5" al CAMeC di La Spezia, con una performance di Sarenco.

Mostra "Jean Cocteau. Le joli cœur" a cura di Mauro Carrera per il Centre Culturel Français, Palazzo delle Stelline, Milano.

Mostra con catalogo del gruppo italo-austriaco Kraftzellen-Cellule di Energia "Osmosi 1990-2008" presso la IM HOF Galerie di Vienna e lo spazio O-Artoteca di Sara Sereghelli, Milano.

Mostra "Luoghi dell'Utopia" organizzata dall'Associazione BAU presso la Villa Borbone di Viareggio.

Mostra "BAU 4+5" presso la Galerie Claus Semerak, Monaco di Baviera.

Mostra-Convegno "La parola mostra il suo corpo: forme della verbo-visualità Italiana", Museo della Carale di Adriano Accattino, Biella.

Mostra personale "InSogno", a cura di Paolo Emilio Antognoli e Paolo

Albani, presso il Museo Ugo Guidi di Forte dei Marmi e il Centro Maffei d'Arte Contemporanea di Viareggio.

Rassegna di Poesia Visiva "Fuoripagina" a cura di Gian Paolo Roffi presso Palazzo Bettona, Perugia.

Performance *LAYF: ultimatum alla morte* nell'ambito della presentazione di "BAU 4+5", presso il Caffè Giubbe Rosse, Firenze.

Donazione di due opere per la Collezione di Poesia Verbovisuale della Città di Matino a cura del Laboratorio di Enzo Miglietta, Novoli, Lecce.

Performance *Langue de Chair* con Gianni Broi, Nathalie Hamard-Wang e Anna Maria Caracciolo in omaggio a Raymond Roussel, presso il cimitero del Père-Lachaise di Parigi.

Organizza e collabora alla presentazione della rivista d'artista "BAU 4+5" presso il Centro per l'Arte Contemporanea Luigi Pecci di Prato, incontro che ha come ospiti Martino Oberto e il critico multimediale Giorgio Maffei.

2009

Mostra "Poetiche e politiche nell'Arte Contemporanea" presso il Museo della Carale Accattino, Biella.

Mostra "Caos e Complessità" a cura di Armando Pelliccioni e Ruggero Maggi presso il Museo di Chimica dell'Università degli Studi di Roma.

Presentazione con altri autori, del n. 6 del "Contenitore BAU", con il poeta Tomaso Kemeny, presso la Galleria Peccolo di Livorno.

6ª Biennale del Libro d'Artista di Cassino, a cura di Teresa Pollidori, Loredana Rea e Gabriele Perretta.

Mostra "Photoshow", a cura di Paolo E. Antognoli, presso la galleria d'arte Numero 38 di Lucca.

Convegno e mostra su "Arte e Sogno" a cura di Gertrude Moser-Wagner presso l'Università Sigmund Freud di Vienna.

Performance *Andare e tornare dal futuro*, assistenza di Elisa Zadi, Palazzo Francesco Datini, Prato.

2010

Collabora alla presentazione del "Contenitore BAU" presso il Mart di Rovereto, con ospite Paolo Della Grazia. In tale contesto esegue la performance *Acronos dona l'immortalità* con offerta al pubblico di panetti di lievito naturale fresco.

Presentazione della scatola d'artista "BAU" presso la Fondazione Mudima di Milano, ospite Arturo Schwarz.

2011

Collabora alla presentazione del "Contenitore BAU" al Kunst Meran con ospite Carlo Palli di Prato e alla Biblioteca d'Arte Luigi Poletti di Modena, diretta da Marco Pierini.

54ª edizione della Biennale di Venezia, regione Toscana, Padiglione Toscana a Villa Bardini, Firenze.

2013

Produce e cura con Maicol Borghetti il mediometraggio *Acronos* presentato alla GAMC Lorenzo Viani di Viareggio e segnalato al Trieste Science+Fiction Festival.

2014

Performance *La borsa di Mnemosine*, eseguita da Ida Terracciano, presso la GAMC di Viareggio, inserito nella mostra "Il mito di Leonardo" a cura di Alessandro Vezzosi presso il National Palace Museum di Taiwan.

2015

Espone con Lamberto Pignotti nella mostra "Alla ricerca dei sogni perduti" presso la galleria d'arte Il Gabbiano, La Spezia e lo Studio d'Arte Contemporanea Gennai, Pisa.

Performance *Ostensione e dono della formula dell'immortalità* realizzata nell'ambito della presentazione del progetto "Vitamine" ideato dal collezionista Carlo Palli di Prato e curato da Laura Monaldi presso il Mart di Rovereto.

2016

Mostra "Visual Poetry" a cura di Giosuè Allegrini, presso i Musei Civici di Pavia e al Palazzo delle Prigioni di Venezia.

Performance *Un cocktail per l'immortalità* presso il CAMeC di La Spezia.

Performance *Resuscitazione*, presso il Centro per l'Arte Contemporanea La Barbagianna, Pontassieve.

Performance *Ostensione e dono della formula dell'immortalità*, presso la galleria Paola Raffo Arte Contemporanea di Pietrasanta.

2017

Mostra "Viva Italia" promossa dalla Collezione Carlo Palli di Prato e curata da Laura Monaldi presso l'Ambasciata d'Italia a Sofia e nella Galleria Civica di Bratislava.

2018

Performace progettata e relizzata con Luca Brocchini e Gabriele Menconi *Dialogo con Psiche*, presso la Triennale di Milano, nell'ambito della presentazione del n. 15 del "Contenitore BAU".

Performance *Procedimento per l'immortalità* presso il CAMeC di Viareggio.

2019

Mostra "Nel segno di Leonardo" promossa dalla Collezione Carlo Palli e curata da Laura Monaldi presso il Conservatorio San Niccolò di Prato.

Performance *Andare e tornare dal futuro*, presso Palazzo Francesco Datini, Prato.

2020

Mostra "I ragazzi della Via Pal…li" a cura di Laura Monaldi.

Le opere esposte sono donate
da Carlo Palli all'Accademia delle
Arti del Disegno di Firenze.
Mostra e presentazione del catalogo
sui sedici anni del Contenitore
BAU presso il CAMeC di
La Spezia.

2021
Mostra "Al mattin del ver si sogna",
conservatorio di San Niccolò,
Prato.
Presentazione della rivista d'arte
contemporanea "BAU 17"
e performance presso la
galleria Paola Raffo Arte
Contemporanea di Pietrasanta.

1.
ANTONINO BOVE, ANTONIO PENNASILICO
QUADERNI ANONIMI DI AFASIE ED ESPLORAZIONI
Lito-Offset Felici, Pisa, 1977-79.
Serie di cinque fascicoli anonimi stampati in proprio, in 1000
esemplari ciascuno, lasciati in sale d'aspetto delle stazioni
ferroviarie, nelle mense universitarie, nei cinema, sui
treni, sugli autobus, introdotti negli scaffali delle librerie
Feltrinelli, Mondadori e biblioteche pubbliche di Firenze,
Bologna, Milano, Genova, Livorno, Pisa, Lucca. Esemplare
n. 783/1000, timbro dell'Archivio della Memoria Indelebile
e data del febbraio 1981.

2.
ANTONINO BOVE, *LUMINESCENZE*
Edizione del Museo Rêverie a cura di Alessandro
Vezzosi, Vinci, Firenze in coedizione con *Nuovi strumenti*
di Piero Cavellini, Milano, Brescia e *Proposte di arte
contemporanea* di Katalin Burmeister, Firenze, 1985.
Pubblicazione di 64 pagine, formato in sedicesimo, con 20 immagini
bianco/nero e sette a colori. *Luminescenze* propone
una sintesi delle opere visive, eseguite in venti anni dalla
Conversazione plastica del 1964 in stretta relazione
con testi e brani tratti dai *Quaderni anonimi...* e dagli *Atti
della Società degli Onironauti* del 1973. Nella pubblicazione
si condensano vivisezioni e stratigrafie di sogni tattili
e frammenti onirici materializzati che oltrepassano la
metafora artistica. Le opere non solo parlano dei loro
misteri ma infine sognano...

3.
ANTONINO BOVE, *ONIROFANIE, SOGNARE FUORI DI SÉ*
Edizioni Unimedia, Genova, 1987.
La pubblicazione di 68 pagine contiene numerosi testi di Bove,
introdotti da uno scritto di Antonia Montenovesi che
qualifica l'azione di Bove come un "qualcosa che sia in un
certo modo paragonabile alla sperimentazione più audace
della biogenetica, ad una operazione di alchimia genetica".
Seguono pagine in quadricromia e in bianco/nero
che documentano esperienze e opere. I testi che le
accompagnano sono, di volta in volta, quelli della mitologia
creaturale facente riferimento alla dimensione onirica
e altri testi dall'aspetto teorico: *Archeologie oniriche,
Tipologie, I sognatori amano coniugare il verbo
materializzare, Ai sogni prima che ci appaiono,
Oniromorfosi, Lasciate che i sogni vengano a me, La storia
sognata* con immagini di Proust, Strindberg, Böcklin,
Schopenhauer, Rilke in conversazione e a spasso per
l'Italia secondo il criterio di spaesamento che ritroveremo
nel volumetto *Via Regia in fase REM* (vedi scheda n. 8).
La pubblicazione contiene anche schemi, grafici, istogrammi
e tutto quello che la scienza usa per verifiche e statistiche.
Onde acustiche emesse da un oniroplasma.
Misurazioni sul comportamento di una entità onirica.
Impulsi provenienti da un dipinto che raffigura
il sogno "cefaloambulacrale".
Talismano per sognare.
Onirescenze aventi la proprietà di fare opere d'arte.
Disegni di sogni.
Onirofisi.
Corporificazione dell'entità onirica "Eliante".
Geografie oniriche.
Corporificazione del sogno dei "Nove commiati".
Autoritratto sognato.
Sogno di una statua.
Un'opera sogna il suo autore.

4.
ANTONINO BOVE, *PHYSICAL DREAMS* 1983
Oniroplasmi 1987, *International review of the Laboratory
for the materialization of dreams* 1988 a cura delle
edizioni della Società degli Onironauti.
I tre fascicoli di 24×32 cm pubblicati in italiano e inglese, in 80
copie ciascuno si compongono di una cartella contenente,
in fogli liberi, una raccolta variabile di disegni, progetti,
fotografie, testi, stampe testimonianti l'attività

del Laboratorio. I quaderni venivano spediti
ad amici, conoscenti, artisti, critici e musei.

5.
ANTONINO BOVE, *QUOTIDIANE LEVITAZIONI*
Editore Rosanna Chiessi Pari&Dispari, Cavriago
e Museo Rêverie, Firenze, 1989.
Pubblicazione di 64 pagine in cui nella dedica si legge: "A mia
madre che ho potuto conoscere mediante i sogni."
Il richiamo all'evento di un rapporto filiale mancato
rivela uno dei motivi profondi dell'azione artistica di Bove.
Il volume contiene:
a) la teorizzazione della materializzazione dei sogni;
b) alcune pagine con immagini che documentano reperti
prodotti da attività oniriche e organi preposti al sogno,
fisicizzazioni di sogni, l'artista in sedute oniriche;
c) il gruppo di testi dedicati a identità oniriche, una sorta di
micromitologie recante il titolo unitario *Il sogno determina
la forma* con tutti i relativi sottotitoli;
d) altre immagini di sognatrici e sognatori, oniroplasmi,
induttori di sogni e altro;
e) un settore nuovamente dedicato ad "Opere d'arte
viventi" con un ritratto di Bove come "statua vivente";
f) immagini della Galleria Nazionale di Arte Vivente
nel giardino mediceo di Boboli, del Laboratorio di Arte
Vivente, e del Centro per la vivificazione delle opere d'arte.

6.
ANTONINO BOVE, *BIOLOGIA DEL TRASCENDENTE*
Edizioni Essegi, Ravenna, 1991.
La pubblicazione annovera 56 pagine ed è introdotta da un testo
di Giorgio Celli come prefazione dal titolo *Antonino
Bove e l'arte della vita* e da un testo di Caterina Coluccio.
Celli afferma che Bove "porta il suo concetto di
'scientificità' ben oltre i confini attuali e lo rivisita, per dire
così, dalla parte dell'avvenire con l'occhio, insieme, del
profeta e del futurologo". Caterina Coluccio sostiene che
il lavoro di Bove "si presenta particolarmente significativo
proprio perché ha il potere di generare e dare forza alla
vita, mentre abbraccia una sfera fuori del tempo". Da parte
sua Bove introduce a p. 13 della pubblicazione una serie di
"statement" o aforismi che sintetizzano le sue esperienze,
scoperte ed obiettivi a quella data dell'aprile 1991; il titolo
del suo testo è *Il museo come vivaio di opere d'arte*.
Nel resto della pubblicazione sono documentate opere e
performance di Bove quali quelle realizzate con levitazioni,
captazioni di sogni, installazioni-performance con embrioni
di arte vivente sul Monte Forato nelle Alpi Apuane (1990)
e di alghe marine unicellulari sull'Isola di Stromboli (1991).

7.
ANTONINO BOVE, *LIVING ART-ARTE VIVENTE*
1983, 1986, 1989, 1991. Rivista d'artista a cura del
Centro per la vivificazione delle opere d'arte.
Le pubblicazioni sotto forma di fascicoli, in dimensioni variabili,
erano prodotti in 100 esemplari ciascuna e contenevano la
documentazione grafica, visiva e testuale dell'attività del
Centro. Ogni copia si differenziava dall'altra per la diversità
dei materiali inseriti. La distribuzione avveniva tramite
spedizioni a musei, fondazioni, biblioteche, centri culturali.

8.
ANTONINO BOVE, *SINGOLARITÀ IN RIVELAZIONE*
Edizioni Abaco, Firenze, 1996.
La pubblicazione reca la dedica a Claudio Costa "artista sapiens
millenario", a Teresa e Azzurra e a Pinuccia Battistini.
Nelle 24 pagine sono raccolte immagini fotografiche in
bianco/nero di opere d'arte di Bove definite "viventi" a
base di lievito naturale fresco (*Saccharomyces cerevisiae*),
materia cerebrale, neuroni, anguille, alberi. Vi sono altresì
immagini documentative di una "materializzazione
di un sogno" e la "visualizzazione di un ricordo".
Tra i testi:
a) un'intervista di Laura Mare a Bove (1996);
b) un testo di Giandomenico Semeraro dal titolo
Fisica del trascendente;

c) un testo di Gian Ruggero Manzoni articolato
in IX capiteletti;
d) un testo a firma di Bove, dal titolo *Singolarità
in rivelazione* che intitola la pubblicazione.
Infine un sommario delle immagini/opere e un
regesto dettagliato dal 1977 al 1996 compreso.

9.
ANTONINO BOVE, *LIEVITO*
Edizioni Piletra, Lucca, 1999.
La pubblicazione ha una copertina recante solo il nome dell'autore
(Antonino Bove) e una fustellatura circolare che lascia
vedere nella pagina sottostante la mappa genetica
del lievito. Nel frontespizio si annunciano i testi di alcuni
autori che hanno scritto per Bove, tra le pagine della
pubblicazione si possono osservare alcune opere
dedicate ai temi del "lievito", del "sogno", dell'"immortalità",
della "memoria" etc. Testi:
Estasi-Antitesi di Alessandro Vezzosi, 1984;
Sublimazione per materia di Giuliano Serafini, 1997;
Nel segno della intuizione e della ricerca di Rossana
Bossaglia, 1997;
Un pensiero di partecipazione di Lucrezia De Domizio
Durini, 1999;
Segreti da medusa di Chiara Leoni, s.d.
Inoltre, l'elenco delle opere e una biografia scandita attraverso uno
schema ripetuto per cicli di temi e anni con: aree culturali
di interesse, bibliografie consultate, tecniche e materiali,
opere, visite e viaggi, pubblicazioni, conferenze.

10.
ANTONINO BOVE, *VIA REGIA IN FASE REM*
Pezzini Editore, Viareggio, 2005.
Pubblicazione di 50 pagine a base di fotomontaggi nei quali
l'autore ha ambientato nelle strade, nei locali, davanti
agli stabilimenti balneari ed altri siti della città di
Viareggio presenze di artisti, poeti, filosofi, letterati ed
altre personalità storiche prelevate da vecchie istantanee
e riambientate a Viareggio. Virando le immagini in colore
seppia "distanzia" ed aumenta la valenza immaginale e
onirica della sua creazione. Nell'introduzione l'autore
scrive: "Certe volte l'elaborazione onirica è ingannevole
perché utilizza tracce di verità per poi indurci lontano da
essa [...]. Alcuni personaggi hanno realmente soggiornato
in città (R.M. Rilke, M.C. Escher, T. Mann, A. Savinio) e
potrebbero essere passati non distanti dai luoghi nei quali
sono stati ambientati. Del resto determinate teorie di fisica
quantistica, sia pure con grande disinvoltura ipotizzano
universi paralleli al nostro; i sogni sembrano riflessi di
esistenze che potrebbero abitare in mondi coesistenti
con quello nel quale siamo immersi." Nella pubblicazione
è presente una postfazione di Paolo Albani, autore con
Paolo Della Bella di *Forse Queneau. Enciclopedia delle
scienze anomale* edita da Zanichelli, Bologna, nel 1999.

11.
ANTONINO BOVE, *VERBOPLASMI
L'IDENTITÀ FISICA DELLE PAROLE*
Edizioni della Società degli Onironauti, Viareggio, 2007.
Pubblicazione di 28 pagine nelle quali si afferma che "le parole
hanno un peso non in relazione alla forza di gravità
terrestre ma del significato che portano". Nell'opera sono
elencati e si susseguono analisi di ben 17 termini-concetti,
affiancati da numerose opere riprodotte ed invenzioni
di vario genere:
La bilancia pesaparole e il decodificatore;
Il misuratore di energia delle parole;
L'ago magnetico che si orienta con le parole;
Grafici fonetici e visivi;
Carte moschicida catturaparole;
Antenna captaparole;
*Fogli di carta carbone accartocciati e stridenti
come rondoni*;
Decrittatore denominato "Inclinometro";
Farfalle ideogrammate (1998);
Verbobotanismi: foglie scritte;
Fiori verbotatuati e ibridati con lettere.
La pubblicazione reca nell'ultima pagina timbro, firma e
data dell'autore sotto l'egida dell'Archivio della Memoria
Indelebile, Viareggio.

12.
ANTONINO BOVE, *ONIROPLASMI*
Pezzini Editore, Viareggio, 2010.
Libro sulla teoria della materializzazione dei sogni di 160 pagine,
compendiata di molte osservazioni compiute da Bove
nel corso di circa 35/40 anni. Il volume si apre con
un'introduzione di Vittore Baroni alla quale segue subito
l'Atto costitutivo della Società degli Onironauti e lo Statuto
della stessa. Nell'opera sono collezionati molti testi teorici,
descrizioni di esperienze accompagnate da immagini
e talvolta da disegni, schemi, grafici, schede, verbali,
racconti onirici, descrizioni di luoghi, personaggi sognati
etc. Nella sua parte conclusiva l'opera offre l'incontro
con Crasi, il "cerebrosoma" come viene definito da Bove,
perché tutta la persona è costituita di materia cerebrale
al fine di essere una identità che intende vincere il tempo
e la morte. Il volume si conclude con una postfazione
di Paolo Albani.

13.
ANTONINO BOVE, MAICOL BORGHETTI, *ACRONOS*
Cortometraggio, 32', colore, HD, 2013.
Regia Maicol Borghetti, sceneggiatura Antonino Bove,
Maicol Borghetti, interpreti: Serena Rampon, Matteo
Romoli, Alice Bachi, Eleonora Di Vita. Produzione Società
degli Onironauti, Studio Sumatra. Segnalato al Trieste
Science+Fiction Festival, 2014.
Sognatori appartenenti a diverse epoche materializzano esseri
misteriosi e perturbanti: gli Acronos. Interamente composti
di materia cerebrale questi postumani sono portatori
della vita eterna. Con generosità gli Acronos donano, a chi
lo desidera, la formula dell'immortalità. Il film si propone,
inoltre, come estensione oltre lo schermo diventando
installazione con gli oggetti e i costumi di scena, mostra di
arte visiva con esposizione di grandi fotogrammi stampati
in digitale e come performance con azioni degli interpreti.

14.
ANTONINO BOVE, *ACRONOS*
Morgana Edizioni, Firenze, 2016.
Il libro si compone di 96 pagine più copertina, con testi dell'autore
e immagini di opere in bianco/nero. La narrazione ha
inizio nei laboratori della Società degli Onironauti, dove
da un sogno viene fisicizzato un essere umano costituito
interamente di cervello. Il personaggio è Acronos che
dona, a chi lo desidera, l'immortalità. Con l'aiuto del
cerebro, in una vertiginosa evoluzione, alcuni postumani
giungono in un luogo dove una metamente corale agisce
sui multiversi. Una storia visionaria, utopistica e pacifista
nella quale la tematica di fondo scaturisce dall'urgenza,
per l'autore, di liberarsi dalla morte. Con forza immaginativa
Bove ci coinvolge nel piacere di attraversare i territori
inesplorati del meraviglioso fantascientifico, ci pone
di fronte a domande inconsuete su un ipotetico futuro
remoto dell'umanità.

15.
ANTONINO BOVE, *ORDINE DEGLI IMMORTALI QUANTOGENETICI*
Edito dall'Istituto per l'immortalità biologica, 2017.
Formato 22,5×27,5 cm, stampa in nero e oro.
Atto di fondazione. Nella pubblicazione di dodici pagine più
copertina si enuncia la volontà di Acronos di donare
la formula dell'immortalità agli umani... tutte le regole,
assiomi e gli adempimenti da compiere. A pagina 9
si fanno precise asserzioni e a pagina 11 vi è il modulo
di adesione ad effettuare il "trattamento per l'immortalità
biologica" con necessaria sottoscrizione della firma.
Il documento è edito in 100 esemplari numerati.

16.
ANTONINO BOVE, *COMUNICAZIONE TRA CEREBRI
E MISURAZIONE DEL TEMPO NELLA
EVOLUZIONE DELLA SPECIE UMANA*
Edizione numerata, in 100 esemplari, a cura dell'Istituto
per l'immortalità biologica e dell'Ordine degli immortali
quantogenetici, 2018.
Pubblicazione di 12 pagine più copertina in brochure, stampato
in nero e oro. Dopo un testo introduttivo di Bove ne segue
un altro dal titolo *Era dei primi immortali*, quindi alcune
tabelle cronologiche. A pagina 6 si annuncia il ricorso ad
un cosmocronografo (del quale l'autore possiede un

esemplare) e di una nuova era. Segue un testo dal titolo
L'epoca degli umanosfèri quindi il brano *L'età degli eterei.*
Il fascicolo è munito anche di immagini di opere,
documenti visivi di esperienze e performance.

17.
ANTONINO BOVE, *ARCHIVIO DELLA MEMORIA INDELEBILE*
Edizione a cura dell'Istituto per l'immortalità biologica
e dell'Ordine degli immortali quantogenetici, 2018.
La pubblicazione stampata in 100 esemplari numerati si compone di
16 pagine, più copertina in brochure; stampa in nero e oro.
Questo quaderno conclude, con i due precedenti,
la trilogia e si compone prevalentemente di immagini di
opere dell'autore. L'inizio è scandito dall'aforisma: "È arte
soltanto quella che intuisce il non ancora nato, trasforma
l'impossibile in attuabile, osa proiettarsi oltre l'universo
visibile." A pagina 12 troviamo un testo poetico-profetico
ove una postumanità, trasformata radicalmente nel corpo,
sarà padrona dello spaziotempo.

18.
ANTONINO BOVE, GIUSEPPE CALANDRIELLO, *ATHE(X)EHTA*
Rivista in forma di poster con lavori di A. Arias Misson, V. Baroni,
G. Calandriello, P. Corner, G. Fontana, G. Faiella, T. Lorandi,
L. Pignotti, A. Somenzari, B. Vautier. 100 esemplari
numerati, 139×89 cm. Edizioni GDFAEOA, 2018.

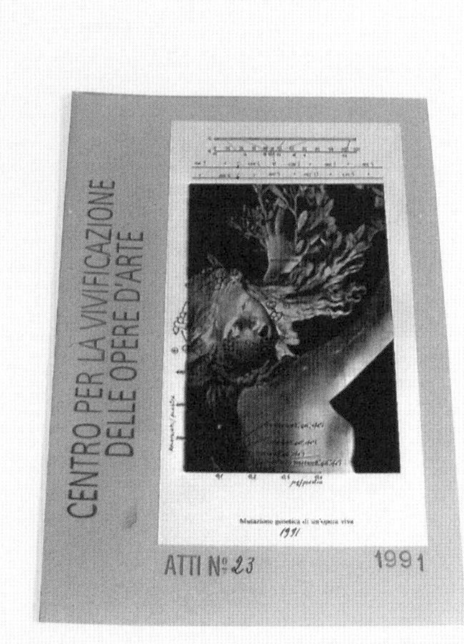

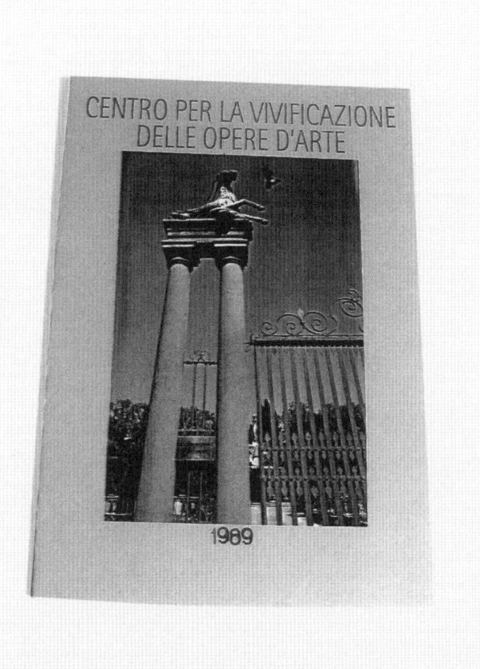

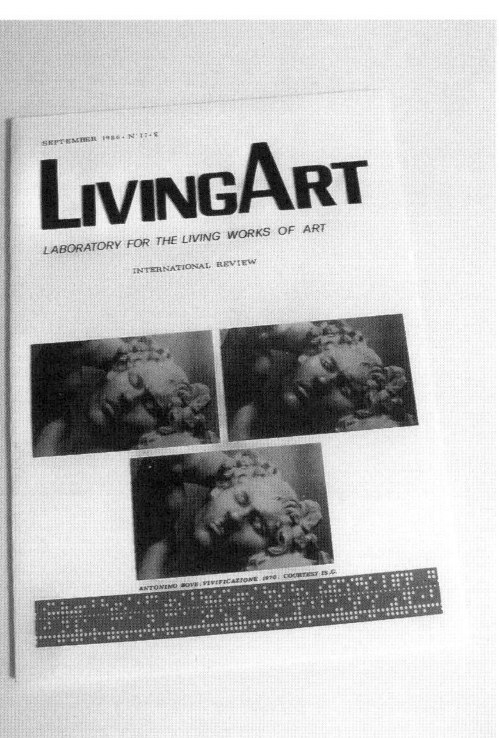

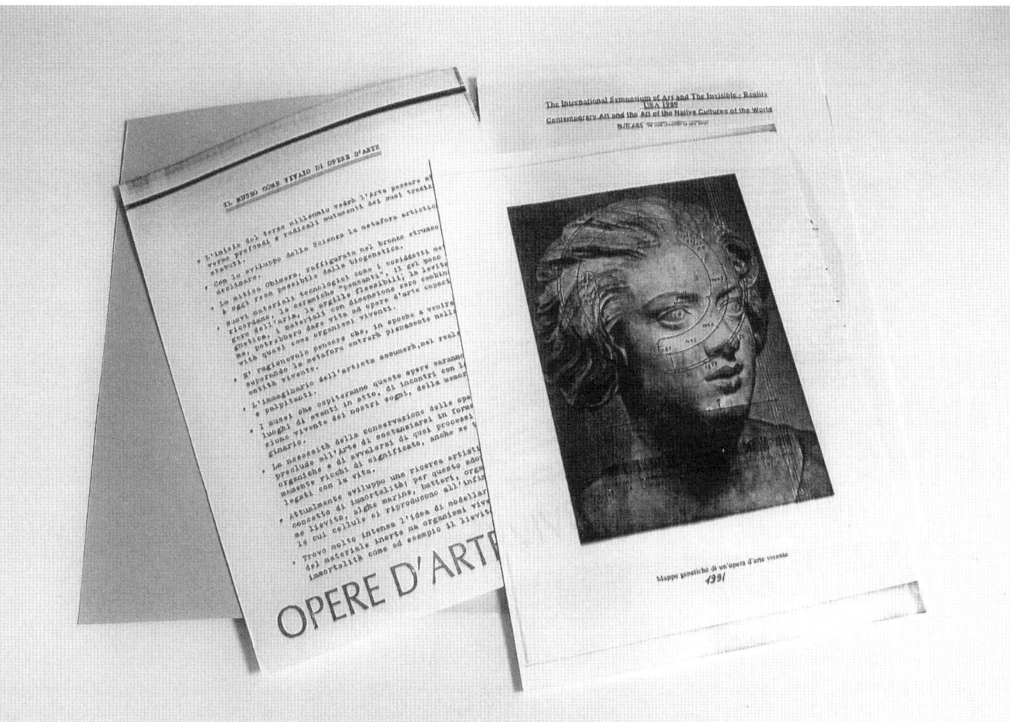

↑ ↗ Serie di tre riviste a cura del Centro per la vivificazione delle opere d'arte, 24×35 cm e 21,5×30 cm

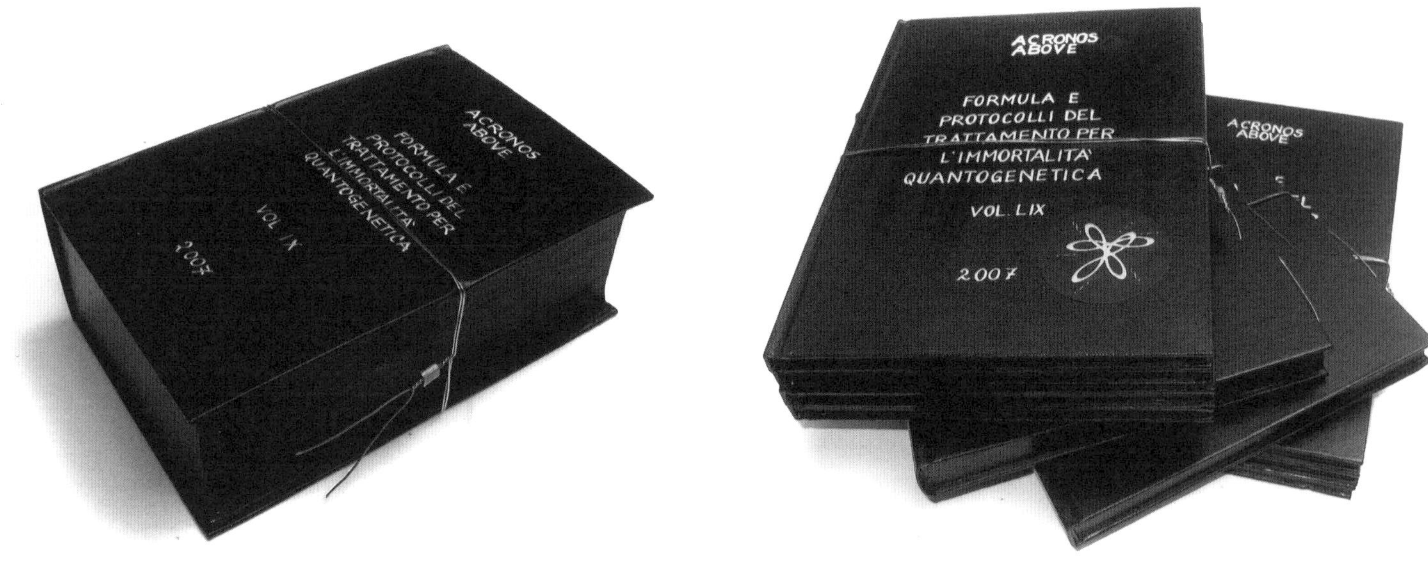

 Libri sigillati, 2007, edizione di 21 esemplari di volumi piombati, 22×30 cm ciascuno

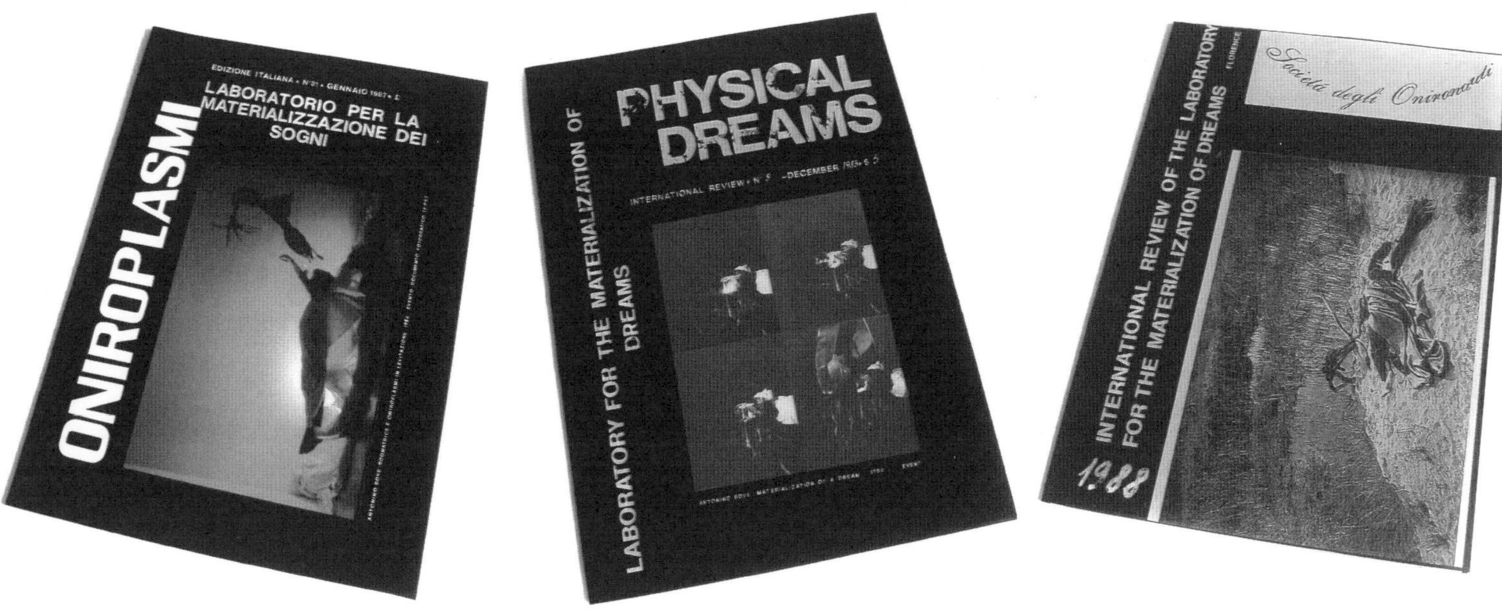

Alcuni numeri della rivista "Oniroplasmi", a cura del Laboratorio per la Materializzazione dei sogni, 22×32 cm, pagine in numero variabile ad assemblaggio

BIBLIOGRAFIA

1986
Opere riprodotte e recensioni nei cataloghi *Il concerto di statue, Il ritorno di Pan, La fonte delle fonti, Il giardino romantico, Pratolino giardino d'Europa, Il risveglio di un colosso* a cura di Alessandro Vezzosi e AA. VV. per le edizioni Alinea e Alinari di Firenze e Mazzotta di Milano.

1988
Citato nel catalogo *Naturalianz, ressource kunst. Die Elemente neu gesehen* a cura di Georg Jappe, per la mostra omonima.

1989
Nel catalogo *I giardini della Chimera* a cura di Alessandro Vezzosi, testo critico per la mostra omonima.

1993
Inserito nel libro *Arte e Scienza* a cura di Renato Barilli, Giuseppe Caglioti, Gillo Dorfles, Rossana Bossaglia, Vittorio Fagone, edito da Ilisso.

1994
Opere riprodotte nel libro *Tutte le avanguardie del XX secolo*, a cura di Andrea B. Del Guercio e pubblicato in seguito al convegno tenutosi presso la Fondazione Primo Conti, Fiesole.

1996
Incluso nella antologia di poesia visiva *Geiger 10* in memoria di Adriano Spatola, a cura di Arrigo Lora Totino, Franco Beltrametti e Maurizio Spatola.
Inserito nel libro *Studi d'artista* a cura di Giandomenico Semeraro, Alinea, Firenze.

1998
Catalogo *Ecce Homo*, nell'ambito della rassegna "Irradiazioni" promossa da Bruno Corà per il Centro per l'Arte Contemporanea Luigi Pecci di Prato, mostra a cura di Giandomenico Semeraro.
Casanova e la scienza di Giuseppe Caglioti, Moretti&Vitali, Bergamo.

1999
Testi della Società degli Onironauti su *Forse Queneau. Enciclopedia delle scienze anomale*, a cura di Paolo Albani e Paolo Della Bella, Zanichelli, Bologna.
Inserito nell'antologia in memoria di Corrado Costa a cura di Giancarlo Pavanello, Arrigo Lora Totino, Sergio Cena, ibidem edizioni, Milano.
La scultura *Sognatrice in levitazione* è pubblicata su "AD Architectural Digest", n. 216.

2000
Citato nel libro dedicato a Claudio Costa a cura di Miriam Cristaldi, edito da Adriano Parise, Verona.

2001
Inserito nel libro *Di stoffa in stoffa; tessuti dell'arte contemporanea* a cura di Giandomenico Semeraro, EDIFIR, Firenze.

Testi pubblicati su "Tèchne", nn. 10-11, direttore Paolo Albani, Campanotto Editore, Udine.
In *Performance* a cura di Elisabeth Jappe, Luciano Inga Pin, Eugenio Miccini, Editoriale Sometti, Mantova.

2002
Catalogo della X Biennale di Arte Sacra Isola Gran Sasso a cura di Luciano Caramel, Carlo Chenis, Giuseppe Billi.
"Il caffè illustrato", n. 9, diretto da Walter Pedullà.

2003
Ne *Il sosia laterale* di Paolo Albani, Sylvestre Bonnard, Milano.

2004
Antologia *Racconti nella rete* a cura di Demetrio Brandi, Newton & Compton, Roma.
Belvedere-Benvedere; introduzione alla Storia dell'arte moderna e contemporanea a cura di Giandomenico Semeraro, Pacini Editore, Pisa.

2005
Antologia "Ad Hoc", n. 9 a cura di Sergio Cena.

2006
"La Folie; il corpo riflesso" a cura di Massimo Indellicati, edizioni Laf Organic, Massafra.

2007
Catalogo *La Joconde inattendue* a cura di Alessandro Vezzosi, Château du Clos Lucé, Amboise.
Catalogo *Camera 312; promemoria per Pierre Restany*, a cura di Ruggero Maggi, evento collaterale della 52ª edizione della Biennale di Venezia.
Percy B. Shelley; Il cuore e l'ombra viva, Pezzini Editore, Viareggio.

2008
Jean Cocteau. Le joli cœur, a cura di Mauro Carrera per il Centre Culturel Français, Palazzo delle Stelline, Milano.
Osmosi 1990-2008 catalogo del gruppo italo-austriaco presso la IM HOF Galerie di Vienna e lo spazio 0-Artoteca di Sara Sereghelli, Milano.
La parola mostra il suo corpo: forme della Verbo-visualità Italiana, catalogo della mostra tenutasi al Museo della Carale di Adriano Accattino, Ivrea.

2009
Atti del convegno "Poetiche e Politiche nell'Arte Contemporanea" Museo della Carale di Adriano Accattino, Ivrea.
Catalogo 6ª Biennale del Libro d'Artista di Cassino, a cura di Teresa Pollidori, Loredana Rea e Gabriele Perretta.
Dizionario degli istituti anomali nel mondo di Paolo Albani, Quodlibet, Macerata.
Parola d'artista. Storia, Natura, Società. Scritti di artisti del 20° secolo e di oggi a cura di Giandomenico Semeraro, Barbès, Firenze.

Storia dell'arte italiana del '900. Vol. 2: Generazione anni Quaranta a cura di Giorgio Di Genova, Bora, Cento.

2011
Catalogo *Italia, Italie* a cura di Valerio Dehò, Edizioni Artestampa, Modena.

2012
Pianeta poesia. Documenti, vol. 3: 2006-2011 a cura di Franco Manescalchi e Liliana Ugolini, Novecento Poesia, Centro di studi e documentazione, Firenze.
"Art in Italy", periodico di arte contemporanea, Adriano Parise Editore.

2014
Pensare oltre l'ostacolo della parola a cura di Adriano Accattino e Lorena Giuranna, Mimesis Edizioni, Milano.

2015
Italian performance art a cura di Giovanni Fontana, Nicola Frangione, Roberto Rossini, Sagep Editori, Genova.

2016
Visual Poetry, catalogo della mostra a cura di Giosuè Allegrini presso i Musei Civici di Pavia e al Palazzo delle Prigioni di Venezia. Presente nell'Archivio di Nuova Scrittura di Paolo Della Grazia, depositato presso il Mart di Rovereto.

2017
Viva Italia, catalogo della mostra a cura di Laura Monaldi, Collezione Carlo Palli, Prato.

2018
Vertigo: lo spirituale nell'arte d'oggi, a cura di Giandomenico Semeraro, Mandragora, Firenze.
Scrivere all'infinito a cura di Adriano Accattino, Archimuseo della Carale, Ivrea.

2019
Bove. Immortalità, Poesie Visive, "Utsanga", Unconventional Press.

2020
Giandomenico Semeraro, *Green Toscana Green. Architettura, arti visive, design, musica*, SMITH Editore, Firenze.

2021
Al mattin del ver si sogna…, catalogo della mostra a cura di Laura Monaldi, collezione Carlo Palli, Conservatorio di San Niccolò, Prato.

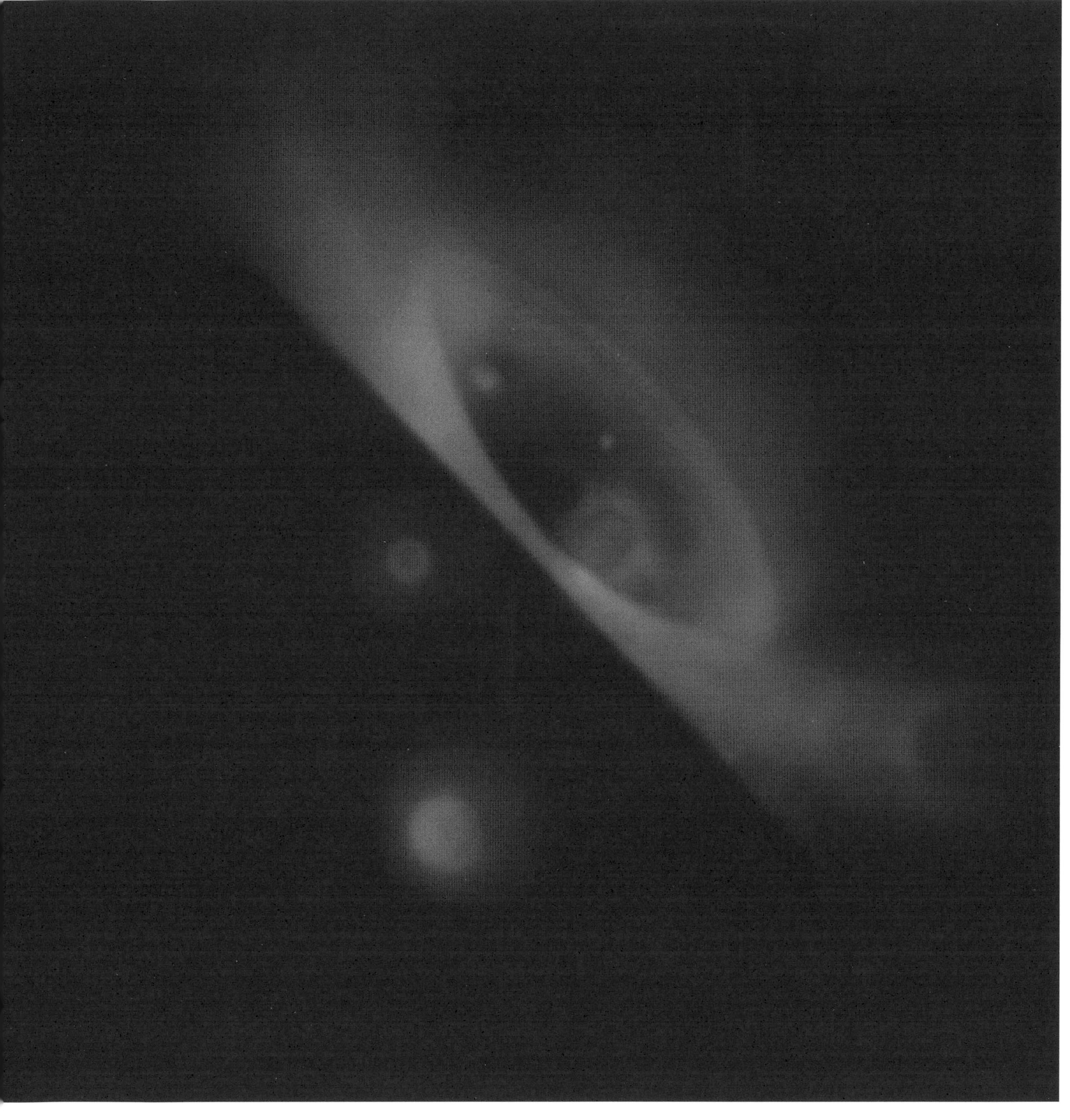

Entità affioranti dal vuoto cosmologico, 2020, fosforo su plexiglas opalino, 120×120 cm

FORMA EDIZIONI SRL
FIRENZE, ITALIA

redazione@formaedizioni.it
www.formaedizioni.it

DIREZIONE EDITORIALE
Laura Andreini

REDAZIONE
Maria Giulia Caliri
Livia D'Aliasi
Elena Varani

PROGETTO GRAFICO
E IMPAGINAZIONE
Deepa Parapatt

FOTOLITOGRAFIA
LAB di Gallotti Giuseppe Fulvio

TESTI
© gli autori

TRADUZIONI
Aelmuire Helen Cleary

CREDITI FOTOGRAFICI
Maicol Borghetti, Michele Chiroli, Fabrizio Garghetti,
Gabriele Menconi, Maria Mulas, Mario Mulas,
Tommaso Vassalle, Alessandro Squilloni

Si ringraziano Azzurra Bove e Liana Mattacchini.

In copertina:
Antonino Bove, *Entità umano-cerebrale
nel multiverso* (particolare), 2017

PRIMA EDIZIONE
Dicembre 2021

FINITO DI STAMPARE
NEL MESE DI DICEMBRE 2021
DA LITO TERRAZZI, PRATO